· 李剑鸣作品系列 ·

历史学家的
修养和技艺

修订本

李剑鸣　著

The Cultivation and Craft

of

the Historian

商务印书馆
The Commercial Press

图书在版编目（CIP）数据

历史学家的修养和技艺 / 李剑鸣著. — 修订本. —
北京：商务印书馆, 2023（2024.6重印）
（李剑鸣作品系列）
ISBN 978 － 7 － 100 － 21473 － 5

Ⅰ.①历…　Ⅱ.①李…　Ⅲ.①史学 — 方法论
Ⅳ.①K061

中国版本图书馆 CIP 数据核字（2022）第128817号

历 史 学 家 的 修 养 和 技 艺
（修订本）

李剑鸣　著

商 务 印 书 馆 出 版
（北京王府井大街36号　邮政编码 100710）
商 务 印 书 馆 发 行
山 东 临 沂 新 华 印 刷 物 流
集 团 有 限 责 任 公 司 印 刷
ISBN　978 － 7 － 100 － 21473 － 5

2023年6月第1版　　　开本 670×970　1/16
2024年6月第2次印刷　　印张 35¼

定价：160.00元

修订本前言

我平素最佩服有些学者,他们学识精湛,思虑周全,下笔稳健,以至于多年后仍能底气十足地坚信,若让自己重写当年的论著,还可以做到一字不易。我平时很少读自己发表过的文字,只有需要编集子或出修订本时,才不得不硬着头皮,仔细校读早先的稿子。每次这样做的感觉都不是十分美妙,因为当初写得不甚理想,需要调整、增补和润饰的地方实在太多。这次修订本书,我又一次有这样的体会。

当然,这也不足为异。本书出版已近十五年,这期间国内外史学都发生了巨大的变化,尤其是全球主义、跨国主义和其他社会理论潮流大量涌入史学的领地,数字化和大数据也已在许多方面改变了治史的方式。当前,国内外史家在理念、领域、路径、方法和思想取向各个方面,都早已今非昔比。当今初涉史学门径的年轻人,就知识结构和方法论意识而言,与十多年前的情况也有明显的不同。因此,类似本书这种写于许多年前的方法论读本,早就成了节后黄花。与此同时,我个人在学术上的关注点也有调整,对史学的理解较十几年前并不完全一样。近几年来,经常有学界和出版界的朋友鼓励我修订本书,我却迟迟不敢动手,主要是顾虑当年的写法已远远落后于史学的进展,所谓修订,可能在很大程度上会变成重写。

　　在过去这些年里，我先后在几所高校开设过史学理论与方法方面的课程，平时也留意收集相关的资料，随手记下零星的想法，并经常向学界同行取法。这些点滴的积累，在修订时都起了很大的作用。这次所做的具体工作，主要是补充材料，改进表达，修饰文字，并删去一些过时的内容。至于篇章结构，则仅微有调整。从结果来看，本书的总体面貌还是有了较大的改观。

　　这次修订历时数月，得到许多友人的帮助，尤其要感谢鲍静静、陈恒、陈新、贺圣遂、黄洋、彭刚、瞿林东、孙卫国、杨玉圣、岳秀坤、张越、周祥森等师友的鼓励和支持。何明敏、林斌、刘雨君、张云波等学友协助查找不少重要的资料。整个修订工作，依然是在家人的关心和帮助下进行的。如果没有以上这些有利的条件，我恐怕还是缺乏勇气来做这件事。

2021年12月于上海

目 录

导　言

在一般人的观念中，历史研究和历史写作并不需要特殊的禀赋与才能，也用不到多少复杂而高妙的技艺；只要记忆力好，能坐得住"冷板凳"，又碰巧掌握了足够的资料，就可以取得不俗的成绩。当然，这并不是新近才有的说法。18世纪博学的英国人塞缪尔·约翰逊就说过："历史学家并不需要有多大的才能，因为在历史写作时人类心灵的最大力量都处于休眠中。他手边就有可用的事实，也就用不着去发挥创造力。对想象力的要求也不太高，跟较低层次的诗歌创作中所用到的大致相当。些许的洞察力、准确性和渲染技巧，就足以让人适合这一任务，只要他在需要时能加以运用即可。"他接着还提到了17世纪法国人皮埃尔·培尔（Pierre Bayle）的《历史词典》，并称之为一本对喜好传记的人"非常有用的著作"。[1] 可是，正是在这本书里，培尔却就历史写作发表了一番与约翰逊大相径庭的见解：

一般来说，写历史是一个作家所能涉猎的最具难度的创作，或者说是

1　詹姆斯·鲍斯维尔：《塞缪尔·约翰逊传》（James Boswell, *Life of Samuel Johnson, LL. D.*），伦敦1791年版，第1卷，第231页。

最难的一种。它要求有超常的判断，有高贵、清晰而简洁的风格，有
出色的道德感，要完全笃诚正直，要有许多极好的资料，并有将它们
安排得井然有序的技巧；最重要的是，要有抵御宗教狂热本能的力量，
而这种本能会怂恿我们排斥（cry down）我们认为真实的东西。[1]

在这里，培尔不仅阐明了历史写作的难度和特殊性，而且就治史者的修养
和技艺提出了很高的标准。在他看来，历史写作比文学创作要难得多，做
一个历史学家绝不是一件轻松容易的事。

　　其实，比培尔早生近一千年的唐人刘知几，就对这个问题发表过系统
而深刻的看法。刘知几主持国史编修长达二十余年，写成一部中国最早的
系统的史学理论著作《史通》，可谓深得史学"三昧"。当有人问及何以
古来"文士多而史才少"时，他的回答是：史家必须具备"才、学、识"
三方面的素质；有"学"无"才"，正如家有资产而不善经营，不能生财；
有"才"无"学"，又恰似能工巧匠没有材料和工具，也造不出房屋；再
则，史家还须有正义感，敢于肩负道德责任；能集这些条件于一身的人自
然不多，"故史才少也"。[2]这就是常说的"史家三长"之论。

　　后世学者对"史家三长"的含义有不同的理解，说法并不完全一样。
清代学者章学诚说："义理存乎识，词章存乎才，征实存乎学，刘子玄所
以有三长难兼之论也。"[3]按照他的说法，"识"是阐释历史的意义、提出独
立见解的能力，"才"集中表现为写作水平，而"学"则是史家个人所掌
握的知识和资料的总量。关于"识"和"学"，他的见解可能得到了公认，
发生分歧的主要是对"才"的界定。梁启超大体上接受章学诚的意见，称

1　转引自海登·怀特：《元史学：19世纪欧洲的历史想象》（Hayden White, *Metahistory: The Historical Imagination in the Nineteenth-Century Europe*），巴尔的摩1973年版，第49页。

2　刘昫等：《旧唐书》，中华书局1975年版，第10册，第3173页。

3　章学诚：《章学诚遗书》，文物出版社1985年影印，第33页。

"史才"为"作史的技术"，也就是"文章的构造"，具体包括材料及文章的"组织"和"文采"两个方面。[1] 钱穆对"史才"则有不一样的看法，强调研究问题的能力，认为"贵能分析，又贵能综合"，乃是"才"的突出表现。[2] 他们两人的说法各有侧重，如果合起来似乎就比较全面："史才"就是研究和写作的能力。清末朱一新谈到，"考证须学，议论须识，合之乃善"；[3] 魏源批评《元史》的纂修者，称其"有史才而无史学、史识，八月成书，是以疏舛四出"。[4] 可见，他们都同意刘知几的"史家三长"说，认为才、学、识三者彼此联系，相得益彰，只有集于一身的治史者，才能称得上"良史之材"。换言之，一个人如果不具备相当的禀赋，不积累丰厚的学识，不掌握特定的技艺，就难以成为出色的史家。

诚然，历来论及治史的人，大都认为"三长"难以兼备。章学诚说："才、学、识三者，得一不易，而兼三尤难。千古多文人而少良史，职是故也。"[5] 一部中外史学史，似乎也给这种说法提供了颇有说服力的佐证：令人折服的史学大师寥若晨星，学识精湛而优美可诵的史学著作确乎是凤毛麟角。不过，才、学、识也应有层次之分，把标准定得过高，符合的人自然就寥寥无几。如果只求在三方面达到一定的程度，那也就并不是可望而不可即的。章学诚还说：

> 由风尚之所成言之，则曰考订、词章、义理；由吾人之所具言之，则才、学、识也；由童蒙之初启言之，则记性、作性、悟性也。考订主于学，辞章主于才，义理主于识，人当自辨其所长矣。记性积而成

1　梁启超：《中国历史研究法》，东方出版社1996年版，第177—182页。

2　钱穆：《中国历史研究法》，生活·读书·新知三联书店2001年版，第12页。

3　转引自余英时：《历史与思想》，联经出版事业公司1976年版，第2页。

4　魏源：《拟进呈元史新编表》，载魏源：《元史新编》（慎微堂刊本），文海出版社影印（年代不详），第1册，第1页。

5　章学诚：《章学诚遗书》，第40页。

学，作性扩而成才，悟性达而为识，虽童蒙可与入德，又知斯道之不远人矣。[1]

照这样看来，一个人只要注意开发自己的禀赋，苦学深思，不断练习，逐渐提高，就完全可以具备研究历史的基本素质和才能。

良好的天赋当然是可遇不可求的有利条件，一个人若在记忆、理解、想象、文辞各个方面都超出常人，其成才的道路自然要顺畅得多。可是经验表明，单凭天赋还不足以成为"良史"。训练、实践和勤奋同样十分重要。前辈学者总是提醒后学，要趁年轻多下苦功，"打好基础"。中国古代史专家赵光贤谈到，研究历史，"首先要做好充分的准备工作，也就是要打好基础"。他所说的这种"准备工作"或"基础"，包括理论修养、古汉语能力、目录学和校勘学知识。[2]古典文学专家程千帆对治学的"基本功"做过更具理论色彩的界定：一是本学科的基础知识；二是本学科的基本材料；三是本学科的基本研究手段；四是本学科的基本操作规程。[3]如果将他们两人的说法结合起来，我们就能比较完整地看到治学"基本功"的内涵：丰富而可靠的专业知识，深厚而坚实的理论修养，广博而详赡的材料占有，精纯而实用的方法技艺，严谨而得当的学术规范。初学者只要沿着这个方向用功，就不愁不能逐步接近"良史"的目标。

人年轻时是"打基础"的最佳阶段，这是常识，但要做到却并不容易。这个时期人精力旺盛，吸收力强，倘若全力以赴，无疑能够为今后的学术发展练就扎实的"基本功"。可是，年轻人也容易耽于幻想，难以抵御各种诱惑，以致把持不定，虚掷时光。所谓"少壮不努力，老大徒伤

1　章学诚：《章学诚遗书》，第85页。

2　赵光贤：《中国历史研究法讲话》，《历史教学》，1982年第2期，第32—37页。

3　程千帆：《治学小言》，齐鲁书社1986年版，第50页。

悲"，似乎不仅仅是提醒年轻人趁早用功的一个警句，而更像是许多"过来人"的心酸体会。另外，治史者还需要长期积累和终身磨砺，即使是有成就的学者，也须不断学习，以改善素质，增进学力。如果一头扎进自己的专业领地，成年累月只知道做课题、找材料和写文章，而忽略修养的提高，似乎也难以成为学问大家。古语说"文章老更成"，史家的学问来自不舍涓埃的长期积累，同时还要通过较长的时间来检验。

归根结底，才、学、识三者的结合，方构成史家的综合素养。治史者探究一个历史问题，实际上是面对一个遥远而陌生的世界，只能依靠一些蛛丝马迹来探知过去的"真相"，如果没有渊博的知识、丰富的想象和高明的技艺，如果没有博大的人文情怀和打通古今的魄力，就难免感到束手无策。另一方面，史家毕竟又是生活在现实中的普通人，其研究不可能完全排除个人的情感和成见，也无法抹去所处的时代和社会在其精神上打下的印记。因此，为获得可靠而可信的历史知识，史家不得不面对许多难题，需要处理各种复杂的关系。如果没有很高的综合素养，也很可能举步维艰。除此之外，综合素养的高低，还会直接影响到方法的选择和运用，并最终反映在论著的学术水准上。关于综合素养的重要性，美国治中国史的名家史华慈在1964年说过一段值得玩味的话：

> 最根本的一点是（话虽陈旧，但说的是实情），一个人无论是什么学科背景，他的整体文化素养（或者说他的"整个教育"）越广博，越深厚，他就越愿意调动他所拥有的一切才智来作用于他正在探讨的课题。这种才智不论是否来自其学科的"方法论"，都能够增加他说出有意义的东西的可能性。相反，如果用独立自足的（self-contained）"模式"或"体系"来狭隘地看待某个孤立的"学科"，并将它机械地运用于一种文化（无论是当代的还是"传统的"），而一个文化修养有限的人对这种文化的任何其他方面又没有做过什么研究，就会导致没

有创造性的，甚至是荒谬的结果。[1]

史华慈在这里强调的是，治史者不能只顾引进其他学科的理论和方法，而忽视整体的文化修养，否则理论和方法也难以发挥作用。他当然不是说，方法对于治史是无足轻重的。史学早已成了一个专业，但凡专业都有自己的专门方法。[2] 不过，不同时代的史学，在方法上自有不同的特点；历代史家对方法及其意义的看法，也不完全一致。

在美国研究中国史的知名学者余英时，基于中国近代史家的经验，认为史学方法主要有两个不同层次的含义：一是把它"看作一般的科学方法在史学研究方面的引申"，如"大胆假设，小心求证"之类；二是"指各种专门学科中的分析技术，如天文、地质、考古、生物各种科学中的具体方法都可以帮助历史问题的解决"。[3] 他没有提到史学所特有的方法。事实上，史学方法也是由一般思维方法和特殊专业方法所构成的，两者相辅为用，缺一不可。当然，也有一般思维方法与史学特性相结合而发生转化，变成了专业方法。另外，史学在方法上历来具有很大的开放性，史家向来重视吸收其他学科的方法，以补充、完善治史的工具和手段。不过，如果说史学拥有自己的方法论体系，那么在这个体系中居于核心地位的应是专业方法，因为没有专业方法，其他方法就会失去依托，也难以发挥效用。

但也有学者否认史学有独特的方法。法国学者保罗·韦纳在《怎样写历史：方法论》一书中谈到，史学"只是一种真实的叙述"；它没有方法，"是因为没有特殊要求：凡叙事真实就能满足要求"。他甚至断言，"自从

---

[1] 史华慈：《"学科"拜物教》（Benjamin Schwartz, "The Fetish of the 'Disciplines'"），《亚洲研究学报》（*The Journal of Asian Studies*），第23卷，第4期（1964年8月），第537页。译文参见陈启云：《关于思想文化史研究》，《开放时代》，2003年第6期，第42页。

[2] "方法"和"方法论"是两个既有联系又有区别的概念。"方法"即研究中使用的技艺，而"方法论"则是关于方法的认识，是对方法的理论阐述。

[3] 余英时：《论士衡史》，上海文艺出版社1999年版，第443—445页。

希罗多德和修昔底德以来，历史研究方法并没有取得什么进步"。[1] 这种说法如果不是夸张，就很可能是妄断。依常识来说，史学如果没有自己的方法，何以成为一门单独的学问呢？史学经历了数千年的演化，在方法上又怎么可能毫无发展呢？美国学者海登·怀特写道：

> 历史学家在传统上认为，历史研究既不需要一种特定的方法论，也不需要特殊的知识装备。通常所说的历史学家的"训练"就大部分来说包括学习几种语言，熟练的档案工作，和一些固定的练习以便熟悉该领域的标准参考书和杂志。此外，关于人类事务的一般经验、边缘领域的阅历，自制能力和健康的身体，就是所需要的一切了。任何人都能很容易地满足这些要求。[2]

他没有说明这种看法具体来自何处，也无从知晓持这种"传统"看法的"历史学家"究竟是哪些人。假若真如他所言，史学史上的大师就不会这样地为数不多。不过，治史者历来不喜欢抽象地谈论方法，他们通常是从研究的实践中学会和掌握了方法，这就不免给外人造成一种错觉：似乎治史不太倚重方法。

另外还有"史无定法"之说。中国经济史学者吴承明说：

> 我主张"史无定法"。研究经济史，唯一根据是经过考证的你认为可信的史料，怎样解释和处理它，可根据所研究问题的性质和史料的可能性，选择你认为适宜的方法，进行研究。不同问题可用不同方法；

1　转引自保罗·利科：《法国史学对史学理论的贡献》（王建华译），上海社会科学院出版社1992年版，第69—70、76页。

2　海登·怀特：《历史的负担》，载海登·怀特：《后现代历史叙事学》（陈永国、张万娟译），中国社会科学出版社2003年版，第50页。

> 同一问题也可用多种方法来论证，结论相同，益增信心，结论相悖，可暂置疑。[1]

他还谈到，"史无定法，自然科学、社会科学的方法都可有选择地用于历史研究，特别是用于实证"。[2] 从这些话可以引申出四点看法：第一，史学方法是多元的，不存在"唯一科学"或"唯一正确"的方法；第二，离开研究的实践来谈论方法并没有什么意义，方法的选择和运用必须考虑具体问题和材料的要求；第三，史学方法是开放的，可以根据研究的需要而吸收其他学科的方法；第四，史家在研究中采用什么方法，不一定有明确的自觉意识，正如画家创作一样，运用什么技法，通常受到表现需要和作画情绪的支配。的确，用多元论和开放性的眼光看待史学方法，大体上已成为当今史家的共识。再者，方法本身也难有高下好坏之分，差别主要在于它是否同问题和材料相匹配，以及运用是否得当。

有经验的学者还经常提醒初学者：不可迷信方法。[3] 他们或许说，司马迁并非先研究一通史学方法，才着手写《史记》。还有人会说，一个优秀史家的诞生，靠的不是方法，而是才能；不是材料，而是对材料的运用。这些说法固然可从前人治史的成功经验中得到印证，但并不能说明方法对于历史研究是可有可无的。司马迁的先辈担任朝廷史官，其本人长期随父司马谈读书习史，其中或许包含方法的训练。民国学者何炳松在《历史研

1　吴承明：《经济史：历史观与方法论》，《中国经济史研究》，2001年第3期，第13页。他在此前的《中国经济史研究的方法论问题》（《中国经济史研究》，1992年第1期，第3页）一文中曾提及类似看法。

2　吴承明：《经济史研究的实证主义和有关问题》，《南开经济研究》，2000年第6期，第19页。

3　美国学者戴维·费希尔反对"对方法论的迷信"，他认为，任何方法都不能离开具体事物而单独存在，方法只能通过运用来证明其存在，世界上并没有什么"The Method"（意即唯一的、永恒的方法）。他还引用马克斯·韦伯的话说，方法作为富有成果的智力工作的先决条件，其程度不会超过剖学知识作为"正确"行走的先决条件。参见戴维·费希尔：《历史学家的谬误：寻求历史思想的逻辑》（David H. Fischer, *Historians' Fallacies: Toward a Logic of Historical Thought*），纽约1970年版，第xx—xxi页。另，李思纯在《史学原论》的"译者弁言"中也有类似说法："夫方法论为肤浅之物，非学术本身，何曾足取。"朗格诺瓦、瑟诺博司：《历史研究导论》（李思纯译），中国人民大学出版社2011年版，第5页。

究法》的序言中谈到，"专门名家之于其所学，或仅知其然而终不知其所以然，或先知其然而后推知其所以然"，这是"中西各国学术上之常事"。[1]这种情况的确常见于史学专业化以前的时代，但自19世纪中期以降，欧洲史家的方法论自觉不断增强，关于研究方法的著述纷纷问世，对学生的方法论训练也进入了大学的课程体系。[2]这表明，无论对个体的学者还是对整个学科来说，方法论自觉都是学术成熟和具备反思性的表现。在当今专业化史学高度发展的时代，初学者尤其应当知晓治史的基本方法，并着意培养自己的方法论意识。这不仅是治史的初阶，而且也是取得学术成绩的重要条件。

当然，要掌握历史研究的方法，并不能单纯依赖史学方法教程。史学方法的最大特点在于其典范性、经验性和实践性。方法不是可以拿来就用的现成工具，它只有被人理解和掌握以后才能发挥功效。因此，方法说到底是一种个体性的素质。方法主要不是栖身于方法论教程里面，而是潜藏在众多学者的治史实践和典范论著当中。观察成名学者的治史经验，阅读高质量的史学论著，并结合自己的研究实践加以琢磨，乃是参悟治史方法的最佳途径。最末一条尤为重要，因为历代学者通常都是在研究实践中了解和掌握方法，初学者唯有自己读书，找材料，写文章，方能逐渐懂得如何运用专业技艺。只看方法论指南，自己不动手做研究，是绝不可能真正领会史学方法的。

而且，治史是一种复杂而微妙的智性活动，运用什么方法，以及如何运用方法，有时难免带有"只可意会、不可言传"的特点。我们探讨一个问题，在选择和运用方法时，可能有自觉的意识，也可能仅凭某种潜在的感觉。在研究某个问题时使用某种方法，可能收效甚好；但在另一个课题的研究中使用同样的方法，结果也许不甚理想。再者，不同的研究者处理

1　何炳松：《历史研究法·历史教授法》，上海古籍出版社2012年版，第4页。
2　参见朗格诺瓦、瑟诺博司：《史学原论》（余伟译），大象出版社2010年版，第2—6页。

相同的问题，可能会选用不同的方法。更重要的是，方法的运用总是与史家个人的才华、修养、见识乃至气质联系在一起的，越是精妙的方法，就越难以言状；越是优异的史家，就越不愿轻易谈论方法。

当然，古今中外的学者对于史学方法也并非未置一词。实际上，史学方法论读物为数不少，大体可以分成两类，一类侧重从理论上阐述方法，另一类则结合治学实践来谈技巧和经验。第一类书籍大多出自史学理论和历史哲学的专家之手，以理论性和思辨性见长，有些还显得抽象而玄奥。例如，有一种苏联学者的方法论著作，把历史哲学、史学理论和研究方法糅合在一起，并对"方法论"和"方法学"加以区分。[1] 这类论著与治史的实际可能有一定的距离，读过以后也许只对一些概念留有模糊的印象。专业史家一般不喜欢泛泛地讨论方法，而他们的回忆录和治学经验谈，往往能给人很多方法论的启迪。他们所谈通常是个人的经验体会，或许缺乏"理论深度"，但对初学者来说，其意义可能不逊于系统的理论。有的史家自称是"手艺人"，[2] 而杰出史家就成了"精通本行手艺的大师"（masters of our craft）。[3] 手艺自然可以揣摩和习得。初学者温习前人的经验，由老师指导而进行研究的尝试，以此了解和学习治史的手艺，其收获肯定要大大超过研读方法论书籍。

研究历史不仅要讲究修养和方法，还须遵循一定的规范。古人所谓"绳墨"和"类例"，就含有规范的意思。章学诚说："迁、固极著作之能，向、歆尽条别之理，史家所谓规矩方圆之至也。"[4] 他讲的"规矩方圆"，是

1　E. M. 茹科夫：《历史方法论大纲》（王璠译），上海译文出版社1988年版。

2　美国历史学家格尔达·勒纳称历史学家为"技艺高超的男女手艺人"。格尔达·勒纳：《历史学的必要性与职业历史学家》（Gerda Lerner, "The Necessity of History and the Professional Historian"），《美国历史杂志》（The Journal of American History），第69卷，第1期（1982年6月），第20页。

3　亨利·阿比拉弗等编：《历史的视野》（Henry Abelove, et al., eds., Visions of History），纽约1983年版，第118页。

4　章学诚：《章学诚遗书》，第552页。他在这段话里提到的四个人分别是司马迁、班固、刘向和刘歆。

指古代的治史规范，与今天所说的学术规范并不完全一样。自20世纪80年代末期以来，关于学术规范的讨论取得了明显的进展，学者的学术规范意识越来越浓厚，识别和防范"学术腐败"的机制也越来越健全，对于推动中国学术走向"常规状态"大有裨益。学术规范相当于学术界的"法律法规"，但又不能借助立法程序以一蹴而就地制定，而只能在学术界的反复商讨和不断实践中逐步形成和完善，并唯有通过学者的自觉遵守才能显出功效。学术规范建设当然不纯粹是学者的事情，还牵涉到思想观念、社会环境、学术制度等多方面的问题。

学术规范一般由学术通则和具体学科规范所构成。初学者在接触治史的规范时，需要恰当把握两者之间的关系，既要遵循学术研究的共通原则，又须重视史学所独有的范式和技术性要求。尤其需要说明的是，治史的最大特点就是讲究材料和根据，因而史学论著通常引文重叠，注释繁复；这一点往往引起外人的误解和讥诮，似乎史家生有"掉书袋"的癖好，著史无异于做资料汇编。偶有专业史家对此也认识模糊，怀疑引文重叠和注释繁复的必要性，甚至将史书疏远普通读者之弊归咎于引文和注释过多。从学术规范的角度来说，取消或限制引文和注释，实际上等于摧毁史学的学科特性。正是由于引文繁多、注释详尽这一特点，史家才有必要格外讲究引文的处理和注释的体例。

总之，怎样才能成为一个出色的治史者，这不仅是初学者关心的事情，也是每一个专业史家要用一生的努力来求索答案的问题。从学者自身着眼，深厚的学养、纯熟的技艺和严谨的规范，无疑是取得卓著成就的必备条件。至于如何才能具备这三方面的条件，在中外史学史上都找不到一用就灵的秘诀，而需要学者凭借自己的才华和苦功，通过不断的学习和实践，逐渐摸索出一条适合自己的路径。有人说作家和哲人大多不是训练出来的，靠的主要是天赋和秉性；而史家的成长则不仅离不开天赋和秉性，还需要接受严格的训练，以掌握专门的技艺，熟悉治学的规范。只不过，这种训练的完成，不能单凭老师的"教"，而必须依靠学生自己来"学"。[1]
初学者若能孜孜不倦地读书，深入透彻地思考，刻苦勤奋地实践，就不难
步入治史的门径。

1　参见 G. R. 埃尔顿：《历史学的实践》（ G. R. Elton, *The Practice of History* ），牛津 2002 年第 2 版，第 148—149 页。

第一章　史学的特性

　　不论从事什么学科的研究，对于这个学科的特点，对于自己工作的性质，多少都应当有一些了解。在其他一些学科，虽然研究者对本学科的内涵和性质并非漠不关心，但他们很少纠结于本学科"是什么"这一类问题，更没有像史学界一样，反复就"历史学是什么"掀起热烈的讨论。历史哲学家和专业史家都曾为此花费不少笔墨，但至今仍未取得一致的意见。近几十年来，欧美史学颇受后现代主义思潮的冲击，这个话题再度成为讨论的热点，由此出现多种不同的新说。反复纠缠于这样一个"入门"话题，难免使初学者感到费解和沮丧；不过，这也说明史学可能确实具有某种复杂性和特殊性。初学者既有志于治史，就有必要明了史学的特性以及它在现代知识体系中的位置，这对于理解和奉守专业主义原则，选择适当的研究路径，掌握基本的研究方法和规范，或许是一件不可缺少的准备工作。

一、专业化之路

　　史学乃是一门古老的学问，在中国如此，在欧洲和世界其他一些地区也是这样。中国不仅历史悠久，还拥有源远流长的史学传统；[1] 在欧洲，只有史学、数学和天文学在成为制度性的学科以前，就已经独立存在了两千多年。[2] 而且，史学还孕育了其他一些新的学科，因而有"母学科"（mother-discipline）之称。[3] 但是，史学作为一个专业化的生产和传播历史知识的学科，又是相当年轻的，与众多后起的学科并没有多大的分别。在知识体系和教育制度中，史学长期没有独立的身份，写历史的人大多是业余爱好者。换言之，史学长期只是一门学问，而不是一个学科。史学的专业化（professionalization）或学科化（disciplinization），最先在19世纪出现于欧洲，进入20世纪后逐渐扩散到世界其他地方。我们今天所熟悉的专业理念、专业规范和专业技艺，大多也是在专业化过程中或专业化完成以后才逐渐形成的。

中国自上古便有史籍留传，而史之为学，则是汉代以后的事。古代史官的主要工作，是记录上层当权者的言行，所谓"君举必书"，"言则左史书之，动则右史书之"。[4] 但记史不等于治史，史官也不完全是历史学家。他们所留下的记述，自然就不能算作史学论著，而只是刘知几所说的"当时之简"。[5] 在史学的形成中，司马迁和班固厥功甚伟。清人钱大昕评论说："太史公修《史记》以继《春秋》，其述作依乎经，其议论兼乎子，班氏父子因其例而损益之，遂为史家之宗。"[6] 不过，在司马迁和班固生活的时代，

---

1 关于"史学"作为一个概念在中国史学史上的形成和演变，参见瞿林东：《中国史学史纲》，北京出版社2000年版，第7—12页。

2 西奥多·哈默罗：《关于历史学和历史学家的思考》（Theodore Hamerow, *Reflections on History and Historians*），威斯康星州麦迪逊1987年版，第45页。

3 罗尔夫·托斯滕达尔：《史学专业主义的兴起和传播》（Rolf Torstendahl, *The Rise and Propagation of Historical Professionalism*），纽约2015年版，第5页。

4 魏征等：《隋书·经籍志》，中华书局1973年版，第4册，第904页。《礼记·玉藻》作"动则左史书之，言则右史书之"。语见陈澔注：《礼记集说》，收入《四书五经》，北京古籍出版社1995年版，下卷，第827页。

5 刘知几撰，浦起龙释：《史通通释》，上海古籍出版社1978年版，第325页。

6 钱大昕：《史记志疑跋》，载梁玉绳：《史记志疑》，中华书局1981年版，第1册，第1页。钱大昕以"经"和"子"为参照来评论《史记》，正好可以作为史学尚未独立的一个旁证。

史学还没有被当作一个独立的知识门类。《汉书·艺文志》梳理古代学术源流，依循刘向、刘歆父子把《史记》归入"春秋"的先例，将多数史籍列在"春秋"名下，而未专设史学一目。[1] 三国时魏人荀勖作《中经》，把书籍分成甲、乙、丙、丁四部，史籍归入丙部，取得了独立的地位。东晋人李充整理各类书籍的目录，调整了乙、丙两部的位置，将史籍置于经书之后。到梁元帝时，已有"经、史、子、集"四部的名目。[2] 这反映了魏晋时期"经史"分离、史学独立的实际。[3]《隋书·经籍志》依例而行，用经、史、子、集"总括群书"，以史部居次，进一步肯定了史学地位的上升。《隋书·经籍志》史部所列著作817部，共13264卷；若包括亡佚书籍，则卷帙更为浩繁。[4] 从东汉到唐初，民间史家也为数众多，富有文学修养的文人撰史成风，即便官书正史，也多由文人主笔，史官的地位随之下降。从唐朝开始，国家控制正史的编纂，官修国史成为定制。唐宋是古代史学成就十分突出的一个时期，不仅史书的纂修富有成绩，而且在体例与理论上也有新的变化，专业技艺和规范随之发展。但严格来说，修史并不是今天意义上的历史研究，古代史学和现代史学之间，在内涵、范式、材料、方法和旨趣各个方面，均有许多的不同。

及至清代，史学的专业技艺和治学规范又有新的进展。日本学者内藤湖南对清人章学诚颇为推重，赞许其著作"寓意深刻"，对史学的原理、原则有着独到的思考。[5] 梁启超则径直称章学诚为"集史学之大成的人"。[6] 在一定意义上，章学诚的思想昭示了史学专业化的前景。他张扬史学在知识体系中的特殊地位，强调史家要有独立见解，称治史重在阐释历史的意

1　班固：《汉书》，中华书局1962年版，第6册，第1712—1715页。

2　参见余嘉锡：《目录学发微》，中国人民大学出版社2004年版，第146、150、151页。

3　参见胡宝国：《汉唐间史学的发展》，商务印书馆2003年版，第30—34页。

4　魏征等：《隋书·经籍志》，第4册，第992页。

5　内藤湖南：《中国史学史》（马彪译），上海古籍出版社2008年版，第370—379页。

6　梁启超：《中国历史研究法》，第328、329—331页。

义，即"作史贵知其意，非同于掌故，仅求事文之末也"。[1]不过，章学诚的言论既不见重于当世，也颇受后来学者的贬抑。[2]相对而言，清代学者的治学实践，对史学的专业化是一种更直接的推动。梁启超对清代所谓"正统派"的学术特色做了总结，推许这些学者的专业意识，肯定他们在学术规范和研究方法上的建树。梁启超认为，这些学者"喜专治一业，为'窄而深'的研究"；"凡立一义，必凭证据"，"孤证不为定说"，反对"隐匿"或"曲解"证据，并重视比较研究；对前人学说加以"明引"，以"勦说"为"不德"；为学喜相互商讨辩难，在争鸣时则"词旨务笃实温厚"，"尊重别人意见"；"文体贵朴实简絜"。[3]照此说来，清代前期的史学已初步具备专业主义精神。[4]不过，中国史学并未在清代完成专业化，这个进程的最后几步，是民国时期在欧美史学的推动下走完的。

欧洲史学起源于远古的传说和歌词，到了希罗多德和修昔底德的时代，开始出现整理史实、组织叙事、探讨原因的意识、规则和技巧。[5]不过，在此后漫长的岁月中，史学一直笼罩在哲学、文学和神学的影子里，虽然编年史书为数不少，但治史的规范和技艺，与古希腊罗马时期相比，并没有明显的发展，史学的学术特性尚未形成。史学和其他知识门类之间没有明确的界线，尤其是与哲学、科学、文学、艺术和神学纠缠不清。18世纪的伏尔泰仍把史学视为哲学；到19世纪，英国史家托马斯·麦考莱

1　章学诚：《章学诚遗书》，第29—30页。

2　近世有人对章学诚的学问见识颇有微辞。章太炎曾抨击章学诚立论悖谬，为学粗率，误导学者。另据牟润孙回忆，陈垣称章学诚为"乡曲之士"，读书少而好发议论。参见章太炎：《与人论国学书》，载《章太炎全集》，上海人民出版社1985年版，第4册，第353—354页；牟润孙：《励耘书屋问学回忆》，载陈智超编：《励耘书屋问学记——史学家陈垣的治学》，生活·读书·新知三联书店1982年版，第89—90页。

3　梁启超：《清代学术概论》，东方出版社1996年版，第44页。

4　关于清代学者在方法与材料上的特点及其局限的评论，参见王汎森：《中国近代思想与学术的系谱》，河北教育出版社2001年版，第346—347页。

5　参见J. W. 汤普森：《历史著作史》（谢德风、孙秉莹译），商务印书馆1996年版，上卷，第1分册，第27—45页。

（Thomas Macaulay）还有心与时髦小说家一争高下。[1] 美国学者查尔斯·比尔德曾说："历史学已有各种叫法：一门科学，一种艺术，一种神学的例证，一种哲学的面相（phase），一个文学的分支。"[2] 史学名号繁多，归属不定，正说明它在学术上还没有取得确定的身份。作为史学主体的史家，不仅不具独立的职业身份，而且自觉或不自觉地把史学当作政治、道德或娱乐的工具。

在欧洲史学成为独立的专业学科的过程中，法国和德意志的学者扮演了重要角色。"博学时代"的法国学者，在史料、领域、方法和学风各个方面，都对史学的发展大有推动。[3] 英国史学史名家乔治·皮博迪·古奇特别推崇德国的巴托尔德·乔治·尼布尔（Barthold Georg Niebuhr），称赞"他把处于从属地位的史学提高为一门尊严的独立科学"。[4] 利奥波尔德·冯·兰克（Leopold von Ranke）更是功不可没。他不仅发展了尼布尔考订史料的方法，而且构筑出一套史学的研究范式：强调事实的确定性、细节的精确性和当时人记述的权威性，反对将个人情感和偏见掺杂在历史解释之中。这样就使史学同传说、文学及哲学彻底分家。兰克的主要著作《教皇史》以"客观叙述"和"资料丰富"而闻名，[5] 而兰克的学术也成为19世纪史学专业化时期欧洲史家的典范。及至20世纪初年，德国史学界围绕卡尔·兰普勒西特（Karl Lamprecht）的《德国史》展开讨论，对兰克的史学范式发起挑战。兰普勒西特本人主张打破以国家为中心的历史编纂模式，拓展研究视野，向社会科学靠拢，以建立"新的历史科学"。[6] 这种呼

1　汤普森：《历史著作史》，下卷，第3分册，第404—405页。

2　查尔斯·比尔德：《著史系出自信念的行动》（Charles A. Beard, "Written History as an Act of Faith"），《美国历史评论》（The American Historical Review），第39卷，第2期（1934年1月），第219页。

3　参见汤普森：《历史著作史》，下卷，第3分册，第1—77页。

4　乔治·皮博迪·古奇：《十九世纪的历史学与历史学家》（耿淡如译），商务印书馆1989年版，上册，第92页。

5　古奇：《十九世纪的历史学与历史学家》，上册，第190页。

6　参见格奥尔格·伊格尔斯：《二十世纪的历史学：从科学的客观性到后现代的挑战》（何兆武译），辽宁教育出版社2003年版，第35—36页。

声在德国受到正统派的压制，却得到一些美国学者的响应。随后，多国史学界出现了史学社会科学化的趋势。

欧美史学的专业化，受到很多有利因素的推动。在一定程度上可以说，史学作为学科的独立地位，是在现代大学里取得的。在大学教育的发展中，知识专业化的趋向随之而兴，史学也因缘际会地汇入了这一潮流。知识的专业化，与职业学者队伍的形成同步行进，而大学教师正是其中的主力军。用一位美国学者的话说，"史学的专业化，意味着历史学家由绅士学者向教师学者的逐渐转变"。[1]大学历史教师增多，自然与专业历史课程的设置大有关系。在19世纪以前，欧洲大学的历史教育并不独立，通常只是其他课程的附属物，如在法学课程中讲授法律史，在神学课程中涉及宗教史，在哲学课程中添加世界史，专门的历史课程则相当少见。从19世纪初开始，欧美一些大学设立史学教席，纷纷开设单独的、正规的历史课程，为学者提供了可以安身立命的职位，职业史家遂得以登台。他们成立历史学协会，创办专业刊物，定期或不定期地举行学术会议，确立专业的规范和标准，行使专业评价的权利，形成有形或无形的专业共同体（the professional community）。[2]这表明，专业史家不仅成为受雇而取酬的职业人员（不同于以往作为官员的书记官或修史者），而且结成基于身份意识而彼此认可的专业圈子。[3]同时，专业史学还着手解决代际传承的问题，形成了专业训练的体制和方式。19世纪30年代，兰克汲取此前辩论会和讨论课的经验，起初在他家里与有志于治史的年轻学人举行非正式的讨论会，后来逐渐发展成正规的"史学研讨班"教学模式，着重训练学生解读中世纪史料和进行历史分析的技能。随后几十年里，从兰克的"史学研讨班"走出了一大批知名的学者，活跃于欧美多国的史学界。19世纪下半叶，这种

1　哈默罗：《关于历史学和历史学家的思考》，第41页。

2　海登·怀特：《元史学》，第136页；哈默罗：《关于历史学和历史学家的思考》，第40页。

3　托斯滕达尔：《史学专业主义的兴起和传播》，第7页。

学术训练模式也传入其他国家，遂成为培养史学后进的有效方式。[1]

专业史学的成长离不开原始资料的发掘和利用。欧美第一代专业史家可谓生逢其时，18世纪以来，公私档案等文献资料不断增多，逐渐形成保管、整理和公开利用档案的制度。在宗教改革时期，大量教会掌握的手稿和文件流入市场，激发了民间收集和整理史料文献的热情。建于1753年的大英博物馆，一开始就很重视手稿的收藏。19世纪欧洲诸国相继设立国家图书馆，致力于收集和保存各种私人手稿。1821年法国创办文献学院（Ecole des Chartes），1838年英国设立公共档案局（Public Record Office）。同一时期，欧美多国的史料整理和出版工作也呈突飞猛进之势。德意志的亨利希·施泰因男爵（Heinrich Friedrich Karl Stein）发起编辑《德意志史料集成》；美国学者编辑、整理和出版大量联邦和各州档案及历史人物的文集。公共图书馆、档案馆不断增多，利用愈益便利。这些机构不仅开放其收藏，而且设有专门基金资助学者前来研究。

史学作为一个专业学科，也开始具备整套的专业技艺、专业规范和专业标准。欧洲古代史家大多擅长叙述和描写，这与文学技艺没有根本的差别；史家固然也大量利用文献材料，但对材料缺乏鉴别考订，其中往往混杂传说和逸闻，穿凿附会之事也司空见惯。16世纪以后，治史者的方法论意识趋于增强，法国人冉·波当在1566年推出《史学方法指南》。[2]及至18、19世纪，批判地处理史料的方法不断完善，原始材料的核心地位得到确认，"如实直书"的写作原则大行其道。另外，古文书学、年代学、考古学、金石学、校勘学和历史地理学等学科迅速发展，为治史提供了不少辅助工具。1786年，威廉·琼斯（Sir William Jones）对梵文的研究取得开创性进展；1824年，商博良（Jean François Champollion）公布了破解象形文字的成果；1837年，罗林森（Sir Henry Creswicke Rawlinson）的楔

1　托斯滕达尔：《史学专业主义的兴起和传播》，第86—90页。
2　汤普森：《历史著作史》，下卷，第3分册，第4页。文中提到的"冉·波当"，通译"让·博丹"。

形文字研究也有重大突破。19世纪中后期，德意志史家兰克、德罗伊森等人，对于历史研究方法也有较多的思考。到19世纪末20世纪初，关于史学史的反思和史学方法的讨论蔚然成风，有关书籍纷纷问世，广为流布。其中较为著名的有E. 伯恩海姆（Ernst Bernheim）的《史学方法指南》（*Lehrbuch der historischen Methode*，1889年）、夏尔·朗格卢瓦（Charles-Victor Langlois）和夏尔·塞尼奥博斯（Charles Seignobos）合写的《历史研究导论》（*Introduction aux études historiques*，1898年）。[1] 随着史学专业主义的兴起，专业评审的机制和专业准入的规则也逐渐成形，学术共同体掌握和行使学术评价的权力，有权威来判定何为规范的研究，何为有价值的成果，何为可靠的历史知识。

在20世纪初年，欧美史学随着"西学东渐"的潮流渗入中国，直接推动中国史学专业化的完成。在此之前，专攻史学的人为数不多，一般学者都兼通经史文艺；即使主攻史学的人，通常也没有固定的研究领域。随着现代大学陆续建立，学者被纳入大学体制，职业性的学术于是有了存在的依托。同时，政学分离、学术独立也成为一种呼声，为学术的专业化做了舆论的铺垫。[2] 据钱穆观察，"民国以来，中国学术界分门别类，务为专家，与中国传统通人通儒之学大相违异"。[3] 这种令他颇为不满的状况，正是学术专业化的征象。各大学竞相仿效欧美经验，纷纷设立历史专业，为职业史家提供"安身立命"之所。其中，北京大学、清华学校（大学）的历史专业渐具规模。1928年10月，中央研究院历史语言研究所成立。各类史学刊物也相继创刊，成为展示专业化史学的平台。在大学执教的史家，便有条件从事陈垣所主张的"窄而深"的研究。[4] 这种"窄而深"学术，正是专

1　马莎·豪厄尔等:《源自可靠的资料：史学方法导论》（Martha Howell and Walter Prevenier, *From Reliable Sources: An Introduction to Historical Methods*），纽约州伊萨卡2001年版，第70页；托斯滕达尔:《史学专业主义的兴起和传播》，第109—122页。

2　参见陈平原:《中国现代学术之建立——以章太炎、胡适为中心》，北京大学出版社1998年版，第13—20页。

3　钱穆:《现代中国学术论衡》，生活·读书·新知三联书店2001年版，第1页。

4　蔡尚思:《陈垣先生的学术贡献》，载陈智超编:《励耘书屋问学记》，第8页。

家之学，需要细分领域，运用专门的技艺，采纳专业的规范。梁启超、何炳松等当时有影响的学者，对新的史学方法和规范多有思考；[1] 欧美一些重要的史学方法论著作，迻译为中文以后，很快就拥有众多的读者。[2] 各大学历史学系也纷纷开设史学方法论课程，讲授内容大都取自伯伦汉、朗格诺瓦、瑟诺博司等人的著述。[3]

在早期的大学历史教师中，不少人有留学欧美的经历，这从一个侧面体现了欧美学术对中国史学专业化的影响。这些人将他们在海外学到的知识、方法和制度引入中国，积极参与对"旧史学"的改造。自欧美学成归国的胡适、蒋廷黻、陈寅恪、傅斯年、雷海宗和张荫麟等人，都是建设中国"新史学"的生力军。他们在史学理念和方法上深受欧美史学的熏染，致力于打破以历史文献为研究对象、重考证而轻阐释的治史方式，开创了以历史事实为研究对象、借助一定的理论观照以阐释历史意义的新范式。[4] 另有陈垣、顾颉刚、吕思勉等成长于本土的学者，或多或少也受欧美学术的影响，吸收不少外来的观念和方法。顾颉刚在1929年写道："我们这班人受了西方传来的科学教育，激起我们对于学问的认识，再耐不住不用了求真知的精神，在中国建设一个学术社会了。"[5] 顾颉刚开辟"疑古"路径，自称受郑樵、姚际恒、崔述等本土先贤的启发，而他所用"假说—求证"方

1　参见周文玖：《20世纪前半期中国史学理论发展略论》，《史学理论与史学史学刊》，2003年卷，社会科学文献出版社2004年版，第118—132页。

2　鲁滨孙的《新史学》在1923年由何炳松译成中文出版；朗格卢瓦和塞尼奥博斯的《历史研究导论》在1926年由商务印书馆出版了中译本，译者为李思纯，书名作《史学原论》，著者译为朗格卢瓦、瑟诺博司；伯恩海姆的《史学方法与历史哲学指南》由陈韬译成中文，以《史学方法论》为题，署伯伦汉著，于1937年由商务印书馆出版。参见侯云灏：《西方实证史学在中国的传播及其影响》，《史学理论与史学史学刊》，2003年卷，第337—354页。

3　胡昌智、李孝迁：《伯伦汉〈史学方法论〉及其东亚的知识旅行》，《中华文史论丛》，2018年第3期，第328—337页；李孝迁：《观念旅行：〈史学原论〉在中国的接受》，《天津社会科学》，2019年第1期，第138—143页。

4　蒋廷黻在回忆录中谈及自己对史学范式的革新时，曾对传统学者只钻研古籍而不懂历史的治学方式，加以辛辣的讽刺。参见蒋廷黻：《蒋廷黻回忆录》（谢钟琏译），传记文学出版社1979年版，第124页。

5　顾潮：《顾颉刚年谱》，中国社会科学出版社1993年版，第169页。

法，无疑是间接地取自欧美学术。[1] 顾颉刚的史学理念也带有欧美印记。他倡导扩大"学问的对象"，主张各种题材价值平等，提倡用民间资料考察"社会心理"，借助民俗学来探究古史，极意"打破以圣贤为中心的历史，建设全民众的历史"。[2] 除欧美史学外，晚清民国学者对日本史学也颇为关注，经日本学者改造的欧美的知识和概念，以及日本的教科书编写体例和历史分期法，也对中国史学的范式转变发挥了显著的作用。[3]

20世纪中期以来，专业史学在世界各地都进入大发展的时期。欧美史学经受科学主义史观和社会科学化等多种思潮的冲击，理论观念不断变化，研究领域大有拓展，研究方法趋于多样，专业团体和学术刊物数量大增，论著数目愈益庞大，历史教育和人才培养的规模、方式也有巨大而深刻的变化。尤其是新社会史和新文化史的崛起，从总体上重塑了史学的面貌。在领域方面，治史者不复以政治史为中心，而把人类经验的各个方面，包括经济、文化、社会、环境、疾病、情感等，以至于与人类经验关系不甚密切的植物、矿物、动物、星球和宇宙的演化，都逐渐阑入考察的范围；由此产生许多新的课题，无论人的外在经验还是内在经验，也无论精英人物还是普通人，都成为研究的对象。在材料方面，除文字史料外，实物、声像、图像等一切包含过去信息的物品，都成了有价值的史料。在方法方面，研究者大多具备多维的方法论意识，着意采用多学科和跨学科的路径，自觉地向相关学科取法，丰富自己的"分析范畴"，并注重对研究领域加以"概念化"。

当前，欧美史学不仅具备越来越完整而丰富的学科路径，而且愈加强烈地张扬专业主义精神。自20世纪80年代初以来，欧美史学的变化和动向

---

1 参见顾颉刚：《〈古史辨〉第一册自序》，载顾颉刚：《古史辨自序》，河北教育出版社2000年版，上册，第109—110页；另见顾颉刚：《我与古史辨》，上海文艺出版社2001年版，第184—217页。

2 顾潮：《顾颉刚年谱》，第71、94、108—109、150页。

3 王汎森：《中国近代思想与学术的系谱》，第162—163页。

大多传递到中国史学界，并引起不同方式、不同程度的效法，专业主义逐渐成为推动中国史学进步的主导因素。与此同时，中外史学的专业化和专业主义都呈过度发展之势，专业史家画地为牢，脱离生活，疏远大众。一方面，其他原本与史学关系密切的学科不再直接取法于史学；另一方面，史学论著的价值大体上依靠同行来认定，而不太考虑社会接受的程度。于是，史学演变成一个在专业圈内部循环而过度专业化的学科，不仅限制了史学对公共生活的介入，而且阻碍了社会思想对史学的关注。[1] 史学的社会信誉因之大为削弱，在整个知识和教育体系中的地位也趋于下降，尤其是在资源分配和学生来源方面，也越来越落后于许多新兴学科和应用学科。无怪乎，自20世纪中后期以来，"史学危机"的惊呼不时回荡在不少国家的史学界。[2]

　　自20世纪七八十年代以来，后现代主义的兴起又使专业史家面临新的思想考验。后现代主义是一场兴起于欧美的庞杂而强劲的思想文化运动。它对启蒙时代以来的现代性发起全面的挑战和解构，塑造出多种"另类"的思维模式和话语系统，力图改变理解和表述世界的方式。后现代主义史学（有人称作"后结构主义史学"）只是其中一股小小的支流。对于19世纪中后期以来专业史家所秉持的史学理念和规范，后现代主义者大多不以为然。在他们看来，史学经典原则中那些关于历史知识客观性的说法不过是欺人之谈，写出的历史绝非存在于过去而由史家发现并揭示的真相，而

1　关于历史学在公共生活中的影响，英美学者有不同的看法。古尔迪和阿米蒂奇在《历史学宣言》中提到，自20世纪70年代以降，历史学和人文学科"在从公共领域撤退"。这种观点遭到了另一些学者的尖锐批驳。他们认为，正是在这个时期，专业史家借助大学课堂、公共媒体和博物馆等渠道，赢得了越来越多的受众，对公共生活发挥越来越大的影响。参见乔·古尔迪、大卫·阿米蒂奇：《历史学宣言》（Jo Guldi and David Armitage, *The History Manifesto*），英国剑桥2014年版，第79页；德博拉·科恩、彼得·曼德勒：《评〈历史学宣言〉》（Deborah Cohen and Peter Mandler, "AHR Exchange: *The History Manifesto*: A Critique"），《美国历史评论》（*The American Historical Review*），第120卷，第2期（2015年4月），第537页。

2　参见托马斯·本德：《整体与部分：美国历史研究需要综合》（Thomas Bender, "Wholes and Parts: The Need for Synthesis in American History"），《美国历史杂志》（*The Journal of American History*），第73卷，第1期（1986年6月），第120页。

是史家强加于过去的"特定叙事结构"，是出于话语需要和情节安排而做的建构或发明。而且，在历史学家和过去世界之间横亘着语言这个庞大的"不透明体"，因而作为"语言制品"的历史知识，并不是过去世界的镜像，而毋宁是语言按自己的形象"创造的一个世界"。[1] 总之，历史并不是关于过去真相的确切知识，而是对过去的"文本化"，史学在认识论上同其他虚构性写作没有根本的差别。[2] 后现代主义者还试图从根本上颠覆专业史学的方法论基础，不承认治史者能运用特殊的技艺从过去留下的痕迹中准确地了解历史。在他们看来，"历史根本不是事实的实体，它仅仅是虚构的想象"；历史思想的关注点也不是"理性讨论与经验研究法则意义上的方法"，而是"叙事的诗学与修辞特征"。[3]

起初，欧美史学界普遍把后现代主义史学理念视作奇谈怪论，毫不留情地将它拒之门外。据说有这样一个有趣的例证：《元史学》于1973年出版以后，美国史家几乎要把它的作者海登·怀特赶出专业共同体。[4] 及至20世纪90年代，越来越多的专业史家醒悟过来，感到后现代主义正在溶蚀史学合法性的基础。1994年，法国学者罗歇·夏迪埃（Roger Chartier）不禁感叹，史学来到了"一个不确定的时代，一个认识论危机的时代，一个关键性的转折点：这就是近年来对历史学所做的很令人担忧的诊断"。[5] 另有学

1　关于后现代主义史学理论的核心观点，参见阿伦·芒斯洛：《解构历史》（Alun Munslow, *Deconstructing History*），纽约2006年第2版，第1—4页；基思·詹金斯：《论"历史是什么？"——从卡尔和埃尔顿到罗蒂和怀特》（江政宽译），商务印书馆2007年版，第3—37页。关于后现代主义史学理论的评论性概述，参见凯文·帕斯莫尔：《后结构主义与历史学》（Kevin Passmore, "Poststructuralism and History"），载斯蒂芬·伯格等编：《历史书写的理论与实践》（Stefan Berger, Heiko Feldner, and Kevin Passmore, eds., *Writing History: Theory and Practices*），伦敦2010年版，第124页。

2　海登·怀特把"历史著作"（historical work）定义为"一种以叙事散文话语的形式出现的词语结构（verbal structure），意欲成为过去的各种结构和过程的一种模式或图像（icon），以有助于通过**表现**它们来**对它们是什么做出解释**"。海登·怀特：《元史学》，第2页。另参见芒斯洛：《解构历史》，第7页。

3　这是德国学者吕森对后现代主义史学的评论。参见吕森：《历史秩序的失落》，载张文杰编：《历史的话语：现代西方历史哲学译集》，广西师范大学出版社2002年版，第80页。

4　马克·波斯特：《文化史与后现代性》（Mark Poster, *Cultural History and Postmodernity: Disciplinary Readings and Challenges*），纽约1997年版，第5、154页。

5　转引自理查德·埃文斯：《捍卫历史学》（Richard J. Evans, *In Defense of History*），纽约1999年版，第3页。

者则"义愤填膺",对后现代主义史学观点加以情绪化的反击。澳大利亚学者基思·温德舒特尔在1996年著书,指控后现代主义者正在对历史进行"谋杀"。[1] 英国老派史家杰弗里·埃尔顿（Geoffrey Elton）,对后现代主义者更有"切齿之恨",称其史学观念具有"威胁性"和"破坏性",实为"荒谬"而"没有意义"的"登峰造极之异端邪说";然则正是这种"无意义的虚无主义"的"病毒",正在感染年轻一代历史学者。愤怒之外还有强烈的担忧。美国有学者感到,后现代主义的史学观念"瓦解我们的权威,瓦解我们事业的神秘性,甚至瓦解我们工作的目标"。[2]

当然,为后现代主义拍手叫好的欧美史家也不乏其人。英国学者帕特里克·乔伊斯谈到,"事实上,后现代主义并未对历史构成多么大的威胁,仅仅是为把重新思考什么是客观性放置于首要地位而提供了材料";"在我们当前激烈论争的情形下,在我们这个自由主义一统天下的世界新秩序中,为了捍卫真理,历史需要后现代主义,我们比以前更加需要后现代主义"。[3] 他断言,后现代主义将继续存在下去,对历史客观性的质疑并不意味着历史的终结,而是"历史的回归"。[4] 同样来自英国的彼得·伯克也用后现代的口吻说:"新文化史学家不拒绝历史方法的有效性,只是他们与几百年前的历史学家对结论有着不同的看法,他们认为所有的结论都是暂时性的。"[5] 较之英国,美国史学界对后现代主义表现出更为强烈的兴趣,不少人按照后现代主义提示的路径进行研究,成为"后现代史学"的

1　基思·温德舒特尔:《对历史的杀戮:文学批评家和社会理论家在如何谋杀我们的过去》(Keith Windschuttle, *The Killing of History: How Literary Critics and Social Theorists are Murdering our Past*),纽约1996年版。

2　埃文斯:《捍卫历史学》,第6、7页。

3　李宏图:《从现代到后现代:当代西方历史学的新进展——帕特里克·乔伊斯教授访谈录》,《史学理论研究》,2003年第2期,第107、109页。

4　帕特里克·乔伊斯:《历史的回归》(Patrick Joyce, "The Return of History: Postmodernism and the Politics of Academic History in Britain"),《过去与现在》(*Past and Present*),第158期（1998年2月）,第235页。

5　杨豫、李霞、舒小昀:《新文化史学的兴起——与剑桥大学彼得·伯克教授座谈侧记》,《史学理论研究》,2000年第1期,第148页。

先锋。据说，这是由于美国社会具有更强的多样性，而学术的多样性乃是社会多样性的一种反映。[1]像乔伊斯·阿普尔比这样的"新史学"名家，对后现代主义也持一种比较谨慎的态度：她不赞成后现代主义者关于史学的大部分观点，但并不否认这股思潮对史学观念所起的正面作用。早在1998年她就写道："我们现在意识到，语言、逻辑和社会强制要求（social prescriptions）是通过何种方式来影响我们的学术的。我们已经将我们的写作当成技艺、文化制品和权力媒介来看待。"[2]她所论及的这种观念变化，显然同后现代主义思潮颇有渊源。

在今天的欧美学界，后现代主义早已成节后黄花，不过它还是在学术和思想的园地留下了或深或浅的印记。即便保守的史家也受到一定的触动，开始对自己的专业特性加以反思。诚然，后现代主义史学很难说是一个自足的流派，然则它的许多成分已悄然融入当前欧美史学的理念和研究实践。例如，后现代主义对"进步"和"解放"神话的抨击，在当前史学关于革命的破坏性、发展的负面效应以及各种人类苦难经历的研究中得到呼应；后现代主义对理性的质疑，在文化史、记忆史和情感史的研究中有所体现；后现代主义的"去中心化"主张，已经成为全球史观的核心理念，并在各种对"中心论"和"例外论"的声讨中产生回响；后现代主义对语言和社会文化建构性的强调，早已贯彻到后殖民史学和性别史的研究之中；后现代主义者惯用的"解构"策略，也成为史家处理史料、史事和成说的主要手法。目前，在欧美通行的学术语言中，诸如"想象"、"发明"、"建构"、"表现"、"差异性"、"不确定性"等经过后现代主义浸染的词汇，都成为不可或缺的表达元素。

对于长期奉守现代理念的史家来说，姑且不论是否能理解和接受后

1　乔伊斯：《历史的回归》，《过去与现在》，第158期，第221页。

2　乔伊斯·阿普尔比：《历史学的力量》(Joyce Appleby, "The Power of History")，《美国历史评论》(The American Historical Review)，第103卷，第1期（1998年2月），第2—3页。

现代主义，即便是提到它都可能产生某种"思想反胃"的感觉。他们不仅痛斥后现代主义史学理念，而且也往往高估它给现代史学造成的威胁。其实，后现代主义并非铁板一块，除声称"文本之外无一物"（there is no outside-the-text）的极端派之外，不少后现代主义者属于温和的一脉，有些人甚至不肯承认自己属于后现代主义阵营。诚然，他们宣称过去不可知或不必可知，反对将文本化的历史等同于过去实际，并且把历史著述视作如同小说一样的虚构，但是他们大多并不否认过去实际的存在，也不主张抛弃证据观念、不讲论述的基本逻辑。此外，后现代主义史学在力图打破现代史学的理念和范式的同时，也带有某些建设性的意义。他们对现代史学的质疑，有助于治史者重新思考史学的特性和旨趣。他们的言论提醒史家，要清醒地意识到历史书写与"权力"的紧密关联，重视差异性和多样性，将眼光投向那些以往"未得到表现"或被判定为"不可表现"的人和事。这无疑有助于激发史家对底层和边缘群体的关注，启发选题的思路，发掘非传统的研究题材。他们对史料和事实的传统观念的解构也警示治史者，必须更加慎重地审查史料，厘清其中的添加因素，避免落入史料"制造者"留下的"陷阱"。

从总体看，中国史家对于后现代主义尚无十分强烈的感受。虽然书架上后现代主义著作的译本不断增多，讨论后现代主义史观的文章也不时见于报刊，但是后现代主义这头"公牛"似乎还只是在中国史学的"瓷器店"门外窥探。中国史家在一瞥之下，对它的面目看得不够清晰，对它的习性了解得也不够真切。因之无足为怪，一些号召抵制和反击后现代主义史学的言论，大体上是出于对后现代主义的不解或误解。

二、文史的合与分

在关于"史学是什么"的讨论中，经常能听到"史学属于文学"（history

as literature）的说法；对史学特性的界定，也往往参照文学而进行。这表明史学和文学确有不解之缘。无论在"东方"还是在"西方"，史学在兴起和演化的路上，一直都有文学相陪伴。

在幼年时期，史学与文学是同体共生的。古希腊神话中的历史女神克列奥（Clio，或译"克丽欧"、"克里奥"），是九大文艺女神之首；《论语》中有"文胜质则史"的说法，把史笔当成了华美词章的代名词。[1]中外各民族的神话、传说、史诗和民歌当中，都保留了先民最初的历史记忆和历史认识。古希腊的荷马史诗具有史书的价值；梁启超则说《诗经》的许多篇章乃是"中国最初之史"。[2]而且，早期的历史作品大多带有"文史不分"的特点，史书往往被视作文章的一种。希罗多德和司马迁既是史学大家，在文学史上也享有崇高的地位。古罗马的李维认为，"历史是一种讲究词藻的说明性文章，是雄辩术"。[3]南朝人刘勰作《文心雕龙》，专设《史传》一篇，论述历代史书体裁的变迁，阐述著史的规程。[4]直到清代，章学诚仍将文文史合在一起讨论，表明两者尚有许多交叉共通之处。

"文史不分"的特点长期伴随史学的成长，即使到了20世纪前期，文史的联盟仍未解体。"文史不分"最初并不是史家的自觉选择，而是史学在发轫期自然形成的特征；然则到了18、19世纪，欧美出现了一些有意追求文学性的史家。正当德意志学者注重批判地处理史料、力求客观地叙述历史之际，英语国家一批"文学派"史家也风头正健。[5]英国的爱德华·吉本（Edward Gibbon）、托马斯·麦考莱和托马斯·卡莱尔（Thomas Carlyle），美国的乔治·班克罗夫特（George Bancroft）和弗朗西斯·帕克

1　杨伯峻：《论语译注》，中华书局1980年版，第61、170页。

2　梁启超：《中国历史研究法》，第10页。

3　汤普森：《历史著作史》，上卷，第1分册，第107页。

4　周振甫：《文心雕龙今译》，中华书局1986年版，第138—152页。

5　18、19世纪的英国史学界并非"文学派"史家的一统天下，注重占有详赡的材料和进行严格考订的牛津学派，也取得了富有影响的成就。

曼（Francis Parkman）等人，可算是其中的佼佼者。在20世纪中叶以前，中国史家大多是学识淹贯的文人，文史兼通，涉猎广博，其论著在文、史两个领域都能得到承认。民国时期，许多大学教授先后或同时在历史、中文两系授课。不过，他们与英美"文学派"史家并非同路人；对他们来说，"文史不分"毋宁是其才华和兴趣的展示，而不是史学著述的特征。

英美的"文学派"史学曾经拥有过炫目的光环，在18、19世纪的知识界占据显赫的位置。吉本在自传中写道："历史书是读者最广泛的一种著作，因为它可以适应吸收能力最强的人，也可以适应吸收能力最弱的。"他还有意与当时的时髦小说争夺读者，曾不无得意地夸示："我的书出现在每一张桌子上，而且几乎还出现在每一具梳妆台上。"[1]今天的治史者读到这样的词句，或许会在惊羡之余产生一种隔世之感。不久以前有一个时期，许多历史著作不是杂乱地堆在书店的某个角落，就是静静地立在图书馆尘封的书架上，其读者大抵不出同行的范围。诚然，以往历史书籍能使人争相阅读，固然离不开它的文学性，也与其他条件有关。在吉本生活的时代，有能力和财力来买书、读书的人并不多，而可读的书也为数有限，加以其他娱乐方式也不多见，于是历史读物就成了高雅趣味的闪亮点缀。可是，当今各种出版物铺天盖地，历史著作仅占很小的分量；同时，名目繁多、花样翻新的娱乐节目又占去人们的闲暇。因此，史学著作不再具有昔日的魅力，也就不仅仅是其文学性减弱的缘故。

当初那些以文学手法撰写历史的人，大多是业余历史作者，而不是当今意义上的专业史家。他们在史实考订方面并非完全外行，也不是完全不讲究分析和比较，而只是特别注重讲故事的技巧，描写和叙述大大胜于考订和阐释。他们对于历史运动中各种因素的作用，也并非全然没有留意，只是这方面的见解往往淹没于生动的叙事和华美的文辞之中。他们对事件

1　爱德华·吉本：《吉本自传》（戴子钦译），生活·读书·新知三联书店2002年版，第143页。

原委的叙述，可谓引人入胜；对各色人物的描写，有时能达到栩栩如生的程度；对历史场景的渲染，也能给人如临其境的感觉。卡莱尔能有"最伟大的英国历史肖像画作者"的美誉，[1]绝非浪得虚名，而表明"文学派"史学确有其吸引力。

当今欧美史学界，"文学派"史学依然余绪不绝。活跃于20世纪后半期的美国史家丹尼尔·布尔斯廷（Daniel Boorstin），也称得上"文学派"史学的高手。他早年的煌煌三卷本《美国人》，以富于文采和可读性而著称；后来相继推出大部头的《发现者》和《创造者》，进一步展示了他那种精妙的文学笔法。当然，像布尔斯廷这样的新一代"文学派"史家，在史实的准确和表述的严谨方面，已然大大超过其先辈。他们所钟情的理想，用美国总统、业余史家西奥多·罗斯福（Theodore Roosevelt）的话说，就是要同时具备科学的精神和文学的技巧，用优美的文辞来呈现精深的研究。[2]不过，布尔斯廷在细节上难免也有纰漏，这或许是宏观综合性著述的常见病，而未必与"文学派"写法有必然的联系。在美国的中国史研究者中，耶鲁大学教授史景迁（Jonathan Spence）也以史笔优美见长。他不仅有意展示史家擅长讲故事的优势，而且把新的社会史理念糅合进历史叙事，大大提升了"文学派"史学的境界。

随着科学主义史学的盛行，特别是在史学的社会科学化过程中，"文史不分"的史学和"文学派"的写史方式，受到了猛烈的抨击，甚至被贬至仅适合公众阅读的业余水准。一般来说，"文学派"史学最受诟病的地方在于，它只说"是什么"，而不讲"为什么"。其实，这种批评未必公允确当。"文学派"史家并非没有自己的历史哲学和思想见解。无论是希罗多德还是司马迁，也无论是吉本还是班克罗夫特，都对"什么是历史"有深入的思考，也十分重视探讨事件的远源近因。只不过，他们一心关注

---

1 古奇：《十九世纪的历史学与历史学家》，下册，第537页。
2 参见李剑鸣：《西奥多·罗斯福的史学成就》，《历史教学》，1998年第8期，第50页。

重大的政治、外交和军事事件，着力渲染精英人物的生平事迹，在揭示事件的原因时，也往往受到当时的道德、宗教和政治信仰的支配。20世纪初期开始兴起的"新史学"，则试图引入社会科学的理论和方法，大力拓展研究的领域和视野，注重对历史运动深层动因的探讨，因而必定要跳出"文学派"史学的樊篱。

"文学派"史学饱受责难的第二个弱点，在于缺乏严谨的治史规范，主观投入过多，对史料不加严密考订，细节讹误比比多有，大大减损其知识的准确性和可信度。班克罗夫特的《美国史》是19世纪美国最有名的历史著作，也曾得到欧洲同行的称赞，但其中暴露出不少"文学派"史学的"痼疾"。当写到列克星敦之战时，他绘声绘色地描述民兵同英军的对峙和交火，并言辞尖锐地断言，随着英军指挥官一声令下，英军士兵率先向殖民地民兵开枪。[1]但多种史料表明，当时的情况一片混乱，战斗究竟是如何打响的，事后英美双方各执一词。班克罗夫特出于爱国热忱，毫不犹豫地采信美方的说法，将开火的责任推到英军身上，以显示美方被迫还击的正当性。诚然，并非所有"文学派"史家都如此轻忽史料的考订，但类似的问题不同程度地存在于他们的著作中。

"文学派"史家过于讲究文采，经常发生以辞害意之弊。自古就有史家意识到，著史以信为先，而信必有征，这与文学的渲染、夸张和虚构是大相径庭的。但是，要追求史学著述的文学性，就必须借助文学的表现手法，于是难免导致文辞逸出史学的规范，所做判断也可能缺乏根据。还是以班克罗夫特的《美国史》为例。他在叙及列克星敦之战以后北美殖民地的反英情绪时，用浪漫而夸张的笔调写道：

　　各殖民地带着同样的冲动，飞快地拿起了武器；他们同仇敌忾，相互

1　乔治·班克罗夫特：《自美洲大陆发现以来的美国史》（George Bancroft, *History of the United States, from the Discovery of the American Continent*），波士顿1860年版，第7卷，第293页。

> 发誓要"准备应对这一极端的事件";整个大陆万众一心,高呼"不
> 自由,毋宁死"。[1]

这种词句读起来畅快淋漓,但与基本事实大有出入。在独立战争爆发之初,北美殖民地居民对英国的态度存在很大的分歧,力主反英的激进派并不占多数,而坚持效忠英国的人也为数甚众,另外还有不少人采取中立的立场。班克罗夫特称"整个大陆万众一心","同仇敌忾",显然近乎"小说家言"。再则,"不自由,毋宁死"只是帕特里克·亨利的豪言壮语,并不是全体北美居民的呼声,而且他说此话的时间也远在列克星敦之战爆发以前。无怪乎后来的美国早期史名家查尔斯·安德鲁斯,对班克罗夫特的治史方式十分不满,曾颇为情绪化地评论说,班克罗夫特的著作是"不折不扣的反对历史真实的犯罪"。[2]

在欧洲,自18世纪以来,历代史家经过长期摸索,在考订史料的方法、运用材料的方式和表述的形式各个方面,都取得了长足的进展,"客观如实"地叙述,成为众多史家的工作守则。到20世纪初,"新史学"开始在欧美史学界登台亮相,并得到当时中国一些史家的喝彩。历史学者吸收新兴社会科学的理论和方法,开拓新的领域,探讨新的问题。这时,"文史不分"就成了妨害史学发展的障碍,自然要加以清除。到后来,史学的文学性更为明显地式微,准确、严谨乃至量化成为著史的要求。于是,"文学派"史学的时代似乎已告终结。

孰料到了20世纪末期,"后现代历史叙事学"的猛烈炮火,试图将史学再度打回文学的营垒。美国史学史专家格奥尔格·伊格尔斯,在总结20世纪西方史学的演变趋向时指出:"近几十年来越来越多的历史学家就达

1　班克罗夫特:《自美洲大陆发现以来的美国史》,第7卷,第312页。

2　转引自彼得·诺维克:《那个高贵的梦想:"客观性问题"与美国史学专业》(Peter Novick, *That Noble Dream: The "Objectivity Question" and the American Historical Profession*),英国剑桥1988年版,第46页。

到了这样一种信念，即历史学是更紧密地与文学而不是与科学相联系着的。"[1]不过，这种关于史学更接近文学的说法，与原来的"文学派"史学也是大异其趣的。"文学派"史家主张史学和文学结盟，所侧重的是叙事性、故事性和可读性；而后现代主义者把史学说成是文学的意图，在于否认史学的客观性和真实性，消解"事实"和"虚构"的差别，把史学和小说都视作"想象"和"创作"。[2]按照后现代主义者的说法，治史需对材料加以取舍，对史事进行编排，这与小说家采用的"情节化"手法并无二致，也不过是在人为地搭建"叙事结构"。因此，历史书写的过程和结果都近于文学，而写出的历史不过是"语言制品"，并不是史家以往所自诩的"历史的真相"。[3]

在欧美史学界，也确实有人尝试用后现代主义的手法来复兴"文学派"史学。先后在剑桥、牛津和哈佛等多所大学任教的西蒙·沙玛（Simon Schama），在1991年推出《已死的确定性》（*Dead Certainties*）一书，一度颇为畅销。他自承书中收录的文章乃是"想象而非学术的产物"，其中某些段落属于"纯粹的创作"。他还倡导向19世纪欧洲"文学派"史学大家朱尔·米舍莱（Jules Michelet，或译"米细勒"、"米什莱"）和麦考莱学习，大力复兴史学的故事性和可读性。他以"生花妙笔"对多种资料加以糅合和改写，辅以引申、推测和想象，把某些历史场景渲染得如亲历者叙述一般。沙玛这种极意抛弃史学基本规范、打破史学和文学界限的"创举"，受到许多专业史家的严厉批评。[4]如果说古代史家的"文史不分"主要是史学不成熟的表现，那么像沙玛这种刻意抹去史学和文学差别的做

1　伊格尔斯：《二十世纪的历史学》，第10页。

2　海登·怀特谈到，有人说"历史"和"小说"的差别在于，历史学家是在"找出"（find）故事，而小说家则是在"创作"（invent）故事；但这种说法掩盖了一个问题，即"创作"在历史学家的工作中也起一定程度的作用。海登·怀特：《元史学》，第6—7页。

3　参见王晴佳：《后现代主义与历史研究》，《史学理论研究》，2000年第1期，第137—139页。

4　参见温德舒特尔：《对历史的杀戮》，第227—232页。

法，则是一种出于后现代主义意识的自觉尝试。[1]

　　然则史学和文学毕竟判然有别。美国学者伯纳德·贝林谈到，历史学家在写作时心里必须想着，那些发生于过去的事情是确实存在的，它们的存在并不以人们是否知晓为转移，只要有可用的资料，史家的工作就是要描述和分析过去世界的某些部分；如果心里不装着这些东西，无论他如何具有哲学头脑，他是一句话也写不出来的。历史写作中也有所谓"创造性的时刻"，但这种创造性不能滑进未知的领域。这就是历史写作和文学写作的区别所在。[2]史景迁在谈到"文史不分家"的提法时说，这个"文"指的是"文学"（literature）还是"小说"（fiction），其间的差别不可谓不大：如果将"文"理解为文学，它指的是一种品质，一种判断，或者是某种对待文字的方式；如果将"文"等同于小说，则涉及方法，若采用这种方法，就要撇清与真实的关系。[3]可是，后现代主义者谈论史学的文学特性，正是以小说为参照来立论的。他们注重史学的表现形式和语言特征，而不太关心形式和内容、语言和事实之间的关联，并力图瓦解史家长期以来在史料和证据方面所持有的观念。因此，后现代主义者关于史学等于文学的说法，很难为专业史家所接受。

　　在现代知识体系中，史学和文学早已成为两个分立的学科，"文史两分"乃是不争的事实。两者拥有不同的专业规范和写作方式，研究题材很不一样，治学的路径和要求也有显著的不同。文学创作虽然需要从实际生活中获取素材，提炼主题，但主要以虚构为出发点，强调个性，注重抒发作者个人独特的情感，通常采用想象、比喻、渲染、夸张等多种手法，文

1　西蒙·沙玛是一个兴趣广泛、能力出众、题材多样的高产历史写手，推出过一系列畅销著作，其中译成中文的有《风景与记忆》（译林出版社2013年版）、《英国史》（中信出版社2018年版）、《风雨横渡：英国、奴隶和美国革命》（南京大学出版社2020年版）等。

2　伯纳德·贝林：《论历史教学与写作》（Bernard Bailyn, *On the Teaching and Writing of History: Responses to a Series of Questions*），新罕布什尔州汉诺威1994年版，第74—75页。

3　卢汉超：《历史学的艺术：史景迁访谈录》（Hanchao Lu, "The Art of History: A Conversation with Jonathan Spence"），《中国历史评论》（*The Chinese Historical Review*），第11卷，第2期（2004年秋季号），第134—135页。

辞追求优美可诵，效果则讲究出人意表而入情合理，也即杜甫所谓"语不惊人死不休"。历史研究的对象是过去实际存在的人和事，务必最大限度地接近过往实际，史家所做陈述、解释和引申，都必须依据存在于史料中的事实，经得起资料和方法的验证。在史学著述中，史家个人通常是隐而不现的，个人的主观情感受到抑制，文字须以准确清楚为先，论说则要做到持之有故，自圆其说。对于现代史家来说，自觉保持"文史两分"的意识，杜绝小说笔法，乃是治史的基本要求。

不过，"文史两分"并不是意味着两个学科"老死不相往来"。实际上，史学和文学仍有很多交叉合作的空间。文学史无疑是文史结合的一个领域。也有史家尝试运用文学材料治史，如陈寅恪的"诗文证史"就是一例。近期"新文化史"在欧美史学界方兴未艾，文学理论和文学资料（小说、诗歌、戏剧和民间歌谣）都在史学中发挥突出的作用。在国内文学研究，特别是近现代文学研究中，历史化的趋向颇为显著，不少学者的著作在文史两界都很受推重。

就史家的修养而言，"文史不分"反而不失为一种可取的策略。良好的文学修养和高超的文字技巧，大有助益于提升史学著述的质量。史学在社会科学化的过程中，固然增添了学术的生机，却也付出了沉重的代价，史学著述的文学性式微便是其一。欧美史学界有人提倡"分析性叙事"或"叙事的复兴"，力图在新的基点上提升史学著述的文学品质。不过，史学著述的文辞优美可诵，只有在史实可靠、表述准确和规范严谨的前提下才有意义，不然文辞愈佳，可能去过往实际愈远。

最后，历史著作的文学性和可读性并不仅仅是一个文辞问题，还涉及体裁以及对事实的选择和安排等因素。不同形式的史学著述，对文字的要求并不一样：通史性、综合性和通俗性的史学读物，须在遵循专业标准和学术规范的前提下，尽可能讲究故事性和可读性；而专题论著则以材料和论证为重，需大量引证和分析，其内容往往缺乏故事性，也不可过于讲究词章。有人抱着某种误解，觉得生动可读的通俗史学才是历史写作的正途，把可读性作为判定史学著述高下的准绳，甚至抱怨陈寅恪的"文本太晦涩难读"，"曲高和寡"，似乎其阅读价值还不及某些业余历史写手的作品。[1] 殊不知，陈寅恪的写作本来就不是面向大众的。如果没有"曲高和寡"的专深研究，通俗史学也就成了无源之水。在一般人看来，《万历十五年》是当代历史写作的范本，而黄仁宇则成了亲近大众的史学标兵。其实，黄仁宇一生著述甚丰，而以可读性见长者，也不过一两部而已。

三、科学主义的得失

长期以来，史学和科学的关系也是一个经常谈论的话题。史学是不是一门科学？它是一门什么样的科学？诸如此类的问题，在欧美学界曾经引起过热烈的讨论。在19世纪末20世纪初，围绕科学主义史学（scientific history）的辩论，将这种讨论推到了顶点。大致在20世纪中期以后，欧美学界对这类问题已然失去兴趣，仍把史学视为科学的观点也相当少见。[2] 在国内史学界，至今流行史学属于科学的看法，科学性往往被作为一种标准，用来评判史学的正当性以及具体论著的价值。这两种迥然不同的倾向，使得一个原本简单的问题再度变得复杂起来。

严格来说，史学和科学的关系是一个产生于欧美学术语境中的问题。在18、19世纪以前的欧洲，史学与神学、文学、哲学之间的界线模糊不清，在知识体系中的位置也不甚明确。科学主义史学理念的出现，在一定程度上体现了史家群体对自己的专业进行重新定位的意图，而这一点与史

1　李亚平、刘苏里：《〈万历十五年〉与中国历史写作的变化——关于〈帝国政界往事——公元1127年大宋实录〉的对谈》，《博览群书》，2005年第1期，第46—60页。

2　关于欧洲史学中的科学主义的论述，参见格奥尔格·伊格尔斯：《欧洲史学新方向》（赵世玲、赵世瑜译），华夏出版社1989年版，第1—46页。

学的专业化也正相合拍。

科学主义史学理念在欧美的出现，也需置于所谓"现代性"的大背景中来考察。启蒙时代以后的欧洲思想界，对于理性和进步普遍抱有强烈的信念，人对于自己认识世界的能力深信不疑，相信人的认识和外在世界可以达到同一，语言、概念和思想都是外在世界的反映，事实和真理则构成知识合法性的基础。在这种"绝对主义"的知识论语境中，史学旨在揭示过去的真相，因而历史知识应当而且能够具备客观性。与此同时，自然科学迅速发展，用英国学者霍布斯鲍姆的话说，人们深为科学自豪，"而且打算把所有其他形式的智力活动，都置于科学之下"。[1]治史者看到人类认识自然的能力不断增强，不免雄心勃发，觉得自己也有"复原过去"的本领，就像科学家发现自然规律一样，揭示人类社会演变的规律，为世界历史描绘出精确而合理的图景。他们坚信，只要运用科学的方法，掌握充分的资料，史家就可以客观地再现历史，从而使史学成为现代知识生产的生力军，并昂首步入科学的殿堂。

把史学归入科学的观点，其源头至少能追溯到17、18世纪的欧洲知识界。早先，法国哲学家笛卡儿等人认为，历史知识模糊而不确定，难以进入科学知识的体系之中。[2]在牛顿以后，自然科学逐渐取得"独尊"的地位，不少人开始用科学的眼光来打量包括史学在内的其他知识门类，相信人类历史过程同样受到因果律、必然性等自然法则的支配，而史学的任务应是向自然科学看齐，放弃对个别现象的专注，转而探寻历史的规律。启蒙时代的伏尔泰承认，因为等级、政党、宗教和民族的不同，人们对同一事实会有不同的看法；但他同时又表示，自己作为一个历史学家，就像一个"拿着软弱但真实的画笔描绘它那本来面目"的画家。这就是说，历史学

1　艾瑞克·霍布斯鲍姆：《资本的年代》（张晓华等译），江苏人民出版社1999年版，第341页。

2　笛卡儿：《论方法》，载何兆武主编：《历史理论与史学理论：近现代西方史学著作选》，商务印书馆1999年版，第22—28页。

家有能力排除干扰而揭示事实的真相。[1]18世纪前期的意大利学者维柯，把自己论述"各民族"经历和制度的著作称作"新科学"。他相信，真实可信的历史是完全可以写出来的："如果谁创造历史也就由谁叙述历史，这种历史就最确凿可凭了。"他进而宣称，自己的"新科学"所提供的关于"民族世界"的知识，可以"比几何学更为真实"。[2]这个时期欧洲学者对于"科学"的理解，与19、20世纪的"科学"概念固然不尽一致，但他们对于史家发现真相的能力，怀有同样强烈的信心，正是在这一点上与后来的科学主义史学气息相通。

　　科学主义史学盛行于19世纪中后期。法国哲学家奥古斯特·孔德（Auguste Comte）的实证主义哲学，为用科学方法治史做了理论的铺垫。孔德把人类社会的演变看成一个有规律的过程，力主把关于社会的研究变成一门实证性的科学，用观察、实验等科学方法来考察人类历史的全过程。[3]到19世纪下半叶，法国史家维克多·杜律伊（Victor Duruy）指出："叙事的历史是一种艺术。而按照法则说明现象并把它们分类、根据原因说明事实并把它们分类的历史则是一门科学。"他个人的理想就是要建立这种具有"科学的水平"的史学。[4]德国史家尼布尔和兰克等人，力图从观念和方法各个方面来建立科学主义史学的模式。尼布尔倡导以科学态度和科学方法批判古籍，重视原始的史料证据。兰克沿着这一方向迈出了更大的步伐，提出"如实直书"的原则，相信只要掌握了充分而可靠的原始档案，并对它们加以批判性的精审解读，在叙述时则保持客观如实的态度，就可以写出真实可信的历史。[5]史学史名家伊格尔斯指出，以兰克为代表的"科学的"史学有三个基本前提：其一，相信史学所描绘的是"确实存在过

1　伏尔泰：《论历史：对新闻工作者的劝告》，载何兆武主编：《历史理论与史学理论》，第79—80页。

2　维柯：《新科学》（朱光潜译），商务印书馆1997年版，上册，第165页。

3　参见王晴佳：《西方的历史观念——从古希腊到现代》，华东师范大学出版社2002年版，第145—146页。

4　汤普森：《历史著作史》，下卷，第3分册，第365页。

5　兰克的史学被后世学者冠以各种名号，如"科学主义"、"客观主义"、"实证主义"和"历史主义"等。

的人和确实发生过的事"；其二，史家的任务在于解释通过行为反映出来的行为者的意图，从而"重建一篇完整一贯的历史故事"；其三，以单维的、历时的观念看待事件，认为事件是在一个完整的序列中前后相续发生的。[1]兰克本人确实说过，"历史的方法"就是"对特殊性的感知"，但历史并不是特殊事件的堆积，史学"本身需要、也能够，按照自己的方式，将对特殊事件的研究和观察升华成对事件的普遍性观念，升华成一门客观实存的、相关的知识"。换言之，史学可以成为某种类似自然科学的知识体系。[2]不过，兰克自己的著述却未必符合他的科学主义理念，因为其中包含着属于他个人和他那个时代的偏见与价值观念。[3]而且，他并不认为科学和宗教之间有什么绝对的界线，而相信"每个时代都直接与上帝相关"。[4]这一点使得兰克史学露出了"阿基里斯之踵"，以致他本人在德国史学界也被看成唯心论的代表。兰克的史学思想和研究方式，受到后起的卡尔·兰普勒西特的责难，被称作"前科学的"和"非理性的"历史。兰普勒西特主张扩大历史研究的范围，用经验的方法重点探讨那些共同的、典型性的现象，改变史学仅限于描绘个别现象的局面。[5]显然，他也是用科学这面"透镜"来看待史学的。

　　兰普勒西特的观点，带有19世纪欧洲历史哲学的鲜明印记。德意志哲学家黑格尔构筑了一个由"世界精神"主导的世界历史演进图式：世界历史过程和太阳的行程一样，始于东方的亚洲，希腊罗马是它的青壮年时代，到"日尔曼世界"兴起，它就进入了具有"完满的成熟和力量"的

1　伊格尔斯：《二十世纪的历史学》，第3页。

2　兰克：《论十九世纪》，载何兆武主编：《历史理论与史学理论》，第226页。

3　据伊格尔斯研究，兰克在19世纪末美国史学界的形象是科学主义史学的代表，而德国实证主义史学家则指斥兰克为"德国唯心主义传统的继承人"。美国历史学家后来才认识到兰克的另一面。伊格尔斯指出："对于过去'不偏不倚'的研究方式，力求仅只表明'确实曾经发生过什么事'，事实上就对兰克显示了上帝所愿望的现存秩序。"伊格尔斯：《二十世纪的历史学》，第28、240—279页。

4　转引自吕森：《历史秩序的失落》，载张文杰编：《历史的话语》，第81页。

5　参见王晴佳：《西方的历史观念》，第150页。

"老年时代"。于是，西方的欧洲就成了"历史的终点"。[1] 马克思则建立了一种更系统的历史规律体系，力图从物质生产方式入手，解开人类历史发展的奥秘。海登·怀特在论及19世纪欧洲的"历史意识"时说："19世纪人们力图将历史研究转化为一种科学，而马克思本人代表了这样一种最为连贯一致的努力。而且，他还对历史意识与实际存在的历史形式之间的关系进行分析，为此也做出了最为连贯一致的努力。"[2] 此外，另有哲学家就"通史"和"世界史"展开讨论，由此提出多种关于历史规律的理论。从观念上看，这样做似乎不断拉近了史学和科学的距离，因为历史的主体是社会而不是个人，史学应关注普遍规律而不是个别现象。

及至20世纪初，科学主义史学在英美两国都不乏信奉者。英国学者约翰·伯里（John B. Bury）在1903年的一次演讲中说："历史学是一门科学，不多也不少。"[3] 这句口号式的名言，宣示了对史学方法的科学性和历史知识的确定性的强烈信念。同一时期，亨利·亚当斯（Henry Adams）、赫伯特·亚当斯（Herbert Adams）和约翰·麦克马斯特（John McMaster）等人，致力于在美国建立科学的史学。他们极力拆散史学和文学之间的"古老的联盟"，不再将优美可诵奉为历史著述的至高准则，而把考辨史实、讲究证据、再现真相作为治史的关键。不过，他们的努力收效甚微，其科学主义史学理念很快也遇到严峻的挑战。

概而言之，科学主义史学有几个基本的观念预设：第一，科学是由正确而可靠的知识所构成的体系，史学则以求真为鹄的，因而与科学有着天然的亲缘关系；第二，人类历史和自然过程一样，都遵循着一定的规律，而史学要像科学发现自然规律一样，去探索和揭示历史规律；[4] 第三，历史

1　黑格尔：《历史哲学》（王造时译），上海书店出版社1999年版，第110—116页。

2　海登·怀特：《元史学》，第40页。

3　转引自埃文斯：《捍卫历史学》，第19页。

4　德国史家布莱齐希在《世界历史的阶段和规律》中提出了24条历史规律。参见柯林武德：《历史的观念》（何兆武、张文杰译），商务印书馆1997年版，第255页。案：本书作者Collingwood，大陆有"柯林武德"和"科林伍德"两种译法，港台学者或译"柯灵乌"；本书在正文中据商务印书馆《英语姓名译名手册》，统一译作"科林伍德"；而在注释中仍用原译本的译法。

的真相存在于原始资料之中，史家要用科学的方法整理和利用档案文献，以还原历史真相，获得正确而可靠的历史知识。[1] 在19世纪那种"知识绝对主义"的时代，用这样的观点看待史学，可以说是顺理成章而不足为异的。从史学史的角度来看，科学主义史学的理念和实践，有利于提升史学的地位，因为史学原来不过是一种为统治者、教会和特定人群进行辩护的工具，或者是一种为中上层社会提供娱乐性读物的文人技艺，而此时则一跃而变身为一门揭示历史规律、有益于当前社会发展的科学，摆脱了长期与传说和文学纠缠不清的状况，成为一个具有尊严的独立的知识门类。[2]

但是，正如一位美国学者所说，科学主义史学从一开始所遇到的主要是批评者，而不是辩护人。[3] 以叔本华和尼采为代表的非理性主义哲学，提出与科学主义史学针锋相对的见解。叔本华和尼采都直接否认历史知识的客观性和真实性，断言史学没有资格进入科学的王国。德国哲学家威廉·狄尔泰（Wilhelm Dilthey）反对实证主义史学，认为历史的本来面貌是不可能还原的，历史学家对历史的理解存在主观性，因而史学不同于自然科学，而属于"精神科学"。同样出自德国的威廉·文德尔班（Wilhelm Windelband），同样也强调史学不同于自然科学，称自然科学为"规律科学"，史学则是"事件科学"；"在自然科学思想中主要是倾向于抽象，相反地，在历史思想中主要是倾向于直观"。[4] 意大利学者贝奈戴托·克罗齐（Benedetto Croce）称"历史即哲学"，其理由是历史学家必须做出判断，必须用理论之光来照射历史，否则就看不出历史的意义。不过，他同时也反对"诗歌性历史"和"修辞性历史"。[5] 英国哲学家伯特兰·罗素

1　欧洲史家意识到原始资料的发掘和利用的重要性，对于史学的发展具有很大意义，对于史学成长为一个专门学科具有显著的推动作用。不过，兰克和阿克顿勋爵等人过于迷信档案，后者甚至说，随着欧洲档案的开放，全部信息都被掌握，一切历史问题都会获得解决，终极的历史也就能写成。参见爱德华·哈利特·卡尔：《历史学是什么？》（Edward Hallet Carr, *What is History?*），纽约1962年版，第3页。

2　参见华勒斯坦等：《开放社会科学》（刘锋译），生活·读书·新知三联书店1997年版，第10—11、16—18页。

3　哈默罗：《关于历史学和历史学家的思考》，第223页。

4　文德尔班：《历史与自然科学》，载何兆武主编：《历史理论与史学理论》，第388、392页。

5　克罗齐：《历史学的理论和实际》（傅任敢译），商务印书馆1982年版，第1—30页。

（Bertrand Russell）直截了当地批评伯里的观点，认为史学并不是一种自然科学那样的科学，而是"文化或人文的科学"。他进而指出，"历史中的科学规律并不像人们有时认为的那么重要，或那么容易被发现"。[1]

欧美史学界否认史学属于科学的观点同样俯拾即是。英国史家乔治·特里维廉（George M. Trevelyan，或译"屈维廉"）说："历史的价值不是科学的。它的真正的价值是教育方面的。它能够使人们回想过去，从而教育人们的心智。"而且，史学和科学的任务也大不相同，"历史家的事是对原因和结果加以概括和猜测，但是他这样做的时候要谦虚，不应把这种事称为'科学'；他也不应该把这种事视为他的第一职责，他的第一职责乃是讲故事"。[2]美国学者卡尔·贝克尔和查尔斯·比尔德等人，更是不遗余力地抨击科学主义史学，强调历史知识的相对性，一心要打碎历史学家想要挤进科学家行列的"那个高贵的梦想"。[3]在贝克尔看来，虽然过去发生了一系列事件，但大部分并不为后人所知晓，即使知晓的部分也很不确定，既无法直接观察或检验，也处于不断变化之中；历史作为"说过和做过的事情的记忆"，必定是一种人的"想象力的创造物"，其中难免真假混杂；因此，科学主义史家相信自己可以呈现不带任何主观色彩的事实，并让事实自己说话，这不过是一种奇怪的幻想。[4]比尔德表示，兰克的客观主义和科学主义史学理念，已然"被放进了古物博物馆"；如果用物理学和生物学的观念来看待历史，并用因果律、决定论和有机体类比来解释历史，实在是荒谬、幼稚而有害的做法。他还调侃道，假若真能造就一种"科学

1　罗素：《历史作为一门艺术》，载何兆武主编：《历史理论与史学理论》，第546—549页。

2　屈维廉：《克莱奥——一位缪斯》，载田汝康、金重远编：《现代西方史学流派文选》，上海人民出版社1982年版，第180、181页。

3　查尔斯·比尔德：《那个高贵的梦想》（Charles Beard, "That Noble Dream"），《美国历史评论》（The American Historical Review），第41卷，第1期（1935年10月），第74—87页。

4　卡尔·贝克尔：《人人都是自己的历史学家》（Carl Becker, "Everyman His Own Historian"），《美国历史评论》（The American Historical Review），第37卷，第2期（1932年1月），第221—222、229—230、231、232—233页。

的历史学"，那么人类的未来就变得可以预测，人们除了等待命运的降临，也就无事可做了。诚然，科学精神和科学方法对于历史研究均不无意义，但如果相信用科学方法即可获得整体的科学历史，那就大谬不然了。[1]

在思想取向上，科学主义史学的反对者并不完全相同，有时甚至截然相反。叔本华和尼采等哲学家否认史学属于科学，其主旨在于说明，历史本身只是一场无序的噩梦，并没有因果关联，也没有规律可循，因而不可能成为一种真实可靠的知识。这显然是从消极的方面看待史学的特性，以史学不具有科学性来贬低其价值。专业史家不同意把史学等同于科学，意在凸显史学的独特性，强调它是用特殊的方法来处理特殊的研究对象，历史知识的性质和价值也不同于科学。美国学者威廉·麦克尼尔集中表达过这种看法："自然科学家和历史学家之间有一个重大而明显的差别，即历史学家所力求理解的人类行为有着更大的复杂性。历史的复杂性的主要根源存在于这样一个事实中：人类对自然的反应以及他们相互间的互动，都主要是以象征物（symbols）为中介而进行的。"[2]

及至20世纪中期，科学主义史学在欧美学界已然日薄西山。据一位澳大利亚学者说，自20世纪50年代以来，英美学术界反对史学是科学的观点占据了上风。[3]当时正在兴起的史学社会科学化运动，力图将史学变成一种社会科学，但这种"科学"与科学主义史学理念中的科学是迥然不同的。在20世纪前期，卡尔·波普尔和卡尔·亨佩尔提出了"规律性解释"的理论，有意建立用普遍规律解释历史原因的模式，从而使史学接近自然科学那种"科学"的层次。他们的理论一度成为哲学圈里的热门话题，但在职

1　比尔德：《著史系出自信念的行动》，《美国历史评论》，第39卷，第2期，第221、223、224、227页。

2　威廉·H. 麦克尼尔：《神话与历史混合的史学：真相、神话、历史和历史学家》（William H. McNeill, "Mythistory, or Truth, Myth, History, and Historians"），《美国历史评论》（*The American Historical Review*），第91卷，第1期（1986年2月），第2页。译文参见中国美国史研究会编：《现代史学的挑战：美国历史协会主席演说集1961—1988》，上海人民出版社1990年版，第477页。

3　温德舒特尔：《对历史的杀戮》，第216页。

业史家中间似乎没有引起多大的共鸣。在后现代主义兴起以后，"史学是不是科学"更成了一个毫无意义的问题。21世纪初年，英国学者彼得·伯克十分肯定地说："西方学界很少有人认为历史学是一门科学，我所认识的历史学家没有一个这样认为。……没有任何人还相信历史学是一门科学。"[1]

现在可以清楚地看出，关于史学和科学的关系的讨论中，关键的问题在于如何界定科学。针对伯里提出的"历史学是一门科学；不多也不少"的观点，英国学者科林伍德指出，称史学为科学，取决于对"科学"的含义做何种理解；在欧洲的语言传统中，"科学"这个词指的是"任何有组织的知识总体"，若从这个意义上说，伯里的观点是完全正确的；不过，历史知识在组织的形式和获取的途径方面，均不同于自然科学，因而它是一种"特殊的科学"。[2]科林伍德对"科学"的界定似乎过于宽泛，如果按这种定义来讨论史学是否属于科学，就没有什么意义，因为多数学科都是"有组织的知识总体"，何必单独提出史学来讨论。再者，关于这个问题的讨论，似乎并不是要为史学在现代知识体系中寻找一个位置；科学主义史学的价值指向，在于赋予史学以自然科学所具有那种的真理性、确定性和权威性。这才是关于史学是否为科学之争的要害所在。

事实上，在不同的语言中，对"科学"含义的界定存在较大的差异。德文中的"科学"（wissenschaft）一词，其含义较英文的"science"更为宽泛，泛指"可靠的知识"乃至"一切形式的学问"，因之史学和语文学（philology）都可以归入"科学"的范畴。[3]英文的"科学"通常是指自然科学，而英美学者所倡导的科学主义史学，也正是以自然科学为标杆。中文的"科学"一词的含义，最初可能是指"一科一学"；[4]但到后来，"科学"

1　杨豫、李霞、舒小昀：《新文化史学的兴起》，《史学理论研究》，2000年第1期，第147页。

2　柯林武德：《历史的观念》，第347—350页。

3　H. P. 里克曼：《狄尔泰》（殷晓蓉、吴晓明译），中国社会科学出版社1989年版，第114—115页。

4　冯天瑜：《中西日文化对接间汉字术语的厘定问题》，《光明日报》2005年4月5日第7版，"理论周刊"。

的词义屡经重塑，不仅作为英文"science"的对译，而且变成了"正确观点"或"有用之学"的代名词。当今国内学术界常说的"历史科学"，意指一种探讨人类社会演变规律、为当前社会发展提供借鉴的正确而有用的知识体系。这一定义所参照的主要是自然科学，与19世纪欧洲的科学主义史学理念，也可以说是一脉相承的。

国内史学界众口一词地把"科学"的桂冠授予史学，其依据也可能来自马克思、恩格斯的名言："我们仅仅知道一门唯一的科学，即历史科学。"[1] 其实，在19世纪中期的知识语境中，马克思、恩格斯所说的"历史科学"，与今天的"历史科学"并不完全一样，其外延要宽泛得多，内涵也更加丰富，所指为与自然科学对应的研究人类社会的所有学科。另一方面，今天常用的"科学"一词，早已沾染浓重的政治和意识形态色彩：凡是"科学的"，就意味着政治上合法和思想上正确；只有"科学的"，才是值得提倡的。于是，一个学科必抢占"科学"这个"制高点"，才能立于"不败之地"。我们习惯于把一切研究活动都称作"科研"，正是这种思想逻辑的产物。在这种思想氛围中，如果怀疑乃至否认史学的科学性，就不仅涉及"政治正确"的问题，而且还可能在史学界引起公愤。

但是，如果将"科学"泛化为一种标准，用以判断一个学科、一种知识、一种思想的价值和地位，就会使问题简单化和绝对化。19世纪以来，欧美学术界把史学视为科学（实证科学、精神科学或社会科学），都暗含着一种价值上的预设：唯有科学方能提供正确而有用的知识。然则人类的知识具有丰富的多样性，在现代科学诞生以前，神话、宗教、艺术、历史等各种形态的知识和思想，都对人类生活具有不可替代的价值和功能。若仅以科学与否来判断一种知识的正确性，那么人类在以往漫长岁月的智性生活，有很大一部分就会遭到否定。对科学的神化和滥用，或许是"现代

1　梁寒冰编：《历史学理论辑要》，中华书局1982年版，上册，第7页。

性"制造的一个极大的迷误，不啻为极端功利主义和人类中心主义的标志。
更何况科学本身也是一把双刃剑，既能为人类造福，也可以给人类带来灾
难。科学如果不受人文的制约，就可能如儿童玩火，其危险不可小觑。

不过，完全否认史学和科学的联系，也可能是偏颇之见。两者固然有
很大差别，但也存在一些共同点。有一位澳大利亚学者写道：

> 史学作为一门科学的凭证，来自它的目标中的三个：第一，它旨在记
> 录过去发生的事情的真相；第二，它旨在建构一套关于过去的知识；
> 第三，它旨在通过一种规范的方法论（disciplined methodology）来研
> 究过去，用的是本领域其他人也能使用的技巧和资料。[1]

的确，注重事实的可靠性，讲究方法的合理性，承认结论的可检验性，这
都是史学和科学共有的特点。史家在考订史料、甄别事实和进行论证时，
必须具备科学的求是精神，讲求逻辑的严谨，反对妄断和作伪。

最后，还可提及一个值得玩味的现象。虽然当今欧美学界普遍否认
史学属于科学，但也有学者（包括科学家）不时论及史学和科学在方法上
的相似性。美国进化生物学家斯蒂芬·古尔德（Stephen Jay Gould）在研
究中发现，对探究自然的许多领域（如人类社会、生物学和地质学等）来
说，历史的方法和预设乃是不可或缺的；如果大爆炸和宇宙膨胀理论是正
确的，那么宇宙学研究也离不开史学的工具，因为这些领域的研究资料都
是从过去遗留下来的，最终的解释方法都要诉诸叙事性解释。[2]美国冷战史
专家约翰·刘易斯·加迪斯也发现，史学和科学在方法上出现了某种趋同
的迹象，即两者在某些场合都需借助"逻辑加想象"的方法，因为科学的
许多课题无法采取直接观察的方法，许多结论也难以重复验证，可见科学

1　温德舒特尔：《对历史的杀戮》，第185页。
2　参见温德舒特尔：《对历史的杀戮》，第216页。

家在方法论方面与史学不无相通之处。加迪斯还用生动形象的比喻说，尽管史学在方法论上大体待在原地未动，而自然科学的航船却缓缓驶离牛顿体系的洋面，逐渐接近史学的海域。[1] 总之，史学和科学的关系远非人们通常所想象的那样简单。

四、社会科学化的利弊

论及19世纪和20世纪史学的差别时，霍布斯鲍姆写道："事实上，历史学已经从纯描写及叙述性转向了分析和说明；从集中研究独一无二和单个事件转向对规律的研究和推论。从某种程度上说，传统史学观念完全被颠倒了过来。"[2] 他这里所提及的史学观念和研究方式的巨大变化，不仅出现在欧美，同样也可见于中国。这一变化的发生，与社会科学对史学的"学术殖民"有莫大的关系。[3]

史学有着悠久的传统，曾长期与神学、文学和哲学处在错综复杂的相互影响之中，而取法于社会科学，则是相对晚近的事。社会科学是"现代社会"的产物，在19世纪迅速成长，进入20世纪更有突飞猛进的发展。在这个过程中，社会科学的多数学科，如经济学、政治学、人类学、社会学、人口学、心理学等，都逐渐走向成熟，形成众多的理论流派，并拥有丰富多样的研究方法。相较于史学，这些学科虽然年轻，却颇具"帝国主义的扩张性"，其影响力和塑造力触及许多其他学科。[4] 社会科学蓬勃兴起的势头，给那些嗅觉敏锐的历史学者带来震撼和刺激，让他们看到了史学

1　约翰·加迪斯：《历史的风景：历史学家如何测绘过去》（John Lewis Gaddis, *The Landscape of History: How Historians Map the Past*），牛津2002年版，重点参见第39—51、91—92页。

2　埃里克·霍布斯鲍姆：《史学家：历史神话的终结者》（马俊亚、郭英剑译），上海人民出版社2002年版，第71页。

3　关于社会科学对史学的影响，重点参见杰弗里·巴勒克拉夫：《当代史学主要趋势》（杨豫译），上海译文出版社1987年版，第70—147页。另，本节所说的"社会科学"，有时也涵盖史学以外的其他人文学科。

4　费尔南·布罗代尔：《论历史》（上册，刘北成、周立红译），北京大学出版社2021年版，第69页。

革新的重大契机。

毫无疑问，从社会科学吸取养分以改变史学的面貌，在欧美史学界最初只是一种探头探脑、前景未明的尝试。早在20世纪初年，社会科学迅速崛起，但尚不足以动摇史学在知识体系中的地位，而此时一些眼光远大的历史学者就已意识到"旧史学"的缺失，希望从社会科学中找到补救和革新之策。在德国，兰普勒西特质疑和挑战兰克学派，呼吁扩大历史研究的范围，开辟新的领域，采用新的理论和方法，并身体力行地从政治史转向文化史，提出从大众心理来探讨历史规律的思路。[1]在美国，詹姆斯·哈威·鲁滨孙倡导"新史学"，提醒自己的同行重视社会科学的发展及其对史学的意义。他还把经济学、社会学、人类学等称作"历史学的新同盟军"，呼吁历史学者认真吸取、广泛采用这些学科的知识和理论。[2]

到二战前夕，欧美传统的"历史主义史学"[3]遭遇更大的挑战。长期盛行的"历史主义"研究范式，注重文本考辨和语义学，采用叙事方式，关注思想、政治、事件和个人；而此时史学界却对人种学、社会学、经济学、心理学和量化方法等表现出越来越浓厚的兴趣。据有人观察，到1950年巴黎国际历史科学大会召开之际，欧美史家全面引入社会科学的尝试结出了丰硕的果实，除原来的政治史之外，人类学和人口学，观念和情绪，经济、社会、文明和制度等，都成为史学探究的对象。[4]一年以后，年鉴学

1　王晴佳：《西方的历史观念》，第150页；伊格尔斯：《欧洲史学新方向》，第30页。

2　詹姆斯·哈威·鲁滨孙：《新史学》（齐思和等译），商务印书馆1964年版，第51—70页。

3　"历史主义"（德文Historismus，英文historicism或historism），是德国学者弗雷德里奇·梅尼克（Friedrich Meinecke）深入讨论过的一个概念，用以概括现代德国史学（尤其兰克史学）的本质特征。但学界对其含义看法不一，颇有争论。在当前欧美的学术语境中，"historicism"一词至少有三方面的含义：其一，过去发生的事情，必须置于它发生时的具体语境中来看待，以了解它的本来意义；其二，客观地对待历史，用实证而不是虚构的方式来研究过去；其三，历史的进程受到一定的规律和法则的制约，具有不可摆脱的必然性（即历史决定论）。美国史学史名家伊格尔斯对"历史主义"一词的起源及含义流变有细致的考证。参见格奥尔格·G.伊格尔斯：《德国的历史观：从赫尔德到当代历史思想的民族传统》（彭刚、顾杭译），译林出版社2014年版，第28—31页。

4　托斯滕达尔：《史学专业主义的兴起和传播》，第56—57页。

派第二代主将费尔南·布罗代尔（Fernand Braudel）不无幽默地表示："对我们来说，没有什么畛域分明的人文科学。它们中的每一学科都是向着社会整体敞开的大门，都通向所有的房间，都通向屋子里的每一层，只要研究者在行进过程中对相邻学科的专家不吝惜敬畏之情。如果我们需要，就让我们使用他们的门户和他们的楼梯。"[1]正是出于这种开放的、无学科偏见的心态，历史学者从社会科学那里学到了许多新的东西，视野由此开阔，领域得以拓展，分析工具也愈加丰富多样，认识和理解过去的能力因之大有提升。与此同时，随着新社会史日渐成熟，史学的"社会科学化"[2]更其成为强劲的潮流。

　　在20世纪上半叶，中国史学界对欧美史学的新动向表现出异乎寻常的敏感。从梁启超倡导"史界革命"开始，欧美社会科学给中国史学打上了愈益鲜明的印记。陈寅恪等留学归来而学贯中西的新型史家，借鉴文化人类学、民族学、社会学、历史语言学、考古学的理论工具，研治中国古史，取得了超越前人的成绩。顾颉刚、吕思勉等未曾出国而专治国史的学者，也强烈意识到社会科学理论对历史研究的意义。吕思勉在20世纪40年代初谈到，与史学关系密切的学科，除政治学、法律学、经济学、人生哲学之外，更有社会学、考古学和地理学，对于这些学科，治史者应有"超出常识以外的知识"。[3]20世纪中期以后有近三十年时间，欧美社会科学的影响大受禁抑。自20世纪80年代以来，国内史学界再度出现重视和借鉴社会科学的风气。

　　史学最初取法的对象，主要是社会学和人类学。这两个学科兴起于

1　转引自J. H. 赫克斯特：《论历史学家》（J. H. Hexter, *On Historians: Reappraisals of Some of the Makers of Modern History*），马萨诸塞州坎布里奇1979年版，第88页。

2　史学"社会科学化"的提法，只有置于欧美，特别是美国的学术语境中才有意义。中国的学科体系与欧美不完全相同，有"哲学社会科学"、"人文社会科学"、"社会科学"等多种提法，史学通常被归入社会科学，故而不存在"社会科学化"的问题。

3　吕思勉：《史学四种》，上海人民出版社1981年版，第35—37页。

19世纪中叶，研究对象和史学大体相近：社会学研究社会，人类学关注文化，而史学则探究在过往时空中演化的社会和文化。这种相通之处，为理论和方法的交流与借鉴提供了便利。不少史家兴致勃勃地关注社会学家和文化人类学家的工作，立志要以同样的方式考察过往的人类社会，从更深入的层面揭示历史运动的趋势。他们不再满足于记叙个别事件[1]，转而关注一般现象；不再重视历时性（diachronicity）的叙述，转而专注于结构性的分析，致力于从纷繁而细碎的史事中找出人类社会变迁的模式和规律。英国人类学家埃文斯－普里查德（E. E. Evans-Prichard）曾断言："历史学必须做出抉择，要么成为社会人类学，要么什么也不是。"[2]马克·布洛赫（Marc Bloch）等法国史家也主张"史学无界限"，希望打破史学和其他邻近学科（特别是社会学）的边界。在史学向社会学和人类学吸取营养的同时，这两个学科自身也在发展，其反复更新的理论和方法，给有心的治史者带来源源不断的新灵感。20世纪80年代兴起于欧美的"新文化史"，同样得益于人类学的理论和方法。

　　史学和经济学的结合，不仅推动了经济史研究的迅速发展，而且拓宽了历史分析的路径。传统史学虽然没有完全忽视经济现象，但经济史长期不是一个独立的研究领域。到20世纪上半叶，马克·布洛赫、伊利·赫克希尔（Eli F. Heckscher）等欧洲学者提倡在历史研究中广泛引入经济学理论，开展社会（制度）经济史研究，或推进探讨"经济问题本身"的经济史研究。[3]通过向经济学"取经"，历史学者不仅意识到经济活动及相关制度的重要性，而且找到了处理这类题材的理论和方法。在经济学和史学两个学科，同时涌现一大批专治经济史的学者。前者的研究或许可以称作

1　欧美学者使用的"事件"（event）一词，通常有两层含义：一是指过去发生的"有头有尾"的具体故事；二是指过去发生的任何事情。

2　转引自巴勒克拉夫：《当代史学主要趋势》，第80页。

3　托斯滕达尔：《史学专业主义的兴起和传播》，第55页。

"历史经济学"，而后者则更偏向"经济社会史"。20世纪中期以来，经济学理论和计量方法更是携手改写经济史，催生了"新经济史"这门崭新的学问。"新经济史"借助经济学理论，系统运用统计分析方法，大量使用图表和模型，甚或采用"反事实模式"，不仅大大提高了处理数量史料的能力，增进了历史结论的精确性，而且反过来推动了经济学理论的创新。尤其是在道格拉斯·诺斯（Douglass C. North）和罗伯特·福格尔（Robert Fogel）等学者的推动下，经济史在经济学和历史学两个学科的地位都有显著的提升。因之不妨说，经济史乃是史学和社会科学结合最为紧密的一个领域。

社会科学的其他学科也为史学提供了滋养和灵感。史学与政治学、行为科学、统计学的结盟，孕育出"新政治史"，一改以往片面注重政治事件、政治制度和政治精英的状况，把基层政治和普通人的政治行为作为历史考察的重点。人口学的理论和方法，不仅直接作用于人口史、移民史和社会史的研究，而且对解释其他社会变动也颇有助益。心理学也介入史学，形成心理史学和心理分析方法。自然科学中的统计学、系统论和控制论等，也曾在史学界引起回响。还有学者进而提出，人体化学、内分泌学、病理学之类的学科，对于历史研究也不无用处，可以帮助解释历史人物的心理和行为。另一方面，社会科学与史学的结合，也在其内部造成诸多变化，形成历史人类学、历史社会学等新的学科，还使历史方法变成了社会科学许多学科的基本方法。

史学自从与社会科学结盟以后，的确发生了一系列历史性的变化。在欧美史学界相率登场的"新史学"和"'新'新史学"，都带有社会科学的深刻烙印，历史研究的方式也大有今非昔比之势：领域明显扩大，课题丰富多样，方法不断更新，解释纷纭繁杂。以往为"旧"史家所擅长的政治、外交和战争，在新的视野中得到重新审视；从前很少有人涉猎的经济、社会、习俗和日常生活，则成了极受欢迎的题材；英雄人物不再是历史舞台的核心角色，普通民众、边缘群体和默默无闻的小人物，在越来越多史家的笔下变成了主人公。当今史家除了继续讲述大大小小的首尾相续的故事，对于普通人的平凡生活，对于一闪而逝的情感体验，对于各色各样与人类有关或无关的事物，都表现出愈加浓厚的兴趣。

在史学社会科学化的过程中，分析和理论化取代叙事而成为史学著述的主要特征，由此形成分析性史学。史家比以往更加注重对因果关系的分析，着力挖掘历史运动的深层动因，重视课题的"理论化"，甚至希望通过历史研究来构造某种社会理论。传统史学解释过去的思想资源主要来自宗教、道德和政治，而现代史家则越来越倚重社会科学所提供的概念工具，诸如"结构"、"趋势"、"模式"、"变迁"、"阶级"、"种族"、"文化"、"性别"等术语，成为史学写作中不可或缺的基本范畴。如果撇开源自社会科学的各种语汇，许多史家就可能患上"失语症"。

社会科学的各种理论进入史学领域，大都产生了方法的功能。政治学的政治文化理论，社会学的社会变迁理论，人类学的人种志和"深描"方法，经济学的经济周期理论，语言学和哲学的语言分析方法，以及文学批评的理论等，都成了治史常用的工具。借助于多种理论，史家得以发现新的问题，找到新的角度，利用新的材料，提出新的解释，进而形成新的研究范式。概而言之，史学在社会科学化的过程出现的最突出的变化，乃是从整体性的"叙事史学"（narrative history）转向专题性的"问题史学"（problem-oriented history）。法国学者吕西安·费弗尔（Lucien Febvre）写道："在科学指导下的研究这个程式涉及两个程序，这两个程序构成了所有现代科学工作的基础：这就是提出问题和形成假设。"[1]问题成为史学的核心，具有重要的组织性功能。年鉴学派更是高举"问题史学"的旗帜，试图以问题为中心，"科学地"揭示人类过去的历程，建构一种解释历史的

1　转引自姚蒙：《法国当代史学主流的内涵与变迁》，载雅克·勒戈夫、皮埃尔·诺拉主编：《史学研究的新问题新方法新对象》（郝名玮译），中国社会科学出版社1988年版，第27页。

宏大框架。史学方法的另一个重大变化，可以说是计量方法的广泛运用。这也同社会科学的研究旨趣一脉相承。于是，史学在定性分析之外，增加了定量分析的手段，量化证据的意义受到广泛的重视。有人甚至迷信计量方法，认为它是使史学成为科学的不二法门，治史者都应当努力成为计算机程序员。[1]

跨学科和多学科研究成为一种颇受推崇的路径，这也是史学与社会科学相结合的成果。历史学者在许多课题的研究中，或综合运用多个学科的理论和方法，或与其他学科的专家进行合作，不少史学著作在社会科学多个学科都能得到认可。是否采用多学科或跨学科的路径，首先取决于课题的性质。比如，研究明清时期的民间信仰，自然需要借用社会学、民俗学、宗教学的理论和方法；新兴的环境史和生态史，本身就是史学与生态学、考古学、环境科学等学科交叉的产物。多学科的融合还促成诸如历史地理学、心理史、人口史、疾病和医疗史、情感史等新领域的诞生。当今史家或许不从事多学科或跨学科研究，但如果略通社会学、人类学、经济学、政治学、心理学和统计学的理论与方法，也一定能带来如虎添翼的裨益。

史学的社会科学化所带来的种种变化，通常不是孤立发生或相续出现，而是彼此交织、相辅相成的。研究领域的拓展，必然要求理论和方法的更新。比如，研究社会史，必须借鉴社会学的理论和方法；研究心态史，必须取法于社会学、人类学和心理学。反过来，理论和方法的革新，又有利于扩大研究范围，发现新的课题，利用新的材料。如果没有计量方法，选举行为、社区生活、经济变动等题材，也就难以成为史学的探讨对象。多种理论和方法的结合，很自然地造成多学科或跨学科研究的趋向。另一方面，史学在领域、方法和理论上的革新，也有益于社会科学的发

1　参见本书第九章第三节。

展，社会学、人类学、政治学和经济学等学科，通过吸收史学的材料和方法，修正了原来的概念，产生了新的理论，历史社会学、历史人类学等新型学科也由此形成。有些社会科学家还进行治史的尝试，有人甚至成为知名史家。

史学和社会科学的结合，在法国和美国形成的声势都至为浩大，但后果和影响则微有不同。据英国学者彼得·伯克总结，法国的《年鉴》创刊八十余年以来所表达的史学理念，主要体现在三个方面：其一，"以问题导向的分析史学，取代传统的事件叙述"；其二，"以人类活动整体的历史，取代以政治为主体的历史"；其三，"与地理学、社会学、心理学、经济学、语言学、社会人类学等其他学科进行合作"。[1]显然，贯穿这三个方面的主线是社会科学大量进入历史研究。按照马克·布洛赫的说法，史学乃是关于社会的人的科学。布罗代尔更加直截了当地表示："史学对我来说是社会科学的一部分，它和社会科学融为一体。"[2]弗雷德里克·莫罗则把史学定义为"社会科学对过去的投影"。[3]美国史学在"社会科学化"的运动中一度独领风骚。随着社会科学的引入，越来越多的美国学者开始相信，"新史学"已经具备了科学的品质，变成了社会科学的一个分支。在20世纪六七十年代，"作为社会科学的史学"的说法在美国甚为流行，还有人创办了相关的学术团体和刊物。[4]

可是，史学在走向社会科学的途中也蒙受了不小的损失，某些独有的长处被当作包袱抛弃掉了。社会科学化的"新史学"，在专题性、分析性和理论性增强的同时，原有的故事性和可读性却趋于减弱，并且导致史

1　彼得·伯克：《法国史学革命：年鉴学派1929—2014（第二版）》（刘永华译），北京大学出版社2016年版，第3页。

2　转引自姚蒙：《法国当代史学主流的内涵与变迁》，载勒戈夫、诺拉主编：《史学研究的新问题新方法新对象》，第14页。

3　转引自巴勒克拉夫：《当代史学主要趋势》，第99页。

4　巴勒克拉夫：《当代史学主要趋势》，第64页。

学与其他学科的界线变得模糊不清，由此招致尖锐的批评。早在兰普勒西特力主将史学变成"社会心理学"的时代，就有人指责他背叛史学，自外于史家的行列。[1] 在痴迷于"旧史学"的学者看来，二战后的"新史学"完全背离了治史的正途。据美国学者格特鲁德·希梅尔法布总结，"新史学"所遭受的几项主要指控是：其分析方法未能把握能动的历史运动；计量方法只限于考察那些可以量化的课题和资料，从而使史学变得狭隘和细微；心理分析的解释更多地来自先入的理论而不是经验证据；社会学的模式过于抽象，不能阐释具体的历史现象；流行的意识形态偏见使史家倾向于认同自己的课题，将自己的态度和价值注入课题之中；以大众为中心的史学模式，无法容纳那些对塑造历史起过重要作用的杰出人物。[2] 这些意见固然包含很深的偏见，却也触及"新史学"的某些明显的欠缺。此外，史学总是无法跟上社会科学的步伐，面对相关学科层出不穷的新理论，历史研究者难免陷入应接不暇、疲于追赶的窘境。[3] 在新理论、新思潮和新方法的吸引下，治史者的兴趣不断变换，解释上一味求新，公认的大家和名作则寥若晨星，这在一定程度上降低了史学的社会影响力。

　　长期以来，中国学界普遍把史学归入社会科学，但这与欧美史学的社会科学化并不是一回事。有学者写道：

　　　社会科学对个别现象的描述是辅助性的，目的是为这门科学解释某一普遍规律作例证，而在历史科学中，由于时间性因素的特殊作用，对个别的现象的独特性的描述和解释本身就是历史学的重要目的和任务。所以，历史学是普遍规律的抽象与个别现象的描述的辩证统一，

1　参见汤普森：《历史著作史》，下卷，第4分册，第585页。

2　格特鲁德·希梅尔法布：《新史学和旧史学》（Gertrude Himmelfarb, *The New History and the Old*），马萨诸塞州坎布里奇1987年版，第14—15页。

3　有位澳大利亚学者不无幽默地说，面对新理论的冲击，他们那一代学者有两种选择：或体面地退休，或重新当学生。温德舒特尔：《对历史的杀戮》，第5页。

> 没有普遍认识的概括与抽象，历史个别现象的描述就会变成史料的堆积，反之，没有历史史实的描述与解释，普遍性历史认识就是抽象的虚构。[1]

由此看来，两者研究的旨趣都是探索规律，只是方式不同而已。国内学界关于史学属于社会科学的习惯性认知，正是出于这种探求历史规律的信念。然则在欧美史学界，把史学改造成社会科学的努力，其着眼点主要在于理论和方法：通过技术性研究来改变"旧史学"以事件和个人为中心的叙事方式，用理论化取代故事性，采用分析、计量等多种方法来突破"描述性史学"的局限。可是，许多史家不久就猛然醒悟，原来他们一心要抛弃或改造的弊端，正是史学作为一个专门学科的长处。及至20世纪七八十年代，叙事性重新受到青睐，片面注重技术性研究的偏向也遭到质疑。[2]在"新文化史"趋于兴盛的同时，社会科学的理论模式和统计分析也受到了冷落。[3]直到今天，欧美史学界在史学与社会科学的关系上仍然存在分歧，有人力推史学的进一步社会科学化，有人则反对把史学纳入社会科学。还有人期待，在史学和其他研究人类及其社会的学科之间能有更大的趋同，即在史学领域进行一场采纳科学的革命，而社会科学则进一步走向"历史性"。[4]

　　归根结底，当今史家一方面要关注社会科学相关学科的动向，与社会科学家保持对话，另一方面也不能简单地将史学当作社会科学，而忽略其自身的特性。史学应当向社会科学敞开门户，同时也要清点和保管好自己的家当；在借用其他学科的门户和楼梯时，不能忘了自己房间的所在。换

1　韩震、孟鸣歧：《历史·理解·意义——历史诠释学》，上海译文出版社2002年版，第86页。

2　参见劳伦斯·斯通：《叙事的复兴：对一种新的旧史学的思考》（Lawrence Stone, "The Revival of Narrative: Reflections on a New Old History"），《过去与现在》（*Past and Present*），第85期（1979年11月），第3—24页。

3　参见艾伦·泰勒在《意见交流：历史学的实践》（"Interchange: The Practice of History"）中发表的看法，《美国历史杂志》（*The Journal of American History*），第90卷，第2期（2003年9月），第578页。

4　克里斯托弗·劳埃德：《历史学与社会科学》（Christopher Lloyd, "History and Social Science"），载伯格等编：《历史书写的理论与实践》，第83、85页。

言之，虽然史学通过向社会科学取法而别开生面，但是如果将史学彻底改造成经济学、社会学那样的社会科学，也未必是一件好事。史家应当汲取相关学科的理论和方法，但同时应当意识到，社会科学终归只是治史的工具。[1]而且，在使用这些工具时，还要注意避免落入"方法论的陷阱"：采用现代的概念来描述过去的事物，容易发生"时代倒错"（anachronism）；过度的"概念化"，可能扭曲具体的经验事实；依据有限的数据来建立模式或做出粗糙的概括，则难免掩盖或抹去前人往事的种种幽微曲折之处。[2]

五、独特的人文学

行文至此，"史学是什么"这个问题的答案还没有浮现出来。从上文的讨论来看，这个看似简单的问题，却牵涉到历史知识的性质、史学的地位和价值、史学方法论的内涵、史学表述的方式及规范等许多方面的因素，一时难以达成共识也就不足为异。职业史家也许不必过深地卷入这类争论，因为这种众说纷纭、莫衷一是的局面，容易让治史者对自己工作的性质和价值产生困惑。不过，治史者对自己学科的特性也不能漠不关心，不然也会妨碍对专业规范和方法的深入理解。

在史学作为一个学科尚具有某种一致性的时代，对于"史学是什么"这个问题虽然没有唯一的答案，但总体上还有若干种得到广泛认可的说法。自现代学科体制成形以来，人们习惯于在与其他学科的对照中界定史学的特性，经常说史学属于某个学科，或史学不是某个学科。概括起来说，欧美学界关于史学属性的观点有如下几种：史学是科学；史学是文学（或艺术）；史学既是科学也是文学（或艺术）；史学既不是科学，也不是文学（或艺术），而是一个独立的学科。

1　这是美国华裔历史学家何炳棣的见解。参见忻平：《治史须重考据　科学人文并重——南加利福尼亚州何炳棣教授访问记》，《史学理论研究》，1997年第1期，第102页。
2　参见豪厄尔等：《源自可靠的资料》，第96页。

科林伍德关于史学属性的讨论，正是在学科对比的框架中展开的。他首先说明了史学和艺术、科学、哲学的差别。他提出，史学的"目的在于知识，这一点使它区别于艺术，因为艺术的目的在于想象；它的对象是个别的，这一点又使它区别于科学，因为科学是一般的知识。艺术的对象是想象的个别事物，而历史的对象则是真实的个别事物"。他还说，"历史的客观性又使它区别于哲学。历史假定存在一个不依赖于认知者的事实世界，历史学家的思维只是解释这个世界，而决不是创造这个世界"。他接着又说，史学和艺术、科学也有相通之处："一切历史都是艺术，因为讲故事是一种艺术"；艺术的想象、科学的概括都可见于史学，只不过目的都在于确定历史事实。因此，"艺术和科学不是被排除于历史之外，而是包含于历史之中，不过它们的形式有所改变，那是为了服从于历史的目的之故"。[1] 几十年以后，有一位澳大利亚学者发挥科林伍德的说法，称"历史学是一个横跨人文学和社会科学的学科"。[2]

在有些学者看来，把史学与其他学科对比以讨论其特性，无异于对其尊严和独立性的冒犯。他们甚至负气地宣称，史学什么也不是，它就是史学。1948年，美国学者罗伊·F.尼科尔斯撰文呼吁"史学的独立"。他写道：

> 史学不是艺术，不是科学，也不是文学。它是**独特的**。它是知识的一个分支，有自己的特征和方法，应从其自身而不是用类比的方式来看待它。现在，历史学家应该对他们的功能、他们的目标和他们的方法抱一种更积极自信的态度。[3]

这种观点在中国台湾学者杜维运那里得到了呼应，他称史学"不是科学，

1　科林伍德：《历史哲学的性质和目的》，载张文杰编：《历史的话语》，第187—190页。

2　温德舒特尔：《对历史的杀戮》，第185页。

3　罗伊·尼科尔斯：《战后历史思想的重新定向》（Roy Nichols, "Postwar Reorientation of Historical Thinking"），《美国历史评论》（The American Historical Review），第54卷，第1期（1948年10月），第84页。

不是艺术，也不是任何其他学术，历史就是历史，历史女神克丽欧（Clio）永远凛凛不可侵犯"。[1]

美国学者海登·怀特曾用调侃的语调评论说，历史学家往往采用"费边策略"来应对外界关于史学性质的讨论：当社会科学家批评史学的科学性薄弱时，他们就强调史学在艺术性方面的长处；当文学家不满史学的表现方法时，他们又回到了史学的科学性；他们有时甚至宣称，"艺术和科学只有在历史中才能达到和谐的综合"。[2]不过，历史学界并非总是被动应付外界的评论，有时也在主动关注和讨论相关的问题，其意见的多样化表明这个问题的确相当复杂。自20世纪初以来，史学的领域不断拓展，研究方式愈加多样化，史家群体的规模有明显的扩大，与史学形成竞争关系的其他知识领域也不断增多，这些变化严重削弱了史学内部的一致性，也使得"史学是什么"的答案变得更加扑朔迷离。

当今史学的研究对象包罗很广，过往人类生活的不同领域、各个侧面乃至各种细枝末节，都是史学的题材来源；其研究方法中也包含许多其他学科的要素，举凡哲学的思辨、社会科学的分析、文学的表现、人类学的田野调查、新闻学的口述采访、统计学的定量分析等，均可见于史学。这是否意味着史学是一门拼凑起来的、没有自己特性的博而杂的学问呢？答案当然是否定的。如果一定要用一句话来概括史学的特性，我们不妨说，它是一门以过去事实为基础的独特的人文学[3]。

---

1 杜维运：《史学方法论》，三民书局1985年增订版，第47页。

2 海登·怀特：《历史的负担》，载海登·怀特：《后现代历史叙事学》，第33—35页。

3 英文中的"humanities"和"human studies"有"人文科学"和"人文学科"两种译法，虽然仅有一字的字序不同，但含义却有天渊之别。为了避免混淆，今以"人文学"来对应"humanities"或"human studies"。欧美的现代学科体系是由自然科学、社会科学和人文学三大板块构成的，史学通常被归入人文学。至于英文中的"human science"、"moral science"等词，是否可以译成"人文科学"，尚待推敲。关于人文学（科）和社会科学的区别，林毓生指出：后者所关心的是人的社会，是关于人际关系的一种学问，注重人类活动的功能和功效，而不触及人类活动本身的意义；前者则探寻人的意义，它将人作为人来研究，而不是作为机器来对待；它追求的是具体的特殊性，它是以思想为基础的。概括说来，人文学（科）的特征就是以人为研究对象，注重思想性、特殊性和个性。林毓生：《中国传统的创造性转化》，生活·读书·新知三联书店1988年版，第5、22、274页。

　　史学首先是人文学。它关注的是人，研究的是人，探讨的是**过往时空中人的观念、行为、制度及其意义**。秉承科学主义余绪的费弗尔曾说："历史学是关于人的科学，是关于人类过去的科学。"[1]钱穆称赞中国史学的特色，提出"重人不重事"的见解。[2]中国上古有"左史记言、右史记事"的说法，而事和言自然都是人留下的。在古代史籍中，人物传记所占的比重很大，即便是编年体或纪事本末体史书，所记载的也大多是历史人物的言行。当然，这种"人"是"帝王将相"，是上层精英，也就是钱穆所推许的"少数人"。[3]这种"少数人"也曾长期是欧洲史学的主角。英国的卡莱尔崇拜"英雄"，将"英雄史观"推向极端，甚至说："世界的历史就是伟人们的传记。"[4]20世纪中叶以来，欧美史家越来越强烈地反对"精英史观"，史学中"人"的范围逐渐扩大，直至涵盖社会所有的阶层和群体。布罗代尔说："历史学家的任务不仅要重新找到'人'（这个说法用得太滥），而且要认出相互对立的、大小不等的社会集团。"[5]的确，在"新史学"的语境中，"人"不再是传统史学中的"伟大的个人"，而是众多的社会群体，是"默默无闻的大众"。还有学者甚至走到另一个极端，把"个人"逐出史学的领地，仅只关注群体、趋势和结构。布罗代尔本人的著作就重在揭示环境、局势、心态对人的"囚禁"，而很少论及人的能动性在历史中的作用。从"旧史学"的视点来看，这种"结构史学"埋没"人"，变成了"去人化的史学"。[6]"新微观史学"的兴起，可视为对这种"去人

1　转引自姚蒙：《法国当代史学主流的内涵与变迁》，载勒戈夫、诺拉主编：《史学研究的新问题新方法新对象》，第11—12页。
2　钱穆：《现代中国学术论衡》，第114页。
3　钱穆：《现代中国学术论衡》，第114页。
4　卡莱尔：《英雄与英雄崇拜》，载何兆武主编：《历史理论与史学理论》，第245页。
5　费尔南·布罗代尔：《15至18世纪的物质文明、经济和资本主义》（顾良译），生活·新知·读书三联书店1993年版，第2卷，第499页。
6　参见王汎森：《思想是生活的一种方式：中国近代思想史的再思考》，北京大学出版社2018年版，第314—350页。

化"趋向的反拨。一批史家致力于从历史的烟尘深处发掘"小人物"的经历，力图使历史中人的形象变得略微具体而清晰。

人总是与事相连的，史学以讲故事的方式展现过往人的经历，这样就造成一个印象，似乎史学不过是叙事。叙事的确是史学的主要手段，但不能把叙事等同于史学。[1] 史学的叙事通常也不是仅仅停留于"就事论事"的层次，而着意阐释潜藏在事背后的人的思想和动机，以及事对于人的意义。换言之，历史叙事中的"事"，通常是从人的角度来叙述和阐释的。这也是史学作为人文学的一个基本特点。科林伍德指出，历史事件不同于自然事件，它不是一个单纯的事件，而有外部和内部之分："事件的外部"是指"属于可以用身体和它们的运动来加以描述的一切事物"；"事件的内部"则是事件中"只能用思想来加以描述的东西"。历史学家必须同时关注两者，因为他"必须经常牢记事件就是行动，而他的主要任务就是要把自己放到这个行动中去思想，去辨识出其行动者的思想"。进而言之，"历史的过程不是单纯事件的过程而是行动的过程，它有一个由思想的过程所构成的内在方面；而历史学家所要寻求的正是这些思想过程。一切历史都是思想史。"[2]

置于当今史学理念的脉络中，"一切历史都是思想史"这个命题可有两解。其一，人是"会思考的苇草"，而历史作为人行动的记录，就不可能脱离行动者的内在观念来理解，因之一切以人为中心的历史都必须挖掘行动者的思想和动机，必须从当事人的内心世界出发来理解"行动的过程"。其二，我们所知的历史仅仅是，而且只能是经由史家写出的过去，而这种被写出的过去必然包含历史书写者的思考，这也使得一切历史都变成了"思想史"。中国学者何兆武也在这两层意义上强调"思想"对于治

1　雷蒙·阿隆：《论治史：法兰西学院课程》（冯学俊、吴泓渺译），生活·读书·新知三联书店2003年
　　版，第284—285页。
2　柯林武德：《历史的观念》，第300—303页。

史的意义。他写道:"历史终究是人创造出来的,不能领会前人的思想感情……那么最多只能说他知道了(kennen)历史事实,但不能说是理解了或懂得了(wissen)历史。"[1]换言之,只有透过历史行动者和历史书写者的双重"思想透镜",史家才能真正窥见"过去世界"的面目。这也就对史家的思维能力提出了很高的要求,并把"思想"提升为史学优良品质的象征。如果要使历史书写具备"思想史"的品质,就不能撇开史家的才情、修养、学识和技艺。以往有一个时期,那些以社会、结构、制度、趋势、城市、环境、疾病等为题材的历史书写,由于忽略人的能动性乃至抹去人的痕迹,以致沦为单纯的技术性写作,失去了史学所应有的"思想史"的品质。其实,只要史家把过去作为思考的对象,无论题材属性如何,都能成为"思想史"。新近以宇宙万物为考察对象的"大历史"(big history),以及探究史前人类的"深历史"(deep history),虽然不一定涉及历史行动者的思想,但只要真正进入历史书写者的思考之中,也不乏成为"思想史"的可能。

史学的基础是过往事实,这一点从根本上规定了它的学科特性。过去是一个在时间中延续的过程,史家处理的过往事实,乃是在时间之流中变化的事件、观念、制度和趋势。发现和梳理过去事实,进而阐释其意义,就成为历史研究的基本任务。为此,治史者须竭尽所能地收集和解读包含过去事实信息的史料,坚持"论从史出"的经验研究路径,重视史料学、史源学、考据学、诠释学和其他辅助学科的训练。英国学者埃尔顿指出,史学并不是研究人类过去的唯一学科,考古学、人类学、民族学以及其他社会科学,大多也涉及人类的过去;但是,史学关注事件,关注变化,关注具体,这三点使它区别于其他研究人类过去的学科。埃尔顿进一步解释说,史学的研究对象是事件,而不是状态;是发生的事物,而不是存在的事物;历史分析和描述的重点是变化,即人群、制度、观念等从一个状态向另一个状态的转化;史学关注的是个别而具体的东西,而不是人们通常

1　何兆武:《对历史学的若干反思》,《史学理论研究》,1996年第2期,第37页。

所说的独特的事物；这一切为史学的自主性提供保证，使它成为一个独立的学科。[1]埃尔顿的见解不一定代表史学界的共识，特别是他把史学等同于对具体事件的研究，这与当今史学的现状并不吻合，因为趋势、结构、群体和社会事实等，早已进入史学探讨的范围。但他所总结的三个关注点，也确实指明了史学与其他人文学科的区别。

史学也是一个开放性十分突出的学科。诚然，许多学科都具有开放性，但史学的开放性有不同的表现。首先，史家对历史的认识始终处在不断的变动之中，虽然许多历史事实得到了确认，但新的历史事实不断出现，对于多数问题的解释也没有定论，因而每一代人对历史的认识都有所不同。其次，史学承认多样性，不同时代、不同民族和不同个体的历史研究者，对历史的认识存在差异，在题材、方法、解释框架和研究结论上呈现纷繁多样的面貌，而他们所提供的充满分歧的历史知识，在整体上丰富了人类对过去的认识。最后，史学的发展，特别是领域的开拓、方法的更新和视野的转换，经常是通过吸纳其他学科的理论和方法而实现的。向其他学科开放自己的领地，可以说是史学不断获得生机的一个奥秘。

史学还是一门具有很强综合性的学问。英国学者特里维廉说："在历史是艺术还是科学的这个议论纷纷的问题上，让我们认为它两者都是或者两者都不是。因为它有两者的因素。"在他看来，史学承担着三种不同的任务：一是"史实的积累和证据的检验"，这是属于"科学的"任务；二是将搜集的史实进行选择和排比，并做出推测和概括，这是"推测的或想象的"任务；三是"用一种能吸引和教育我们同胞的形式把科学和想象的结果表达出来"，这是"文学的"任务。[2]显然，史学只有兼具科学性和艺术性，才能更好地担当自己的使命。

在当今欧美学术界，很少有人用"科学性"一类的字眼来谈论史学的

1　埃尔顿：《历史学的实践》，第9—11页。

2　屈维廉：《克莱奥》，载田汝康、金重远编：《现代西方史学流派文选》，第192页。

特点，而至多是围绕"客观性"来讨论历史知识的性质。国内学界普遍坚持史学的"科学性"，相信治史重在求真，而求真的旨趣在于揭示历史的规律；正是由于史学以揭示历史规律为宗旨，它才具有"科学性"。不过，这种"科学的"史学，在整体上可能还只是一种理想化的目标。对于具体的治史实践来说，"科学性"主要体现为一种精神和态度，也就是不能向壁虚构，要广泛收集可靠的证据，论点要有材料支撑并符合常识，论证不能违背逻辑，结论必须经得起史料和方法的检验。

至于"艺术性"，从表面来看似乎与"科学性"相抵触，因为科学的基础是事实和理性，而艺术的生命在于想象和情感。事实上，恰恰是在想象这一点上，史学和艺术拥有共通之处。史家面对遥远而陌生的过去，手边只有支离零碎、未可尽信的资料，要理解前人的思想和行为，要重建过去的生活场景，没有想象力如何能办得到呢？不过，史学的想象是研究者的一种素质，而不是方法。还需要注意的是，学界在谈论史学"艺术性"时，通常是着眼于历史写作的技巧和文辞，希望优秀的史学作品同时具备艺术的美感。[1]因此，即便是兰克这种标榜"如实直书"的史家，在谈到历史写作时也强调文学性，称史学"既是艺术，也是科学"。[2]

总之，史家需要具备文学修养，但不能用小说笔法来写历史；研究历史离不开科学精神，但不能将史学与科学混为一谈；社会科学可以作为治史的工具，但不能把史学简单地看成社会科学。我们在讨论史学的特性时，最好从多样性和独特性结合的视角看问题。正是由于史学是一个多样性和独特性的统一体，就要求历史研究者具备多样化的素质，在历史写作中兼顾科学性、理论性和艺术性。做一个出色的史家，最大的困难或许就在这里。古往今来史学大师屈指可数，也可能与此有莫大的关系。

1　有学者谈到，史学的艺术性是由对事实的选择、安排和叙述三个要素构成的。参见特里·克劳利编：《克列奥的技艺：史学方法入门》（ Terry Crowley, ed., *Clio's Craft: A Primer of Historical Methods* ），多伦多1988年版，第101页。

2　费迪南德·谢维尔：《兰克声誉的兴起、减退和持续》（ Ferdinand Schevill, "Ranke: Rise, Decline and Persistence of a Reputation" ），《现代史杂志》（ *Journal of Modern History* ），第24卷，第3期（ 1952年9月 ），第231页。

第二章　历史知识的性质

雷蒙·阿隆写道："人类创造自己的历史，但他们创造的是一个他们在事后才了解，费了好大劲才了解的历史。"[1] 这种"事后费了好大劲的了解"，主要是经史家之手而完成的。这说明历史的研究者对于历史的认识，不同于历史的参与者，因为后者往往只能了解历史的某些局部，而历史的整体性和统一性只是史家重建的结果。[2] 阿伦·芒斯洛等后现代主义者，从历史认识论着眼把现代史家归入三种类型：一曰"重构论者"（reconstructionists），二曰"建构论者"（constructionists），三曰"解构论者"（deconstructionists）。[3] 迄今为止，多数专业史家或多或少偏向于"重构论"。他们坚信，治史者基于特定的技艺可以从史料中获得关于过去的准确知识。为了尽可能中立而准确地"重构"过去，他们付出了艰苦的努力，辛勤地发掘档案文献，不断摸索和完善运用证据的技艺与规范。不过，过往的人和事纷纭复杂，对后人来说既遥远又陌生，所留下的记录往

1　阿隆：《论治史》，第238页。

2　参见阿隆：《论治史》，第134—135页。

3　芒斯洛：《解构历史》，第20—28页。

往残缺不全，而且真伪混杂；史家如何凭借自己的智慧和眼力，运用高明的技艺，克服各式各样的偏见，以获取关于过去的准确知识，始终是一个严峻的挑战。

一、个别与一般

从学术的角度来认识和表述世界，大致有"普遍主义"和"特殊主义"（或"相对主义"）两种路径。前一种路径相信，世间万物虽然千差万别，但总有共性和法则存在；而后一种路径则力图透过各种事物表面的共性或相似性，发现并揭示其具体的差异和特点。[1]自专业史学开始形成以来，关于历史研究的对象究竟是特定事件还是一般趋势，其旨趣究竟是描绘人类经历因时因地的差异还是揭示社会演变的普遍规律，始终存在很大的争议。在科学主义昌盛的时期，论及史学是否属于科学，个别性与一般性曾是一个重要的判断标准：科学须从个别上升到一般，而史学若只关注个别的、独特的事物，就没有资格跻身于科学的行列。那些坚持史学具有科学性的人，包括兰克在内，往往极力强调史学同样也关注普遍性。进入20世纪，欧美许多学者承认，史学的研究对象仅只是特定的个别事件。卡尔·波普尔（或译波普）说："我愿意维护被历史决定论攻击为陈旧的这个观点，即认为**历史的特点在于它关注实际的独特的或特定的事件，而不是关注规律或概括**。"[2]英国历史哲学家威廉·沃尔什断言："历史学家念念不忘的并不是普遍性，而是个别事件的精确过程。"[3]法国学者保罗·韦纳也说："历史就是对特定事物进行描述，即对人类事件中能够理解的东西进行描述。"[4]

1　参见林恩·钱塞等：《性别、种族和阶级概论》（Lynn S. Chancer, and Beverly Xaviera Watkins, *Gender, Race and Class: An Overview*），马萨诸塞州马尔登2006年版，第7—8页。

2　卡尔·波普：《历史决定论的贫困》（杜汝楫、邱仁宗译），华夏出版社1987年版，第114页。黑体字系原文所有。

3　沃尔什：《历史哲学导论》（何兆武、张文杰译），广西师范大学出版社2001年版，第33页。

4　转引自利科：《法国史学对史学理论的贡献》，第74页。

　　随着后现代主义的兴起，关于史学研究对象的属性再度成为一个议题。后现代主义者认为，启蒙运动以来所形成的"理性"、"进步"、"解放"之类的"宏大叙事"都已经失效，以往史学关于历史趋势和社会结构的描述，不仅不真实、不可靠，而且带有"控制"和"压迫"的意图或后果。在他们的眼里，历史的天空漂浮着无数不规则的"碎片"，历史本身并没有什么"目标"或"必然性"，任何以"趋势"、"规律"、"发展"等"大词"来概述的历史，都带有"目的论"的性质。在治史实践方面，一些带有后现代主义取向的学者，采用"微观史学"路径，质疑"新社会史"所诉诸的各种宏大叙事。荷兰学者F. R.安克斯密特形象地总结说：历史好比是一棵树，西方传统中的"实质主义"史学集中研究树干；历史主义和现代科学主义史学关注的是树枝，同时仍然十分留意树干；而后现代史学感兴趣的既不是树干，也不是树枝，而是树叶。但问题是，树叶与树的联系相对比较松散，一旦秋天和冬天来临，就会被风吹走。他接着写道："在后现代主义的历史观中，目标不再是整合、综合和总体性，那些历史的碎屑成了关注的中心。"[1]俗语云，没有两片树叶是完全相同的；由此推论，研究"树叶"的后现代史学，自然就更注重个别性和独特性。

　　不过，史学究竟是关于个别还是关于一般的知识，说到底似乎主要是哲学家所关心的问题。历代史家一直在研究各种各样的课题，他们有的致力于探寻历史的趋势和规律，有的热衷于讲述细致而生动的故事；有的喜欢提出概括性的大结论，有的则专注于分析具体的事件。但是，一般和个别总是相互联系的，探究一般性时不能忽略个别事件，而讨论个别事件也无法撇开一般性。换言之，史家的实际工作很难按照个别和一般来做绝对的划分。作为一个整体，史家既关注个别，也重视一般，而且力图从个别中看出一般。美国学者约翰·加迪斯曾谈到历史研究中的"概括"，称史

1　F. R.安克斯密特：《历史学与后现代主义》（F. R. Ankersmit, "Historiography and Postmodernism"），《历史与理论》（*History and Theory*），第28卷，第2期（1989年5月），第149页。

家通常"寓概括于叙事之中",而社会科学家则反其道而行之,喜欢"寓叙事于概括之中"。前一句包含的意思,与爱德华·卡尔所谓史家关心"特殊中的一般",似有异曲同工之处。[1]

乍看起来,人类过往的经历不过是一大堆杂乱的个别事件,其中是否存在某些一般性的特质呢?如果存在,史家是否有能力将它们发掘出来?那些认为史学只能处理个别现象和特定事件的人,看到的只是史家对个别现象和具体事件的描述,而未留意他们讨论个别事件的意图。事实上,眼里完全只有个别事件而成为史学大家的学者,在中外史学史上都不多见。孔子整理《春秋》,旨在阐发具体史事中包含的"大义";司马迁作《史记》,立志要"究天人之际,通古今之变";司马光等人编纂《资治通鉴》,意在总结历朝历代兴亡的教训。当今史家更是注重通过个别来揭示一般。即使是偏爱"小历史"的后现代史家,何尝不是一心要从"小故事"中引出"大看法"来。史家之所以希望通过个别来揭示一般,是因为个别事件与一般性存在联系,从众多的个别事件中可以看出某种一般性。例如,中国历史上各次农民战争爆发的原因不尽相同,但其中有些问题却具有共性:吏治腐败、恶政横行、土地兼并、社会不公、灾荒连年、饥馑蔓延,这些严重的弊端叠加在一起,逼迫农民走上造反的道路。世界近现代历史上的各次革命,其发生的原因也不一样,而社会矛盾的激化、核心群体的动员,通常是导致革命的共有因素。只不过,这些共同性并不一定构成某种规律,因为同样的情形在历史上反复发生,而并非每次都能引起农民战争或革命运动。

相对来说,古代史家比较重视个别事件,而现代史家则更关注一般性问题。现代学者有时直接研究一般性现象,诸如政治文化、经济增长、人口变动、社会变迁、群众运动等,都是他们乐于探究的课题。有些史家则

1　加迪斯:《历史的风景》,第62页。

力图通过对个别事件的分析来探讨一般性问题。在美国长期流行一种看法，认为19世纪的美国社会充满机会，社会流动活跃，普通人比较容易改善自己的处境，提高社会地位。1964年，哈佛大学教授斯蒂芬·瑟恩斯特罗姆出版《贫困与进步》一书，通过分析1850—1880年间马萨诸塞的纽伯里波特的社会流动，发现"机会之乡"的说法不过是一个神话，对普通劳工来说，改善处境的余地并不太大，多数底层人的地位难以上升。[1]他采用的研究方式，就是现代史学中常见的以个案研究来挑战一般性结论。黄仁宇的《万历十五年》，表面上只是娓娓道来地讲述一连串个别的人物和事件，而他的实际意图是想通过这些看似属于细枝末节的人和事，来揭示明朝乃至整个中国中古历史的症结。[2]这无疑是一种"因小见大"的手法。这一类研究，有点类似于中国成语所谓"管中窥豹，见其一斑"。一本书或一篇论文，如果不能把个别史事和一般性问题挂起钩来，就有可能落入"就事论事"、"见木不见林"的窠臼。这种从个别现象中提炼出一般性结论的办法，有时也称作"理论的升华"。

我们知道，史家不论是研究一般性趋势，还是分析具体的事件，所用的素材都是许许多多的个别事实。史家何以能够从众多的个别中看出某种一般来呢？这就需要借助于概括。历史认识也与其他认识活动一样，需对纷繁复杂的个别史事进行类型化处理，通过概括而使之成为条理化的知识。只有经过概括而条理化的历史知识，才能为一般人所理解和接受。在评价一种史学论著的学术质量时，我们通常要看它条理是否清晰，层次是否分明。不妨以美国革命史的研究为例，来看看概括的方式是如何起作用的。1764—1789年，北美发生了一场以独立建国为中心的重大事变，它符合关于"革命"的一般性定义，因而在当时和后世都被称作"美国革命"。

1　斯蒂芬·瑟恩斯特罗姆：《贫困与进步：19世纪一个城市中的社会流动》（Stephan Thernstrom, *Poverty and Progress: Social Mobility in a Nineteenth-Century City*），马萨诸塞州坎布里奇1964年版。

2　黄仁宇：《万历十五年》，中华书局1982年版。

北美东部滨海城镇居民不满英国当局的政策，挑战精英人物的权势；西部居民则对东部的控制十分反感，采用多种方式进行反抗；这表明美国革命不仅是一场争取"自治"的革命，而且也是一场决定"由谁来自治"的革命。经过独立战争和立宪运动，美国成为一个独立的政治国家，一些社会群体的地位上升，而另一些群体则地位下降，经济建设和西部开发的浪潮也随后兴起，可见美国革命不仅是一场政治革命，而且也是一场社会革命。以上这三个层次的概括，涉及美国革命的起因、性质和结果。这种方式也可见于对其他革命的研究之中。

在当今的史学著作中，随处可见"趋势"、"规律"、"历史地位"和"历史意义"一类字眼，这实际上都是概括的外在标记。在人口史研究中，通过分析人口与食物供应、经济波动、战争、疾病的关系，可以概括出某一特定地域在某一时期的人口变动趋势。只要研究重大的战争、革命、技术变革和社会改革，都必须对其历史意义做出评估。在人物研究中，如果研究对象是上层精英，研究者通常要将他与同时代的其他人物进行比较，并以历史上其他类似人物为参照，对其历史地位做出评判；如果研究的是偶尔留下零星记录的小人物，研究者通常希望从他们的经历和命运来展现那个时代普通人生活的一般状况。研究者倘若没有这样的意图，不针对一般性问题来立论，其论著的学术价值和影响力就会大打折扣。

概括总是要基于个别事实而得出更大的结论，而作为概括根据的个别事实，必须具有一定的代表性。研究者不能任意选取某一部分来代表全体，也不能忽视不利于概括的个别事实，更不能用某个事例作为概括的全部依据。[1]在美国史研究中，用某一个美国人的观点来代表所谓"美国精神"，或用一家报纸的言论来反映社会舆论，都是概括失当的表现。我本人曾在一篇讨论美国独立战争前夕政治文化的文章中，列举了几条"不自

---

1 参见费希尔：《历史学家的谬误》，第104—110页。

由，毋宁死"一类的时人言论，随即做出了这样一个概括："可见，不惜以生命为代价来维护自由，乃是反英人士的共同信念。"[1]现在看来，这个论点显然有很大的漏洞。坚决维护自由的确是当时反英派的共同心态，但没有足够的证据表明，所有反英人士都"不惜以生命为代价"来捍卫自由。另外，概括还要有立体的眼光，每论一事，必须考虑各个侧面，尤其不能忽视对立的方面，不然就会沦为以偏概全。在关于美国劳工史的研究中，苏联和国内的学者一度强调工人阶级与美国社会的对立，把他们看成一种天生的异己力量，如果他们与资方和政府合作，就指责他们背叛了自己阶级的使命。但是，美国工人阶级也是美国社会的成员，他们同样接受了美国的基本价值观，与整个社会有着休戚与共的利益，因而他们争取和维护自身权益的行动，也必然具有"美国化"的特点。美国学者戴维·蒙哥马利提出"作为公民的工人"的概念，这有助于更全面地把握美国工人阶级的属性。[2]

历史事实通常是纷繁杂乱的，而概括则须系统化和条理化，这有可能导致削足适履，对复杂的史事做出"化约主义"的处理。胡适曾说："凡治史学，一切太整齐的系统，都是形迹可疑的，因为人事从来不会如此容易被装进一个太整齐的系统里去。"[3]这种见解基于常识立论，也许说得过于绝对，但对治史者仍不失为一种有益的提醒：从个别到一般，必须时时想到历史的复杂性和不确定性，留意概括会有例外，而例外越多，概括的说服力就越小。特别是从个别材料引申出带有普遍性的大结论时，一定要加倍小心谨慎。对于一些宏阔的概括性论点，研究者也须慎思明辨。有些讨论文化的论著，尤其喜欢提出一些宏大的看法，比如，称西方文化重理

1　李剑鸣：《美国独立战争爆发前的政治辩论及其意义》，《历史研究》，2000年第4期，第86页。

2　戴维·蒙哥马利：《作为公民的工人：19世纪美国工人在民主制和自由市场中的经历》（David Montgomery, *Citizen Worker: The Experience of Workers in the United States with Democracy and Free Market during the Nineteenth Century*），纽约1993年版。

3　胡适：《致罗尔纲》，载耿云志、欧阳哲生编：《胡适书信集》，北京大学出版社1996年版，中册，第702页。

性，东方文化重人情；美国人务实，法国人浪漫；德国哲学长于思辨，英国哲学注重经验；诸如此类，大都带有过度概括而失之简单化的弊病。

美国学者 J. H. 赫克斯特谈到，他的同事唐纳德·卡根（Donald Kagan）曾对两种类型的历史学家做过区分：一种叫做"拆分者"（splitters），另一种叫做"糅合者"（lumpers）。前者"喜欢指出分叉，理解差别，划分界线。他们避开各种历史体系和普遍法则，对可能遇到的几乎所有法则，他们的头脑里都装着一个列有种种例外的单子。他们非但不在乎历史的纷杂凌乱和偶然事件，反而喜欢它们"。相反，后者"不喜欢偶然事件，他们宁愿使之消失。……糅合者关注的不是差别，而是相似性；不是分离，而是联系。搞糅合的历史学家要把过去装进盒子里，这个过去是全部的过去，但装的盒子并不很多，然后再把这些盒子绑在一起，成为一个形状很好看的大捆"。赫克斯特很欣赏这种区分，并且认为只有前一种才是高明的历史学家。[1]诚然，一味"糅合"肯定会带来很大的弊端，史家面对纷繁复杂、变化不定的过去世界，必须具有某种"拆分"的意识；但是，完全排斥统一性和一般性，也会限制历史认识的视野。总之，治史者应当时时提醒自己，一般性来自对众多个别事实的概括，而这种概括仅只是有限的而非普遍的概括。[2]这就是说，个别与一般之间总是存在某种"张力"，这对历史学家的智慧和技艺乃是很大的考验。

二、治史的选择性

中国古代史学以"实录"[3]为撰史的佳境，但实际上写成的历史没有一

1　赫克斯特：《论历史学家》，第241—243页。

2　参见加迪斯：《历史的风景》，第63页。

3　关于中国古代史学中"实录"概念的含义及其变化，参见李纪祥：《中国史学传统中的"实录"意涵及其现代意义》，《史学理论与史学史学刊》，2003年卷，第185—200页。

部是真正意义上的"实录"，而只是对一小部分过往事实的整理和阐释。关于史学的这种选择性，以往史家早有提及。1868年，美国史家约翰·莫特利（John Lothrop Motley）用悲凉的语调写道：

> 人类历史这种东西乃是子虚乌有的。……人类的编年史从来没有人写出来过，也绝不可能写出来；它们即便被写出来了，人类也没有能力来阅读。人类命运的大书飘荡在横扫大地的暴风中，我们不过是得到了从中撕下的一两页纸片。我们竭尽所能地用半盲的眼睛来解读它们，我们在一路飘向万丈深渊时，极力想了解它们所包含的奥秘。[1]

比莫特利年长近20岁的英国人卡莱尔，说话的口气虽然略显乐观，但同样道出了历史认识的局限性："尽管整体的意义超出我们知识的范围，但是在这部复杂的手稿中，……某些字母、某些文字仍然可以辨出；……同时还要理解，我们已辨认的只是很小的一部分，大部分仍然有待解释。"[2]这些见解得到了当代美国史家伯纳德·贝林的认同，他说："（卡尔·贝克尔说历史是）'说过和做过的事情的记忆'，但并不是愚妄地认为它是过去一切经验的回忆。它必定是并不完善的、具有选择性的重建。"[3]

　　从一定意义上说，选择性不仅是历史研究的突出特点，而且也是获取历史知识的唯一可能的途径。任何历史研究者都须首先选择具体的地域、具体的时段和具体的领域，然后再选择具体的题材和具体的问题，在研究和写作中还需要选择材料和表述的方式。因此，作为个体的史家，其研究活动自始至终都是一个选择的过程。作为一个整体的史家群体，处于不同的时代，生活于不同的文化中，所写出的历史也大不一样。从古代直到20

1　转引自哈默罗：《关于历史学和历史学家的思考》，第37页。

2　卡莱尔：《论历史》，载何兆武主编：《历史理论与史学理论》，第237页。

3　贝林：《论历史教学与写作》，第7页。

世纪前半期，世界上多数史家笔下的历史，主要是由"伟大的名字"和重大的事件所构成的政治史。二战以来，越来越多的史家把社会、经济、文化和环境等纳入考察范围，所写出的历史越来越具有多样性。由此可见，历史知识的增长乃是史家不断进行选择的结果。没有选择，就无从谈及历史研究。

选择性通常能够带来特定的效果。山水画家李可染有一句名言："不与照相机争功"。的确，绘画和摄影有一个根本区别：前者具有很强的选择性，只表现那些具有美感而又可以入画的事物；后者则全盘记录进入镜头的一切，如果要使之成为艺术，就需要在相机上安装特殊的装置，或者在暗房中进行必要的加工。在这一点上，史学和绘画具有一定的相似性。[1]要使历史成为可以理解、可以接受的知识，史家就不得不进行选择。麦考莱说："不擅长选择的人，尽管他表现的完全是真相，但其效果可能最为虚假。"[2]他提倡对事实做选择，反对所谓"赤裸裸的真实"。[3]他提及"效果"问题，说明他意识到理解和接受的重要性。写出的历史，只有为读者所理解和接受才有意义。仅仅把无数凌乱混杂的史事堆积在一起，这样的历史看不出有什么意义，也就没有真实性可言。只有以意义为经、以事实为纬编织出来的历史画面，才是清晰可辨的。就这一点而言，比尔德所谓"一切写成的历史"都是"对事实的选择和安排"，就是可以成立的说法。不过不要忘记，比尔德还说过，这种"对事实的选择和安排"，乃是一种"综合而复杂的智力行为"。[4]

选择性反映了人类认识能力的特点，即便是自然科学，同样也离不开

1　英国史家刘易斯·纳米尔（Sir Lewis Namier）曾有类似说法。参见约翰·托什：《历史学的追求：历史研究的目的、方法和新方向》（John Tosh, *The Pursuit of History: Aims, Methods and New Directions in Studies of History*），伦敦2002年第3次修订版，第172页。

2　麦考莱：《论历史》，载何兆武主编：《历史理论与史学理论》，第265页。

3　参见汤普森：《历史著作史》，下卷，第3分册，第405页。

4　比尔德：《著史系出自信念的行动》，《美国历史评论》，第39卷，第2期，第219页。

对事实的选择。[1]历史由过往"事实"构成，而过往"事实"难以穷尽，能够进入历史书写的"事实"，必定是史家精心选择的结果。如果不做选择，史家就根本无法下笔，这本是治史的惯例和常识，但并不是所有史家对此都有清醒的认识。[2]美国学者伊曼纽尔·沃勒斯坦写道："关于过去的详细知识浩如烟海，要把全部过去发生的事情都纳入考虑之中，已超出了人的能力范围。因此，必须进行选择，而我们也确实是在不间断地进行选择。"[3]过往实际是以往一切时代的一切人的经历，其时间之久远，地域之广阔，人员之众多，事实之纷繁，远远超出了任何历史学家的认识能力。因此，没有人能够了解整个历史，即使是古往今来所有史家的研究加在一起，也不过仅只触及过去世界的"冰山一角"。作为个体的史家，只能选取有限的领域和具体的课题，尽管这种选择往往带有将局部与整体割裂开来的风险。[4]进而言之，史家非但无法掌握全部的历史信息，甚至也难以了解个别事件的全部细节。科林伍德断言："从来没有一种历史陈述能够揭示一个事实的全部真相。"[5]卡尔·贝克尔也说："历史学家没有可能完完整整地表现任何实际发生的事件，即便是最简单的事件。"[6]正是在这个意义上，卡尔·波普尔指出，从来没有整体的历史，而只有某个方面的史实。[7]

---

1 卡尔·波普尔写道："一切有关事实的科学描述都具有高度的选择性，……构成我们世界的事实表象具有无限的丰富性和多样的可能性。为了描述这无限的丰富性，我们只能用有限的语汇来处理。"卡尔·波普尔：《开放社会及其敌人》（陆衡、郑一明等译），中国社会科学出版社1999年版，第2卷，第392—393页。

2 参见卡罗尔·奎格利：《文明的演化：历史分析导论》（Carroll Quigley, *The Evolution of Civilization: An Introduction to Historical Analysis*），纽约1961年版，第vii页。

3 伊曼纽尔·沃勒斯坦：《书写历史》，载陈启能、倪为国主编：《书写历史》，上海三联书店2003年版，第41页。

4 参见比尔德：《著史系出自信念的行动》，《美国历史评论》，第39卷，第2期，第228页。

5 科林伍德：《历史哲学的性质和目的》，载张文杰编：《历史的话语》，第185页。

6 卡尔·贝克尔：《何谓历史事实》（Carl Becker, "What are Historical Facts?"），载菲尔·L. 斯奈德编：《超然态度与历史写作：卡尔·L. 贝克尔的文章和书信》（Phil L. Snyder, ed., *Detachment and the Writing of History: Essays and Letters of Carl L. Becker*），纽约州伊萨卡1958年版，第53页。

7 参见阿隆：《论治史》，第280页。

　　历史往往被比作记忆，而史学的选择性也的确类似记忆的特性。一个人每天都要接收大量的信息，但作为记忆而留下的只是其中很小一部分。大脑对信息进行自动的选择和过滤，只把那些对自己具有特别意义的信息转化为记忆。而且，随着时光的流逝，加以各种记忆因子的反复碰撞，记忆的内容往往会被不断修改，离实际的真相越来越远。史学作为保存集体记忆的一种方式，也只是将过往那些有意义的事实纳入历史知识的系统。要求史家将过往实际巨细无遗地展现出来，不仅超出了史学的功能，而且也毫无必要。

　　过往实际好比是一座大山，治史者不过是从山上选取一些石块和花草，制作成可供观赏的盆景。对于盆景制作者来说，整座大山并不是最重要的，他/她最感兴趣的只是那些可以制作盆景的材料。德国哲学家文德尔班写道："只有科学可以从中得到教益的东西才是科学的事实。可是这一点对于历史来说也是一样。"[1] 按照他的说法，并不是过去发生的一切都能成为历史事实，一个事件能否成为历史事实，取决于它对历史的意义。在传统史家眼里，历史事实通常是重大事件，而不涉及日常琐事。然则在布罗代尔看来，过往的物质生活正是由"成千上万件琐事"所构成；"这些小事无穷无尽地反复，构成现实的系列"。[2] 这样就不啻极大地扩展了选取历史事实的范围。苏联学者茹科夫对这个问题却有不同的看法，认为"任何客观的实际都是历史事实"，历史学家甲没有注意到的事实，可能被历史学家乙或丙所注意到；未被发现就否认其存在，乃是"错误的"。[3] 他显然没有意识到，"客观的实际"和"历史事实"是两个不同的概念；选取某些事实，并不意味着否认那些未被选择的事实。

　　选择总是要依据一定的标准或原则。那么，治史者通常是用什么标

1　文德尔班：《历史与自然科学》，载何兆武主编：《历史理论与史学理论》，第394页。

2　布罗代尔：《15至18世纪的物质文明、经济和资本主义》，第1卷，第666页。

3　茹科夫：《历史方法论大纲》，第200页。

准、按什么原则进行选择的呢？美国学者鲁滨孙提出"一种极简单的原理"："这件事实是否能够帮助读者领会人类进化的某个时代的意义或某种制度的意义。"[1]这里看重的是事实对于读者的意义。在英国学者爱德华·卡尔看来，"历史学就是根据历史的重要性而进行选择的过程"，是"不仅在认识上、而且在因果联系上指向实际存在的'一个选择性的系统'"。[2]他指的是历史事实本身的重要性。海登·怀特则说，建构历史叙事时，需要"把无关于叙事目的的一些事实排除出去"。[3]显然，他考虑得更多的是建构叙事的技术性要求。这些看法各有侧重，但都没有触及研究者在选择过程中的主导作用。

　　古往今来的治史实践表明，史家选择的标准只有一个，那就是其各自所理解的历史的意义和事实的重要性。[4]史家如何把握事实的意义，因时代、民族、文化和个体的不同而存在纷繁的差异，不同的史家对史事的选择通常是大不一样的。晋代张辅认为，班固著史不及司马迁，其中一个原因是班固缺乏适当的取舍标准，也不善于选择史事。他认为："良史述事，善足以奖励，恶足以鉴戒，人道之常；中流小事，亦无取焉。而班书之。"[5]刘勰在《文心雕龙》中写道：

　　　　原夫载籍之作也，必贯乎百氏，被之千载，表徵盛衰，殷鉴兴废。使
　　一代之制，共日月而长存；王霸之迹，并天地而久大。[6]

1　鲁滨孙：《新史学》，第13页。
2　卡尔：《历史学是什么？》，第138页。译文参见爱德华·霍列特·卡尔：《历史是什么？》（吴柱存译），
　　商务印书馆1981年版，第114页。以下所引该书，译文均参见商务印书馆的译本。
3　海登·怀特：《历史中的阐释》，载海登·怀特：《后现代历史叙事学》，第63页。
4　波普尔的说法正好相反："事实之类没有意义，只有通过我们的选择，它们才获得意义。"在他看来，
　　历史事实本身没有意义，其意义是选择的结果所赋予的。波普尔：《开放社会及其敌人》，第2卷，第
　　417、418页。
5　转引自雷家骥：《中古史学观念史》，台湾学生书局1990年版，第243页。
6　周振甫：《文心雕龙今译》，第148页。引者对标点略有更改。

根据这种著史旨趣，只有政治事件和帝王之业，才是值得一书的历史事实。司马光主持编纂《资治通鉴》，正是本着这种宗旨行事的。他自己表白，历代史籍浩繁，遍览为难，皇帝更没有时间通读，因而立志"删削冗长，举撮机要，专取关国家盛衰，系生民休戚，善可为法，恶可为戒者，为编年一书，使先后有伦，精粗不杂"。[1] 这段话中的"专取"二字尤其值得注意，表明司马光关注的只是那些对国家治道、世风教化有益的史实。这是一个为现实政治需要而撰史的古代学者取舍史实的标准。伏尔泰在谈到《路易十四时代》的内容时说：

> 发生过的事并非全都值得一写。在这部历史中，作者将只致力于叙述值得各个时代注意，能描绘人类天才和风尚，能起教育作用，能劝人热爱道德，文化技艺和祖国的事件。[2]

这是一个启蒙时代的学者所持的选择史实的标准。一个史家所持的意义标准，不仅反映了一定的时代、社会和群体的价值与情感，而且体现了他个人的修养、见识和情怀。在选题、用材和解释各个环节，不同时代的史家之间，以及同一时代的不同史家之间，通常有很大差别，其缘故就在这里。古代史家通常不会对妇女史感兴趣，因为妇女的经历对他们没有什么意义可言；一个普通移民的经历，也不会进入19世纪美国史家的视野，因为这在当时根本就不是值得史学涉及的事情。然而，当前史家普遍关注以往长期遭到忽视或被边缘化的问题，疾病、医疗、情感、记忆、日常生活、"异类"行为、生态环境等，都成了"热门"题材；底层民众、边缘群体和普通人，都跻身历史的主角之列。这无疑是当今治史者基于自己对"意义"和"重要性"的界定而做出的选择。

1　司马光等：《资治通鉴》，中华书局1956年版，第20册，第9607页。
2　伏尔泰：《路易十四时代》（吴模信等译），商务印书馆1982年版，第10页。

不过，如果仅仅看重史事在史家所处的现实环境和价值系统中的意义，就很可能导致选择的偏颇，甚至达到扭曲历史的地步。20世纪上半叶英年早逝的张荫麟提出，史家"笔削"的标准在于"史事的重要性"，而"判别"史事"重要程度"的标准则有五条：一是"新异性标准"，即史事是否富于"内容的特殊性"；二是"实效的标准"，即史事"牵涉人群苦乐"的程度；三是"文化价值的标准"，即史事是否具有"真与美"的特性；四是"训诲功用的标准"，即史事能否产生榜样或鉴戒的作用；五是"现状渊源的标准"，即史事是否有助于了解现状。[1]中国台湾学者杜维运全盘接过这种说法，并略加调整，改写成"美善的标准"、"鉴戒的标准"、"新异的标准"、"文化价值的标准"、"现状渊源的标准"。[2]如果借用美国学者戴维·费希尔的说法来看，这些标准大多存在严重的缺陷，陷入了所谓"道德论谬误"、"实用主义谬误"和"美学谬误"。[3]毋庸讳言，这些标准的确过分突出史家的主观意识，片面关注史实对现在的意义。研究历史须有"历史意识"，而选择史实还应当考虑史实的"过去性"（pastness）。一个过往事实的意义，只有置于它产生和存在的时空结构中看待，才能得到恰如其分的认识。如果完全依照今人制定的外在标准，可能加大选择的主观随意性，妨碍对事实本来意义的理解，或者割裂事实之间的联系。例如，在17、18世纪的英美政治思想中，宗教意识占据核心地位，这从今人的观点来看似乎近于荒诞；可是，如果因此而忽略宗教意识的作用，就根本无法真正理解当时的政治思想。有些研究洛克思想的论著，正是有意或无意地过滤掉其中的宗教意蕴，把洛克从"一神论自由主义者"改造成了"资产阶级自由主义者"。[4]

1　张荫麟：《中国史纲》，辽宁教育出版社1998年版，"自序一"。

2　杜维运：《史学方法论》，第25—30页。

3　参见费希尔：《历史学家的谬误》，第78—90、99页。

4　参见斯蒂芬·德沃利茨：《未加掩饰的原则：洛克、自由主义与美国革命》（Steven M. Dworetz, *The Unvarnished Doctrine: Locke, Liberalism, and the American Revolution*），北卡罗来纳州达勒姆1990年版，第10—12、30—31、36、131页。

　　既然历史研究具有选择性，而选择的标准又带有主观性，那么由此获得的历史知识是否还有客观性可言呢？对此心存疑问者不止一人。查尔斯·比尔德便从历史认识的选择性来质疑历史知识的客观性。他谈到，历史学家必须根据自己头脑中的"参照框架"来选择和编排史实，而这种"参照框架"可大可小，可能清晰而富于启示，也可能只是一堆混乱的东西，但无疑都存在于人的意识当中；宏大的哲学总是难免混杂狭隘的偏见，由此得到的历史知识怎么可能是客观的呢？因此，历史只能是一种"关于过去的当代思想"。[1]后现代主义者有时也基于这一点来否认历史知识的客观性，在他们看来，历史写作不过是史家把自己的叙事结构加之于过去事实，由此产生的历史知识就只是兼具语言学和意识形态意义的话语。然则，这类看法是否站得住脚呢？

　　首先，史学的选择性确实关系到历史知识的性质。经过选择的历史，即便都是事实，也带有史家或明或暗的侧重和倾向，而这些侧重和倾向又会作用于读者接受历史知识的过程。爱德华·卡尔曾举例说，中世纪的编年史家出于宗教的职业立场和观念，相信宗教"极端重要，于是把与之有关的每一件事都记录下来，而其他事情则记录得不多"；于是就留给后人一个印象：中世纪的人对宗教特别虔诚。[2]中世纪史家难免有宗教的偏向，而现代史家也不可能不受价值观念、文化传统和现实利益的影响，因而也有各式各样的倾向性，这些倾向性也会投射到他们对历史的认识当中。当今美国少数族裔史家在课题选择、材料取舍和解释建构各个方面，通常都带有族裔立场的痕迹。1993年，美国日裔学者罗纳德·高木推出一部以多元文化为框架的美国通史，选取印第安人、黑人、少数族裔移民的经历以及美国社会对他们的态度作为素材，突出强调少数族裔在美国历史上的地位，充分肯定他们对美国文化的贡献。在高木的这部美国史中，美国建国

1　比尔德：《著史系出自信念的行动》，《美国历史评论》，第39卷，第2期，第227页。

2　卡尔：《历史学是什么？》，第12页。

的辉煌、立宪的成就和迅速崛起的荣耀都变得黯淡无光，读者看到的主要是少数族裔的不幸经历和美国社会的不平等。[1]诚然，高木的书资料翔实，持之有故，叙事清晰；但是，如果不将这本书与其他版本的美国史加以对照，读者很可能对美国历史做出十分片面的理解。

其次，各个治史者的专业水平参差不齐，职业道德和现实关怀也不尽一致，难免有人出于某种狭隘的目的而对历史进行有意识的选择，毫不顾及历史的"过去性"。中国古代史家有"为尊者讳"、"为贤者讳"的传统，强调"彰善瘅恶"，因而历代史书都带有强烈的政治和道德偏向。试想，在叙述某个有作为的暴君的生平时，如果对其残暴劣迹隐而不书，那么他就会变成"圣君"或"英主"。国内以往有一个时期流行"影射史学"，作者刻意选取某些与现实具有某种相似性的史事，加以发挥引申，以服务于具体的政治目的。国内的外国史研究，也曾有过"揭露史学"的风气，专挑敌对国家历史中的阴暗面进行批判。例如，20世纪80年代以前的美国史读物，对20世纪初的进步主义改革只字不提，以致国内读者对这一重要事件了无所知。这些读物承担着揭露"美帝国主义的腐朽性和垂死性"的任务，而进步主义改革所体现的积极向上、锐意进取的精神，与此格格不入，因此只能避而不谈。毫无疑问，各种出于短期目的而对历史所做的选择，并不是治史的正途，而是对历史的滥用，甚至是蓄意的歪曲。

最后，选择性的治史方式也是对历史实体的拆分，而这种拆分不仅可能破坏历史实体的面貌，而且还会导致对所选择对象的误解。霍布斯鲍姆曾说："历史之网只有拆破，才能抽出单独的织线。"[2]以这种拆分的方式而进入历史研究的过程，固然是治史的通例，也是史家的擅场，但其局限和风险却不可轻忽。历史原本是一个交织联结的总体，任何具体的研究都只能触及它的某些部分；历史研究的常用手段，包括分时期、分领域、分专

1　罗纳德·高木：《一面不同的镜子：多元文化美国史》（Ronald Takaki, *A Different Mirror: A History of Multicultural America*），波士顿1993年版。

2　艾瑞克·霍布斯鲍姆：《革命的年代》（王章辉等译），江苏人民出版社1999年版，"序言"，第3页。

题的探讨，以及分析的方法，都意味着对历史整体性的"破坏"。因此，研究者必须充分留意并小心地抑制这种破坏的后果，时时想到，自己所选择的部分和原来的整体之间具有某种"神秘"的关系。

不过，史学作为一种"尚真求实"的学问，在其漫长的演化过程中，也逐渐发展出一套防止选择性沦为个人主观随意性的办法。第一，史家的选择并不是仅仅依据个人的兴趣和偏见，而必须基于对过去世界的较大画面的观察，需在深入了解事件发生的时代和其他条件以后，再根据适当的意义标准和专业规范，选取与主题有关的材料进行研究。意义标准和专业规范，就是阻止个人主观随意性泛滥的两个"警卫"。第二，违背专业规范和专业伦理的任意选择，通常会受到学界同行的批评和鄙弃。当年那种"影射史学"早已寿终正寝，而"揭露史学"也不再有市场。第三，每个史家都有自己选择的方向和重点，而众多史家的选择集合起来，就能构成比较全面的历史画面。正是通过众多史家之间的争论和商榷，关于具体问题的认识才得以不断深化。

三、知识的相对性

过往实际是绝对的，它一旦发生就永不可更易，也不以后人是否知晓为转移。但是，史家关于过往实际的认识，却具有无可置疑的相对性。新领域的开拓，新方法的采用，新问题的产生，新解释的出现，无论哪一项都会对既有的历史认识造成冲击，给历史知识增添新的内容，剔除或取代原来存储的某些知识。美国史家贝林谈到，在一个较小的领域，研究者若能掌握充足的参考文献和信息，就有可能获得确切的认识；但在重大的课题上，则永远不可能获得"确切的和最终的描述"。[1] 关于重大历史问题的

1　贝林:《论历史教学与写作》，第69页。

认识难有定论，这一判断可从中外史学史上找到充分的证明：历代史家对于过去的认识一直处在变化之中，具有显著的相对性和多样性。有人或许认为，历史认识的相对性和多样性主要表现在对事实意义的诠释上；其实在很多情况下，史家对基本事实的认定也是相对的，特别是在缺少资料的古史领域，随着新资料的发掘或对旧资料理解的加深，原来关于基本事实的认知也会被更新乃至遭到颠覆。

历史认识的相对性首先出现在史家的个体之间。每一位研究者的素质、才能、立场、角度和兴趣都可能有所不同，而处于不同时代或不同社会的史家，其个体的差异尤其突出；因此，他们对历史的认识，哪怕是对同一个问题的认识，都不可能完全一样。科林伍德指出："每个历史学家都以自己为中心，根据他自己的角度来观察历史，因此他看到了别人所看不到的某些问题。"[1] 同理，他也可能看不到别人看到的某些问题。而且，学术贵在创新，一个史家要树立声誉，就必须提出自己的独到见解，并且习惯性地质疑他人的结论。有外国学者给"历史学家"下了一个带有调侃意味的定义："一个专门打破其他同伴的概括性结论的人。"[2] 的确，史家的职业习惯就是极意突破陈说，标新立异。关于这一点，治史者尤其要有清醒的意识，应对自己的论点怀有谦虚谨慎的态度，不能把它视为唯一的真理，并要对不同的见解表示尊重。

不同时代的史家群体，在历史认识上的差异也是显而易见的。从总体上说，各个时代的学者在历史观念、研究范围、治学方法、观察角度和解释框架等方面，都有着判然可见的差别。而且，"学如积薪，后来居上"，在前人积累的知识和思想的基础上，借助更有利的资料和研究手段，新一代的学者往往能够获取更丰富、更可靠的历史知识。20世纪上半叶，中国

1　科林伍德：《历史哲学的性质和目的》，载张文杰编：《历史的话语》，第195页。
2　转引自理查德·埃利斯：《美国政治文化》（Richard J. Ellis, *American Political Cultures*），纽约1993年版，第 vii 页。

上古史研究出现了重大突破，以顾颉刚为代表的"疑古学派"，质疑和颠覆了流传数千年的古史体系；新的考古资料不断出现，许多长期扑朔迷离的问题得到澄清，不少空白点得以填补，上古史的轮廓变得相对清晰起来。这种成绩的取得，自然离不开前代史家所留下的知识遗产。"疑古学派"的不少学者就得益于乾嘉诸老的启发，他们的研究在一定程度乃是前人探索的延续。[1]因此，后学既要努力超越前人，也要尊重和理解前人的工作。

历史认识也因民族和文化而异。长期以来，民族或民族国家不仅是一个天然的历史研究单位，而且构成为历史解释定向的核心因素；不同民族背景的学者对于同一历史问题的认识，往往因民族身份而形成泾渭分明的差别。希罗多德叙述和评论希波战争，所采取的是希腊人的立场；司马迁从汉人的角度，对周边地区的历史做了边缘性的记述；日本历史教科书将对中国的侵略表述为"日中战争"或"支那事变"；欧美的世界史体系长期带有"欧洲中心论"的倾向，而中国的世界史教科书则给亚非拉以较大的篇幅。这些例子都显示民族立场对历史认识的影响。除民族立场以外，在思维方式、知识结构、理论素养、研究兴趣、表述习惯等方面，不同文化背景的学者也有显著的不同，这使得他们的历史书写带有不同的风格。凡读过"剑桥中国史"系列的人都不难看出，这些著作在体系、框架、重点、立论和表述等方面，都与中国的同类作品判然有别。

纵览整个史学史，历史认识始终在朝着更深入、更全面的方向发展，那么历史知识的相对性是否最终能够克服呢？科林伍德指出，历史认识的对象本身就不是确定不变的，"实际的历史思维的实际对象并不是一个'既定的'对象，而是永远处于不断被确定过程中的东西"。[2]既然对象都在不断变化，认识自然就不会走向终极。在解释相对性的由来时，何兆武提

1　参见顾颉刚：《当代中国史学》，上海古籍出版社2002年版，第122—139页。

2　科林伍德：《历史哲学的性质和目的》，载张文杰编：《历史的话语》，第186页。

到了历史学家所受到的三种制约：一是新材料的不断发现；二是历史事实在"尔后的历史发展中仍然在起作用"；三是历史学家"要受其本人思想意识的制约"。[1] 罗凤礼的两点看法对此具有补充性：其一，认识对象具有"未完成性"，即历史的意义要通过后来的发展才能清楚地认识，因而不可能有"终极的"和"完善的"历史学；其二，认识主体"不能更好地鉴别使用史料"，由此造成认识的片面性，彼此间的看法也存在分歧。[2] 从认识客体的性质、认识主体的局限两方面来考察相对性的成因，这无疑是富于启发性的视角。不过，历史知识之所以难以摆脱相对性，其原因可能更为复杂。

从研究对象的性质来看，过往实际具有不可重复、不可直接验证和纷繁复杂的特点，这是历史知识具有相对性的根源。虽然科学知识也不是绝对确定不变的，但它通常可以借助实验、演算和应用等途径来加以验证。可是，对历史的认识却不能直接与过往实际加以比对，也不能用模拟的办法来检验，这就增添了认识的不确定性，也为历史知识的多样性留下了余地。另外，过往实际乃是一个多面体，即便一个具体事件，也包含许多的侧面和细部，治史者可以从不同的角度来考察，也可能关注不同的细部，因而对于同一问题的认识，必定产生不同的看法。美国革命是一个重大事变，历代史家对于其起因的解释可谓众说纷纭：有的强调英国对殖民地的政策的作用，认为以《海上贸易条例》为代表的压制性政策，是导致殖民地居民造反的主要因素；有的重视经济利益的冲突，认为殖民地不同的阶层有着不同的利益追求，希望通过脱离英国的控制来扩大各自的经济前景；有的侧重文化和心理因素，认为革命的发动者接受了17、18世纪以来英国的共和主义思想，怀疑英国政府企图在殖民地推行一个剥夺自由的阴谋，试图通过主动反抗来消除这一阴谋的威胁；还有的偏重宗教因素，认

1　何兆武：《对历史学的若干反思》，《史学理论研究》，1996年第2期，第37页。
2　罗凤礼：《史学认识漫议》，《史学理论研究》，1995年第4期，第43—44页。

为殖民地信奉新教的居民担心英国当局和加拿大的天主教势力合谋，最终扑灭新教。以上种种解释，都是从不同的侧面来考察同一问题的结果，没有一种称得上唯一正确的结论。

　　历史知识的相对性也缘于历史认识的途径。史家只能借助史料来认识过往，而史料往往是残缺不全、真伪混杂的，即便一个细小的事件，一般也难以找到完整无缺的记录。研究者依据存在很大局限的史料，当然难以得到绝对准确的认识。而且，史料在很大程度上也是思想资料，其意义需通过研究者的理解和诠释才能显现，而理解和诠释又是个性化很强的活动，不同的研究者对同一种史料难免有不同的理解，所得出的看法自然就不可能一致。更何况，任何研究者都难以得到所需的全部史料，也不可能理解已经到手的全部史料，这都会给其认识带来严重的限制。于是，随着更多的史料得到利用，或是新史料的发现，许多结论就会受到质疑，历史的某些部分就需改写。美国学者贝林写道："关于历史的种种解释，乃是脆弱精巧的设计，一点小小的信息就能从根本上推翻它们；历史学家视角的转换，就能改造它们。"[1] 由此推论，单个史家的解释通常仅表明某种可能性，而只有通过来自众多史家提供的多种可能性的反复撞击，才能锻造出相对确定的结论。

　　具体时代的政治、文化和社会因素，也会直接或间接地作用于历史研究，使得历史知识具有相对性。中国古代史家的选题和判断，所依据的通常是当时居于主导地位的政治和道德标准。晋代史家习凿齿，对司马昭攻取寿春一役以及此后的处置措施给予了很高评价，称其"武昭既敷，文算又洽，推是道也，天下其孰能当之哉"。为《资治通鉴》作注的胡三省就此评论道，习凿齿为晋人，对本朝开国先祖不免有溢美之嫌。[2] 这就是说，习凿齿的立论折射出当时政治的影子。中国学者撰写的第二次世界大战

1　伯纳德·贝林：《美国政治的渊源》（Bernard Bailyn, *The Origins of American Politics*），纽约1968年版，第3页。
2　司马光等：《资治通鉴》，第6册，第2444页。

史，一般都对中国抗日战争着墨较多，强调它对"世界反法西斯战争"做出了"重要贡献"；而外国学者的同类著作，涉及中国抗战的篇幅则要少得多。这说明民族立场能对叙事策略产生很大的影响。在美国史学界，印第安人、黑人和其他少数族裔的历史，长期受到忽视或曲解，这与美国史家在种族和文化上的偏见有很大的关系。总之，史学总是与时代、社会、民族紧密结合在一起的，一个时代有一个时代的史学，一个社会有一个社会的史学，一个民族也有一个民族的史学。

治史者的个体差异，也是导致历史认识具有相对性的一个重要因素。治史是一种个体化的活动，多数史家喜欢"单兵作战"，因而其自身的知识、禀赋、兴趣、价值观乃至气质，都是研究中不得不借重的资源，而这类资源的性质和利用方式，又直接影响到由此产生的知识和思想的品质。一个古籍阅读能力不足的研究者，容易在古代史料的理解和运用中出现偏误；一个欠缺理论素养、抽象思维能力贫弱的研究者，可能难以就事实的意义做出透彻的诠释；一个读书有限、知见狭隘的研究者，或许无法看出某些事实之间的联系。于是，他们研究的结果就难免出现这样或那样的偏误错漏，需要新的研究来加以匡正和补充。同样重要的是，史家的禀赋和气质会始终伴随其研究，不仅会融入对事实的理解和诠释，还会引导其对事实的选择。这就使得其研究的结果只能是一种个性化的产物。

对于具体的研究实践来说，治学的环境和条件也是一个不能忽视的因素。古代学者研究某个问题，一般依靠私人藏书，收集材料的渠道并不宽畅，有时难以获得全面而准确的认识。也有学者为了尽可能获得更丰富的材料，不惜耗费毕生心血，不断补充和改写自己的论著。目前，国内历史研究者能得到相对充足的经费，利用档案文献的条件大有改善，学术讨论也相当活跃，在领域、课题和方法上也有新的拓展，因而历史知识有显著的更新和增长。但在环境和条件方面仍存在不少困难，有些领域和课题的研究依然举步维艰。

最后，史学表述的语言与历史知识的相对性也有一定的关系。史学并没有自己的专业语言，尚未发明像数学语言一样的专门"表达历史学的涵义"的符号系统，而始终以"日常生活的语言文字"为表述工具。[1]正如波兰学者托波尔斯基所说："任何历史记叙的语言不仅仅是一种自然语言，而且实际上还是一种经验的语言：它是要依照我们建立在特定经验知识系统上的特定真实语义代码知识来释读的。"[2]这种"日常生活的语言"或"自然语言"，其中混杂许多形容、夸张、比拟和暗示的手法，不清晰，也不严谨，很难精确地表述知识和思想。古代史家在数字的使用上就不求精确，用"以亿万计"喻其多；描写场景则极尽夸张渲染之能事，以"尸骨成山"来形容战斗惨烈。现代史家多用"经常"、"大致"、"很多"、"基本上"、"或许"等词语，所表达的意思具有很大的伸缩性。用这样的语言来表述历史知识，自然需要反复推敲，不断提高其准确性。或许真如海登·怀特所说："当我们试图解释人性、文化、社会和历史等有问题的话题时，我们从来不能准确地说出我们希望说的话，也不能准确地表达我们要表达的意思。"[3]

自19世纪末到20世纪前期，欧美史学界曾出现一股史学相对主义思潮。有一种说法称，德国学者威廉·狄尔泰持"客观相对主义"立场，认为历史本体是客观存在的，但不同历史学家对历史的解释必然打上主观经验的烙印，因而带有相对性；美国学者卡尔·贝克尔则属于"主观相对主义"，否认客观历史本体的意义，称人们所知的历史不过是历史学家心灵创造的结果。[4]其实，贝克尔并不否认"实际发生的一系列事件"的意义，相反，他承认过去发生的事件是"绝对的和不变的"，历史学家的目标就是要使人们头脑中认定的一系列事件与实际发生的事件尽可能吻合；只不

1　何兆武：《对历史学的若干反思》，《史学理论研究》，1996年第2期，第41页。

2　托波尔斯基：《历史学方法论》（张家哲等译），华夏出版社1990年版，第602页。

3　海登·怀特：《转义、话语和人的意识模式——〈话语的转义〉前言》，载海登·怀特：《后现代历史叙事学》，第1页。

4　沃尔特·纽金特：《创造性的史学》（Walter T. K. Nugent, Creative History），费城1967年版，第109—111页。

过，所谓历史实际上仅只是人们所知的历史，而且这种历史也是相对的，处于不断变化之中。[1]比尔德的看法与贝克尔相近，他在1939年辩白道：

> 我一直想说出来以便人们理解的是，没有一个历史学家能够按照过去的实况来描述它，而每个历史学家的工作，即他对事实的选择、强调的重点、省略的东西、对材料的组织以及使用的表述方法，与他自己的个性、他生活的时代和环境有着一定的联系。这就是我所理解的相对主义。[2]

以往史家动辄自诩发现了历史的真相，而相对主义者致力于打破这一迷梦，揭示历史解释的相对性和多样性，这不免使一些因自信而自负的史家颇感不快。当然，对"相对性"的强调若走向"相对主义"，也未免过犹不及。相对主义者只关注史家的兴趣和环境对历史认识的制约，而忽视史家探索历史真相的努力所具有的意义，看不到史学的专业规范和技艺对历史认识的积极作用。

最后还要强调一点，承认历史知识的相对性，并不意味着否认"客观历史"对历史研究的制约和指引，更不是主张放弃对真实性的追求。恰恰相反，正是由于历史知识具有相对性，也正是由于不存在"终极的历史"，才使得史家拥有不断探索的余地，有可能推动历史认识逐渐深化，进而把治史变成一桩富于挑战和魅力的事业。因之一部史学史也就与历史本身一样，呈现出一个不断发展和变化的过程。借一个美国学者的话说，对过去世界的探索因此变成了"创造性的史学"。[3]

1　贝克尔：《人人都是自己的历史学家》，《美国历史评论》，第37卷，第2期，第222页。

2　转引自埃伦·诺尔：《查尔斯·A.比尔德的出自信念的行动：语境与语义》（Ellen Nore, "Charles A. Beard's Act of Faith: Context and Content"），《美国历史杂志》（*The Journal of American History*），第66卷，第4期（1980年3月），第851页。

3　纽金特：《创造性的史学》，第10页。

四、客观性问题

在讨论历史知识的性质时，相对性总是与客观性联系在一起的，而"客观性问题"则是长期困扰史学界的一大难题。中国古代史家推崇"实录"和"直笔"，19世纪的欧美史家倡导"再现"和"如实直书"，都把客观"复原"作为治史的鹄的。在史学史上有很长一个时期，史家非但不怀疑客观性，反而越来越自觉地把它作为追求的目标。可是，自20世纪初以来，史学的客观性在欧美学术界受到了愈加强烈的质疑，起初遭到相对主义思潮的冲击，到20世纪末又蒙受后现代主义的责难。不妨说，"客观性问题"几乎是欧美史学界的一场"跨世纪之争"。在这个过程中，客观性的对立面几经转换：在19世纪晚期是主观性，在20世纪中后期是相对主义，[1] 自20世纪末以来则是后现代主义史观。不过，争论的焦点却大致未变：实际发生的历史是否能够被如实地了解？历史学家能否克服时代、地域、民族和个人的局限与偏见，提供客观而真实的历史知识？可见，"客观性问题"包括三个相互联系的层面：客观历史是否可知？治史者能否排除主观偏见的干扰？历史知识是否具有客观性？

欧美许多学者一度相信，史家只要掌握充足的文献，同时排除主观偏向的作用，对历史的认识就完全可臻客观真实的境界。兰克对其"如实直书"的客观主义史学主张，做过扼要的说明："把各种事件有秩序地组织在一起；对真实史料加以批判研究，公正地理解，客观地叙述；目的在于说明全部真理。"[2] 在法、英等国，与兰克抱有同样信念的史家也不乏其人。据说，19世纪后半期擅长演讲的法国史家菲斯泰尔·德·库朗热（Fustel de Coulanges，或译"古朗治"），在学生对他的讲课做出热烈反响时回应道："不要向我喝彩。并不是我在向你们讲话，而是历史通过我的口在讲

1　参见诺维克：《那个高贵的梦想》，第3页。
2　转引自汤普森：《历史著作史》，下卷，第3分册，第250页，注2。

话。"[1]英国学者阿克顿勋爵在1896年提到，虽然一时无法获得"终极的历史"，但历史学家可以朝着这个方向迈进。[2]在客观主义者看来，所谓历史并不涵盖人类过去的全部活动和思想，而只是其中具有重要意义并留下了记录的事件；史家通过对文献的考订、辨析和解读，就可以还原历史的真相。他们对人认识历史的能力抱有充足的信心，相信一个史家只要掌握适当的技巧，就可以代历史发言。他们对于语言和用语言表述的事物不加区分，习惯性地把以语言传递的历史知识等同于历史本身。客观主义史家也相信史料，宣称能让事实本身说话。

当兰克在世之时，这种客观性理念就颇受质疑，此后非议之声更是不绝于闻。德国史家狄奥多尔·蒙森（Theodor Mommsen）以其史学著述而获诺贝尔文学奖，比较注重史学的艺术性，将直觉视为历史判断的主要依凭。叔本华和尼采等非理性主义哲学家，则根本不承认"作为记忆的历史"有客观性可言。甚至还有人说，史家笔下的历史还不及诗歌可信。美国的相对主义者贝克尔和比尔德等人，也否认史学的客观性。贝克尔认为，虽然历史以过去发生的一系列事件和人们记忆中的一系列事件两种形式而存在，但历史实际上只是人们所知道的历史，是"说过和做过的事情的记忆"。[3]比尔德也说，真正意义上的"历史"一词，指的是"作为思想的历史"，不能等同于"过往实际"。[4]无论作为"记忆"还是作为"思想"的历史，都是一种主观的建构，不可等同于客观真相。20世纪前期，美国学者西奥多·史密斯（Theodore Smith）谈到，当时美国历史协会内部有两派人，其中一派怀有一种"高贵的梦想"，力图写出真实而可信的历史。比尔德却对这种说法非常不满，大加抨击。在他看来，"兰克的公式及其

1　转引自费希尔:《历史学家的谬误》，第6页。

2　卡尔:《历史学是什么?》，第3页。

3　贝克尔:《人人都是自己的历史学家》，《美国历史评论》，第37卷，第2期，第222、223页。

4　比尔德:《著史系出自信念的行动》，《美国历史评论》，第39卷，第2期，第219页。

衍生出的历史主义",从来没有成为美国历史协会的正式信条,真正的历史只是历史学家"对事实的选择和组织",所谓寻求历史的"客观真相",不过是一种难以成真的"高贵的梦想"。[1]

　　显然,欧美多数学者不再简单地信奉客观主义,而采用复杂的眼光看待历史知识的性质,否认客观性渐成主导倾向。法国学者亨利-伊雷内·马鲁曾论及历史认识中主体和客体的关系,称"历史既是对客体的掌握,同时又是已知主体的精神冒险过程"。[2]雷蒙·阿隆谈到德国"历史主义"时所说:"历史认识是一种解释性的或理解性的特别认识,它与应用在自然事物上的认识全然不同。"[3]英国哲学家布拉德利(F. H. Bradley,或译"布莱德雷")简单明了地宣布:"历史学中的信条就是——历史学家本人。"[4]在结构主义者列维-斯特劳斯(Claude Levi-Strauss)看来,历史本身是混乱无序的,历史学家一旦用观念和思想将它组织成有序的叙事,也就使它远离了历史的真实。因此,"一个清晰的历史永远不可能完全摆脱神话的本性"。[5]费弗尔也说:"没有历史,只有历史学家。"[6]

　　兰克式的客观性理念还有一个支点,就是着意对"事实"和"解释"加以区分。他们相信,"事实"是外在于史家的,而带有主观性的主要是"解释"。可是,是否存在纯然客观的事实,很快也成了一个颇有争议的问题。贝克尔指出,"冰冷无情的事实"是根本不存在的,"事实"非但不能自己说话,而且它们本身并不存在,只有当有人来确认时才形成"事实";而"选择和确定"一个事实,就必然赋予它"特殊的意义"。[7]布拉德利就史家和史料的关系发表过类似看法:历史知识并不是"单纯消极地接受证

1　比尔德:《那个高贵的梦想》,《美国历史评论》,第41卷,第1期,第74—87页。

2　转引自利科:《法国史学对史学理论的贡献》,第46页。

3　阿隆:《论治史》,第7页。

4　布莱德雷:《批判历史学的前提假设》,载何兆武主编:《历史理论与史学理论》,第370页。

5　转引自海登·怀特:《作为文学仿制品的历史文本》,载海登·怀特:《后现代历史叙事学》,第173页。

6　转引自利科:《法国史学对史学理论的贡献》,第37页。

7　贝克尔:《人人都是自己的历史学家》,《美国历史评论》,第37卷,第2期,第233页。

词"的产物，而是对证词做出"批判的解释"的结果；而历史学家在解释中所使用的标准，不过是"历史学家自身"。例如，某个历史学家如果接受了关于恺撒是被谋杀的证词，那么他实际上就同意了见证人的观点，见证人和历史学家的观点就具有同一性。[1]换言之，关于"恺撒是被谋杀的"这一事实判断中，包含着历史学家的主观见解。于是，历史知识中的"事实"也就打上了主观的烙印。在坚信客观性的人看来，这种说法似有"钻牛角尖"之嫌，因为任何事实的陈述都离不开陈述者的判断，不能就此认定事实陈述带有主观性。就历史研究的实际而言，凡经史家提到的事实，确实包含着史家的认知和态度。不过，这与其说是史学主观性的证明，不如说是其独特性的表现：治史是一种微妙的智性活动，其中难免留下史家个人的痕迹。

治旧学出身的中国古代史大家吕思勉，对于"客观性问题"的见解，却与欧美相对主义者有不谋而合之处。他在20世纪40年代写道：

> 真正客观的事实，是世界上所没有的。……所谓事实，总是合许多小情节而成，而其所谓小情节，又是合许多更小的情节而成，如是递推，至于最小，仍是如此。其能成为事实，总是我们用主观的意见，把它们联属起来的。如此，世界上安有真客观的事实？既非客观，安得云无变动？

吕思勉这里想要强调的是，不同时代的人对于事实的认识和评价总在变化，"因社会状况的不同，人心的观念即随之而变，观念既变，看得事情的真相，亦就不同了"。[2]进入20世纪50年代以后，类似吕思勉这种质疑客观性的思路，在国内一度变得无迹可寻。

1　参见柯林武德：《历史的观念》，第203—204页。
2　吕思勉：《史学四种》，第30页。

　　苏联学者信奉唯物史观，坚持历史和历史知识的客观性。他们普遍认为，尽管史料中存在主观的和不真实的成分，但是，"对许多史料及它们所代表的意思进行自己的改造、对比和相互补充，填补'空白点'，改正歪曲的成分，删掉任意解释的杂质，经过这一系列工作之后，史学家才建立了历史事件所'传来'的信息——真正的事实"。这就是说，治史者如果"自觉地利用科学范畴和研究技巧"，就可以获得"客观的和科学的"历史认识。[1]他们把史学视为科学，相信历史事实具有不可移易的客观性，而历史学家对它们的认识同样可以是客观的，因为"事实虽然经过了人的认识这面棱镜，但它并不改变其实质，而依然作为客观实际存在。所以历史认识过程的实质就是逐渐接近这个实际"。[2]以往有较长一个时期，国内史学界在"客观性问题"上的认识，与苏联学界的上述观点大同小异。

　　到20世纪末期，客观性这个老问题忽然又获得了新的意义。澳大利亚学者麦卡拉谈到，在当今"西方"学术界，史学的客观性和真实性遭到了三路火力的攻击。其一，在文化相对主义者和后现代主义者看来，不同文化对世界有不同的看法，而处于不同文化中的历史学家，都按他们各自的概念和兴趣来看待历史，怎么可能达到客观的真实呢？其二，历史学家由于文化、兴趣和信念不同，对历史所做的解释也不尽相同，这表明写出的历史既不真实，也不客观。其三，历史学家喜欢用隐喻的方式描述"历史实践模式"，诸如兴衰、革命、斗争等，都属此类；可是，隐喻性描述是无法证明对错的，因此也就没有真实性可言。[3]显而易见，这三路攻击客观性的炮火，所用的弹药大多来自后现代主义的武库。

　　后现代主义者一般从认识论入手来抽掉客观性的基石。荷兰学者安克

1　苏共中央社会科学院《科学与教学文献》编辑部编：《历史科学·方法论问题》（刘心语译），中国社会
　科学出版社1990年版，第170、175页。

2　茹科夫：《历史方法论大纲》，第195页。

3　C. 贝汉·麦卡拉：《历史的真相》（C. Behan McCullagh, *The Truth of History*），伦敦1998年版，第1页。

斯密特宣称，他"斩断了历史学家文本与过去的实在之间的所有认识论链条"。[1] 从他的话推论，写出的"历史"绝不等于实际存在的"过去"，"历史"说到底只是关于"过去"的文本。进而言之，"过去"的文本化是基于特定的问题而进行的，这种问题无一不是产生于史家的兴趣及其所处的文化，而不同时代的史家必然会提出不同的问题。于是，历史知识就仅只是基于特定视角而针对不断变换的问题所提出的解答，无关乎"客观"的"过去"。再者，文本化的"历史"作为语言制品，也受到语言的特性的制约。语言本身并不具有固定的意义，其意义产生于作者、读者和时代的互动，因而用语言所展示的历史知识，绝不可能成为"符合论"意义上的"真理"。如果一定要用"真理"来界定历史知识的性质，那也如海登·怀特所说，"真理是被创造出来的，而非被人们发现出来的"。[2] 显然，后现代主义者并不关心"过去"的性质以及历史知识与过去实际的关联，而偏重于历史记载和历史叙事的局限性，抓住历史知识依赖于语言表述这一形式上的特征，将历史知识看成一种出于特定意图的词语结构（verbal structure）。

在这种理论脉络中，继续用"客观性"以及随之而来的"确定性"来看待历史知识，已然成了笑话。按照法国学者福柯（Michel Foucault）的说法，根本不存在什么绝对的真理，而只有在具体话语系统中被说成是真理的东西。他调侃道："历史学家们对于其著作中那些暴露他们在特定时代和地点所处的位置以及他们在争论中采取的偏向的种种因素，要花超乎寻常的气力来加以消除。"[3] 历史学家的客观中立不过是精心装扮出来的，其实他们所提供的历史知识根本不可能真实无偏，而包含着他们的动机、立场和视角。福柯本人写过几部带有史学性质的著作，他在谈到《事物的秩

1　埃娃·多曼斯卡编：《邂逅：后现代主义之后的历史哲学》（彭刚译），北京大学出版社2007年版，第90页。
2　多曼斯卡编：《邂逅》，第25页。
3　转引自温德舒特尔：《对历史的杀戮》，第121—138页。

序》(*The Order of Things*，即《词与物》的英译本）一书时宣称，"我的书乃是纯粹的、彻头彻尾的'虚构'：它是一部小说"。[1]法国学者罗兰·巴特（Roland Barthes）说："除语言学意义的存在外，事实从不存在。"[2]因此，"历史的话语，不按内容只按结构来看，本质上是意识形态的产物，或更准确些说，是想象的产物"。[3]海登·怀特也强调历史学家对历史的加工和改造，他说："历史讲述的就不仅是事件，而且有事件所展示的可能的关系系列。然而，这些关系系列不是事件本身固有的；它们只存在于对其进行思考的历史学家的大脑中。"[4]换言之，文本化的历史不过是史家选取事实、建构情节、调动修辞手法并以隐喻性语言加以表述的产物，由此形成的只是种种关于过去的"话语"，而"话语"与"客观性"是根本不相干的。在深受现代知识哲学熏陶的史家看来，后现代主义的这一挑战不啻引发了史学的"认识论危机"，因为一旦彻底抛弃"客观性"，史学的合法性基础就会动摇，治史的意义也会成为一个很大的疑问。

　　梳理关于"客观性问题"的争论，有助于治史者认识到历史知识的复杂性。长期以来，史家以揭示历史真相为追求的目标，但这个"揭示真相"的过程无法排除主观因素的介入，因而历史知识就很可能只是客观和主观的混合物，兰克式的客观主义信条确实近乎"高贵的梦想"。[5]从根本上说，人们所知晓的历史只是一种知识，而知识作为人对认识对象的表

1　转引自温德舒特尔：《对历史的杀戮》，第137页。

2　转引自格奥尔格·G. 伊格尔斯：《学术与诗歌之间的历史编撰：对海登·怀特历史编撰方法的反思》，载陈启能、倪为国主编：《书写历史》，第12页。案：该文的标题似应译为："处于学术与诗歌之间的史学：关于海登·怀特对待史学的方式的思考"。

3　罗兰·巴特：《历史的话语》，载张文杰编：《历史的话语》，第122页。

4　海登·怀特：《作为文学仿制品的历史文本》，载海登·怀特：《后现代历史叙事学》，第185页。

5　美国学者彼得·诺维克将这种客观主义信条概括为：过去是真实存在的，历史的真相可以被人认识；历史事实先于并独立于解释，而且是衡量解释是否有价值的标准；历史学家应当是中立而没有偏私的；一旦出于实用的目的写历史，就会损害历史的客观性。他的这种概述，与比尔德提到的客观主义史学的五大特征大致吻合。诺维克：《那个高贵的梦想》，第1—2页；比尔德：《那个高贵的梦想》，《美国历史评论》，第41卷，第1期，第76页。

述，就不可避免地带有主观性。这就是说，绝对客观的历史知识是不存在的，史家也不是历史的代言人，单个研究者的结论并不一定就是"历史的真相"。从操作的层面说，史家要认识过去，就必须依据主观设计的框架和方案，选取一定的角度，对史实进行筛选、诠释、编排和表述。这中间的每一道程序，无不受到史家个人的知识、见解、倾向和能力的制约。作为这一系列操作程序的结果，历史知识就不能不包含人所固有的主观意识，打上史家个人的印记。换言之，历史著作中的事实经史家大脑的过滤以后，就不再是纯然客观的事实，而沾染了史家的思想乃至情感，就像清水流过盐田而必带咸味一样。从这个意义上说，纯用"客观性"来裁量史学论著的价值，甚或用"不客观"来贬抑自己所不认可或不理解的历史解释，就难免带有"思想暴力"的色彩。

照此说来，国内史家长期所坚持的"客观性"理念，岂非成了一种幻象？其实，并不一定非要把"客观性"限定在"符合论"的层面，而可作为治史者共同接受的处理证据、诠释史事的指导原则。史学的专业伦理要求史家极尽所能地尚真求实，而意识形态、党派偏见、知识局限和利益诱惑等因素却又无时不在诱使他／她偏离航线，因而需要借助"客观性"的航标灯以校正探索的方向。如果仅仅由于"纯客观的历史"不复可求，就放任各色各样的"主观性"泛滥于历史书写之中，那就难免造成更多"绝对的"偏见，史学在长期发展中逐渐成熟的考订史料、理解前人、言必有据、无征不信等治史的技艺和规范，也就会失去意义。治史虽然难以做到绝对客观，但不可忘记"过往实际"的制约，必须依靠证据，讲究常识。

总之，治史者在"实践中很难不做一个'客观主义者'"。[1]对"客观性"保持基本的信念，就意味着相信过去的真实性和可知性，愿意而且有能力使历史认识不断接近过往实际。同时也要承认主观性，其目的在于有意识

1　马丁·邦泽尔：《真正的历史：关于历史研究实践的思考》（Martin Bunzl, *Real History: Reflections on Historical Practice*），伦敦1997年版，第2页。

地淡化历史知识中的主观印记。虽然治史者个人的修养、见识、处境、立场、价值观念乃至气质都会减损历史知识的客观性，也没有人能写出"终极的历史"，但不能放任主观意志泛滥，而应极力与人的认识方式所固有的主观性进行抗争，严格地审查自己在历史解释中投入的主观因素，以尽可能接近过往实际为追求的目标。治史者在面对"客观性"时，借司马迁的话说，应是"虽不能至，然心向往之"。[1]

五、史学的真实

客观性直接指向真实性。客观性侧重历史认识与"客观历史"的关系，真实性则涉及历史知识与"客观历史"的关系。如果历史认识不具客观性，历史知识就谈不上真实性。史家历来喜欢就一个问题争论不休，各执一词，那么究竟谁的看法是真实可信的呢？史家所提供的历史知识，得自既不完整也不可靠的史料，而且还经他本人思想意识的筛选、过滤乃至改造，在表述时又因语言的限制而发生信息流失或扭曲，那么它还有真实性可言吗？

从理论上说，"真"应是历史知识的本质属性，正如"美"之于艺术。17世纪的法国人皮埃尔·培尔说过："真实是历史的灵魂。"[2] 但是，自20世纪初以来，欧美学术界对历史的真实性表现出越来越强烈的怀疑。相对主义者对历史知识的性质提出新的看法，反对在历史知识和"客观历史"之间画等号。后现代主义者进而用虚构取代真实，试图瓦解历史知识的传统属性。荷兰学者安克斯密特宣布："这样一个时代已经来临：我们应当**思考**（think about）过去，而不是**考察**（investigate）过去。"所谓"思考过去"，是指从研究主体的立场看待过去，将过去作为思想资料来处理，由

---

1 司马迁：《史记》，中华书局1982年版，第6册，第1947页。

2 转引自海登·怀特：《元史学》，第49页。

此获得的历史知识便是一种思想；而"考察过去"，则意味着把过去作为外在于研究主体的客观实在，通过观察和探究以求取与之符合的知识。前者强调主观性，后者指向客观性。安克斯密特还说："根据后现代主义的观点，关注的焦点不再是过去本身，而是现在和过去之间的不一致，是我们当前为讲述过去而使用的语言和过去本身之间的不一致。"[1]这两个"不一致"表明，历史学家根本不可能获得客观而真实的历史知识。

其实，以往学界在讨论历史的真实性时，表现出两种不同的理论取向：其一，历史知识只有与过往实际吻合才是真实的；其二，历史知识的真实性有赖于证据和逻辑的支撑。两种"真"之间存在很大的差别：前者相当于"历史的真实"，也就是英文的"reality"，意即"实有其事"；后者指的是"史学的真实"，在英文则为"truth"，侧重一种陈述所具备的可信度。那么，从历史知识的性质着眼，两者究竟是一种什么关系呢？首先，"史学的真实"只是"历史的真实"的"表现"（representation），而非其本身。其次，作为"历史的真实"之"表现"的"史学的真实"，应以尽可能接近前者为鹄的。[2]进而言之，"历史的真实"需用"符合论"（the correspondence theory）的真理标准来衡量，可是这在实际上是无法做到的，因为过往实际不可重现，治史者也不能乘坐"时间飞船"重返过去进行亲眼观察和验证。然而，"历史的真实"应当作为一个至高的目标，指引史家极力寻求真实可信的历史知识，并制约主观意识的作用。另一方面，"史学的真实"则是一种"融贯论"（the coherence theory）意义上的真实，也即历史知识在一定的认识论框架内具有可信性。历史知识是否真实，主要考察其证据是否可靠和充分，论述是否严密和周全，是否得到史学同行的认可。这里的"真实性"侧重的也许不是"真相"，而是"确当性"

1　安克斯密特：《历史学与后现代主义》，《历史与理论》，第28卷，第2期，第152、153页。

2　参见加迪斯：《历史的风景》，第136页。

（validity）。[1] 其核心是一个"信"字，即证据可信，论证可信，结论可信。中国古代史学十分推重"信史"，这个观念固然有其特定的含义，但若略做引申，也可以凸显"史学的真实"的意义：达到"良史"之境的历史知识，既要有坚实可靠的证据和逻辑，又要能让同行和读者感到真实可信。

"史学的真实"似有不同的层次，即个别史事的真实和由众多史事整合而成的历史表述的真实。史学理论所关注的真实，主要是后一种真实。那么，历史表述的真实与否，在学术上如何加以判定呢？据有的学者归纳，欧洲学界对不真实的历史表述有以下几种识别标准：其一，欠缺逻辑的一致性，所用概念前后矛盾；其二，缺乏检验其经验基础的可能性，或处理史料失当；其三，论点的内在融贯性不足；其四，缺少新意，所有陈述都是已知的知识或见解。四者只要居其一，就会导致"虚假"之讥。[2] 这些看法可从反面印证，"史学的真实"的确带有"融贯论"的特性。

"史学的真实"是可以获得并加以验证的，其关键在于史料以及对史料的运用。历史表述依赖于史料，并需要通过史料来验证。获取和检验"史学的真实"，只能依据保留着过往实际的信息的史料，而不可能是过往实际本身。从这个意义上说，历史知识的真实性取决于史料的可靠性和运用的合理性。法国学者马鲁指出，历史的真实包含两层含义："往事的真实性"和"证据的真实性"。[3] 证据作为从史料中提取的一部分，既是过往实际的遗迹，也受到论述逻辑的限制，它在进入历史表述系统时须尽可能保持其原初的面目，史家不能对它加以改动和任意解释。史家须依从专业规范，严格遵守"言必有据"、"有一分材料说一分话"的戒律，每研究一个问题，须尽可能丰富地占有材料，对材料进行深入细致的考订，去伪存真，并按史学规范来合理地加以运用。既然史料是实际存在的，而史家对

1　托斯滕达尔：《史学专业主义的兴起和传播》，第30页。
2　托斯滕达尔：《史学专业主义的兴起和传播》，第25页。
3　转引自利科：《法国史学对史学理论的贡献》，第46页。

史料的考订和运用又是合理的，由此得到的历史知识也就具备真实性。美国学者奥斯卡·汉德林十分重视史料包含真实信息的性质，并相信"人人都可以从历史记录中发现真实"。[1]这种真实显然是"史学的真实"，只不过并非"人人"都能"发现"这种真实，而只有经过训练的史家才能做到。

历史知识作为人类的集体记忆，也带有与个人记忆类似的特点：其真实性有赖于史家的自我信任。史家要坚持对真实性的信念，这是追求真实的历史知识的基点。治史者相信自己所掌握的材料包含真实的信息，而自己对材料的理解又是准确无误的，那么，由此产生的历史知识就是真实的。这种关于真实性的信念，需以对史料的考订、对史实的确认和对事实的解释为基础，绝非盲目的自信。法国学者马鲁对这个问题有透辟的论述。他说，历史学家掌握的确定性"最终要依赖一种信仰行为：我们了解的过去就是**我们所认为的**真实的过去，其根据是我们的理解以及保存的文献"；而"历史知识建立在证据观念的基础上，它只不过是通过第三方（即文献）对真实存在所进行的调解，因而历史知识既不能证明，也不能说明一门科学，而仅仅是一种出自信仰的知识"。一言以蔽之，"历史学家有**充分理由**相信他从文献中了解到的东西，就此而言，历史是真实的"。[2]

史学的真实还离不开读者的选择和判断。史家基于翔实的材料、细致的考订、缜密的分析和深入的阐释而写出的论著，若让读者觉得真实可信，这种历史知识也就具备真实性。美国学者麦克尼尔写道：

> 历史学家用最大限度的批判和细致的精神来描述公共事务，从而使那些因为与他们持有同样的特定看法和预设而能接受其说法的读者觉

1　奥斯卡·汉德林：《历史学中的真理》（Oscar Handlin, *Truth in History*），新泽西州新不伦瑞克1998年版，第405—406页。

2　转引自利科：《法国史学对史学理论的贡献》，第45、47页。黑体字系原文所有。

得，他们的描述不仅易懂，而且可信，于是，他们就获得了真相。其结果最好还是叫作神话和历史混合的史学（我固然不指望这个术语能流行于专业圈里），因为对某些人构成真相的同样的词句，对继承或抱有不同的对世界的看法和组织性概念的另一些人来说，就是，而且总是神话。[1]

这段话的前半部分触及读者的信任与历史知识的真实之间的关系，后半部分则强调"史学的真实"具有相对性。从接受的角度说，"史学的真实"和艺术的美似有类似之处：它们都需要接受者的参与。一件艺术品本身固然具有美的属性，但这种美的实际体现，则取决于欣赏者的审美趣味、知识修养和鉴赏能力。历史知识的真实，也有赖于读者的理解和信任。

在治史者一方，如何保证写出的历史成为"信史"呢？英国学者埃尔顿提出两个基本条件，即值得信赖的品质（trustworthiness）和高明的专业技巧（professional skill）。[2]也就是说，历史知识的真实需要史家以专业原则和研究能力来保证。过往实际的真实性是无可置疑的，史料也的确包含着真实的信息，而这种真实能否转化为真实的历史知识，则与史家的认知能力、学术功力和治学态度有莫大的关系。历史的绝大部分没有留下确切的记载，上古历史尤其如此，研究者只能根据蛛丝马迹进行推测，而推测是否准确，在很大程度上取决于个人的知识、悟性和想象力。史料固然包含过去事实的信息，但解读失误或运用不当，也不可能产生真实的历史知识。倘若遇到一个美国的迈克尔·贝勒塞勒斯（Michael A. Bellesiles）那种伪造史料的学者，[3]或者碰上何伟亚（James Hevia）那种不顾字面含义和

1　麦克尼尔：《神话与历史混合的史学》，《美国历史评论》，第91卷，第1期，第8—9页。

2　埃尔顿：《历史学的实践》，第66页。

3　此人所著《武装美利坚：一种全国性枪文化的起源》一书，曾获2001年度的班克罗夫特奖，不久即有人发现书中史料错误甚多，有的材料甚至系作者伪造。参见东来：《历史学家的责任和重大历史题材的写作》，《学术界》，2002年第5期，第99—104页。

历史限制而强解中文史料的"后现代"史家，[1] 那就无从谈及"信史"。可见，专业精神对于获取真实的历史知识具有极为重要的意义。总之，只有将丰富可信的史料、高明精湛的技艺和严谨朴实的史德冶于一炉，才有可能铸造"史学的真实"。

从某种意义上说，"史学的真实"也体现为史学同行的共识。吕思勉说："历史只是大家同意的故事。"[2] 美国学者托尼·朱特也谈到，唯有讲述可信故事的历史著作才是好的作品，而其可信性的评判者则是"相互信任和尊重"的学术同行。[3] 他们的话从不同的侧面触及历史知识真实性的由来。凡得到史学界公认的事实及其解释，就是真实可信的历史知识。一种叙事或解释若遭到同行的质疑，其真实性也就发生了动摇。当然，在某一个时期得到公认的知识，后来证明是不可靠的，这种情况在史学史上也经常发生。这也说明，治史者始终在不懈地追寻更加真实的历史知识。不过，史家中间似乎总是分歧多于共识：不少问题经过几代学者的钻研，仍然众说纷纭；对于许多事实的理解，通常也是诸说并存。而且，随着社会越来越具有开放性和多样性，加之史家群体规模的扩大，史学的分歧和争议也变得更加纷纭而激烈。这种情形是否意味着历史知识根本不可能具备真实性呢？其实，历史作为一种知识，同其他知识一样，通常也是在多样性、差异性中逐渐积累和增长的。不同观点的争鸣，不同学派的辩难，正如竞争之于商界，始终是推动历史知识增长的有力杠杆。

真实的历史知识是可以获得的，但它不可能是绝对的、唯一的和排他的，更不等于只有一种叙述、一种解释和一种观点。"客观历史"本身极其丰富和繁杂，这使得对它的认识也充满多样性。"史学的真实"来自多

---

1 参见张隆溪：《什么是"怀柔远人"》，载张隆溪：《走出文化的封闭圈》，生活·读书·新知三联书店2004年版，第101—121页。

2 吕思勉：《史学四种》，第34页。

3 托尼·朱特、蒂莫西·斯奈德：《思虑20世纪》（苏光恩译），中信出版社2016年版，第291—292页。

种叙述的汇聚，离不开不同解释的竞争，也受益于多种观点的互补。美国学者沃勒斯坦谈到，南非最高法院法官阿尔比·萨克斯（Albie Sachs）曾就"微观真相"（具体的事实真相，如某人在某时犯下某种罪行）、"逻辑真相"（即通过推论演绎而得出的一般性事实）、"经验真相"（根据个人经验而观察到的事实）和"对话的真相"（在一个共同体中以多种声音和多重视角而表现出来的关于事实的主张）做了区分，照此说来，历史学家所努力争取的乃是"对话的真相"，即"多种声音、多重视野的真实画面"。[1] 的确，单个的史家经常就同一问题与同行产生分歧，进行争论；而正是通过这种分歧和争论，作为一个整体的历史学家方得以不断接近"历史的真实"。中外史学史表明，对于历史的认识大体上是朝着更丰富、更深入、更可信的方向迈进的。

1　沃勒斯坦：《书写历史》，载陈启能、倪为国主编：《书写历史》，第40—43页。

第三章　立场与视角

史家基于何种立场来看待研究对象，对于形成问题、运用史料和建构解释，都有直接的关系。从理论上说，生活在当今的治史者并不是历史中的任何一方，似乎不必为前人做辩护；其研究的对象为过去的人和事，因而也不可充当现在的代言人。治史的宗旨在于获得关于过去的真实可信的知识，但各色各样的偏见、或隐或现的派性和有意无意的私心，都会对此产生妨碍。于是，史家必须保持一种特殊的立场：力求独立和中性，站在第三者的位置，站在过去和现在的交汇点，从相对遥远的距离来看历史。不过，史家又是生活于现实中的人，所面对的过去往往同当前有着千丝万缕的联系；同时史家还受到所处时代和文化的有形或无形的塑造，并希望把历史写作嵌入时代和文化而获得承认；因之历史写作从来都不是在真空中完成的，绝对的"独立和中性"也无异于空想。这就给历史研究造成无时不有、无处不在的张力，要求治史者时刻对自己的时代、文化和个人的局限保持清醒的批判意识。

一、治史的任务

英文中的"history"一词具有两重含义：一是指过去发生的一切，二是指关于过去的知识及其获取方式。德国哲学家卡尔·雅斯贝斯说："历史既是曾经发生的事件，同时又是关于该事件的意识；它既是历史，同时又是历史认识。"[1]可见，德语中"Geschichte"一词的含义与英文的"history"大致相同。这就给中文的翻译带来麻烦，如果不加区分地译作"历史"，容易导致理解上的混乱。比较可取的办法，似乎是根据不同的情况选择适当的译法，有时译作"历史"，有时也译成"史学"。不过，中文的"历史"一词，有时也可涵盖"史学"。

　　"历史"一词在含义上的多重性，实际上反映了历史存在形态的多样性。按照美国学者比尔德的说法，历史有三种形态。第一种是"作为过往实际的历史"（history as past actuality），即自人类在地球上存在以来"所做过、说过、感觉过和想过的一切"；第二种是"作为记录的历史"（history as record），即"能提供我们已经或能够找到的保存过往实际的知识"的"纪念物、文献和象征"；第三种是"作为思想的历史"（history as thought），即当代人对过去的认识，只有这种历史才是通常所说的"历史"一词的"真正含义"。[2]简而言之，第一种是"历史"，第二种是"史料"，第三种则是"史学"。第一种历史是过去实际发生的一切，是"原生态"的历史，也有学者称之为"历史本体"。这种历史一旦发生就凝固不变，其存在是过去时的，不以人们是否知晓为转移。第二种历史是过去发生的一切留下的痕迹，如文字记载、实物遗存、口头传说等，属于史料的范畴，或称"历史认识客体"，也是史家事实上的研究对象。第三种历史是历史研究的产物，通常以文字读物的形式出现，其价值需要通过读者的阅读、理解和吸收来体现。对于一般人来说，前两种历史并没有什么意义，因为他们所接触的历史，不过是史家提供的关于过去的知识。然则对史家而言，前两种历史都有至关重要的意义：治史的任务就是以第二种历

1　雅斯贝斯：《历史的起源与目标》，载何兆武主编：《历史理论与史学理论》，第698页。
2　比尔德：《著史系出自信念的行动》，《美国历史评论》，第39卷，第2期，第219页。

史为中介来构建第三种历史，并以尽可能接近第一种历史为鹄的。诚然，治史者无法亲眼观察第一种历史的面貌，但是第一种历史的存在，不仅是其探索的指路星辰，而且也对整个研究构成根本的制约。治史者只有清醒地把握这三种历史之间的关系，才能自觉地掌控自己的研究。

黑格尔也把历史分为三种类型，不过没有包括"历史本体"在内。第一种叫做"原始的历史"（或译"本源史"），在这种历史中，作者的"叙述大部分是他们亲眼所看见的行动、事变和情况，而且他们跟这些行动、事变和情况的精神，有着休戚与共的关系"；希罗多德和修昔底德的著述属于这种类型。第二种是"反省的历史"（或译"反思史"），其"范围是不限于它所叙述的那个时期，相反地，它的精神是超越现时代的"。这种历史具体又分成"普遍的历史"、"实验的历史"、"批评的历史"和"专门史"四种形式。第三种历史是"哲学的历史"，即"历史的思想的考察"，其中最核心的思想便是"理性"。他断言，"'理性'是世界的主宰，世界历史因此是一种合理的过程"。[1] 黑格尔所说的第一种历史，相当于兰克的"亲临其境者的记述"；第二种属于历史学家工作的范畴；第三种则是从整体上阐释人类历程的历史哲学。在黑格尔看来，只有最后一种才是历史的高级形态，而且是哲学家的"拿手好戏"。

黑格尔的理论概括了历史认识的不同途径及由此产生的不同结果。"历史哲学"这个词据说为伏尔泰所造，本义是提示历史学家不能就事论事，而要用批判的态度发掘事实后面的思想。到了黑格尔等人那里，"历史哲学"就变成了"通史或世界史"。[2] 这种历史认识的路径，以人类的全部历史为观察对象，从整体着眼提出关于历史运动的全局性和长期性的理论，所得出的观点通常表现为"历史规律"或"文明形态"。在这个层次

1　黑格尔：《历史哲学》，第1—9页。

2　柯林武德：《历史的观念》，第27页。

上考察历史的人，往往是通人大师，甚至是阿隆所说的"知天意者"。[1]他们不关注具体的史事，不做档案研究，而是借助史家的专题著述，对各种材料和论点加以梳理、综合和融会贯通，借助其天才的洞察力和超常的驾驭本领，对人类历史或"世界历史"做出"整体阐释"。[2]在欧洲，仅有黑格尔、马克思、斯宾格勒、汤因比等寥寥数人，在这个层次上取得了具有重大影响的成就。历史哲学有助于开阔视野，激发思考，并给具体研究带来启迪。[3]但是，这种路径通常是思辨胜于实证，以理论统驭事实，容易对历史做"超历史"的诠释，立论难以经受经验史料的检验，许多论断往往被"实证研究"所"修正"或"颠覆"。

职业史家的研究通常涉及具体的区域、具体的时段、具体的事件或具体的人物。他们借助文献、实物、口碑等多种材料，运用考证、分析、推测等多种方法，形成关于具体问题的历史叙事，并阐发其中蕴含的意义。这是历史认识的主要形式，也是获得历史知识的基本途径。这种历史认识方式就是通常所说的"史学"。史学有微观、中观和宏观之别，区分的标准在于认识对象的规模。微观研究的对象具体而细微，中观研究处理中等规模的史事，宏观研究则是通过综合的路径来梳理宏大的题材。这些不同的研究方式，涉及局部和整体的关系，通常是相辅相成、相得益彰的。西班牙哲学家伽赛特（Ortega y Gasset）说：

> 历史是一个体系，是以一条单一的、不可抗拒的链锁联系在一起的人类经验的体系。因此，在历史上没有任何事物可能真正弄明白，直到

1　阿隆：《论治史》，第462页。

2　参见阿隆：《论治史》，第439页。

3　这种历史哲学现在通称"思辨的历史哲学"，是关于"历史"的理论。另有较晚出现的"分析的历史哲学"，以史学为对象，探讨历史知识的性质及获取的途径，可以说是关于"史学"的理论。二战后出现的"元史学"（metahistory），与后者相近。用德国学者吕森的话说，元史学"反思历史学以及它的各种处理过去的方式；它不是这一种处理方式本身，而是一种关于处理方式的理论"。吕森：《历史秩序的失落》，载张文杰编：《历史的话语》，第72页。

一切事物都弄明白了为止。[1]

强调整体对于认识局部的重要性固然不谬，但若只有等到弄清楚一切事物以后才能了解个别事物，那就等于取消了历史研究。从历史认识的实践来看，局部和整体总是处于持续的互动之中：认识从局部开始，逐渐扩展到整体，再从整体反过来重新观察局部，如此不断反复，对历史的认识也就变得不断深入和丰满。治史者既不可能等到"弄明白"一切事物以后来构筑历史的体系，也不可能先构筑一个体系以后再来认识具体的事物。史家只能根据所能掌握的知识和资料来探究过去。人类的过往经验千差万别，并无统一模式，也不是按照某种预定的目标而展开，因而不可能是一个条理清晰的体系。具有系统性的历史，只不过是史家重构的结果。

"历史哲学"和"史学"这两种认识历史的途径，各有所长，相辅为用，本无高下之分，若能互补，便可推动历史认识不断深化。历史哲学必须建立在充分而成熟的历史研究的基础上，而历史研究又可从历史哲学获得灵感和启迪。不过，一般读者不易把握纷繁复杂的具体史事，而更愿意接受条理清晰、概括简约的理论，因之历史哲学的理论通常能更广泛地传播，其影响力远在专门史学著述之上。这在历史哲学一方有可能促成某种理论优越的倾向，而职业史家则认为历史哲学过于抽象，缺乏"实证研究"（substantially evidenced study）的支持，也不免对有关理论产生反感。

其实，无论从哪种途径来认识过去，其宗旨终归在于获取准确而可信的历史知识。据通行的看法，获取历史知识的关键，在于解答"是什么"（what）和"为什么"（why）这两类彼此关联的问题。[2]周一良回忆说，其师洪业曾告诉学生，只要掌握了五个"W"（who, when, where, what, how），

1　伽赛特：《历史是一个体系》，载何兆武主编：《历史理论与史学理论》，第712页。
2　费希尔认为，关于"为什么"的问题很容易成为形而上学的问题，而且很不精确，可能涉及原因、动机、理由、目的等等。费希尔：《历史学家的谬误》，第14页。

就掌握了历史。周一良本人觉得，还要加上第六个"W"，即"why"，才成为一个完整的问题系列。[1] 显然，这六个英文单词所引导的是六个方面的问题，也就是研究历史的六个具体任务。如果将这六个"W"略做归类，似乎可以简化为"是什么"（包括前五个"W"，其中最关键的是"how"）和"为什么"（"why"）两个大类。古往今来，历代史家关心的问题大致不出这个范围。司马迁所谓"古今之变"，主要属于"是什么"的范畴，而"天人之际"则有"为什么"的含义。不过，史家心目中的"是什么"，并不是某种固定而静止的状态，而应是不断变化的过程；[2] 司马迁用一个"变"字，道出了史学的真谛。比如，研究美国民主，如果问的是"民主的观念和制度在美国历史中经历了什么变化"，则意在探讨"是什么"；如果好奇的是"美国民主的特点和主要制度及机制是什么"，那就进入了政治学的研究领域。再则，历史研究所追寻的"为什么"，也不是事物存在的理由，而是事件发生的原因和事物变化的方式，即事件何以发生以及如何发生，事物何以变化以及如何变化。

基于史料来解答"是什么"和"为什么"的问题，就构成历史研究的核心任务。有学者谈到，"西方史学"直到19世纪末年仍然以认识"是什么"为主要内容，而"为什么"的问题则处于从属地位。[3] 其言外之意是，探讨"为什么"的史学高于描述"是什么"的史学。从中外史学的发展和史学的特性来看，"是什么"和"为什么"这两类问题不仅同样重要，而且相辅相成；在某种程度上说，弄清楚"是什么"更为关键，因为它是解答"为什么"的前提和基础。宋人吴缜在《新唐书纠谬》的序言中写道：

> 夫为史之要有三：一曰事实，二曰褒贬，三曰文采。有是事而如是

1　周一良：《纪念陈寅恪先生》，载张杰、杨燕丽选编：《追忆陈寅恪》，社会科学文献出版社1999年版，第158—159页。

2　参见费希尔：《历史学家的谬误》，第153—154页。

3　罗凤礼：《史学认识漫议》，《史学理论研究》，1995年第4期，第38、39页。

书，斯谓事实；因事实而寓惩劝，斯谓褒贬；事实、褒贬既得矣，必
资文采以行之，夫然后成史。至于事得其实矣，而褒贬、文采则阙
焉，虽未能成书，犹不失为史之意；若乃事实未明，而徒以褒贬、文
采为事，则是既不成书，而又失为史之意矣。[1]

当今史家或许不会就接受这种史学三分法，也可能对"有是事而如是书"
表示怀疑，但至少要承认这段话毕竟富于洞见，意识到探究事实在治史过
程中居于核心地位。美国学者 C. 范·伍德沃德也说，写历史有双重目标，
既要描绘，也要解释；"两者都重要，而且不可避免地要合为一体"；但归
根结底，"事件**如何**发生与**为什么**发生乃是同样重要的"。[2]从常识来看，若
不首先探究"是什么"，便不可能就"为什么"提出真知灼见。国内史学
界一度有看重"为什么"而轻忽"是什么"的风气，某些文章基本史实未
明，就急于就"为什么"发表高见，其立论难免肤浅，甚或沦为妄谈。

凡有治史经验的人都不难体会到，无论探究"是什么"，还是解答
"为什么"，都不是轻而易举的事情。历史研究受到多方面的制约，其最大
者来自研究对象的性质和特点。史家要探究的是已逝时空中的前人往事，
它们不具直观性，无法重复，也不可验证，研究时唯一的凭借就是史料这
个中介。布洛赫说过："我们已知的绝大部分东西是通过别人的眼睛来了
解的。"[3]所谓"别人的眼睛"，可以理解为文献记录者的观察角度。史家
不能亲眼观察自己的研究对象，而只能通过"别人的眼睛"来了解它，这
种间接性必然带来很多的限制。首先，"别人的眼睛"有特定的视野和角
度，这很可能诱导史家观察的方向。其次，"别人"留下的记录通常是不

1　吴缜：《新唐书纠谬·原序》，载《影印文渊阁四库全书》，台湾商务印书馆1986年影印，第276册，第
　　621—622页。
2　C. 范·伍德沃德：《回想：著史的风险》（C. Vann Woodward, *Thinking Back: The Peril of Writing History*），巴
　　吞鲁日1986年版，第56页。
3　马克·布洛赫：《历史学家的技艺》（张和声、程郁译），上海社会科学院出版社1992年版，第41页。

完整的，包含的事实信息残缺不全，而史家感兴趣的许多问题往往找不到多少有用的记录。再次，通过"别人的眼睛"看到的东西，不仅包含"别人"的情感和态度，而且受到"别人"的观察能力的制约，可能不够准确，甚至不无刻意的歪曲。最后，"别人的眼睛"看到的东西所包含的信息，能否得到准确而完整的发掘，还有赖于史家自己的解读能力和解读方式。治史者唯有清醒地意识到间接性带来的种种不利影响，方能很好地担负起治史的任务。

二、人文关怀

以往人们常说，历史是人类的过去，或是过去的人类及其生活。但是，这样的说法于今似乎已成疑问。据说，近些年来，关于人类的研究也发生了所谓的"哥白尼革命"，人类仅被视作整个宇宙中极小的一部分，既不是宇宙的中心，也不再与宇宙分离。[1]"大历史"可以说是这种"哥白尼革命"在史学中的体现。它的研究范围涵盖从宇宙形成开始的万事万物的历程。此外，专门以植物、动物和矿物的历史为对象的研究，也取得相当大的进展。这些史学的新尝试带有相近的思想倾向，都力图破除"人类中心主义"。不过，这些以"非人类的"事物为对象的研究，还没有成为史学的主流，多数史家仍集中关注人类的过往。因此，常规的历史研究依然属于"人文学"的范畴。既然史家从事以人为对象的研究工作，自然就需要具备一定的人文关怀。

人文关怀首先体现在治史的意义上。具体的学者研究历史，其目的往往各不相同：有的可能纯粹出于个人的兴趣，有的可能仅作为一种谋生之道，有的可能旨在为现实生活中的问题寻找答案，有的可能意在为自己的

1　劳埃德：《历史学与社会科学》，载伯格等编：《历史书写的理论与实践》，第94页。

党派或群体做辩护，还有的可能想帮执政者出谋划策。不过，治史者不论出于何种具体的目的，都不能忘记，史学之所以能在人类生活中占据一席之地，绝不是仅只为了满足个人的癖好或某个小团体的需要，而是要有利于改善人类的生活，有助于人类谋划更好的未来。一个社会，一个群体，需要关于过去的知识来帮助自己定位，形成共同体意识；一个社会，一个群体，也需要通过展望前景来确定生活的目标，激发奋斗的热情。

治史者在面对具体的课题时也不可脱离人文关怀。史学的对象是过去的人，而史家要把过去的人当作**有生命的人**来对待。过去的人虽然早已作古，但他们同今人一样，曾有过自己的思想、希望、担忧和喜悦，经历过奋斗、抗争、失败和成功，既有惊天动地的英雄壮举，也有残暴阴狠的可耻劣迹。他们的经历在形式上千差万别，但在本质上与今人没有两样；而今人的经历，在一定程度上仍带有他们留下的痕迹。史家在考察他们的经历时，要抱有深切的同情，要将他们的经历作为人的经历来看待。这一点说起来不难，要做到却并不容易，因为史家翻检史籍，看到的只是陌生的人名、破残的遗迹、片断的记录和枯燥的数字，容易忘记这一切的背后其实都有"人"。不排除许多治史者能从中看到"人"，但可能只是把他们视为遥远的、已死的、与自己无关的人，在考察时带有疏远感和冷漠感。

思想史研究本应最具人文精神，但欧美思想史家一度把人看成理性的机器，似乎人的一切行为都受到可控的理性的支配，而忽略人的情感。美国史家佩里·米勒（Perry Miller）以研究清教思想闻名，其《新英格兰的心灵》出版以后，就有评论者批评他片面注重清教徒的"精神"，忽略了他们的"感情"，更没有考虑到他们的理性和感性之间的联系。[1]反过来，有时史家也会把群体当成个人，将一个政府、一个政党甚至一个民族看成像一个人那样思考，或者将一个或少数几个人的观念当成整个群体的观

1　参见费希尔：《历史学家的谬误》，第198页。

念。美国学者亨利·斯蒂尔·康马杰讨论"美国人的心灵"（the American mind），但他把这种"心灵"当成了一个美国人的"心灵"。[1]佩里·米勒讨论马萨诸塞东南部少数清教徒的思想，却将它称作"新英格兰的心灵"（the New England mind）。[2]前者将很大的群体当成个人，而后者则用少数人代替整个群体。

在20世纪中期以前，绝大多数史家写到的人，通常是在历史中发挥过重要作用并留下较多记录的少数人。传统史学以"过去的政治"为中心，统治者自然是历史的主角，因为他们掌握核心的权力，其决定和行动往往影响众多人的命运。后来的经典政治史关注"高层政治"，出现在这种史书中的人主要是权力精英。经典文化史的内容也是"高级文化"，只有那些留下传世之作的作家和艺术家的名字，才会出现在史家的笔下。20世纪五六十年代以来，"新社会史"倡导"从下向上看"（from bottom up）或"来自下层"（history from bellow）的视角，普通人开始成为历史舞台上的中心角色。于是，史学中的人趋于平民化，而且具有更大的包容性。但是，诚如有的学者所说，这时的"人"通常不是个体的"人"，而是群体的"人"，比如民族、阶级、利益集团、教派、政党、公司、职业群体、性别群体等，只有历史传记才以个人为研究对象。[3]而且，计量方法和社会科学理论在"新史学"中大行其道，结构性叙事成为史学著述的标准样式；于是，在社会史、经济史、政治史等主要研究领域，人的形象变得越来越模糊。人在历史中变成了一些符号，或者是一组又一组的统计数字，其思想和行动被重重掩埋在冰冷僵硬的制度、不可抗拒的趋势和纷杂变幻的因素之下。从总体上说，"新史学"的"人"不仅没有生命，而且没有

1　亨利·斯蒂尔·康马杰：《美国人的心灵》（Henry Steele Commager, *The American Mind*），纽黑文1950年版。

2　佩里·米勒：《新英格兰的心灵》（Perry Miller, *The New England Mind: From Colony to Province*），马萨诸塞州坎布里奇1953年版。

3　参见费希尔：《历史学家的谬误》，第216—219页。

面目，失去了"人"的特性。

　　这种现象引起一些学者的担忧和不满。美国学者卡尔·布里登博在治学取向上略显"保守"，对史学的这种"非人化"趋向深感厌恶。他认为，史学和社会科学在价值和方法上是"大相径庭"的，因为史学面对的是具体的人；尽管史学"关注的是'易变的、等级观念敏锐的众人'，但如果不在一切可能情况下将他们作为个人来表现，它就是不合格的"。他呼吁，历史学家要用很大气力来培养一种意识，即看到人是作为个体而存在的，他们有自己日常的生活，他们生活在一定的时空当中。总之，"惟有以人类为研究对象的历史，才能对社会的未来做出贡献"。[1] 英国学者埃尔顿也针对上述现象发出警告，强调历史研究要以人为重，因为"历史不是离开人而存在的，（历史学家）描述的任何事情，都是通过人而发生的，并且是发生在人身上的"。[2] 他们的话固然带有敌视"新史学"的负气感，但捍卫史学的人文性，倡导以人为中心的历史研究，还是有其意义的。在"新社会史"之后兴起的"新文化史"，重视个人的生活体验，特别是关注心理和非理性因素的意义，在一定程度上意在扭转"新史学"忽略"人"的偏向。20世纪末，德国史学界曾发生一场"社会史学派"和"文化史学派"的争论，反映了德国史家对人在历史中的不同定位。前者将过去社会的结构和历程作为历史的主体，而后者则坚持"历史是具体历史人物行动的结果"，强调人的主观世界在历史中的重要性。[3]

　　既然史学以人为中心，治史者就必须充分考虑人的特性与史学特性的关系。在古代史家中，有人相信人受到某种超越人之上的意志的支配，刻

1　卡尔·布里登博：《大变异》（Carl Bridenbaugh, "The Great Mutation"），《美国历史评论》（*The American Historical Review*），第68卷，第2期（1963年1月），第326—327页。译文参见中国美国史研究会编：《现代史学的挑战》，第31页。布里登博显然对社会科学化的"新史学"怀有成见，不仅攻击"新史学"的理念和方法，而且反对从群体的角度研究人，坚持传统史学以个人为中心的研究路径。

2　埃尔顿：《历史学的实践》，第94页。

3　景德祥：《联邦德国社会史学派与文化史学派的争议》，《史学理论研究》，2005年第3期，第115页。

意从人的思想和行为以外来探讨历史的原因。实证主义史观的信奉者，则将人视为自然界的一种物质，而人的行动必然遵循一定的规律或法则；一个社会或一种文化，也像有机物一样有生长和衰落的周期；只要按照这类规律和法则来解释历史，就可以揭示历史的奥秘。这类史观有一个共同的特点，就是轻视或不考虑人的特性。人与自然界其他物体的最大区别，在于人有意识。人的行为不是纯粹出于本能或受自然规律的支配，而带有自觉的目的。如果仅从外在表现来观察人的行动，就不可能获得真切的认识。人的行动背后有各色各样的想法和动机，忽略这些想法和动机，就会抹煞人的行动与自然界其他物质运动的差异。人的行动固然受到多种外在因素的制约，但这些外在因素必须通过人的意识才能发挥作用；不同的个人对于同样的外在因素，可能有不一样的感受和认知，这样就导致在相同条件下人的行动及其结果出现纷繁的差异。所谓"一念之差"，在历史的重要关头确实能发挥很大的作用。波兰学者托波尔斯基说："历史中最深刻的解释只有从人的动机和行为中寻求，因为创造历史的唯有人。"[1] 人不仅"创造"历史，人也在"重构"历史，因而人在历史中具有主体性和能动性。忽略或否认这一点，就难以真正理解历史。

各式各样的历史决定论，恰恰想要消除人在历史中的主体地位。在不同的时代，不同的国度，历史决定论有不同的表现形式。20世纪以前，欧美曾流行一种观念，认为人类的命运是由上帝安排的，上帝的意志决定历史运动的方向。17世纪中期，马萨诸塞的爱德华·约翰逊（Edward Johnson）写成第一部较为系统的新英格兰史，题为《神意的奇迹》（*Wonder-Working Providence of Sions Saviour in New England*, 1653），记述马萨诸塞历史上的各种事件，目的是证明上帝的神意对新英格兰命运的设计。在这位作者看来，移民离开英国而到北美定居，与当年以色列人逃离

1　耶日·托波尔斯基：《寻求一种整合的历史解释模式》（Jerzy Topolski, "Towards an Integrated Model of Historical Explanation"），《历史与理论》（*History and Theory*），第30卷，第3期（1991年10月），第334页。

埃及的举动是一样的；上帝选定新英格兰来建设一个"新的天堂"，将一小批清教徒放在美洲的"荒野"中，意在最终展示其"神奇的救赎"。[1]约翰逊并不是一个学者，而只是一个受过一点教育、拥有浓厚宗教意识的马萨诸塞村镇官员，他对历史的看法带有特定的宗教背景，反映了17世纪清教徒对世界和人生的理解。到19世纪，声誉卓著的史学大家班克罗夫特，仍然沿着这种思路来考察美国的历史。在他的笔下，列克星敦村民与英军的交火并不是偶然的行动，而是"慢慢成熟的天意的果实和时代的果实"；共和国是上帝对美国的赐予；《独立宣言》所宣布的权利，为的是整个人类世界和所有未来的世代。[2]这无疑是一种托身于宿命论和使命观的历史决定论。

　　启蒙时代以来广泛传播的线性进步观，则塑造出另外一种形态的历史决定论：人类历史注定不断向前发展，后续的阶段必然胜过前一阶段；这种直线式的进步将始终伴随人类历史，直到进入某种完美的状态。这种"进步"史观，对于鼓舞人类不断追求美好的生活，固然有其价值，但用来解释历史，却难免导致简单化和教条化的弊端。人类的经历并不是一个朝着某个先定的高级目标不断迈进的必然过程，而是充满曲折、反复、失败和倒退；人类在某一方面取得的进步，往往是在其他方面付出沉重代价的结果。另外，这种以"进步"为核心的历史决定论，还很容易衍生出某种历史目的论：前一阶段不过在为后续阶段做准备，各种事件乃至整个历史都只是某种注定要出现的辉煌结局的铺垫。历史决定论的偏误，在于将复杂多样的史实塞进某些简单的框架，忽略或贬低人及其行动本身的意义。如果将人类的经历视为某种必然性或宿命的附属物，那就会导致人在历史中的边缘化。

1　参见斯蒂芬·卡尔·阿奇：《爱德华·约翰逊〈神意的奇迹〉的教诲史学》（Stephen Carl Arch, "The Edifying History of Edward Johnson's *Wonder-Working Providence*"），《美国早期文学》（*Early American Literature*），第28卷，第1期（1993年3月），第42—59页。

2　班克罗夫特：《自美洲大陆发现以来的美国史》，第7卷，第295页；第8卷，第472、474页。

一个具有人文关怀的史家，不仅要把人的特性纳入历史运动之中，而且还要宽容而公允地对待前人往事，慎重行使评判的权力。过去的人不能替自己辩护，不能面对面地向史家解释自己的想法，说明事件的原委，因而史家必须主动地、不抱成见地去洞察他们的内心，理解他们的行动，力求准确地把握他们的真实想法，揭示其行动的确切意义。如果妄加评判，轻下断语，就很容易误解前人，扭曲实情，违背史学求真的旨趣。一个出色的史家如何对待他/她所研究的古人，不妨听一听娜塔莉·戴维斯的说法。她在写作《身处边缘的女人》时，经常想象自己笔下的主人公同她对话的情形，设想她们读到她的文字后会说些什么。她觉得，"那是思考问题的一种很好的方式，因为它提醒你在对关于她们的证据负责时，也要对一度活着而又死去了的这些人负责"。[1]

从根本上说，史家的人文关怀要以人类共同拥有的价值和理想为基石。人类对真、善、美的渴望，对自由、平等、富裕和安全的追求，是一条贯穿历史的主线。史家对过往世界的探索，既是满足这种渴望和追求的一种方式，也是为了帮助人类思考更加合理而有效的方式，以实现这方面的目标。

人文关怀并不排斥技术性研究。现代史学在专题化的道路上快速行进，题材不断细化，方法日趋多样；各种新的技术性手段进入史学领域，推动历史研究走向深化。但是，技术性手段如果不辅以人文关怀，其结果只能是纯粹的技术性史学。在政治制度史的研究中，史家容易忽略人的思想和行动，把人当成制度的附属物，这样就难以深入理解制度变迁的动因和意义。在城市史领域，研究者如果仅仅关注城市的物质层面，而忽视城市与人类生活的关系，其人文色彩必定比较淡薄。霍布斯鲍姆说："城市的技术、社会及政治问题，基本上由紧密而居的人群之间的相互交往而产

---

1 玛丽亚·露西娅·帕拉雷斯–伯克编：《新史学：自白与对话》（彭刚译），北京大学出版社2006年版，第84页。

生；甚至关于城市的观念，是人们……试图表述关于人类群体的愿望的思想。"[1] 因此，只有从人出发，并以人为中心，才能找到城市史在整个史学中的确切位置。近期趋于活跃的气候史和生态史研究，如果不考虑人与自然的相互关系，就会成为纯粹的技术性研究，无法称作真正的史学，只能将它们归入各自相关的学科，正如纯粹的数学史属于数学学科、纯粹的物理学史属于物理学学科一样。新经济史的巨大成就固然不可否认，但其中体现的技术主义倾向同样十分突出。人已然从历史叙事中消失，数字、图表、公式、曲线和趋势成了主角。国内有研究中国古代经济史的学者，开始意识到这些弊端，强调经济史不能只关注"国计"，也要重视"民生"；不能只研究制度，也要注意人的活动。[2]

三、现在与过去

历史是今人对过去的认识，史家站在今天来考察过去，不可避免地要面对现在和过去、历史和现实的关系。历史具有连续性，其中有些趋向延续到今天，以至于历史和现实之间有时并没有泾渭分明的界线。同时，历史又是人的经历，史家难免用自己作为人所具有的经验来揣度前人。在这种情况下，历史就很难被完全对象化和客体化。总之，历史难以成为纯粹的过去，而可以说是过去和现在的一种混合物。中国史学历来倡导"温故知新"和"鉴往知来"，注重从现实需要出发来研究历史。法国年鉴学派的开创者费弗尔则称史学是"关于过去的科学，关于现在的科学"，强调史学的现实取向，突出现实对史学的作用。[3] 美国学者卡尔·戴格勒说："史

1　霍布斯鲍姆：《史学家》，第95页。
2　邢铁、董文武：《从"国计"到"民生"——谈中国古代经济史研究视角的转换》，《光明日报》2004年10月12日B3版，"理论周刊·历史"。
3　转引自利科：《法国史学对史学理论的贡献》，第37页。

学作为价值的反映者和供应者，既是现在的原因，也是现在的结果。"[1]他的话触及史学与现实的互动，说明现实生活与历史研究之间，的确有着至为复杂而微妙的关系。

　　用社会学和政治学的眼光来看，现实作用于史学的方式也是多种多样的。首先，史家的选题可能与他所感知的社会现实有着密切的联系。意大利学者克罗齐指出："只有现在生活中的兴趣方能使人去研究过去的事实。"[2]法国学者马鲁也说："历史是具有某种创造性的努力的结果，通过这种努力，历史学家这个认识主体确立了他所再现的往事和他本人的现在之间的联系。"[3]过往实际丰富多样，史家选取什么问题来研究，从何种角度切入课题，既反映了现实生活的需要，也体现其本人的现实关怀。司马迁作《史记》，除表达"究天人之际，通古今之变，成一家之言"的宏远志向之外，也是他遭受酷刑后发愤而为的结果，意在"述往事、思来者"。[4]章太炎一再痛诋康有为的"致用"之学，提倡"学在求是"；但身处国势倾危的变局，他仍然强调史学有助于国民"爱其国家"、知其"国情"的功用。[5]陈垣的《元西域人华化考》，行文严谨而冷峻，但他写作时内心的最大关切，却是"中国人被人最看不起"、"有人主张全盘西化"这样的社会现实。[6]"九一八"事变以后，一贯主张专心治学、反对议论疏通的傅斯年，一面著文鼓动抗日，一面组织人员撰写《东北史纲》，论证东北自古属于中国，驳斥日本所谓"满蒙在历史上非支那领土"的说法。书成后由李济

1　卡尔·戴格勒：《重构美国史》（Carl N. Degler, "Remaking American History"），《美国历史杂志》（The Journal of American History），第67卷，第1期（1980年6月），第23页。

2　克罗齐：《历史学的理论和实际》，第2页。

3　转引自利科：《法国史学对史学理论的贡献》，第49页。

4　班固：《汉书》，第9册，第2735页。

5　参见陈平原：《中国现代学术之建立》，第49页。

6　参见陈智超：《〈元西域人华化考〉导读》，载陈垣：《元西域人华化考》，上海古籍出版社2000年版，第1—5页。

节译为英文，提交国联调查团做参考，据说"甚受重视"。[1] 20世纪90年代，国家耗资甚巨的"夏商周断代工程"，意在探明中国远古历史的确切年代，将有文字记载的历史向前推移，以进一步突出中国作为"文明古国"的地位。国内史学界一直有强烈的呼声，要求史家关注现实，从现实的需要出发来选择课题，而不能陷于故纸堆中难以自拔。各种研究基金设定的课题指南，都以现实需要为首要考虑，而且要求申报书中有论证选题现实意义的内容。

在美国史学界，现实生活如何引领史家的选题兴趣，也不难找到有意思的例证。查尔斯·比尔德曾将自己的《美国宪法的经济解释》一书送给老一代史家赫伯特·奥斯古德（Herbert Osgood），征询他对这本书的反应。未料奥斯古德却说："我们这一代人是在重大的宪政和制度辩论中长大的，因而我们的兴趣转向了制度史。现在，深刻的经济问题冒出来了，年轻一代学者将全力关注历史的经济方面，这对他们的年龄来说也是正合适的。"[2] 他的话表明，治史者的研究兴趣，与他所感受到的时代特点是密不可分的。另有一位美国学者运用多种方法和证据，力图推翻"共和修正派"的解释框架，重新确立洛克理论与美国革命思想的关联。他的这种解释取向在很大程度上也缘于其现实关怀，因为在他看来，自由主义原则在当今美国遇到了挑战，而"恢复美国革命的政治思想与洛克的关联，将有助于捍卫美国的自由主义传统"。[3]

其次，研究者对史事的诠释，也能折射出社会政治及史家的现实关怀和人生际遇。有人从《史记》中读出了牢骚和私愤，以致称之为"谤书"。

1　傅乐成：《傅孟真先生年谱》，载《傅斯年全集》，联经出版事业公司1980年版，第7册，第286—287页。另据岳华撰《方壮猷传略》（载北京图书馆《文献》丛刊编辑部、吉林省图书馆学会会刊编辑部编：《中国当代社会科学家》，第5辑，书目文献出版社1983年版，第14页），《东北史纲》第1卷由余逊执笔，署傅斯年名，1932年出版；第2卷及以下各卷由方壮猷执笔，未正式出版。

2　比尔德：《那个高贵的梦想》，《美国历史评论》，第41卷，第1期，第81页。

3　德沃利茨：《未加掩饰的原则》，第187—188页。

这当然是固陋偏颇之见，但司马迁的文辞之中的确夹带个人情绪。他在《伯夷列传》中讨论何以善人不得善终、恶人逸乐富贵时，感慨系之地写道："余甚惑焉，傥所谓天道，是耶非耶？"其中流露的幽怨愤懑之情，很容易使人联想到他的个人遭遇。[1]司马光奉皇帝之命编纂《资治通鉴》，在书中特别注重阐发古代故事中所包含的关于治道、礼制和教化等方面的经验教训，这无疑体现了纂修者对宋代社会和政治的理解。当日本扶植清代废帝溥仪建立伪满洲国以后，郑天挺曾作《清代皇室之氏族与血系》一文，通过澄清清史上的一些问题，说明以"满洲"为地名和国名"于史无据，最为谬妄"。[2]1950年，顾颉刚针对"一般人"指责他的古史研究"脱离现实"，义正辞严地声辩道：

> 我们现在的革命工作，对外要打倒帝国主义，对内要打倒封建主义，而我的《古史辨》工作则是对于封建主义的最彻底的破坏。……我要把宗教性的封建经典——经——整理好了，送进封建博物院，剥除他的尊严，然后旧思想不能再在新时代里延续下去。[3]

这些话固然有特定的时代意蕴，却也饱含以现实意义来为古史研究正名的用意。

在美国史学史上，类似的例子可谓比比皆是。20世纪初期的进步主义史家，深受当时轰轰烈烈的改革运动的感染，力图使史学成为社会变动的推动力，着力发掘历史上的社会冲突以及冲突的历史意义。50年代兴起的"一致论"史学，则是对进步主义史学的反拨，强调美国历史中的和谐一

1　司马迁：《史记》，第7册，第2121—2127页。
2　陈生玺：《史学大师郑天挺的宏文卓识》，载南开大学历史系、北京大学历史系编：《郑天挺先生百年诞辰纪念文集》，中华书局2000年版，第36页。
3　顾颉刚：《顾颉刚自述》，载高增德、丁东编：《世纪学人自述》，北京十月文艺出版社2000年版，第1卷，第65页。

致，否认美国社会曾经发生过激烈的革命和突变，这反映了冷战初期美国社会思潮偏向保守主义的现实。六七十年代以来，越来越多的学者关注少数族裔的经历和他们在美国历史中的地位，种族和文化的历史意义得到高度重视。这既是民权运动以来多元文化主义潮流的反映，也是这种潮流的一部分。

最后，国家权力和社会群体总以各种方式介入历史研究，有时甚至对史家的工作产生决定性的影响。美国学者贝林说过，"病态的政体"必须通过"系统地歪曲历史以求得生存"。[1]在过往某些统治体制下，当权者极意删改那些对他们不利的史事，并朝着有利于他们的方向来阐释历史的意义；如果史家不顺从他们的意志，就会招致各式各样的灾祸。中国古代史官因著史致祸者不止一例。北魏崔浩以"暴扬国恶"而遭极刑，这种"国史之狱"给北魏一代史风造成了"污染"。[2]韩愈在述及历代知名史家的不幸遭遇以后感叹道："夫为史者，不有人祸，则有天刑，岂可不畏惧而轻为之哉！"[3]在欧美民主政体下，历史书写有时也会受到执政者的干预。20世纪80年代，英国首相撒切尔十分厌恶"来自底层"的历史，极力倡导在全国历史课标中重新突出英国政治史的地位，借复活真实的历史记忆之名，把英国国内和国际的重大政治事件作为历史的主干，以扭转此前二三十年里形成的以底层和边缘群体为主角的社会文化史潮流。只不过，在英国的政治体制下，民选的政治领导人不可能完全按照自己的意愿来改变历史研究的方向。[4]

除国家权力对修史直接插手之外，各种社会群体也总是利用过去，力图使历史服务于他们各自的目标。在15、16世纪，法国许多政治和宗教派

1　贝林：《论历史教学与写作》，第12页。

2　田余庆：《拓跋史探》，生活·读书·新知三联书店2003年版，第238—243页。

3　韩愈：《答刘秀才论史书》，载严昌校点：《韩愈集》，岳麓书社2000年版，第439页。

4　参见马克·唐纳利等：《治史》（Mark Donnelly and Claire Norton, *Doing History*），伦敦2021年第2版，第11—12页。

别争权夺利，各派都有自己的历史学家，都以历史为工具来实现自己的政治目标。[1]当代的情形并没有根本的改变。20世纪60年代以来，美国以族裔、信仰或地域组织起来的各种社会群体，一直在运用他们的社会影响力来达到改写美国历史的目的。他们要求将自己群体的经历写入历史，对自己群体的历史做出"公正的"解释，使历史成为满足他们的利益诉求和心理需要的工具。这样固然给美国历史书写带来多样性，但同时也导致对历史的曲解和滥用。曾任美国历史学家组织（OAH）主席的杰奎琳·霍尔指出，美国民权运动的历史被人为地"掐头去尾"，为"右派"所利用，以瓦解民权运动的经济和结构性的长远目标。[2]欧美各国关于纳粹"大屠杀"的争论，也经常超出学术探讨的范围，政界、公众乃至整个社会都不同程度地卷入其中。2000年，此事在英国还引出一桩司法诉讼，数名历史学家或出庭作证，或提供专业咨询报告。[3]

由此看来，克罗齐关于"一切真历史"的"当代性"的论述，[4]确实是关于历史与现实的关系的一种深刻见解。史家不可能不关注现实生活，而现实生活也不可能不作用于史家对历史的兴趣。但这并不等于说，现实对史学的一切要求和影响都是正当的，今人可以无节制地把当前的观点强加于过去，治史者可以根据现实需要来剪裁史实，甚至歪曲过去。英国史家赫伯特·巴特菲尔德曾论及"对历史的辉格派解释"，批评以今人的观点解释历史的做法。他认为，治史者若用自己时代的观点来设计历史框架，从政治和宗教的立场来诠释过去，就会"把事件之间的关系过度简单化"，并对过去与现在的关系产生"完全的误解"。史家虽然不能彻底摆脱自己的时代，但如果他保持一种"为过去而研究过去"的意识，就会明显不同

1　汤普森：《历史著作史》，上卷，第2分册，第796页。

2　杰奎琳·霍尔：《长民权运动与对过去的政治性利用》（Jacquelyn Dowd Hall, "The Long Civil Rights Movement and the Political Uses of the Past"），《美国历史杂志》（The Journal of American History），第91卷，第4期（2005年3月），1233—1263页。

3　托什：《历史学的追求》，第xv—xvi页。

4　克罗齐：《历史学的理论和实际》，第2—3页。

于"辉格派历史学家"为现在而研究过去的目标，从而防止对过去的复杂性做出剪裁或歪曲。[1]英国学者埃尔顿也强调，历史研究的整个过程应当遵循"历史理解的第一原则"，即"过去必须按过去自身、为了过去自身的缘故、按照过去自身的条件来研究"（the past must be studied in its own right, for its own sake, and on its own terms）。[2]他们的主旨都在于反对按现实需要来研究历史，避免使史学沦为政论和宣传。的确，史家应当关注现实生活，并尽可能准确地把握现实的需要，使史学成为塑造现实的一种积极的力量；但他／她同样要对现实的影响保持警惕，要恰当地处理现实需要和专业规范的关系，不能为了现实需要而损害历史的"过去性"。更何况，现实性也不是衡量史学价值的唯一标准。历史作为一种知识，具有其自身的价值尺度；只要能丰富或深化对于过去的认识，就是有意义的研究。而且，史学也是一个多层次的体系，不同形式的研究，在史学的"结构"中具有不同的"功能"。

毫无疑问，历史研究不可能回避如何为现实服务的问题。古今中外一直都有人强调治史须有现实感，要"学以致用"。科林伍德说："历史学的终极目的不是知晓过去，而是理解现在。"[3]海登·怀特说："当代历史学家必须确立对过去的研究的价值，不要把这种研究作为自身的目的，而是作为一种方式，为透视现在提供多重视角，从而促进我们对自己时代的特殊问题的解决。"[4]美国史前辈学者杨生茂也说："学以致用，外为中用。……我们希望所说的与所写的都对社会发展产生积极的推动作用。"[5]另据美国

1　赫伯特·巴特菲尔德：《对历史的辉格派解释》（Herbert Butterfield, *The Whig Interpretation of History*），伦敦1968年版，第1—8、13—14、16、24—25页。

2　埃尔顿：《历史学的实践》，第59页。

3　R. G. 科林伍德：《历史学诸原则》（R. G. Collingwood, *The Principles of History and other Writings in Philosophy of History*），牛津1999年版，第140页。

4　海登·怀特：《历史的负担》，载海登·怀特：《后现代历史叙事学》，第51页。

5　杨生茂：《浮想联翩——世纪之交有关世界史研究的几点思考》，载杨生茂：《探径集》，中华书局2002年版，第286页。

学者威廉·洛克滕堡分析，史学必须针对急迫的现实问题的主张，一般有两种表现：其一，当前需要在历史写作中应当居于首要地位；其二，历史学家要直接对公共政策施加影响。[1]中外史学史上确有许多证据表明，史家大都怀有深切的现实关怀和强烈的社会责任感；尤其是在当今史学的学科地位和社会影响力持续下降的情况下，治史者更强烈地希望通过积极参与现实来提升史学的声望。20世纪80年代末，美国学者西奥多·哈默罗谈到"史学的危机"，发现史学在美国的学科体系中的地位明显下降，社会对史学著作的评价不高，不少史学专业的毕业生难以找到合适的工作。他不由得感叹，史学无助于解决社会问题，也不再是未来的向导，已沦为一门和现实社会不太相干的学问。[2]目睹自己投身的事业陷入这种困境，治史者难免痛心疾首，发愿要让史学融入现实生活，为自己的学科赢得应有的尊重。

其实，美国历史学家向来不缺现实关怀。冷战初起之际，美国历史协会主席科尼尔斯·里德号召同行们放弃中立的立场，参与捍卫"我们的理想"的斗争，要像物理学家一样，在所谓的"总体战"中担负起自己的责任。[3]20世纪50年代，历史学家在"布朗诉教育局案"的审理中扮演了积极的角色。当时有一种看法，称美国宪法第十四条修正案的制定者并非有意用它来授权全国政府废除学校的种族隔离；约翰·霍普·富兰克林、C.范·伍德沃德等历史学家看出这种观点甚为有害，他们为辩护律师提供材料，并参加为有色人种协进会办事人员举办的研讨会和其他会议，用自己的专业知识帮助律师在辩护中避开这一问题，从而有利于黑人的胜诉。[4]此

1　威廉·洛克滕堡：《历史学家与公共领域》（William E. Leuchtenburg, "The Historian and the Public Realm"），《美国历史评论》（*The American Historical Review*），第97卷，第1期（1992年2月），第1—2页。

2　哈默罗：《关于历史学和历史学家的思考》，第3—13页。

3　科尼尔斯·里德：《历史学家的社会责任》（Conyers Read, "The Social Responsibilities of the Historian"），《美国历史评论》（*The American Historical Review*），第55卷，第2期（1950年1月），第283页。

4　洛克滕堡：《历史学家与公共领域》，《美国历史评论》，第97卷，第1期，第2页。

外，还有一些专业史家直接参与政治，或在联邦政府任职，或开设如何利用历史知识来服务于公共决策的课程。甚至还有史家建议美国总统吉米·卡特设立一个类似"经济顾问委员会"的历史咨询机构，以协助行政部门利用历史知识来进行决策。[1]

　　史学服务于现实的另一种常见方式，就是为各种历史纪念活动助兴。就重大历史事件或重要历史人物举办纪念活动，无疑是发掘历史的现实意义的一种有效途径，因而历史纪念活动一般都带有强烈的政治意图。史学界也往往把纪念活动视为一种难得的机遇，希望借此诠释过去与现在的关系，体现历史研究的实用价值，甚至获取经费上的资助。1976年美国庆祝独立200周年期间，史学界呈现十分活跃的局面，举办多场学术讨论会，出版不少著作，许多史家在各种公共场合讲述美国建国的故事。1992年，适逢哥伦布首航美洲500周年，不少国家的史学界都举办纪念活动。按照中国的惯例，遇到具有重大历史影响的人物诞辰、事件发生和机构成立的日期，只要其年数可以被5或被10整除，通常都要举办纪念活动，史学界也可能为此召开学术研讨会。可是，治史者过度热衷于参与历史纪念活动，甚至为迎合纪念的需要而不惜违背治史的原则，也会给史学的声誉造成损害。因之有学者提出，治史者最好跟纪念活动保持一定的距离。[2]

　　概而言之，史家无法回避现实，现实关怀对治史的意义也无可置疑，但绝不可因此将历史与现实混为一谈，也不能对现实需要危害史学认识论规范的风险毫无戒备。历史可为现实所用，史家却不可为追求现实功用而作媚时之论，不能用现实的观点来附会历史，也不能像康有为一样"借经术以文饰其政论"。陈寅恪论及古代史论时说："然史论之作者，或有意，

1　洛克滕堡：《历史学家与公共领域》，《美国历史评论》，第97卷，第1期，第16页。

2　帕特里克·H. 赫顿：《记忆在法国革命史学中所扮演的角色》（Patrick H. Hutton, "The Role of Memory in the Historiography of the French Revolution"），《历史与理论》（History and Theory），第30卷，第1期（1991年2月），第56页。

或无意，其发为言论之时，即已印入作者及其时代之环境背景，实无异于今日新闻纸之社论时评。"[1] 就现代史学的基本原则而论，史家的判断和论点，应来自对史料的合理解读，不可任意引申或借题发挥，更不能借学术来传达个人的政治见解或主张。但确有不少现代史家颇好议论，尤其着意阐发史事中可能有用于当前的意义，以致将"史论"写成"社论时评"。20世纪20年代，傅斯年曾对北京大学的学风提出批评，称之为"议论的风气，而非讲学的风气"；并说"大学供给舆论者颇多，而供给学术者颇少"。[2] 这种做法在今天不仅普遍存在，而且被当作史学的"正确方向"而得到提倡，在"学以致用"、"为现实服务"的旗号下大行其道。美国史学中也出现过类似倾向。贝克尔宣称，历史学家要有现实感，为了让普通人对历史保持兴趣，就不能仅仅"重复过去"，而要"利用过去"，以"迎合普通人的脾胃"。[3] 他这样说时可能没有意识到，这很可能破坏治史的基本原则，并为滥用历史打开方便之门。当前美国史学界此风更盛，据阿伦·梅吉尔说，越来越多的人主张历史的真正功能在于"**支持当前的美好事业**"，但这不啻把历史当成"另一种方式的政治，乃至战争"。[4]

其实对于治史者来说，参与政治与利用历史为政治服务，乃是完全不同的两件事。前者是学者作为政治人的个体行为，后者则是用专业知识服务于当前需要的"求用之举"。德国学者马克斯·韦伯谈到，学者应当在政治上和学术上采取分离的、不同的立场：在公众集会上可以亮出鲜明的政治态度，而在课堂上则不能传播自己的政治主张。[5] 后世学者评论章太炎，

1　陈寅恪：《冯友兰中国哲学史上册审查报告》，载陈美延编：《陈寅恪集·金明馆丛稿二编》，生活·读书·新知三联书店2001年版，第280—281页。

2　转引自桑兵：《晚清民国的国学研究》，上海古籍出版社2001年版，第262页。

3　贝克尔：《人人都是自己的历史学家》，《美国历史评论》，第37卷，第2期，第235页。贝克尔的本意于强调史家要对现实保持敏感，要提供时代所需要的历史知识；但如果将史家基于对现实的感知而确定选题、材料、方法和解释的倾向简化为"适合普通人的脾胃"，就未免扭曲史学和现实的关系。

4　阿伦·梅吉尔：《历史知识，历史谬误：当代实践指南》（Allan Megill, *Historical Knowledge, Historical Error: A Contemporary Guide to Practice*），芝加哥2007年版，第5页。

5　马克斯·韦伯：《学术与政治》（冯克利译），生活·读书·新知三联书店1998年版，第36—37页。

称他参与政治时"满腔热血"，而治学时则"冷静沉潜"，一热一冷，两相兼顾。[1]这类言论和举动表明，学者可以参与政治，但不能为了一时一地的政治需要而滥用历史。美国学者洛克滕堡曾用他自己的经历说明，历史学家应当如何在政治与学术之间保持平衡。他本人对政治长期抱有浓厚的兴趣，积极参与各种形式的政治活动，但他同时意识到，历史写作应当远离公共领域，如果认为史学只有解决当前问题才有价值，"那就显露了一种对史学事业的固有特性的仇视"；如果要求历史学家将自己的研究加以剪裁以便上早报的头条，那就是对史学最大的误导。[2]美国史家理查德·霍夫斯塔特分析比尔德一生得失，认为他未能很好地区分政治与学术，以致造成不良后果。他从不满足于做一个纯粹的学者，总希望与政治发生联系，成为"一种公共力量"，极力发掘历史对当前的用途，并就公共问题写作大量论著。比尔德的教训告诫后人，史家若过度热衷于政治，就可能轻视历史的"完整性、独立性和过去性"。[3]

就史学的认识论特性而言，现在不仅因时空阻隔而对过去构成遮蔽，而且还为史家理解过去设置重重障碍。据研究，欧洲人在以往漫长的历史时期都未能把过去同现在区分开来；他们习惯于把遥远的过去发生的事看得跟正在发生的事一样，提起过去，总觉得与当前没有差别。从18世纪末开始，欧洲人才逐渐在过去和现在之间划出界限，用哈特利（L. P. Hartley）在《中间人》（*The Go-Between*）中的话说，"过去是异邦，做事不一样"。[4]这就是说，过去之所以不同于现在，是因为两者之间横亘着文化和社会的巨大差异。[5]尽管普通人难以自觉地反思过去和现在的差异，但

1　参见陈平原：《中国现代学术之建立》，第53页。

2　洛克滕堡：《历史学家与公共领域》，《美国历史评论》，第97卷，第1期，第7页。

3　理查德·霍夫斯塔特：《进步主义历史学家：特纳、比尔德和帕林顿》（Richard Hofstadter, *The Progressive Historians: Turner, Beard, Parrington*），芝加哥1968年版，第344—345、464—465页。

4　戴维·洛文萨尔：《过去是异邦》（David Lowenthal, *The Past is a Foreign Country*），英国剑桥1985年版，第xvi页；扎卡里·赛尔·席夫曼：《过去的诞生》（梅义征译），上海三联书店2021年版，重点参见第1—15页。

5　劳埃德：《历史学与社会科学》，载伯格等编：《历史书写的理论与实践》，第86页。

治史者却必须清醒地保持这种区分意识。德国"历史主义"的一项重要遗产，就是反复提醒人们，当前的时代与过往一切时代之间，存在着一条既宽且深的鸿沟。[1] 既然过去与现在是两个判然有别的世界，彼此被时间大幕严实地隔开，那么身处现在的史家又如何能够捕捉并理解过去世界的景象呢？如果纯用现在的观点揣度过去，那就是"以今视昔"，必定以现在的形象改造过去，难以触及历史的真正意义。因此，全部"历史方法"的精髓就在于，要将过去"过去化"。法国史家费弗尔谈到，治史者最严重而又难以避免的错误，就是"以现在的眼光来看待过去的人和事"。在论及如何对待拉伯雷等16世纪的作家时，费弗尔认为，关键的问题不是今人能从他们的作品中读出什么，而是16世纪的人从中读出了什么。[2]

美国学者贝林指出，过去不仅遥远，而且与今天大不相同，历史学家需要有巨大的想象力和丰富的知识，才能进入如此遥远的经验当中。[3] 治史者若要把过去"过去化"，首先就必须把过去的人和事置于相关的"语境"[4]中来理解和评论。如果脱离具体的语境，前人往事就可能变得怪异而模糊，所谓的理解也很可能是误解或歪曲。从很大程度上说，是否具有"语境主义"意识，是否自觉地将研究对象置于具体的语境中考察，乃是专业史学和业余写法之间的主要界标。史学意义上的"语境主义"，就其

---

1 托什：《历史学的追求》，第9页。

2 吕西安·费弗尔：《十六世纪的无信仰问题》（闫素伟译），商务印书馆2012年版，第32页。

3 贝林：《论历史教学与写作》，第53页。

4 英文"context"一词有不同的用法，用在史学中可有"情境"、"语境"、"具体条件"等多重含义，需要根据不同的情况选择适当的译法。中国台湾有学者译作"脉络"（王晴佳、古伟瀛：《后现代与历史学——中西比较》，山东大学出版社2003年版，第176页），似乎没有充分反映它的含义。"语境"不同于国内史学界常说的"历史背景"。"历史背景"只是为了帮助了解某人某事而交代的相关知识，而且在感觉上似乎是平面的，与具体的人和事之间只是一种衬托关系。一般的论文单独交代"历史背景"，然后论述问题，这样就造成了背景和问题的分离，实际上无助于对问题的理解。"语境"则是立体的，是具体的人和事所处的环境或氛围，它由多种相互关联、相互作用的人、事或观念所构成，相互之间存在复杂而微妙的互动；只有从这种互动着眼，才能真正了解前人往事的意义。从这个意义上说，"语境主义"（contextualism）乃是真正的"历史主义"。海登·怀特也说，"语境主义"最具启示性的假设是：各种事件可以通过将它们置于发生的语境中来进行解释。海登·怀特：《元史学》，第17—18页。

广义而言，是指史家"从超乎文本之外的（extratextual）政治、经济和社会现象来寻求解释力"的研究方式。[1] 也有论者把"语境主义"和"重构论"联系在一起，[2] 这也触及了"语境主义"的旨趣，即把研究对象置于大于它的时空结构中考察，以求取更加贴切而可靠的认识。治史者与研究对象身处不同的时代和文化，知见、趣味、价值和立场均有所差别，因而不能自以为比前人高明，用居高临下的姿态看待过去，基于"后见之明"来裁断前人往事。前人说话做事，必有自己的方式和意图；治史者要竭力从当时留下的各种痕迹中，探知其方式和意图。美国学者娜塔莉·戴维斯谈到自己的研究时说："我喜欢用它们自身的方式来解释社会制度和历史变化，也就是根据那个时期的文化价值和社会动力来解释。"[3] 要做到这一点，其前提是要对所研究的时代的各个方面均有深入了解，对题材所涉及的社会和文化具有丰富的知识。陈寅恪在论及解读古书的态度时说："夫解释古书，其谨严方法，在不改原有之字，仍用习见之义。故解释之愈简易者，亦愈近真谛。并须旁采史实人情，以为参证。"[4] 所谓"习见之义"，或许可以视作当时人在当时语境中所持的语义；而"旁采史实人情"，则要求研究者调动丰富的相关知识和常识，为理解所探讨的事物构筑适当的语境。

语境主义史学不仅要求治史者突破时空的阻隔，同时也提醒他/她时刻保持清晰的时间意识。现在和过去之间最大的分界，在于时间的距离；因而史家面对前人往事，一定要区分不同的时间概念。美国学者罗伊·尼科尔斯说，历史学家比其他任何学科的学者都精于"按时间来思考的技巧"，这比"寻找精确的事实"的技巧更加重要。[5] 然则史家常犯的错误，

1　伊丽莎白·克拉克：《历史、理论、文本：历史学家和语言学转向》（Elizabeth A. Clark, *History, Theory, Text: Historians and the Linguistic Turn*），马萨诸塞州坎布里奇2004年版，第138页。

2　芒斯洛：《解构历史》，第20页。

3　阿比拉弗等编：《历史的视野》，第117页。

4　陈寅恪：《蓟丘之植植于汶篁之最简易解释》，载陈美延编：《陈寅恪集·金明馆丛稿二编》，第299页。

5　尼科尔斯：《战后历史思想的重新定向》，《美国历史评论》，第54卷，第1期，第84页。

也恰恰在于混淆不同时间的界线。美国学者琳达·戈登谈到，她在写作一篇关于美国生育控制问题的论文时，尽力仔细倾听19世纪70年代女性主义者所说的话，力图将自己置于她们的位置来看问题，因为"史学需要一种主观的、想象的和仿真的（emulative）交流过程"。但她同时也意识到，史家"绝不能，也绝不应该完全将自己置于历史题材的位置"；如果忽略自己与研究对象之间的时间距离，无视自己的历史位置，无疑也是一种错误。她写道："在历史的心通意会（historical empathy）和个人所深深植根的现实之间，应当有一种张力（tension），对于现时主义（presentism）和历史学家可以置身历史之外的幻觉，都须严加防范。"[1] 这些话触及研究者和研究对象、现时主义和语境主义的张力，提示史家在研究中要时刻小心地留意不同的时间概念的平衡。史家固然要努力以对话的姿态接近研究对象，但对话的目的仅在于确切地理解研究对象，而不是认同于所研究的时代。

治史者还经常遇到"时代倒错"的问题，即混淆所研究时代的特点，导致对过去的曲解。[2] 不同时代的人都有自己的说话方式，在语法和用词上通常有约定俗成的习惯。布罗代尔谈到，许多今天人们耳熟能详的史学概念，其形成都有一部曲折而漫长的学术史。[3] 的确，今天史家写文章所用到的许多重要概念，在文章所涉及的历史时期可能并不存在，而使用当今的词语表述往昔的史事，难免诱导人们忽略过去和现在之间的时间距离。有个美国学者谈到，古拉丁文并没有"种族"和"阶级"这样的概念，那么研究者能不能用这类概念来描述古代罗马社会呢？如果能用的话，就会一方面引导研究者去古代罗马寻找与"按种族和阶级组成的当代社会"相似的特征，另一方面也使得研究不同时代的人拥有共同的学术语言。[4] 娜塔

1　阿比拉弗等编：《历史的视野》，第77页。

2　贝林：《论历史教学与写作》，第50页。

3　布罗代尔：《15至18世纪的物质文明、经济和资本主义》，第3卷，第621—622页。

4　C. A. 贝利等：《关于跨国史的对话》（C. A. Bayly, Sven Beckert, Matthew Connelly, Isabel Hofmeyr, Wendy Kozol and Patricia Seed, "AHR Conversation: On Transnational History"），《美国历史评论》（The American Historical Review），第111卷，第5期（2006年12月），第1442页。

莉·戴维斯评论法国学者勒华拉杜里的《蒙塔尤》，批评其中使用的某些概念和语言，同所论述的人物和时代并不契合。她举例说，勒华拉杜里用"性变态"（deviant）和"同性恋"来描述14世纪初期一个法国山村的性关系，就是不恰当的。[1] 她的意思可能是说，在14世纪初期的法国，并没有"性变态"和"同性恋"的概念，而用当时根本不存在的概念来描述类似的现象，就难免造成理解上的扭曲。诚然，后出的概念若运用不当，难免造成"非历史"乃至"反历史"的印象；但一味反对用后出的名词来描述历史上的同类事物，也会极大地限制史家的语言资源和表述空间。丹麦古典学家摩根·汉森在这方面的看法，看似比较符合历史研究的实际。他谈到，历史学家一定要按原意来阅读和理解原始资料，而在对资料进行解释和分析时，则不得不借助现代的概念；但必须善于从可利用的概念中选取那些可以描述古代社会的概念，而避开那些可能导致误解的概念，而这正是历史写作的艺术所在。[2] 另外，通常只有历史名词和具有特殊含义的词汇，在运用不慎时才会带来"时代倒错"的问题，而一般性的概念则不然。

　　至于如何在研究实践中防范"时代倒错"，初学者不妨多多关注前辈学者的经验。古希腊罗马史名家摩西·芬利论述古代经济，首先细致考辨"economics"一词的起源和演变，强调古代希腊人和罗马人并没有现代经济学的语言和概念，因之研究者不能用现代经济学理论的眼光来看古代世界，而"必须寻求适用于古代经济、但不适用于……我们社会的不同观念和不同模式"。[3] 英国学者 J. C. D. 克拉克在一本新书中提出，历来论者把潘恩加以神化，将他视作激进主义者、无神论者和人权倡导者，并称他为现代性和新思潮（社会主义、世俗化和人权）的先驱，这无异于对潘

1　阿比拉弗等编：《历史的视野》，第112—113页。另参见埃马纽埃尔·勒华拉杜里：《蒙塔尤：1294—1324年奥克西坦尼的一个山村》（许明龙、马胜利译），商务印书馆1997年版，第205—215页。

2　摩根·汉森：《德摩斯提尼时代的雅典民主制：结构、原则和意识形态》（Morgens Herman Hansen, *The Athenian Democracy in the Age of Demosthenes: Structure, Principle and Ideology*），牛津1991年版，第11页。

3　M. I. 芬利：《古代经济》（黄洋译），商务印书馆2021年版，第41—60页。

恩形象的非历史的塑造。实际上，在潘恩生活的年代，诸如"radicalism"（激进主义）、"conservatism"（保守主义）、"socialism"（社会主义）、"liberalism"（自由主义）等标示政治身份的词汇，都还没有出现。这些词进入政治语言，不过是19世纪上半叶的事情。潘恩在写作时所使用的乃是英格兰传统的政治语言，其观念在当时均有来历。因此，与其说潘恩是新时代的开创者，不如说他是旧时代的受益者。[1]这两位史家的著述所体现的语境主义意识和历史语义学方法，为减少乃至避免"时代倒错"提示了一条有效的途径。

四、偏私和公正

为获取真实可信的历史知识，治史者须力求公正，不存偏私。古人称，"良史"贵在"不隐恶，不虚美"，"秉笔直书"，"折衷于正"；"若任情失正，文其殆哉"。[2]所谓"偏私"，在英文中作"partialities"。科林伍德谈到，"partialities"可能是单纯的偏见，也可能是价值判断。[3]史家若一味以自己的好恶、愿望和立场来裁量史实，臧否人物，无疑就带有偏私。偏私的反面是公正（fairness）。公正意味着不抱偏见，做判断时不以一己之见为准绳。虽然治史者大都能意识到偏私对于史学的危害，但要克服偏私，却是一件极不容易的事。

事实上，古往今来几乎没有史家不存偏私，只是在程度和表现形式上各不相同而已。科林伍德说，历史学家不可能没有偏见；"偏见撒出的网如此宽阔，如此微妙，以致无人可以逃脱"。首先，历史学家都是现实

1　J. C. D. 克拉克：《托马斯·潘恩：启蒙和革命时代的英国、美国和法国》（J. C. D. Clark, *Thomas Paine: Britain, America, and France in the Age of Enlightenment and Revolution*），牛津2018年版，重点参见第1—16页。

2　周振甫：《文心雕龙今译》，第151页。

3　科林伍德：《历史学诸原则》，第209页。

中的人，在讨论问题时总会触及或反映个人的兴趣；其次，他们必须借助价值判断或道德判断来叙述历史，如用"明智"、"坚定"、"首尾一贯"、"英勇无畏"、"技巧高明"、"一丝不苟"、"宽宏大量"、"公正无偏"等词汇来形容某人，就属于价值判断的范畴。可是，治史又离不开价值判断，如果"没有价值判断，就没有历史"。[1] 关于科林伍德的这一论断，在中外史学史上都不难找到充分的证据。

中国古代史家自认负有重大的政治和道义责任，以贬恶扬善、启迪后世为使命。他们运用笔下的褒贬评判之权，在史书中表达了自己的鲜明立场。钱穆曾说，论人"则必分好坏善恶"，因而"褒贬乃成中国史学之要纲。未有不分奸贤，不加褒贬之史学"。[2] 古代的史官和撰史者的确时刻未忘行使褒贬的权力，正所谓"褒见一字，贵逾轩冕；贬在片言，诛深斧钺"。[3] 但是，他们的褒贬往往不是出自真正的公正，而是基于特定的政治和道德标准，其中自然不无偏私。"正统"观念乃是古代史家遵循的主要政治标准。《资治通鉴》述及三国史事，以曹魏为正统，魏之皇帝书为"帝"，蜀和吴的皇帝称作"主"；魏攻吴、蜀谓之"伐"或"讨"，吴、蜀攻魏则成了"寇"或"掠"。作者的立场偏向于此可谓一目了然。还有史家完全以个人恩怨和好恶来定褒贬，最极端的例子是《魏书》的作者魏收。魏收素负文名，但在写史时却暗循私意，"凡有怨者，多没其善"。他深知史笔的分量，曾扬言："何物小子，敢共魏收作色，举之则使上天，按之当使入地。"他为了感谢帮助过自己的阳休之，就答应以"作佳传"来"谢恩"，并将阳父因"贪虐"获罪一事，写成"甚有惠政，坐公事免官"。他所作史书引起极大争议，有百余人投诉他"著史不平"，以

1　科林伍德：《历史学诸原则》，第211、212、215、217页。
2　钱穆：《现代中国学术论衡》，第122—123页。
3　周振甫：《文心雕龙今译》，第141页。

致《魏书》背上"秽史"的骂名。[1]唐初史官许敬宗也有类似名声,其"记事阿曲"、"虚美隐恶",并不逊于魏收。对于与自己有过节的封德彝,许敬宗在作传时"盛加其罪恶";而对于己有惠的姻亲,则在传中"妄加功绩","悉为隐诸过咎"。他甚至还"以己爱憎曲事删改"高祖、太宗两朝实录。[2]

中国古代史学中经常提到的"春秋笔法",可以说是以特定的政治和道德标准来裁断前人往事的典型。孟子称"《春秋》,天子之事也",[3]因而"春秋笔法"讲究"为尊者讳,为亲者讳,为贤者讳",记言叙事旨在明善恶、寓褒贬,全然以统治者的需要为转移。[4]这就是说,"春秋笔法"体现了作为政府官员的史官的立场,而不应成为职业史家的专业规范。刘知几对效法"《春秋》义"而导致"曲笔"的做法,曾表示非议。[5]到宋代,更多人从学理上反思"春秋笔法"的弊端。有《春秋权衡》等书传世的刘敞,指明《春秋》作为"史"和作为"经"的区别,强调"史可以为经,而经非史也"。朱熹谈到,所谓《春秋》的"一字褒贬",乃是后人穿凿附会的结果。[6]《通志》的作者郑樵,对滥用"春秋笔法"的风气也不以为然:"凡秉史笔者,皆准《春秋》,专事褒贬。夫《春秋》以约文见义,若无传释,则善恶难明;史册以详文该事,善恶已彰,无待美刺。"他批评修史者不关注典章制度,而专好评论短长,"正犹当家之妇,不事饔飧,专鼓唇舌,纵然得胜,岂能肥家"。[7]宋人吴缜也曾指出褒贬的局限性:在

1 李百药:《北齐书》,中华书局1972年版,第2册,第488—489页。周一良曾撰文考评魏收的为人、学识和史学,反驳了长期流行的观点,对《魏书》的价值给予了充分肯定。参见周一良:《魏收之史学》,原载《燕京学报》,第18期;收入周一良:《魏晋南北朝史论集》,北京大学出版社1997年版,第256—292页。

2 刘昫等:《旧唐书》,第8册,第2763—2764页。

3 杨伯峻:《孟子译注》,中华书局1960年版,上册,第155页。

4 参见葛剑雄、周筱赟:《什么是历史学》,北京大学出版社2002年版,第132页。

5 刘知几撰,浦起龙释:《史通通释》,第196页。

6 参见赵伯雄:《春秋学史》,山东教育出版社2004年版,第448、484—488页。

7 郑樵:《通志·总序》,载郑樵:《通志略》,上海古籍出版社1990年版,第3页。

史学的"事实"、"褒贬"、"文采"这三个要素中,"事实"是关键性的,脱离"事实"而专务"褒贬"和"文采",就不成其为史学。[1]

在欧美史学史上,以公正之名掩盖偏私立场的现象,同样所在多有。欧洲中古史家多以基督教信条为是非准则,对于基督教世界以外的历史,不是全然抹煞,就是刻意贬损。即便在兰克晚年所作《世界史》之中,仍然可见这种宗教史观的痕迹。卡尔·戴格勒提及一种"鼓吹式史学"(advocacy history),即"毫不掩饰地为一项事业、一个人、一个集团或一种观念而写的历史"。[2]英国史家爱德华·汤普森也说,英国存在大量"从一个统治阶级的期望、自我形象和辩护的角度看社会"的史学作品,这无异于"胜利者的宣传"。[3]无论是"鼓吹式史学",还是"胜利者的宣传",显然都是偏私的产物。布洛赫说:"将一个人、一个党派或一个时期的相对标准加以绝对化,并以此去非难苏拉统治时期的罗马和黎塞留任枢机主教时的法国的道德标准,这是多么荒唐啊!而且,这种评判极易受集体意向和反复无常的个人爱好的影响,就没有什么比它更容易变化了。"[4]然而,多数时代的史家都未能走出这一噩梦般的阴影。以往美国史学长期受到种族意识的浸染,把盎格鲁-萨克逊族裔的经历当作美国历史的主干,而很少从正面涉及其他族裔的历史;传统的性别偏见也悄然融汇于历史观念中,女性的经历长期遭到忽视。自20世纪中叶以来,美国史学的情形却发生了一百八十度反转。"身份政治"(politics of identity)愈演愈烈,治史者把各色各样的偏私送入学术的正殿,堂而皇之地取得合法性。美国史家的族裔、文化、性别构成愈加多样化,而史家多样化的身份意识(尤其是族裔取向和性别意识),往往凌驾于史家的职业身份之上。这些人用历史

---

1 吴缜:《新唐书纠谬·原序》,载《影印文渊阁四库全书》,第276册,第621—622页。

2 戴格勒:《重构美国史》,《美国历史杂志》,第67卷,第1期,第20页。

3 阿比拉弗等编:《历史的视野》,第8页。

4 布洛赫:《历史学家的技艺》,第102页。

书写来诠释各自所持的主张，为各自所属或所同情的群体发声，挑战乃至贬抑主流的或正统的历史叙事。这些人不仅为自己心仪的群体发掘和保存集体记忆，而且毫不掩饰地用自己的研究来支持这些群体的政治或社会抗争。[1] 这一类历史书写的特点，借托尼·朱特的话说，就是"纠正对过去的某种误读，通常是为了迎合当前的偏见"。[2]

既然史家无从摆脱偏私，是否意味着偏私在历史研究中取得了正当性呢？英国哲学家伯特兰·罗素称，历史学家应当有所偏袒。他写道：

> 当然，历史学家不应该歪曲事实，这是绝对必要的；但要他不偏袒他著作中所叙述的冲突和斗争的某一方，则并无必要。一个历史学家对一个党并不比对另一个更为偏爱，而且不允许自己所写的人物中有英雄和坏人，从这个意义上说的不偏不倚的历史学家，将是一个枯燥无味的作家。如果要让读者感兴趣，就必须允许他在戏剧性的事件中有所偏袒。[3]

史家须对所写到的冲突和斗争做出评判，这自然不成问题；但若把这种评判作为冲突或斗争中某一方的立场来表达，则大可商榷。英国史学史名家古奇，作为职业史家对偏私问题发表了另一种意见：虽然无法把个人情感完全排除在著述之外，但史家须"竭力保持公平，尽量了解遥远时代的生活状况以及那些我们所未曾具有的思想意识"，而不能据一家之言或一本书来对有争议的问题做出裁断。他告诫说："学者们不要把他们看成是竞技场上的斗士，在各自的支持者喝采声中进行搏斗；而应该认为他们是一

---

1 例如，从女性主义史学发展出来的关于"LGBTQ + people"（女同性恋−男同性恋−双性恋−超性恋−酷儿群体）的历史书写，在欧美史学界一时成为热点，这显然离不开欧美社会对这些"另类"群体及其生活方式的关注，也同这些群体的身份抗争有莫大的关系。参见唐纳利等：《治史》，第154页。

2 朱特、斯奈德：《思虑20世纪》，第290—291页。

3 罗素：《历史作为一门艺术》，载何兆武主编：《历史理论与史学理论》，第552页。

心一意地献身于追求真理的兄弟。"[1]的确，治史者不能把自己当作历史中的任何一方，这也是史学的一条基本原则。

何兆武认为，治史者在对史实和史料进行认识时，可以与科学研究一样做到价值上的中立；但在对史实进行理解和阐释时，"历史学家个人的世界观和价值观、他的思想和他的精神"就开始发挥作用；而且，历史学家对"前言往事的理解，其深度和广度大抵上就要取决于历史学家本人对人生体会的深度和广度了"。[2]在这里，有两点可以提出来略加讨论。其一，史家对史实的认识能否保持绝对的价值中立？史实并非自动进入史家的视野，而必须通过史家的选择和判断才能得到认识；在这个过程中，史家认为什么是重要的，什么值得了解，什么应当做更详尽的叙述，似乎都包含了主观的意向，很难说是绝对中性的活动。其二，史家在对史实进行理解和阐释时，其个人的人生体验究竟能起什么作用？如果能起很大的作用，又应当如何看待这种作用？诚然，研究者个人的"世界观"、"价值观"、"思想"、"精神"和"人生体验"等因素，都必然作用于他/她对历史的解释；但这并不等于说，他/她可以完全信任这些属于其个人的东西，任由它们去塑造自己对历史的看法。无论是基于史料来梳理史实，还是借助其他资源来诠释史实，治史者都应当对有可能介入其中的个人因素严加审查。

科林伍德提出，历史学家既然无法摆脱偏见之网，那就不能自命公正无偏，而应极力找出自己的偏见究竟是什么，从而尽力加以控制，并认真对待有利于偏见所反对的观点的证据；如果自己的偏见太强，无法加以控制，那也要发现它们是什么，并公开加以承认。[3]这固然是对治史者有益的提醒，但终究带有理想化的色彩。在实际的研究中，史家似乎不可能如

1　古奇：《十九世纪的历史学与历史学家》，上册，第4页。

2　何兆武：《对历史学的若干反思》，《史学理论研究》，1996年第2期，第39页。

3　科林伍德：《历史学诸原则》，第212页。

此理性而轻松地对待自己的偏见。偏见不仅是形形色色的，而且它们通常以"隐身的"方式对治史发生作用。布洛赫指出："学者们并没有意识到，过去的信念和禁忌、传统思想和习以为常的见解、乃至世俗的偏见会侵蚀他们的大脑，支配他们的思想，我们决不象自以为是的那样毫无成见。"[1]诚然，某些偏见可以被发现，也可能被克服，比如党派立场、个人好恶、民族情绪之类；但是，许多出于时代精神、社会风习和知识传统的倾向，史家个人非但难以觉察和摆脱，反而视之为正当而可取的准则。再则，治史以"客观公正"为指针，倘若史家公开承认自己怀有偏见，也就等于自觉地放弃治史的宗旨。因此，对于自己的偏私，一般学者非独不肯承认，反而会以各种方式加以掩盖。后现代主义者正是抓住以往史家的这一弱点，对其自命的公正大加讥讽。

那么，史家对其偏私究竟有无良策呢？这里似乎还是有必要回到科林伍德提出的理想化的原则：第一，承认和正视偏私；第二，尽力加以抑制。承认和正视，正是为了抑制。史家的确难以发现自己的全部偏私，但要意识到它们可能存在，并尽力减轻它们对尚真求实的妨害。有人或许抱有极端的想法，认为既然历史叙事无不包含偏见，那就不妨任由它发挥作用，把史学变成"率性而自由的创作"。这样做的后果，无异于消灭史学。无论在什么情况下，史家都不能放弃对真实可信的历史知识的追求。古希腊的波里比阿说，任何人都难以避免因为无知而犯下的错误，但不能为了"国家或朋友的利益"或"出于偏袒"而"故意说假话"（misstatement），否则就会使史家沦落到"靠笔吃饭"和"唯利是图"的地步。[2]他的话实际上道出了史家对待偏私的最低原则。美国学者娜塔莉·戴维斯谈到，虽然历史学家应当通过历史人物"自己的声音"来理解他们，但总是难免把作者自己的声音"穿插到著作之中"；这时就须用某种方式提醒读者，"叙事

1　布洛赫：《历史学家的技艺》，第51页。
2　转引自汉德林：《历史学中的真理》，第414页。

的声音在变化，他们现在听到的是我们个人的声音"。[1] 不忘提醒读者留意史家的"个人介入"，这是一种对待偏私时应有的学术伦理。

偏私的对立面是公正。就理想状态而言，治史以公正为务，史家在研究中须力求中立，以阻止主观意志的泛滥。史家可时常做换位思考，不仅假设从研究对象各方的立场来看问题，而且站在读者的位置来审查自己的视角和所用的资源，这样或许仍然无法消除一切偏私，但多少有助于抑制个人的成见、情绪、好恶和党派倾向的作用。梁启超谈到，史家要"养成精确的观察力"，既"不要为因袭传统的思想所蔽"，也"不要为自己的成见所蔽"。[2] 换言之，史家必须不断排除各种不利于求真的干扰，尤其要与自己的偏私做持续不懈的斗争。面对复杂的历史问题，史家要慎于做对与错的判断，尤其不可轻易表示赞成或反对。美国学者彼得·诺维克著书讨论美国史学中的"客观性问题"，但他本人对这个问题的态度却有些闪烁其词。他就此解释说："总之，我不能就客观性采取同意或反对的立场，其缘由在于我的历史主义（historicism）。这个词在此处的含义不过是，我对过去任何事物的思考方式，主要是形成于我对这一事物在特定的历史语境和历史之流中的角色的理解。"尽管他对书中涉及的观点有些是同情的，有些则不喜欢，但为求公正无偏，书中关于两类观点的论述，在分量上是大致相当的。[3]

归根结底，治史力求公正的关键，在于治史者时刻牢记自己"历史学家"的身份。麦考莱提出，史家要以辩护人而不是裁判官的身份来写史。[4] 其实，史家既不是裁判官，也不是辩护人，而只是抱有"了解之同情"的观察者和诠释者。据说，有个研究宗教改革史的牧师将兰克引为同道，而

1 帕拉雷斯－伯克编：《新史学》，第60页。
2 梁启超：《中国历史研究法》，第175页。
3 诺维克：《那个高贵的梦想》，第7、12页。
4 参见汤普森：《历史著作史》，下卷，第3分册，第405页。

兰克却不以为然地答道:"您首先是一个基督徒,而我首先是一个历史学家。我们之间存在着差距。"[1]英国学者埃尔顿也说,历史学家在社会中扮演的角色,千万不能降低到布道者的水准;一个好的布道者要有某种信仰,而一个好的历史学家则必须质疑自己的信仰,并承认他人的信仰也有价值。[2]由此可见,治史者不同于拥有特定信仰和特定利益取向的普通人。他/她既不是历史的参与者,也不是现实的反光镜;他/她应保持独立的价值观,拥有自由的判断,不必以政治和意识形态的要求为评判准则;他/她须尽力做一个超然的人,提防成见、信仰、情绪和好恶对自己判断的支配。如果他/她研究的是外国史,还要警惕民族情感、文化偏见和狭隘民族主义的诱惑。在写作中,他/她还要避免使用带感情色彩、政治含义和褒贬倾向的言辞,尽可能采用中性的陈述;甚至连感叹号、反问号等带有情感色彩的标点符号,也要尽量少用。[3]

　　然则用这种模子塑造出来的治史者,岂非某种冰冷无情地处理数据的机器?其实,在历史研究中提防偏私,并非意味着放弃价值判断。史家从来都是某些价值的坚守者和捍卫者,只不过这些价值并非纯粹来自个人、集团乃至民族的好恶,而是人类所共享、历代所弘扬的观念,也就是一切能使人享有安全和尊严的理想。美国史家戈登·赖特称史学是"一门道德科学",因为史家在探求真相时,还应自觉地担负起对人类坚信的某些价值的责任。[4]这也是史学能对人类文化发展有所裨益的缘故。提倡立场中性,诚然会限制史家评判史实、裁量人物的自由,但并非取消判断和评论,而只是要求尽力防范判断和评论偏离对真实的追求。再则,提倡立场中性,

---

1　转引自阿克顿:《历史研究讲演录》,载何兆武主编:《历史理论与史学理论》,第357页。

2　埃尔顿:《历史学的实践》,第38页。

3　如"上台"和"就职"、"我国"和"中国"、"解放后"和"1949年以后"、"新中国"和"中华人民共和国"等词组,前者带有倾向性,后者属于中性词。

4　戈登·赖特:《作为道德科学的史学》(Gordon Wright, "History as a Moral Science"),《美国历史评论》(*The American Historical Review*),第81卷,第1期(1976年2月),第11页。译文参见中国美国史研究会编:《现代史学的挑战》,第272页。

也不是要排斥学术的个性。在高明的史学论著里，个性其实是无处不在的。它可能托身于选题的偏好和论述的取向中，也可能潜藏于对史料的处理和行文的习惯里，读者只要细心体察，就不难看出来。

五、从民族到全球

长期以来，各国史家都习惯于按照地理空间和政治区划来界定研究领域，并且把本国史研究排在优先的位置。国内史学的学科体制，乃由"中国史"和"世界史"所构成，而"世界史"之下又划分为"日本史"、"英国史"、"美国史"、"德国史"、"非洲史"、"拉美史"等研究方向。美国史学的格局也大体相似，借一个美国学者的话说，一所大学历史学系的教师，通常分成"研究美国的"（Americanists）、"研究欧洲的"（Europeanists）和"研究其他的"（Otherists）等系列。[1] 当这样谈论史学的内部结构时，人们可能没有想到，这恰恰反映了专业史学的一个突出特征：它与现代国家的形成、发展大致同步，并逐渐以（民族）国家取代原来的地方、帝国或文化圈，形成新的历史叙事单位，与此同时还赋予史家特定的民族立场。但是，这种以（民族）国家来划界和定向的研究方式，近来在欧美史学界受到了越来越强烈的质疑。跨国趋势和全球化运动的发展，促使越来越多的史家意识到，国家边界明显地限制历史考察的视野，而且诱导历史解释走向"我族中心主义"。

从起源、功能和内涵来说，专业史学注定要自觉而鲜明地立足于民族文化，带有服务于特定的民族或国家的取向。这种特性发展到极点，就走向民族主义史学。历史研究中的民族立场，通常表现为史家以自己民族为本位而形成的思维方式、观察角度以及相应的学术观点。文化本位立场在

1　C.A. 贝利等：《关于跨国史的对话》，《美国历史评论》，第111卷，第5期，第1447页。

史学史上并非一个新生事物，而是古已有之的。古代史家一般站在特定人群的立场、从自身的文化视角来书写历史。希罗多德以后的希腊史家，大多把希腊人以外的居民称作"蛮族"。中国古代史家多有"华夷之辨"意识，把周边居民的历史置于华夏文化的影子之下。及至现代，这种"人我有别"的写史方式，又与种族主义、文化偏见和民族主义交织在一起，对历史书写产生更加深刻的影响。

把种族、文化和民族的偏见抬升为标准，用以裁量其他种族、文化和国家，必然误导历史研究的方向，使之陷入狭隘民族主义的窠臼。美籍阿拉伯裔学者爱德华·W. 萨义德，针对现代欧洲学者对东方的认识及表述，提出"东方主义"的概念。他认为，"东方主义"既是一种学术路径，也是一种思维方式；既是一种文化心态，也是一种政治立场；其实质是欧洲人按照自己的理解和需要来看待东方，以自己的形象来建构关于东方的观念，把东方"东方化"，使之成为与"西方"对立的"他者"，从而达到"控制、重建和君临东方"的目的。[1]诚然，萨义德所说的"东方主义"侧重文学和文化研究领域，这里的"东方"所指为近东和中东，但是这一概念所涉及的思维方式和文化心态，同样可见于欧美学者对其他地区历史的研究。比如，美国的中国史研究中有所谓"冲击—反应模式"或"帝国主义模式"，都是从美国或欧洲的角度观察中国现代历史的产物。

国内的外国史学者对待欧美历史和文化的态度，一度也有类似特点，虽然不能称作"西方主义"，但其局限性同样明显。研究者习惯于用通行的政治标准和文化观念来看待"西方"，借助与中国文化的对立性比较来建构"西方"的形象，其误解和扭曲"西方"的程度，可能并不逊于欧美学者眼里的"东方"。中国人研究外国史，实际上是与历史时空中的异质文化进行接触和对话，需要抱有开放而平等的文化心态，要在民族立场和

1　爱德华·W. 萨义德：《东方学》（王宇根译），生活·读书·新知三联书店1999年版，第1—36页。译者将"Orientalism"译作"东方学"，未能准确反映这一概念的内涵，不利于读者对全书主旨的了解。

跨文化理解之间保持平衡。法国学者阿隆指出，历史认识的"客体和主体具有文化共同性"十分重要，因为"历史认识的最大难题之一就是确定一种文化的人对另一种文化的人的理解可以有多深，**用一种文化的概念系统去转译另一种文化，在多大程度上可以保证叙述历史者不会给出与亲历历史者不同的意义**"。[1]但最大的问题恰恰在于，跨文化研究者很难与对象国文化取得"共同性"，从而突破文化差异所造成的隔膜和阻碍，减少对研究对象的敌意与误解。问题的关键或许在于，外国史研究者既不能依循中外两分而对立的思维方式，也不应采用居高临下或仰视膜拜的眼光，而要力求从所观照的文化本身来理解其意义。在这个过程中，本民族文化仅只作为理解的参照，而不是衡量的标准。

在研究中不以本民族文化为标准，并不等于放弃民族立场。实际上，中外历代史家都习惯于从特定的文化视角来观察历史。任何学者都是在特定的文化环境中成长起来的，长期接受这种文化的滋养和熏陶，很自然地养成了特定的思维方式和价值取向。要求史家洗净民族文化的痕迹，完全站在超民族、超文化的立场看问题，不仅无法做到，而且可能也是有害的。在一个由（民族）国家组成的世界，学术也须具有民族性才能赢得尊重。历史本身是丰富多彩的，不同民族、不同文化背景的学者，依据不同的观察角度和思维方式，提供多样化的历史知识，最终汇聚而构成人类过往的丰富多彩的历史图景。但是，基于民族文化本位的观点，不可变成民族和文化的偏见。治史的尚真求实原则始终高于民族立场，倘若某种民族立场妨碍史家尚真求实，就应当予以修正，甚至放弃。

国内学界长期以来猛烈抨击的"西方（欧洲）中心论"，可以说是民族立场在现代史学中的一种突出表现。在不同的史家那里，在不同的史学著作中，"西方（欧洲）中心论"有不同的形态和特点。早期的"西方

---

[1]　阿隆:《论治史》，第115页。黑体字系原文所有。

（欧洲）中心论"认为，欧洲的制度、观念和宗教都是"先进"的，体现历史"进步"的方向，因而应作为裁量非欧洲历史和文化的标准；欧洲国家向外扩张乃是必然的趋势，而且具有正当性，因为它将"文明"与"进步"传播到世界各地，而非欧洲地区的人民若不能顺应这一潮流，就难以避免衰亡的命运。在各种世界历史编纂体系中，欧洲历史被作为主线，欧洲所占的篇幅很大，非欧洲的历史往往处于边缘位置，并且通常是用欧洲的标准来评判的。这种欧洲中心史观不仅遭到苏联和中国学者的猛烈批判，而且二战以来也逐渐为许多欧美史家所唾弃。当今欧美的世界史教科书里，非欧洲的内容有明显的增加，以欧洲为准绳来评判非欧洲的做法也有所收敛。在有的欧洲史家那里，对"西方（欧洲）中心论"的讨伐，甚至变成了对欧洲历史和欧洲史家的"诋毁"，或者是对非欧洲历史和文化的无节制的美化。[1]

反过来，在欧洲的理论和方法的长期熏染下，非欧洲的史家早已习惯于用欧洲的语言来表述自己及其他社会和文化，其观察视角、解释框架和评判准则无不带有鲜明的欧洲印记。与此同时，在对"西方（欧洲）中心论"的批判中，又出现另一种偏向，即刻意压低欧洲的历史地位，片面夸大非欧洲国家和地区的影响。在各个地区相互隔绝、各种文化孤立自处的时代，人类的历史并没有唯一的中心。每一种文化都是自己的中心，某些势能较强的文化，至多能在周边地区扮演中心角色。自1500年以来，随着欧洲的扩张，世界各地区之间的壁垒逐渐被打破，各个国家、各种文化的联系趋于紧密。在这个时代，由西欧和美国所构成的北大西洋地区，在人类历史进程中一度成为一个辐射力强劲的中心区域。如果否认这一事实，那就难以准确把握现代世界历史的基本趋势。有些"后殖民"的历史论著在贬抑欧洲历史地位的同时，倾向于抬高被殖民者（尤其是殖民地底层人

1　杰克·古迪：《偷窃历史》（张正萍译），浙江大学出版社2009年版。书中甚至为亚洲的后宫制度和一夫多妻制辩护。

群）的自主性，突出强调其反抗（"解放"）活动的重要性。不少欧美以外的学者所编写的世界史读物，乐于夸大本国的作用，偏重与本国有关的史事，而对欧美国家的历史作用持强烈的批判态度。

　　狭隘的民族主义立场，无论表现为何种形态，都会对历史研究造成严重的危害。从民族利益出发改写历史，损害历史的真实性，这在中外史学史上都不乏其例。世界各国一般都把历史当成激发民族主义和爱国热情的工具。为达到宣传和鼓动的效果，通常以浓墨重彩来描绘本民族历史中的出色之处，而对于各种挫折、失败和阴暗面，不是故意加以掩盖和删除，就是用轻描淡写的方式来处理。美国学者麦克尼尔曾就这种倾向发出警示："人类所有群体都喜欢听赞歌。因而历史学家就受到一种永恒的诱惑，即按他们所研究的人群的意愿来描述其历史，以迎合他们的期望。其结果是真相与谬误混杂，历史与意识形态交融。"[1]

　　同民族立场关系最为直接和紧密的无疑是传统的国别史研究。在这种史学框架中，（民族）国家不仅是历史叙事的容器，而且是历史分析的主题。到20世纪后期，欧美史学界越来越清醒地意识到国别史研究的局限，尤其不满其"方法论民族主义"。[2]一般来说，"方法论民族主义"的具体表现有三：其一，将视野局限于国别的范围内，无法看出某一国家在世界历史中的位置；其二，忽视不同国家之间的相互影响，不关注非国家行为体的作用，也不充分考虑外来因素的作用；其三，单纯从民族本位的立场看问题，倾向于强调本国历史的重要性和独特性。在美国学者戴格勒看来，这种现象在美国史学中表现得相当突出："以往民族特性研究的一个弊病就是，在论证我们的社会或历史中什么是美国所独有的东西时，几乎完全缺乏根据。对于其他社会的类似见解或制度大抵未做任何比较研究。"[3]美国

1　麦克尼尔：《神话与历史混合的史学》，《美国历史评论》，第91卷，第1期，第5页。

2　塞巴斯蒂安·康拉德：《全球史是什么》（杜宪兵译），中信出版社2018年版，第3页。

3　戴格勒：《重构美国史》，《美国历史杂志》，第67卷，第1期，第16页。

史家埃里克·方纳也认为，但凡国别史研究都"或多或少带有某种例外论的色彩"。[1]

越来越多的美国史家看出国别史研究的不足，致力于在大学推广世界史和全球史的教学，并大力倡导美国史研究的"国际化"（internationalization）。许多学者尝试从"跨国或全球的视野"（transnational/ global perspective）来审视自己的课题。20世纪80年代初，戴格勒就注意到这一新的趋向，即"在历史分析中忽略民族国家的界线，对跨越文化的制度和发展过程进行研究"。[2] 这当然是美国史学"跨国转向"的最初征象。自此而后，"跨国主义"和"全球视野"成为声势不断强劲的学术潮流。1999年12月，《美国历史杂志》编发一期专刊，探讨跨国转向的内涵和意义。[3] 纽约大学教授托马斯·本德主持编写一本文集，倡导打破国家边界，拓展美国史研究的视野和领域。[4] 本德提出，"美国历史如果不整合在全球语境中就无法得到充分理解"，因为"国家不可能是它自己的语境"，国别史必须"放在比它自己大的框架中来研究"。[5]

从"跨国路径"或"全球视野"来考察美国历史，给美国史学带来了多方面的变化。就思想取向而言，越来越多的史家主张超越美国例外论或美国中心论，重视美国同外部世界的联系，强调国际环境和外来因素对美国历史的影响，并将眼光从欧洲转向非欧洲地区。研究的地域范围也趋于扩大，不再局限于美国本土，而包括与美国发生联系的广大地区。比如，

1　王希：《近30年美国史学的新变化——埃里克·方纳教授访谈录》，《史学理论研究》，2000年第3期，第68页。

2　戴格勒：《重构美国史》，《美国历史杂志》，第67卷，第1期，第15页。

3　1999年12月的《美国历史杂志》（第86卷，第3期）以"民族国家和超出民族国家之外"（The Nation and Beyond: Transnational Perspectives on United States History）为通栏标题，刊登3组共8篇文章，讨论从跨国视野研究美国历史的问题。

4　托马斯·本德编：《在全球时代重新思考美国历史》（Thomas Bender, ed., *Rethinking American History in a Global Age*），伯克利2002年版，重点参见本德为该书所写"导言"。

5　托马斯·本德：《众国中之一国：美国在世界历史中的位置》（Thomas Bender, *A Nation among Nations: America's Place in World History*），纽约2006年版，第6、7页。

在早期史领域，整个大西洋地区（包括北美、拉美、西非、欧洲）被作为一个历史单位看待，其中发生的人员、货物和文化的交流，被作为理解美国早期历史的关键。在研究方法方面，"跨国路径"或"全球视野"的研究要求利用多国文献，关注超越领土边界的联系和互动，并广泛采用比较分析。据戴格勒说，采用这一路径，"要求我们的眼光超越狭隘的美国图景，问一问这里发生的事是否可能不同于别的地方，倘若不同，其原因又是什么？"这样非但不会扭曲美国的历史，反而有助于看到以往被忽略的内容，深化对"我们是谁"的理解。[1] 在当前美国的跨国史和全球史研究中，"网络"成为一种揭示较大范围的联系和互动的重要路径，而非国家的跨国行为体（如商人、传教士、旅行者、移民等）则成为历史叙事中的主角。

史学"国际化"和"跨国主义"或"全球视野"的兴起，当然不是一种仅限于美国史学的新趋向，也不单纯是国别史研究拓展视野的结果。进入21世纪以来，多国史学中都出现"跨国或全球转向"，并在两个方面取得了突出的进展：其一，史学作为一种生产知识和思想的活动，越来越具有全球性；其二，历史学家对于跨国史和全球史表现出越来越高昂的兴趣。[2]

经济全球化的发展，交通及通讯技术的进步，国际学术交流的便利，都有助于促进各国史家的交流和合作，推动史学的国际化。史学和自然科学各分支学科一样，在很大程度上也逐渐成为全球性的知识领域。许多史

1　卡尔·N. 戴格勒：《寻求一种美国历史》（Carl N. Degler, "In Pursuit of an American History"），《美国历史评论》（*The American Historical Review*），第92卷，第1期（1987年2月），第7页。译文参见中国美国史研究会编：《现代史学的挑战》，第497页。

2　在当前的史学语言中，"跨国史"和"全球史"通常是两个连用乃至混用的词，其共同点在于突破和跨越国家的边界，探讨更大范围的人类活动，重视联系和影响，采用比较方法。当然，两者也有差别，主要是全球史涵盖范围更广，有效时段更长，因为只有最大范围的跨国运动才是全球性的，也只有在有"国"的地方才谈得上"跨国"。美国日裔历史学家入江昭认为，"跨国史"和"全球史"虽然微有不同，但基本上是可以互换的概念。参见入江昭：《全球史与跨国史：过去，现在和未来》（邢承吉、滕凯炜译），浙江大学出版社2018年版，第13页。

家努力冲破民族立场的限制，把自己界定为关于人类过往知识的生产者，在理念、范式和议题上都有趋同的趋向。德、法、英、意等欧洲国家的史学界率先倡导史家的跨国身份意识，致力于构建国际化的"历史科学"。自1900年以来，欧洲史家发起定期召开"国际历史科学大会"，探讨共同关心的学术议题，反思历史研究的国际前沿进展。于今，每年在不同国家举行各式各样的专题性国际学术研讨会，多国学者有众多的机会就各种课题进行面对面的交流和辩论。许多研究机构都设有访问研究项目，为多国学者分享信息、思想和材料提供便利。尤其是网络技术的发展和电子资源的增多，打开了一条更加宽广而便捷的国际学术交流渠道。这些"硬件"方面的改善，有利于各国学者增进国际主义情怀，抑制形形色色的"学术民族主义"的危害。

与此同时，多国史家也越来越强烈地感受到全球化的冲击，愈加清醒地看出"全球史观"的重要性，在具体研究中努力尝试"跨国路径"或"全球视野"。布罗代尔所倡导的"长时段、大范围"的治史理念，重新受到青睐。越来越多的史家试图以全球为尺度来考察作为整体的人类经历，并从"跨国主义"或"全球视野"来审视区域史、国别史乃至地方史的题材，探讨更大范围的人类活动及经验的联系、互动和融合。这样不仅有助于发掘新的题材，把人口、物品、资本、知识和技术的全球流动作为探讨对象，而且在很大程度上开阔了史家的视野和胸怀，有意识地避开各种狭隘的"中心观"，着力突破传统国别史的局限。

显而易见，跨国史或全球史的意义，并不仅限于开辟新的研究领域，更重要的是提供了一套看待历史和处理题材的新方法。正如英国学者C. A. 贝利所说："现在所有史学家都是世界历史学家，尽管他们中的许多人还没有意识到这点。"[1]对中国史研究来说，从世界史着眼来培养"全球主义"

1　C.A.贝利：《现代世界的诞生1780—1914》（于展、何美兰译），商务印书馆2013年版，第520页。

意识，开拓跨国视野，尤其具有紧迫性。当前中国史研究急切需要突破本土视野的局限，加强与国际学术界的交流和对话，拓展路径，充分考虑国际、跨国乃至全球因素对中国历史的意义，尽可能利用多国、多语种的文献，大力强化比较研究，越出本土意识和"我族中心主义"的藩篱，从不同的角度、用不同的眼光来看待中国历史。中国的世界史研究则不仅要有国际眼光，同时也需要推进本土化，既不片面追随对象国的范式，也不固执地囿于民族立场，而力求在本土化和国际化之间保持适度的张力。

无论如何，"跨国转向"和"全球视野"都不会抹煞国别史研究的意义，更不可能消解史学的国族属性，其作用和意义主要在于纠偏和补益。正如地方化始终伴随全球化一样，史学的国际化和全球取向也不是一个直线式的一往无前的进程。近几十年来，在世界不同地方，国族认同、民族主义、地方情结和身份政治都以不同形式存在和发展，历史研究中的民族立场、族裔取向和文化本位意识也有增强的迹象。在国际史学界，随处可见各色各样的文化和意识形态的分歧，史学话语权的竞争也相当激烈。史学总是无法超越特定的社会政治属性，难以摆脱权力关系和意识形态的规制，更不能撇开史家所属文化共同体的语言和习惯。这一切表明，学术的"跨国主义"和"全球主义"，确实是有其限度的。

第四章　学养和功力

美国学者塞缪尔·莫里森曾对治史者提出这样的要求："将你关于生活的全部知识作用于你写到的每一件事。"[1]的确，治史是一种复杂而微妙的智性活动，史家在研究和写作中，需要调动多方面的才智、知识和技艺，构筑一种适当的思想环境，以有利于史学作品的降生。至于哪些知识或才智在研究和写作的哪个环节发挥何种作用，则不是轻易就能描述清楚的。唯有一点是明确的，那就是治史者的学养越丰富，功力越深厚，就越能取得出色的成绩。史家只有具备相当的学养和功力，才有能力发现问题，掌握史料，阐发人所未见之义，写出自成一格的论著。大致说来，学养和功力乃是学者的知识、修养和能力的综合体；只有不断学习，反复实践，逐渐积累，经过一个较长的时期，才能达到理想的目标。前人常说"世间没有年轻的历史学家"，其缘故或许就在这里。

一、知识积累

学养首先表现为一定的质和量的知识，而知识渊博正是学养深厚的显

1　转引自阿伦·G. 博格：《历史学家与激进共和党人：对今天的意义》（Allan G. Bogue, "Historians and Radical Republicans: A Meaning for Today"），《美国历史杂志》（*The Journal of American History*），第70卷，第1期（1983年6月），第28页。

著标志。历史包罗万象，治史者若具备丰富的知识，便能得心应手地处理各种题材。史家在研究中所调动和运用的知识，大多是从前人那里继承下来的；知识越丰富，研究时就越能游刃有余，写成的论著也越有分量。不过，治史者通常无法预知在何种情况下会用到何种知识，甚至也难以清晰地分辨何种知识具有何种用途，因之只能在平时留意积累知识，向各种知识敞开心灵，不舍涓埃，日积月累，逐渐培植丰厚的学养。这与兵法所谓"养兵千日，用在一时"，是同样的道理。诚然，探讨具体课题所需的专门知识，可以通过有针对性的集中阅读来获取；但是，正如章太炎所说，"实事求是之学，虑非可临时卒办"，[1]倘若知识的常有储量不够，一切都要临时补课，研究时难免举步维艰，左支右绌。顾颉刚在《古史辨》第1册的长序中，回顾自己学习和治史的历程，深感"第二种痛苦是常识的不充足和方法的不熟悉"。[2]史学大家尚有常识不足之叹，一般学者尤应以极大的气力来增益知识。

　　研究任何历史问题，都离不开一定的知识传统和概念体系，因而治史者不仅要从本学科获取知识资源，而且要掌握思考和写作所必须使用的各种概念工具，在大脑中构筑一种有利于思考的知识和思想环境，以便提出合适的问题，进行合理的论证。这种思考和论证所借助的理论、概念和知识，大部分是无须论证、不必明言的，在很大程度上已经转化为学者提问和思考的素质。[3]假如必须对研究所涉及的每个概念和每种知识都加以介绍或论证，那就根本无法开展论述，也无益于知识的有效增长。例如，研究美国制宪史，如果从讨论什么是"宪法"、什么是"制宪"、什么是"制宪会议"以及什么是"宪政主义"等问题入手，就不仅会拉长研究的过程，偏离研究的主旨，而且还会导致无意义的重复。研究者固然应当掌握

1　章太炎:《再与人论国学书》，载《章太炎全集》，第4册，第355页。

2　顾颉刚:《〈古史辨〉第一册自序》，载顾颉刚:《古史辨自序》，第106—111页。

3　参见林毓生:《中国传统的创造性转化》，第17页。

与美国制宪史相关的各种知识，但这些知识对于本课题的研究来说，只是取自相关学科的隐性铺垫，而不必另做讨论，甚至也不用提及。

这就是说，史家在写作时有必要设定一个适当的知识基线，处于这条基线以下的问题，根本无须论述或介绍，至多只做简要的交代。只有这样，才能将文字空间最大限度地保留给围绕主题而展开的论述。确定这样一条知识基线，实际上就是要为自己的研究在现有知识系统中找到一个确切的位置。知识基线是否恰如其分，取决于论著的体裁以及读者对象。通俗读物面向一般读者，通常需要对所涉及的问题做出比较细致的介绍；教科书的使用者乃是尚未入门的学生，也需要从基础知识开始交代；而专题论著的读者大多是专业同行，对于本领域的一般知识就毋庸耗费笔墨。学者有时可能遇到读不懂的文章，这大抵是由于这些文章讨论的问题超出了自己的知识范围。专攻中国近现代史的学者，读不懂敦煌学的论文，这是很正常的事情。另外，史家自己的知识水准以及对读者知识水准的判断，也会影响到知识基线的确定。学识渊博的学者偏向于把读者的知识水准设定得较高，论著所涉及的许多知识均被纳入隐性的层次，其文便显得底蕴深厚，隐晦深奥；读者若要看懂，就需借助专家的注解和"导读"，或者自己下功夫查出文中隐含的知识。相反，初学者受自身知识水准的制约，难免对读者的知识估计偏低，写文章时对各种有关问题都大加阐述，唯恐读者不懂，其结果是文中充斥基础性的知识，主题受到冲淡，论述也流于肤浅。

学者积累知识，固然要有海纳百川、博采兼收的胸怀，但也不能漫无目标，见书就读。古人所谓"一物不知，儒者之耻"，在当今这个知识"大爆炸"的时代，几乎成了"痴人说梦"。人的能力、精力和时间都是有限的，获取知识时必须有所选择和侧重。一个学者虽然无法确知每一种具体的知识可能在何时何地起作用，但总要有一个大致的求知方向。波兰学者托波尔斯基把史家的知识分成两大类：一类是"资料源知识"，即"得自作为给定问题的来源的史料"的知识；另一类是"非资料源知识"，也就是史料以外的知识。[1]他还编制了一个表格，具体说明两类知识在历史研究的各个程序中所起的作用。[2]

编号	研究程序的类型	资料源知识	非资料源知识
1	选择研究的领域		+
2	形成疑问（问题）		+
3	给该问题确定原始资料		+
4	认读资料源材料		+
5	研究原始资料的可信性（外部考证）	+	+
6	研究原始资料的可靠性（内部考证）	+	+
7	确定原始资料为之提供直接信息的事实	+	
8	确定原始资料没有为之提供直接信息的事实（包括证实）		+
9	因果解释（包括证实）		+
10	确定规律（包括证实）		+
11	综合阐释（回答研究问题）		+
12	对历史事实的（合适的）评价		+

＊说明："＋"表示起重要作用。

从托波尔斯基所列"资料源知识"的用途来看，这类知识似有两个来源：一是具体课题的史料；二是与课题相关的其他史料。前者可以通过突击查找来获取，而后者则需要平日留心积累。就对培植学养的意义而言，后者似乎更加重要，可以说构成史家学问的主体。学界普遍对陈寅恪的学问赞佩不已，主要不是因为他在具体课题上占有多少史料，而是由于他熟悉许多领域的史料；从中古到近代，从边疆史地到中土故实，他所掌握的

1　托波尔斯基：《历史学方法论》，第382—413页。
2　托波尔斯基：《历史学方法论》，第417页。

知识都有过人之处。他曾提到，考辨古书词义需要"旁采史实人情，以为参证"，而"旁采"和"参证"这两个词，正好触及专题以外史料的意义。史家探讨任何具体问题，都需要其他相关的史料作为辅助。比如，研究美国建国时期詹姆斯·麦迪逊的政治思想，仅仅收集他个人的著作和言论是远远不够的，还需要广泛阅读同时代的各种文集、书信、报纸和小册子，以了解当时的政治文化氛围，熟悉"语境"，这样才能准确判断麦迪逊思想的源流、意义和地位。做考证性的研究，尤其需要将多种史料连缀和比较，以明了其间的关联。长于考证的学者，多以知见博洽、史料占有详赡而著称。

在上面的表格中，托波尔斯基将"非资料源知识"放在更加重要的位置。从表中列举的各个研究程序来看，"非资料源知识"发挥作用的程度，远远超过"资料源知识"。"非资料源知识"是一个外延甚广的概念，涵盖专业知识、相关学科知识、理论、常识、语言资源和其他知识，其边界可以不断向外延展。学者只有掌握丰富的"非资料源知识"，才称得上博学，而博学正是古今成名史家的突出标志。古人所谓"功夫在诗外"，同样可以用来说明"非资料源知识"对治史的重要性。

作为"非资料源知识"的专业知识，主要是指研究者所掌握的课题以外的历史知识。现代史学领域愈分愈细，研究的题目越来越小，于是造成一种偏向，研究者只留意自己研究领域的知识，容易陷入"专家无常识"的尴尬境地。专攻宋史的学者，上不通隋唐，下不晓明清；研究美国史的学者，既不了解英国史，也缺乏拉美史的知识。这样的研究者难免视野狭窄，眼光短浅，其文也很可能"卑之无甚高论"。相反，专业知识淹博贯通的学者，在研究中就可以左右逢源。以治元史见长的杨志玖，遇到明代海瑞的族属问题，基于其元史素养解答了一个明史上的疑问。他从《海刚峰文集》所附"海公行状"中看到一条材料，其中有"洪武十六年，答儿从军海南，著姓于琼，遂为琼山人"数语，确认"答儿"即"海答儿"，为元代回回人的名字；而以祖先名字的首字或末字为姓，乃是元代色目人确定姓氏的习惯，据此推断，海瑞本为回族。[1]

与史学相关的学科也包罗甚广，政治学、经济学、人口学、社会学、人类学、统计学、诠释学、语言学、考古学、文献学、文字学、年代学、天文学、地理学乃至科技常识，无不对历史研究有所助益。诚然，任何学者都不可能旁通所有这些学科，只能根据研究的需要来有重点地学习。从基本功的角度说，一定的语言学、文字学和历史语义学的知识与技能，对于考辨和解读文字史料是不可或缺的。近年来，对图像和象征物的研究越来越重要，因而治史者还需要懂得一些图像学（iconology）的知识。许多专门的研究领域，研究者必须向直接相关的学科取法。比如，研究经济史，除熟悉经济学理论之外，统计学和数学的知识也不可或缺；研究社会史，一般需借助于社会学、民族学和人类学；研究政治史，政治学和历史社会学就成了辅助学科。一个明智的学者，通常对自己的知识结构有准确的估计，知道自己的强项和弱点，能够根据自己的知识和能力来选择适当的领域和课题。不通经学而治经学史，不懂佛学而治佛教史，都是吃力不讨好的事。

治史需要如此丰富的知识储备，那么是否意味着，一个人必须首先积累足够的知识才能动手做研究呢？若果真如此，史学岂非唯有老人方能涉足的学问？其实，深厚的学养乃是学者终身致力追求的目标，知识的积累需要长期不懈的努力，治学的经验也来自不断的实践；而探讨某个具体问题，研究者只需具备一定的"初始知识"即可着手。这种"初始知识"，包括基本的专业知识，相关的理论和方法，对前人研究的了解，以及其他方面的常识。拥有"初始知识"，就能提出问题，并找到寻求答案的可能路径。[2]当然，"初始知识"主要也不是"临阵磨枪"的结果，同样要靠平

1　杨志玖：《杨志玖自述》，载高增德、丁东编：《世纪学人自述》，第5卷，第128页。
2　参见托波尔斯基：《历史学方法论》，第397页；纽金特：《创造性的史学》，第71页。

时积累。此外，无论研究什么问题，都可能需要临时增补某些知识，长此以往，集腋成裘，也有助于丰富相关知识。

史家的研究成果，一般以论著的形式面世；而论著所包含的并不是学者所掌握的全部知识。史学论著中的知识可有"显性"和"隐性"之分：显性知识即论著的字面所传达的信息，相当于露出水面的"冰山一角"；而隐性知识则是文字背后的内涵，可以说是支撑论著的庞大基座。衡量一本书或一篇论文的学术水准，不仅要关注显性知识，更要考察其隐性知识；隐性知识的含量越大，学术底蕴就越厚实。哲学史专家张世英谈到："写文章有必要的引证就够了，但在写出的论文背后，还应有**未写出**的东西做'后盾'，'后盾'越强，文章也就越扎实，越有分量。"[1]他所说的"后盾"，或许指"言外之意"，但也可以理解为隐性知识。隐性知识涵盖甚广，可视为学者整体学养的体现。历史写作总要引用资料，倘若他人用同样的资料也能写出同样的文章，说明这种写法的隐性知识含量不够丰厚。资料不变，而对资料的理解和处理却高下有别，这标示出作者知识和见解的不同水准。总之，学者论著中隐性知识含量的多寡，在很大程度上反映其学问的深浅。

就理想状态而言，治史所需的各种知识，最好是储存于学者自己的大脑中。这样不仅便于随时调取，而且还有助于提升整体学养，并转化为治学能力。杰出的学者大多有过人的记忆力和理解力，博闻强识，过目成诵，学识渊博。英国的麦考莱，中国的陈寅恪，都是这种类型的学者。他们的知见之深广，记忆之准确，均非一般人所能及。据说，麦考莱有过目不忘的本领，"一整页书浏览一眼就能抓住全部内容"。[2]陈寅恪中年丧目以后，仍能写出不少高水平的论著，除开助手的帮助，主要依靠其个人超常

1　张世英：《谈谈哲学史的研究和论文写作》，载王力、朱光潜等：《怎样写学术论文》，北京大学出版社1981年版，第65页。黑体字系原文所有。

2　参见汤普森：《历史著作史》，下卷，第3分册，第402页。

的记忆力和丰富的知识储备。

　　然则多数学者都没有超人的天赋，大脑的储存空间有限，记忆也不完全可靠，因而有必要采用各种辅助手段来记忆和储存知识。一个简便易行的办法，就是多做读书笔记，将大脑无法容纳的知识，分门别类地摘录整理，或记在纸本上，或做成卡片，或储存在计算机里，以备需要时查找，并利于不时温习以巩固记忆。陈寅恪固然禀赋过人，但在求学阶段仍然重视做笔记；年鉴学派巨匠布罗代尔，也用卡片来储备资料。诚然，将知识储存于这些外在的载体中，远不如记在自己的大脑里，但对于天资平凡的多数人来说，舍弃这些笨办法就无法有效地获取充足的知识。程千帆曾提到，黄侃、陈寅恪做学问都不用卡片；[1] 但他们都是"天纵英才"，非常人可以效法。

　　不过，无论是靠记忆，还是做笔记，储存的知识终究有限，而研究中所需要的知识却很难事先划出明确的范围，因之书籍和图书馆就成为必不可少的知识储备库。一个学者不仅要掌握很多的知识，而且还要知道在什么地方以及如何找到所需的知识。前人常说，不能过于信任自己的记忆，要勤于查书。对于禀赋一般的学者来说，查书更是利用知识的良策。

　　此外，学者还要善于利用他人的知识储备。"术业有专攻"，治学有特长，不同领域、不同专业或不同兴趣的学者，可以通过相互请益和商讨而达成互补。对于自己不懂或知之不切的知识，一定要向有关领域的专家请教。研究政治史或经济史，难免会遇到法律方面的问题，可以向专治法律史的专家请教；如果课题涉及天文学或医学方面的知识，更要向相关专业的学者寻求帮助。对于自己不熟悉的领域，一个人无论突击读多少书，在知识的掌握和领会方面，仍然会有"只知其一，不知其二"或"知其然，不知其所以然"的局限，因而有必要向专家请教。文稿在正式发表以前，最好请有关专家审读，以减少知识性的"硬伤"。

1　程千帆：《治学小言》，第56页。

二、理论修养

刘知几的"史家三长"中有"史识"一说。据梁启超理解，史识乃是"历史家的观察力"。[1] 钱穆的看法略显具体："能见其全，能见其大，能见其远，能见其深，能见人所不见处"，方称得上卓越的史识。[2] 何兆武也说："对历史学的形成……而言，更具决定性的因素乃是历史学家的思想和感受力，而非史料的积累。"[3] 这种"思想和感受力"，似乎可以归入"史识"的范畴。具体而论，史识应包括两个相辅相成的方面：一是考辨和阐释史实的能力，二是这种能力所产生的结果。研究历史，在史料上须讲究来历和依据，不可信马由缰，放言空论；在观点上则要力求独创，别出心裁，言人之所未言。章太炎论及"国学"的特质时说："学名国粹，当研精覃思，钩发沉伏，字字徵实，不蹈空言，语语心得，不因成说，斯乃形名相称。"[4] 借此语以论治史，"字字徵实，不蹈空言"，当指史料的占有和运用；"语语心得，不因成说"，意为见解的独到和新颖；两者相合，便是一种很高，也很难达到的学术境界。

史识主要体现为对历史事实的判断力，无论是考订史实，还是阐发史实的意义，都离不开高明而精审的判断。按照通常的理解，史识更侧重揭示历史意义的能力。前辈学者强调，研究历史要做到史实和史识并重，或如陈寅恪所说，"在史中求史识"。[5] 蒙文通倡导"以虚带实"、虚实并举的治学路径，主张史料和思维齐头并进。[6] 克罗齐反对片面的"语文学家"（philologist）的历史，更注重历史的思想性，称历史研究的理想状态是

1　梁启超：《中国历史研究法》，第173页。

2　钱穆：《中国历史研究法》，第12页。

3　何兆武：《对历史学的若干反思》，《史学理论研究》，1996年第2期，第37—38页。

4　章太炎：《再与人论国学书》，载《章太炎全集》，第4册，第355页。

5　俞大维：《怀念陈寅恪先生》，载张杰、杨燕丽选编：《追忆陈寅恪》，第4页。

6　蒙文通：《治学杂语》，载蒙默编：《蒙文通学记》，生活·读书·新知三联书店1993年版，第1页。

"使**语文学**和**哲学**携手去产生历史"。[1]他的意思是，史家不能止步于文献的考订，而要透过文献记载的词句来发掘事实的意义，输入思想从而使历史变得"真实"。

在明清以降的中国学术史上，长期存在"义理"与"考据"孰轻孰重的分歧。清代朴学推重考据，指斥明代学术为空疏无根。清末民初一些学者注重"义理"，力图在"义理"和"考据"之间保持平衡。1949年以后一个时期，主流史学强调思想指导和理论阐释，仍属于重"义理"的路径。在20世纪90年代所谓"国学复兴"中，"考据"重新被提到重要的位置。[2]在这种"义理"与"考据"的消长沉浮中，陈寅恪可说是一个重要的角色，但也经常深受误解。无论尚"义理"还是重"考据"，一般都把陈寅恪归入考据一路，也就是所谓"史料学派"。[3]也有人意识到他与胡适、傅斯年在治史路径上有明显区别，但仍认定他出身于"史料学派"。[4]陈寅恪的确注重史料，在考订方面也确有过人之处，但他同样推崇宋学，而且熟悉欧美的文化人类学、民族学和历史语言学的理论与方法，注重对史料的阐释，强调"最重要的就是要根据史籍或其他资料证明史实，认识史实，对该史实有新的理解，或新的看法，这就是史学与史实的发现"。[5]由此可见，他的治学路径志在"调和汉宋"，"融会中西"。一方面，他每治一学，必广博详赡地占有史料，并且对史料加以精审细密的考证，力求言必有据，信而有征；另一方面，他的"每一种研究都有思想作指导"，[6]敢于且善于推测和发挥，其论著大多带有"理论化"意图，努力从具体史事

---

1   克罗齐：《历史学的理论和实际》，第14页。黑体字系原文所有。

2   参见王学典：《近20年间中国大陆史学的几种主要趋势》，《山东社会科学》，2002年第1期，第91—97页。

3   荣颂安在《史料派对中国历史学成长的贡献》（《史林》，2002年第2期，第84—89页）中，称陈寅恪为"史料学派"的"副舵手"。王学典的《近五十年的中国历史学》（《历史研究》，2004年第1期，第165—190页）一文，也将陈寅恪列入"史料派"。

4   盛邦和：《陈寅恪：走出"史料学派"》，《江苏社会科学》，2002年第3期，第98—103页。

5   罗香林：《回忆陈寅恪师》，载张杰、杨燕丽选编：《追忆陈寅恪》，第105页。

6   姜亮夫：《忆清华国学研究院》，载张杰、杨燕丽选编：《追忆陈寅恪》，第71页。

上升到一般性概括。[1]这表明，陈寅恪的治学标示出现代史学的正途："考据"和"义理"并重，不仅掌握翔实可靠的史料，而且借助适当的理论工具以阐释史实的意义，从史事中求得史识。

无论从何种角度来说，加强理论修养都是现代史家获取史识的必由之路。法国学者阿隆曾将写作历史理论专著的学者分成两类，一类是"读过哲学的史学家"，另一类是"那些不读或不懂、总之不重视哲学的史学家"，并以"工匠"呼之。[2]同理，从事"实证研究"的史家也可分为两类，一类乐于且善于借用相关学科的理论工具，另一类则固执地轻视或拒绝理论。傅斯年、顾颉刚等人强调史料的核心地位，但他们并未否认理论的意义。吕思勉更敏锐地看到，社会科学对历史研究至关重要，早在20世纪40年代初就提醒同行学习相关学科的理论。[3]同时，中外史学界都有人宣称史学并不需要理论。海登·怀特曾说："历史学科是彻头彻尾地反对理论的。历史学家将自己视为经验论的，……然而他们不是哲学上的经验论。他们是常识上的经验论——在普通寻常的意义上。"[4]某些专业史家甚至相信，史学在根本上是"反理论"的，治史的基本方法不过是运用"常识"来"诠释"证据。[5]诚然，史家解读史料需要用到常识，但仅有常识是远远不够的。史料和证据的意义不会自动显示，事实也不会自己说话，不同事实的联系更不会自动呈现出来。即便史家的常识有助于理解个别的史实，但要阐释众多史实所共同指向的问题，进而揭示历史运动的方向乃至"规律"，则必须诉诸史家对社会、文化和时代的认识，这无疑就牵涉到理论的运

1　陈寅恪的《天师道与滨海地域之关系》一文，通过对天师道的考察，引申出道教之所以成为"中国自造之宗教"的缘由，进而提出一种概括性的理论观点：不同民族的接触，在军事上多发生在交通阻塞的山岭险要之地，在文化方面则多出现在交通便利的海滨湾港地区，因而"海滨为不同文化接触最先之地"。文见陈美延编：《陈寅恪集·金明馆丛稿初编》，生活·读书·新知三联书店2001年版，第1—46页。

2　阿隆：《论治史》，第24页。

3　吕思勉：《史学四种》，第35—37页。

4　多曼斯卡编：《邂逅》，第18页。

5　劳埃德：《历史学与社会科学》，载伯格等编：《历史书写的理论与实践》，第86页。

用。[1]换言之，"历史解释必须有一个概念硬核（a conceptual core）"；[2]只有运用适当的理论工具，才能透辟地解读众多史料，精心建构事实链条，并准确地诠释其意义。进而言之，一个有思想、有创造力的史家，除了从工具和手段着眼来借用适当的理论资源，还要对人性、社会和宏观历史过程有系统而深入的思考，而这种思考则必须借助于宏大的社会理论。总之，借英国学者彼得·伯克的话来说，"理论能够让历史学家意识到除了自己所习惯的假设和解释外，还有其他可能的选择，从而扩展了历史学家的想象力"。[3]

毋庸讳言，史学自身的理论资源并不丰富。所谓"历史理论"属于历史哲学的范畴，而"史学理论"则探究历史认识，它们诚然都有助于从整体上增强史家的理论底蕴，但不足以满足治史的多样化的理论需求。实证研究中产生的理论化成果，也可启迪对相关问题的理解，但其本身并不具有理论的效用。于是，治史者历来重视从自然科学、社会科学、语言学和文学吸取理论资源，以烛照史实，分析问题，构筑解释框架。史学在领域的开拓、路径的选择、方法的创新等方面，都离不开其他理论性学科的帮助。社会学之于社会史，经济学之于经济史，文学和人类学之于"新文化史"，都是颇有说服力的例证。20世纪下半叶以来，欧美学界还把后现代主义、女性主义和后殖民理论运用于历史研究，提示新的视角，产生新的议题，形成新的解释，其效应也不可谓不显著。

现代史学的发展表明，治史者若要提高理论修养，就必须较多地借助于其他理论性学科的资源。前文讨论知识积累时提到，史家须吸收相关学科的知识，其中包括理论知识，这是史家理论修养的基础。不过，理论

1　参见托什：《历史学的追求》，第204—209页。

2　马克·特拉齐滕伯格：《国际史的技艺》（Marc Trachtenberg, *The Craft of International History: A Guide to Method*），普林斯顿2006年版，第30页。

3　彼得·伯克：《历史学与社会理论（第二版）》（姚朋等译），上海人民出版社2010年版，第201页。

修养并不仅限于理论知识，更有理论思维的能力，因而知识积累和思维能力须齐头并进。治史者平时要保持浓厚的理论兴趣，不仅精读中外理论经典，而且关注理论前沿动向。理论经典浓缩人类智慧的精华，只有反复研读，才能领会其精义。前沿著作则反映理论的新进展，有益于开阔眼界，启发思考。治史者对相关学科要抱有尊重和开放的心态，既不迷信理论，也不因理论有局限而加以鄙弃。最好是采取对话的姿态，同相关学科的学者进行交流，理解不同学科的内在理路和思考方式，根据具体的研究课题来向相关理论取法。史家在研究中会遇到特定的理论需要，也可以突击性地集中阅读某些理论资料，以吸取有用的成分。临渴掘井固非上策，但总能带来补益。

治史者在借鉴相关学科的理论时，还要特别注意以下几个问题。首先，任何一种理论都有其内在的系统性，治史者在借用时需尽可能做全面的了解，避免随意撷取其中某些概念，或误解其理路，甚至仅用某些语汇作为趋新的标签。其次，任何理论以及理论中的重要概念，都有其源流，不可不假思索地拿来使用。例如，关于阶级的理论不止一源，其中有很大的变化和不少的分叉，从马克思到爱德华·汤普森，从新社会史到新文化史，虽然都使用"阶级"的概念，但其含义和分析功能都大不一样；在历史研究中进行阶级分析，必须首先辨析关于"阶级"的各种理论，在使用这一概念时保持清醒的区分意识。最后，借用理论的目的在于更好地理解和诠释史实，如果脱离史实来谈理论，或所用的理论与史实没有明确的相关性或针对性，都有可能导致违背史学规范、损害学术品质的后果。用彼得·伯克的比喻说，理论和事实的结合，应当成为一种比例适当的"鸡尾酒"。[1]

现代史家选取课题和提炼论点，一般需要借助适当的理论。用今人的

1　帕拉雷斯－伯克编：《新史学》，第175页。

观点来看古代史家，可能会觉得他们大都停留于"就事论事"的层面，即便发表一点议论，也显得浮泛而宏阔。的确，古代史家很少像当今学者一样系统地运用理论，他们通常以当时流行的政治和道德观念来支撑叙事和议论。西晋的华峤评论班固史学时说："固讥司马迁是非颇谬于圣人，然其议论，常排死节，否正直，而不叙杀身成仁之为美，则轻仁义，贱守节甚矣。"[1]司马迁、班固记言叙事，以特定的政治和道德标准来裁量人物，而后世史家也以类似的标准来裁量他们的史学。现代史学越来越离不开理论。现代史学侧重分析，而分析必须借助理论和概念；人文学科和社会科学的不断发展，又为史家提供了大量可以借用的理论资源。再则，当今史学界许多课题都已有人涉猎，创新的主要途径不再是叙事，而是解释，而解释就必须有理论的参与和支持。总之，当今衡量杰出史家的标准，不仅只是学问，更有思想，而思想总是与理论联系在一起的。

对现代史家来说，理论无异于观察史实的透镜；透过不同的镜片，同一史实可能呈现不同的面貌。治史者或许有这样的体会：熟悉某种理论以后重读某些史料，有可能得出与当初大不一样的看法。西汉元帝时匈奴请求和亲，汉朝廷将王昭君嫁与呼韩邪单于；唐贞观十五年，应吐蕃松赞干布之请，文成公主远嫁入藏。这类事件在古代史籍上称作"和亲"，而现代的中国古代史著作，一般把它们置于大一统王朝的政治框架中来论述其意义。然则若借用文化人类学的理论来看这类史事，或许能有新的视角：中土女子远嫁异域，进入一种差异甚大的文化，是否产生了"文化震撼"（cultural shock）？其"文化适应"（acculturation）是如何进行的？匈奴老单于死后，王昭君请归，而西汉朝廷则要她从匈奴风俗复嫁呼韩邪之子，她对此有什么感受？汉朝何以肯让"华夏礼教"迁就"蛮夷旧俗"？文成公主将中原文物风俗带入吐蕃，对于当地文化变迁产生了什么影响？当地居民对此有何反应？如果能找到足够的资料，这些都可能成为有意义的研

1　司马光等：《资治通鉴》，第4册，第1535页。

究课题。可见，同一件事，用不同的理论来观照，就能显现不同的意义。在这种情况下，理论就产生了方法的功能。

中外史学史上，许多重要的问题曾引起热烈的讨论，而讨论者常因理论取向不同而发生激烈分歧，由此形成学术观点的多样化。关于美国革命起源的研究，以伯纳德·贝林为代表的意识形态学派，与以梅里尔·詹森（Merrill Jensen）为主帅的政治经济学派，在解释路径和具体结论上都大相径庭。意识形态学派的观点基于这样一种理论预设：人的希望、信念、担忧和恐惧，可以影响甚至支配人的行为。他们在探讨革命的起因时，从参与者的内心世界入手，将意识形态作为解释革命的发生和进展的重要因素。政治经济学派则重视收入来源、职业认同、地理位置和实际经济问题对于人的社会态度和政治行为的意义，侧重从不同群体的社会经济地位来解释革命的起源。这些因理论取向不同而形成的不同解释路径，都有助于加深对美国革命起源的理解，因而具有一定的互补性。[1]

现代史家不仅采用理论来观照史实，而且还力图通过对史实的阐释而实现理论创新。德国学者吕森提出，"史学方法的最后一步"是"理论化"。[2]中国古代史学者何兹全也谈到："从史料（历史事实）中取得认识，回头再用此认识去观察史料（历史事实），认识就会容易而且会逐步提高。辗转推进，由简单认识提高为理论，再运用这理论去认识历史，这就是方法。"[3]他

---

1 艾尔弗雷德·扬:《美国历史学家遭遇"革命的改造之手"》（Alfred F. Young, "American Historians Confront 'The Transforming Hand of Revolution'"），载罗纳德·霍夫曼、彼得·艾伯特编:《革命的改造之手：再探作为社会运动的美国革命》（Ronald Hoffman and Peter J. Albert, eds., *The Transforming Hand of Revolution: Reconsidering the American Revolution as a Social Movement*），夏洛茨维尔1995年版，第380—383、410—422页；迈克尔·坎曼:《作为信仰危机的美国革命：以纽约为例》（Michael Kammen, "The American Revolution as a *Crise de Conscience*: The Case of New York"），载理查德·杰利森编:《社会、自由与信仰：美国革命期间的弗吉尼亚、马萨诸塞和纽约》（Richard M. Jellison, ed., *Society, Freedom, and Conscience: The American Revolution in Virginia, Massachusetts, and New York*），纽约1976年版，第127—128页。

2 吕森:《历史秩序的失落》，载张文杰编:《历史的话语》，第79页。

3 何兹全:《我和中国社会经济史研究》，载张世林编:《学林春秋——著名学者自述集》，中华书局1998年版，第257页。

们都强调，历史研究不能止于就事论事，而要追求和实现理论的创新。

理论化也确实是众多现代史家向往的境界。苏联和中国的史家相信，总结历史规律乃是历史研究中最高层次的理论化。其实，这种意义上的理论化属于历史哲学的范畴。欧洲的历史哲学家提出了多种历史理论，流播甚广，有的曾引起激烈的讨论。黑格尔的历史理论，来自对世界历史的认识；斯宾格勒和汤因比的"文化形态说"，也是通过对世界历史的宏观考察而做出的理论概括。不过，职业史家对这种理论化往往甚为警惕，担心过于宏阔而系统的理论，可能难以涵盖千差万别的历史实际，难免对复杂的人类经历做出简单化的剪裁。

探讨具体的历史问题，如果能形成超乎具体结论之上的观点，也不啻为理论化的成果。爱德华·汤普森采用马克思的阶级理论，从多个侧面考察18、19世纪英国工人的经历，提出一种新的阶级理论。他认为，"阶级是一种**历史**现象"；"当一批人从共同的经历中得出结论，……感到并明确说出他们之间有共同利益，他们的利益与其他人不同（而且常常对立）时，阶级就产生了"。因此，英国工人阶级并不是一种定时出现的固定的结构，而是在1780—1832年的历史过程中动态地形成的。[1] 这一理论不仅给英国劳工史研究带来革新，而且产生了显著的方法论效应。美国学者运用这一理论来研究美国劳工史，综合考虑种族、移民和文化等因素的作用，对美国工人阶级的形成、解体和重构做出了新的阐释，涌现一大批富于新意的论著。从实证研究走向理论化的另一个例子，是美国学者小艾尔弗雷德·D. 钱德勒的《看得见的手》。本书详尽探讨19世纪下半叶到20世纪初期美国工商企业的变化，尤其关注企业机构的演变和管理层的兴起，由此形成一种使钱德勒蜚声学界的理论：采用新式管理的现代工商企业，"在协调经济活动和分配资源方面已取代了亚当·斯密的所谓市场力量的无形

1　E. P. 汤普森：《英国工人阶级的形成》（钱乘旦等译），译林出版社2000年版，上册，第1—4页。黑体字系原文所有。

的手"，成为操控生产和分配的一只"看得见的手"；美国资本主义也因此发生重大变化，变成了"经理式的资本主义"。[1]这种理论为认识现代资本主义提供了新的思路，在史学、社会科学和管理科学等领域都引起了积极的反响。

理论在历史研究中确实能起重要作用，理论化也不失为治史的一种很高境界，但治史者在运用理论时须格外审慎，力求精当，不可片面追求理论化而违背史学的旨趣和规范。就这一点而言，如何处理理论与史学的关系，也带有方法论的意味。理论先行，以史实俯就原理，都不是历史研究的正途。英国史家麦考莱在1828年谈到，"近代最好的历史学家"，"在从事实归纳一般原理方面远远超过了他们的先辈。但不幸的是，他们犯了歪曲事实以迎合普遍原理的错误"。[2]大约一百年以后，中国史家钱穆也就类似的流弊提出批评："治史者先横亘一理论于胸中，其弊至于认空论为实事，而转轻实事为虚文。"[3]

具体来说，在运用理论和追求理论化的过程中，容易发生以下几种背离史学范式的情况。第一，将历史问题转化为理论问题，研究的重点在于阐释抽象的理论或模式，而不是探讨具体的历史过程。第二，用历史作为证明某种理论或政治观点的工具，把史学论文写成政论或杂文。第三，用理论来裁剪史实，走"以经训史"或"抽样作证"的路子，不惜穿凿附会。第四，理论和史实相互分离，也就是俗话说的"两张皮"；论者不是将史实强行纳入既定的理论框架，就是为了理论化而刻意引申或强行概括。第五，理论和史事之间出现"时代倒错"，例如，用资本主义理论分析明清经济变迁，或者用反殖民主义理论评论美国独立战争，都有风马牛

1　小艾尔弗雷德·D. 钱德勒：《看得见的手——美国企业的管理革命》（重武译），商务印书馆1987年版，第1—12页。
2　麦考莱：《论历史》，载何兆武主编：《历史理论与史学理论》，第270页。
3　钱穆：《中国历史研究法》，第154页。

不相及的意味。

治史者运用理论时还须意识到，历史的当事人一般不会用同样的理论来看问题，他们对于史家借助理论分析而得出的论点，应是一无所知的。这就是说，理论只是史家用来观照史实的工具，而不是历史本身的组成部分。运用某种理论，其目的在于寻找较佳的切入点，进行更深入的分析，以建构叙事的框架，揭示史实的意义。因此，运用理论须服从解释的需要，而不能让史实来迁就理论，更不可将理论当作"证据"。吴承明对此有朴实而深刻的见解："选用任何理论，都应是启发性的，而不是实证性的。在经济史论述中时见'根据某种理论，应当如何如何'语式，这是最笨的用法。"[1]

说到底，理论化毕竟不是治史的首要任务，而只是"从史中求史识"的结果，如果不对史料和史实做深入钻研，就不可能有真正的"理论升华"。或许有人觉得，中国史学亟待理论的创新；但更进一层说，当前仍需倡导**运用适当的理论来进行实证研究**的学风。学界并非不重视理论，只是有时对理论缺乏深入透彻的了解，对理论与史实的关联也不做细致辨析，就匆忙袭用新的理论，甚至借新概念以自炫。如果不能在史料的考订和史实的梳理方面下苦功，不能从坚实的实证研究出发，所谓"理论化"就难免沦为空泛肤浅的议论。因此，治史者务必不时提醒自己记住一个常识："史学如果要完成使人的过去变得可以理解这一任务，就必须坚持对人类事务的过程进行经验性的研究。"[2]理论须有助于实现这一目的，而理论化也只能是这种"经验性研究"的产物。

国内学界曾多次讨论"史论关系"，出现过"以论带史"、"论从史出"、"史论结合"等不同的主张。[3]这些讨论或多或少带有政治和意识形态

1　吴承明：《经济史：历史观与方法论》，《中国经济史研究》，2001年第3期，第16页。

2　伯纳德·贝林：《重评布罗代尔的地理史学》（Bernard Bailyn, "Braudel's Geohistory—A Reconsideration"），《经济史杂志》（*The Journal of Economic History*），第11卷，第3期第1部分（1951年夏季号），第282页。

3　参见蒋大椿：《论与史的关系考察》，《历史研究》，1982年第4期，第21页。

的意蕴，而且所谓"论"的含义也大有分别。"论从史出"的"论"，系指关于具体问题的观点；"史论结合"的"论"，是指用以解释史实的理论；而"以论带史"的"论"，则暗指"指导思想"。[1]这些提法对于理解理论和治史的关系，至今仍不无启发意义。治史者若以理论来观照史实，这种"论"原本与"史"分离，外在于所观照之"史"，这时的上佳策略应是"史论结合"，而忌生搬硬套，生吞活剥，堆砌概念。如果在实证研究中取得"理论化"成果，这种"论"则来自于"史"且融汇于"史"，其特点当是"论从史出"，而不是"以论代史"。严格说来，在史论关系中，"史"是基础和核心，而"论"则依附于"史"，或服务于"史"。总之，历史研究中的"论"是不可能单独存在的，而必须与"史"紧密结合在一起。缺乏翔实可靠的史料，脱离深入而独到的实证研究，一味追求"理论高度"，难免沦为清人潘耒所说的"俗儒之学"，也就是"雕琢辞章，缀辑故实，或高谈而不根，或剿说而无当"。[2]

三、专业训练

德国史家蒙森说："历史学家不是训练出来的，而是天生的，不是教育出来的，而是自我教育出来的。"他称历史学家是"天生的"，并非强调治史需要超常的天赋，而是说"历史学科的要素是不可学得的，因为每个人都具备此种天赋"。[3]这种说法带有某种神秘色彩，与他认为治史需要直觉的看法是一脉相承的。在蒙森的时代，大学的史学教育的体系和方法均不成熟，学史者固然也得益于师长的指引，但大多是通过阅读前人著作和

1　有的学者认为，"以论带史"是"先有一个观念，再找史料来证明"，因而这个"论"也指作者的观点。参见程千帆：《治学小言》，第24页。

2　顾炎武撰，黄汝成集释：《日知录集释》，上海古籍出版社1985年版，上册，第23页。

3　蒙森：《谈谈如何培养历史学者》，载何兆武主编：《历史理论与史学理论》，第292、293页。

自我摸索，在实践中掌握治史的方法和规范。但是，现代史家的成才却越来越离不开制度性的专业训练。正是针对这一情况，英国史家埃尔顿提出了与蒙森截然相反的见解："好的历史学家可能是天生的，而真正的历史学家则是造成的。"[1]于是，现代大学成为职业史家的产房，而大学教师则无异于助产士。史学专业训练所要解决的问题，主要在于帮助学生搭建专业知识的框架，初步掌握专业技艺，了解读书和治学的方法与规范，为其职业生涯打好基础。[2]

不过，史学的专业技艺与工厂的操作技能又有天壤之别。治史技艺无不牵涉到治史者的禀赋、才能、悟性、知识和经验，运用时也没有任何指导规程和操作手册，全凭个人的经验和理解，而运用的效果则主要取决于学养和能力。老师无法手把手地传授治史技艺，至多只能指出大致的训练方向；学生能否真正掌握治史的技艺，关键在于自己的感悟和实践。学生以毕业论文为中心而进行的研究和写作，可以说是专业训练的一种综合方式，也是学生在老师协助下进行的一次治史的全面演习。

职业史家的专业训练，一般包含制度性训练和自我训练两个方面，两者若能紧密结合，就可收到更好的效果。制度性训练的主要方式是研究生培养，而研究生培养的关键，又在于设置系统而合理的课程体系，采用适当而有效的教学方法。在课程设置上要力求多样性和系统性相统一，在方法上则可将讲授、讨论、读书和研究结合起来，尤其要让学生充当主角。在博士学习阶段，上课不再是专业训练的主要方式。学生须自己读书、思考、收集材料和独立写作，老师则加以点评和批改，如此反复练习，可以逐渐提高研究和写作的能力。自我训练则是一种更持久也更有效的途径，也是一个学者终身的必修课。平日注重向典范学习，参悟治学的要旨，吸取前人的经验，并将所得到的体会贯彻到治学实践中去，如此日积月累，

1　埃尔顿：《历史学的实践》，第17页。

2　本书的下半部分拟逐一讨论这些方法与规范，本节仅做概略的交代。

一个人就不难逐步提高自己的专业水平。

专业训练的第一项任务，就是了解史学的基本范式。一个学科的范式是指本学科所有研究者共同认可和遵循的规则与方式，包括对学科特性的界定，研究中使用的"话语系统"，以及提出问题和解答问题的通行方式等。[1]现代史学的范式可以简要概括为：以问题为中心进行专题探讨，而任何问题都须置于具体的历史语境之中；关注事物的形成、变化的过程及后果，而不是事物的静止状态；对史料进行批判和考辨，做到言必有据、信而有征；以考证、叙事和分析为主要方法，研究成果多采取历史解释的形式；任何论点都须从材料中提炼出来，而不是先定的概念或假设；论证须符合一般的思维逻辑；使用的语言则力求中性和确切。这种范式是史学作为一个学科的基本特征，也是其学科传统的核心内涵。初学者唯有熟悉这种范式，才能步入治史的门径；治史者只有遵循这种范式，才能得史学之"三昧"。

美国学者阿伦·梅吉尔指出，历史学家有义务用清晰的方式来立论，即应把证据置于恰当的地方，视需要"介入概念性或反事实的立论"，有力的论点需要相应有力的证据来支撑，对不得不用的假说和猜想必须加以说明，并指出其必要的理由。[2]的确，这些正是好的历史著述应有的品质，但并不是轻易就能做到的。有的史学论著让读者感到缺少"历史味道"，可能缘于其提问、论证和写作或有不合史学范式的地方。以往史学界讨论过的一些问题，其实并不是真正意义上的史学问题。比如，"拿破仑怎样才能在滑铁卢取胜"，这种虚拟的问题就不适合作为史学研究的对象；"中国封建社会为什么长期延续"，似乎也有可议之处，因为中国古代社会是否属于"封建社会"，本身就是一个问题；"美国政党制度的特征是什么"，这种关注静态的问题，也不能单独作为史学探讨的对象；"现代工

1　此处借用美国科学史家托马斯·库恩的"范式"（paradigm）概念，但用法略有不同。

2　梅吉尔：《历史知识，历史谬误》，第13页。

业什么时候出现于中国"，这样提问题似乎也不符合史学范式，因为"现代工业"没有一个在特定时刻出现的固定样式，而是在时间之流中逐渐形成的。[1]在论证方式上，"逆推"（无限度地追溯当前事物的历史渊源）、"孤证"（用单一的例子作证据）、"抽样作证"（选择与自己论点相符的证据，而舍弃不利的材料）、"过度引申"（逾越"有一分材料说一分话"的限度）、与历史人物"争辩"（史家位置的错置）、以"后见之明"苛求前人（立论脱离历史的语境）等，都有背离史学范式的嫌疑。从写作的角度看，缺乏论证，论证薄弱，都不是治史的常规，因为在史学论著中只有常识和公理无须论证，其他任何论点和判断都须经论证方能成立。一个问题，若有他人论证在先，可加以援引或参见；如没有现存的研究，则需用材料来论证。这乃是"言必有据"的体现。

当然，任何学科的范式都不是一旦形成就一成不变的。史学的研究范式也一直在发生变化，特别是在社会科学的影响下，形成以问题为中心、以分析为主要方法、以解释为主要形式、以跨学科或多学科为常用路径的新范式，较之古代史学以政治为主干、以记事和叙事为形式、以"瘅恶扬善"和"资治"为基本功能的研究范式，显然是大异其趣的。史学的重大发展通常表现为范式的革新。因此，史家要以"发展的眼光"看待范式问题，在继承现有范式的基础上，探索新的范式，推动史学的发展。另外，史学的范式既不是一个抽象概念，也不同于铸造的模具，而是蕴含在适当的研究程序和规范的史学论著当中；因此，了解史学范式的基本途径，就是深入体察史学大家的研究方式，细致研读高水平的史学论著。

研究方法在专业训练中无疑居于重要地位。从理论上说，研究方法可以分为方法论意识和专门技艺两个层次。一个合格的学者，首先要有自觉而清醒的方法论意识。具体来说，研究者每接触一个课题，需明确设定

1　费希尔对这类提问方式的悖谬做了剖析。参见费希尔：《历史学家的谬误》，第一章。

问题域，选取适当的研究路径，并就探讨和立论的方向做出富有想象力的构想。接着，在实际的研究和写作等环节，还需要运用既有针对性又有契合度的方法和技巧。毫无疑问，史学和其他学科一样，离不开一般思维方法，包括分析（认识细节）、综合（认识整体）、演绎（从一般到个别）[1]、归纳（从个别到一般）[2]、比较（求"同中之异"或"异中之同"）等方法。而且，一般思维方法经史家在研究实践中反复运用，很可能已成为一种习惯，通常不会引起自觉的关注；有些一般思维方法则转化成专业方法，而不再被视为一般方法，"历史比较"便是如此。毫无疑问，史学还有若干套自成系统的专业方法。第一，收集和处理史料的方法，如考据法、文献与实物互证法、口述法和田野调查法等；第二，历史解释的方法，如叙事法、分析法、历史比较、心理学方法和计量方法等；第三，历史写作的方法，如编年法、传记法、专题著述法和图表法等。有时，治史者还需用到一些特殊方法，比如思想史方法、经济学方法、统计学方法、政治学方法、历史地理学方法、地方史方法、集体传记方法、文本分析法和制度分析法等。英国学者彼得·伯克在分析不同研究方法的特点时说："一些领域可以使用统计数字和数学方法进行工作；另一些领域，如心态史、思想史等，很难测量，就能使用新文化史的方法。"[3] 由此可见，方法须与课题和材料相匹配。不过，史学方法也不是独立的存在物，不是储藏在方法论书籍中可以随时取用的工具；它与史学范式一样，一般也见于典范性的史学论著。因此，只有通过揣摩、模仿和尝试，才能真正了解和掌握研究方法。

　　若问何种治学技艺最好是到历史专业去学习，可能要首推收集、考

1　有学者认为演绎法不能用于治史，因为它是从原理出发，先有结论再找材料，只有历史哲学才用这种方法。

2　杜维运将归纳法理解为遍搜史料，再做结论，并称之为"史学上方法中的方法"。杜维运：《史学方法论》，第65页。

3　杨豫、李霞、舒小昀：《新文化史学的兴起》，《史学理论研究》，2000年第1期，第148页。

订和运用史料的方法。这是史家的"看家本领"。学生要具备这方面的技能，除了老师的辅导，更有赖于自我实践。史学大家陈垣在教学中将两者结合起来，留下了有益的经验。陈垣很少从理论上谈论方法，而强调在实践中进行方法的训练。他开设一门叫做"史源学实习"的课程，指定学生阅读一种清人的著作（常选书目为顾炎武的《日知录》），要求他们逐条查找书中所引材料的出处，然后由老师批改点拨，进而讲解各种史料的价值和考辨方法。学生由此得以逐渐熟悉史料的来源，掌握查找的方法，学会引用的方式，从而步入治史的门径。他还提醒学生读书须有疑，要勤于查书，避免在材料上出错。[1]美国大学也有教师用类似方法对研究生进行训练：在开课之初即让学生分头查证某一论著的引文，通过核实引文是否准确和合乎规范，使学生了解材料的来源和运用的规则。国内中国史研究生的培养，在历史文献学、史料学和考据学的训练方面都已形成良好的传统；而外国史学科如何对学生进行史料学和考据学的训练，以提高其收集和考订史料的能力，则需要进一步探索。哈佛大学历史学系长期为中国史研究生开设一门课，叫做"Qing Docs"（"清代史料选读"），目的在于训练学生在中文阅读、史料解析和史学思维等方面的能力。这门课逐渐成为一门收效良好、声誉卓著的"精品课程"。[2]国内外国史研究生的史料学训练如何加以改进，似可借鉴这门课的经验。

　　检索文献和解读史料需要有适当的语言能力，而跨时空、跨文化的理解，也离不开良好的语言素养。因此，历史语言和现代语言的训练，在专业史家的培养和成长中占有极其重要的地位。在谈到关于史学方法的传统看法时，海登·怀特说："通常所说的历史学家的'训练'就大部分来说包括学习几种语言，熟练的档案工作，和一些固定的练习以便熟悉该领域

1　李瑚：《励耘书屋受业偶记》，载陈智超编：《励耘书屋问学记》，第128—129页；赵光贤：《回忆我的老师援庵先生》，载陈智超编：《励耘书屋问学记》，第157—159页。

2　参见田霏宇：《一门历史课的历史》，《读书》，2005年第9期，第111—115页。

的标准参考书和杂志。"[1]这种说法虽不能涵盖全部史学方法，但触及语言训练在史家修养中的重要性。一般来说，有志于古典学、亚述学、埃及学等的学者，需用很大的心力来学习古代语言；研究中国边疆史地的学者，也必须通晓一些已经成为"化石"的古代语言。此外，历史研究的其他领域，或多或少都牵涉到语言问题，比如，英国人研究中古英国史，需要学会拉丁文、法文和中古英语；中国人研究中国上古史，也不能不懂甲骨文和金文。

中国古代语文与现代汉语之间存在很大差异，不经过专门的训练，就难以顺畅地阅读和准确地理解文言文。研究古史的人还需要掌握一些文字学、音韵学、训诂学、校勘学和版本学的知识，从而形成"读古书"的综合能力。文史大家缪钺曾说，他自幼熟读古籍，后来"能够相当快地阅读古书，对于书中的辞句，可以直接理解，并不需要在脑中将他们译为现代语言"。[2]五四以后的学者，"读古书"的能力在整体上呈下滑之势。目前年轻一代的古文水平，可能更有待提高。外国学者研究中国史，最大的难点一度也是"读书能力"问题。1968年，美国的中国史名家费正清谈到，美国的中国史研究者在语言上存在特殊的困难：

> 许多弱点都源自这一书写系统的难度。广泛阅读多种风格的中国文言，大大超出了我们多数人的能力范围。一个人不可能只略一浏览就了解一部作品的内容。一个人也不能和某一特定时代的中国人一样熟悉中国的文献，因而难以轻易地重构他们的思想。在创造性地重构过去时，总是存在很多的错误，而在中国史领域这种错误则更加严重。

为缓解语言的制约，他提议大学的中国史教席实行双人制，其中一人专门

---

1 海登·怀特：《历史的负担》，载海登·怀特：《后现代历史叙事学》，第50页。

2 缪钺：《治学琐言》，《文史知识》，1982年第9期，第8—9页。

负责阅读和翻译汉语文献。[1]对美国的中国研究界有直接观察的华裔学者萧公权，也注意到美国学者在语言方面存在的问题：如果不通中文，只能依靠读翻译的材料，就容易"以讹传讹"；如果阅读能力跟不上，读原著时就难免"郢书燕说"。[2]

费正清和萧公权所说的这种情况，在中国的外国史研究中不仅普遍存在，而且其程度可能更加严重。研究外国史，至少需要掌握一种外语。只有能熟练运用所研究国家的语言，方能占有史料，跟踪动态，并开展学术交流。一个学者所掌握的语种越多，运用越自如，学术的空间就越广阔。相对而言，研究英语国家历史的语言难度略小，而研究"小语种"国家的历史，则对研究者的语言能力提出更大的挑战。一些古代文字史料和"小语种"文献，可能被迻译为英语甚至汉语，对研究者固然是一种便利，但治史历来讲究材料的出处，看重最佳的版本，因而原始文本更有价值。研究古希腊史，要能直接阅读古希腊文；研究亚述学，应当掌握楔形文字；研究拉丁美洲史，必须通晓西班牙文和葡萄牙文。而且，为了获取充分的学术信息，全面了解本领域的前沿进展，还需要学习在本研究领域成绩较突出的国家的语言。例如，研究古希腊史，最好要有英文、德文和法文的基本阅读能力；研究美国史，也需了解俄国、法国、德国和意大利等国的研究情况。

外国语言和汉语判然有别，除了语言本身的不同，更有语言背后的历史与文化的差异，因之学习和掌握一门历史语言或现代语言，都必须极力突破时空和文化的限制，其难度是不言而喻的。正是由于语言训练相当困难，才须给予更多的重视，付出更大的劳动。目前高校研究生阶段的专业

1　费正清：《70年代的任务》（John K. Fairbank, "Assignment for the '70's"），《美国历史评论》（*The American Historical Review*），第74卷，第3期（1969年2月），第872页。译文参见中国美国史研究会编：《现代史学的挑战》，第141页。

2　萧公权：《问学谏往录》，传记文学出版社1972年版，第223页。

课程中，虽然包括专业外语，但外语训练的主要工作，仍是通过公共外语教学来完成的。外国史研究者如何加强语言能力训练，不少学校已在开展有益的探索。有的学校由历史学系和外语系联合招收和培养学生，有的学校则在研究生课程中增加历史语言的分量。此外，在专业课的教学中，许多教师加大原著的阅读量，并注重对原文史料的翻译和解析。学生在阅读外文专业文献时，如能做到"每字必求正解"，并且坚持做适量的翻译练习，对于提高语言能力肯定是大有帮助的。

论及史学的专业训练，当然不能不谈时空意识的培养。这在史学训练中可以说是一个鲜明的特点，也是一个突出的难题。人们常说的"历史感"，首先就表现为对史事所涉及的时空具有敏锐的意识。维柯说："时历和地理就是历史的两只眼睛。"[1] 这句话的本意并不是指时空观念，但从中可以引申出时间和空间对治史的重要性。过往人类生活中的任何一件事或一句话，若要得到确切的理解，就必须把它们置于具体的时间和地点（in time and place）来看待，"超时空"的立论必然远离"事实的真相"。对历史时空的了解和尊重，也是维护过去的"过去性"的前提。所谓"语境主义史学"，其基本要求就是"按时间思考"，并努力为历史人物"设身处地"。人们常说的"历史为现实服务"或"现时主义"，其共同点在于，不顾具体时空的制约，按照预先设定的话语要求，用"现在"来改造"过去"，或让"过去"来俯就"现在"。

凡有治学经验的人大都不难体会到，研究中遇到的许多难题和错误，往往与时空问题有关联。一般来说，治史者要在研究中就时间和空间做出选择，有时还需要把不同的时间和空间整合在同一个叙事结构中，或用不同的尺度（微观或宏观）来处理题材所涉及的时间和空间。[2] 但是，这样做难免遇到很多未知的陷阱。物理形态的时间和空间乃是无限的，而历史研

1　维柯：《新科学》，上册，第17页。
2　参见加迪斯：《历史的风景》，第22—26页。

究却必须对时间和空间做出明确的限定，这两种不同的时空特性之间存在巨大的张力，使得历史写作中的时空结构变得很不确定。同时，史家所面对的过往时空，与当前所处的时空又有巨大的距离和差异，这也容易带来时空错乱的风险。就历史时间而言，正如德国学者科泽勒克所说，它在史学中是一个尤为困难的问题，因为史料并不能为它提供标志，其内涵也远非年代记所能涵盖。[1]不同时代、不同文化和不同人群，在时间概念、时间实践和时间意识方面，都具有高度的多样性，难以找出一个统一而同质的时间系统，这使得历史时间内部总是充满差异和张力。[2]历法时间也充满多样性和变动性，这又给时间的确认设置许多障碍。当今的历史写作普遍依赖人为的分期（有人称作"加工时间"），[3]并习惯于将各种纪年和计时方式转换成西历和格林威治时间，这就势必抹煞历史时间自身的特性。不同时代和不同文化中人对时间及其意义有不同的感知，比如"今不如昔"、"时间加速"、"历史循环"、"时不我待"等说法，都折射出历史时间的不确定性。[4]就历史空间而言，地质、地貌、区划、地名和地图，无分古今中外，都有驳杂而多变的特点，因而具体的人和事的空间构成也就变得千差万别，而具体的历史行动者对空间的认知和感受也各不相同。这些都是治史者必须慎重处理的问题，不仅需要借助于相关的知识和技艺，而且必须养成细微体察过往时空的意识和习惯。

　　治史还需要使用一些辅助工具，掌握的工具越多，运用越纯熟，就越能游刃有余，左右逢源。有学者将年代、目录、官制和地理称作研究

1　赖因哈德·科泽勒克：《未来之过去：论历史时间的语义学》（Reinhart Koselleck, *Futures Past: On the Semantics of Historical Time*, translated and with an introduction by Keith Tribe），纽约2004年版，第1—3页。

2　参见赖因哈德·科泽勒克：《时间》，载斯特凡·约尔丹主编：《历史科学基本概念词典》（孟钟捷译），北京大学出版社2012年版，第295—298页。

3　安托万·普罗斯特：《历史学十二讲》（王春华译），北京大学出版社2012年版，第101页。

4　参见林恩·亨特：《度量时间，创造历史》（Lynn Hunt, *Measuring Time, Making History*），布达佩斯和纽约2008年版，第3—39页。

中国古代史的"四把刀"，¹这些方面的知识和技能，无疑为中国古代史研究者所必备。旧时史家多擅长文献学、训诂学、校勘学和版本学，它们在古史研究中也颇有用处。研究外国史，根据国别和领域的不同，需要的辅助工具也不一样。研究欧洲古代和中古历史，需要了解古文书学（diplomatics）、古书写学（paleography）、考古学（archaeology）、年代学（chronology）、纹章学（sigillography）、谱牒学（genealogy）等方面的知识；²研究美国黑人史，要知晓西非的族群、语言和风俗，对"黑人英语"也要有所了解；研究拉美裔美国人的历史，需要借助西班牙语和拉美社会文化方面的知识；研究外交史或国际关系史，离不开档案学、国际关系学等学科的知识。此外，研究许多历史问题，或多或少都可能涉及统计学和语言学的知识。

　　图书馆和档案馆对于现代史学有着非同寻常的意义，有效利用图书馆，善于进行档案研究，也是史学专业训练要解决的问题。古人读书治学，大多依靠自己的藏书，或者从私家收藏中借阅；庋藏极富的人，足不出户就可徜徉于学问的世界。现代学术急速发展，个人的收藏远不足以满足专业研究的需要。专业书刊种类繁多，各种史料分散在各地，离开了图书馆和档案馆，许多研究工作可能寸步难行。有美国学者把图书馆称作"历史学家的硬件"，它对历史学家的意义，正如实验室之于科学家。³档案馆的意义当然也是一样，两者一起构成现代史学"产品"的"铸造厂"。了解各个图书馆和档案馆的收藏特色，找到研究课题所需文献的收藏地点，需要一些目录学的知识；到外地从事研究，也要有经费的支持。美国不少图书馆不仅收藏富有特色，而且提供相应的研究基金。例如，加利福尼亚州圣马力诺的亨廷顿图书馆（Huntington Library），芝加哥的纽伯里

1　蔡鸿生：《仰望陈寅恪》，中华书局2004年版，第236页。

2　参见豪厄尔等：《源自可靠的资料》，第44—56页。

3　纽金特：《创造性的史学》，第32、33页。

图书馆（Newberry Library），伍斯特的美国文物协会（American Antiquarian Society），以及各个总统图书馆，都设有专门的研究基金，可供研究者申请。随着各种学术性数据库的开发，无论档案资料还是其他典藏文献，无论专业图书还是期刊论文，都可以从网上搜罗、下载和阅读。当然，这一切背后的支撑依然是图书馆和档案馆。

四、文化底蕴

治史者只要具备一定的专业知识和理论修养，并掌握适当的专业技能，就可以在各自的领域取得可观的成绩。但是，"无涯唯智"，"学无止境"，要成为一名优秀的史家，还应当拥有全面的文化修养，因为最终使史学大家从众多治史者中脱颖而出的关键，就在于文化底蕴。这里所说的"文化"，不同于文化人类学的界定，而是指作为人类智性、美感和才华的结晶的"精致优雅之物"。所谓"文化底蕴"，是指由个人所获得的多种知识、技能和趣味所构成的一种综合素养。诚然，学者禀赋不同，特长各异，只能选择适合自己的治学道路，不能奢望人人都成为杰出的学者；但如古语所说，"取法乎上，得乎其中"，治学须有较高的追求，才能充分发挥自己的才智。

传统的史家大多是"文人"，而不是专家；他们博通经史，兼具多种才艺，擅长琴棋书画，喜好诗词歌赋。进入20世纪，这样的"文人"越来越少，几乎成了"凤毛麟角"。社会和文化的变迁，极大地改变了学者成长和活动的环境；而知识的急速增长和学术的专业化，又促使学者只能走专家之路，不可能在专业领域以外耗费太多的时间和精力。像陈寅恪、钱锺书这样的博雅之士，在他们生活的时代就是"鲁殿灵光"，而今更是踪影杳然。研究外国史的学者，中国传统文化的修养尤其薄弱，像齐思和那样博通中外、吴于廑那样擅长诗词书法的人，在外国史研究界几乎成了特例。

　　当然，要求每个学者都像陈寅恪、钱锺书那样博学，无疑是极不现实的；但做一个具有一定文化修养的专家，并不是无法企及的目标。研究中国史的学者，除了必要的传统文史功底外，如果掌握一定的外国历史与文化方面的知识，就可能取得更加出色的成就。在一定意义上，中国史研究者对外国历史与文化的了解，或许属于"锦上添花"的范畴；而对外国史研究者来说，是否具有本土文化的修养，则是能否取得成绩的一个基本条件。这一点长期没有受到足够的重视。研究外国史的人，固然应当具备外国文化的修养，尤其是对所研究国家的文化要有丰富的知识，对这个国家的精致文化成就也要有一定的欣赏能力。不过，我们这里所说的外国史研究者的文化底蕴，主要是指中国文史的修养。[1]

　　外国史研究者需要本土文化的滋养，其必要性首先来自研究的目的。中国人为什么要研究外国史，各个学者的想法可能不完全一样，但有一点大约是没有争议的：其目的在于更深入地了解不同的社会和文化，获得有益于认识当前世界的知识，为中国的建设和发展提供借鉴。这一目的决定中国的外国史研究主要是面向国内的，因而必须植根于中国文化，成为中国史学的一部分。如果研究者没有相当程度的中国文史修养，其论著可能沦为用中文写成的"舶来品"，根本无法成为中国史学的一部分，其学术价值或许不及翻译的外国学者的著作。

　　中国现代史学的变动趋向，也要求外国史研究必须依托于本土文化。中国史学具有悠久而深厚的传统，这对现代史学的发展既是一种资源，也是一种制约。自"西学东渐"发端以来，欧美的知识和思想滚滚涌入，传统史学和国际史学的差距愈加凸显，中国现代史学的基本范式、分析工具、研究方法乃至写作形式，无不带有外来印记。用外来资源研究中国

1　参见李剑鸣：《本土资源与外国史研究》，《南开学报》，2003年第2期，第52—60页。以下部分吸收了该文的某些内容。

史，尚可别开生面；而纯用外来资源研究外国史，就难以取得实质性的成绩。在国内研究外国史，获取资料相对困难，用中文转述材料也可能造成信息的讹误或流失，加以缺乏直观的文化体验，这都会限制研究水平的提高。这时，外国史研究者唯一可恃的优势，就是本土文化的修养。本土文化修养可以提供不同的参照，特有的现实关怀也可能带来不同的视角，这样或许有助于提出新的问题，形成新的解释框架。

本土文化底蕴还有助于对外来资源的"鉴别吸收"。外国史领域的学术积累相当单薄，研究任何一个问题，无论原始文献还是第二手著作，都不得不倚重国外。于是，在范式、观念、解释框架和具体论点等方面，研究者都难免受到潜移默化的熏染，以致亦步亦趋，人云亦云，甚或拾人牙慧而误以为独创。研究者如果具有一定的文化本位意识，借助本土文化修养，或许能形成一种智性的铺垫或滤网，对外来的学术和思想加以鉴别、过滤、中和、消化，避免盲目地追随，努力形成自己的思路，提出有新意的见解。总之，外国史研究要在国内学界立足，就必须实现本土化，而本土化则必须依托于本土文化。

但是，片面强调本土文化在外国史研究中的作用，也有可能加重"民族偏向"，妨碍"国际视野"。提倡本土文化介入外国史研究，不能违背这样一个原则：本土文化资源只是形成视角和解释框架的"支援意识"，而不能作为论述的依据和评判的标准。如前文所论，无论对本国史还是外国史的研究，都不能避开客观中性的要求和主观介入的现实所形成的张力。历史知识的生产有赖于解释，而解释框架又与研究者的立场、学养和气质相关，并反映时代、环境和学术条件的影响，因而具有不确定性和多样性，同时也赋予史家一定的自由发挥的空间。从这个意义上说，本土文化底蕴或可有益于推动外国史解释的多样化。关键在于掌握好"火候"。一方面，研究者要准确把握本土文化的精髓，紧密跟踪本国史学的进展；另一方面，研究者也不能忘记"中性原则"的要求，防止变"比较"为"比附"，避免化"参照"为"标准"。

　　对于外国史研究者来说，本国史学的传统和最新成果，都可以成为增进文化底蕴的资源。因此，研究外国史的人应关注国内史学状况，注意从本国史研究中汲取养分。欧美一些国家的外国史研究取得了足可称道的成就，与这些国家史学的整体水平有着直接的关系，而中国的外国史研究自然也离不开中国史学的支持和推动。无论哪个国家，对本国史的研究都构成史学的主流，体现一国史学的水平。中国的外国史研究作为中国史学的一部分，自然须以中国史学为依托，注重向中国史研究取法。尽管研究领域有中外之别，但学科特性、学术观念和研究方法多有共通之处，因而外国史研究应争取与中国史研究相互促进，同步发展。外国史研究者如果画地为牢，自行其是，就会自外于中国史学的主流，所谓"国际接轨"也难免流于空谈。

　　中国史学传统中确有不少值得吸取的优良资源。以考证方法为例，外国史研究者就应当向中国史同行虚心学习。严耕望谈到，考证有"述证"和"辩证"之别，"述证"指"历举具体史料"以明"史事真相"；"辩证"则是在运用史料中加以细致深入的辨析，以得出新的结论；而后者是一种较难做的工作。[1] 这两种考证在外国史研究中无疑也有很大的用处。关于史料真伪的考证，在外国史研究中或许不甚重要，因为国内学者所用的史料，大多经对象国学者仔细考订。相反，在起步阶段，国内学界对许多基本史实不甚明了，对一些历史名词的理解和翻译也多有乖谬，于是大有考辨的必要。以美国史为例，有学者就《五月花号公约》的签订[2]、"Boston Tea Party"的含义及翻译[3]、《独立宣言》的相关史实[4] 和美国的诞生日期[5]

1　严耕望：《治史三书》，辽宁教育出版社1998年版，第178页。严耕望称陈垣擅长"述证"，穷搜史料，于平实稳健中见真知；而陈寅恪则精于"辩证"，于精细入微处求新解。他认为前者可学，而后者难以追摹。

2　李世洞：《〈五月花号公约〉考实》，《学术界》，2000年第2期。

3　杨宗遂：《"波士顿茶会"及其汉译名之辩证》，《历史研究》，1979年第10期；杨宗遂：《再谈"波士顿茶会"》，《历史研究》，1982年第5期。

4　杨玉圣：《〈独立宣言〉史事考》，载杨玉圣：《美国历史散论》，辽宁大学出版社1994年版，第84—96页。

5　齐文颖：《〈独立宣言〉是美国诞生的标志吗？》，《世界历史》，1985年第1期。

等问题，进行了比较细致的考辨，澄清了一些长期流传的讹误。经过一个时期的发展，国内的外国史研究水平有了明显的提高，因而史料的诠释、史实的陈述和意义的揭示，就显得更加关键。在这些方面，治外国史的人都可以从中国史研究获益。

在论著写作的环节，外国史研究者也离不开基本的中国文史修养。中国传统学术讲究考据、义理和词章，前人对三者的看法分歧甚大：有人以义理居上，词章最末；也有人以考据为尚，贬斥义理。[1]章学诚对这个问题的见解，则不无"辩证"的意味："义理不可空言也，博学以实之，文章以达之，三者合于一，庶几哉！"[2]一个史家仅凭考据和义理，而不讲究词章，似乎也难以做出上乘的学术成绩。在中国的外国史领域，出生于20世纪前期的学者，大多具备良好的古文基础和文史修养，其文章大多十分出色。年轻一代学人在写作上有较大的欠缺，有的行文欧化，有的文辞贫乏，有的甚至连达意也做不到。面向国内读者的外国史著述，如果文字能力太弱，也是一种致命的不足。可是，外国史研究者的写作难免受到更多的制约。他们平日大量阅读外文资料或翻译作品，长期耳濡目染，在行文习惯乃至思维方式上，都难免打上外来的印记；再加上汉语书面语和口语相脱节，不易娴熟驾驭。正因为如此，外国史研究者更应用心于写作。中国历代的优秀文章值得学习，古今不少史家的著作也足可取法。初学者要善于吸收传统史学写作的长处，熟读名篇佳作，不断积累语言资源，反复锤炼表达，以增强文采，提高论著的可读性。

明了文化底蕴的重要性并不难，而要在治学实践中打牢文史根基，则不是朝夕可成的。外国史研究者须有明确的意识，努力革除那种忽略中国

1　学界所谓"隋唐擅词章，宋明重义理，清人尚考据"，只是一种印象式的浮泛之论。清人所谓考据、义理、词章，似乎是用来讨论学问之道的三个范畴，而不是对学术史实况的概括。凡学术必兼顾三者，只是偏重的程度和达到的水准各不一样而已。

2　章学诚：《章学诚遗书》，第12页。此段标点依据余英时《清代学术思想史重要观念通释》一文，载余英时：《中国思想传统的现代诠释》，江苏人民出版社2003年版，第219页。

文史修养的旧习。长期以来，外国史和中国史两个领域呈隔绝状态，学科畛域分明，学者之间缺乏交流。研究外国史的人不甚看重中国文史传统，不读《史记》，也不看《资治通鉴》，甚至不识繁体字，不能读竖排的书。专治外国古代史和中外关系史的学者，可能比较留意中国史的相关研究，其他领域的研究者大多不甚关心中国史研究。这种弊端在研究生培养中就有表现：外国史专业的学生不修中国史方面的课程，也很少阅读中国史论著，从一开始就走上狭窄的专家之路。美国一些大学的情况与此形成对照：不同专业的学者之间常有活跃的往来，对于相关领域的学术活动也表现出浓厚的兴趣；美国史的研究生须选修其他领域的课程，资格考试时也会旁及多个学科和领域的知识。

　　在国内的外国史研究中，但凡取得出色成就的学者，大都具有相当深厚的中国文史修养。雷海宗、齐思和、吴于廑、杨生茂、刘祚昌和罗荣渠等人，都是中外兼通、学识渊博的学者。他们当中没有人取得具有重大国际影响的成就，并不是由于他们个人的天赋和学养不够，而是中国的整体学术状况以及其他条件的制约所致。在美国，一些卓有成就的中国史学者，也大多具有比较全面的修养。何炳棣早年在哥伦比亚大学获得英国史博士学位，后专攻中国人口史和社会经济史，成为美国一流的中国史学者；《转变的中国》的作者王国斌，最初学习欧洲史，后来发挥所长，侧重中、欧比较，也取得了有影响的成果。他们在教育背景和知识结构方面的优势，无疑是学术成功的重要条件。

五、历史的想象力

　　对奉守"客观性"信念的史家来说，历史研究的基本特点是"实证"，受到过去实际和史料的双重制约，因而在根本上是"反想象"的。其实，这样看问题显得过于绝对。如果把想象限定在"模拟"（mimesis）

的层面，即人类心智复制不在眼前的事物或景象的能力，那么任何历史表述都带有"想象"的性质，因为作为表述对象的过往实际，不可能呈现于治史者的眼前。此外，人类还有能力在内心构想并不存在的事物或从未出现的景象，这种心智活动叫做"创造性想象"（creative imagination）。但凡出色的史家，都具备"创造性想象"的能力，因为他/她笔下的事物大都超出其亲身经历或亲眼观察之外，离开"创造性想象"，怎么可能有精妙的表现？从这个意义上说，"没有想象，就不可能有历史学科"。[1]

不过，把"想象"和史学联系在一起，也的确容易引起误解。后现代主义者从历史知识的性质着眼，把史学划入与文学类似的"想象性虚构"的范畴，这让不少专业史家对"想象"二字颇为敏感。但是，我们这里所说的"想象"，并不指涉历史知识的性质，更不是说历史研究是一个凭空捏造的"想象"过程，而意在强调"想象力"乃是史家所应具备的一种辅助性的素质和能力。事实上，不少前辈学者对此已有论及。陈寅恪说，阐释古人的思想，必须"神游冥想，与立说之古人，处于同一境界"。[2]这里的"神游冥想"，似乎是"想象"的另一种说法。英国学者特里维廉感叹道："……对于一个历史家，假如他想发现人的行动的原因——不仅仅把他当作一个赚面包的人，而且还要考虑到他在感受上和思想上有着无数的能力——想象力又是如何更其必要啊！"[3]科林伍德也讨论过麦考莱关于史家想象力的观点，认为想象力在史学中的意义并不仅限于装饰性，而主要是"结构性"的。科林伍德还提出"构造性想象"的概念，称这种想象是一种从有限的证据推断"可能的情形"的能力。[4]美国史家贝林称赞以研究新英格兰清教思想闻名的佩里·米勒，说他"具有出色的历史想象力"。他

1　戴维·斯塔利：《历史想象》（David J. Staley, *Historical Imagination*），伦敦2021年版，第2、6、137页。

2　陈寅恪：《冯友兰中国哲学史上册审查报告》，载陈美延编：《陈寅恪集·金明馆丛稿二编》，第279页。

3　屈维廉：《克莱奥》，载田汝康、金重远编：《现代西方史学流派文选》，第179页。

4　柯林武德：《历史的观念》，第336—337、338页。美国学者托马斯·本德在《整体与部分》（《美国历史杂志》，第73卷，第1期，第136页）一文中，也提到"建设性的想象"（constructive imagination）一词。

还谈到，史学研究生要着力开发"工作中的想象力"和"对研究的合乎规范（经过训练的）的控制"。[1]这些说法表明，研究历史确实离不开想象力。

中外学者都有将史家比拟为侦探的说法，而将两者联系起来的关键因素，就是想象力。美国学者伍德沃德谈到，其同事罗宾·温克斯（Robin Winks）写过一本书，标题是《作为侦探的历史学家》（*The Historian as Detective*）；而伍德沃德本人在写《重新联合与反拨：1877年妥协与重建的终结》一书时，正有一种做侦探的感觉。伍德沃德说，自己不再是记录和报道事件，而是在侦查"待解决的疑案"。此书出版后，也确有评论称它"读起来像侦探故事"。[2]中国文学史专家林庚也有类似见解，称"好的考据家"为"出色的侦探"，需具备"锐利的直觉和发现问题的能力"，这既是"侦探的职业敏感，也是考据家的第一要素"。[3]侦探的工作需要基于想象力而进行合理推测，同样，史家也必须根据所掌握的材料，通过合理的想象，使散落各处、看似互不相关的事实碎片连缀成整体，从而获得完整而条贯的历史知识。

侦探和史家工作的对象，都是外在于其自身的人和事，所不同的是，史家所探索的过去世界，一般更加遥远，更为广阔，也更为陌生。过往所有的人和事都已掩埋在时间的尘埃里，只留下了一些零星而残缺的痕迹。治史者生活在一个颇不一样的世界，仅仅依靠有限而不可靠的史料，怎么能够了解前人和他们的生活呢？他/她只得极力挖掘史料所包含的信息，再借助合理的想象来把这些信息转化成清晰可辨的历史图景。治史者从细部推知全貌，在蛛丝马迹中查找解开历史奥秘的线索，离了适当的想象，有时可能真是寸步难行。19世纪初的德意志史家尼布尔说："我是一

1　A. 罗杰·埃柯克：《有时是艺术，从未是科学，但总是技艺：与伯纳德·贝林谈话录》（A. Roger Ekirch, "Sometimes an Art, Never a Science, Always a Craft: A Conversation with Bernard Bailyn"），《威廉－玛丽季刊》（*The William and Mary Quarterly*），第51卷，第4期（1994年10月），第632、636页。

2　伍德沃德：《回想》，第51、52页。

3　商伟：《与林庚先生相处的日子》，《读书》，2005年第2期，第15页。

个历史家，因为我能把不相连的片断拼成一幅完整的图画；我知道哪里遗失了材料，也知道怎样来填补它们。"[1]研究古史的学者尤其需要这种能力，把看似无关的材料联系起来，并最终证实它们之间的关联。只要读过陈寅恪、唐长孺和田余庆等学者的论著，就不得不叹服他们那种高明的"侦探本领"：借助出色的想象，合理地推测出零散史实之间幽微的联系。

对于大多数治史者来说，研究的对象与其个人的经历并没有直接的关系。研究军事史的学者，不一定有从军打仗的经历；研究经济史的学者，或许从未直接接触过经济事务；研究政治史的学者，可能根本就是政治的门外汉；研究宗教史的学者，可能自己并不信教；研究土匪史的学者，更不可能亲自"啸聚山林"。那么，他们又怎能描述和解释那些自己从未见过、毫无体验的事情呢？美国学者贝林认为，人依靠想象力可以敏锐地描述自己所未亲历的事情。他举例说，佩里·米勒不信教，也没有直接的宗教活动经验，但却对清教思想做出了深刻的阐释。[2]的确，类似的例子俯拾即是。司马迁不是伍子胥的朋友，但他对伍子胥一生行迹的描述可谓绘声绘色；吉本也没有在罗马帝国生活的经验，但他笔下的罗马历史景象十分生动细腻。在这里，想象力帮助史家克服个人经历的不足，使其得以进入一个陌生的世界，能够获取某种类似亲历者的感受。

不少学者强调，理解历史的关键在于揭示历史行动背后的思想；但思想总是一闪即逝，变幻不定，外人如何加以捕捉呢？这同样需要借助于想象力。英国学者爱德华·卡尔说："对所研究的人们的心灵，对他们行动背后的思想，历史学家有必要进行具有想象力的理解。"[3]这种"具有想象力的理解"，正是史家深入"过去时空"、力争与前人"处于同一境界"的体现。法国学者普罗斯特写道："理解使想象在历史建构中处于至关重要

1　转引自古奇：《十九世纪的历史学与历史学家》，上册，第99页。
2　埃柯克：《有时是艺术，从未是科学，但总是技艺》，《威廉-玛丽季刊》，第51卷，第4期，第657页。
3　卡尔：《历史学是什么？》，第26页。

的位置。将现实中经过检验的解释模式迁移至历史情境，让自己处于研究对象的位置上，这也就是对情境和人物进行想象。"[1]换言之，治史者若要理解前人往事，就必须放弃"先见"，将自己想象成当事人的同伴，仔细倾听他们的声音，多方位地观察他们所处的环境，尽力揣摩他们的想法。美国史家娜塔莉·戴维斯说，研究历史就是"与过去的对话和辩论"，由于研究者所持的"学术理论和文化价值"是参与对话的一方，他/她就容易按照自己的形象来改造研究对象；为避免这种情况，不妨采用一个技巧，就是想象研究对象在同自己进行一场对话，这样就可以了解他们的行动；另一方面，研究者并不完全同意他们的行为，因而又要让他们有机会为自己辩解。[2]毫无疑问，研究者把自己的研究对象当成现实存在的一方，并在虚拟的场景中与之对话，没有丰富的想象力是办不到的。

在研究和写作的过程中，治史者时时处处都需要想象力的参与。最初接触一个课题，特别是以往很少有人涉猎的课题，就需要运用想象力来推测资料的性质和所在，按照设想的方向来搜寻材料，否则就没有头绪，难免碰壁。考古发现和搜寻资料一样，也离不开想象力。例如，荷马史诗中关于特洛伊战争的描写，激发了欧洲考古学家的想象，最终导致特洛伊城遗址的发现。还有考古学家根据某些北欧传说，在北美大西洋沿岸发现了欧洲人早期活动的遗迹。治学贵能钩沉发覆，从常人不经意处看出特殊的意义，或者从细枝末节中发现大问题，这也需要想象力。[3]曹冲称象和华佗疗疾的故事，见诸正史，流传民间，似乎没有多少研究的价值；但陈寅恪借助其丰富的学识和超群的想象力，把这两个故事的形成与佛典记事的传播联系起来，从而揭示了印度神话在中土的流传和影响，从中看出魏晋时

1　普罗斯特：《历史学十二讲》，第151页。

2　阿比拉弗等编：《历史的视野》，第114页。

3　参见纽金特：《创造性的史学》，第84—85页。

期中外文化混合的情况。[1]历史写作也需借助想象力的作用。研究者在掌握丰富的史料之后，借助常识和经验来想象事件的氛围和人物的处境，有可能把文章写得引人入胜。美国史家弗朗西斯·帕克曼，平日喜欢游览历史事件的发生地，在写作时便基于亲眼观察，以富于想象力的笔触描绘历史场景，常有如临其境的效果。

意大利学者卡罗·金兹堡曾提示年轻一代史家，要多读小说，因为这有助于培养"道德想象力"，这种想象力乃是"能够令我们对于人类、对我们自己和别的人作出猜想的东西"。[2]诚然，小说家的想象力和共情能力都值得治史者学习，但历史的想象力毕竟不同于艺术的想象力。科林伍德说："历史学家的想象和小说家的想象完全是同一个东西，但是历史学家的想象是一种经过训练的想象，其目的是为了寻求事实真相，而艺术家则是为想象而想象。"[3]事实上，历史学家的想象与小说家的想象，差别并非仅只是目的和功能的不同。小说家的想象是创作的手段，不避新奇独特，力求出人意表而又合乎情理。历史学家的想象却不可能独立存在，而只是一种获取灵感的辅助手段，只有同研究者本人的学识紧密结合在一起才有效力。而且，历史的想象必须受到专业规范和专业伦理的控制，想象的所得还须经受史料和常识的检验。

归根结底，历史的想象类似"戴着镣铐跳舞"，既离不开"直觉"，又不能任情发挥，更不可沦为"空想"（fancy）或"捏造"（invention）。在《红楼梦》研究中曾有所谓"索隐派"，他们借助离奇的想象，将红楼故事与清代史事任意比附，不讲证据，轻率立论，曾受到鲁迅、胡适等人的讥评。史家需要想象，但绝不能做"索隐派"。齐思和早年评郭沫若的

1　陈寅恪：《〈三国志〉曹冲华佗传与佛教故事》，载陈美延编：《陈寅恪集·寒柳堂集》，生活·读书·新知三联书店2001年版，第176—181页。

2　帕拉雷斯-伯克编：《新史学》，第253页。

3　科林伍德：《历史哲学的性质和目的》，载张文杰编：《历史的话语》，第190页；另参见柯林武德：《历史的观念》，"译序"，第13页。

《十批判书》，一面称赞"郭氏为当代大文学家，其想象力之富，与著述之勤，均极可佩"，一面又批评他"创获固多，偏宕处亦不少，盖其天才超迈，想象力如天马行空，绝非真理与逻辑之所能控制也"。[1] 美国华裔学者杨联陞针砭美国史学界的学风，称美国史家的长处是富有想象力，但若失控，就会"误认天上的浮云为天际的树林"。[2] 他们所批评的这类风气，无疑都缺乏史实基础，越出了学术的规范，已不属于历史的想象力的范畴。

1　齐思和:《评〈十批判书〉》,《燕京学报》，第30期（1946年6月24日），第311页。
2　转引自萧公权:《问学谏往录》，第64页。

第五章　治学的路径

　　学者治学，所追求的目标因人而异，见识和境界也各不相同。尽管多数学者都只是身怀一技之长的专家，唯有极少数佼佼者能够成为通人大师，但一个人只要跻身于学界，终归要有一定的理想和追求。倘若没有远大的学术志向，不具备一定的学术品格，最终难免落入"为稻粱谋"的窠臼。古往今来，但凡有成就的史家，无一不是志存高远、脚踏实地的学人。因此，初学者从一开始就要树立远大的学术目标，选择合适的治学路径，坚持砥砺磨炼，"博学而笃志，切问而近思"，力争成为"良史之材"。

一、求知与求用

　　在中国学术史上，"学以致用"是一条古训，也代表一种传统。社会常以是否有用来衡量学术的价值，学者则力争以有用来提高学术的地位。古今学者大多不赞成纯粹的求知，要求读书人通晓社会实际，只会读书而不能做事，像赵括一样"纸上谈兵"，早已沦为千古笑柄。在这种"知识社会学"传统中，"经邦济世"，"为王者师"，就成为读书人的至高追求。

相反，"为学问而学问"的道路则被视为一条死胡同，而"象牙塔"中的学术也一直遭到贬斥。

讨论知识的用途，或许首先需要界定"用"的含义；对"用"的理解不同，直接影响到对知识价值的评判。中国古训所谓"学以致用"，看重的似乎是实际的和眼前的功用；一种知识如果不能带来"立竿见影"的效果，就会被贬为无用之学。其实，"用"也是一个有一定相对性的概念，一种知识是否有用，既取决于时代、环境和社会观念，也与使用的人有关。对于以"经天纬地"为志向的清末士大夫来说，炼铁和造船的知识是无用的"奇技淫巧"；对于耕田种地的农夫来说，微积分的知识并不能带来作物的丰产；一个外科医生没有历史知识，也丝毫不会妨碍他在手术台前发挥自己的专长。梁启超所谓"为用不为用，存乎其人"，[1]说的正是这个意思。另一方面，"用"也有短期和长期之分，有工具性和价值性之别，有已知与未知的不同；如果只重一端，肯定会带来不利于知识增长的弊端。某些知识没有短期效用，其意义要经过较长时期才能显现出来；有的知识很快就能产生效益，但却是长期积累的产物。有的知识具有很强的工具性，可以应对现实的需要，有益于日常生活的改善；有的知识缺乏工具的效用，却可以增添生活的色彩，提升人生的境界。更重要的是，一种知识是否有用，又有什么用，往往是很难预知的。人难免遇到临时急需某些知识的情形，这就要求在平时建造一座储藏丰富的知识仓库。一个社会的知识需求，也有类似的地方。因此，相信任何知识都可能有用，鼓励探求一时不知其用途的知识，乃是对待知识之用的明智之策。

从根本上说，求知本身就是一个正当而合理的目标，因为求知是人的一种生活方式，是人异于其他动物的地方，也是人不断寻求自身改善的基本途径。《论语》中有"古之学者为己，今之学者为人"之说，[2]后世加以引

1　梁启超：《清代学术概论》，第45页。

2　杨伯峻：《论语译注》，第154页。

申，称读书以博取名声和谋求实利属于"为人之学"，而治学以追求知识和提升自我则是"为己之学"。前者偏于"求用"，后者近于"求智"。清人戴震说，学者应"不以人蔽己，不以己自蔽；不为一时之名，亦不期后世之名"，因为君子"务在闻道"。[1] 章学诚也说："为学之要，先戒名心；为学之方，求端于道。"[2] 近世章太炎称："学在求是，不以致用；用在亲民，不以干禄。"[3] 陈寅恪则有诗云："添赋迂儒'自圣狂'，读书不肯为人忙；平生所学宁堪赠，独此区区是秘方。"[4] 显然，他们看重的治学境界，都是以求知求智为旨趣的"为己之学"。不过，纯粹的"为己之学"古来少见，于今尤为难得。

当今学术属于一种制度性的活动，治学早已成为一种职业，这时学术的"为己"抑或"为人"，与业余治学的时代已有天渊之别。在职业化、制度化的学术世界，并不存在真正的"世外桃源"，也难以接受"藏之名山"的学问。目前各种行为目标都趋于短期化，从社会到管理部门，都以眼前之"用"来衡量学术，对于缺乏"现实意义"的课题普遍没有好感。于是，学者不得不以"现实性"和"为现实服务"来证明治学的意义，通过发表论著的数量及反响来显示治学的业绩，用学术成果来换取薪酬和职位迁升。这显然迥异于古代的情况。古代学者可将学术视为"名山事业"，寄希望于长远，期求身后之名。这样或许可能避免急功近利和粗制滥造。现代学者则必须寻求短期而直接的效用，否则就难以立足。美国大学年轻教师有所谓"publish or perish"（不出版即出局）的危机感，中国学者也面临越来越沉重的"发表压力"。频繁的考核，不断的申报，各种量化的指标，不免使人疲于奔命，不得不以"短平快"的方式，使手稿迅速地变成

1　戴震：《答郑丈用牧书》，载《戴震文集》（赵玉新点校），中华书局1980年版，第143页。

2　章学诚：《章学诚遗书》，第85页。

3　章太炎：《与钟君论学书》，《文史》，第2辑（1963年），第279页；转引自陈平原：《中国现代学术之建立》，第33页。

4　陈美延编：《陈寅恪集·诗集》，生活·读书·新知三联书店2001年版，第19页。

出版物。越来越多的学者意识到，治学急功近利，忽视积累，讲求实用，必然给学术事业带来巨大的扭曲和损害。

可见，在目前的社会风气和学术氛围中，适当地提倡"为己之学"，可能有助于抑制"学以致用"所带来的弊端。[1]作为个体的学者，能够从容读书，优游治学，纯粹以求知为乐，自然是令人歆羡和向往的境界。但是，求知和治学毕竟不只是对学者个人有益的事，知识和思想终归关乎一个民族、一个国家的实力与地位。一种文化如果缺乏深厚的积累，就难以孕育真正的学术大师，不能显示一个民族在智性上所达到的高度。在史学史上，兰克之出现于德国，汤因比之出现于英国，布罗代尔之出现于法国，都离不开这些国家整体的文化底蕴和学术积累。他们都不啻为各自民族的知识高原上突起的巨峰。对于当前中国的学术来说，赋予纯粹的求知以正当地位，乃是一种迫切的现实需要。借梁启超的话说："就纯粹的学者之见地论之，只当问成为学不成为学，不必问有用与无用，非如此则学问不能独立，不能发达。"[2]

其实，求知并不排斥求用，而片面求用则会妨碍求知。治学以求知为先，求用自然随之；倘若未获真知，"用"从何来？钱穆说："从研究历史用心，可以解决问题。若仅从解决问题上用心，却不一定能了解历史。这等于说，明体可以达用，而求用心切，却不一定能明体。"[3]知识具有现实功用，而片面以现实功用为追求的目标，就会降低学术的品格。正如绘画一样，一幅好画自有其商业价值，但如若纯以商业为目的，就难以作出好画。陈寅恪说："士之读书治学，盖将以脱心志于俗谛之桎梏，真理因得

1　20世纪90年代前期，有学者撰文替"为学术而学术"正名，认为这本身就是"求真知、求真理的精神"，而且"一个真正的知识分子就该有这种精神"。陈乐民：《寻孔颜乐处，所乐何事？——闲话知识分子与治学》，《读书》，1994年第1期，第35页。

2　梁启超：《清代学术概论》，第45页。

3　钱穆：《中国历史研究法》，第10页。

以发扬。"[1] 若要追求真知，就不能以眼前之用为限。一个学者只要坐在书斋，站在讲台，就不是一个"普通人"，不能按"普通人"的思维和习惯办事，而要以学者的身份来思考、写作和讲课，要抵制"普通人"的见解和诉求施加于学术的干扰。进而言之，一个社会若要获得"致用"的知识，首先要包容"为学术而学术"的研究活动。

章太炎曾诋斥当世一些讲求"致用"的学者，宣称："学者将以实事求是，有用与否，固不暇计……学者在辨名实，知情伪，虽致用不足尚，虽无用不足卑。"[2] 可是，当今学者大多无法做到章太炎所说的这种洒脱，正是一个"用"字，让许多治史者深为困扰。文学家可能也会被问及"文学有什么用"，艺术家可能也不会忽视"艺术有什么用"，但均不及"历史有什么用"的质疑对治史者的冲击之大。荷兰学者安克斯密特认为，关于史学是否有用的问题，是一个"不适当的问题"，是一个"范畴错误"，因为"历史及历史意识与诗歌、文学、绘画及其他类似东西一起都属于文化；问文化有什么用，就是一个没有意义的问题。史学构成文化的一部分，而文化毋宁是一种背景，只有**在这种背景下**我们才能对诸如某些类别的科学研究或政治目标的用处形成看法。……历史和文化界定用途，而它们本身是不能从用途的角度来界定的"。[3] 可是，众多史学以外的其他人，并不会按这种逻辑来看待史学的价值，因之追问"历史有什么用"的声音，并不会从史家的耳旁消逝。

提出"历史有什么用"这个问题，可能包含"历史没有什么用"的预设，有时甚至带有"历史只能起坏作用"的暗示。海登·怀特谈到，尼采对历史的痛恨甚于宗教，称历史对人生和社会非但没有积极作用，反而十分有害，因为"历史培育了一种使人们虚弱的窥淫癖，使人们感到他们是

1 陈寅恪：《清华大学王观堂先生纪念碑铭》，载陈美延编：《陈寅恪集·金明馆丛稿二编》，第246页。

2 章太炎：《与王鹤鸣书》，《章太炎全集》，第4册，第151页。

3 安克斯密特：《历史学与后现代主义》，《历史与理论》，第28卷，第2期，第139页。黑体字系原文所有。

世界的后来者，在这个世界上，值得做的事都已经做完了，因此破坏了可能给予一个荒诞世界特别具有人性的、即使仅仅是昙花一现的意义的英雄壮举"。[1]换言之，尼采之所以不喜欢历史，是因为他觉得历史给后人平添负担，摧挫其创造的热情。20世纪60年代，美国年轻的历史学者费希尔也感觉到，当时大众思想中存在着某种反历史的倾向，许多人既不承认获取历史知识的可能性，也否认历史有什么有益的用途。[2]桑德·科恩（Sande Cohen）、马丁·戴维斯（Martin Davies）等学者，从另一层面阐述历史的危害，认为历史学家总是把当前的世界历史化，将各种现实的压迫性制度和现象描绘成历史的产物，使之具有合理性，从而诱导人们把它们作为常态加以接受，以此损害人类的未来。[3]印度学者迪佩什·查克拉巴蒂（Dipesh Chakrabarty）也论及历史与殖民主义的关联，称"历史主义使得欧洲能够在19世纪支配世界"，因为它所制造的"进步"和"文明"的神话，把欧洲置于历史趋势引领者的位置。[4]

　　作为从业者的历史学家，自然要从正面大力张扬历史的价值和功用。美国史家卡尔·戴格勒谈到，历史虽不实用，但并非完全没有用。他略带解嘲地说："历史学不能提供治病的办法，也不能产生新的能源。历史学也不是什么政策科学，正如它不是自然科学一样。它的首要目标不过是扩大我们对于作为人意味着什么的认知和理解，并了解过去如何变成了现在，而现在又如何塑造了我们对过去的认识。"[5]美国学者哈默罗也认为："历史的重要性从根本上说乃是内在的；它在于人类本能地感觉到，对于过去的兴趣乃是其人性的一部分，而不在于它与某一具体社会或时代面临

1　海登·怀特：《历史的负担》，载海登·怀特：《后现代历史叙事学》，第39页。

2　费希尔：《历史学家的谬误》，第307页。

3　唐纳利等：《治史》，第204—205页。

4　转引自普里亚·萨蒂亚：《时间的巨怪：历史如何创造历史》（Priya Satia, *Time's Monster: How History Makes History*），马萨诸塞州坎布里奇2020年版，第3页。

5　戴格勒：《重构美国史》，《美国历史杂志》，第67卷，第1期，第23页。

的问题是否相干。"他继而宣称，从这个意义上说，"历史无用；就这么简单。其所以如此，原因乃在于，离开了历史，社会生活就难以为继"。[1]他的意思似乎是说，正是这种"无用"之"用"，才是历史最大的"用"。美国学者乔伊斯·阿普尔比用富于哲思的口吻谈论历史的用途："历史拥有巨大的力量"，"在好的时代或坏的时代，在关键的时代，在转折的时代，或是在平常的时代，历史都能帮助人类更好地思考，更丰富地生活，更明智地行动"。[2]

　　一般来说，历史的用途首先在于它作为人类集体记忆的功能。个人的自我意识依赖于个人的记忆，而作为群体的人要形成认同感，则离不开集体记忆。美国学者格尔达·勒纳谈到史学的作用时，称它是"**一种记忆和个人认同的源泉**"，是"**集体永存**"，是"**文化传统**"，也是"**一种解释**"，可以"发挥满足人类各种不同需要的功能"。[3]这里提到的"记忆"、"认同"、"集体永存"和"文化传统"，都与历史作为集体记忆的特性有关。英国史家卡莱尔写道："在这个星球上，人的命运来自何处，去向何方？如果它确实具有某种历程和趋向，那是为一种不可见的神秘智慧所引导呢，还是盲目地在迷津中绕圈子？"[4]这些问题看起来抽象而玄奥，但却触及人类存在状态的根本。治史者如若毫不关心这些问题，仅醉心于发掘具体的历史知识，就不会成为有思想、有智慧的学者。科林伍德说："历史学是'为了'人类的自我认识。……历史学的价值就在于，它告诉我们人已经做过什么，因此就告诉我们人是什么。"[5]换言之，人已经做过的变成了记忆，而记忆又成为人自我意识的核心。贝克尔则从"历史"的定义入手，

1　哈默罗：《关于历史学和历史学家的思考》，第12、33页。

2　阿普尔比：《历史学的力量》，《美国历史评论》，第103卷，第1期，第1页。

3　勒纳：《历史学的必要性与职业历史学家》，《美国历史杂志》，第69卷，第1期，第10页。黑体字系原文所有。

4　卡莱尔：《论历史》，载何兆武主编：《历史理论与史学理论》，第233页。

5　柯林武德：《历史的观念》，第38页。

对历史作为记忆的意义做了生动的解说：历史是指"历史知识"，而知识的核心是人们所记住的东西，过去实际发生的事件不过是人们所说过和做过的事情，因而历史归根结底乃是"说过和做过的事情的记忆"。在这个意义上，每个人都有一个自己的小小的历史世界，都是"自己的历史学家"；如果他某天一觉醒来，忽然忘记了自己"说过和做过的事情"，他就"失掉了灵魂"，因为如果没有关于"说过和做过的事情的记忆"，"他的今天就不会有目标，他的明天也不会有意义"。[1]对个人如此，对群体也是一样。

照此说来，历史在根本上是人的一种存在方式。现在转瞬即逝，未来渺不可测，人能实实在在拥有的只是关于过去的记忆。他/她依靠这种记忆来界定自身，认知现在，展望未来，并评估生活的意义。这就是说，人无往而不生活在历史之中，其思想和行为处处受到历史的制约或塑造，只不过他/她自己不一定时时意识到这一点而已。德国哲学家文德尔班写道：

> 人是有历史的动物。人的文化生活是一种世代相承愈积愈厚的历史联系：谁要是想参加到这个联系中去通力协作，就必须对它的发展有所了解。……人类必须背起巨大的历史书包，当这个书包在时间历程中变得愈来愈重，令人感到背不动的时候，将来的人是不会没有办法慎重地在无伤宏旨的范围内把它减轻的。[2]

法国学者阿隆也说，"作为社会生物的人只能显现在一种历史表象下，带有他所属的那个多变的社会的烙印。说人是历史的或人是社会生物其实是一个意思"。他进而指出："说人是历史的是因为他有能力思考过去，摆脱

1　贝克尔：《人人都是自己的历史学家》，《美国历史评论》，第37卷，第2期，第221—223页。

2　文德尔班：《历史与自然科学》，载何兆武主编：《历史理论与史学理论》，第393—394页。

过去，给自己创造一个未来。"[1] 人存在的历史性，决定他/她的生活离不开历史。这或许就是哈默罗谈到的历史的"无用"之"用"，或者说是历史的根本之"用"。

也正是因为人是一种历史的存在，史学在根本上乃是一门关于现在的人的学问，其宗旨在于帮助人理解当前存在方式的意义，并探索改善将来生存状态的路径。现在是过去的延续，现在的人须以过去的人的经历为参照，才能明了生活的意义，找到面向未来的目标。正如英国学者卡尔所说："只有以现在为参照，过去对我们才是可以理解的；而只有以过去为参照，我们才能充分了解现在。使人能够理解过去的社会，并增进他对现在的社会的把握，这是历史学的双重功用。"[2] 德国哲学家卡西勒也充分肯定历史的"现在性"，认为"历史是生活的再生，没有它持续的努力，生活就将消失，失去它的活力"。[3] 西班牙哲学家伽赛特直截了当地把史学称作"有关现状的一门科学"，其根据在于，史学"是关于那种根本性的现实——即，我的生命——的有体系的科学"。[4] 由此可见，史学有助于将关于过去的记忆转化为关于现在的意识，从而使现在和过去在人的生命中得以重合、交融和统一。一言以蔽之，史学的最大价值在于，它能帮助人理解人生、社会与时代，进而确立积极的行动目标。[5]

长期以来，治史者和统治者都相信，历史具有"资治"的功用。但是，历史能否"资治"，以及能"资"什么"治"，并不以史家的意志为转移，而取决于统治者对待历史的兴趣和态度。如果在执政者的心目中权位高于一切，那他就会从历史中获取与权术有关的经验教训，用以巩固自己的权势。这类例子在中外历史上都可谓比比皆是。有的史家看清了这一

1　阿隆：《论治史》，第22页。

2　卡尔：《历史学是什么？》，第69页。

3　卡西勒：《历史哲学》，载何兆武主编：《历史理论与史学理论》，第601页。

4　伽赛特：《历史是一个体系》，载何兆武主编：《历史理论与史学理论》，第712—713页。

5　林毓生：《中国传统的创造性转化》，第274页。

点，因之提醒同行对历史的政治功用保持一定的警惕。美国学者洛克滕堡写道：“政客们的更大兴趣，无疑在于要求历史学家肯定他们已经具有的看法，而不是从历史中获得可能导致他们改变意见的例子。”[1]另一种常见的情况是，统治者喜欢利用历史作为宣传的资料，以证明其政策、主张、业绩的英明和出色。英语中的“宣传”（propaganda）大抵是一个贬义词，指的是“采用什么方式把别人认为是假的东西说成是真的，或至少进行了言过其实的夸大。宣传是政治上的一种手段，一种为左右公众意见以支持或反对某种政策而进行的活动”。[2]在这种语境中，“为了政权的利益而利用历史知识进行宣传，无异于历史的谎言”。[3]用这种方式来开发历史的用途，不过是扭曲历史知识对于社会和文化的本来意义。美国学者贝林说：“准确的历史知识对于社会精神的健全是至关重要的。病态的体制，即任何类别的极权体制，不论是左翼的还是右翼的，都必须系统地歪曲历史以求得生存。”[4]另一方面，历史学家提供的历史知识，有时可能与社会及统治者已有的历史认知相冲突，不仅引人不快，而且还会受到压制和围攻。

此外，历史还有教育、道德劝化和娱乐的功用。一般认为，读史可以明智，有利于砥砺情操，增进爱国热情，培养公民意识。古罗马史家塔西佗说：“历史的任务是赞美正义、揭露邪恶，以为后世殷鉴。”[5]唐代的刘知几写道：“史之为务，申以劝诫，树之风声。”[6]这里都涉及史学的道德教化功用。除诗歌和小说以外，历史书籍也曾经是拥有众多读者的娱乐性读物，有的史书甚至达到“洛阳纸贵”的地步。18世纪苏格兰人休谟的《英国史》颇为畅销，而他的哲学书却少有人问津。这个故事说明，历史著作

1　洛克滕堡：《历史学家与公共领域》，《美国历史评论》，第97卷，第1期，第10页。

2　沃勒斯坦：《书写历史》，载陈启能、倪为国主编：《书写历史》，第36页。

3　雅斯贝斯：《历史的起源与目标》，载何兆武主编：《历史理论与史学理论》，第695页。

4　贝林：《论历史教学与写作》，第12页。

5　汤普森：《历史著作史》，上卷，第1分册，第128页。译文中的“殷鉴”似以改作“鉴戒”为佳，因为“殷鉴”一词有特定的中国历史含义，不宜用于翻译。

6　刘知几撰，浦起龙释：《史通通释》，第192页。

若具备故事性和娱乐性，就能获得较多读者的青睐。可是，在史学专业主义的形成和发展中，历史写作越来越远离娱乐性，史学论著的读者群体也就随之萎缩。与此同时，现代生活中各种诉诸视听的娱乐方式铺天盖地而来，一般人的阅读兴趣和阅读能力都大为衰减，加之多数史学论著缺乏可读性，其娱乐效果也就荡然无存，无法同各种"戏说"历史的影视剧、短视频和通俗读物相抗衡。专业史家对此颇为不满，忧心忡忡，但一时也找不出有效的应对之策。

对于个人和群体来说，历史的用途可能是很不一样的。一个人毫无历史知识，照样可以过好自己的日子；而一个群体、一个民族乃至整个人类，如果没有历史，就无法形成和维系其凝聚力及类属认同。对于一个国家来说，历史还可以作为国际竞争的资本，因为悠久的传统是一种营造影响力的资源，先辈的业绩也有助于提升本国的国际地位。不过，一般人平时总是习惯于从个体的角度看问题，文学艺术带来感官和精神的愉悦，经济学知识强化职业竞争能力，科学技术增进生活的便利，这些个人都不难亲身感受，因而其价值也就无可置疑；但历史知识通常与个人的生活没有直接的关系，而专业史学与普通人之间又存在深厚的隔膜，[1] 于是经常有人问"历史有什么用"，也的确是不足为怪的。

历史的用途还有一个限定性的条件，即它只有被人掌握才有用。因此，人对历史的兴趣和掌握历史知识的能力，也是决定历史之"用"的关键因素。宋高宗借鉴汉光武帝故事而以柔道治天下，须读过《光武本纪》才有可能；某个现代政党领袖善于利用历史知识来处理现实问题，则缘于其对某类史书的深入研读。[2] 一个不读历史、不懂历史的执政者，根本无从

---

[1] 普通读者大多觉得专业史学作品缺乏可读性，例如，20世纪90年代在《美国历史杂志》的一项调查中，许多人反映历史论著"狭隘、过度专业化和乏味"。参见罗伊·罗森茨威格、戴维·西伦：《过去的现身：美国生活中大众对历史的利用》（Roy Rosenzweig, David Thelen, *The Presence of the Past: Popular Use of History in American Life*），纽约1998年版，第4页。

[2] 参见余英时：《历史与思想》，第261—262页。

谈及吸取"历史的经验教训"。美国学者贝克尔写道：

> 一个人如果不自己做一点研究，就不能得到历史研究的好处，或者得
> 不到多少好处。储藏在书本里或历史学教授头脑中的历史知识，无论
> 怎么丰富，如果我自己不能拥有一点，对我也没有什么益处。[1]

其大意是，一个人只有自己掌握了历史知识，才能感受到它的价值；而要
掌握历史知识，又离不开兴趣和能力。历史知识既缺少艺术的愉悦，也不
会带来科技的实用，因而一般人对历史知识的需求和兴趣都相当有限。这
也就意味着历史之"用"通常带有精英色彩，史学也就成了"贵族化的学
问"。于是，治史者对于历史之"用"不可苛求，对于某一课题的"现实
意义"也不必抱有过高的期许。同时，在考虑历史之"用"时，治史者还
不能忘记历史常有被滥用的风险。无论个人或团体，无论国家或民族，诉
诸历史通常是出于一时的、特定的需要，其利用历史的方式往往带有实用
性和功利性。这就难免把对历史的利用变成滥用。

　　总之，历史的用途是一个相当复杂的问题。德国学者耶尔恩·吕森指
出："至少在现代社会中，历史文化有着三个维度：认知的、政治的和审
美的。"[2]对于历史之用，也可以从这三个维度来加以考量。美国学者列昂奈
尔·戈斯曼谈到，"历史文本"在"科学"和"教养"两方面都有其功能。[3]
唐代史官刘知几更是看重历史的道德和政治功用，不惜用夸张的笔调来渲
染史学的意义：

> 苟史官不绝，竹帛长存，则其人已亡，杳成空寂，而其事如在，皎同

1　贝克尔：《何谓历史事实》，载斯奈德编：《超然态度与历史写作》，第59页。

2　多曼斯卡编：《邂逅》，第189页。

3　多曼斯卡编：《邂逅》，第251页。

星汉。用使后之学者，坐披囊箧，而神交万古，不出庭户，而穷览千载，见贤而思齐，见不贤而内自省。若乃《春秋》成而逆子惧，南史至而贼臣书，其记事载言也则如彼，其劝善惩恶也又如此。由斯而言，则史之为用，其利甚博，乃生人之急务，为国家之要道。有国有家者，其可缺之哉！[1]

说到底，史之为用，存乎其人。一般人对历史之用抱有偏见或误解实不足为异，而治史者则大可不必为此感到迷茫和困惑。学者只需对自己的专业保持信心，认真踏实地做出成绩，而不必过多地纠缠于"历史有什么用"，以免陷入为"用"所驭的困境。顾炎武在论及"作诗之旨"时说，"言志"为"诗之本"，而"以观民风"是"诗之用"。[2]以是观之，求取可信的历史知识乃是"史之本"，而启迪现实、协助公共决策和推进道德教化，则是"史之用"。史家应在守本和务本的基础上求用，倘若一味求用，则无异于舍本逐末。

二、博通与专精

《隋书·经籍志》云："夫史官者，必求博闻强识，疏通知远之士，使居其位，百官众职，咸所贰焉。"[3]史官是古代的政府官员，尚且要求具备"博闻强识"和"疏通知远"的一流素质，当今职业史家更须拥有渊博的知识和广阔的视野。当然，博通只是对史家素质的要求，而不是治学的目的；只有在博通的基础上求得专精，方可言及出色的学绩。前人论学，大

1　刘知几撰，浦起龙释：《史通通释》，第303—304页。

2　顾炎武撰，黄汝成集释：《日知录集释》，中册，第1553页。

3　魏征等：《隋书·经籍志》，第4册，第992页。瞿林东对此有所阐发。参见姜义华、瞿林东、赵吉惠：《史学导论》，复旦大学出版社2003年版，第270—271页。

多强调由博返约，既通且专。这可以说是古今史家成功的要诀。

博、通、专、精，是对史家的四种不同的要求。"博"意为知识渊博，不仅知见广泛，而且了解深透；"通"是指对多种知识加以消化吸收，融会贯通，为己所用；"专"指治学有特定的领域，对具体问题能用功专一；"精"侧重学术质量，写成的论著能达到较高水准，具有独到的价值。博、通、专、精四者之间，有一种相辅相成、相得益彰的关系，不可偏废一端。志在专精，必先博通；求取博通，以底于专精；博而能通，既专且精，方为良史。英国史家卡莱尔说："有的人在一个部门从事机械劳动，看不到整体，也不觉得有整体；有的人以整体的观点使一个卑微的领域变得崇高起来，为人们所熟悉并且习惯性地认识到，唯有在整体中部分才能得到真正的确认。"就治史而言，前一种是"匠人"，后一种则是"艺术家"。[1]高明的史家须力争成为这样的"艺术家"，做一个以博通求专精的学者。

前人对于"博"与"约"关系有较多的讨论，大都强调以博通为先，在博通的基础上求得专精。章学诚说："学贵博而能约，未有不博而能约者也。"[2]王国维写道：

> 夫天下之事物，非由全，不足以知曲；非致曲，不足以知全。虽一物之解释，一事之决断，非深知宇宙、人生之真相者不能为也。而欲知宇宙、人生者，虽宇宙中之一现象，历史上之一事实，亦未始无所贡献。故深湛幽渺之思，学者有所不避焉。迂远繁琐之讥，学者有所不辞焉。[3]

这番话触及治学的局部知识和整体知识之间相互依存、相互促进的关系：

1　卡莱尔：《论历史》，载何兆武主编：《历史理论与史学理论》，第237页。

2　章学诚：《章学诚遗书》，第14页。

3　王国维：《〈国学丛刊〉序》，载王国维：《观堂集林》，河北教育出版社2001年版，下册，第877页。

对细节的判断，需要整体知识的支持；而整体知识的获取，则需要细大不捐的长期积累。不过，对整体和局部的关系也不宜无限发挥。西班牙哲学家伽赛特说，历史是一个体系，要明白局部，必须了解整体；即便是"每一个历史名词，不管是什么名词，想要具有准确性，都必须被确定为是全部历史的一个函数，不多也不少"。[1]这样说，不免有费希尔所谓"整体论谬误"的意味。[2]任何学者都无法了解全部历史，因而不能要求他/她先掌握所有的历史知识，再来准确界定一个历史名词。用这种标准来衡量博通，是完全不切实际的。

　　治史讲究以博通为先，这也是历史本身提出的要求。过往实际包罗甚广，内容驳杂，治史者不具备丰富的知识，根本无法驾驭研究题材。无论何人，所研究的问题大多超出其个人经验之外，除了时间的距离，更有知见的局限。史家要理解各式各样远离个人经验的事物，所可恃者唯有学识和想象。历史世界就像一张联结紧密的大网，一个细小事件可能牵涉到许多因素，一个时代的特点与前后的时期都有着密切的关联，一个国家的历史可能受到许多国家的影响。治史者若非知见博洽，就有可能落入坐井观天、盲人摸象的境地。稍有经验的学者都有这样的体会：孤立地就某事而论某事，或就某人而论某人，根本不可能获得全面而深入的历史认识。

　　史家的博通可有横向和纵向之分。横向的博通，表现为一个人拥有多个领域和学科的知识。德国史家尼布尔通晓哲学、数学、物理学、化学、博物学、史学、罗马法，懂得数十种欧洲和其他地区的语言，堪称一个真正的"百科全书式"的学者。[3]英年早逝的美国学者理查德·霍夫斯塔特，通晓心理学、社会学和政治学，所著《改革的时代》、《美国生活中的反智主义》等书，以独辟蹊径、博学卓识而著称。美国早期史名家贝林，对欧

1　伽赛特：《历史是一个体系》，载何兆武主编：《历史理论与史学理论》，第712页。

2　费希尔：《历史学家的谬误》，第65页。

3　汤普森：《历史著作史》，下卷，第3分册，第207页。

洲历史和文学有着浓厚的兴趣，其著作视野开阔，识见通达，文辞典雅，
意蕴深沉。法国年鉴学派大家布罗代尔，在地理学、气象学、博物学、经
济学和社会学等领域都富有造诣，其主要著作在众多领域都能产生反响。
可见，出色的史家须摆脱狭隘的专业意识，在自己的研究领域以外具有丰
富的知识，能够调动多个学科的知识来探讨具体的课题。研究中国史，若
能对日本、欧洲以及其他地区的历史有所了解，便可打开视野，纵横比
较，在选题和解释方面也能独具慧眼。研究历史，若能利用文学、社会
学、文化人类学、科技史等多方面的知识，或许能左右逢源，别开生面。

　　纵向的博通对治史同样重要。陈寅恪曾说，治史须有"通识"。[1]无论
专攻的是什么课题，都要对课题所关的领域有贯通性的了解；仅专注于某
一点，就难以做到穷原竟委。钱穆谈到，在通和专的问题上，他与傅斯
年存在很大分歧。傅斯年不主张治通史，强调专精，史语所有人研究明
史，他竟不允许此人"上窥元代，下涉清世"。这种做法不利于培养"通
识"，难以取得大的成绩。钱穆倡导通史研究，俾能"上溯渊源，下探究
竟"。[2]他还提出研究通史的两条路径：或"由上而下，自古到今，循着时
代先后来作通体的研究"；或"自下溯上，自今到古，由现代逆追到古代
去"。[3]他还提到，研究问题要有"整体的眼光"。[4]余英时概述钱穆的学术
风格，称作"以通驭专"。[5]这样处理通与专的关系，的确有利于造就学识
渊博、见识通达的专家。

　　治史贵能贯通，而具体的研究则往往需有明确的时间断限，两者看起
来有明显的冲突。钱穆在评点余英时的一篇文章时说，"尚在源头处未能
有立脚基础，故下语时时有病"；建议"从源头处用力，自不宜截取一节

1　陈寅恪：《冯友兰中国哲学史上册审查报告》，载陈美延编：《陈寅恪集·金明馆丛稿二编》，第280页。

2　钱穆：《八十忆双亲·师友杂忆》，生活·读书·新知三联书店1998年版，第168页。

3　钱穆：《中国历史研究法》，第8—9页。

4　余英时：《钱穆与中国文化》，上海远东出版社1994年版，第35页。

5　余英时：《钱穆与中国文化》，第14页。

为之"。[1]可是，"截取一节为之"，正是现代史学的通例。中外历史均有古代、中古、近现代和当代的分期，中国古代史更习惯于按朝代乃至帝王在位时期来划分领域。这种分段研究的方式，确有可能限制学者的视野，不利于对某些"长时段"或"跨时段"的趋势进行探讨。历史的过程自有其连续性，并不因人为划分的时段而截然分界，因而优秀的史家一般不以某一段自限。唐长孺以治魏晋南北朝史著称，但他在探讨中古"浮客—客户"时，上溯秦汉，下至南宋，其论著对了解整个中古劳动者阶层的历史演变具有重要的价值。[2]严耕望主攻唐史，曾有意识地通读《宋史》，以求对了解唐代有所帮助。他们的治学经验表明，必须打破历史分期的局限，拓展时段，穷源溯流，对所研究的问题做贯通的探讨，方能期以大成。近期有学者评论20世纪后二十五年美国的史学风气，指摘"短期主义"（short termism）盛行，多数史家仅只关注相当于一个人生命周期（五至五十年）的短期课题，以致领域、题材和眼界都变得十分狭小。[3]不过，与此同时，全球史、环境史、文化史和生态史方兴未艾，不仅拉长研究的时段，而且扩大考察的视野，似乎带有矫正史学"短期主义"的意味。

　　博通还可有层次之别。钱穆对现代学术分门别类的趋势颇为不满，主张"求为一专家，不如求为一通人"。[4]在中国现代史家中，陈寅恪无疑是这种首屈一指的"通人"。他幼承家学，早年游学日本、美国和欧洲，心无旁骛，全力读书，凭借超人的天赋和炽烈的求知热情，涉猎众多领域，蓄积渊博学识。他在哈佛时对世界史抱有兴趣，购入整套"剑桥世界史"；转到欧洲留学以后，专攻梵文和东方古文字学，留心吸纳文化人类学、历史语言学的理论知识。中岁返国以后，他很快便以博识宏文而跻身于当世最优秀的史家之列。他在中古史、蒙元史、敦煌学、宗教史、文学史诸多

1　《钱宾四先生论学书简（1960年5月21日）》，载余英时：《钱穆与中国文化》，第231页。
2　张弓：《从唐长孺教授问学记》，《史学理论研究》，1995年第2期，第91—92页。
3　古尔迪、阿米蒂奇：《历史学宣言》，第7—10页。
4　钱穆：《现代中国学术论衡》，第6页。

领域，均取得了令人瞩目的成绩，治学路径贯通古今，熔铸中外，备受学界推重。这种"大通"的境界，自然不是普通学者所能企及的。

但是，普通学者经过努力，仍然可以成为一个"有通识的专家"，也就是达到"小通"的境界。当然，做到"小通"也不容易，要在专攻的具体课题以外，力求知见博洽，视界开阔，见解洞达。比如，研究美国革命史，应当掌握关于英国革命、法国革命和俄国革命的一般知识；研究唐代的赋税，须略知汉晋和宋明的赋税制度；研究美国联邦储备委员会的历史，需要了解美国银行和金融的发展史。科林伍德批评德国"实证主义史学"，称其将具体的事实分割开来，过于注重细节，而忽视事实之间的联系，也不能通过单独的事实而组成更大的历史画面，最终沦为"空前的掌握小型问题和空前的无力处理大型问题这二者的一种结合"。[1] 这种批评对于"实证主义史学"未必允当，但所触及的道理仍是不无意义的。探究具体的史事，的确不能忽略更大的背景；处理细小的问题，也需要储备广博的知识。东汉荀悦的《申鉴》中有一个比喻，形象而深刻地揭示了这一道理："有鸟将来，张罗待之，得鸟者一目也；今为一目之罗，无时得鸟也。"[2] 因此，探究再小的问题，也应当具有尽可能广博的知识，非"小通"无以成专家。

当然，对于普通学者来说，"博通"首先是一种学术理想，是一个激励自己不断进取的目标，不能因为难以真正做到博通而放弃努力。美国学者贝林说："在聚焦于确定的问题之前，所掌握的画面越大越好。"[3] 史家只有知识渊博，才能做出专精的成绩。另一方面，世间从来没有"无所不知"的通人，像清人阎若璩那种"一物不知，以为深耻"的想法，在今天

1　柯林武德：《历史的观念》，第194—195页。

2　荀悦：《申鉴》，载荀悦：《申鉴·中论·傅子》，上海古籍出版社1990年版，第18页。章学诚在《文史通义》卷六《博杂篇》中，转述这句话以说明博与约的关系，但未提及荀悦和《申鉴》。章学诚：《章学诚遗书》，第52页。

3　埃柯克：《有时是艺术，从未是科学，但总是技艺》，《威廉－玛丽季刊》，第51卷，第4期，第638页。

未免显得迂妄。每个学者最好从个人的实际情况出发，制定适当的目标，并围绕这个目标来安排自己的学业。有人终身读书不倦，将大部分时间和精力用于求博，结果博则博矣，但老而无成，亦复可叹。章太炎当年批评史学界风气的话，仍然值得温习："学问不期以广博，要以能读常见书为务。"[1]总之，"博"本身并不是治学的目的，"博"若不能落实于"约"，就没有实际意义。章学诚论"博"与"约"的关系，其见解十分精当："大抵学问文章，须成家数，博以聚之，约以收之；载籍浩博难穷，而吾力所能有限，非有专精致力之处，则如钱之散积于地，不可绳以贯也。"[2]博而不约，即为"无主之学"；泛漫杂乱，也难有专精的成就。[3]

前辈大家中有人一心求博，但反观其一生治学道路，也能看出不少教训。梁启超可谓博学多识，著作等身，但在学问精深之士看来仍不免杂而不精。梁启超本人对此也有所意识："吾学病爱博，是用浅且芜；尤病在无恒，有获旋失诸……"他表示，要"裁敛其学问欲，专精于一二点"，以期做出更大的成就。[4]英国的阿克顿勋爵读书之勤勉，学识之淹博，当世少有其匹，但始终未能写出拟写的巨著。英国学者凯斯·托马斯谈到，后人观览阿克顿勋爵留下的读书笔记，看到其中"囊括了几乎一切事物，包括人类学识的虚荣心"。[5]此等硕学巨匠尚且不能以博为精，一般学者更应注重由博返约，使学问立脚于专精。陈垣在1932年曾写信劝诫蔡尚思，不可沉湎于"空泛而弘廓"的研究，而要"缩短战线，专精一二类或一二朝代，方足动国际而垂久远"。[6]真可谓闻道之言，初学者尤应牢记于心。

当今治史者普遍致力于专精，只有先做一个好的专家，才有可能跃升为"通人"。历史包罗广泛，地域辽阔，时间漫长，即便有超群的天赋和

1　转引自罗志田：《史料的尽量扩充与不看二十四史》，《历史研究》，2000年第4期，第153页。

2　章学诚：《章学诚遗书》，第89页。

3　章学诚：《章学诚遗书》，第52页。

4　梁启超：《清代学术概论》，第82页。

5　帕拉雷斯－伯克编：《新史学》，第114页。

6　陈智超编注：《陈垣来往书信集》，上海古籍出版社1990年版，第355页。

广博的学识，也不能"包打天下"。一般学者更应选择具体的时代、地域和专题作为主攻方向，为自己营建"学术根据地"。如果读书浮泛涉猎，治学散漫无根，就难以取得学术实绩。而且，治史依赖史料，只有集中精力和时间在某一点下苦功，才能充分发掘史料，突破成说，自成一家。若把许多学者各自细致描摹的点连缀起来，就能形成清晰而广阔的历史图景。一部史学史表明，只有踏着众多专家铺就的阶梯，通人大师才能走上学术的高峰；只有借助大批专精的成果，方可孕育成鸿篇巨制。再则，学术生产不可以数量取胜，而应注重品质；著作等身，如果都是泛泛之作，尚不及几篇有价值的论文。

博通和专精的关系还牵涉到选题的性质。宏观综合和专题探讨的课题之间大有分别，前者偏于博通，后者必须专精，但两者不可偏废，而应当齐头并进。吴于廑就此发表过精辟的见解：

> 专精的成果愈多，成果的总触及面就愈广，作比较完整的综合考察，也就愈有条件。专精和综合是相辅而行的。没有专精，即使为一个细目作理论概括都会有困难，更不论作广泛的合乎科学的综合。同样，不作综合，就不易确定一项专题细目在全局中的地位与意义，更不会由综合概括中发现某些专精的不足从而引发更专、更深入的研究。[1]

美国史学界一度深为"碎片化"所困扰，专精的论著层出不穷，而宏观综合之作则寥若晨星。针对这种状况，贝林在20世纪80年代初指出：

> 我认为，在将来的岁月里历史学家所面临的最大挑战，不是如何使他们对过去生活的技术性探究变得深入和更复杂（这种活动无论如何也

---

[1] 吴于廑：《朗克史学一文后论》，载吴于廑：《吴于廑学术论著自选集》，首都师范大学出版社1995年版，第349页。案："朗克"通译"兰克"。

会、当然也应当继续下去），而是如何在当前这种以往未曾想见的复杂性和分析性的情况下将故事重新组合在一起，如何把所有可利用的（计量的和定性的、统计的和文字的、图像的和口头的）信息融汇成描绘主要发展过程的可读之作。[1]

最近几十年，国内史学界也有类似的情形。专题研究不断深化，新的领域和新的课题不断涌现，许多老问题也有了新的解释，但宏观综合的研究却相对滞后。已问世的为数有限的宏观综合之作，大多不重视第二手文献的利用，对各种新材料、新观点、新方法视若无睹，未能充分反映本领域的前沿进展。有些成于众手的宏观之作，缺乏统一的框架，既不宏观，也非综合，而近于教材式的"组装"。

前人谈到，初学者打基础时要着眼于博，广泛吸收各种知识，尽可能多地掌握治史的工具和技能，培养良好的学术素质；而在治学实践中则应立足于专，选择一个范围明确、时段具体和问题集中的课题，全身心地进行深入的探究。待到在专题研究方面有所成就，就可以涉猎较大的课题，逐步扩大范围，开展宏观综合的研究。吴于廑提出的"宽—窄—宽"治学"三阶梯"之说，[2]对于初学者把握博通与专精的关系，仍不失为一种简洁而深刻的提示。

三、史德与自律

顾炎武的名言"博学于文"、"行己有耻"，[3]早已成为许多学者的座右

1　伯纳德·贝林：《现代史学的挑战》（Bernard Bailyn, "The Challenge of Modern Historiography"），《美国历史评论》（*The American Historical Review*），第87卷，第1期（1982年2月），第23—24页。译文参见中国美国史研究会编：《现代史学的挑战》，第386—423页。

2　陈勇：《吴于廑先生治学追忆》，《史学理论研究》，2000年第3期，第55页。

3　顾炎武撰，黄汝成集释：《日知录集释》，上册，第539、1037页。

铭。一般来说，学者的人品、学风密不可分，道德有亏或修养欠缺的人，在学术上也难以达到上乘境界。事情当然总有例外，古今中外都不乏所谓"无行文人"，其文章学问同样彪炳史册。然则道德、文章并称，历来是对学者的最高褒奖。做人有理想、有追求，就可能把学术当成重要的事业；做人讲究诚信，写文章就可能严谨求实，遵循学术规范；做人谦和平易，持论就可能兼收并包，尊重同行；做人勤勉自持，治学就可能孜孜不倦；做人淡泊名利，在学业上就可能脚踏实地，甘坐"冷板凳"。学术上欺世盗名、弄虚作假的人，首先是人生的失败者。

具体到史家的道德修养，则有特定的内涵和要求。章学诚主张在"才、学、识"之外加入"德"字，梁启超更有"史家四长"的说法。在章学诚看来，没有"德"，"史家三长"之说就不完备；而且，"德"与"识"尤其不能分开，"能具史识者，必知史德"。他所说"史德"系指史家的心术，即为文不可"害义而违道"，不能以己意私情而定善恶褒贬。[1] 梁启超对"史德"的理解，秉承章学诚的论旨，并用欧洲客观主义史学理念来加以诠释。他认为，"史家第一件道德，莫过于忠实"，即"对于所叙述的史迹，纯采客观的态度，不丝毫参以自己的意见"。他倡导史家"把自己性格养成像镜子和天平一样"，力戒夸大、附会和武断之弊。[2] 钱穆对"史德"也有论述，称史家"要能不抱偏见，不作武断，不凭主观，不

1　章学诚：《章学诚遗书》，第40页。关于章学诚"史德"说的内涵与意义，史学界存在较大的分歧。瞿林东认为，章学诚对刘知几的"三长"之说有误解，刘知几并非不重视史德，他所谓"史识"，包含了"心术公正"的思想，同时他还强调以"直笔"著史。不过，章学诚的这种误解并未掩盖"史德"说的价值和意义。仓修良提出，刘知几的"史识"并不包括史德，章学诚的"史德"的核心是要求史家"在分清主观与客观关系之后，要尽量尊重客观史实，如实反映客观史实，不要随心所欲地把自己主观意图掺杂到客观史实中去"。乔治忠不同意将章学诚的"史德"解释为"以客观态度尊重史实，而不掺杂主观意志"，他认为章学诚的"史德"源自他的理学思想，要求"史家尽天理、养心性，评述史事慎勿违背纲常伦理，特别是不可毁君谤主"，这种观点是他的"史学思想中的糟粕"。参见瞿林东：《中国史学史纲》，第84页；仓修良：《章学诚和〈文史通义〉》，中华书局1984年版，第131—138页；乔治忠：《章学诚"史德"论思想评析》，载南开大学《中国历史与史学》编辑组编：《中国历史与史学——祝贺杨翼骧先生八十寿辰学术论文集》，北京图书馆出版社1997年版，第199—213页。

2　梁启超：《中国历史研究法》，第164—168页。

求速达"。[1]顾颉刚评王闿运的《湘军志》，指摘其"缺乏史德，对于史实往往以爱憎为颠倒，常有故意歪曲的地方"。[2]可见，他们所说的"史德"，侧重史家心术的"忠实"和"公正"，是一种在叙事和评价时所应当采取的"正确立场"。然则在现代学术的语境中，"史德"与学术规范有密切的关联，可从学术、伦理和法制三个维度来理解。

在学术的维度，"史德"的第一要义是尚真求实的精神。古人提出，"史家以不虚美不隐恶为良"；[3]作史须"秉笔直书"，"书法不隐"。所谓"直笔"和"曲笔"，乃是古代史学评判"史德"的基本范畴。古代史官记录当权者言行，有"冒死直书"和"曲笔文饰"两种极端的做法。晋灵公被杀后，晋史官董狐不惧威逼，坚持将"赵盾弑君"写入史册。崔杼杀齐庄公后，史官北史氏因书"崔杼弑君"而被杀，其二弟因以同样的写法而遇害，其三弟仍冒死照此记载，崔杼便不敢再予加害。这都是古代"直笔"的典范，也是高尚史德的楷模。但是，这种"直笔"与"曲笔"的分辨，具有特定时代的政治和道德内涵。以董狐为例，史载晋灵公"不君"，赵盾加以劝谏，他非但不听，反而设计加害，迫使赵盾逃亡，尚未出境，晋灵公就为赵穿所杀。董狐执意书为"赵盾弑其君"，是因为赵盾"亡不越竟，反不讨贼"，未尽臣道，无异于弑君。[4]可见，董狐不惧威逼是真，而"直笔"则假，实际上是出于特定的政治和道德考量而歪曲事实，属于另一种类型的"曲笔"。后来孔子论及此事，一方面称赵盾为"古之良大夫"，系"为法受恶"，另一方面又把董狐赞为"良史"，显然是因为董狐的做法符合他所持的政治和道德标准。[5]董狐和齐太史这样的史官，在当权者眼前记史，不免受到权势的威逼利诱，经常面临"直"与"曲"的抉

1 钱穆：《中国历史研究法》，第13页。

2 顾颉刚：《当代中国史学》，第2页。

3 钱大昕：《史记志疑跋》，载梁玉绳：《史记志疑》，第1册，第1页。

4 杨伯峻编著：《春秋左传注》，中华书局1990年版，第2册，第655—663页。

5 杨伯峻编著：《春秋左传注》，第2册，第663页。

择。现代史家涉及的是早已过去的人和事，是否能够更超脱、更自由地求取"历史的真相"呢？事情可能并不是这样简单。知识局限，思想倾向，政治立场，个人好恶，都会妨碍史家尚真求实的努力。因此，治史者要尽力摆脱各种制约，力求持论慎重而公允，小心防范偏见、武断和臆测。

对待史料的态度也牵涉到史德。从理论上说，史家应全面、客观、准确地处理史料，在这个基础上对前人往事做出符合事实、切合语境的解释。这不仅体现治史的能力，而且也反映史家的学术伦理。对待史料，首先要忠实于原文。中国古代有擅改古书的做法，现代史家则因读古书的能力不足，容易发生"郢书燕说"，或舍弃自己不能理解的部分，从而导致史料使用不当。外国史研究的史料问题更加复杂，研究者在解读和翻译史料时，更要有忠实于原文的意识，对于翻译时把握不准的地方，最好附注原文，以备查考。同样重要的是，对史料不能按论述的需要而随意取舍或剪裁。忽视语境，断章取义，只引对自己论点有利的材料，舍弃反面的证据，都是有悖史德的做法。美国华裔学者萧公权批评美国某些中国史研究者，说他们"不愿（或不能）广参细考中文书籍"，"从涉猎过的一些资料中'断章取义'，挑出'论题'，大做文章"，采取"随心假设，放手抓证"的办法，以博得一时的称赏。[1]严耕望也谈到过类似问题："有些问题，史料很丰富，若只留意有利于自己意见的史料，那么几乎任何问题都可以照自己意见的方向去证明，这可说是抽样作证。现在某方面的人士利用史学作为政治的工具，为政治服务，他们的主要方法之一就是抽样作证！"[2]这类现象在国内史学界一度也不罕见。

在伦理的维度，史家必须严守学术规范，尊重他人的研究，杜绝抄袭和剽窃。这也是"史德"的基本内涵。学术具有继承性，著述需征引他人之说，或借鉴他人的理论和方法；出于对他人研究的尊重，学者应在行文

1　萧公权：《问学谏往录》，第223页。
2　严耕望：《治史三书》，第31页。

中加以说明或注明出处。凡不是自己的发明和创见，就必须给原作者以荣誉，这是治学的基本守则，也是正当引用和抄袭剽窃的分界线。照抄他人的文字，使用他人的观点和材料，模仿他人的结构和方法，或受到他人的启发和点拨，如果不加标注或说明，就属于抄袭剽窃，或是美国学术界戏称的"学术性借用"（academic borrowing）。[1]这是至为严重的学术犯规，因为"窃人之美，等于窃财之盗"。[2]

　　如何在论著中合理地使用前人学说，中国历代学者经过长期探索，形成了某些规范。古人著述，时有袭取和抄录而不注明出处的做法。班固作《汉书》，其《艺文志》多取自刘歆的《七略》，高祖至武帝时期的史事多采自《史记》，昭帝至平帝时期的材料则来自其父班彪的《后传》。郑樵因此指摘班固"全无学术，专事剽窃"。他还推而广之，称"后世众手修书，道傍筑室，掠人之文，窃钟掩耳，皆固之作俑也"。[3]其实，班固并非不诚实，他在《艺文志》中声明，该篇取材于刘歆的《七略》，自己所做的工作不过是"删其要，以备篇籍"。[4]司马光领衔撰写《通鉴》，博采诸家之说，考异辨正，引书达二三百种之多，[5]但定稿中并未说明材料来源。及至明末清初，钱谦益作《国初群雄事略》，"采摭繁富，考证精详，凡所征引诸书，一一注明出处，尤为明人所罕觏"。[6]较之前代，这是学术规范的一大改进。清人钱大昕作《廿二史考异》，在序中声称："间与前人暗合者，削而去之，或得于同学启示，亦必标其姓名。郭象、何法盛之事，盖

1　有时研究者也会遇到类似于霍布斯鲍姆所说的这种情况："然而我在书中信手拈来的所有点滴想法，其原出处是来自哪本书或哪篇文章，或哪次谈话，或哪次讨论，我怀疑我是否能列出。我只能请求那些作品被我有意或无意巧取豪夺的作者原谅我的无礼了。"艾瑞克·霍布斯鲍姆：《资本的年代》，"序言"，第5页。

2　章学诚：《章学诚遗书》，第30页。

3　郑樵：《通志·总序》，载郑樵：《通志略》，第1、2页。

4　班固：《汉书》，第6册，第1701页。

5　一说226种，一说322种。参见瞿林东：《中国史学史纲》，第452—453页。

6　傅以礼：《国初群雄事略跋》，载杨翼骧、孙香兰编：《清代史部序跋选》，天津古籍出版社1992年版，第165页。

深耻之也。"[1]他的这种"削"和"标",与现代学术规范的要求相当接近。章学诚还就采用前人的"文辞"提出了明确的规范:"苟得其意之所以然,不必有所改窜,而前人文辞,与己无异也;无其意而求合于文辞,则虽字句毫无所犯,而阴仿前人之所云,君子鄙之曰窃矣。"[2]清人陈澧向学生传授"引书法",第一条即为"前人之文,当明引不当暗袭";唯有如此方能显示"心术之笃实"和"见闻之渊博"。[3]近人黄侃论治学之道,提出"不欺人"、"不知者不道"、"不背所本"、"为后世负责"和"不窃"等五条,[4]各条都涉及学术道德,最后一条则重在如何对待前人的著述。可见,前人在治学实践中不断总结经验,逐渐确立"不窃"和"明引"这两条原则。这无疑是学术规范,特别是学术道德方面的重要遗产。

然则治学艰苦,创获为难,总有懒惰取巧之徒径行抄袭剽窃,以求速成。章学诚分析剽窃者的动机时说:"窃人之所言以为己有者,好名为甚,而争功次之;功欺一时,而名欺千古也。"[5]当今从事抄袭剽窃的人,也是功名并重:以求学位、职称和薪酬之功,而博著述宏富、学业有成之名。国内学界经常暴露抄袭剽窃的丑闻,牵涉的人上有成名的教授,下有刚起步的学生。如果说剽窃国内学术成果相当于"土匪行径",抄袭外文论著则无异于"海盗行为"。在国内外国史研究的起步阶段,编译和改写外文论著乃是常见做法,这对于初步奠定研究和教学的基础,无疑有其必要性;而在研究资源略有积累的今天,则必须革除这种习气。抄袭和剽窃外文论

---

1 钱大昕:《廿二史考异》(方诗铭、周殿杰校点),上海古籍出版社2004年版,第1页。他提到的郭象为西晋人,以擅清谈闻名,所作《庄子注》有剽窃向秀注本的嫌疑;何法盛为南朝宋人,所著《晋中兴书》,有人认为系窃取郗绍之作。

2 章学诚:《章学诚遗书》,第50页。

3 陈澧:《引书法示端溪书院诸生》,载张舜徽选编:《文献学论著辑要》,陕西人民出版社1985年版,第413页。吕友仁在《向学术界推荐一个引书规范》(载杨玉圣、张保生主编:《学术规范读本》,河南大学出版社2004年版)一文中对陈澧的"引书法"做了推荐和评论。

4 殷孟伦:《谈黄侃先生的治学态度和方法》,载程千帆、唐文编:《量守庐学记:黄侃的生平和学术》,生活·读书·新知三联书店1985年版,第44页。

5 章学诚:《章学诚遗书》,第30页。

著具有较大的隐蔽性。经过翻译和改写后，文字的对应性变得模糊难辨，再加上不专门研究同一课题的人，往往很少直接查考被引论著的原文，因而这种抄袭和剽窃不易被发觉。可见，在外国史领域，防范抄袭和剽窃的工作更加艰巨。

防范抄袭和剽窃，首先要确立鉴别抄袭和剽窃的标准。区分正当引用和抄袭剽窃，不妨采用简单明了的技术性机制：在学术论著中，凡引用他人的理论、论点、文字和材料，必须在行文或注释中做出说明，否则就是抄袭或剽窃。此外，还可用学术创新的原则来进行判别：如果在材料、观点甚至文字上都与已有论著雷同，即便有详尽的注释和说明，仍然不能改变抄袭的性质。在欧美学术界，对于引用和抄袭有非常严格的区分，有著述手册规定，连续使用他人原文的三个词以上的文字，就必须加引号，否则，即使注明出处，仍被视为抄袭。[1] 以往一个时期，国内学界颇为关注的"伪注"现象，可以说是剽窃的一个变种。[2] "伪注"即虚假注释，具体手法有三：其一，将转引的材料注为直接引用；其二，将从译文得到的资料注为原文；其三，伪造材料的出处。注释作伪的动机可能是多种多样的，有时无法看到原文，或不肯下功夫去查找原文，又希望通过原始出处来增加文章的分量，于是就采用简便省事的"伪注"之法。

今天讨论"史德"问题，还须考虑法制层面的因素。根据保护知识产权的法律，知识产品的创造者或所有者在一定期限内对该产品享有独占权利，未经过其同意而复制、转载或使用该产品的部分或全部内容，属于侵权行为。有熟知欧美学术规则的学者谈到，"西方学者还尽量避免对别人论著的大段引述，其重要原因是由于有严格的版权制度的约束"；"像那

1　王笛：《学术规范与学术批评——谈中国问题与西方经验》，载杨玉圣、张保生主编：《学术规范读本》，第190页。

2　《博览群书》2003年第1期刊发了一组13篇文章，就《中国社会科学》2002年第3期刊登的《产业结构变迁与世界秩序重建——历史唯物主义视野中的世界秩序》一文中一条注释的"真伪"，展开热烈的讨论，表明学术界对"伪注"问题颇为重视。

些整页、整图、整表等大规模的征引，即使注出资料来源，也不能任意引用，而必须先申请版权许可"。[1]过于严格的版权制度有可能妨碍知识的传播，但对所有者的正当权益则是一种必要的保护，对于剽窃行为更是一种制度性的防范。常言所谓"学术为天下公器"，并不意味着可以无节制地使用他人的作品。学术性参考和征引并不涉及知识产权，而大量借用他人论著的内容，则必须征得所有者的同意或授权。在法律的层面，抄袭和剽窃等于侵害他人知识产权，由此引起的司法纠纷并不少见，有关消息不时见于报端。

不过，学术违规问题通常不能借助司法程序来处理。学界没有警察，也没有法院，维护学术道德和学术秩序的最好途径，只能是学者的自律。就"史德"而言，无论是排除偏见和干扰而致力于求真，还是以忠实而合理的态度对待史料；不论是杜绝抄袭和剽窃，还是尊重知识产权；都没有外在的力量时时加以监督，要靠学者以人格、良知和对学术的真诚虔敬之心来严格要求自己。此外，开展正常的学术批评，也有助于促成健康的学术风气，强化学术规范的约束力，使作弊者有所畏惧，不易得手。

四、学问的境界

研究历史须兼顾博通和专精，立论既有宽广的背景烘托，又有坚牢的证据支撑，钩沉发覆，破旧立新，以有补于知识和思想的增益。这就对治史者提出了很高的要求，一方面要志存高远，博闻多识，胸有浩然之气，力争"通古今之变"；另一方面须脚踏实地，不惜苦功，不求速成，兼收并蓄，博采旁收，巨川不舍细流，以点滴积累而成博大学问。

学问自有境界高下之分。何为高妙的学术境界，前人的说法不尽相

1　王笛：《学术规范与学术批评》，载杨玉圣、张保生主编：《学术规范读本》，第191页。

同。杨联陞借孟子"充实而有光辉之谓大"一语，表达他自己的学术理想；胡适则以"精细而能见其大"为上乘学问。[1]不过，学问境界终究是无形的，必须通过有形的学术成就来体现。至高的学术境界，通常寓之于精深的学问，形之以传世的佳作。笪重光论画境时说："空本难图，实景清而空景现；神无可绘，真境逼而神境生。"[2]学术境界亦复如是，唯有从古今杰出学者的治学和著述，方可约略窥见上乘学问的"神境"。西汉的刘向和扬雄都称赞司马迁，以其"善序事理，辨而不华，质而不俚，其文直，其事核，不虚美，不隐恶"；其书"谓之实录"，其人为"良史之材"。[3]这无异于以太史公为例来树立修史的理想标杆。宋人吴缜也说："必也编次、事实、详略、取舍、褒贬、文采，莫不适当，稽诸前人而不谬，传之后世而无疑，粲然如日星之明，符节之合，使后学观之而莫敢轻议，然后可以号信史。"[4]这里所揭示的乃是史家著述的上佳境界，而足以符合这一标准的论著，在中外史学史上都必是寥若晨星。

启蒙时代的法国学者布封说，风格即人（ *Le style est l'homme même* ）。由此引申，学术成就的大小，学问境界的高下，也牵涉到学者个人的天赋、修养、气质和追求。绘画的至高境界，是以至难的技法表现至美的意境；而治学的至高境界，也应是要以最高的智慧和最大的苦功，来探究最有意义的问题。治学有如登山，沿着未知的崎岖小径，历尽千辛万苦，终于到达群山之巅，于是振衣长啸，清风徐来，壮观天地之间，万物尽收眼底。提倡追求上乘的学术境界，并非鼓励好高骛远。"眼高手低"一词本含贬义，而吴于廑予以新解，称治学要从大处着眼（眼高），从小处着手（手低）；或者说，"视野要开阔，研究要具体"。[5]古语云："君子学以聚之，

1　严耕望：《治史三书》，第61页。

2　笪重光：《画筌》，载潘运告译注：《清人论画》，湖南美术出版社2004年版，第271页。

3　班固：《汉书》，第9册，第2738页。

4　吴缜：《新唐书纠谬·原序》，载《影印文渊阁四库全书》，第276册，第620页。

5　陈勇：《吴于廑先生治学追忆》，《史学理论研究》，2000年第3期，第59—60页。

问以辨之。"治史者以不断学习来积累知识和材料,在反复思考和商讨中提高自己的见识,以期最终达到"疏通知远"的境界。

诚然,并不是每个学者都能成为大家,但治学总要有远大的目标。只有胸怀鸿鹄之志,才不至于沦为蓬间之雀。向大师看齐,向典范学习,这是人文学术得以传承和提升的关键。前贤垂范,后学借此窥知学问的深浅,步入治学的门径。古代学者大多没有经过正规的学术训练,却也取得了杰出的成就,其成才之道端在自动向典范学习。问学于典范,重在揣摩和模仿。学画需反复临摹范本,治学也要仔细研读经典名作,领略其学术风格,体悟其治学精神,仿效其为学之法。另外,还要重视前辈大家的治学经验,多读其回忆录和学术自述,以及其门生后辈的回忆文章,从中不仅可以了解治学的方法,而且能够反思其成长经历,对他们所体现的高妙学术境界深怀景仰和向往,从而激励自己不断进取,努力攀登学术高峰。

要达到理想的学术境界,最可靠的办法无疑是勤奋。对多数学者而言,过人的天赋,深厚的家学,良好的师承,实在是难以同时具备的优越条件。不过说到底,这些仍只是辅助性的条件,如若不够勤奋刻苦,仍然难以卓然有成。反过来,即使没有天赋、家学和师承方面的优势,只要勤奋用功,同样可以做出成绩。古今但凡学业有成者,多为勤奋有恒之人。兰克直到晚年都在全力工作,每天约有10个小时用于读书和研究,从不休息,也没有节假日,连他的助手都被拖得筋疲力尽。[1]清人王鸣盛谈到自己读史著书的情形,写道:"每当目轮火爆,肩山石压,犹且呫残墨而凝神,搦秃毫而忘倦。时复默坐而玩之,缓步而绎之,仰眠床上,而寻其曲折。忽然有所得,跃起书之,鸟入云,鱼纵渊,不足喻其疾也。"[2]其勤苦忘我之状跃然纸上。倘能以这种精神读书治学,何愁不能取得出色的成绩。周一良谈到,陈寅恪之所以能取得杰出的成就,有赖于四个方面的条件:非凡

---

1 汤普森:《历史著作史》,下卷,第3分册,第246页。

2 王鸣盛:《十七史商榷》,北京市中国书店1987年版,"序"。

的天资，广博的学识，良好的训练，再加上勤奋刻苦。[1]陈寅恪同时拥有天赋、家学和师承，尚且离不开勤奋，何况一般学者？

在治学态度上，前人特别推重严谨。颜之推告诫子孙："观天下书未徧，不得妄下雌黄。"[2]对书中的误字，尚且不能按自己的理解轻易改动；而面对重要的历史判断，尤应慎重处理。近人黄侃推崇汉学，称"汉学之所以可畏，在不放松一字"。[3]"汉学"因之成为严谨朴实之学的典范。[4]美国第一代职业史家曾以德国史学为榜样，对兰克、蒙森等人的学风推崇备至，以"越过大洋去核实一个句号"作为严谨治学的标志。的确，研究历史须有如履薄冰之感，每论一事，都要尽可能遍搜材料，纵览各家，谨而慎之地下断语。

前人论学风，常以朴实为尚。南宋陆九渊说："今天下学者，唯有两途：一途朴实，一途议论。"[5]及至清乾嘉时，考据当道，朴学称盛，学界尤其推崇朴实学风。当时汉学祭酒王鸣盛称："盖学问之道，求于虚，不如求于实。议论褒贬，皆虚文也。……读史者不必以议论求法诫，但当考其典制之实；不必以褒贬为予夺，而但当考其事迹之实……"[6]一概排斥议论固然片面，但就治史而言，强调朴实并不为过。当今之世，"西学"潮流汹涌而入，各种新理论、新名词纷至沓来，倘若一味趋新，难免华而不实。未做脚踏实地的专深研究，出手便是宏文，细读之下，无非浮泛虚玄的议论，这便是一种与朴实对照鲜明的虚浮学风。治学推崇朴实，并非排

1　周一良：《纪念陈寅恪先生》，载张杰、杨燕丽选编：《追忆陈寅恪》，第156页。

2　颜之推撰，王利器集解：《颜氏家训集解》，上海古籍出版社1980年版，第219页。

3　殷孟伦：《谈黄侃先生的治学态度和方法》，载程千帆、唐文编：《量守庐学记》，第44页。

4　中国古代学风有所谓"汉"、"宋"之分，有时演变为一种门户和意气之争，将重朴实、考据的汉学与重注释、义理的宋学对立起来。20世纪前期的一代学人，力图调和"汉"、"宋"，既注重材料和考证，又不忽视对意义的阐释。参见罗志田：《"新宋学"与民初考据史学》，《近代史研究》，1998年第1期，第1—23页。

5　杨简：《慈湖遗书》，载《影印文渊阁四库全书》，第1156册，第649页。余英时在《中国史学界的朴实楷模》（载严耕望：《治史三书》，"附录"，第304页）一文中对这句话的含义有所阐发。

6　王鸣盛：《十七史商榷》，"序"。

斥议论，而是提倡先占有翔实的材料，再据以立论。如果用史实来论证某种先定的论点，无限制地发挥和引申史事的意义，离开具体史实而放言空论，那就沾染了前人一再鄙弃的"议论的风气"。研究者不可能没有自己的观点，只是立论须以材料为基础，并蕴含于具体的史实之中。清人朱一新说："考证须字字有来历，议论不必如此，而仍须有根据，并非凿空武断以为议论也。"[1] 余英时评杨联陞的治学，称他"从不把西方的概念强加于中国材料之上，他的社会科学的修养融化在史学作品之中，而不露斧凿痕迹：这是所谓'水中盐味'，而非'眼里金屑'"。[2] 史家的议论，应以"水中盐味"为佳。

治学历来讲究厚积薄发，研究历史尤其需要长期的积累。治史者如果缺乏深厚的修养，未能占有大量的资料，在学术上就难以升堂入室。厚积薄发的关键在于"积"，难点也在于"积"。"积"的过程漫长、枯燥和寂寞，远不如"发"来得痛快和风光。一个人若无极大的毅力和耐心，顶不住各种压力，经不起各种诱惑，也就难以做到厚积薄发。章学诚曾批评当时学风："风气所趋，竞为考订，学识未充，亦强为之。读书之功少，而著作之事多。耻其言之不自出也，而不知其说之不可恃也。"[3] 20世纪末期，国内学界曾盛行"以字数论英雄"的风气，目前仍有各式各样的量化考核指标，不发表规定数量的论著，职称不能晋升，津贴要被扣除，这样就逼迫学者"薄积多发"，乃至"不积而发"，一时传出"读书不如写书多"的异闻。只要积累深厚，"多发"也属正常；比如德国史家蒙森，著作等身，嘉惠学林。另有一种学者只"积"不"发"，述而不作，其学问同样令人敬重。

治史还有"慢工出细活"的特点。顾炎武有言，"文不贵多"；"多则

1　转引自余英时：《历史与思想》，第2页。
2　余英时：《论士衡史》，第399页。
3　章学诚：《章学诚遗书》，第91页。

必不能工，即工亦必不皆有用于世"。[1]林毓生倡导在中国的"人文重建"中，要奉行"比慢精神"。[2]以学科性质而论，史学尤须"比慢"。与其赶制空泛肤浅的长篇大论，不如用心写几篇充实而有见地的札记。学养的蓄积，学力的增长，朴实严谨学风的养成，都须假以时日。缺少"板凳宁坐十年冷"的精神，就不能做到"文章不写一字空"。清人顾栋高作《春秋大事表》，自称"泛滥者三十年，覃思者十年，执笔为之者又十五年"。[3]其积累之厚，用功之深，已不是"十年磨一剑"所能比拟的。

当然，"比慢"主要是针对追求"短平快"的风气而言的，并不是说越慢越好。一个以学术为"志业"的人，一般不会"慢"到一生只写一篇文章。因此，一个学者在漫长的学术生涯中，要就自己的研究工作制定某种规划。制定规划须考虑个人的能力和兴趣，宜把近期课题和长远设想结合起来，使阶段性的论著最终形成一个系列。规划当然也可以随时调整或变更，但须以大计为重，保证自己能充分施展学术才华。严耕望研究唐代交通史，最初只打算写一本20余万字的小书，结果花费四十年心血，写成一部长达200万字的《唐代交通图考》。这种计划的因时而变带来了更大的成效。陈寅恪天纵英才，博学精思，却没有写成鸿篇巨制，给学界留下未尽其才的遗憾。他晚年"失明膑足"，体弱多病，有志难伸，外人可能不易理解其心境。他在极端困难的条件下写成《柳如是别传》，严耕望讥之为"实无多大意义"的精深之作。[4]若从《柳如是别传》的材料之广博、考证之精审和见识之超迈来看，陈寅恪晚年完全有可能写出宏博贯通之作。余英时称，陈寅恪晚年著述为"现代中国学术史上"的"一大悲剧"。[5]这一"悲剧"的成因，既与时代相关，也牵涉到个人的学术规划。

1　顾炎武撰，黄汝成集释：《日知录集释》，中册，第1440页。
2　林毓生：《中国传统的创造性转化》，第21页。
3　顾栋高：《春秋大事表·总叙》，中华书局1993年版，第1册，第3页。
4　严耕望：《治史三书》，第176页。
5　余英时：《论士衡史》，第366页。

布罗代尔曾说，"历史学的精神在根本上是批判的"。[1]虽然他没有细说这种"批判精神"的具体内涵，但这里不妨理解为对史料、对前人之说的质疑，以及对自己、对同行的研究的"同情性"反思。前人论学，既倡导学有"宗主"，又不赞成门户之见。治学若无旨趣和方向，就会泛漫浮浅；但若囿于门户，也难免褊狭局促。钱穆批评说："学者困于门户之见，治理学则必言程、朱、陆、王。"[2]学术为天下公器，学者须海纳百川，如果抱定一宗信条，排斥、贬低甚至打击所见不同者，无疑是"有门户"的表现。学界还常见各色各样的"小门户"，比如，老师不许学生提出与自己相左的见解，学生则以固守师说为己任，也不容他人非议其师的学说。这样都不利于开展学术讨论，妨碍学术的发展。

提升学术境界有多种途径，其中也包括日常生活中的观察和体验。治史不能全靠书本知识，还要借助感性和常识。比如研究外国史，最好能到研究的对象国居住和生活，对其社会和文化有亲身体验，这样可以在无形中为著述增添底蕴。研究本国史也是一样。前人说："太史公游历名山大川，而后其为文愈奇。"司马迁出游时有意"网罗天下放失旧闻"，凭吊前代遗迹，为写作《史记》做准备。游历还可以增广见闻，甚至获得意想不到的灵感。在1962年的美国历史协会主席演说中，卡尔·布里登博谈到，历史学家不能仅仅关注历史文献，还要外出参观游览历代建筑、自然风光和名胜古迹，这同样有助于历史写作。他说：

> 我们不能继续容忍一种愚笨的想法，即在图书馆里就能最好地重新塑造过去的景象。……爱德华·吉本的灵感并不是从博德雷恩获取的，而是当他置身于罗马广场的废墟中时才得到的。[3]

1　布罗代尔：《论历史》（上册），第9页。
2　转引自余英时：《钱穆与中国文化》，第32页。
3　布里登博：《大变异》，《美国历史评论》，第68卷，第2期，第330页。文中提到的"博德雷恩"，即牛津大学的博德雷恩图书馆。

画家李可染曾书"八风吹不动天边月",以表达自己"坚持真理不为外风所动"、不为流俗所惑的决心。史家也要有这种定力。读书治学必须付出辛劳,做到持之以恒颇为不易。学者当以学术为立身之本,以全副身心投入其中,不因寂寞清苦而怨天尤人。一个学者还要坚持自己的研究方向,建立稳固的"学术根据地",不随意改变研究重点,尤其不能以"凑热闹"的心理来选择课题。一个好的学者,既善于与外部世界沟通,又坚持独立的判断,不轻易向流行观念妥协,也不作违心媚时之论。陈寅恪晚年自称:"默念平生固未尝侮食自矜,曲学阿世,似可告慰友朋。"[1]这与他早年所说"自由之精神、独立之思想",可谓一脉相承。

治学讲究定力和气节,并不意味着顽固不化,故步自封,自外于时代和社会。人文学术虽然是"独断之学",但同样离不开同行之间的切磋和激励。顾炎武说:"独学无友,则孤陋而难成;久处一方,则习染而不自觉。"[2]古时学者缺少专门的学术机构,通讯也不便利,更没有各种学术研讨会,相互间的探讨相当困难,但他们仍用多种方式来商量切磋。清人多以书札往复来讨论学术,其信函往往带有著述的性质。[3]现代学者大多供职于高校和研究机构,拥有许多古人未曾想望的优越条件。各种学术会议、座谈会、审稿会和学术沙龙,都是交流商讨的场所。电话和网络的普及,则使信息互通和观点交流变得更加便捷。师生、同事之间,可以相互审读稿件,切磋砥砺,取长补短。个人的局限和不足,可以借助他人的智慧和见识来弥补;面对面的交流商榷,可以刺激思考,拓展思路。田余庆谈到,他治中古史,在讲课和讨论中获益不少,从讲稿到论文,成为一种水到渠成的写作路径;他还经常与周一良、祝总斌等师友互看稿件,交换意见,有利于修改和完善文章。[4]

1　陈寅恪:《赠蒋秉南序》,载陈美延编:《陈寅恪集·寒柳堂集》,第182页。

2　张明仁编:《古今名人读书法》,商务印书馆1992年影印,第107页。

3　梁启超:《清代学术概论》,第58页。

4　田余庆:《关于子贵母死制度研究的构思问题》,载田余庆:《拓跋史探》,第94页。

五、读书与治学

宋人吕祖谦说："为学之本，莫先读书。"[1]然则学者的读书，不同于一般的阅读，在读法和旨趣上自有其特点。知识的积累，学养的增益，性情的陶冶，资料的收集，灵感的获得，都要借助于读书。因此，读书相当于学者的大半个人生。孔子说："吾尝终日不食，终夜不寝，以思，无益，不如学也。"[2]"学"主要靠读书，通过汲取已有知识，为思考和创作积蓄资源。在20世纪前期主持商务印书馆的王云五，对读书的妙处深有体会："手执一卷可以上对邃古的哲人，远对绝域的学者，而仿佛亲聆其以言词吐露毕生思考的心得。这样的收获，可谓便宜之至。"[3]《颜氏家训》中也说："若能常保数百卷书，千载终不为小人也。"[4]将书视为安身立命、保持身份的凭借，其言可谓极矣。

研究历史尤其需要博览群书，用钱穆的话说，"所读书益多，遂知治史学"。[5]据王国维考证，"史"字的本义为"持书之人"；"史之职专以藏书、读书、作书为事"。[6]照此说来，治史离不开书，读书乃是史家的本分。陈垣的话可为印证："要做史学家，非读书上瘾不成。"[7]萧公权在谈到自己的治学体会时也说，胡适提出"大胆假设、小心求证"的方法，但在此之前还要加上"放眼看书"的阶段，只有广泛读书以后，才谈得上假设和求证。[8]

读书可以成为赏心乐事，历来有人乐此不疲。孔子说："知之者不如好之者，好之者不如乐之者。"[9]最好的读书境界，无疑是将兴趣和志向结合

1　张明仁编：《古今名人读书法》，第65页。
2　杨伯峻：《论语译注》，第163页。
3　王云五：《旧学新探：王云五论学文选》，学林出版社1997年版，第174页。
4　颜之推撰，王利器集解：《颜氏家训集解》，第145页。
5　转引自余英时：《钱穆与中国文化》，第33页。
6　王国维：《释史》，载王国维：《观堂集林》，上册，第162页。
7　李瑚：《励耘书屋受业偶记》，载陈智超编：《励耘书屋问学记》，第112页。
8　萧公权：《问学谏往录》，第63—64页。
9　杨伯峻：《论语译注》，第61页。

起来，用读《水浒传》和《红楼梦》的心态来读经典和学术著作。这正是林语堂所倡导的"快乐读书法"。[1]古今都有人完全出于兴趣来读书，若不读书，便觉生活无趣，虚掷光阴。宋人苏舜钦有"《汉书》下酒"的佳话：他曾在岳父家夜读《汉书》，每遇精彩处，即饮一大杯，读书一夕，耗酒一斗。[2]近人梁启超博学多闻，嗜书成癖，病起仍然手不释卷，自称"以书消遣"。[3]王云五说，"读书之动机应以充实人生为主"；于他本人则是"宁可一日不吃饭，不肯一日不读书"。[4]以读书为乐，确实是一种难得的境界。

　　但是在更多的情况下，读书却要"苦字当头"，所谓"寒窗苦读"，乃是多数读书人共有的体验。韩愈自称："口不绝吟于六艺之文，手不停披于百家之编。记事者必提其要，纂言者必钩其玄。贪多务得，细大不捐。焚膏油以继晷，恒兀兀以穷年。"[5]这是古人勤苦读书的写照。读书必须先能吃苦：吃得枯燥之苦，寂寞之苦，清贫之苦。读史书也绝不如看小说那样轻松愉快。《资治通鉴》无疑是史书中的上乘之作，无论内容或文笔都相当出色；但据清人钱大昕说，书成之后，"惟王胜之假读一过，他人阅两三纸辄欠伸思卧"。[6]《通鉴》尚且难读，何况其他史书？可见，非有吃苦精神不足以读史。陈垣当年在北京图书馆读《四库全书》，绕城而走，早去晚归，历时十年，其辛苦不难想见。正所谓"书在苦中读，文到穷时工"。当然，学者读书并不是自讨苦吃，而是苦中作乐，以苦求乐。

　　在公共图书馆兴起以前，学者大都依靠自己的藏书，或从亲友处借阅。清人钱南园有联云"位置皆宜无杂品，收藏极富只诸书"，流露出读书人以书为财富的自得。喜欢读书的人，只要囊有余资，就会用于购书和

1　林语堂：《读书的艺术》，载纪秀荣编：《林语堂散文选集》，百花文艺出版社1987年版，第61—68页。

2　张明仁编：《古今名人读书法》，第33页。

3　陈守实：《记梁启超、陈寅恪诸师事》，载张杰、杨燕丽选编：《追忆陈寅恪》，第44页。

4　王云五：《旧学新探》，第186、173页。

5　韩愈：《进学解》，载严昌校点：《韩愈集》，第159页。

6　钱大昕：《元史本证序》，载汪辉祖：《元史本证》，中华书局1984年版，上册，第1页。

藏书。近世学人中"坐拥百城"的人为数不少。王云五在上海的寓所藏书达8万册之多；钱穆在北京执教期间，五年中所购书籍便有5万册。现今学者仅靠自己买书和藏书，远不足以满足阅读和治学的需要，因而必须倚重各类图书馆。欧美不少大学的图书馆收藏极富，空间很大，书库的格局类似书房，另有单独的研究室供读者借用。近年来，国内许多图书馆的藏量和阅读环境也大有改观。

目前已进入电子化、数字化时代，不仅网络资源日趋丰富，而且纸质文献的电子化也不断推进，藏书不再仅见于书架，而且在电子存储器中。这时，读书所面对的也不再仅只是纸上的文字，而且还有电脑屏幕。对于讲究的老派读书人来说，书不仅只是文字复合体，而且还是有形有色、可触可嗅、可以把玩的珍宝；读书之乐也不单取决于书里的文字，而且与书籍的开本、装帧、版式、字体乃至纸张都密不可分。在他们看来，读电子文本根本不配叫做"读书"，因而有"下载或死亡"（download or die）的说法。[1]不过，读书的核心意义终归在于获取知识、提升修养和愉悦心灵，至于所读的书是纸质还是电子版，似乎无关宏旨。更何况，电子版图书收藏不占空间，携带不费气力，读来不拘场合，具有纸质书难以比量的优点。

概括来说，读书之道不外两条，一是读什么，二是如何读。选择适当的书目，可以说是有效读书的关键。书籍浩如烟海，而人的时间和精力又十分有限，因之读书须慎选书目。古人论读书治学，颇重目录之学，把它作为"辨章学术、考镜源流"的有效工具。[2]一般学者平日读书，虽然不必费力去掌握艰深的目录学知识，但同样离不开目录。无论读古书，还是读新书，都须借重目录。利用现代技术手段检索书目，更加实用而便捷。在

1　参见哈罗德·布鲁姆：《西方正典：伟大作家和不朽作品》（江宁康译），译林出版社2011年版，"中文版序言"，第2页。

2　参见余嘉锡：《目录学发微》，第3—18页。

确定阅读书目时，除了基于个人的兴趣和专业要求，还可以查阅有关书评，请教专家，参考名家的书单。学者选书要有开放的心态，不抱先入之见，不轻易否定自己没有读过的书。即便是"坏书"，也并非不值得一读。大致说来，学者常读的书不出四大类：经过时间检验的中外经典；反映当前思想和知识动向的新书；专业文献；"闲书"和"杂书"。读不同类型的书，旨趣不同，读法也不一样。

经典包含人类知识和思想的精华。古今中外，上下千年，留传的经典不过数百部；读经典，可以汲取知识，获得启迪，增进修养。朱自清在《经典常谈》中说，中等以上的教育必须包含经典训练，"经典训练的价值不在实用，而在文化"。[1] 这里说的"文化"，可以从社会和个体两方面来理解：对一个社会来说，经典训练可以传承和发扬文化传统，强化社会成员的认同感；就个体而言，经典训练可以使人提升知识和思想的水准，为寻求有意义的生活做铺垫。学者读经典，有助于蓄积学力，提升学品，搭建攀登学术高峰的阶梯。林毓生曾介绍芝加哥大学"社会思想委员会"的研究生经典研读方式：选定的书目涵盖多个学科，但不包括学生将来专业领域的原典；指导教师由研究生导师，通常是各自领域的大学者担任；学生逐本研读，并写出读书报告。他深有体会地写道：

> 在他们后来的专著中，可能根本不会提到研究生时代所读过的原典，所以读者无法知道哪些原典曾对他们发生过那些影响；甚至他们自己在深入自己的专业以后，也不能清楚地意识到早期熟读有限数目的原典对他们成熟期的学术思想产生如何的影响。但，事实上，原典中精微的深思与开阔的观照对这些学生的影响是他们终身受用不尽的。[2]

1　朱自清：《经典常谈》，生活·读书·新知三联书店1998年版，第4页。
2　林毓生：《中国传统的创造性转化》，第299—301页。

　　经典尽管为数不多，但也不可尽读。经典有中外古今之别，读者对于经典的认识和选择也不会相同。中国精致文化传承很难，士人的学问多以读古书的能力及多寡来衡量。鲁迅不提倡年轻人读古书，而主张多读外国书，这样说有特定的"语境"，带有"矫枉过正"的用意。若将安身立命的资本仅托于几部古书，固不可取；但根本不读古代经典，也会造成人文修养的缺失。治史者尤其不能忽视旧学。钱穆说："学惟求旧，知惟求新。岂有废弃旧学，乃能开创新知之理。"[1]学术有传统，知识须传承，学者若不从经典吸取养分，其学术生命难免单薄而脆弱。就学史的一般情况而言，对经史子集均应有所接触，某些经典则须细读。对专攻中国古代史的学者来说，古代经典同时又是专业文献，读法自然有所不同。

　　在世界各地交往日趋频繁密切的时代，知识和思想的国界也变得越来越模糊，特别是中国现代学术取于"西学"者甚多，举凡概念工具、理论体系和言说方式，都带有欧美的印记，学者若不涉猎外国经典，在修养和能力上必然出现很大的欠缺。欧美的知识和思想自有系统性和连续性，在选读"西学"经典时，最好从古希腊罗马开始，尽量涵盖各个历史时期和不同的国家。欧美经典大多有中译本行世，而阅读时若能取原文加以对照，当有助于更准确地把握原意。中国社会科学出版社曾影印一套"西学基本经典"；中国政法大学出版社也影印出版"剑桥政治思想史原著"，都可备甄选。

　　当今处于"知识大爆炸"的时代，新思想、新理论、新概念层出不穷，一个人如果旬月不读新书，就可能对知识界和思想界的动向感到隔膜。治史者终日埋头于故纸，但不可隔绝于当世，而应关注知识和思想的新进展，多读新出的书刊。前辈学者反对一味趋新，甚至主张有意抵制新潮，如钱穆就宣称，自己年轻时面对滚滚而来的新思想、新潮流，决意重

1　钱穆:《现代中国学术论衡》，第113页。

温旧书，以避免"为时代潮流挟卷而去"。[1]钱穆对"西方"观念甚为排斥，致力于为本国传统辩护，这与他的读书习惯可能不无关系。随风而动固然不妥，但抗拒新知新潮，也不利于保持思想和知识的活力。可见，读书的"新"与"旧"，也应是一种平衡和互补的关系。郑天挺说，读书要做到"博、精、新"，[2]这自是不错的取向；但若为读新书而摈弃旧书，就会走向另一个极端。苏东坡诗云："旧书不厌百回读，熟读深思子自知。"[3]说到底，书无论新旧，只要是好书，就值得反复研读，温故知新，以期"读书百遍，经义自见"。[4]随着个人修养和见识的提高，加以阅读环境的变化，从旧书中往往能读出新义。常读旧书，善读旧书，也会有新的收获。

专业文献的阅读看起来是一个较为简单的问题，其实也不尽然。研究生入学就有明确的专业方向，导师也会提供系统的专业书目；一旦成为职业学者，平生都与专业书籍打交道，对此似乎无须多论。然则专业书籍的选择以及具体读法，同样大有讲究。一般人读专业书，可能仅着眼于吸收专业知识，了解学术状况，获取研究资料，书目大多集中于本人的研究领域。尤其是在走上专业治史之路以后，多数学者习惯于以课题为中心来收集和阅读专业文献。从学养和技艺着眼，学者在选择专业书目时应当放宽范围，不妨涵盖古今中外多个历史领域。对中国史研究者来说，无论专于哪一朝代、哪个领域，都应当精读《史记》、《汉书》、《资治通鉴》、《读通鉴论》和《日知录》等古代史籍，熟悉陈垣、陈寅恪、顾颉刚、唐长孺等现代大家的著述，并尽可能旁及欧美史学名著。研究外国史的人，自当重点研读外国史学名著，还应接触中国史学典籍。阅读专业书籍的目的，不仅只是了解史学演变的脉络，更在于吸收前人学术的精华，丰富自身的

1　钱穆：《八十忆双亲·师友杂忆》，第96页。

2　郑天挺：《漫谈治史》，载文史知识编辑部编：《学史入门》，中华书局1988年版，第4页。

3　张明仁编：《古今名人读书法》，第41页。

4　苏辙语，载张明仁编：《古今名人读书法》，第43页。

学养。即便单纯为找资料而读书，也可留心揣摩他人的研究方法和写作技巧，取长补短，砥砺琢磨，以期学术上有所进益。

不少学者还喜欢读闲书和杂书。治史者需要广博的知识和全面的修养，博览兼收自是上策。所谓闲书和杂书，包罗甚广，比如小说、诗歌、杂文、随笔、传记、科普、方术等。读这类书，不妨随意放松，零敲碎打，随读随放。湖畔林下，旅途卧榻，茶余饭后，都可借闲书、杂书来点缀。读闲书和杂书，也可一举多得：愉悦心灵，陶冶情操，培养趣味；既可作为高强度脑力劳动后的休闲，也适宜在研究中遇到难题时"换换脑筋"。

然则书毕竟太多，而人的时间和精力又十分有限，因而读书须有相对明确的计划和目标。古人常说，读书要"立课程"，也就是制订计划和目标，然后持之以恒、孜孜不倦地加以落实。读书规划可做长期和短期之分。长期规划的制订，需考虑个人的学术理想和基本素质，同时兼顾知识兴趣和专业要求。这种规划可以十年为期，甚至不妨考虑得更长远一些，不求一时的功效，而着眼于从根本上提升自己的学养和品位。短期规划则可按临时的需要来调整，研究某一专题的需要，填补某一知识空白的考量，以及其他各种一时之需，均可体现为突击阅读的书单。

从前人的经验看，处理好博览和约取的关系，对于读书也是十分重要的。古人论读书，大多反对贪多求快，主张少而精。宋人黄庭坚说，"泛滥百书，不若精于一也"；"读书欲精不欲博，用心欲纯不欲杂"；"尽心一两书，其余如破竹数节，皆迎刃而解也"。[1]清人李光地也认为：

> 读书要有记性；记性难强，须用精熟一部书之法，不拘大书小书，能
> 将这部书烂熟，字字得解，道理透明，诸家说俱能辨其是非高下；此

1　张明仁编：《古今名人读书法》，第43、44页。

一部便是根，可以触悟他书。[1]

据程千帆说，其师黄侃对《说文》、《尔雅》、《广韵》、《诗经》、《周礼》、《汉书》、《文选》和《文心雕龙》等8部书"非常精熟"，由此触类旁通，终成一代大师。[2]这种读书路径自可效法，只是要选取合适的书目，熟读精详，作为专业工作的基础。

不过，终身只管读熟几部书，其他一概不问，则又容易陷于偏蔽孤陋，学业上也难期以大成。前人强调熟读精思，并非主张仅守住几部旧书，而是意在以此为基础向群书拓展。"少而精"须辅以"博而广"，才是最佳的读书策略。若要真正读通一本书，就需要许多相关知识的支持；仅就一本书来读一本书，就难免囫囵吞枣，不能融会贯通。陆游说："非博极群书，则一卷之书，殆不可遽通；此学者所以贵乎博也。"[3]李光地也说过："读书不透，多亦无益；然亦未有不多而能透者。"[4]换言之，读书的"一"与"多"乃是相辅而行的。而且，只有博览群书，才能有所比较，知道何为精妙之书，可取来反复阅读揣摩。当今书籍泛滥，更不能只求精而不顾博。只有在博览的基础上读熟读通几种好书，方可受益终身。

由此可见，读书要留意于浏览和精读的平衡。梁启超谈到，"读书一事，古人所讲，专精同涉猎，两不可少"；专精以求有专长，涉猎以求广常识。[5]王云五虽然学不专精，但是阅读兴趣广泛，每听到有新知识，便找书来读。他认为书有四种读法，即闲读、精读、略读（速读）和摘读。[6]其中第一、三、四种读法，都可以归入浏览的范畴。浏览和精读，意义不

1　张明仁编：《古今名人读书法》，第128—129页。

2　程千帆：《治学小言》，第41页。

3　张明仁编：《古今名人读书法》，第63页。

4　张明仁编：《古今名人读书法》，第128页。

5　梁启超：《中国历史研究法》，第170页。

6　王云五：《旧学新探》，第183页。

同，各有短长，前者偏于弘泛，后者不利于广博，读书须两相结合，才能收到最佳效果。

浏览的好处是速度快，读得多。但浏览也不能漫无目标，浮光掠影，而同样要有明确的目的，要抓住书中要点，掌握其核心内容。有的学者不赞成浏览式读书。陶渊明"好读书，不求甚解，每有会意，便欣然忘食"。[1]后人以为，"不求甚解"并非读书得法。不过，据王夫之说，陶渊明所谓"不求甚解"，意在与注疏家的繁琐训诂作对，强调读书要有取舍。[2]即便浏览式阅读，最好也要静心凝神，力求"甚解"。钱穆年轻时读《后汉书》，想起曾国藩关于读书必从头至尾通读的训戒，决意痛改随意翻阅的习惯，从此凡读一书，非通读不放手。余英时也主张，博览也应"一字不遗细读一遍"。[3]不过，当今书籍杂志日益浩繁，如果每本书都一字不漏地通读，想必很难跟上知识和思想的发展。

古人论读书，有"熟读"和"反复精详"之说，指的就是精读。朱熹提出，读书的要诀是"循序渐进，熟读精思"；每读一书，须逐字逐句记熟弄懂，前文未通，便不往下读。他还解释说："大抵观书先须熟读，使其言皆若出于吾之口；继以精思，使其意皆若出于吾之心；然后可以有得尔。"[4]清人阮元也说，"一目十行"并非读书良方，须"十目一行"，才是真能读书。[5]"熟读"之法可用于阅读经典名作和重要的专业文献。据说，清代考据大家戴震熟读《十三经》，达到连本文和注解都能背诵的程度。国学大家黄侃，对于所治经史语言诸书，曾反复阅读数十遍，很少为作文而临时翻阅某书，而总是"一字一句地读透会通全书的义理"。[6]前人研治

1　张明仁编：《古今名人读书法》，第24页。

2　张明仁编：《古今名人读书法》，第112页。

3　余英时：《钱穆与中国文化》，第311页。

4　张明仁编：《古今名人读书法》，第52页。

5　张明仁编：《古今名人读书法》，第147页。

6　殷孟伦：《谈黄侃先生的治学态度和方法》，载程千帆、唐文编：《量守庐学记》，第43页。

古代经史，书籍为数有限，可以逐一反复精读；当今学者在各自的专业领域须面对的文献为数极多，自然无法反复熟读。除经典外，只有极重要的专业书才有必要细致研读。

朱熹论读书之法，还提倡"心到、眼到、口到"；胡适另加上"手到"，更有"四到"之说。所谓"手到"，指标点分段、查参考书和做札记等三项。[1] 从实用的角度说，"手到"尤为重要。古人说"善读书不如善抄书"，说的就是读书动手有益的道理。读书时要随手做摘录和札记，日积月累，渐成规模，不仅有助于记取知识，而且可以为研究储备资料。文史专家姜亮夫自觉记忆力不好，读书时注重"三到之功"，所做读书卡片分三种：大号卡片记录一书的提要，中号"写上一个问题、材料目录"，小号抄录资料。[2] 有外国学者也提到，为了掌握一本书的主要内容，可以逐章列提纲，促使自己思考作者所要表达的意思。[3] 读外文书时，还可以选择重要的段落进行翻译，以帮助理解和记忆。读书只用眼而不动手，除非有过目不忘的本领，否则收获终究有限。

前人读书，还讲究既"有疑"又"虚心"。"有疑"即不尽信书，带着问题读书，相当于与作者进行交流和对话，以期更好地消化吸收书中的知识和思想。对权威著作不盲目崇奉，对外来书籍也要鉴别取舍。20世纪初年有倡言国学、抵制欧化的学者，曾批评"尊西人若帝天，视西籍如神圣"的风气；而今迷信"西学"和尊崇"国学"的现象，都不罕见。诚然，"有疑"不等于妄非前人，读书的落脚点终究在于吸收书的长处，因而宜虚心而不自以为是。清人袁枚说："善读书者，常不足而智，不善读书者常自恃而愚。"[4] 余英时也说："读书要'虚心'，这是中国自古相传的不

1　张明仁编：《古今名人读书法》，第55、196—197页。
2　姜亮夫：《姜亮夫自述》，载高增德、丁东编：《世纪学人自述》，第2卷，第103页。
3　纽金特：《创造性的史学》，第47页。
4　张明仁编：《古今名人读书法》，第136页。

二法门。"他主张不存先入之见，对前人著作不能横加挑剔、妄加指摘，尤其不可轻率地以西方观念批判中国古书。[1]哲学家熊十力对徐复观读书方法的批评，更是广为流传的学林掌故。抗战期间，徐复观专程拜访熊十力，汇报他读王夫之《读通鉴论》的体会，对王书多有指摘，结果遭到熊十力的痛斥：

> 你这个东西，怎么读得进书！任何书的内容，都是有好的地方，也有坏的地方。你为什么不先看出他的好的地方，却专门去挑坏的；这样读书，就是读了百部千部，你会受到书的什么益处？读书是要先看出他的好处，再批评他的坏处，这才像吃东西一样，经过消化而摄取了营养。

徐复观感到这无异于"当头棒喝"，改变了他终身的读书态度。[2]

　　读书还须力戒囫囵吞枣，如果贪多不化，就无异于"两脚书橱"。学者每读一书，须反复思考和比较，以求消化吸收。缪钺谈及自己治学的体会，提到"熟读深思"，并说："读书不仅是要多获知识，而且应深入思索，发现疑难，加以解决，此即所谓读书得间，也就是所谓有心得。"[3]在思考之外，对于所读各书还可略做比较。前人读书有"旁参"之法，即借助相关知识和观察所得，质疑或参正从书本中获得的知识，从而促使知识尽快转化为自己的学养，收为己所用之效。

　　最后，读书还要善用字典和其他工具书。清儒戴震十六七岁以前读书，"每一字必求其义"。[4]陈寅恪早年读《十三经》，据说也是每字必求正

1　余英时：《钱穆与中国文化》，第311—313页。

2　转引自李维武：《徐复观学术思想评传》，北京图书馆出版社2001年版，第22页。

3　缪钺：《治学琐言》，《文史知识》，1982年第9期，第9、10页。

4　段玉裁：《戴东原先生年谱》，载《戴震文集》，第216页。

解。周一良年轻时在史语所研读史籍，每遇人名、地名和官名，必用查书的"笨法子"。[1]王云五仅受过五年正规教育，后来成为博学多识之士，靠的全是自学；其自学经验的第一条便是，读书时要"时时利用字典词典"。[2]借助工具书查出不解的字词，了解书中涉及的知识，不仅可以帮助理解所读的书，而且本身就是增益知识的方式。读书不必一味求快，不能因为担心减缓读书进度而不愿使用工具书，尤其不可出于敷衍省事之心而不去查书。

初学者直接阅读外文原著，最初可能与读没有标点的古书一样困难。这时，可选择已有中译本的书对照阅读，并将重点段落译为中文，再与译本对比，找出自己理解上的偏差，如此反复，读书和理解的能力就会逐渐提高。初读外文书一定要慢，多查词典和工具书，力争弄懂每个词和每句话。这样读懂读通几本书以后，理解能力就会增强，阅读速度也能加快。在着手读书之前，要设法了解作者；为加深理解，还可阅读相关的书评。熟读导言，写出提要，也有助于掌握书的主旨。

1 周一良：《我和魏晋南北朝史》，载张世林编：《家学与师承——著名学者谈治学门径》，广西师范大学出版社2007年版，第1卷，第352页。
2 王云五：《旧学新探》，第213页。

第六章　由"因"而"创"

治学贵在创新，这是古今学术的通则。司马迁自称要"成一家之言"；[1] 王充推许"能精思著文连结成篇"的"鸿儒"；[2] 顾炎武倡言著书"必古人之所未及就，后世之所不可无，而后为之"。[3] 章太炎也说："若徒撮旧语，或张大其说以自文，盈辞满幅，又何贵哉？"[4] 他们所表达的都是"贵创"之意。当代学术更讲求创新，学者大多认为，治学的意义在于讨论新问题，发掘新材料，采用新方法，提出新理论。当评论一种论著的价值时，是否具有"新意"乃是一项基本的指标。其实，前人论学，有"因"（继承）有"创"（创新），"因"、"创"并重。如果脱离继承来谈创新，一味追求"独辟蹊径"和"言人之所未言"，未必能达到出新的目的。继承和创新是一对既相辅相成又充满张力的范畴。创新固然意味着突破和超越既有的知识与思想，但往往又不是"开天辟地"之事，而大多是在已有基础上的"推陈出新"。因此，只有首先做到很好地继承，才谈得上创新。

1　转引自班固：《汉书》，第9册，第2735页。
2　黄晖：《论衡校释》，中华书局1990年版，第2册，第607页。
3　顾炎武撰，黄汝成集释：《日知录集释》，中册，第1445页。
4　章太炎：《再与人论国学书》，载《章太炎全集》，第4册，第355页。

现代史学文献的总量增长极快，继承变得愈益困难，创新也就更不容易。对现在和将来的学者来说，继承和创新可能是一个越来越沉重的话题。

一、学术史的梳理

现代学者的治学之路，大抵以继承为起点。现代学术分科操作，而各个学科在长期的发展中积累了丰厚的资源，史学自不例外。对此初学者虽然不能全部继承，但需要从中汲取适当的养分，形成"初始知识"和基本能力，然后进入独立研究的阶段。史学发展到今天，从未有人涉猎的课题越来越少，即使是全新的问题，也往往需要借助已有的知识才能发现和界定。于是，治史者无论选取什么课题，首先都必须面对前人留下的数量不一的研究文献。如果不能全面掌握这些文献并做出恰当评估，就根本无法清楚地界定自己的课题，不能找到研究的入口。因此，在摸索选题方向和形成研究方案时，第一步便是收集和细读已有的研究文献，做一番与本课题相关的学术史梳理。

当代学术的经验表明，学术史梳理对任何课题都具有不可或缺的意义。研究的先导是提出问题，而任何问题都不可能凭空形成，只能产生于已有的相关研究所营造的知识环境中。要提出适当而可行的问题以供探讨，就必须首先研读相关的研究文献。就此而言，学术史梳理不仅是专题研究的起点，更是其成败的关键。只有充分了解以往的研究状况，才能避免重复，明确自己探讨的方向和重点。同时，掌握本课题已有的文献，也有助于选择性地吸收其有用的成分，作为自己研究的铺垫。经过这样一番调查和评析，可以对前人的相关研究做到心中有数，并恰当地确定自己的课题在本领域的位置，以期在现有基础上取得突破。

以往有一个时期，国内学界不够重视专题研究的学术史梳理。在选题和研究中，有些学者不肯下功夫检索相关文献，不重视参考他人的研究。

还有人甚至刻意避开这一环节，担心在写作前阅读相关论著，会受到他人的影响和诱导，不利于自己对材料做出独到的诠释。某些学者也可能过于相信自己的学术能力，觉得即便有前人的研究在先，也不会与之雷同，因而不必理会已有的研究文献。至于明知重复前人也在所不惜的情形，相对比较少见。倘若不做学术史梳理的工作，开篇便是作者本人的见解，随处可见"我认为"或"依笔者之见"之类的词句，就不免造成一种印象，似乎这个问题从未有人涉猎，本文所论均为"独创"。这或许不是有意作弊，在学术史意识普遍淡薄的阶段，学界对此也是习以为常。

自20世纪90年代中期以来，学术规范意识逐渐深入人心，学术史梳理的工作越来越受到重视。许多论著都以某种方式评述以往的研究，交代本人研究思路的来历。硕、博士研究生的学位论文，一般都以较大篇幅评述已有的研究，表明指导教师和学生都看到了这一工作的重要性。国内史学专业刊物也曾大力推动这一趋向，有的期刊甚至做出硬性规定，要求任何论文都必须交代相应的学术史，否则不予刊用。[1] 这种做法旨在矫枉除弊，有很强的针对性，而且也收到了明显的效果。

研究一个课题，在梳理前人研究时要有较为宽广的眼光，不能只看与专题直接相关的文献，也不能仅仅留意最近的研究，而要略微扩大范围，适当拉长年限。以中国史领域的课题为例，收集研究文献时除开中文出版物，还须关注国外的成果；不仅要掌握近期的进展，必要时还可以追溯数百上千年以前古人的论述。掌握国内的研究状况自不困难，而了解国外的研究文献则不是轻而易举的事。一般来说，治中国史的学者阅读外文比较困难，加之没有形成关注国外研究的习惯，要全面了解国际同行的研究，可能让不少人望而却步。可是，中国史研究要真正进入国际前沿，就不能无视国外的相关研究。美国、日本和欧洲的中国史学者所取得的成绩，早

---

1 《历史研究》等七刊编辑部：《关于遵守学术规范的联合声明》，1999年12月。

已不容忽视。在选题和研究思路方面，他们与中国学者有明显的不同，认真参考他们的论著，无疑有助于开阔视野，刺激灵感。而且，许多国内学者尚未涉猎的问题，他们也已经做出不俗的成绩，不了解他们的研究，同样可能发生"撞车"现象。目前，国内新一代中国史研究者的外文能力大有进步，也着意了解国外的研究状况，并与国际同行保持一定的学术联系。

就外国史研究而言，了解国内的研究状况同样比较简便，因为无论哪个领域或专题，中文出版物都为数不多，而且发表年代较近；但要全面掌握国外的相关研究，其难度可能要大大超过对国外中国史研究状况的了解。无论什么课题，国外多个语种的研究文献都至为浩繁，而且多数都不见于国内的图书馆，就此做出恰如其分的评估更是困难。再则，国内的外国史研究者一般比较重视研究对象国或欧美少数几国的研究，对于其他国家的情况则所知不多。可是，在当今学术"全球化"的背景下，不能掌握多国的研究状况，难免造成很大的局限。以美国史为例，每研究一个题目，除了熟悉美国的研究，还要了解德国、法国、英国、意大利、俄国和日本等国学者的研究，收集研究文献的难度不难想见，不仅受语言的限制，而且还有渠道的制约。目前，数字化资源不断增多，网络工具愈加普及，在国内收集境外文献变得略微便捷，有利于把学术史梳理做得更好。

进行学术史梳理的第一步，乃是检索和收集相关文献的篇目，并落实其收藏地点。编制一份相对完备的专题书目，向来都是一件细致而繁琐的工作。倘若缺乏合理的途径，漫无目标地随意搜寻，就难以获得全面的信息。以往学者收集书目，一般从相关论著的引文注释和参考文献中寻觅，根据期刊的目录、书评或学术综述来查找，或利用各种书目类工具书来检索。这在今天仍不失为实用而有效的办法。近年来，检索文献可以更多地借助网络和数据库，这是以往难以想象的便利。中文论文可通过"中国期刊全文数据库"进行检索，外文论文可从"JSTOR"、"EBSCO"、

"ProQuest"等学术数据库查找。一些收藏丰富的大型图书馆还开放其网上检索系统，中国国家图书馆、美国国会图书馆、哈佛大学图书馆、北京大学图书馆等都有远程检索服务，可用来查找主题书目。[1]

　　编制书目已属不易，更艰巨的工作则是收罗和阅读相关文献。就中文论著而言，虽然国内多数大学或研究机构的图书馆在藏书上都有局限，但通过多个图书馆馆藏的互补，终归能够获得所需的文献。收集外文论著更不容易。即便国内条件较好的图书馆，收藏的外文图书数量也有限，订阅的外文期刊种类不全，远不能满足研究的需要。研究者只能通过自己所能利用的各种途径，尽最大可能来搜集资料。若有机会出国做研究，一般可以解除文献匮乏的苦恼。在不能出国的情况下，就只得请国外的朋友帮忙复制文献，或者直接向有关的作者索取。有些大学图书馆与国外大学订有文献交换协议，或购买一些大型文献数据库，这对外国史研究都不啻为福音。尤为重要的是，欧美许多国家的图书数字化大有进展，除了典藏文献，新版图书也不难从网上获取。

　　学术史梳理的关键一环，是基于收集到的研究文献，对已有研究做出准确的评估。这一工作的难易程度，取决于文献的数量和研究者阅读理解的能力。有的课题长期受到关注，研究文献逐年增加，数量巨大，以至于难以尽读，做出适当评价的难度可想而知。以美国革命史而论，有关论著真可谓汗牛充栋，探讨其中的任何题目，对研究者的阅读极限都是一个考验。遇到这种情况，就有必要对研究文献加以甄选。国内学者读中文文献一般不存在语言困难，而准确把握外文文献的内容，就牵涉到阅读速度和理解能力。更大的难题在于，任何一种论著大都已嵌入一定的学术传统，若不了解其源流，就难以判断其学术价值。在一些重大问题的研究中，往

1　参见韩宇：《网上美国史资源概述》，《史学集刊》，2002年第4期；罗宣：《网络时代史学研究手段的革新——试论学术性数据库在史学研究中的应用》，《史学集刊》，2003年第4期；汪维真：《研究性论文之学术史的撰写与学术规范——以史学类论文为中心》，《史学月刊》，2003年第10期。

往已形成多个学派或准学派，评述有关论著时，还有必要考察所属的学派，才能准确把握其论旨。例如，在美国革命史的研究中，伯纳德·贝林及其学生戈登·伍德、迈克尔·坎曼等人构成所谓"意识形态学派"，对美国甚至英国的政治思想史研究都颇有影响；其研究路径和解释框架，又受到政治学、人类学和心理学理论的启发，承续卡罗琳·鲁滨逊等人对17世纪英国共和派思想的研究，并与 J. G. A. 波科克等人关于大西洋政治文化的研究桴鼓相应。只有弄清这种学术源流，才能确切把握有关论著的意义和价值。[1]

　　经过这样一番检索、收集、阅读和评估的工作以后，研究者对于本专题的研究状况逐渐有了清晰认识，大致掌握代表性文献的内容，然后需在论著中就此加以介绍和评论。诚然，并不是所有论著都必须专门交代有关的学术史，具体表述方式也不必整齐划一。严格来说，学术史梳理是研究时必做的工作，但不一定都要直接写入论著正文，大体上可视情况采取不同的处理方式。其一，用专门章节，特别是在前言中集中评述已有的研究；其二，当论及具体问题时交代相关的研究；其三，在注释中介绍有关的论著及其观点。当今的研究生毕业论文，一般采用第一种方式。在评述相关研究时，一定要紧扣主题，不可芜杂泛漫；同时也不可逐一罗列和介绍每一种论著，以致写成书目提要，而应围绕问题来梳理和综合，并突出重点。正式发表的论著因受篇幅限制，无法详尽评介相关的所有文献，尤其应当选取有代表性的论著或观点。这在美国学界也是通行的做法。[2]其关键在于，如何保证所评介的文献属于"重要而有代表性"之列。这里可能牵涉到两个条件：一是对研究状况的了解是否全面，二是判断的眼光是否精准。

　　最后，做学术史梳理时应抱平等而开放的心态，对他人的研究表示充

1　参见李剑鸣：《伯纳德·贝林的史学初论》，《史学理论研究》，1999年第1期，第132页。

2　王笛：《学术规范与学术批评》，载杨玉圣、张保生主编：《学术规范读本》，第195页。

分的理解和尊重。"学如积薪，后来居上"，而后来者不可自恃高明，贬损前人，简单地否定已有的研究。评论已有研究，不宜指摘前人"缺乏深入研究"或"存在明显局限"，对外国学者的研究也不要轻言"见木不见林"。清人陈澧教导其学生，对于前人的失误，"但当辨析，不可诋諆。即辨析亦当存尊敬之心"。[1] 的确，评述已有研究是一种与前人的对话，要带着敬意和谢忱，行文也须中正平和。任何学者的研究都难免存在局限，一篇文章或一本书不可能解决所有的问题。正是因为前人没有把工作全部做完，才给后学留下了继续研究的空间；也正是在前人的研究所铺就的阶梯上，后学才站得更高，得以望见新的学术风景。

二、第二手文献的利用

历史研究所用到的文献，大体上分为史料和研究论著两类。前者称第一手资料，后者则通常叫做第二手文献。第一手资料的重要性无须特别强调，而第二手文献的意义却容易受到忽视。当今学者若全凭第一手资料做研究，几乎是寸步难行的；如果不能充分而合理地利用第二手文献，所谓"学术成果"的价值也肯定要大打折扣。因此，对第一手资料和第二手文献的利用，在研究中是同等重要、相辅相成的；倘若偏废一端，就会严重减损研究的成效。

在史学成为专业化学科以前，治史者为数有限，著述传播不畅，研究一个课题主要依靠原始材料，没有多少可供参考的第二手文献。但是，当今史学的第二手文献增长极快，数量膨胀，每研究一个课题，所面对的研究论著往往数目惊人。许多国家的专业史学研究人员已是一支浩大的队伍，所发表的论著数量可观。2018年，美国"中学后"的专业历史教师超

1　陈澧：《引书法示端溪书院诸生》，载张舜徽选编：《文献学论著辑要》，第414页。

过20000人（不包括做助教的研究生）；同年，英国大学雇用的历史教员也在3500人上下。[1] 另据估计，自印刷业兴起以来，出版物的数量大致每二十年翻一番，因而每一代史学研究者所面对的第二手文献，比前一代人要多出一倍。[2] 1989年，荷兰学者安克斯密特在一篇文章中谈及史学的"过度生产"问题，并以霍布斯研究为例说，二十年前重要的研究论著仅有两种，而到1989年就多达20余种。在他看来，这种"过度生产"就像"癌症一样在所有领域传播"。[3]

第二手文献的快速增长，在很大程度上改变了历史研究的方式。浩繁的第二手文献不仅构成专题研究的基础，而且极大地增加了创新的难度。在谈到美国史学界不断增多的"技术性写作"时，美国学者贝林感叹道："难题是如何有效地利用所有目前可用的信息。有什么现在能讲的故事早先没有被人写过？它到底还能意味着什么呢？"[4] 当前，对治史者来说，如何在不断积累、急剧增长的已有研究中找出突破口，如何在纷杂多样的各家之说中添加自己的一家之言，确实是一个无法回避的严峻挑战。[5] 在这种情况下，要做到章太炎所说的"语语心得，不因成说"，几乎是一种幻想。就一些题目而言，研究文献数量之庞大，甚至超出了单个学者所能掌握的程度；而收集和阅读如此丰富的第二手文献，不免要花费极多的时间和精力。于是，研究者关注的重心便从原始材料转移到第二手文献。荷兰学者安克斯密特谈到，学术的"过度生产"，导致解释取代文本而成为讨论的重点，而文本本身反而变得模糊不清；"我们拥有的不再是什么文本，也不再是什么过去，而只不过是关于它们的解释"。[6] 这样说固然带有后现

1　唐纳利等：《治史》，第12页。

2　费希尔：《历史学家的谬误》，第176页。

3　安克斯密特：《历史学与后现代主义》，《历史与理论》，第28卷，第2期，第137、138页。

4　贝林：《论历史教学与写作》，第30—31页。

5　参见王晴佳：《后现代主义与历史研究》，《史学理论研究》，2000年第1期，第141—142页。

6　安克斯密特：《历史学与后现代主义》，《历史与理论》，第28卷，第2期，第137页。

代主义的意味，却也从另一个角度揭示，已有的研究文献改变了新研究的性质。

前文论及，学术史梳理的主要内容是收集和处理第二手文献；但是，第二手文献对于一个课题的意义，并不仅仅限于为学术史梳理提供资料。研究任何课题，都需要借助已有的学术积累，从他人的研究中汲取资源和灵感。即便是收集和解读第一手资料，研究者也必须把它置于第二手文献所构筑的知识环境中，才能透彻而清晰地看出其价值和意义。研究者阅读和评析第二手文献，相当于与先行的同行进行对话，借以发现问题，激活思考，拓展思路，借鉴方法，最终找到自己的路径、框架和论旨。于今历史解释越来越离不开理论、概念和相关知识的介入，而这些元素也大多取自第二手文献。一个研究课题还会牵涉到许多小问题，研究者对这些问题不必也不可能逐一从新探讨，而只需参考和引述他人的研究成果。这也就是章学诚所说："前人之辞如已尽，后人述而不必作也。"[1] 在今天的历史写作中，经常需要引用他人的论点来支持自己的论述，因而来自第二手文献的论据，与来自第一手资料的论据，都是不可或缺的。由此可见，利用第二手文献不仅是进行研究的重要条件，而且是促进知识有效增长的途径。治学要创新，研究要避免重复，其前提都是很好地利用第二手文献。

多数学者并未完全忽视第二手文献的价值，只是容易在使用时发生一些偏向。[2] 第一种偏向是把第二手文献当成资料性文献使用，仅看重其中可供转引的史料。这种现象存在于许多领域，而在外国史研究中尤为常见。过去较长一个时期，在国内研究外国史，很难获得充足的原始材料，许多人只能靠第二手文献中的材料来写文章。他们习惯于从第二手文献中转引

1　章学诚:《章学诚遗书》，第50页。

2　王笛在《学术规范与学术批评》一文中批评国内中国史学界"相当多的学者有意回避'二手资料'"，忽视"学术积累"。罗志田对这种看法做了回应，并从研究生教育、学术传统、学术刊物操作方式等层面剖析了这种现象的成因。两人的文章均收入杨玉圣、张保生主编的《学术规范读本》，有关论点见该书第195—196、205—211页。

史料，对其中包含的学术见解反而视若无睹。第二种偏向是不重视或有意轻视第二手文献的价值，这在中国史领域表现得尤为显著。有人相信，只有直接使用原始资料做研究才称得上独创，因而在写作中不屑于引用第二手文献。甚至有些通论性或断代史著作，也根本不提及相关研究，不引述他人之说，似乎诸多问题此前从未有人涉猎，如此广阔的园地只有作者一人独耕。固然不排除某些作者确实未参考相关论著，笔下的文字全然出自其个人的头脑；但这样做也有可能"与前人暗合"，造成"低水平重复"，有违学术创新的旨趣。另一种可能是，作者其实借鉴了相关研究，或受到了前人的启发，却不暇加以说明和标注。不论动机如何，这样做都属于学术舞弊的范畴，也即清人陈澧所谓"暗袭"。[1]

欧洲史学拥有不同的传统，在第二手文献的利用方面，也早已具备成熟的规范。一种论著，倘若未充分吸收已有的研究，其价值就会受到质疑。兰克晚年所写《世界史》，其古代部分没有吸收此前五十年的研究成果，遭到爱德华·迈尔的激烈批评，称"他的努力只能是彻底的失败"。[2]美国史学相对年轻，而重视第二手文献也已成为惯例。专题论著中涉及的问题，如果已经有可靠的论述，往往只需注明参见；综合性论著，特别是通史性著作，则必须详尽参考和引述本领域的重要论著。美国绝大多数史学著作，在书后都附有详尽的参考书目或书目介绍，其中包括大量第二手文献。有的书正文的注释仅涵盖原始材料，而在书后列出所参考的第二手文献。费正清撰《中国新史》，篇幅不过500页，而引书多达930种，很少遗漏迄至当时的美国中国史研究的主要论著。[3]埃里克·方纳的《重建：美国未完成的革命》，是一部带有综合性的专题著作，所用史料包括104种手稿、23种政府文件和出版物、52种杂志、79种当时人的著作和公开出版的

1　陈澧：《引书法示端溪书院诸生》，载张舜徽选编：《文献学论著辑要》，第413页。

2　转引自古奇：《十九世纪的历史学与历史学家》，上册，第210页。

3　陶文钊：《费正清与美国的中国学》，《历史研究》，1999年第1期，第151页。

文献集，以及26种回忆录；另有252种专著、165篇论文和24篇未刊博士论文及其他文章，列入所使用的第二手文献清单。[1]

　　有人担心过多地引用第二手文献，可能损害研究的"原创性"。这其实是一个很大的误会。对于专题研究来说，第二手文献的作用主要是启发、引导和补充，其基础仍然是第一手资料。美国史学界不少重要的"原创性"著作，都得益于很好地利用第二手文献。埃里克·方纳广泛借鉴已有的研究成果，提炼出宏观的解释框架，发现"自由在美国历史中是一个充满歧义和不断演化的概念"，据此写成《美国自由的故事》一书，在美国及美国以外都引起了很大的反响。[2]戈登·伍德依循其师贝林提出的"意识形态"路径，全面而深入地阐释美国革命期间政治观念的演变，描绘"美利坚政治文化"形成的画面，所著《美利坚共和国的缔造》一书，成为美国史学的一部经典。[3]还有学者对前人之说加以驳难辨正，就老问题提出新解释，也广为学界关注。福里斯特·麦克唐纳的《我们人民》即属此类。他在书中运用大量史实反驳查尔斯·比尔德，"解构"他对美国宪法的"经济解释"。[4]

　　使用第二手文献时还有另一件烦难之事，即如何对待"纷纭"的"众说"。有的学者有意或无意地避开相关的争论和分歧，根本不在自己的论著中提及实际上存在的不同见解。另有学者对各种观点不做仔细的分析鉴别，随意采信其中一种，而且不说明取舍的理由。也有学者把各种意见加以调和拼凑，以显示自己的全面和公允。这类做法都不合乎学术规范。面对多种前人之说，研究者应做出具体的交代和评说，或经比较而取其中某

1　埃里克·方纳：《重建：美国未完成的革命》(Eric Foner, *Reconstruction: America's Unfinished Revolution, 1863–1877*)，纽约1988年版，第615—641页。

2　埃里克·方纳：《美国自由的故事》(Eric Foner, *The Story of American Freedom*)，纽约1998年版。

3　戈登·伍德：《美利坚共和国的缔造》(Gordon S. Wood, *The Creation of the American Republic, 1776–1787*)，纽约1972年版。

4　福里斯特·麦克唐纳：《我们人民：宪法的经济渊源》(Forrest McDonald, *We the People: The Economic Origins of the Constitution*)，芝加哥1958年版。

说，也可以不接受任何一种，转而提出自己的见解。

第二手文献带来的难题并不止于此。前文提及，第二手文献增长极快，数量巨大；其中难免泥沙俱下，鱼龙混杂，这就要求在使用时慎加鉴别和选择。利用第二手文献，收集时须全面详尽，而引用则应力求精审。20世纪40年代，国际法专家赵理海在哈佛大学做博士论文，收集的书目近千种，而最后引用者只有200余种。[1] 研究国际法如此，史学更不例外。各国史学界每年出版的论著不可胜数，若不慎重选择，就容易引用不当，以致如陈澧所说，"引浅陋之书"，"不足以登大雅之堂"。[2] 但是，出版物实在太过浩繁，任何人都不可能在逐一阅读后再来判别高下，这样就需要采用相对便捷的方式进行筛选，预先了解相关文献的价值，选取最具代表性的论著作为重点研读的对象。[3]

第一，可从题名判断文献与课题的相关程度。不少书籍和文章都有主标题和副标题，能够比较清楚地反映文献的题材和主旨。经过这一步，可将那些与课题关系不够密切的文献排除在外。

第二，可快速浏览文献的目录、摘要、导言或关键篇页，并查看其参考书目和注释，以就其学术质量做一个粗略的判断。[4] 目录反映论著的主要内容和基本框架，导言包含论著的基本思路和主要观点，这都有助于判断文献的学术价值，以及它与课题的相关程度。从注释和参考书目，则可看出作者占有材料的数量、质量和规范程度，这些也是评估论著价值的重要参数。

第三，可查看论著发表的年代。一般来说，新近出版的论著必须参看，因为它们反映一个课题的最新进展。年代久远的论著，其说可能已被后来的研究所质疑、推翻、补充乃至替代，在判断其价值时须比照后出的

1　赵理海：《给国际法研究生的一封信》，载王力、朱光潜等：《怎样写学术论文》，第92页。

2　陈澧：《引书法示端溪书院诸生》，载张舜徽选编：《文献学论著辑要》，第413页。

3　以下内容参见杨玉圣、张保生主编：《学术规范导论》，高等教育出版社2004年版，第164—165页。

4　参见罗伯特·谢弗主编：《历史学方法指南》（Robert Jones Shafer, ed., *A Guide to Historical Method*），伊利诺伊州霍姆伍德1980年版，第50页。

同类论著。例如，乔治·班克罗夫特关于殖民地时期和美国革命的著作，虽然是史学史上的名著，但在资料、方法和论点方面均已过时，不复具有重要的参考价值。

第四，可考察论著的引用情况，以判断文献当前在同行心目中的地位。一种论著，不论问世年代多么久远，也不论有多少种版本，只要仍为相关领域的权威学者所引用，或者被公认为本领域的必读书目，就有必要重视其学术价值。

第五，可从出版机构的声誉来评估一种论著的学术水准。在欧美学术界，大学出版社或专业学术出版机构颇受推重，所出学术著作较具可信度。例如，美国北卡罗来纳大学出版社，在美国早期史著作的出版方面享有盛誉；俄克拉何马大学出版社的土著美国人研究出版物备受称赞；纽约的克洛夫出版公司和哈珀-罗出版公司，在学术出版方面也各有特色。有些商业出版机构所出学术著作声誉不佳，阅读和引用这类书籍要加倍小心。国内一些出版社在某类图书的出版方面，本已树立良好声誉，但由于过度的商业化操作，以致近来出版的书籍在可信度上打了不小的折扣。

第六，可参考有关书评，借以推断一种论著的学术影响。欧美史学期刊大多登载大量书评，而且通常由本领域的专家撰写，篇幅短小，信息凝练，有助于了解某书的学术价值。国内的书评向来颇有局限，对于选择文献不具多少参考价值。学术期刊登载的书评数量甚少，所评之书远不足以反映整体的研究状况；书评作者大多不是本领域的专家，其评介未必中肯；尤其是"人情书评"泛滥，在学术上无从谈及可信度。

总之，研究一个课题，既要充分利用第二手文献，又要慎重选择引用书目。在写作中使用第二手文献的具体方式，通常有"引述"和"参见"两种。"引述"即直接引用或概述他人论著的相关内容。如果文中不涉及某书的具体内容，而仅意在提示读者尚有此一说，则可注为"参见"。在书后的参考文献中，最好将第二手文献单独排列，以给人一目了然的印象。

三、问题与方法

　　清人章学诚的治学路径和学术思想，并不见重于当时；在考据学风盛行的时代，他因风格属于"别调"而难以进入顶尖学者之列。不过，以当今的视点来看，他在《文史通义》等著作中阐述的史学理念，却带有鲜明的超前性，即使置于当时整个世界的学术背景中，也仍然是熠熠生辉的。关于史学创新，他也有系统而深刻的见解：

　　史之大原，本乎《春秋》；《春秋》之义，昭乎笔削。笔削之义，不仅事具始末、文成规矩已也。以夫子"义则窃取"之旨观之，固将纲纪天人、推明大道，所以通古今之变，而成一家之言者，必有详人之所略，异人之所同，重人之所轻，而忽人之所谨；绳墨之所不可得而拘，类例之所不可得而泥，而后微茫杪忽之际，有以独断于一心。及其书之成也，自然可以参天地而质鬼神，契前修而俟后圣，此家学之所以可贵也。[1]

　　在他看来，治史不能停留在对事之始末、文之法度的追求上，而必须有独到的眼力，不蹈陈言，不囿成规，发明新义，自成一家，并把自己的研究嵌入史学传统的脉络中。这是史学创新的上乘境界，也是治史的要义所在。

　　不过，当今史学较章学诚时代已迥然不同。不仅"天人"、"大道"的意义不复当初，而且创新的途径也今非昔比。在当今的历史研究中，

---

[1] 章学诚:《章学诚遗书》，第38页。文中提到的"义则窃取"一语，出自《孟子·离娄下》，为孟子论述孔子修《春秋》时所引孔子本人之说，意即孔子整理《春秋》时，借用《诗经》中关于褒善贬恶的大义（参见杨伯峻:《孟子译注》，上册，第192—193页）。章学诚引用这句话，意在强调治史不能停留在叙述史事，而必须就历史的意义阐发独到的见解，这样才能成一家之言。

"问题"占据了核心地位，创新的关键在于提出新的问题。[1]据说，阿克顿勋爵曾倡导"要研究问题，不要研究时期（periods）"；科林伍德赞同这种说法，并把它作为区分真正的历史学家和"剪刀加浆糊的历史学家"的标志。他进而指出："科学历史学家则研究问题：他们提出问题，而且如果他们是好的历史学家，他们就会提出他们懂得他们做出回答的方式的那些问题。"[2]因此，"提问题的活动""在历史学中乃是主导的因素"，"论证中的每一步都有赖于提出一个问题"。[3]在年鉴学派史家看来，历史研究的任务不是像客观主义史学所追求的那样去揭示历史的真相，而是回答他们所能回答的问题。费弗尔甚至强调："提出问题是所有史学研究的开端和终结。没有问题，便没有史学。"[4]这样就将问题置于中心地位，形成"问题史学"的理念。美国学者费希尔也将历史写作等同于"解决问题"，认为"史学是一个解决问题的学科。某个人（或任何人）若能提出一个关于过去事件的无预定答案的问题（open-ended question），并按照解释范式的形式来安排挑选出来的事实，以回答这一问题，他就是一个历史学家"。费希尔特别强调问题在研究中的核心作用：

> 问题是智力的引擎，是将能量转化为运动、将好奇心转化为有控制的探索活动的脑力机器。不提问题就不可能有思考……一个历史学家如果没有某种形式的问题，就会被迫在漆黑的学问长廊中漫无目标地游荡。[5]

1　在谈论史学创新时，许多论者强调要研究"新问题"，但这种"问题"实际上指的是课题，而"研究"一词，则涵盖材料的取舍、方法的运用和解释的建构，几乎等于整个研究过程。本书所说的"提出新问题"，只涉及研究工作的一个环节，这一切入点更加具体，也更具经验性和可操作性。

2　柯林武德：《历史的观念》，第388页。

3　柯林武德：《历史的观念》，第377、378页。

4　转引自姚蒙：《法国当代史学主流的内涵与变迁》，载勒戈夫、诺拉主编：《史学研究的新问题新方法新对象》，第19、27—29页。

5　费希尔：《历史学家的谬误》，第xii、xv、3页。

由此看来，治史者的学术素养首先表现为提出问题的能力，一项研究能否成功，取决于能否找到值得研究而又可以回答的问题。当代史学的实践也确是如此。在研究的各个环节中，问题始终居于枢纽位置。问题引导寻找材料的方向，新的材料可能引出新的问题，新的问题指向新的解释，新的综合也是围绕新的问题来进行的。意义重大的新问题甚至可能促成新领域的开辟，并孕育新的研究方法。

长期以来，中国史学面临的一个重大困难，就是缺少有意义的新问题。有学者谈到，在中国近现代史领域，不少引导研究方向的重要问题，基本上都是国外中国史学者或海外华裔学者提出的，以致"问题在大陆，提问在海外；现象在大陆，解释在海外"。[1]这种状况同样可见于其他史学领域。例如，曾引起广泛讨论的东方专制主义、中国经济的"内卷化"以及中西"大分流"等问题，都是域外学者提出的。其他一些围绕外来理论而形成的问题，包括"中国封建社会为什么长期延续"、"中国资本主义萌芽的产生"等，在本质上也不具有本土性。中国史学在"话语权"方面声音微弱，可能与缺乏深度提问的能力有莫大的关系。中国学者并非天生提问能力不足，而只是很少受到提问的训练，也没有适宜提问的环境。历史上长期的思想禁锢和"舆论一律"，塑造出被动接受式的思维习惯；当前从中小学到大学的教育，都侧重单向接受知识的训练，而不重视培养思考的习惯和提问的能力。据说，哈佛大学确定的教育目标就是要使学生"处于不断提问的环境之中"，以培养"善于思索"的人才。[2]这一点对于国内大学教育的改革无疑有启发意义，史学人才的培养也能因此受益。

历史研究中任何有意义的问题，都不能简单地用"是"或"否"来回答，也不指向一个单纯的知识性答案，而与思想有着密切的关联。因此，史家的提问牵涉到思维方式、专业知识以及对已有研究和相关史料的掌握

1　语见朱学勤：《人文精神寻思录之一》，《读书》，1994年第3期，第4页。

2　牛大勇：《哈佛大学研究生教育调查报告》，《学术界》，2003年第3期，第157页。

程度，而最终决定一个问题的质量和力度的因素，主要是学者自身的禀赋和学养。只有视野开阔、眼光敏锐、思维活跃、富于理论修养而又熟知本领域研究状况的学者，才能提出有意义的问题。关于美国革命起源，一直是美国学者关注的重大课题，先后引起热烈讨论的问题有：《海上贸易条例》、殖民地关税制度与反英运动的兴起有何关系？殖民地议会下院的成长对革命的发生有什么影响？殖民地的阶级冲突是否与革命的发生有联系？英国殖民帝国体系的演变是否推动了北美独立倾向的发展？毕生执教于哈佛大学的伯纳德·贝林，对这些问题及相关的解释逻辑做了梳理，并仔细研读革命爆发前的小册子、日记和书信，提出了一个足以改变美国革命史研究方向的新问题：革命的参加者是如何理解和表述争取独立的理由的？循着这个思路，他重点探讨革命者的观念、想法、希望、恐惧与他们的革命行动之间的关系，提出了解释革命起源的"阴谋假说"和"共和综论"。[1]贝林之所以能够提出这样一个有力度的问题，与他关于美国革命的丰富知识有关，也得益于他所掌握的社会科学理论，特别是文化人类学关于观念与行动的理论。[2]

治史者思考和提问的方向，还受社会思想氛围的熏染；不同时代的学者，关心的问题也很不一样。仍以美国革命史研究为例，20世纪中期以前的学者，主要关注华盛顿等精英人物在革命中的经历，热衷于讨论革命对美国核心价值观念的影响，重点研究革命领导人、制宪代表的思想和活动；而自20世纪六七十年代以降，随着民权改革和权利革命的进展，多元文化主义和女性主义蔚然成风，种族、性别、阶级被作为历史分析的基本范畴，美国革命研究者关注的问题也就发生了很大的变化：妇女、黑人、

1　参见李剑鸣：《伯纳德·贝林的史学初论》，《史学理论研究》，1999年第1期，第131—132页。

2　参见乔伊斯·阿普尔比：《旧语境和新语境中的共和主义》（Joyce Appleby, "Republicanism in the Old and New Contexts"），《威廉-玛丽季刊》（The William and Mary Quarterly），第43卷，第1期（1986年1月），第27页。

印第安人和下层民众在美国革命中扮演了什么角色？革命对这些处于底层和边缘的群体产生了什么影响？于是，美国革命史研究出现新的转向。[1]由此可见，历史学者不能"昧于知时"，而应对时代思潮和知识前沿保持高度的敏感，并将社会和时代提供的思想资源内化为提问的深层铺垫。

　　一个问题是否有"新意"，取决于它是否能突破既有的思维定式，是否指明智性探索的新方向。新问题固然不能离开现有知识和思想的支持，但其重点在于开辟新的思路，开启通向新知识、新思想的门户。贝林在美国革命起源研究中提出的新问题，改变了本领域探索的方向，因为此前学者大多从外部来探讨独立运动的起因，用各种外在因素来解释革命的起源，而贝林则将视线转向革命的参与者，转向他们的内心世界，这样就形成了从当事人的角度、从心理和意识形态来解释革命起源的新路径。通过考察革命时期思想观念的交锋和变动，贝林提出了美国革命是一场激进的思想革命和政治革命的观点。他的问题是基于以往知识而形成的，所探讨的课题也是史家长期讨论的热点，但由于思路新颖，便成为当时美国革命史研究中最具思想冲击力的问题。过去世界是一个储藏极其丰富的宝库，史家只要具有独到的眼力，就能找到合适自己解答的问题，并为认识历史发现新的视角。

　　提出新的问题固然重要，但就老问题阐发新见解，也能带来创新。有些问题经过前人的研究，早有明确而公认的答案；但随着观念和视角的变化，或是新材料的发现及解读的不同，仍有可能做出重新解释。尤有进者，中外史学史上都有一些"经典"老问题，长期成为学界的热点，众多史家从不同角度、不同方面做出了不同的解答，但一直没有定论。在中国史领域，"中国何时以及何以落后于'西方'"，就属于这类问题。中外

---

[1]　琳达·克尔伯：《革命的一代：早期共和国的意识形态、政治和文化》（Linda K. Kerber, "The Revolutionary Generation: Ideology, Politics, and Culture in the Early Republic"），载埃里克·方纳编：《新美国史》（Eric Foner, ed., *The New American History*），费城1997年版，第32、53页。

史家就此提出多种多样的解释，最后连"中国是否落后于'西方'"也成了一个问题。[1] 在美国革命史研究中，许多学者长期致力于解答"革命者用什么思想资源来建构革命话语"这一问题。20世纪60年代以前，学界普遍认为美国革命是启蒙思想的产物，1776年乃为"洛克的时刻"（Lockean moment）。但是贝林在其《美国革命的意识形态起源》一书中提出，美国革命话语主要来自18世纪上半叶英国的政治反对派观念，与17世纪英国内战中的共和主义思想是一脉相承的。英国史家 J. C. D. 克拉克不同意贝林的观点，认为殖民地反英派并没有什么统一的话语，所信奉的政治观念也不是以共和主义为核心的；当时的英美世界长期存在多种"教派话语"（denominational discourse），它们在美国革命中被解释成自然权利话语，于是变成了革命的思想资源，从而使美国革命带有许多古老的宗教战争的特征。[2] 许多学者围绕这个"经典"老问题，先后提出多种分歧甚大的解答，由此推动美国革命史研究不断走向深入。一个学者若有志向且有能力参与这类"经典"问题的讨论，一旦取得突破，其论著就有可能跻身"经典"之列。

　　归根结底，不论是新问题，还是老问题，都必须符合通行的史学范式。史学问题一般产生于特定的知识体系和学术语境之中，并能依据一定的史料和方法来加以解答。美国学者费希尔提出界定史学问题的六条准则：其一，具有可操作性，即可用经验的方式来解决；其二，没有设定的答案（open-ended），即只规定用什么事实来解答一个问题，而不规定答案本身；其三，具有弹性，即可以调整、补充和修正；其四，具有分析性，即可拆分为几部分来探讨；其五，明了而准确，对问题的预设和暗含的意思都必须有具体的说明；其六，具备可检验性，即可以用经验事实来证

1　参见卢汉超：《中国何时开始落后于西方——论西方汉学中的"唱盛中国"流派》，《清华大学学报》，2010年第1期，第5—13页。

2　J. C. D. 克拉克：《自由的语言：1660—1832年英美世界的政治话语与社会动力》（J. C. D. Clark, *The Language of Liberty 1660–1832: Political Discourse and Social Dynamics in the Anglo-American World*），英国剑桥1994年版，重点参见第1—45页。

明。[1] 这六条准则归结起来就是：史学问题必须是能用史学方法来解答的问题。这也就是埃尔顿所谓"恰当的问题"（right questions）的意思。[2] 林毓生说："科学的发展……必须有正确的、具有尖锐想象力的问题。"[3] 对一般学者来说，提出"恰当的"问题，也即符合史学范式的问题，已然颇不容易；而要使问题"具有尖锐想象力"，似非高明史家莫办。

　　换一个角度说，并不是所有关于过去的问题都是"恰当的"史学问题。一个"恰当的"史学问题，须置于特定的历史时空中，依托已有的知识框架，符合史学的规范，否则就可能成为"伪问题"和"非历史的问题"。国内美国史研究中曾热烈讨论过的一些问题，其实就是"伪问题"。一度颇受关注的"美利坚民族何时形成"，[4] 就不是一个真正的史学问题。在当今的学术语境中，"民族"的概念本身就颇具争议，而是否有一个"美利坚民族"更可存疑；即便真有所谓"美利坚民族"，那也应是漫长历史过程的产物，而不会突然出现于某个时刻。[5] 退一步来说，即使这个问题

1　费希尔：《历史学家的谬误》，第38—39页。

2　埃尔顿认为，"恰当的问题"是"有成果的问题，是能够产生答案的问题"；同时还是"深刻透彻的"问题，"必须能真正穷尽证据中含有的一切可能性"。埃尔顿：《历史学的实践》，第77页。

3　林毓生：《中国传统的创造性转化》，第16页。他所用的"正确的"一词，可能是英文"right"的翻译。这个词在这里似乎应理解为"恰当的"，因为"问题"无所谓"正确"和"错误"，只有"恰当"与否之分。

4　吕庠：《浅论美利坚民族的形成》，《齐齐哈尔师院学报》，1980年第3、4期；颉普：《关于美利坚民族的形成问题》，《兰州大学学报》，1981年第2期；张宏毅：《早期美利坚人的民族性格》，《世界历史》，1986年第8期；熊锡元：《试论美利坚民族共同心理素质》，《思想战线》，1988年第6期；陆镜生：《美国的民族融合问题》，载南开大学历史研究所美国史研究室编：《美国历史问题新探》，中国社会科学出版社1996年版，第43—58页；张涛：《滞缓美国民族主义形成的张力分析》，载《北大史学》，第6辑，北京大学出版社1999年版，第165—189页；张涛：《英法对北美整体性的认可与美利坚民族的形成》，《世界历史》，2003年第5期。

5　这个问题的提出，可能和两个因素有较大的关系：一是斯大林的"民族"概念的影响；二是对美国学术界使用的"the American nation"、"national identity"、"nationalism"等词的误解。在美国的历史语境中，"nation"一词在多数情况下侧重"国民"或"国家"等方面的含义，而不是汉语中的"民族"，其对应词为"state"（州）和"section"（地域）。美国文献中常见的"national government"，指的是与"state governments"相对应的"全国政府"。因此，"nationalism"不是汉语中"民族主义"，而应译作"国家主义"，对应的是"the doctrine of state rights"（州权论）和"sectionalism"（地域主义）；"national identity"宜译为"国家认同"，而不是"民族特性"；而"the American nation"不宜理解为"美利坚民族"，实际指的是"美国国民"或"美国人民"。

是成立的，但讨论它对于认识北美早期社会也没有什么补益，反而会引出新的"非历史的问题"：假使在殖民地时期已有"美利坚民族"，那么独立战争就理所当然地是一场反殖民主义的"民族解放战争"。可是，如果考察英属北美殖民地的性质和状况、殖民地居民的身份、独立战争的起因和美国革命的思想逻辑，就不难发现，美国革命一代并没有反殖民主义的观念或争取民族解放的意识。[1] 其实，在同一个"问题域"中，可以讨论的问题也有不少，比如，美国早期英裔居民如何在与其他族裔的关系中来界定自己的身份？族裔和文化的多样性对殖民地英裔居民的共同体意识的形成发生了什么影响？立国前后"美利坚人"的含义发生了什么变化？英国当局和居民对于殖民地居民的政治身份的认知发生了什么变化？这种变化对殖民地居民的认同感是否产生了影响？殖民地居民的共同体意识与独立运动的兴起有什么关系？在国内美国史领域，曾经引起激烈辩论的另一个问题是："林肯是不是一个废奴主义者？"[2] 这个问题也带有"非历史"的意味。"废奴主义者"是美国19世纪上半叶一个特定的民间群体，其主张和活动有比较清晰的脉络；林肯则是一个有着不同目标和不同活动领域的政治人物，即便他对奴隶制的态度与废奴主义者有相近或一致的地方，也不宜将他纳入废奴主义者之列。其实，关于林肯的研究，不妨讨论这样一些问题：林肯对待奴隶制以及黑人奴隶的态度经历了什么变化？这种态度与废奴主义者有什么异同？林肯关于奴隶制的认识与他在内战中采取的举措有什么联系？

美国学者贝林谈到，年鉴学派"第二代旗手"布罗代尔的成名作《菲利普二世时代的地中海和地中海世界》，恰恰缺少一个"中心问题"，因

1　参见李剑鸣：《英国对殖民地的政策与北美独立运动的兴起》，《历史研究》，2002年第1期。

2　严钟奎：《林肯是废奴主义者吗？》，《世界历史》，1982年第1期；李青：《林肯不是废奴主义者》，《世界历史》，1982年第1期；王洪慈：《林肯是废奴主义者》，《世界历史》，1982年第1期；罗徽武：《林肯与废奴主义》，《四川师院学报》，1982年第4期；蒋劲松：《林肯最终变成了坚定的废奴主义者》，《益阳师专学报》，1985年第1期。此外，还有若干篇评论林肯的文章，也涉及这一问题。

而也就没有明确的结论，而只不过是"分三个部分对大量知识所做的概述"。[1]这就是说，一种史学论著如果没有中心问题，就会沦为没有意义的知识堆积，不符合现代史学的研究范式。国内有些史学论著，包括研究生的学位论文，最突出的问题就是没有问题。这些论著通篇叙述事件的始末和影响，类似教科书的写法，看不出问题意识，也谈不上有多少创见。没有问题，再好的材料和方法也难以产生意义。现代史家每涉猎一个课题，都要围绕问题来推进，不可停留于"事具始末、文成规矩"的地步。从这个意义上说，如何提出和界定"恰当的问题"，就成了现代史学方法中最重要的一种方法。同理，在史学研究生的培养中，关键之处在于"使他们意识到有些问题是好的、有用的和重要的，有些则是无关紧要的，并引导他们了解其间的差别，懂得其中的意义"。[2]

在具体的方法上，"因"与"创"的关系也体现得十分鲜明。一般而言，方法在历史研究中并不具有独立性。若能提出新的问题，运用新的材料，老方法也能带来创新。反过来，撇开问题和材料，根本无从谈及方法的创新。在研究实践中，学者大多采用自己熟悉的方法开展工作，而很少单独把探索新方法作为研究的目标。新方法往往产生于就领域、问题、材料和视角所进行的探索中。治史者通常根据问题和材料的需要，首先从现有的"工具箱"中选取最适用、最有效的工具；只有当找不到适用而有效的工具时，才会进行新方法的尝试。而且，史家在选择研究的方法时，眼光往往并不局限于史学领域，而是经常向其他学科取法。从一定意义上说，把其他学科的理论和方法运用于历史研究，本身就是一种方法的创新。

四、材料和解释

在讨论史学创新时，新材料的意义往往很受重视。大量新材料的出

1　贝林：《重评布罗代尔的地理史学》，《经济史杂志》，第11卷，第3期第1部分，第281、282页。

2　贝林：《论历史教学与写作》，第13、68页。

现，不仅使具体问题的研究大为改观，甚至造成大范围的历史重写。在20世纪上半叶，殷墟甲骨、敦煌遗书、汉晋简牍、明清档案相继面世，极大地推动了中国史研究的发展。最近几十年，民间史料的宝库逐渐得到开掘，地方史和社会史的研究随之别开生面。因此，治史者大都对新材料保持较高的敏感，不惜大费周章来收集和运用新材料。

不过，新材料往往是可遇而不可求的。因此，成名史家历来重视利用一般史料，强调要善于从常见史料中得出新见解。据说，费正清经常提醒他的美国同行："不要仅仅因为你要找不常见的资料，就忽视了更容易得到的资料。"[1] 严耕望甚至说，运用新材料而创造新成绩"不算本事"，难能可贵的是从"人人见得到的普通史料"中发现新问题，提出新观点；唯有做到"看人人所能看得到的书，说人人所未说过的话"，才称得上治史的高手。[2] 陈寅恪向来被视为这方面的典范。田余庆说："陈寅恪先生的诸多贡献，得益于新史料者并不算多，更多的是凭借极为深厚的史学修养，凭借精微思辨，推陈出新，从习见的本不相涉的史料中找到它们的内在联系，提出新问题，得出高境界的新解释，使古史中的许多模糊区域得以逐渐辨识清楚。"[3] 据王子舟统计，陈寅恪的主要论著参考和引用的文献共有907种，总计6144次，其中参考引用在50次以上的文献有17种，均为常见的正史和文集，其总的次数达到3398次，占全部参考引用次数的55%；如《元氏长庆集》148次，《白氏长庆集》327次，《通鉴》220次，《旧唐书》643次，《新唐书》664次。[4] 当然，随着史观的变化、新领域的开拓和新方法的使用，史料的概念和范围也在发生变化，抱定正史不放，忽视新材料的价值，也会造成治学的局限。史家既要重视常见书和普通史料，也要注

1　卢汉超：《历史学的艺术》，《中国历史评论》，第11卷，第2期，第139页。

2　严耕望：《治史三书》，第23、24页。

3　田余庆：《拓跋史探》，第7页。

4　王子舟：《陈寅恪读书生涯》，长江文艺出版社1997年版，第167、176—177页。

意发掘和利用新材料。

如何界定新材料，也可能出现某些盲点。那些首次发现、从未被人利用过的材料，如当年的敦煌遗书，陆续问世的考古资料，新近收集到的民间资料，刚刚解密的官方档案，最新披露的名人书信和日记，自然都是极有价值的新材料。不过，在大批的旧材料中，有些没有引起注意，或者其意义没有得到充分重视，对于相关课题的研究来说，其价值与新材料并没有太大的差别。陈寅恪研究的取材，主要是历代史家精详熟稔的旧史，但他所选取的具体材料，有不少以往很少受史家注意，因而其作用并不逊于新材料。美国革命时期问世的大量小册子和政论文章，长期被当成政治宣传品，偶尔也为史家引用，但不过是用以说明当时的"舆论气候"；20世纪五六十年代以来，越来越多的美国学者相信，这些材料中包含革命者的真实想法，从这个意义上使用这批早已为人知晓的材料，实际上产生了相当于新材料的价值。这表明，治史者不能一心只顾探查新的矿藏，而忽略从旧矿中挖掘新的矿石。从根本上说，材料无所谓新旧，关键在于如何理解、如何运用。

探讨一个课题，运用一定的材料和方法，最终是为了建构新的历史解释。研究者若过度沉迷于发掘和占有材料，而疏于深思，不去扩大眼界，那就如阿克顿勋爵所说，"让档案上的灰尘遮住了思想"。[1] 治史求新，最终要落实到提出新的观点。只有新的解释才是创新的归宿。从治史的常规来看，研究者提出或关注一个问题，只有在掌握和熟悉了部分材料以后才有可能，因而问题总是与解答问题的思路联系在一起的。问题暗中勾连着解释，而解释则需要解释框架。所谓解释框架，就是切入课题的角度和整合具体史实的架构，通常由具有组织性意义的核心概念或理论所构成。例如，贝林关于美国革命思想渊源的研究，所用的解释框架是，群体性的思

1　转引自托什：《历史学的追求》，第153页。

维方式和思想取向（也即"意识形态"），能对特定的社会政治运动发挥支配性的作用。贝林的学生伍德研究美国革命期间的政治思想，其解释框架是这个时期美国政治文化的演变趋势，指向政治现代性的诞生。在20世纪中期以来的美国史学中，种族、性别、阶级、国家认同等范畴，都是美国史家用以建构解释框架的要素。例如，研究杰克逊时期的美国政治，可以分别从种族、性别、阶级、国家认同等不同的角度来切入，建立差别很大的解释框架。如果以种族为核心来建立解释框架，可能会侧重研究黑人、印第安人、少数族裔移民对这个时期政治变动的影响，以及政治变动对这些族裔群体的意义；如果从性别的角度切入这一课题，可能会强调妇女在这个时期的政治生活中扮演的角色，重视有关政治决策对妇女生活的影响；如果以阶级为核心来建立解释框架，可能会更关注城市劳工、边疆中小农场主、债务人、奴隶在这个时期政治变动中的地位；如果以国家认同作为解释框架，研究的重点自然是州和联邦的关系、国家权力在社会发展中的作用、美国在大西洋世界的角色等问题。可见，研究同一个课题，由于解释框架的不同，讨论的重点、史实的选择和立论的指向都会随之变化。

历史研究还有专题和综合之分，综合也是建构历史解释的一种方式，因而也是创新的途径。专题论著乃是宏观综合的基础，而宏观综合反过来为专题研究提示新的思路。再则，综合性著述也是让众多专精研究为更多读者所知晓的主要方式。从中外史学演变的一般趋势来看，在某个研究领域，随着专题研究不断深化，积累逐渐增厚，便有必要进行宏观综合的工作；由小领域的综合递进到更大领域的综合，最终可能产生宏大的历史著作，甚至带来较大范围的历史重写。这与明末方以智所谓"坐集千古之智，折中其间"的境界大致相近。[1]

1　关于由"折中"而创新的论述，参见傅孙久：《古代学者论治学》，南京大学出版社1987年版，第226—228页。

现代史学偏重专题研究，而宏观综合往往相对滞后。在当今的学术语境中，宏观综合是一件难度越来越大的工作。其具体原因有二：第一，专题论著数量过多，而且一直在不断增加，各种解释层出不穷，要全面而准确地把握各家之说，再加以恰当地取舍折中，置于新的解释框架中以铸成新的叙事，其难度之大，不免让许多学者望而却步；第二，随着学术的过度专业化，多数史家的治学路径相当狭窄，并不具备驾驭综合性宏观课题的能力，对专题之外的问题也缺乏热情和兴趣。不过，当前中国史学界也有另一种情形，即宏观之作往往缺乏综合性。有人喜好宏观写作，自己却没有丰富的专题研究的经验和积累，也不具备处理综合性题材的素质和能力。还有人可能不甚理解综合性著述的性质，写作时不注意吸收已有的专题研究成果。这样都难免削弱综合性著述的意义。

新的综合同样必须围绕特定的问题来进行。学者通过梳理大量专题研究成果，对本领域的基本问题及相关论争加以反思，由此提炼出一个或几个彼此联系的问题，围绕这些问题来确立解释框架，凝练成统贯全书的核心论旨，这样就能避免使综合性著述沦为已有知识的拼凑。例如，美国学者查尔斯·塞勒斯广泛吸收关于杰克逊时代的大量专题研究成果，提出"市场革命"这一组织性的核心概念，构筑新的解释框架，把关于杰克逊时代的研究提升到一个新的高度。[1]从这个意义上说，新的综合是一种难度更大的创新，对于学者的素养、能力和眼光都有更高的要求。

当然，新的综合最好是学者以往长期所做研究的扩展和升华。在综合性写作所涉及的领域，作者已经深耕有年，写出过得到同行认可的高水平论著，对综合性著述所涉及问题的方方面面均有深入思考，然后在这个基点上拓展范围，开阔视野，集中大量的信息和知识，融会贯通，独出机杼。现代史学中但凡有影响的综合性著述，无不出自在专题研究中已有大

---

1 查尔斯·塞勒斯：《市场革命：杰克逊时代的美国》（Charles Sellers, *The Market Revolution: Jacksonian America, 1815–1846*），纽约1991年版。

成的名家之手。美国史家詹姆斯·麦克弗森，长期研究黑人史与美国内
战，有多种专著问世，其综合之作《自由的战斗口号：内战时代》荣膺普
利策奖。[1]埃里克·方纳的《重建》和《美国自由的故事》，都是反响很大
的综合性著作，而他在写出这些书以前，早已是公认的研究内战和重建时
期的顶级权威。

综合性著述需以大量专论为基础，作者当尽可能全面地收集相关研究
文献，并就其价值做出准确判断。一般而论，不同学者在同一问题上常有
不同的视角，持不同的观点，因而在借鉴时要加以明确区分，不能将它们
混为一谈，更不能把各种说法堆砌在一起。美国的综合性历史著作，通常
在书后专列一篇"文献综述"（bibliographical note 或 bibliographical essay），
分专题介绍书中涉及的代表性论著，不仅说明资料来源，而且还有学术史
梳理的意义。

五、"述"与"作"

治学求新，自应在已有研究的基础上，围绕具体的问题进行探讨，或
使用新的材料，或对旧材料做出新的理解，进而提出新的论点，形成新的
解释。如果能做到问题新、材料新、方法新和论点新，无疑就已臻创新的
理想之境。可是，对国内的外国史研究来说，[2]这种境界似乎还相当遥远；
或许需要经过若干代学者的艰辛努力，才有望逐步接近这一目标。

外国史研究存在很大的局限和困难，这是历史原因和现实条件共同造
成的，而且与外国史研究的特性也有一定的关系。这个学科不仅年轻，而

1　詹姆斯·麦克弗森:《自由的战斗口号：内战时代》（James McPherson, *Battle Cry of Freedom: The Civil War
　　Era*），纽约1988年版。

2　尽管"世界史"已于2011年提升为"一级学科"，但在研究实践的层面，以地区史、国别史为主的"外
　　国史"研究，仍然是世界史学科的主体。

且也不是从中国自己的史学传统中生发出来的，其理念、规范和方法均自域外输入，自身积累薄弱，向来不得不借重国外尤其是欧美的学术资源。仅是文献的匮乏就长期构成巨大的障碍。近年来，外国史某些领域的资料状况大有改善，但专深研究所需的关键文献，仍需去国外收集。从总体上说，中国的外国史研究仍然主要依靠常见史料来讨论国外学者早已深入研究过的问题。另外，国外学者在立场、见识和关注点等方面都有明显的不同，外国史研究者面对外来资源如何做出取舍，也是一个需要格外用心的问题。当然，中国学者有自己的思维方式、关注重点、观察角度和解释框架，若能充分发挥己之所长，也有可能取得富于新意的成果。

进入21世纪以来，获取国外第一、二手文献的途径变得愈加宽广顺畅，随之而来的问题就在于，如何更准确地理解、更恰当地运用材料。史料既是一种时间的产物，也是一种文化的制品，要充分了解其中包含的信息，不仅要突破时空的限制，而且还需消除文化的隔膜。时空和文化的双重限制，固然也存在于中国史研究中，但远不及在外国史领域那样严重。解读一条外文史料，需要调动语言、历史、文化等多方面的知识，是一种十分复杂的智性活动；任何一方面的局限，任何一点小小的疏忽，都有可能导致理解的偏差。收集到的材料，在写作中运用时还要译为中文，而翻译的过程不仅费时费力，而且还可能造成信息的流失或扭曲。再则，译文的质量高低以及文字风格，还会直接影响到历史写作在文本上的一致性。这类问题在中国史研究中并不突出，因之可视为外国史研究的特殊困难。

在国内研究外国史，选题方面的困难也同样突出。在绝大多数领域，国外学者尤其是欧美学者未曾涉猎的问题，可谓少之又少。每选取一个课题，都必定遇到大量外文研究论著，而这些论著对后来者类似于一座座必须翻越的大山。中国学者如何在充分掌握已有研究的基础上另出新意，就成了一个极为艰巨而又无法避开的难题。一般来说，历史认识总是在逐渐深入和不断更新，对于同一史实的理解，可能因时代、地域、民族、文化和个体的不同而出现很大的差异。这种认识的相对性，为中国学者就相同的课题做出不同的解释提供了可能，但实际操作的难度依然不可小觑。从理论上说，中国学者借助本土文化的底蕴和自己的现实关怀，有可能找到不同的视角，形成不同的解释框架，做出"发人之覆"或"推陈出新"的成绩。目前国内一些略有影响的外国史论著，正是依循这种研究路径写成的。但是，这类论著毕竟还是凤毛麟角，因为做出这样的成绩，对于学者的天赋、学力和苦功，都有很高的要求。

尤为重要的是，衡量国内外国史研究的创新性，还要以国际研究状况为参照。中国史研究固然也不能忽略国外的研究状况，但中国学者若已掌握一定的话语主动权，就可以把创新的参照主要放在国内，这样也不会从根本上影响其研究的价值。外国史研究则不然。外国史研究的任何领域、任何课题，国内的基础都相当薄弱，其中不少还是空白，因而代表最高研究水平的论著无不出自国外尤其是欧美史学界。特别是欧美的国别史研究，对象国的水平往往是最高的；倘若只考虑国内的研究状况，而不比照和参考国外学者的研究，就根本无从谈及创新。同时，在"国际接轨"方面，外国史研究的必要性和紧迫性也更加突出；而"国际接轨"的前提，在于了解国外的研究状况，达到或接近国际研究水平。因此，在国内开展任何外国史课题的研究，都必须首先掌握国外史学界的研究状况，以国外的相关讨论为立论的学术语境。例如，研究古希腊罗马史和欧洲中世纪史，要着重了解英、美、德、法、俄、意等国的研究情况；研究美国史，除了重点收集美国学者的论著，还要知晓西欧诸国和日本的研究。这就要求外国史研究者具有强烈的国际主义意识，尽最大的努力，如此方能跟上国际史学的前沿进展。

另一方面，如果完全以国际水平为参照，又会给外国史研究带来极大的限制，甚至导致研究工作无法进行。费正清在谈到美国中国史研究的困难时说，中国史学的"现代化受到了战争、革命和独裁体制的打击"，不能为美国学者引路。[1]然则实际上，正是这一"困难"给美国学者带来绝好的机遇，使得他们全然不必考虑中国学者的研究，仅依托美国史学的整体发展，就轻而易举地找到了许多中国史家尚未涉及的课题和材料，很快就做出了让中国学界瞩目的成绩。中国的外国史学者面临的难题正好相反：欧美史家走得太快、太远，中国学者一时无法跟上他们的步伐。中国的外国史研究起步甚晚，而能从中国史学借用的资源又十分有限，再加上研究条件和文化隔膜的制约，在整体水平和多数领域的研究深度上，都与欧美史学界有着无可掩饰的巨大差距。如果仅只参照国际水平，那么中国学者在绝大多数课题上都没有发言权，"创新"云云，不过是徒托空言而已。

　　但是，中国又不能没有自己的外国史研究，这样就必须耐心接受一个由不成熟到逐渐成熟的相对漫长的过程。在这个过程中，国内学界宜采取切合实际的研究策略和评价标准。在起步阶段，中国学者的主要工作是翻译和引介国外的研究成果。这一工作大致持续近百年。在20世纪中期以前，翻译和引介的重点是欧美，特别是欧洲学者的研究。此后有近三十年时间，译介的中心转向苏联史学。自20世纪80年代以来，中国学者一面继续引进欧美史学成果，一面开展独立研究，力图超越译介而有自己的创获。进入21世纪以来，在古典学、中外关系史、冷战史、中外历史比较等领域，中国学者取得了足可称道的成绩；在美国史、日本史、英国史等领域，其研究水平也有长足的进步。但从总体看，国内外国史研究各领域的发展参差不齐，整体水平仍有很大的提升空间，需要做的基础性工作还很多。因此，中国学者在选题和研究策略方面，既要充分了解国外的研究状况和前沿进展，又要兼顾国内外国史学科建设的需要；既不能关门自娱和故步自封，也不可因难以接近或达到国际水平而放弃独立研究。在今后较长一个时期，研究者仍须从填补空白、积累资源、完善体系和改进教学着

1　费正清：《70年代的任务》，《美国历史评论》，第74卷，第3期，第872页。

眼，脚踏实地地处理好选题和研究方面的问题。

　　毋庸讳言，国内的外国史研究还有许多空白亟待填补。研究资源的积累依然比较薄弱，难以依靠国内收藏的文献开展专题研究，于是有些学者借鉴和吸收国外的研究成果，经过取舍、整理和重新编排，以中文写成综合之作。这种著述的价值，只有置于国内外国史学科建设的框架中，才能做出恰当的评判。从搭建学科框架和基本知识体系的需要着眼，许多重要的课题，无论外国学者研究得多么充分，只要在国内尚属空白，就有必要在借鉴国外相关成果的基础上，以中文话语进行创造性的综合。当然，外国史研究者必须保持清醒的意识，这毕竟是一种低层次的基础性工作，只是在为未来的学术创新做铺垫。[1]中国古代学术有"述"和"作"的分别。"述"重在注解和阐释前人学说，以补充或完善已有的知识和思想体系；而"作"则是以生产知识和思想为旨趣的学术活动。在目前国内的外国史研究中，某些领域还不得不倚重"述"。但是，这种"述"并非简单地重复国外学者的观点，更不是编译或转述其论著的内容，而是以自己的视角和解释框架来重新审视他们研究过的问题，在鉴别吸收的基础上加以新的综合，力图做到"以述为作"。[2]经过一番踏踏实实的"述"的工作，这些领域也有望逐渐步入"作"的阶段。

　　外国史研究如何提高研究水平，长期以来一直是中国学者深为苦恼且孜孜以求的事情。若以欧美中国史研究取得斐然成绩为参照，似乎中国的外国史研究者也可以有一番"动国际而垂久远"的作为。这样考虑固然可以鼓舞士气，但在可以预见的未来却显得不切实际。从学术积累、史料占有、理论框架、学术训练以及研究者的知识结构来看，欧美的中国史研究

1　王立新在《学术创新与21世纪的世界史研究》(《光明日报》2000年3月24日，"历史周刊")一文中指出了这种综合的局限性。

2　中国哲学史上对经典的诠释带有"述而不作"或"以述为作"的特征，参见李翔海：《从"述而不作"看中国经典诠释的理论特质》，《天津社会科学》，2004年第5期，第13—16、76页。

拥有切实可凭的优势，完全不必依赖研究对象国的资源。他们只要依托厚重而坚实的本土资源，跟随本国史学整体发展的步调，借用本国史研究的范式和路径，就能取得具有前沿性的成果。在欧美多国，都曾产生一批成就卓著的中国史学者，足可与研究本国历史的大家比肩而立。李约瑟之在英国，谢和耐之在法国，费正清之在美国，莫不如此。相比之下，中国外国史研究可以借用的本土资源相当薄弱，这对研究水平的提高无疑是一个巨大的制约。[1]外国史研究的创新之路，仍然是艰难而漫长的。

1　参见李剑鸣：《本土资源与外国史研究》，《南开学报》，2003年第2期，第53—55页。

第七章　史料和证据

阿克顿勋爵把史学称作"收集历史资料的艺术"，[1] 傅斯年更直截了当地说"史学即史料学"。[2] 另据有的成名史家回忆，他们早年从老师嘴里听到的专业方法，不过是"去看史料，一点都别落下"。[3] 当今史家大抵不再这样看待史学，但一般都不会否认史料在史学中居于首要地位。从认识论的角度说，没有史料就没有历史，也无从谈及史学，因而史料以及关于史料的理念和技艺，构成历史学家的"历史主义"[4] 的基石。19世纪以来专业史学不断成长，其中一个突出标志就是，证据的观念愈加明晰，史料的批判和运用都走向成熟。当今面对后现代主义者对史学的"事实"与"真相"观念加以质疑和解构，不少专业史家感到，有必要重提并更加重视史料与证据方面的问题。[5] 的确，治史者无法同哲学家比试思辨的曲折玄奥，不能与社会科学家争抢理论创新的风头，更不必向文学家炫耀遣词造句的

1　转引自汤普森：《历史著作史》，下卷，第3分册，第457页。

2　傅斯年：《历史语言研究所工作之旨趣》，载岳玉玺等编：《傅斯年选集》，天津人民出版社1996年版，第174页。

3　特拉齐滕伯格：《国际史的技艺》，第vii页。

4　这里所用的"历史学家的'历史主义'"，系指治史者从具体的时空、语境出发以考察过去事物的形成、变化的方法论意识，其含义和用法不同于19世纪德国史学中的"历史主义"。

5　帕拉雷斯－伯克编：《新史学》，第254页。

技巧，其"拿手好戏"不过是史料的爬梳剔抉，能把繁杂而零乱的史料变成清晰坚实而指向分明的证据链。这种收集、考辨和运用"证据"的能力，既是治史的"入门技艺"，也是史家的"看家本领"，还可以说是史学品质和史家伦理的基本保障。[1]从前人的经验来看，要获得扎实的"史料功夫"，必须经长期的训练和艰苦的磨砺。清人钱大昕说："读经易，读史难。读史而谈褒贬易，读史而证同异难。"[2]泛泛议论绝非史家所长，治史以"实证"为务，奉守"言必有据、无征不信"的原则。治史者若不肯在史料方面下苦功，即便天赋异禀，也断然难以取得出色的成绩。

一、史料的概念

史料包罗甚广，凡治史时用到的研究文献和常识以外的资料，都属于史料的范畴。研究史料的性质、种类、考订和运用的学问，习称"史料学"；对历史著述中所用的史料来源、用法及流变的探讨，则叫做"史源学"。这两门学问在中国传统史学中颇受重视，也是旧时史家的入门课程。

英语以"源头"（sources）指称史料，即"过去留下的人工制品"。[3]有时"sources"一词也兼指研究中使用的所有材料，包括史料和研究论著，前者是"primary sources"（第一手资料），后者为"secondary sources"（第二手资料）或"secondary literature"（第二手文献）。英美史家还用"documents"（文件）指原始材料，而"documentation"则指论证时使用的原始材料的总和，以及运用原始材料进行论证的写作方式。另外，英美史家还常用"evidence"（证据）或"historical evidence"（历史证据）等词，指涉论证时用作根据的材料。按照欧美史家的治学方式，以问题为中心的

1　关于后一点，娜塔莉·戴维斯有精彩的见解，参见帕拉雷斯-伯克编：《新史学》，第78、79页。
2　钱大昕：《元史本证序》，载汪辉祖：《元史本证》，上册，第1页。
3　豪厄尔等：《源自可靠的资料》，第17页。

历史研究，先要提出论点（arguments），再用材料来论证（verification）；而论证过程中使用的史料，就成为"历史证据"。中国史学中也有"证据"的说法，考据学就颇重"证据"，王国维更有"二重证据法"之说。当然，"证据"只是写作时用到的材料，而不是一个课题所涉及的全部材料。

从古及今，中外史家对史料的认知和界定，一直都在发生变化。欧洲古代史家大多倚重史诗、当时人记录和其他文字作品，其中也混杂传说和逸闻。及至"早期现代"，随着考古学、铭文学、谱牒学和古文书学的发展，史家鉴别和利用史料的能力大为提高。法国"博学时代"的学者，用批判方法整理古代史料，成绩斐然。兰克治史，以重视档案和史料批判著称，他在成名作《1494—1514年的拉丁和日尔曼民族史》的前言中提到，自己所使用的史料主要是"回忆录、日记、信函、外交报告、见证者的叙述"。[1]兰克及其弟子心目中最有价值的史料，主要是公私档案、碑刻铭文、书信、日记和回忆录，也就是所谓"亲临其境者的记述"。这也是20世纪中期以前欧美史家所普遍看重的史料类型。二战以后史学为之大变，欧美史家对史料的界定和利用也非同往日，尤其是计量方法和"新文化史"的产生，极大地扩展了史料的范围，更新了利用的方式。在传统史料之外，举凡生死记录、婚姻登记、家庭账册、财产清单、纳税记录、选举登记、投票资料、口碑传说、民间歌谣、广告招贴、音像资料、文艺作品以及日用器具等，也即一切保留着前人生活和思想信息的材料，无一不被纳入史料的范围。波兰学者托波尔斯基说过的一句话，可视为这种新史料观的总结："史料的概念包括历史认识的一切来源，也就是说关于人类过去的一切信息。"[2]

中国古代史官记录帝王言行和军国大事，官方修史或私家著述则综合利用各种文字和口碑资料。《史记》主要取材于传说、见闻和传世书籍；

1　兰克：《1494—1514年的拉丁和日尔曼民族史·前言》，载何兆武主编：《历史理论与史学理论》，第223页。
2　托波尔斯基：《历史学方法论》，第384页。

历代官修史书所用史料，包括帝王起居注、官府文书、名人行迹、个人文集、私家笔记等。清代一批学者精于经籍考证，重视利用前代文献，对于所谓"六经三史"[1]，大多了如指掌。擅长史料整理的荣孟源谈到，古代史家将史料分成文字（公私文件和书籍）、金石（各种实物）和口碑三类。[2]不过，最受史家青睐的一般是文字资料，而且越古旧的文献就越受重视。以现代史学的视点来看，这种史料观存在明显的局限性，因而受到胡适、傅斯年等人的非议。[3]

20世纪前期，在"西学"和国内考古学的推动下，中国史学的史料概念也发生了巨大的变化。史料的范围明显扩大，除传统文献之外，地下实物、铭文碑刻、小说诗文、宗教典藏、民间文书和境外文献均被当作史料。梁启超曾区分获取史料的途径，提到"文字记录以外者"和"文字记录者"两种，前者包括"现存之实迹"、"传述之口碑"和"遗下之古物"；后者则指"旧史"、"关系史迹之文件"、"史部以外之群籍"、"类书及古逸书辑本"、"古逸书及古文件之再现"、"金石及其他镂文"和"外国人著述"等。[4]由此可见，他的史料观与古代史家已有显著不同，反映了当时中国史学的新动向。傅斯年对史料的认识较梁启超有更大的发展。他主张，从地质学到新闻纸，从地方志书到私人日记，从考古发掘到洋行的贸易册，都应进入史料的范围。[5]同时，他也没有忽视"新史料"与"旧史

1　据王鸣盛考证，"三史"的具体所指在不断变动：三国时的"三史"，可能指《战国策》、《史记》和《汉书》；唐以前流行的史书仅《史记》、《汉书》和《后汉书》三种，因而清人所说的"三史"当指这三种史书。唐宋人将"三史"与"五经"并称，王鸣盛认为应当加入《三国志》，称"五经四史"。另据钱大昕的看法，《续汉书》（晋司马彪作）中提及的"三史"应为《史记》、《汉书》和《东观汉记》，而唐以后《东观汉记》失传，于是以《后汉书》代之。不过，对清代学者来说，"六经三史"不仅仅是史料，更是研究的对象。参见王鸣盛：《十七史商榷》，上册，卷四十二；下册，卷九十九；钱大昕：《十驾斋养新录》，上海书店1983年版，第119页。

2　荣孟源：《史料和历史科学》，人民出版社1987年版，第15页。

3　参见王汎森：《中国近代思想与学术的系谱》，第349—352页。

4　梁启超：《中国历史研究法》，第45、55—74页。

5　傅斯年：《历史语言研究所工作之旨趣》，载岳玉玺等编：《傅斯年选集》，第174、176页。

料"的密切联系和相互作用。[1]顾颉刚的史料观与傅斯年大致相同。1927年，他为中山大学拟订图书购求计划，准备收集16类图书和其他资料，除传统的经史子集外，还包括丛书、档案、地方志、家族志、社会事件之记载、个人生活之记载、账簿、汉族以外各民族的文籍、基督教会出版的书籍及译本书、宗教及迷信书、民众文学书、旧艺术书、教育书、古存简籍、著述稿本、实物之图像等。[2]诚然，这些资料并非全然用于治史，但无疑都具有史料价值。陈垣早年对史料也有自己的看法："史料愈近愈繁。凡道光以来一切档案、碑传、文集、笔记、报章、杂志，皆为史料。"[3]另据杨国桢所述，傅衣凌研究中国经济史，"特别注意发掘传统史学所弃置不顾的史料，以民间文献（诸如契约文书、谱牒、志书、文集、账籍、碑刻等）证史；强调借助史学之外的人文科学和社会科学知识，进行比较研究，以社会调查所得资料（诸如反映前代遗制的乡例、民俗、地名等）证史"。[4]这里提到的史料，似可归入民间文书和田野资料两类。老派学者对这种偏好新史料的风气颇为不满，刻意提倡读常见书，极端者如邓之诚，甚至自称只用二十四史来做研究。[5]

20世纪80年代，荣孟源就史料的内涵加以系统解说，总结了中国史家在史料方面的新认识。他将史料分成四大类，第一类为"书报"，包括历史记录、历史著作、文献汇编和史部以外群籍；第二类为文件，包括政府文件、团体文件和私人文件；第三类为实物，包括生产工具、生活资料、武器、刑具、货币、度量衡器、印信、建筑、墓葬、古迹、历史事件的遗迹、模型、雕塑、照相、绘画、语言、文字、碑刻、砖瓦和纪念物；第四

1　参见罗志田：《史料的尽量扩充与不看二十四史》，《历史研究》，2000年第4期，第159页。
2　顾潮：《顾颉刚年谱》，第141页。
3　陈智超编注：《陈垣来往书信集》，第380页。
4　傅衣凌：《傅衣凌治史五十年文编》，厦门大学出版社1989年版，第1—2页。
5　罗志田：《史料的尽量扩充与不看二十四史》，《历史研究》，2000年第4期，第166页。

类为口碑，包括回忆录、调查记、群众传说和文艺作品。[1]他所罗列的这些史料种类，几乎涵盖当时已知的全部历史资料，真可谓巨细靡遗。

当今史家大多具备"泛史料意识"。但凡保留过去信息的文本和实物，都具有史料价值，关键在于从什么角度加以解读和使用。例如，"大跃进"年代各地报纸关于"放卫星"、"人有多大胆，地有多大产"的报道，虽然不能用来研究当时中国经济的实况，但对于考察当时的政治史和新闻史，却是极有用的史料。因此，史家应当对史料保持敏锐的意识，不放过任何可能为自己的课题提供信息的材料。18世纪以来，各国保存档案文献的意识大为增强，管理和开放的机制不断完善，不仅国家一级档案馆的收藏越来越丰富，地方机构也重视保存其档案，可供史家利用的档案越来越多。同时，由于印刷和出版业的扩展，报纸和书刊的数量不断增加，其中许多都具有史料价值。此外，声像资料和数字化资料也以很快的速度增加，数量已然相当惊人。今后，治史者能享有丰富史料的便利，但同时也需为收集、处理和解读过多的史料而付出更大心力。当然也不排除借助新技术、新手段来应对这一难题的可能，比如，未来史家或许能将大数据方法和人工智能运用于历史的研究与写作。

史料概念的扩展并不是一个孤立的过程，而是与时代思潮、史学理念、研究领域和研究方法的变化相辅而行的。古代史家倾向于将历史视为帝王和上层精英的活动记录，其著史自然需借重朝廷记录和精英文集。当史家的眼光同时兼顾社会上层和下层的时候，民间资料的价值就得以显现。顾颉刚认为，谚语的价值胜过圣贤经训，民间歌谣比名家诗词更重要，野史笔记的意义高于正史官书，这是因为当时史学观念已发生重大变化，以至于他相信，研究一个时代，最重要的是了解这个时代的"社会心理"，而要了解"社会心理"，就必须利用民间资料。[2]20世纪中期以后，

1　荣孟源：《史料和历史科学》，第18—25页。
2　参见罗志田：《史料的尽量扩充与不看二十四史》，《历史研究》，2000年第4期，第155页；顾潮：《顾颉刚年谱》，第71页。

多元文化主义在美国风行一时，非欧各族裔群体的历史备受重视，与其过往经历相关的各种资料，都成为重要的史料，比如印第安人的传说和祷文，黑人的灵歌（spiritual）、玩具、宗教和舞蹈，就颇为研究者所看重。另外，研究领域的扩大，方法的多样化，也必然伴以史料范围和种类的拓展。例如，妇女史研究兴起后，以往湮没无闻的关于妇女生活的各种资料，便成为研究者争相利用的珍贵史料。社会史方法的推广，使得契约文书、家庭账册、墓志碑刻、家谱族谱、口述资料成为重要的史料。计量方法的出现，更是将原来无法利用的大量记录和数据变成了史料。反过来，新史料的发现也能推动领域的拓展和方法的更新，甚至连带引起史观的变化和历史的重写。例如，甲骨资料和敦煌遗书的发现，不仅在中国古代史领域引起重大的变化，而且促成甲骨学和敦煌学等新学科的诞生。

二、史料的类型

依据性质的不同，可将史料分成不同的类型。不同类型的史料在价值和使用方式上有所区别，有经验的史家大都比较重视对不同类型史料的鉴别，力求在选取史料时对其性质和价值做到心中有数。

傅斯年将史料区分为"直接史料"和"间接史料"，称前者为"未经中间人手修改或省略或转写的"，后者则是"已经中间人手修改或省略或转写的"。他举例说，明史是间接史料，而明档案则是直接史料。[1]他所说的直接史料，就是当时人的记述，而间接史料则是转述和引用的史料。这是依据史料的留传方式而做的区分，表面上与欧美学者所说的"第一手资料"和"第二手资料"有相似之处。不过，欧美史学界通常用"第一手资料"来指历史事实发生时期所留下的资料（如档案、当事人的日记和书

---

[1]　傅斯年：《史学方法导论》，载岳玉玺等编：《傅斯年选集》，第193—194页。

信、实物和各种记录等），而"第二手资料"则是历史学家对历史事实的研究结果。[1] 换言之，只有"第一手资料"才是"史料"，而"第二手资料"尽管包含可供转引的史料，但它本身并不是史料。

相对而言，荣孟源对史料类型的描述更为细致。他说，就性质而言，史料有原始史料（当时留下的事物、文件、记录、日记、当事人的回忆录、调查记、群众传说等）、撰述史料（根据原始史料撰写的历史著作，如《春秋》、《史记》）、文艺史料和传抄史料（类书、史钞、教科书、历史读物等）之分；[2] 按版本来说，史料又有原件、复制品、改制品、重版和伪造品之别。[3] 这种区分当然也是相对的，其中不乏可以推敲之处。以回忆录为例，它一般是当事人在事后若干年的作品，随着时间的流逝，事情的本来面目会变得越来越模糊；而且，当事人的记忆力也直接关系到记述的准确度，如果回忆录撰写于其记忆力衰退的晚年，在可信度上就要大打折扣；另外，如果回忆录系由他人代笔，其取舍和表述的可靠性就更值得怀疑。总之，回忆录并不是严格意义上的原始史料。调查记录的史料价值也不可一概而论。紧接事件发生之后的调查，一般准确性较高，可以归入原始史料的范畴；如果是事后很长时间，甚至若干年以后的调查，则与回忆录无异。群众传说只有在用于研究文化史、心态史时才是原始史料；倘若作为事件的信息源，其可信度就需要仔细考辨。至于"撰述史料"和"传抄史料"的区分，只有在中国独特的文献流传系统中才有意义。

中国以历史悠久、史学发达而著称，但若论及史料的保存，则不妨说是一部史家的"痛史"。欧洲各国中古以前的历史资料也屡遭毁损，但大多是天灾或战乱所致；进入现代以来，欧美各国保留的历史记录日趋完整，特别是公私档案、手稿以及地方记录愈益丰富，使用也愈益便捷。可

1　纽金特：《创造性的史学》，第77—78页。

2　荣孟源：《史料和历史科学》，第27—28页。

3　荣孟源：《史料和历史科学》，第28—31页。

是，中国历代文献不仅毁于天祸与兵燹，人为造成的损失更为严重。历代当权者出于私欲或无知，曾做出许多焚书、毁版、删削和篡改等愚妄之事。秦火之祸和江陵焚书，都是古代图籍的浩劫。若干朝代还因编书修史而导致大量文献佚亡或毁损。唐修《晋书》之后，旧史十八家逐渐失传；《四库全书》之编成，意味着数千种书籍被禁或被毁。梁启超曾说，中国历代被毁文献中，以史书居多。[1] 朝廷和官府档案的毁损同样严重。大批明代档案被卖为废纸，有些流入异域。清末宣统即位时，监国的醇亲王因未能从内阁大库中找到清初摄政典礼的旧档，便断定库档无用，奏请销毁，并得到批准。倘非一些热衷古版书籍的大员介入，加以罗振玉的抢救，这些档案便难逃灰飞烟灭之劫。[2] 正是由于原始文献损毁亡佚，保存于正史中的有限史料，才具有特殊的价值。从一定意义上说，正史之取得"史料"的身份，实在是中国史学的不幸。吕思勉的说法可为佐证："正史并非最原始的史料；但作正史时所据的材料，十九不存，故正史在大体上即为原始的史料。"[3] 然则正史中所保存的史料毕竟有限，而且多有删改讹夺，在价值上与原始史料自然不可同日而语。[4]

根据载体的不同，史料还可以分为文字史料、实物史料、口碑史料、声像史料和数字化史料等。长期以来，文字史料构成史料的主体，并一直受到史家的偏爱。随着现代考古学的发展，加之史观改变和研究领域拓展，实物史料的价值渐为史家所认识。对于环境史和生态史来说，自然景观、技术工程、历史遗址也是重要的史料。若辅以相应的文字史料，实物史料的含义就能得到更加贴切的解读。因王国维倡导而闻名的"二重证据

1　梁启超：《中国历史研究法》，第98页。

2　王汎森：《中国近代思想与学术的系谱》，第354—358页。

3　吕思勉：《史学四种》，第73页。

4　美国学者迈克尔·罗杰斯（Michael C. Rogers）曾对《晋书·苻坚载记》进行分析，认为"淝水之战"乃是唐初史家的虚构。他的方法和结论固然大可商榷，但有助于提醒史家注意正史作为史料的局限性。参见孙卫国：《淝水之战：初唐史家们的虚构？——对迈克尔·罗杰斯用后现代方法解构中国官修正史个案的解构》，《河北学刊》，第24卷，第1期（2004年1月），第77—83页。

法"，涉及文字史料与实物史料的相互参证和相互补充。[1]口碑史料也是文字史料的重要补充，对于缺少文字记载的领域，口碑史料的价值尤其不可替代。例如，新政时期美国政府设立"联邦作者项目"，组织一大批学者对当时尚在人世的前奴隶进行调查采访，获得大量口述记录，成为研究美国奴隶制和奴隶生活的珍贵史料。[2]声像史料和数字化史料则是现代技术的产物，而且在历史研究中发挥越来越重要的作用。研究现当代史，可以从声像记录中获取直观的信息，这是研究更早时期所不具备的优势。例如，美国内战时期留下不少珍贵的照片，有助于研究者感受具体的历史场景；而研究美国独立战争的学者，就无法享有这种便利。电影胶片、电视录像、广播录音和各类视频，可以提供感性而直观的史料，其本身还是文化史研究的对象。越接近现在，可供使用的声像资料就越多。不妨预测，今后历史著述的形式也可能不再是单纯的文字，而变成文字和声像的结合。

　　至于新近出现的数字化史料，尤其值得高度重视。在当前这个大数据时代，数字化史料的形式、数量以及获取和运用的方式，都发生了巨大的变化，称之为"资料革命"并不为过。大数据并非以往所习见的文献资料库，它依托于互联网和数字化技术，把海量资料汇集、存储和联结起来，并借助计算机技术和相应的软件来加以管理与利用，因而是量化数据库。[3]这种数据库的体量之大，可以PB（即1024 TB）计。一般来说，数字化史料可分为两个大类。第一类是把文字史料、实物史料和声像史料数字化而制作的数据库，实现各类史料的立体交叉，而且检索和利用十分便捷，能极大地节省翻检和摘抄的劳动。多种文献史料数据库的建成，对于传统的考据方法也是一个挑战。以往史家考订某物在某代以前是否存在，即便广搜细考各种文献，所得的结论也不一定可靠；现在，只需将此物的名称输

1　参见刘毅：《"二重证据法"新论》，《南方文物》，1997年第3期，第104—109页。

2　高春常：《美国奴隶叙事研究》，人民出版社2019年版，第13、137—141页。

3　梁晨：《量化数据库："数字人文"推动历史研究之关键》，《江海学刊》，2017年第2期，第163页。

入数据库的检索系统，很快就可以得到答案。不过，便捷的检索也可能带来新的弊端。从前，研究者逐页翻阅史料文本，虽然艰辛费力，但可借以准确了解材料的上下文，并能顺带获得相关的知识和材料，有助于提升学养。现在若完全依靠数字化检索，就有可能导致断章取义，并遗漏许多不能直接与关键词匹配的材料。第二类数字化史料，乃是公共机构和个人存储在各种电子载体（电脑、软盘、光盘、U盘、云盘、服务器、移动硬盘等）之中的文件和信息。这类资料的总量越来越大，而且随着信息的更新和技术的发展，也可能造成数据丢失或损坏。当然，未来也可能出现相应的识别、转换、考订和修复各类数据的技术手段。

不同类型的史料在价值上也有分别。历来最受史家重视的是"直接史料"或"原始史料"，"间接史料"或"撰述史料"则一般在不得已时才为研究者所使用。如果学者在有条件使用前一类史料的情况下，却使用后一类史料，其论著的价值就会受到质疑。欧美史学界还习惯于将"原始史料"细分为"公开出版的史料"和"未公开出版的史料"，前者是经过编辑整理的印刷文本，而后者则主要是手稿和其他原件。欧美许多图书馆设有手稿部，向研究者开放；部分手稿还被制作成缩微胶片或胶卷，可供更大范围的读者利用。国内档案的整理和出版还有待开展，大量材料仍以原件形式供人调阅，使用中存在许多不便。

研究者不仅要了解不同类型的史料的价值和使用方式，而且在参考文献中最好将不同类型的史料分开排列，以便读者更清楚地了解本专题的史料以及运用的情况。国内不少史学论著习惯于把史料和研究文献混排在一起，对史料的类型也未做区分。在这方面，美国史学著作的处理方式可资借鉴。埃里克·方纳的成名作《自由土地、自由劳动和自由人：内战前共和党的意识形态》，在参考文献中将所用史料分成"手稿"、"公开出版的文集、演说词、书信和文件"、"政府文件"、"报纸和期刊"、"当时人的演说词、会议记录、书籍和小册子"、"自传、备忘录和回忆录"和"传记"等七大类。[1]他的另一部著作《重建》,所用的史料包括"手稿"、"政府文件和出版物"、"报纸、期刊和年鉴"、"当时的出版物和公开出版的文件"、"备忘录、回忆录和自传"等五大类。[2]

　　现代出版业越来越发达,大量史料经过专家的编辑整理,以印刷文本面世,为其利用提供巨大的便利。与此同时,研究者也有必要懂得如何鉴别和选取优良的版本。同一种史料可能有几种不同的版本,或者收入不同的资料集,研究者需要根据相关的信息和知识来判断不同版本的价值,选择最佳的版本。判断不同史料版本的价值,自然也须遵循某些规则,并借助于一定的知识和技巧。[3]

　　档案是一种极其重要、极有价值的史料来源。各国档案的保存情况不尽相同,但通常是越近的时期留存的档案越丰富、越完整,开放利用也较为便利。最初研究者只能向档案拥有者借阅,后来建成公共档案馆,并有部分档案公开出版,利用变得更加便捷。在缩微胶片和数字化技术出现后,研究者就不必总是要到档案收藏地去查阅。在利用档案时,应尽可能查阅原件或全文本,对于选编本则要慎重对待,因为档案的编选往往包含编选者的立场和见解,有时难以保留档案的完整信息。英国学者卡尔举例说,20世纪30年代德国的伯恩哈特编选一部魏玛共和国外交部长施特雷泽曼的文件集,其中较少涉及与苏联关系的文件,因为编者认为施特雷泽曼在这方面乏善可陈,公布这类文件无益于增添他的声望。仅从这个档案选本来看,似乎魏玛共和国并不重视与苏联的关系;据此来做研究,自然无法了解魏玛共和国外交的全貌。[4]因此,在有条件查阅档案原件或全文本的情况下,尽量不要使用相对便利的档案选本。

1　埃里克·方纳:《自由土地、自由劳动和自由人:内战前共和党的意识形态》(Eric Foner, *Free Soil, Free Labor, Free Men: The Ideology of the Republican Party before the Civil War*),纽约1995年版,第319—328页。

2　方纳:《重建》,第615—623页。

3　以下内容参见杨玉圣、张保生主编:《学术规范导论》,第163—164页。

4　卡尔:《历史学是什么?》,第16—17页。

　　手稿或最初版本固然具有很高的文物价值，但使用起来并不方便。有的手迹不易辨认，其中的讹误也难以识别。在这种情况下，经专家整理和校订的版本，可能更有学术价值，引用也更加便利和可靠。例如，关于1787年美国制宪会议的史料，现存有麦迪逊、杰克逊、耶茨、帕特森等人的多种记录，但其中有的不完整，有的过于简略，有的存在讹误和含混；美国制宪史专家马克斯·法兰德将这几种记录合在一起，加以仔细比对和校勘，纠偏正误，并收集不少有利于了解各种记录的相关资料，编成多卷本《1787年联邦大会记录》，遂成研究美国制宪史的最佳原始资料集。[1] 近年又有美国学者对麦迪逊的记录加以深入考辨，发现其中多有事后增补和数年后改动的地方，提示研究者在使用时需更加小心谨慎。[2]

　　原始材料一定要尽可能找到全文本，因为全文本的价值和可靠性高于节录本。现代学者按专题或领域编有各种史料集，如果不加以鉴别，不清楚不同版本的特点，就难以恰当地加以利用。只要条件许可，就要尽力搜求全文，避免使用节录。例如，18世纪中期英国有一本叫做《美洲农耕》的小册子，书中详细描述了北美殖民地的社会状况，具有很高的史料价值；[3] 而涉及这个时期的历史文献集，大都节选其中的某些部分，不同选本各有侧重，但包容的信息都有局限。如果通读全文，就能获得更多有价值的材料。

　　同一文献若有多种版本或选入多种资料集，应当选用编校精良的版本。托马斯·潘恩的著作，有多种全集、选集和单行本行世，而史学界

1　马克斯·法兰德编：《1787年联邦大会记录》（Max Farrand, ed., *The Records of the Federal Convention of 1787*, 4 vols.），纽黑文1966年版。

2　玛丽·萨拉·比德尔：《麦迪逊之手：修改制宪会议记录》（Mary Sarah Bilder, *Madison's Hand: Revising the Constitutional Convention*），马萨诸塞州坎布里奇2015年版。

3　约翰·米切尔、阿瑟·扬：《美洲农耕》（John Mitchell and Arthur Young, *American Husbandry: Containing an Account of the Soil, Climate, Production and Agriculture, of the British Colonies in North America and in the West-Indies ...*），第1卷，伦敦1775年版；另参见哈里·卡曼编：《美洲农耕》（Harry J. Carman, ed., *American Husbandry*），纽约1939年版。后一版本称此书作者不详。

公认价值最大的版本，是美国学者菲利普·方纳编选的《潘恩全集》。[1]乔治·华盛顿的书信、日记和国务文件，也可见于多种版本，其中以W. W. 阿波特等人所编《乔治·华盛顿文件集》和约翰·菲茨帕特里克所编《乔治·华盛顿著作集》为佳；[2]其国务文件则可参考詹姆斯·理查森所编《历任总统咨文和文件汇编》。[3]美国历史统计资料也有不同选本，或见于相关著作的附录，但最可靠的来源是美国商务部国情调查局编的《美国历史统计》和历年的《美国统计摘要》。

　　同一文献如果既有原文本，又有中译本，可以两种版本参看，而最好以原文本为主。原文本所包含的信息更完整，也更可靠；而译本通常受到译者的理解和翻译能力的制约，再高明的译者，也难以绝对准确而完整地传达原文的信息。麦迪逊关于1787年制宪会议的记录，辽宁教育出版社曾推出一个中译本，[4]这对于不能阅读英文或难以接触原文的读者，当然很有用处；但有条件的研究者则一定要直接阅读原文，而且要尽可能使用上文提到的法兰德所编的版本。

　　对于数字化史料（电子文献）的价值，也需要做出谨慎的评估。首先要了解数据库制作者和发行者的信誉及声望。一般来说，由专业机构和大型图书馆编辑制作的数据库，在质量和信誉上比较可靠。其次要注意文本的准确性，查看错漏舛误是否频繁，出处是否准确。最后，还要留意数据库的文本形式。电子文献一般分为图像文本（如pdf、bmp、png、gif、jpg、tif等）和纯文本（如txt、html等）两大类。此外还有若干需用专门阅

1　菲利普·方纳编：《潘恩全集》（Philip S. Foner, ed., *The Complete Writings of Thomas Paine*, 2 vols.），纽约1945年版。

2　W. W. 阿波特等编：《乔治·华盛顿文件集》（W. W. Abbot, et al., eds., *The Papers of George Washington*），弗吉尼亚州夏洛茨维尔1983—1998年版；约翰·菲茨帕特里克编：《乔治·华盛顿著作集》（John C. Fitzpatrick, ed., *The Writings of George Washington*, 39 vols.），华盛顿1931—1944年版。

3　詹姆斯·理查森编：《历任总统咨文和文件汇编》（James Richardson, ed., *A Compilation of the Messages and Papers of the Presidents*, 20 vols.），纽约1897—1917年版。

4　麦迪逊：《辩论：美国制宪会议记录》（尹宣译），辽宁教育出版社2003年版。

读器打开的图像或纯文本（如caj、pdg、epub、mobi等类型的文件）。虽然文本形式和文献本身的价值没有直接的关联，但图像文本具有直观、准确和固定的特点，可作为引用的首选。[1]

三、史料的地位

一本史学方法教科书写道："没有资料就没有历史；资料的贫乏就意味着历史的贫乏。"[2]的确，史料是史学的基础，是史家认识和重建过去的中介；从认识论的角度说，没有史料，就无从谈及治史，也就等于没有历史。因此，研究历史须从史料出发，史料占有的多少和质量，决定研究的价值。这些说法看似老生常谈，但要切实贯彻到具体的研究中，却是需用极大心力才办得到的事。未详尽地占有史料，撇开史料而空发议论，滥用或妄解史料，不注重史料学的训练，诸如此类有悖史学常识的问题，在国内史学界并非个别现象。美国史学界也有类似问题，琳达·戈登曾感叹，研究一个历史问题，首先要深入阅读资料，严肃对待资料，这看起来是浅显的道理，但人们经常未能做到。[3]

欧洲史家对史料的重要性很早就有明确的意识。修昔底德在他的《伯罗奔尼撒战争史》中，"常常提到他曾参考过的文件和碑铭"；波里比阿提出史家必备的三个条件，其中包括"搜集、分类并消化书面史料的能力"。[4]吉本谈到，他在使用原始资料时十分注重审查，写作时讲究材料的来源。尼布尔更是宣称，他对待文字史料就像"解剖家解剖身体"一样。[5]19世纪的客观主义史家进一步强调史料对史学的核心意义，并极力完

1　关于电子史学资源的知识，得益于南开大学罗宣副教授和复旦大学刘雨君同学的帮助。

2　纽金特：《创造性的史学》，第80页。

3　阿比拉弗等编：《历史的视野》，第77页。

4　汤普森：《历史著作史》，上卷，第1分册，第44、70页。

5　汤普森：《历史著作史》，下卷，第3分册，第111、211页。

善考辨和运用史料的原则与方法。在客观主义史家看来，史料包含历史的真相；19世纪末一位法国史家就说过，历史学家"发现自己的工作早已有人在文献中替他做好了"。[1] 客观主义史学固然有多种局限，尤其是迷信史料的客观性，忽视或有意回避史家的主观作用；但其贡献在于，更突出地强调史料的意义，大力探索考订和运用史料的方法，为史学专业主义的兴起做了极为重要的铺垫。

在欧美学术界，专业史学的史料观受到后现代主义者的质疑和嘲弄。在他们看来，现代史家大多有"资料拜物教"（fetishism of sources）癖好，[2] 他们没有认识到，治史所倚重的史料并非过去实际的"事实"来源，也不是等待史家去讲述的故事的载体，而只是史料制作者关于过去的建构性解释。美国学者汉斯·凯尔纳写道：

> 渴望获得纯洁而未经处理的史料，以此带来一种更新鲜、更真实的见解（也即浪漫的见解），这是注定要受挫的。根本就不存在什么未经处理的历史数据；一件物品或一个文本，只要被当成历史的材料，它就已经深深地卷进了文化系统之中。[3]

显然，后现代主义者不承认史料是事实的"来源"（sources），而仅把它看成一种文本，也就是关于过去的话语或修辞。这就等于抹去了原始文献与研究性论著之间的根本差别。根据他们的看法，史料和过去实际之间并不是"透明"的，因为史料作为由"语言"所构成的"文本"，自身具有独立性，是其制作者的观念和意图的产物，也就是一种社会和文化的建构，

1　转引自利科：《法国史学对史学理论的贡献》，第38页。

2　豪厄尔等：《源自可靠的资料》，第149页。

3　汉斯·凯尔纳：《语言和历史描写——曲解故事》（Hans Kellner, *Language and Historical Representation: Getting the Story Crooked*），威斯康星州麦迪逊1989年版，第vii页。

需要依循语言的特性来加以解读，而不能把它视作过去实际的事实性信息的来源。据荷兰学者安克斯密特论述，现代史家和后现代史家对待证据（史料）的态度有着根本的差别：

> 放在科学的世界图景中来看，并就我们最初都接受的历史观而言，现代主义者所理解的证据，在根本上乃是过去发生的事情的证明。现代主义历史学家遵循这样一条路线：从他掌握的资料和证据中，可以推导出隐藏在资料后面的历史实际来。另一方面，在后现代主义的观念中，证据所指向的并不是**过去**，而是关于过去的另一些**解释**，而我们事实上正是为此而使用证据的。[1]

美国学者多米尼克·拉卡普拉（Dominick LaCapra）对史料的性质和作用，持大致相同的看法。他认为，历史研究中长期盛行的"文献路径"（documentary approach）存在极大局限，它"转移视线，不去注意'文献'本身就是'处理'或再造'实际'的文本，需要加以批判性解读，其程度须在传统语文学形式的'史料批判'（Quellenkritik）之上"。在他看来，治史者大多径直把这种"文本"当成"纯粹的信息来源"，这说明他们似乎并未受过文本解读的专门训练。[2]

后现代主义者关于史料的性质和作用的重新界定，有助于提醒治史者不可轻信乃至迷信史料。举例来说，田余庆在《论轮台诏》中，为论证汉武帝在位最初阶段"升平治世的景象"，引《史记·平准书》、《盐铁论·国疾》中的话作为主要证据。[3]依照上述后现代主义者的提示，这些

1　安克斯密特：《历史学与后现代主义》，《历史与理论》，第28卷，第2期，第145—146页。黑体字系原文所有。

2　转引自克拉克：《历史、理论、文本》，第127页。

3　田余庆：《秦汉魏晋史探微》，中华书局1993年版，第29页。

文献只是当时人出于特定意图而制作的"文本",有关说法显然带有解释或修辞的性质,因而不可视为纯粹的事实性信息,至多只能作为旁证。不过,如果因为史料可能带有的解释性,就完全否认史料和过去实际的对应,轻视史料,撇开史料对解释的制约,进而否认史料在史学中的核心地位,那就会从根本上瓦解史学"合法性"的基础。史料固然具有种种缺陷和局限,但是除开史料,人们也找不到其他更好的办法来了解过去实际。对于历史研究来说,世界上没有比史料更有用的依据;依据史料所撰写的历史诚然有其不足,但抛开史料就根本无法写出任何历史。只要承认人类有必要了解和记住过去,就不能否认史学存在的必要性;而只要史学存在,就不得不依赖很不完美的史料,舍此别无他途。正因为史料很不完美,才对史家的智性和技艺提出极有冲击力的挑战。若非对史料加以精审考订,细密推敲,就不会有真正的历史书写。

在中国现代史家中,傅斯年关于史料的见解经常为人提及。他宣称,"近代的历史学只是史料学";[1] "史学的工作是整理史料,不是作艺术的建设,不是做疏通的事业,不是去扶持或推倒这个运动,或那个主义";[2] 史家的职责在于"上穷碧落下黄泉,动手动脚找东西"。他的治史主张是:"我们反对疏通,我们只是要把材料整理好,则事实自然显明了。一分材料出一分货,十分材料出十分货,没有材料便不出货。"[3] 傅斯年关于史料和史学的这种认识,似有特定的思想和学术语境,所针对的是当时史学界存在的两种风气:侈谈义理的"疏通"和固守正史的褊狭。傅斯年早年就对北京大学"议论的风气"表示不满,后来在制定史语所的工作方针时,对"取伦理家的手段,作文章家的本事"的学风也颇不以为然。基于对中外学术史的考察,他发现"凡能直接研究材料,便进步。凡间接的研究前人所研

1　傅斯年:《历史语言研究所工作之旨趣》,载岳玉玺等编:《傅斯年选集》,第174页。

2　傅斯年:《史学方法导论》,载岳玉玺等编:《傅斯年选集》,第192页。

3　傅斯年:《历史语言研究所工作之旨趣》,载岳玉玺等编:《傅斯年选集》,第182、180—181页。

究或所创造之系统，而不繁丰细密的参照所包含的事实，便退步"；"凡一种学问能扩张他研究的材料便进步，不能的便退步"。"西方学术"之所以大有发展，其根本经验在于，"西洋人作学问不是去读书，是动手动脚到处寻找新材料，随时扩大旧范围，所以这学问才有四方的发展，向上的增高"。[1]

傅斯年关于史料与史学的观点，一般认为带有兰克主义的印记。但据研究，在傅斯年的藏书中并没有发现兰克的著作，他留学英国和德国期间也未专攻史学，这似乎表明他的史料观与兰克学派不一定有什么关联。[2]其实，傅斯年在欧洲留学多年，耳濡目染于当时当地的学术风气，在潜移默化中吸取某些观念，也是很自然的事情。举例来说，傅斯年或许没有读过19世纪法国学者库朗热的著作，但他的有些说法却与库朗热十分相似。库朗热在总结自己的治史方法时，提出三条原则：其一，"仅仅研究原始材料而且是直接地、极其详尽地研究"；其二，"仅仅相信这些材料所表明的东西"；其三，"从过去的历史中坚决把可能由于方法错误而读史时混入其中的近代思想剔出来"。[3]傅斯年史学理念的三个核心观点，即"直接研究材料"，"一分材料出一分货"，"反对疏通"，在库朗热的这些言论中可以一一找到对应。这似乎可以说明，傅斯年吸收了当时欧洲史学中流行的观念，并进行消化和改造，以表达他在中国建立"科学的"史学的理想。[4]

经过相对主义和后现代主义的轮番"解构"，史料和史实的客观性都成了疑问，傅斯年的公式也难免发生动摇。在作为"问题史学"的现代史学中，离开了问题、理论和方法，史料就没有独立的意义。换言之，治史不能孤立地以史料为工作对象，而必须通过问题、史料、理论的互动，在

1　傅斯年：《历史语言研究所工作之旨趣》，载岳玉玺等编：《傅斯年选集》，第174、176、177页。

2　王汎森：《中国近代思想与学术的系谱》，第344—345页。

3　转引自汤普森：《历史著作史》，下卷，第4分册，第511页。

4　参见蒋大椿：《傅斯年史学即史料学析论》，《史学理论研究》，1996年第4期，第45—46、47页；李孝迁：《观念旅行：〈史学原论〉在中国的接受》，《天津社会科学》，2019年第1期，第143—146页。

充分发掘史实的意义的基础上建构历史解释。

当然，傅斯年强调史料在史学中的核心地位，也带有一种学风的指向，即崇尚"实学"，反对不重史料而凿空立论。"实学"之风体现史学的特性，也是历代许多学者的追求。清人王鸣盛强调，治史的要务在于"考其事迹之实，俾年经事纬，部居州次，纪载之异同，见闻之离合，一一条析无疑"；而议论褒贬则应极其慎重，因为"即使考之已详，而议论褒贬犹恐未当，况其考之未确者哉"。[1] 另据赵元任回忆，"寅恪总说你不把基本材料弄清楚了，就急着要论微言大义，所得的结论还是不可靠的"。[2] 傅衣凌也曾用很直白的话说，"没有史料，就没有发言权"。[3] 他们所谈都是治史的常理，但并不是每个治史者都愿意按这种常理办事。只看到个别的材料，就大胆做出一般性结论；没有深入钻研史料，就敢于发表振聋发聩之说；仅读过几本书，就宣称要建构新的史学模式；诸如此类的现象久已存在，于今仍未绝迹。

胡适早年的治学路径曾遭一些学者诟病，其成名作《中国哲学史大纲》，甚至被陈垣比作盛行一时而不能传之久远的"报章杂志"。[4] 但这并不等于说，胡适对学术的追求仅止于这种境界。相反，他曾严厉批评罗尔纲的《清代士大夫好利风气的由来》一文，认为"题目根本就不成立"，是没有根据就"胡乱作概括论断"。他告诫罗尔纲，不要做"通俗报章文字"。[5]"通俗报章文字"和学术著述的最大差别，就在于对待材料和议论的态度。长期以来，热衷于写"通俗报章文字"的史家一直大有人在。韦庆远在明清档案整理和研究方面颇有心得，他曾在20世纪80年代写道：

1　王鸣盛：《十七史商榷》，"序"。
2　杨步伟、赵元任：《忆寅恪》，载张杰、杨燕丽选编：《追忆陈寅恪》，第22页。
3　傅衣凌：《傅衣凌治史五十年文编》，第35页。
4　蔡尚思：《陈垣先生的学术贡献》，载陈智超编：《励耘书屋问学记》，第8页。
5　胡适：《致罗尔纲》，载耿云志、欧阳哲生编：《胡适书信集》，中册，第699、703页。

前一个时期，我们史学界存在过一股不正之风，其重要表现之一就是拒绝在反映历史事实的原始资料上下苦功，到写文章时现找几条二手、三手的资料点缀一下，于是便放言高论，好像煞有介事。其实，不论犹可，愈论愈加深混乱，离开历史真实愈来愈远。人们戏称这种学风为"回锅肉史学"，因为它不过是在别人的成果上再加点佐料，回一下锅而已。[1]

史家一旦自恃识见高明，沉迷于议论，其学术就有堕落的危险，因而好的学者都深知议论并非学问，史家尤其不可脱离史事而放言空论。据一般印象，似乎古代史家只重叙事而不好议论，其实也不尽然。《史记》中的某些篇目，严格说来并不是记史叙事之作，而是借史议论的"随笔"，最典型的莫过于放在"列传"之首的《伯夷列传》。古代史书大多专设论赞，有一种史论类似"子家"路数，脱离具体史事来发表对社会政治的见解，虽然是"子家之嘉言"，却不能称作"史家之要义"。[2]这种议论显然更不合乎现代史学的范式。治史离不开思想和理论，史家也必须表达自己的见解，但不能采取浮泛议论的方式。"载之空言，不如见之行事"，史家的见解应融于史事而浑然一体。如果偏好思想议论，则不妨不用史学著述的形式，而专写时论或随笔，以免将学术论著写成"报章文字"，或用"报章文字"充当学术著述。

为了克服凿空立论和耽于议论的学风，当今史家仍需重视史料在史学中的基础性地位。陈寅恪分析清代史学不如经学发达的情况，认为主要原因在于"史学之材料大都完整而较备具，其解释亦有所限制，非可人执一说，无从判决其当否也"。[3]由此可见，史料不仅是治史的基础，也是对治

1　韦庆远：《利用明清档案进行历史研究的体会》，载文史知识编辑部编：《学史入门》，第126页。
2　胡宝国：《汉唐间史学的发展》，第110—111页。
3　陈寅恪：《陈垣元西域人华化考序》，载陈美延编：《陈寅恪集·金明馆丛稿二编》，第269页。

史的基本制约。常言所谓"有一分材料说一分话",同样表达了史料对治史的制约。史学论著中的每一个结论,每一个判断,都必须有其根据;这种根据可以是常识和公理,也可以是他人研究的结论,但主要是史料。尽管历史知识的真实性无法通过与过往实际的比对来检验,但具体论点是否成立,仍可以用史料来"证实"或"证伪"。史料的制约体现在研究的各个环节,而在做结论时表现得尤其显著。做个别的结论相对容易,而进行一般性概括则更加困难,因为后者牵涉较多的史料,而掌握和解读这些史料,研究者不仅需要付出更大的劳动,而且还要有更强的驾驭材料的能力。

中国古代学术关于"义理"和"考据"的区分,对国内史学界的学风产生了深远的影响。重视史料及考证的学者,容易招致"为史料而史料"的指责;而注重史观、强调阐释的倾向,又往往导致泛政治化或空疏的议论。20世纪的中国史学,似乎总在两极之间摇摆,难以达成适当的平衡。据一些学者观察,20世纪最后十年,国内史学界出现"国学复兴"的趋势,[1] 沉寂数十年的"史料学派"逐渐"从边缘向中心"移动。[2] 还有学者甚至断言,"乾嘉传统已经无可争议地成为当代中国史学的主流"。[3] 其实,这至多表明史学界试图扭转泛政治化所导致的空疏学风,而远非普遍的治史实践。换言之,目前史学界并未广泛认同傅斯年的史料观,愿意并且能够在史料上像乾嘉诸老或民初史家那样下极深功夫的人,可能为数不多。[4] 在

1 王学典:《近20年间中国大陆史学的几种主要趋势》,《山东社会科学》,2002年第1期,第94页。

2 王学典:《近五十年的中国历史学》,《历史研究》,2004年第1期,第170—171页。

3 许纪霖:《没有过去的史学危机》,《读书》,1999年第7期,第67页。文中称"重实证"的"乾嘉学风"为"保守"倾向,并对此颇感忧虑和不满,主张吸取新的理论资源以求取"主观释读"的新意。

4 在20世纪70—80年代之交,史学界有人对"回到乾嘉去"的做法提出批评和警告,但不能就此断言这时已有近于乾嘉考据学风的倾向。有迹象表明,这股所谓的"回到乾嘉去"的"风气",似乎是那些担心正统史学地位受到冲击的学者制造出来的假想敌。实际上,20世纪下半叶的历史学者根本不具备"回到乾嘉去"的学力和耐心。在有的学者看来,当今国内"史学表述的一个显著特征,即空论甚多而实证甚少"。参见王学典:《二十世纪后半期中国史学主潮》,山东大学出版社1996年版,第118—224页;罗志田:《乾嘉传统与九十年代中国史学的主流》,《开放时代》,2000年第1期,第104页。

这种背景下，重新强调史料的基础性地位，并不是无的放矢之论。

正是由于史料构成历史研究的基础，史学大家历来强调要尽可能广博地占有史料。刘知几"史家三长"之说中的"学"，即涉及史料的占有。郑樵说："然大著述者必深于博雅，而尽见天下之书，然后无遗恨。"[1] 治史者若能"尽见天下之书"，史料占有之丰富自然不成问题，只不过唯有在书籍较少的古代，这种说法才不是"天方夜谭"。清人张穆谈到俞正燮的治学方式时说："足迹半天下，得书即读，读即有所疏记。每一事为一题，巨册数十，鳞比行箧中。积岁月，证据周徧，断以己意，一文遂立。"[2] 要做到"证据周徧"，前提就是必须充分占有材料。治史经常涉及"有"和"无"的判断，前人所谓"言有易，言无难"，意思是"言有"所依据的材料有限，而"言无"则必须"证据周徧"。严耕望据此指出，治史"要尽量少说否定话"，史籍中没有记载的事，不等于不存在；自己没有找到史料证据，不等于某事未曾发生。他还举例说，法国汉学家伯希和论及，"唐以前中国人开拓云南与东京（今河内）交通事，今尚无迹可寻。六世纪初年之《水经注》似未言及此"；实际上这是由于他并"没有详考古籍"，"又未详看《水经注》"，犯了"轻下断语的毛病"。[3] 史家唯有尽可能详赡地占有材料，方可少犯这类错误。

治史者要做到尽可能广博地占有史料，就须养成对史料的偏好和敏感。史家要有傅衣凌所说的那种"史料癖"，[4] 也就是以极大的热情、不惜最大的心力来发掘和搜集史料，每研究一个课题，力求在史料上"竭泽而渔"和"一网打尽"。大凡成名史家，都必为充分占有史料而下极大的苦功。布罗代尔的《菲利普二世时代的地中海和地中海世界》以资料繁博著

1　郑樵：《通志·总序》，载郑樵：《通志略》，第1页。
2　转引自余英时：《论士衡史》，第398—399页。
3　严耕望：《治史三书》，第27—28、29页。
4　傅衣凌：《傅衣凌治史五十年文编》，第35页。

称，他在为这本书做准备时，专门买了一台拍电影用的机器，每天在档案馆拍30米长的资料胶片。在巴西任教期间，他继续为这本书收集资料，所读资料的缩微胶片长达数公里。[1]前文提到，史家要保持"泛史料意识"，因为过去留下的一切都可能具有史料的价值；研究一个课题，如果片面注重某一类型的资料，就不可能做到"证据周徧"，甚至会受到材料的误导。例如，为历史人物写传记，如果只用传主及其亲友留下的材料，而不留意同时代与传主有联系的其他人的资料，其叙事和评价就可能发生很大的偏差。因此，无论讨论什么问题，都必须尽最大可能利用多样化的史料，并比较各种材料的制作者的角度和立场，让不同来源的证据相互发明或碰撞，从而增加论述的立体感和可信度。

此外，史料的丰赡还要靠平时积累。围绕课题而集中收集材料，已经成为现代史学通行的研究方式，而平时的点滴积累仍有很大的作用。治史者平时留心各种史料的收藏地，当需要具体课题的材料时，就知道从何处搜寻。小说家重视收集素材，凡经一事，闻一言，见一景，或偶有所感，都会形诸笔墨。古人作诗，也备有"诗囊"，平日偶得佳句，便记在纸片上，存入诗囊，作为吟诗的材料。据说，唐代大诗人李贺就善用这种办法。史家也可以效法，读书时见到有用的材料，随手札记，铢积寸累，必能聚沙成塔。梁启超说，读书时要特别留意收集同类问题的史料，积少成多，就可能有新的发现。在谈到史家修养中的"学"时，他又强调要"勤于抄录"，并引顾炎武的话说，"善读书不如善抄书"。[2]写文章时不仅要用到专题资料，还需要旁征博引以拓展讨论的空间，增强论述的说服力，于是平时积累的资料就可以派上用场。在为当前研究专题而读书时，也要有长远的眼光，不能只关注一时有用的资料。严耕望提醒治史者，"看书要彻底"，纯用"抱个题目找材料的方法，当你做完这个题目，其他的东西

1　费尔南·布罗代尔：《论历史》（下册，沈坚、董子云译），北京大学出版社2021年版，第6、8页。

2　梁启超：《中国历史研究法》，第78—81、170页。

所得不多，久而久之，将会发现学问的潜力太薄弱，难以发展"。[1] 钱穆年轻时在集美学校教书，工作负担不重，便通读《船山遗书》，"遇惬意处，加以笔录"，后来作《中国近三百年学术史》便用上了这批资料，还由此生发出不少研究题目。[2] 可见，平时注意积累材料，不仅可以弥补专题资料的不足，还能收到事半功倍的效果。

从研究的程序来看，史料在史学中的基础性地位，则体现为先有史料而后有论点，借用现成的术语来说，就是"论从史出"。史家每叙一事，每提出一个论点，都必须于史有据，信而有征。欧美学者的历史写作，常有"证据"（evidence）和"论点"（argument）的区分，但这只是从论证方式着眼而言的。科林伍德说："如果历史学意味着科学历史学，我们就必须把'资料'读作'证据'。"[3] 其大意是，科学研究遵循提出问题、找寻证据、进行论证、形成结论的程序，而史学如果要成为科学，也必须这样做。不过，史学毕竟不是他所说的那种"科学"，在治史过程中，"资料"的意义远不止于作为"证据"。把史料当成"证据"，只有在写作的层面才是成立的。就历史研究的性质而言，史料是形成问题、提炼论点、建构解释的基本材料，而最后在写作中作为"证据"使用的材料，只是研究所涉及的史料中的一小部分。这就意味着，治史者不能先确定某种假说或论点，再去选取合适的史料作为证据来加以论证，而应先占有大量的史料，通过对史料的梳理和解读而发现问题，提炼论点，最终形成历史解释。倘若以先定的理论或论点为中心来选取史料进行论证，就完全违背了史学的研究范式。赵光贤谈到，中国史研究中存在两种"错误解释史料"的做法，其中之一是，"对某个问题，自己头脑中先有了一种成见，根据成见去解释史料"。[4] 语言学家王力也说："搞研究工作最忌的是先有结论，然后

1　严耕望：《治史三书》，第21、22页。

2　钱穆：《八十忆双亲·师友杂忆》，第129页。

3　柯林武德：《历史的观念》，第385页。

4　赵光贤：《中国历史研究法讲话》，《历史教学》，1982年第5期，第52—53页。

找例证，这是很有害的。"[1]

不过，在实际研究过程中，史料和论点始终处在活跃的互动之中，并不是简单地遵循从史料到论点的路径。在研究的初始阶段，史家通常只有某种模糊的意向，按这种意向来收集资料；随着资料的积累以及对资料理解的加深，观点逐渐趋于明朗；不断明朗的观点反过来又要求有更多的史料支持，并将对史料的理解进一步引向深入；随着资料进一步增多，理解不断深入，观点也不断趋于丰满。进入写作阶段以后，资料和论点的互动仍在继续，直到论著定稿。最终的成稿可能与最初的意向相去甚远，甚至大相径庭。英国史家爱德华·汤普森以自己写作《英国工人阶级的形成》的经验为例，具体说明史料和观点的互动过程。他说，虽然自己事先有自觉的计划，但在研究过程中，"资料控制了我"，写成的书和原本的计划也就大不一样。他由此提出，"历史学家应当时刻都在倾听"，因为"资料肯定要对他诉说"；如果历史学家善于倾听，"资料本身就会开始通过他来说话"。[2]这就是说，史家必须根据对资料的掌握和解读而不断调整思路，修正研究方案，推敲自己的论点，而不能死守先定的计划，按照成见来剪裁取舍资料。

谈到史料和论点的关系，就不能回避胡适提出的"大胆假设、小心求证"的公式。胡适曾对自己的公式做过进一步的完善："我近年教人，只有一句话：'有几分证据，说几分话'。……治史者可以作大胆假设，然而决不可作无证据的概论也。"[3]从这番话可知，假设只是研究的出发点，只是研究中的引导性线索，而不是结论；如果求证不成，假设也就不能转化为结论。在中国政治史领域卓然有成的萧公权，对胡适的公式也有所发展。对于美国学者"往往首先设立'假定'然后搜寻资料来'证明'"的做法，

1 王力：《谈谈写论文》，载王力、朱光潜等：《怎样写学术论文》，第8页。

2 阿比拉弗等编：《历史的视野》，第14页。

3 胡适：《致罗尔纲》，载耿云志、欧阳哲生编：《胡适书信集》，中册，第700页。

他颇不以为然；他认为只要先"看书"和"抉择"，"假设自然会在胸中出现，不必去小心求证，证据事先已在眼前罗列。其实'假定'是'证据'逼出来的"；"假设"出来后，还要继续看书，如果发现了与"假设"不符的新证据，就要修改或放弃旧"假设"，或提出新的"假设"，并继续求证。[1]这种经验无疑带有一定的普遍性。治史者接触一个问题之初，基于初步掌握的知识和材料，就可以提出假说；但这种假说只是试探性和尝试性的想法，是在未充分占有史料之前的推测，并不是等待证明的结论。法国学者库朗热和英国学者埃尔顿都反对事先提出问题或模式。他们认为，在没有掌握材料的情况下提出的假说并没有什么意义；如果按照假说来寻找材料做论证，又会损害历史的真实。[2]不过，一概反对在研究之前提出假说或问题，可能与多数治史者的实际经验并不吻合。

　　只要明了史料在历史研究中的重要性，就不难理解在国内治外国史何以有特殊的难度。国内各图书馆收藏的外国史原始资料数量有限，而且不成系统；到国外做研究的机会又不是轻易可以得到的，即便能到国外收集资料，由于语言能力和其他条件的限制，也未必能获取充足的第一手资料。因此，许多人长期只能靠第二手资料做研究，而国内的第二手文献也很零散，无怪乎许多论著皆因材料单薄而受到诟病。外国史研究者一度抱定"不与外国学者比史料"的宗旨，有人甚至还相信，我们虽然在资料方面不如外国学者，但通过发挥"理论优势"，仍然可以形成自己的特色。实际上，在史学这种以史料为基础的学科，如果缺乏材料，所谓"理论优势"不过是空谈和议论的借口。傅斯年和杨联陞都曾批评美国汉学界轻视材料，单凭理论和想象力而"妄发空论"。[3]对于国内的外国史研究来说，这也是一记有益的警钟。

1　萧公权：《问学谏往录》，第213页。
2　参见费希尔：《历史学家的谬误》，第6—7页。
3　参见余英时：《论士衡史》，第400—401页。

随着网络和数字化技术的发展，电子资源在历史研究中得到愈益广泛的应用，外国史研究者获取数字化史料的渠道越来越宽广。当电子技术刚进入史学领域之际，有一位美国经济学家郑重其事地提议，可将所有文字记载的历史都存储于一台巨型IBM电脑之中。[1]经过几十年来各界的协同努力，这个设想正在一点一点地变成现实。越来越多的史料文献被整理制作成数字化文本，以数据库或网上资源的形式供学者使用。美国在史料的数字化方面用力尤多，可供利用的电子史学资源至为丰富。以往只能到收藏地查阅的资料，现在虽然身处千里万里之外，只需借助电脑键盘或鼠标就可得到。

在这种条件下，外国史研究者如果继续坚持"不与外国学者比史料"，忽视史料工作，就会错失提高研究水平的机遇。这里所说的"比史料"，并不是提倡与国外学者在史料占有量上争胜负，而是要力争在史料的占有程度和解读能力上向外国学者看齐。每研究一个课题，都要竭尽所能地获取基本史料。在中国史领域，有学者喜欢寻找常人不易见到的资料，将珍本秘笈视若瑰宝；对外国史研究者来说，目前还只能以占有"基本史料"为目标。同样重要的是，外国史研究者要下苦功提高史料解读的准确性。研究外国史，需突破语言、文化和背景知识的多重限制，力争准确地理解史料，恰当地运用史料。其实，国外学者研究中国史，误解和错用史料的事也不少见。据说，魏特夫在《东方专制主义》中，混淆了汉代褒斜石刻中记载的工作日和劳动人数，得出了不着边际的看法。[2]中国人研究外国史，也难免在史料的理解上犯错误，但错误的程度绝不能影响到立论的可靠性。这是治史的"基本纪律"。[3]因此，研究者要用"比史料"的精神来力求准确，尽量减少错漏。

1　费希尔：《历史学家的谬误》，第68页。

2　参见余英时：《论士衡史》，第401页。

3　参见余英时：《论士衡史》，第403页。

四、史料的解读

史料的解读，包含文本考辨和意义阐释两个方面。文本考辨近于中国旧学中的"考据"，在欧美史学界称作"史料批判"，其目的是确定史料的性质和价值，属于运用史料之前的准备工作。意义阐释则是研究工作的主要环节，侧重释读史料所包含的事实信息，把握史料的确切含义以及不同史料在具体解释框架中的关联程度。某种材料是否具有史料价值，需要用心发掘；史料往往是分散和零碎的，需要耐心收集；史料也是真伪混杂的，需要细心鉴别；史料的含义通常是隐晦不明的，更需要精心阐释。因此，治史者必须具备高超的史料解读能力，才能成为卓有成就的学者。

荣孟源论考据的任务，具体分解为"鉴别史料"（辨别真伪，辨别时间、空间、作者、版本和用途）、"考订记事"（史料所记之事的真伪和准确性）、"校勘文字"（难以确定的文字需要考据）和"解释史料"（主要是词句的释读）四项。[1]最后一项中的"解释"，侧重词句的理解，仍属于文本考辨的范畴。苏联学者茹科夫谈到，"对史料的批判"可分为"外层批判"（即确定史料的真伪）和"内层批判"（了解史料的社会倾向性，确定所包含的信息的可靠程度），而两种批判在实际的研究中是结合在一起的。[2]英美学界也有"external criticism"（通译"外部考证"）和"internal criticism"（通译"内部考证"）之分，前者旨在探明史料的可靠性（authenticity），后者主要是确定史料的含义、价值或可信度（credibility），[3]其目的都在于确定史料的真伪和价值，为释读和运用史料做准备。中国传统的考据学侧重对文本的文字和语义进行探究，多采用版本学、校勘学、训诂学的方法，通过广泛收集和排比资料来比较异同，判别真伪，一般治

1　荣孟源：《史料和历史科学》，第72—75页。
2　茹科夫：《历史方法论大纲》，第212页。
3　谢弗主编：《历史学方法指南》，第41页。

史者不易精通这种技艺。多数传世文献的真伪和价值，考据学家早有定论，无须使用者从头考证；而新出史料也常有文本方面的疑难，仍需借重考据学的方法和技巧。

　　绝大多数史料都是在历史时空中无意积淀的产物，文本的原意或经时间之流的磨洗而变得模糊不清，或完全湮没在岁月的烟尘之中，越是久远的史料就越是如此，因而需加以细密考辨，方能"真相大白"。娜塔莉·戴维斯在评述16、17世纪法国史家艾蒂安·帕基耶的史观时说："对史料本身即须加以注意，不能按照其字面意义来接受，而应根据其内部的和外部的证据加以判断，并置于它们所产生的历史时期当中来理解。"[1]这实际上触及运用史料的原则，强调对史料在使用前进行文本考辨的重要性。顾颉刚对此早有类似的看法："治史学的人对于史料的真伪应该是最先着手审查的，要是不经过这番工作，对于史料毫不加以审查而即应用，则其所著虽下笔万言，而一究内容，全属凭虚御空，那就失掉了存在的资格。"[2]治学严谨的史家，大多在史料考辨方面颇为用心。据黄萱回忆，陈寅恪在进行"以诗证史"的工作时，"必先研究诗的资料的真实性、时间性、地方性，再根据当时发生的情况、人与人之间的交往和每个人的社会背景及思想感情，来断定该资料是否可用"[3]。

　　进行文本考辨，首先是为了确定史料的真伪和性质。文字史料是通过人的记录而留存的，用英国学者卡尔的话说，"历史事实从来不会'纯粹地'呈现在我们面前"，它们"通常是通过记录者的心灵折射出来的"[4]。因此，史料并不等于所记录的事实本身，而只是对这一事实的一种观察和

1　娜塔莉·泽蒙·戴维斯：《历史的两个躯体》（Natalie Zemon Davis, "History's Two Bodies"），《美国历史评论》（The American Historical Review），第93卷，第1期（1988年2月），第4—5页。译文参见中国美国史研究会编：《现代史学的挑战》，第508页。

2　顾颉刚：《当代中国史学》，第36页。

3　黄萱：《怀念陈寅恪教授——在十四年工作中的点滴回忆》，载张杰、杨燕丽选编：《追忆陈寅恪》，第34—35页。

4　卡尔：《历史学是什么？》，第24页。

表述。有一位苏联学者用当时特有的话语指出了史料的局限性："每一项历史史料都打上了占主要地位的社会经济关系的印记，并背负着与这些关系相适应的意识形态的'包袱'"；"史料本身是一种历史现象，只有考虑到那些创造史料的人的切身利益和想法，才能对它们做出正确的理解和解释"。[1] 换言之，史料本身就是一种历史的产物，必须置于特定的历史语境中才能得到确解。吕思勉对史料的这种局限也有精彩的论述：

> 大抵原始史料，总是从见闻而来，传闻的不足信，人人能言之，其实亲见者亦何尝可信？人的观察本来容易错误的。即使不误，而所见的事情稍纵即逝，到记载的时候，总是根据记忆写出来的，而记忆的易误，又是显而易见的。况且所看见的，总是许多片断，其能成为一个事情，总是以意联属起来的，这已经换入很大的主观的成分。[2]

即便亲历者的记述也不一定字字真实，何况许多史料的产生情形更加扑朔迷离。因此，史料必须经过文本考辨的工作，基于可信度来确定其价值。

　　不同种类的史料有不同的局限性，清人钱澄之对此有精到而透辟的认识。他谈到，正史之不可信，是因为其取材不可靠，所取材料大多来自家传郡邑志书，这些材料的作者大多带有主观情感和好恶，"失其情者比比"，据此为史，焉能足信？野史本来有其长处，"其言皆得诸传闻，既无情贿之弊，亦无恩怨之私，徒率其公直，无所忌讳，故其言当可信也"；但野史的作者也有缺陷，他们"大抵草茅孤愤之士，见闻鲜浅，又不能深达事体，察其情伪，有闻悉纪，往往至于失实"。因此，判断书中的材料是否可信，关键要看"其言之所来"和"传其言者之人"是否可信。[3] 从

1　茹科夫：《历史方法论大纲》，第207页。
2　吕思勉：《史学四种》，第33页。
3　钱澄之：《明末忠烈纪实序》，载杨翼骧、孙香兰编：《清代史部序跋选》，第176页。

信息来源和传播者的信誉来考察史料的可信度，这种方法在今天仍不失其用处。

文字史料同时是一种语言制品，语言的特性也关涉史料的可信度。前言往事的记录者大多不是受过专门训练的史家，即便是史家的记录，所采用的也是精确性不高的自然语言，在表述上难免含混模糊，容易引起歧义。中国古代史家记言述事，常有取舍和文饰。司马光说："孔子称'文胜质则史'，凡为史者记人之言，必有以文之。"[1] 其意思是说，史家所记录的古人言论，并非全是其本人的原话，而包含记录者的加工润饰。古人记述事件，喜欢使用渲染夸张的手法，例如，形容军队人数众多，便说"投鞭断流"；描述战斗惨烈，就称"血流漂杵"；涉及较大的数目，常用"不可胜数"。用这类语言来记述，显然难以准确地反映实况。因此，从语言的角度来考察史料的可信度，也是一种实用的办法。

考察记录者的动机、身份和记录的时间，也有助于确定史料的可靠性和可信度。记录者的意图直接关乎材料的真实含义。美国学者赫克斯特谈到，在《菲利普二世时代的地中海和地中海世界》中，布罗代尔引用费里尔公爵（Duke of Feria）的报告，称1595年"那不勒斯、西西里和米兰在其现有政府之下出现的繁荣，是过去从未有过的"，以此来证明这些地方确曾有过繁荣景象；但费里尔公爵的说法有其政治意图，他所宣称的繁荣其实并不可信。[2] 按照19世纪欧洲客观主义史家的见解，当事人的记载是最为可靠的史料。但当事人的记载同样受到动机、情感、观察角度和记忆力的制约，对这种史料也不可迷信。明史专家谢国桢谈到，明末清初的欧阳直曾参加张献忠的农民军，降清以后，为洗刷自己，在所著《蜀碧》中对农民军加以"诬蔑"，因而他关于张献忠史事的记录，多有失真之处。[3] 梁启

1　司马光等：《资治通鉴》，第5册，第2116—2117页。
2　赫克斯特：《论历史学家》，第111页。
3　谢国桢：《史料学概论》，福建人民出版社1985年版，第188页。

超作为"戊戌变法"的主要参与者，所作《戊戌政变记》理当是关于这一事件的权威史料，可是他自己却"不敢自承""悉为信史"，因为"感情作用所支配，不免将真迹放大"。[1]有时即便目击者的观察也不可尽信。据说，17世纪的英国人沃尔特·雷利（Walter Raleigh），曾在监狱的窗口亲眼目睹街头的一场骚乱，后来听说三个目击者却有三种不同的说法，而且均不同于他本人所看到的情况。[2]记录者的身份和角色，也会影响到史料的权威性。比如，同为一场战争的参与者，指挥员和士兵所掌握的信息肯定是不一样的，若形诸记录，两者的价值也必有高下之别。另外，记录的时间也直接关系到信息的准确性，现场记录无疑胜于事后回忆。

报纸关于某事的报道，在表面上类似于当时的记录，其实则不然。对新闻报道必须慎重鉴别，因为新闻报道可能带有宣传意图，或追求轰动效应，或受到意识形态的感染，或受到采访方式的制约，其真实性和准确性均值得推敲。例如，1886年芝加哥发生"秣市事件"（Haymarket Affair），有数人在爆炸中伤亡；当时法国一家激进刊物报道此事，称美国血流成河，工人阶级正在与压迫他们的"野兽"进行最后的决战。[3]如果根据这种报道来研究"秣市事件"，很可能会得出美国已爆发"无产阶级革命"的结论。

中国古代史料大多包含在各种古籍中，而古籍通常以转抄而流传，这也势必影响到史料的可信度，所谓"书三写，鲁成鱼"，讹误乖谬随转抄次数而增多。此外，中国古书的托古作伪也是常有的事，新莽时期的刘歆和晋代的王肃都是这方面的高手。这也增加了把握古书中所包含的史实信息的难度。正是由于古籍中真伪混杂和谬误众多，考据学和校勘学随之兴起，成为研究古代文史的学者所必备的技能。确定版本，辨明真伪，识别

---

1 梁启超：《中国历史研究法》，第110页。
2 卡莱尔：《论历史》，载何兆武主编：《历史理论与史学理论》，第235页。
3 谢弗主编：《历史学方法指南》，第181页。

舛误脱漏，求取字词正解，这都是专治古史的学者在运用史料时必做的工作。

　　进入现代以来，史料种类愈加繁多，总量也极大，其中后人伪托前人的书籍资料为数不多，而且对于具体研究妨害也不大，因而现代史研究中的"辨伪"工作，远不及在古代史研究中那么重要。但这并不意味着现代史料不经辨析便可使用。美国史家贝林谈到，18世纪报纸上的文章，大多是"雇佣写手的平庸之作"，充满党派偏见，而报纸印刷商也有自己的"意图"；在使用这类资料时，研究者不仅要注意其中包含的关于当时事件的信息，而且还要留心作者的偏见和意图。[1] 在使用个人性史料（如回忆录、日记和书信）时，同样须对其真实性和准确性持谨慎态度。比如，书信一般能够反映写信者的真实想法，美国总统西奥多·罗斯福一生所写书信多达15万封，但他有很强的表现欲，写信时就考虑到信件将来发表后的影响，以致不少书信和公开演讲一样，充满"官样文章"。[2] 另外，在使用某些材料时，还要善于运用比较方法来判断其价值。比如，美国总统在公开演说和国务文件中就某一政策的表态，可能与他在私人谈话和书信中的说法有所出入，若将两者加以比对，无疑能更全面地揭示其真实立场。

　　一般来说，文本考辨只是运用史料前的一种检测，或者说是史家面对史料时所保持的一种意识，而具体的考辨过程通常不必写进论著本身。至于具体材料所牵涉的真伪正误问题，则可在行文中视需要加以说明。如果遇到重要的文本或史实的考辨，也不妨辟为专论，单独成篇。

　　解读史料的另一项工作是意义阐释，它并不一定必然紧随文本考辨之后，两者往往交叉并进，相互推动。阐释史料的意义，首先要准确了解史料所包含的事实信息。历史事实不同于科学事实，它并不能直接呈现在研

<hr>

1　贝林：《论历史教学与写作》，第46页。

2　埃尔廷·莫里森编：《西奥多·罗斯福书信集》（Elting Morrison, ed., *The Letters of Theodore Roosevelt*, 8 vols.），马萨诸塞州坎布里奇1951—1954年版。

究者眼前。吴承明指出："史料并非史实。所有史料（文献、文物、口碑）都是人为的，都不免失误、失真、夸大、隐讳以至伪造。都须经过检验或考证，才能代表（还不能说就是）史实。"因此，"不先在史料考证上下一番功夫，没有鉴别考证史料的经验和修养，径行下笔为文，不是真正的史家"。[1] 在这里，可以参考梁启超提出的从史料中"求得真事实"的五种方法：一曰"钩沉法"，即史实的新发现；二曰"正误法"，即更正前人记载的舛误；三曰"新注意"，即利用以前史家所忽视的史料；四曰"搜集排比法"，即将同时发生的分散的事实排列起来，以显现其重大意义；五曰"联络法"，即将前后发生的事情联系起来考察，以发现其重大意义。[2] 荣孟源也就史料中事实真实性的考订提出四种思路："考察记事是否合于自然规律"；"考察记事是否合于社会实际情况"；"考察记事是否自相矛盾"；"考察记事是否和其他文献相合"。[3] 这些方法虽然侧重技术层面的问题，但仍富于启迪价值。

现代史家大都同意，把握语境乃是准确释读史料的关键。但后现代主义者并不这样认为，他们称构成某个"文本"（text）的"语境"（context），其实不过是"别的文本"（other texts）而已，同样需要加以解读，因而无助于理解所要解读的"文本"。若从字面意思来看，这样说也不无道理。何炳松说："史家想像往事，每以一己之经验为型。或以己度人，或以今例古。史事多误，此为主因。"[4] 治史者若要补救这一"人之恒情"带来的弊端，就必须诉诸更多与所涉史事相关的知识；也就是说，解读一个"文本"需要借助比所需解读的"文本"更多的"文本"。这种由"别的文本"所构成的"语境"，有助于史家弥补自己在知识和理解方面

---

1 吴承明：《治史要从考证开始》，载吴承明：《中国的现代化：市场与社会》，生活·读书·新知三联书店2001年版，第363页。
2 梁启超：《中国历史研究法》，第156—159页。
3 荣孟源：《史料和历史科学》，第126—133页。
4 何炳松：《历史研究法·历史教授法》，第9、31页。

的局限。总之，掌握更多的"文本"，终究能给解读特定的"文本"带来裨益。

　　具体到语境解读法，史家须同时将史料置于历史的和史学的双重语境中，才能了解其确切含义。[1]根据法国哲学家保罗·利科（Paul Ricoeur，或译"利科尔"）的文本解释理论，当话语以文本的形式固定下来时，就等于失去了它所产生时的"语境"，也就不再是原来的话语，其意义变成了一种空白；这一方面增加了理解的难度，另一方面也使理解变得更具开放性和建设性。[2]话语产生时的"语境"，可以说是一种"历史语境"；对史料的解读来说，"历史语境"的丧失，必然给理解带来巨大的障碍。因此，解读史料的第一件工作，就是要尽力揣度史料产生的"历史语境"，否则就必然造成误解。但无论史家如何用心，误解总是难以避免的。美国学者费希尔提到一种"错置字面意思的谬误"（the fallacy of misplaced literalism），就属于不了解史料的语境所导致的误解。他举例说，约翰·马歇尔在弗吉尼亚批准宪法大会上宣称："我们崇拜民主"；如果按字面意思理解，以为马歇尔推崇民主制，不免谬以千里，因为此处所说的"民主"，在当时的语境中是指"某种形式的大众选举"。[3]黄仁宇在《万历十五年》的自序中所举的两个例子，也是一种因脱离"历史语境"而导致的史料误用。史家在论及明代工商业发展时，常引用张瀚所叙其先祖以机杼起家的例子，而实际上张瀚所叙故事的原委是"其先祖夜梦神人授银一锭，因以购机织布"，宣扬的是"因果报应及富贵由命的思想"。另一个例子是，同时代的王世懋提到江西景德镇的瓷器烧造情形，也被史家视为

1　参见豪厄尔等：《源自可靠的资料》，第19页。

2　洪汉鼎：《诠释学——它的历史和当代发展》，人民出版社2001年版，第300—301页。

3　费希尔：《历史学家的谬误》，第58页。实际上，费希尔自己也没有弄清楚马歇尔说这句话的语境。从上下文看，马歇尔所说的"民主"，的确是指作为政体的"民主制"，而不是仅仅指"大众选举"。参见乔纳森·埃利奥特编：《各州批准联邦宪法大会辩论集》（Jonathan Elliot, ed., The Debates in the Several State Conventions on the Adoption of the Federal Constitution），费城1861年版，第3卷，第222页。

"工业超时代发展的象征"，而实际上他是以此来指责"当地居民穿凿地脉，以致没有人登科中举"。[1]

　　史料的意义还需要联系相应的学术积累和最新的研究进展来理解。一定的学术积累和研究状况，构成解读史料的"学术语境"。英国学者迪金森谈到，刘易斯·纳米尔及其追随者认为，18世纪的政客们一心追逐权力和利益，他们谈论的政治观点和原则，不过是旨在"使自私的野心和卑鄙的动机合理化"的手段，是掩盖其政治野心的烟幕，目的是使对权力的追求具有高尚的意义。在这种"史学语境"中，政治思想资料就等于是宣传品，对于解释政治人物的活动，对于理解当时的政治变动，并没有多少价值。后来，纳米尔的研究范式受到质疑。有学者认为，人在说出自己的政治观点和信念时，确实能表达自己真实的内心世界；政治思想并不仅仅是一套虚假的言辞，并不仅仅是使权力欲合理化的工具，而包含着政治行动的真实理由和动机。另有学者提出，原则和观点本身并不能解释政治行动，政治思想和政治行动之间没有直接的因果关系，但并不等于说在解释政治行为时可以忽略政治思想，因为政治行为要得到恰当的理解，就需弄懂政客们何以选择某种话语来攻击对手或为自己辩护。迪金森继而提出，纳米尔学派的研究路径不能轻易抛弃，既要研究政治思想，也要研究政治和社会现实，这样才能很好地理解政治行动，因为"政治行动者（political agents）既行动**也**思考"。[2]随着研究范式的变化，政治言论对于理解政治行动的意义，也前后大有不同。在了解英国政治思想史研究的范式转变以后，还需梳理关于17、18世纪英国政治思想研究的状况，熟悉其中主要的观点和解释，两相结合，方能准确把握这个时期具体思想资料的含义。

　　前人说，"读书必先识字"；对于解读史料来说，"识字"并不是一件

1　黄仁宇：《万历十五年》，第3—4页。

2　哈里·迪金森：《自由和财产：18世纪英国的政治意识形态》（Harry Thomas Dickinson, *Liberty and Property: Political Ideology in Eighteenth-Century Britain*），伦敦1977年版，第2—7页。黑体字系原文所有。

简单的事。史家"识字"，不仅要了解字词在词典中的含义，而且要具备历史语义学的知识。历史文献中的字词在语义上相当复杂，许多字词具有不同于今天的含义和所指，而且有些词汇的含义一直处于变化中，如果不能"历史地"看待其含义，就会导致误解和扭曲。研究中国古代文史的学者，比较注意相关字词的"古义"，而对某些"古义"不清的字词，往往要做详细的考证。研究外国史何尝不是一样。对于许多早已消亡的域外古代语言，相关的研究者需花特别的气力去学习和掌握。即便准确地理解现代史料的含义，对于母语使用者也不一定是轻松而容易的事。美国史家奥斯卡·汉德林曾夸张地说，学生学会读一本书比读一章容易，读一章比读一句容易，读一句比读一个词容易，因为历史学家虽然不使用什么专业行话，但也经常遇到理解词义的困难，对于名词尤其要特别留心。同样的名词，在不同的时代具有不同的含义，有的词汇具有多重意义，实际上是它在历史过程中多种含义不断积累的结果。例如，"corporation"一词，直到18世纪都是指由君主以特许状授予权力的政治实体或法人团体，比如市镇、大学、行会等；到19世纪才用来泛指企业组织。相对于具体名词，表达抽象概念的名词在词义上更难把握，不仅要了解它的定义，还要洞悉它的语境，因而理解这种名词的词义，无异于做观念史研究。另外，如"自由"这样极其复杂的词，要了解其含义就需要写一本书。[1]汉德林的说法不无道理。有些字词含义的变化，的确能反映社会的变迁和时代的嬗递，要了解其含义，就必须研究具体时代的社会、知识和思想。在这个意义上，陈寅恪所谓"凡解释一字即是作一部文化史"，[2]的确是一种要言不烦的洞达之见。总之，从历史语义学的角度说，解读史料有三忌：一忌望文生义，二忌以当前的词义理解历史名词，三忌用不变的观点看待变动的词义。

要准确了解史料的含义，还需有丰富的相关知识，并善于利用各种工

1　汉德林：《历史学中的真理》，第166、169、175、176、181页。
2　陈美延编：《陈寅恪集·书信集》，生活·读书·新知三联书店2001年版，第172页。

具书。波兰学者托波尔斯基写道："如果我们没有史料以外的知识，便不可能从史料中获得相对的信息。"[1]比如，研究疾病和医疗史，如果没有一定的医药学知识，就不可能读懂史料。在书信和日记等材料中，往往夹杂着隐语，暗指和曲笔也很多，有的内容仅能为接受方所意会，其中的隐含之义不易为外人所知悉。解读这类材料，必须对记录者的经历和习惯有所了解，或知晓通信人之间的关系以及生活经历，否则就如同读天书。间谍或秘密会社成员的记事与通信，还可能使用密码或暗语，解读更需要专门知识。前人往往有名、字、号和别号，而且经常变换；古代还有以职位或籍贯称人的习惯；如果缺乏这些方面的知识，也难以确知史料中所提到的人和事。前人有时以玩弄词藻为能事，记录中多有曲笔和文饰，这也会增加解读的困难。

　　傅斯年宣称，对待史料应当"存而不补"，"证而不疏"。[2]但问题是，史料总是残缺不全的，如果要使历史成为可以理解、具有意义的知识，就必须通过解释和推测来寻找史实之间的联系，填补因史料缺失而留下的信息空白，从而使支离破碎的历史画面变得清晰可辨。这样一来，对史料的"补"和"疏"就成了不得不为之事。当然，"补"和"疏"只是对史料含义的合理发挥，而不能变成穿凿附会或添枝加叶。欧美有些史家喜好微观叙事，即通常所说的"小历史"，在资料缺乏的地方借助于想象，以发挥和推测来完成故事，并力图从这样的故事中引出大的结论。这种"补"和"疏"就有可能逾越史学的矩度。

　　文学批评理论中有一种说法，称文本解读原本是一个开放的过程，任何解读都可能是误读。解读想象性的虚构文本时，或许会遇到这种情况；而解读史料则旨在求取可靠的事实性信息，其开放性和不确定的程度大不一样，因而最忌用"解诗"之法。俗云"诗无达诂"，作者的本意或许隐

1　转引自茹科夫：《历史方法论大纲》，第211页。
2　傅斯年：《历史语言研究所工作之旨趣》，载岳玉玺等编：《傅斯年选集》，第181页。

晦曲折，不同的读者会有不同的理解，于是解诗难免穿凿附会，求之过深的情形也比比而有。比如杜甫的《江村》，从字面看意在表达恬淡宁静的村居心境，而有的解人却执意要从中找出感怀离乱、抒发幽怨的深意。[1]可是，后人如何能够肯定杜甫作诗时怀有这种心境，并刻意将它潜藏在字里行间呢？身遭困厄之人，难道就不可能有片刻的放松和快意？还有人甚至将其中"老妻画纸为棋局，稚子敲针作钓钩"一联，说成针砭时政的隐语，则更近于荒诞不经。[2]如果用这种方式来释读史料，就容易导致诬枉歪曲，最终掩盖史料的本义。

究竟如何恰当地阐释史料的含义，不同的史家有不同的经验，试举一例来说明。北美新英格兰的小乔赛亚·昆西在1774年写道：

> 当我的儿子年满15岁的时候，我要给他阿尔杰农·西德尼的著作，给他约翰·洛克的著作，给他培根勋爵的著作，给他戈登的《塔西佗》，给他《加图信札》。但愿自由的精神与他同在。[3]

要理解这段话的含义，需要具备四方面的知识：第一，说话人的身份和动机；第二，说话的语境；第三，所提到的人物和著作；第四，关于美国革命时期政治思想的史学观点。昆西为马萨诸塞人，曾就读于哈佛学院，1774年为北美事业远赴英国游说，次年在返美途中去世。1774年正当北美殖民地反英运动高涨之时，反英派围绕自由观念和殖民地的权利问题，已讨论十余年，类似昆西的这种观念，在反英志士中普遍流行。这段话中提到的著作，大多是英国历史上倡导共和主义和自由精神的经典之作。在了

1　陈子建：《平淡自然　含蕴深沉——杜甫〈江村〉赏析》，《杜甫研究学刊》，1994年第2期，第67—69页。

2　参见张伯伟：《杜甫〈江村〉诗心说》，载徐有富：《治学方法与论文写作》，南京大学出版社2003年版，第310—317页。

3　转引自伯纳德·贝林：《美国革命的意识形态起源》（Bernard Bailyn, *The Ideological Origins of the American Revolution*），马萨诸塞州坎布里奇1967年版，第22页。

解这些知识以后，就可以从两个方面来阐释这段话的意义。首先，当时北美的知识精英对于英国思想传统中的自由理念相当熟悉，他们反对英国政府的政策，所利用的恰恰是英国的思想资源，这从一个侧面反映了独立战争的"内战"性质；其次，反英派将自由视为最可宝贵的财富，这种热爱自由的精神，构成反对英国控制和争取独立的内在动力，正是因为对自由的极度敏感和珍惜，他们才匆匆走上了脱离母国的道路。

五、史料的运用

运用史料，其实就是把选取的史料变成证据的过程。这个过程始于解读史料而终于论著写作。文本考辨旨在确定史料的性质，同时也是在选择可用的史料；对具体材料的含义所做的诠释，则通常与写作同步进行，也就是把选取的史料嵌入论述系统，使之成为有意义的证据链中的一环。根据前人的经验和提示，在写作中运用史料，需要注意一些原则性和技术性的问题。

史学论著的质量在很大程度上取决于所用材料的质量，而材料的质量，则与史料的原始性直接相关。因此，治史者历来强调要尽量运用原始材料，不用或少用转引的史料。这里不妨借用顾炎武说的一个形象的比喻：

> 尝谓今人纂辑之书，正如今人之铸钱。古人采铜于山，今人则买旧钱，名之曰废铜，以充铸而已；所铸之钱，既已粗恶，而又将古人传世之宝，舂剉碎散，不存于后，岂不两失之乎？[1]

这里对"古人"和"今人"治学的优劣之评姑不置论，仅就材料的使用而

1　顾炎武撰，黄汝成集释：《日知录集释》，上册，第28页。

言，"采山之铜"和"废铜充铸"，的确是两种高下判然的境界。使用原始材料，相当于"采铜于山"；而从他人书中摘引材料，则无异于"买旧钱充铸"。严耕望也谈到，"尽可能引用原始或接近原始史料，少用后期改编过的史料"。他批评"一般学人"论中唐以前的制度，径用《通考》，而不知《通考》所记唐中叶以前的史料已经过多次改编。[1]治史者大多懂得原始资料的可贵，但仍有人靠转引资料来写文章，其中的缘由可能不止一端：有的看不到原始文献，有的则不愿下苦功去搜求第一手资料。以往有些研究明清史和现代史的学者，不肯花费精力和经费去做档案研究，也不注意发掘地方和民间的史料，专靠正史、会要、起居注、文集和报纸做研究。这种习气基本上已为年轻一代学者所扫除。有些外国史研究者，即便有机会到国外生活一段时间，也不注重收集原始材料。对于研究生学位论文来说，若没有一定量的原始资料，就谈不上什么原创性。以往外国史学生的论文，如果使用了一些外文第二手文献，已属难能可贵；但从近年的情况看，一篇毕业论文如果缺少第一手资料，就很难获得好评。

掌握了大量的原始资料，如果不知取舍或取舍不当，同样不能写出高质量的文章。运用史料的关键在于取舍。史家历来注重占有丰富的材料，而实际用于论著写作的材料，通常要大大少于收集到的材料，因而在一定意义上说，史料的运用就是一个选择和取舍的过程。中国哲学史名家冯友兰论及哲学史研究中的史料问题，提出如下见解：

> 第一步的工作是收集史料，这一步工作的要求是"全"。
> 第二步的工作是审查史料，这一步工作的要求是"真"。
> 第三步的工作是了解史料，这一步工作的要求是"透"。
> 第四步的工作是选择史料，这一步工作的要求是"精"。[2]

1　严耕望：《治史三书》，第37页。
2　冯友兰：《中国哲学史史料学》，载冯友兰：《三松堂全集》，河南人民出版社1989年版，第6卷，第312—313页。

这可以说是对前人治史经验的精辟概括。前三步工作力争做到"全"、"真"、"透"，为的是最后落实到选择的"精"。"精选史料"是一种"硬功夫"：一要有眼力，能够准确判断材料价值的高低，这样文章才能做到取材精当、证据坚牢；二要能忍痛割爱，舍得放弃与问题无关或关系不密切的材料，这样文章才不会有堆砌、芜杂之感。据评论，新版《戊戌变法史》"对许多资料不加甄别、剪裁，不去粗取精去伪存真，而是照单全收"，在修订时"只是把近二十年新发现的史料叠床架屋地增加进去"。[1]这种不辨史料价值而全盘引用的做法，自然会降低论著的学术水准。有人为了显示博学，喜欢堆砌材料。美国学者赫克斯特评论英国史家克里斯托弗·希尔（Christopher Hill）的论文，说他在一篇仅有21页的文章中，参考了47种现代史学著作，30种17世纪的小册子，24种现代版本的17世纪史料集，42篇关于17世纪的文章，以及12种其他散见材料，引用文献总数在150种以上；就材料的数量而言不可谓不博学，但问题是所引用的大量材料与主题没有关联。[2]

　　史料的取舍须有依据和标准。如果依据事先确定的主题，选取有利的史料来加以论证，就背离了史学的范式。在研究和写作中，史料和主题是一种互动的关系：主题来自对史料意义的解读；而明朗的主题又有助于观照史料的意义。如果单从主题着眼来选择史料，就容易沦为"抽样作证"。主题对史料的取舍固然有影响，但不是决定性的因素。在史料取舍中需要重点考虑的问题，是史料自身的价值，史料与问题的相关程度，以及各条史料之间的内在联系。最能说明问题的材料，或是一组同类文献中最有代表性的材料，就是价值较高的史料，是论证中首选的论据。而且，只有同主题关系密切的史料，也就是非用不足以说明问题的史料，才可在写作时引用。如果与主题关系不大或全然无关的材料，不论它本身如何珍贵，都

1　赵丙夫：《新修〈戊戌变法史〉是"经典著作"吗?》，《博览群书》，2004年第8期，第61—62页。
2　赫克斯特：《论历史学家》，第228—240页。

必须舍弃。另外，决定取舍时，要对材料的含义和不同材料之间的联系有准确的把握，不能撇开自己不能理解的成分，也不可割弃不利于论证的材料。遇到难解的史料时，要多查书，或向同行专家请教。

取舍的前提是占有丰赡的材料，如果材料少，取舍的余地也就有限。陈垣治学，主张收集材料要全，运用材料要精。他以"竭泽而渔"地遍搜史料而著称，对材料的选取也十分严格。据说，他的《旧五代史辑本发覆》一文仅两万余字，最初的稿本却厚达三尺有余；他为撰写《元典章校补释例》，收集的材料多达一万多条，最后用到书中的仅一千余条。[1]史家掌握的材料越多，取舍的自由就越大，而难度也随之增加。在材料较多的情况下，可借鉴传统史学的"长编法"来进行取舍。先按照课题的内容和资料的内在联系，将全部材料编排成一个粗略的系统，以便比较和甄别，在此基础上选取最精当的史料用于写作。某个事件可能有多种不同的记载，而任何一种记载都有所侧重，如果单用其中一种，容易产生片面性，因而要综合和比较各种不同的记载，力求准确而全面地反映事实的面貌。郑天挺说："对于记载矛盾的材料，则应有交代。交代材料对不对，和自己取舍的理由。"[2]司马光作《资治通鉴》时，创造性地运用"考异法"，对同一件事的不同记载进行比较和甄别，选取其中比较可信的说法。这种方法今天仍有参考的价值。

运用史料要力求准确，不能忽视或割裂具体史料的上下文关系，不能省略关键性的字眼，否则就成了断章取义。据詹姆斯·麦迪逊的记录，费城制宪会议1787年6月5日的一次讨论中，埃尔布里奇·格里（Elbridge Gerry）谈到"邦联东部各州"的政治状况，称"那个地区的人民（此时）怀有世界上最为混乱而不切实际的关于政府的想法。他们主张在马萨诸塞废除参议院，将政府的所有其他权力都授予立法机构的另一个分

---

1 白寿彝：《要继承这份遗产》，载陈智超编：《励耘书屋问学记》，第5页。

2 郑天挺：《漫谈治史》，载文史知识编辑部编：《学史入门》，第9页。

支"。[1]格里这里抨击的仅是他所在的马萨诸塞的政治局面。可是，美国学者桑顿·安德森在引用这条材料时，没有提到"邦联东部各州"等字，并且将"那个地区的人民"（the people in that quarter）省略为"人民"（the people），这样就不免使读者误认为格里是在谈论整个美国和全体人民的情况。[2]虽然只少了几个单词，但语境和语义都发生了很大的改变，与格里的原意出入甚大。赫克斯特评论希尔的《新教与资本主义的兴起》一文，也批评他专门选取支持自己论点的材料，并将材料与其上下文剥离，糅合到一种很不一样的"语境"中去，使得引文脱离原来言说者的"语境"，而进入到希尔本人的"语境"。[3]这两种做法，前者或许是无意的疏忽，后者似有刻意作弊之嫌，都违背了忠实于史料原意的原则。

马克·布洛赫论及史料的可信度时，提到"有意的证据"和"无意的证据"的差别，并认为后者更为可靠。[4]清人钱澄之则从"其言之所来"和"传其言者之人"的人品角度，触及这两类史料在价值上的分别："其言之出于道路无心之口，足信也；言之出于亲戚、知交有意为表彰者，不足信也。其人生平直谅无所假借者，其言足信也；轻听好夸，喜以私意是非人者，其言不足信也。"[5]前一类是"无意的证据"，而后者则近于"有意的证据"。所谓"有意"或"无意"，实际上涉及史料考辨时所关注的记录者的动机问题。当事人出于某种目的而刻意留下的资料，肯定带有使资料有利于自己的意图。李世民就"玄武门之变"的记载对史官做出暗示，就是意在制造"有意的证据"。掌权者为了使历史对自己有利，甚至不惜销毁或改动档案文件。清廷就曾自改实录，目的也是要留下"有意的证

1　法兰德编：《1787年联邦大会记录》，第1卷，第123页。

2　桑顿·安德森：《创制宪法：1787年会议与第一届国会》（Thornton Anderson, *Creating the Constitution: The Convention of 1787 and the First Congress*），宾夕法尼亚州尤尼弗西蒂帕克1993年版，第167页。

3　赫克斯特：《论历史学家》，第244页。

4　布洛赫：《历史学家的技艺》，第48—49页。

5　钱澄之：《明末忠烈纪实序》，载杨翼骧、孙香兰编：《清代史部序跋选》，第176页。

据"。相反，"那些目击者无意识记下的证据"，[1] 通常没有谋求私利的"主观故意"，因而更加真实可信。普通人的日记、书信、公私账簿、契约文书、遗嘱和财产清单等资料，都不是有意作为证据而留存下来的，其用处仅限于当时，而在无意间成了后世史家的史料。史家在运用史料时，必须对"有意"和"无意"的史料做出辨别，对史料制造者的意图保持高度的警惕。当然，这种区分也只是相对的，不宜对其价值做绝对的高下之分。一件出于某种目的而留下的材料，如果从另一角度来看待，又可能是"无意的证据"。因此，"证据"制造者的动机不是判断史料可靠性的唯一指标。[2]

严耕望指出，史料作为"证据"，有"概括性"和"例证性"之分。[3]在材料较多的情况下，史家只能选择有代表性的加以引用，这种被用到的史料就带有概括性；而有的问题史料很少，有时只有一两条，有时甚至只有孤证，这时做结论就须极为慎重。按照治史的通则，在一组同类的材料中，选取的材料一定要是最典型、最有代表性的；而在只有"孤证"的情况下，就无法做出结论。郑天挺指出："至于孤零的材料，则应有旁证，即间接证明；无证不信，孤证难立。"[4] 因此，史家要尽量避免用个别"例证"进行论证，因为个别"例证"有可能是例外。考据学有一条基本原则，就是孤证不成其为证据，"只有根据大量的相同事例才能得出结论"。[5]这一原则同样适用于其他论述过程。赫克斯特谈到，布罗代尔在《菲利普二世时代的地中海和地中海世界》中，曾三次论及16世纪阿拉贡王国的卡斯提化，但都仅只引用一条史料，而且是同一条史料。[6] 这似乎触碰了以"孤证"立论的底线。然而，一个论点究竟要用多少条材料才能得到"确证"，又很难有划一的标准。传统史家强调"证据周徧"，每论一事，先

1　布洛赫：《历史学家的技艺》，第49页。

2　参见豪厄尔等：《源自可靠的资料》，第18页。

3　参见严耕望：《治史三书》，第26页。

4　郑天挺：《漫谈治史》，载文史知识编辑部编：《学史入门》，第8—9页。

5　布洛赫：《历史学家的技艺》，第97页。

6　赫克斯特：《论历史学家》，第110页。

将所有可作证据的材料逐一列举，然后再谈自己的见解。陈寅恪写文章，习惯于将相关史料逐条引述，继而以"案语"的形式阐发史料的含义，提出自己的见解。

在论述的过程中，史料作为证据，还有"正面证据"（确证）与"反面证据"（反证）之分，对两者都必须慎重对待。在史料有限的课题中，不能因为材料少而忽略"反证"。在"反证"较多的情况下，必须综合考虑"正"、"反"两面的证据，不可匆忙下结论；即便"反证"不足以动摇"确证"，也要对"反证"加以说明。简单地忽略或放弃"反证"，乃是治学不严谨的表现。赫克斯特批评希尔，称他擅长"资料挖掘"（source-mining，即用找矿的方式来挖掘对自己有用的证据）和"糅合"（plumping，即忽视事物的差异和多样性，硬性将它们塞进某种先定的模式或理论框架中），改变资料的语境，能将"反证"变成支持自己论点的"确证"。[1] 在某种情况下，若史料运用不当，也可以把"确证"变成"反证"。美国早期史名家卡尔·布里登博在论证18世纪弗吉尼亚人对音乐缺乏兴趣时，其证据是托马斯·杰斐逊抱怨当地人不好音乐的一段话；美国学者费希尔就此批评说，杰斐逊就是弗吉尼亚人，他对当地人不喜欢音乐表示不满，这恰恰证明至少有一个弗吉尼亚人对音乐有足够的兴趣。[2]

引用史料的首要原则，是忠实于原文。史料中有讹误遗漏或文句不通之处，不可按自己的意思擅自改动，而应注明"原文如此"；凡有任何添加成分，都必须做出说明。古书因传抄而出现讹脱，因而前人有根据自己的理解加以改动的习惯；引述他人言论而有节略，往往也不做交代。19世纪美国史家编辑华盛顿文集时，曾擅改原文的语法，遭到后世史家的讥诮。2002年，有人在"学术批评网"发文，向学术界推荐清人陈澧的"引书规范"，并做了很有见地的评论；可是这位作者本人"引书"却不够规范：文中引用陈澧原文，中有节略，却未以省略号或"中略"字样标明；

---

1 赫克斯特:《论历史学家》，第244—246页。

2 费希尔:《历史学家的谬误》，第45页。

对原文加了序号和若干标点符号，并没有做出说明；标注的书名和页码也不准确。[1]这种引用方式，无疑违背了"忠于原文"的原则。

最后，在运用史料时还应避免一种非常有害的倾向，即严耕望所批评的"抽样作证"。"抽样作证"不仅造成对史料的曲解，而且是对史料的滥用。赫克斯特称有些史家为"糅合者"，他们信奉普遍规律和相似性，预先做好一些"盒子"，凡不能装进去的东西，均弃之不顾。赫克斯特认为，英国史学名家希尔是这类学者的典型。希尔自己也承认，他在阐述论点时，总是致力于"挑拣出看起来是支持我的论述的证据"（picked out evidence which seemed to support my case）。[2]赫克斯特对希尔似乎怀有很深的成见，有些评论越出了学术的矩度。不过，如果希尔果真像他自己说的那样对待史料，那就是典型的"抽样作证"。许多问题的史料相当丰富，要走"抽样作证"的路子并不难；如果没有研究同一问题的学者来检验，这种"抽样作证"就不会被发现。因此，要克服"抽样作证"，主要依靠学者的自律。赫克斯特写道：

> 一个历史学家提供证据的种种缺失，通常只有通过某个批评者花费大量时间才能弄清楚，这个过程很像科学家很少采用的重复性试验；因此，每个历史学家都负有特别沉重的自我监督的义务。他非但不能仅仅寻找可能支持自己论点的证据，反而需要寻找论点的脆弱之处，想出检验它们的方法。[3]

照他说的这样做，虽然会给学者自己增添不少麻烦，但能够使研究更加扎实可靠，不违尚真求实的本义。因此，任何一个认真对待学术的史家，都不应回避这种"自我监督的义务"。

1　吕友仁：《向学术界推荐一个引书规范》，载杨玉圣、张保生主编：《学术规范读本》，第414—416页。

2　赫克斯特：《论历史学家》，第243页。

3　赫克斯特：《论历史学家》，第251页。

第八章　历史的解释

　　卡尔·波普尔写道："不可能有'事实如此'这样的历史，只能有历史的各种解释，而且没有一种解释是最终的，每一代人都有权形成自己的解释。"[1]他从认识论的角度论述历史知识的性质，将人所了解的历史视为一种关于过去的解释。国内史学界以往较少用"历史解释"[2]的提法，有人甚至不愿意把自己的著述说成是"一种解释"，而更乐于称之为"历史真相"或对"历史规律"的揭示。论及对具体问题的判断和看法，许多人喜欢用"历史评价"的说法。"评价"和"解释"当然不是一回事。"评价"涉及"权力"问题，评价者需要把自己摆在高于评价对象的位置，才能行使评价的权力。"解释"则取平等对话的姿态，力图深入解释对象的世界，以了解和说明其思想与行为。再则，"评价"需有标准，而标准通常由评价者单方面所制定，并不一定适用于评价对象；而"解释"则主要牵涉到理解，评判只是理解的副产品。最后，"评价"侧重的是结果、性质和意义，而"解释"则更关注过程、情势和行为逻辑。总之，"解释"更能体现史

1　波普尔：《开放社会及其敌人》，第2卷，第404页。
2　本书所用"历史解释"一词，既指解释历史的过程，也指解释历史的结果。作为解释结果的"历史解释"，既可以是关于具体事实的判断，也可以是对事实意义的阐述。

学作为人文学的特性，因为史家只是前人往事的诠释者，而不是裁判官或辩护人。当然，解释也不能回避评价，只是这种评价不是裁决，而是基于理解的试探性对话。

一、解释的含义

"解释"一词虽然见于中文，但用之于历史研究，则源自欧美学术界。英文中相当于"解释"之义的词有"explain"和"interpret"，前者的含义是"使……变得清楚明了"、"说出……的意义"、"说明……的理由"；后者与前者基本同义，但更侧重对事物的意义的梳理和阐述。概括来说，"解释"就是参照已知的事物来说明未知的事物，从而使未知的事物变得可以理解；或以提供更多相关信息的方式，揭示某事或某物的潜在层面，使之以易于理解的面貌呈现出来。照此说来，"历史解释"就是使过去的人或事变成可以理解的历史知识的方式。史家的每一个判断或每一种陈述，都可以是一种解释；围绕具体的问题而以众多小的解释组成一个解释的集合体，于是就有了史学论著。在建构历史解释时，治史者需要借助一定的理论和概念，并运用各种思维方法，以确定史实，探明因果，诠释意义。历史解释一般是就具体历史问题所做的解答，而高层次的历史解释则有可能成为理论。

历史解释的首要任务，无疑是基于史料，把零散而混乱的过去信息转化为有条理、有意义的历史知识。德国哲学家恩斯特·卡西勒说："……我们所有的历史知识包含着很大的不确定性。……人们用以表达其观念、感觉、情绪、愿望、思想和信念的符号在短时间以后就变得难以理解。……历史就是要复活这些符号，使它们恢复为一种新生命，使它们再次变成易读的和可以理解的。"[1] 由此说来，历史解释的工作目标就是"复

---

[1] 卡西勒：《历史哲学》，载何兆武主编：《历史理论与史学理论》，第600页。

活"前人的一部分经历。

这一工作目标至为庞大而复杂，需要由作为一个集体的史家共同来完成。不同的史家可以采取不同的方式、从不同的途径走向这个目标。波兰学者托波尔斯基把历史解释细分为五种：其一，"描述性解释"，通过叙述历史事实而回答"是什么"的问题；其二，"发生性解释"，指出给定现象的起源，回答"是怎样发生的"；其三，"结构性解释"，说明某一现象在给定结构中的位置，如某一事件的意义和作用；其四，"定义性解释"，给现象提供定义，回答"是什么"（如"什么是封建制"）和"为什么"（解释定义中提到的事物的由来）的问题；其五，"因果性解释"，说明现象的原因。在他看来，"只有因果性解释可以当作严格意义上的一种解释。提出因果性解释是历史学家超出简单的事件描述，并且将他的研究与科学规律和理论研究结合起来的基本程序"。[1]这种划分属于"纯理型"的范畴，其欠缺和可商之处也是一目了然的。

首先，把回答"为什么"的"因果性解释"置于最高地位，而将整理史实和叙事过程这种史学的基本任务推到边缘，不承认对事实的描述乃是真正的历史解释，这似乎是一种史学理论的偏见。把阐释和理论摆在优先的地位，可能与当时波兰史学界关于史学的定义和定位有关：史学被认为是一门"发现和认识社会发展规律"的科学，因而解释过往现象和事物的目的，在于揭示历史规律，或建构社会理论。[2]其次，所谓"发生性解释"、"定义性解释"、"结构性解释"和"因果性解释"之间多有交叉重叠之处，在某些情况下甚至是难以区分的，强行分类就难免造成混乱。具体来说，讨论事物和现象的起源，有时会牵涉到原因；说明定义时则难免触及原因和影响；界定事件的作用或影响，有时又绕不开结果，而分析结果有可能牵扯出"是什么"或"为什么"之类的问题。最后，这些人为划

1　托波尔斯基：《历史学方法论》，第525—528页。

2　托波尔斯基：《历史学方法论》，第664—665页。

分的解释类型，大多不具备独立的意义，而只是建构解释的手段，其本身不能成为解释。不论是描述事实还是探索原因，也不论是说明影响还是给出定义，都只是实现解释目标的具体方式。史家通常会根据主题的需要和材料的特点，选择其中某些（肯定是一种以上）方式，以建构自己的历史解释。

从治史的实践来看，历史解释的第一项工作，无疑是确定历史事实。这与托波尔斯基的理论正好相反。对历史研究而言，确定事实不仅本身具有独立的意义，而且也是其他工作环节的基础。以往经常听到一种说法，即历史研究中的事实和解释是分开的，前者不包含史家的主观见解，因而不属于解释的范畴。但是，研究者从众多事实中选取某些事实，或从真伪混淆的材料中辨明事实的"真相"，这都离不开其个人的判断，并包含对事实的意义的见解。由此可见，研究者从选题、收集材料开始，就已进入解释的建构。史家对原因的说明，对意义的阐述，对事件来龙去脉的梳理，一般都采取事实陈述的方式，而不是纯理论的分析。撇开事实和关于事实的陈述，史家就无法展开论说，更无从谈及历史的解释。所以，确定和陈述事实不仅属于历史解释的范畴，而且是一切历史解释的基础。

阐释事实的意义自然也是解释的基本任务。这种意义阐释又可分成不同的层次。对于个别史实的意义的阐释，实际上就是对史料的解读，这是一种初步的阐释工作，事实的确定离不开这种阐释。另一个层次的意义阐释，是对事实集合体的意义的阐述。这种事实集合体，可能是某个重大的事件，可能是某一时期的某种趋势，可能是某种制度的形成或演变，可能是某个人物一生的行迹，也可能是某种观念或社会心态的演变。对这类事实集合体的意义阐释，可以采取追溯起源、探明因果、分析走向、揭示影响、判定后果等方式。在这个过程中，事实是基础和主干，而意义则须从事实引申出来。

这里可能会引出一个问题：意义究竟是事实本身所固有，还是由史家从外部注入？如果意义本来就包含在事实当中，何以不同的史家对同一事实的意义会有不同的看法？如果意义是史家所强加的，那么是否就意味着建构历史解释不过是一个发挥主观意识的过程？这个问题不免令人想起关于艺术美的属性的讨论。一件艺术品的美感，产生于观赏者和艺术品之间的互动，这种互动就构成审美行为。同理，历史事实的意义也是史家的认识能力和史实相互作用的产物，是史实在史家的知识和思想世界所投射的影像。由此可见，史家对事实意义的阐释，并不是简单地"把一种意义关系从另一个世界转换到我们自己的世界"，[1]而是站在一定的视点，依靠自己的眼力，并借助适当的知识、理论和方法，去"发现"和"揭示"历史事实的意义。

在建构历史解释的过程中，确定事实和阐释意义并不是两个截然分开的阶段或环节，而往往是交错重叠的。雅斯贝斯说："就精神而论，我们只能通过对意义的理解来领悟事实。……理解虽然在经验上依赖于各个独立论据的积累，可是单单通过这些论据绝对产生不出历史解释。"[2]史家对史事的了解，需要通过把握其意义才能完成；在理解众多相关史事的意义之后，史家便能看清更大的历史过程的明晰画面。许许多多零星的史事，只有借助意义这种"胶水"，才能粘合成一个整体；一俟事实集合体形成，单个史实的意义便能更加清晰地显现出来。可见，确定事实和阐释意义是一个相辅相成的过程，离开事实无从谈及意义，不理解意义也就不能确定事实。在一般的印象中，以考据见长的"乾嘉学派"似乎只重视史实而不关注意义。其实，乾嘉诸老对文本的考证，关于史实的辨析，无不包含他们对意义的判断，只是这种意义只有置于当时的知识和思想世界中，才能得到确切的理解。

诚然，建构历史解释需要运用理论和公理。如果要从动机入手来解

1　语见韩震、孟鸣歧：《历史·理解·意义》，第3页。

2　雅斯贝斯：《历史的起源与目标》，载何兆武主编：《历史理论与史学理论》，第682页。

释事件的原因，就必须假定事件参与者乃是具有理性的人；如果要对近现代历史上的革命进行解释，就需要借用"革命"的概念以及相关的社会理论。不过，历史事实纷繁复杂，不易纳入某种理论框架或解释模式，因而公理和理论的作用主要在于为寻找解释的切入点提供引导，或作为论述的辅助工具，而不能支配，更不能代替历史解释。另外，历史哲学和史学理论关于历史解释模式的分析和归纳，并不一定切合历史解释的实际。建构一种历史解释，可以说是一种十分复杂的智性活动，需要材料、知识、智慧和灵感的综合作用，有时还须借助于运气：碰巧发现某种资料，偶然产生一点联想，都有可能引导解释的思路，甚至决定解释的结果。

　　史学史上从来没有最好的或终极的历史解释，而只有更具新意、更为可信的历史解释。一种历史解释是否既有新意又令人信服，也取决于多种因素，但起决定作用的则是史料对解释的支持程度。在一般情况下，具有"坚不可摧的证据"的历史解释，可信度相对较高。历史解释是否具有公正性（fairness），也需要与材料联系起来看待。如果史家对材料的理解是准确的，并能从具体的历史语境立论，这种解释就是公正的。[1]因此，在历史解释的建构中，史料的占有和解读，仍是第一位的要素。

二、解释的地位

　　解释究竟只是历史研究的一个环节，还是相当于整个历史研究，这牵涉到解释在史学中的地位。中外史家对这个问题的认识，历来存在很大的分歧。

　　论及历史研究的具体过程，许多人习惯于把它分解为若干环节或层次，然后再来分析各个环节或层次之间的关系，以及它们在整体中分别

1　参见C. 贝汉·麦卡拉:《历史学家争论些什么》（C. Behan McCullagh, "What Do Historians Argue About"），
　　《历史与理论》（*History and Theory*），第43卷，第1期（2004年2月），第37—38页。

所居的地位。严耕望认为，"治史有考史、论史与撰史的不同，而相辅为用"；具体来说，"考史要把历史事实的现象找出来，论史要把事实现象加以评论解释，然后才能作综合的撰述工作"。[1] 何兆武则把历史研究分为两个层次：第一个层次是"对史实或史料的知识或认定"，此为"历史学 I"；第二个层次是"对第一个层次的理解或诠释"，此为"历史学 II"。[2] 按照这类划分，历史的解释（严耕望称为"论史"，何兆武则命名为"历史学 II"）只是治史的一个环节或层次。严耕望没有谈到各环节的地位，但他认为"论史"并非为史家所独擅，"社会科学家"也能涉足其间，而只有"考史"才是史家的专长。[3] 在何兆武看来，"历史学 II"则是历史研究中一个更关键、更重要的层次，因为"历史学之成其为历史学，却全有待于历史学 II 给它以生命。没有这个历史理性的重建，则历史只不过是历史学 I 所留给我们的一堆没有生命的数据而已"。[4]

欧洲学者关于"编年史"和"历史"的区分，也涉及解释在史学中的地位。在克罗齐看来，"历史"高于"编年史"，因为"历史"是"活的"和"当前"的历史，"编年史"则不过是"死的"和"过去的历史"；而区分两者的关键，在于是否具有"思想"。[5] 历史中的"思想"显然与史家的投入有关，从史事中发现思想或将思想注入史事的过程，自然就是历史的解释。根据克罗齐的论述，单纯记述和编排史料的"编年史"，实在没有多大的价值。后现代主义者罗兰·巴特更是宣称，"编年史"是"完全没有意义的历史"。[6] 美国学者阿瑟·丹托（Arthur C. Danto）则不主张将"编年史"和"历史"对立起来，因为即便是"单纯的叙事"（plain narrative，

1　严耕望：《治史三书》，第8页。

2　何兆武：《对历史学的若干反思》，《史学理论研究》，1996年第2期，第39页。

3　严耕望：《治史三书》，第8页。

4　何兆武：《对历史学的若干反思》，《史学理论研究》，1996年第2期，第39页。

5　克罗齐：《历史学的理论和实际》，第8—9页。

6　罗兰·巴特：《历史的话语》，载张文杰编：《历史的话语》，第121页。

《论治史》一书译作"白描法"），也包含"起码的解释"；比如修昔底德
关于伯罗奔尼撒战争的编年史，将一系列事件串联在一起，其中即包含着
"某种解释与说明"。[1]这就是说，纯粹的"编年史"其实是不存在的；只要
是历史，就离不开解释。

　　照此说来，所谓"考史"和"论史"、"历史学I"和"历史学II"、
"编年史"和"历史"之类的区分，都不免过于绝对。按照严耕望的说法，
考史是论史的前提，而撰史则是考史和论史的结果。可是，在治史的实际
过程中，三者似乎是难以截然分开的，也不宜视作依次递进的几个环节。
"考史"同时也是"论史"，史学史上并不存在只有史实而无见解的历史
著作。即便专重考据的"乾嘉学派"，也离不开对事实之间的联系或差异
的辨析，无法忽视局部事实与历史整体的关系。[2]何兆武所说的"对史实或
史料的知识或认定"，无疑也包含史家的理解和诠释。试想，若要从史料
中选取包含真实事实信息的成分，离开对史料意义的理解和诠释，又如何
能做得到呢？治史者从接触史料的那一刻开始，实际上就在不停地与史料
"对话"，力图了解史料的含义，为建构自圆其说的解释做准备。因此，即
便单独存在一个"认定史实"的"历史学I"，那它也只是历史解释的"初
级阶段"。至于所谓"编年史"和"历史"的区分，只有将前者理解为史
料或历史记录时才能成立。将"历史"置于"编年史"之上，体现了偏重
阐释和思想的"当代史"取向。作为史料的"编年史"，无疑是"历史"
的基础。至今仍通行于国内史学界的"年谱法"，按照欧洲学界的分类，
属于个人"编年史"的范畴，但其中往往包含许多考辨和分析，因而也带
有历史解释的性质。

1　参见阿隆：《论治史》，第126—128页。
2　参见罗炳良：《略论乾嘉史家的考史方法》，《求是学刊》，总第134期（2000年1月），第104—112页。不
　　过，这篇文章存在纯以当前观念看待乾嘉史学的倾向，对乾嘉学者在方法论和理论化方面的自觉意识
　　似乎也估价偏高。

　　欧洲史学理论中还有一种看法，认为史学的根本任务就是建构历史解释，因而人所知的历史其实只是解释的产物。科林伍德谈到，历史学家不是先找出事实，然后再阐释其中的含义；"在发现证据是**什么**时，就已经是在解释它"。[1] 卡尔也反对将史实和解释分离的看法，宣称："对客观而独立地存在于历史学家的解释之外的历史事实硬核保持信念，乃是一种荒唐的谬误，不过也是一种很难根除的谬误。"在他看来，确定和选择事实就是一个解释的过程，因为并不是所有的事实都能成为历史事实，只有通过历史学家赋予其意义的事实，才能变成"历史事实"。换言之，关于过去的事实能否成为"历史事实"，"取决于一个解释的问题。这一解释的因素进入到每一历史事实之中"。总之，"历史学意味着解释"，它是"历史学家和他的事实之间的一个连续不断的互动过程，是一场现在与过去之间的永无休止的对话"。[2] 如此看待史学，与客观主义的理念是大相径庭的，因为这样说，等于不承认史实的独立性和客观性，转而把史家置于治史过程的主导地位，甚至将历史事实本身也看成了解释的结果。不过，如果加以适当限定的话，这种说法也许比较贴近治史的实际。

　　从一定意义上说，研究历史确实主要是一个解释的过程。过往实际是客观存在的，关于过往实际的记录也是客观存在的，但提供史实的史料却是史家选择和解释的结果。没有史料，无从谈及治史；而未经解释的史料，也不能转化为可以理解的历史知识。史料本身不会说话，史实的意义也不是不言自明的，不同史实之间的联系有时也是深藏不露的，如果不经过史家的选择、编排、联络和诠释，就不可能产生条贯的历史知识。英国史家卡莱尔虽因以文学笔法撰史而颇受诟病，但他关于历史复杂性的认识却也富有见地：

1　科林伍德：《历史学诸原则》，第140页。

2　卡尔：《历史学是什么？》，第10、11、26、35页。

现实事件之间的关系绝不像父子关系那样简单，每个单一事件的原因
都不只一个。它是所有其他或更早或同时事件的共同结果，而它又反
过来与其他事件结合造成新的事件；这就是存在的亘古常新和永远变
动着的混沌状态；在这里，形形色色的事物从它数不胜数的元素之中
产生。[1]

从这种"混沌状态"中清理出有序的历史知识，其关键就在于历史的解
释。人所需要、所能理解的历史，只能是经史家解释的历史。正如阿隆所
说："死人留存下来的意义只能靠活人去阐释，去理解，于是死人也就又
活过来了。"[2]解释是发掘历史的意义、赋予历史以生命的一种方式。德国学
者吕森进一步指出："根据历史作为过去、现在与未来的有意义的时间关
联的观念，解释把纯粹的事实、史料批判的结果转变为历史事实，解释把
经验证据转化为历史。"[3]

治史重在描述过去的变化，并说明变化的成因，司马迁所谓"究天
人之际，通古今之变"，正是对史学真谛的精辟概括。王国维发展司马迁
之说，更明确地提出："凡记述事物而求其原因、定其理法者，谓之科学。
求事物变迁之迹而明其因果者，谓之史学。"[4]科林伍德曾批评古希腊罗马
史家静止地看历史，只关注不变的事物，而未描述并解释事物的变化及成
因，这种史学属于"实质主义"的范畴。[5]过往世界发生种种变化，在历
史叙事中转化为排列于时间之流中的若干相互关联的事实，史家则通过在
不同事实之间建立联系来阐释"变迁之迹"及其成因，于是就形成历史解
释。阿隆对解释的重要性做出了更高、更集中的强调："说到底，我们只

1　卡莱尔：《论历史》，载何兆武主编：《历史理论与史学理论》，第236页。
2　阿隆：《论治史》，第185页。
3　吕森：《历史秩序的失落》，载张文杰编：《历史的话语》，第79页。
4　王国维：《〈国学丛刊〉序》，载王国维：《观堂集林》，下册，第875页。
5　柯林武德：《历史的观念》，第80—84页。

能通过阐释工作来认识或理解过去，认识或理解前后相继的种种精神世界。文献学是阐释学的一种表现或技术手段，因为全部历史就在于阐释。"[1]

　　一言以蔽之，建构历史解释乃是历史研究的重心。唯有解释方能发现过去事实的意义，唯有解释方能完成历史的重建，也唯有解释方能造就真正的历史学家。诸如史料学、考据学、历史文献学等学科，都只是史学的辅助工具。史学在根本上是历史解释学。

三、解释的模式

　　英国学者R. F. 阿特金森提出，历史解释有三种模式：一曰"规律性解释"（law explanation），借助规律或定理来解释历史现象；二曰"理性解释"（rational explanation），注重人类行为背后的思想动机或理性逻辑；三曰"叙事性解释"（narrative as explanatory），通过叙述事件的原委来进行解释。他认为，每一种解释模式都有其局限，而且都引起了争议。[2]不过，这种模式之分，只是对欧洲学者关于历史解释的各种理论的归纳，而不是对历史学家建构历史解释的具体方式的总结。[3]

　　卡尔·波普尔和卡尔·亨佩尔被认为是"规律性解释"理论的倡导者。在波普尔看来，历史解释必须借助于普遍规律；"只有联系某些普遍规律，一个独特事件才是另一个独特事件（它的结果）的原因。但是，这些规律可能是很平常的，多半属于常识，以致不必提及，也很少被注意"。[4]他进一步说，"在历史学中，普遍规律多半是很平常的和不自觉地被

1　阿隆：《论治史》，第6页。

2　R. F. 阿特金森：《知识与历史的解释》（R. F. Atkinson, *Knowledge and Explanation in History: An Introduction to the Philosophy of History*），伦敦1978年版，第2、96、102页。

3　中国学者关于欧美历史解释理论的评述，参见张广智、张广勇：《史学：文化中的文化》，上海社会科学院出版社2003年版，第212—223页；何兆武、陈启能主编：《当代西方史学理论》，上海社会科学院出版社2003年版，第242—245、260—266页。

4　波普：《历史决定论的贫困》，第115—116页。

运用的";[1]"我们发现我们自己很少有必要去为普遍的规律操心，这些规律就在解释之中"。[2]而且，历史学家对规律的运用与其他学科有很大的不同："理论科学主要关心于寻求和检验普遍规律，而历史科学则把一切普遍规律视为当然，而主要关心于寻求和检验各个单称命题。"[3]当然，这一点也正好体现了历史学的局限性：它对普遍规律缺乏兴趣，因而就不能形成起组织作用的观点。为了摆脱这个难题，唯一的办法是"自觉地把**特意选择的观点**引进自己写的历史中去；这就是说，写**我们感兴趣的那种历史**。……对于与我们观点无关因而我们不感兴趣的那些事实，我们就不必多费心思了"。这就是说，治史的选择性对在运用规律方面的缺陷可以起到弥补的作用。但另一方面，选择性的方法或观点又是"**不能被检验的**"；"既然这种选择性观点或历史兴趣中心不能成为可检验的假说，所以我们就把它称为**历史解释**"。[4]至此，波普尔的基本观点就凸显出来了：历史的解释必须依据规律或公理，史家做出某个判断，都自觉或不自觉地运用某种规律、公理或常识；但是，依据规律做出的历史解释，自己却不能成为规律，而只是无法检验的假说；因此，任何认为历史是按照某种规律而发展的观点，都属于"历史决定论"的范畴。

相对而言，亨佩尔对"规律性解释"的阐述更加系统。他认为，"用'历史使命'、'命中注定'之类的概念来解释某一特定人物在历史上所获得的成就"，并不是"科学的解释"。那么，什么是"具有科学特征的解释"呢？它必须"经得起客观的检验"，这些检验包括："对陈述决定条件的命题的经验检验"；"对解释所依赖的普遍假设的经验检验"；"检查解释是否合乎逻辑的结论"。但是，历史的解释往往很难基于普遍规律；"如果

1 波普：《历史决定论的贫困》，第119页。

2 波普尔：《开放社会及其敌人》，第2卷，第399页。

3 波普：《历史决定论的贫困》，第114页。

4 波普：《历史决定论的贫困》，第120页。黑体字系原文所有。

解释是充分和明确的，那么这个解释不仅陈述某些初始条件，而且还陈述一定的或然性假设"，由此得出的解释就只能是一种"可能性"。总之，"历史学科与其他经验科学一样，只有借助于适当的普遍假设或是由一组系统地（"地"似应为"的"——引者）相关的假设所构成的理论才能获得科学的解释"。而且，历史学家的"研究对象是一去不复返的过去，是不能直接考查的，所以他不得不通过间接的方法来建立自己的知识，即运用普遍假设将现在的材料与过去的事件联系起来"。[1]亨佩尔这里所说的"普遍规律"，是指历史以外的各种法则，包括自然科学的定理和日常生活的常识；它们只是解释的依据，而不是解释的结果，因而与通常所说的"历史规律"并不是一回事。因此，法国学者阿隆把亨佩尔关于历史解释的理论称作"演绎模式"。按照这种模式，"只有当特殊事件之间的联系可以从一个一般命题演绎出来时，才会有一个科学的解释"；或者说，"只有当历史解释建立在演绎的公设上时，历史解释才是科学的"。[2]

据阿特金森的看法，科林伍德属于"理性解释"的代表人物。科林伍德认为，历史学家的主要工作是发现行动背后的思想，而发现思想的唯一方法，就是"在他自己的心灵中重行思想它们"；比如，若想了解柏拉图用某些词所表达的意思，就必须自己来想一想柏拉图当时想的是什么。由此推论，"思想史、并且因此一切的历史，都是在历史学家自己的心灵中重演过去的思想"。[3]显然，科林伍德的意思是，史家只有像历史人物一样思考，才能了解他们行动的思想动机。阿隆谈到，加拿大学者威廉·德莱（William Dray，或译"德雷"）提出的解释模式也属于"理性模式"，其要点是，"解释或说明一个事件必须找到了其行为人追求的目标，并根据这

1　亨佩尔：《普遍规律在历史中的作用》，载何兆武主编：《历史理论与史学理论》，第863—874页。

2　阿隆：《论治史》，第132页。

3　柯林武德：《历史的观念》，第303页。

个目标来解释他选择的手段"。[1] 其实，科林伍德和德莱不仅在理论上存在分歧，[2] 而且对于"理性解释"的理解也有明显的不同。[3] 科林伍德关注的是历史人物行动背后的思想，力图通过对思想的了解来解释行动的原因。德莱所推崇的"理性解释"，则是基于对历史人物的信念、目标或原则的了解，来探明他们行动的实际存在的真实"理由"，目的是"要达到一个行动和一种谋划**相匹配**的某种逻辑对称点"。[4] 如果说科林伍德强调人的思想的复杂性，而德莱则更关心人的理性和动机的可测度性。

不过，阿隆和阿特金森都认为，"规律性解释"和"理性解释"均存在明显的不足。阿隆提出，"亨佩尔模式"固然是一种可能从一般关系演绎出特殊关系的模式，但问题是，历史学家"拥有哪些可用来解释事件的一般规律？"从"亨佩尔模式"来看，这些规律是"必然的常规的连贯性"；而在"德莱模式"中则是"行为与处境之关系的合理性"。总之，两种解释模式都有缺陷，尤其是"亨佩尔模式"，实际上是一种"逻辑实证主义"，注重从公理、前提和初始条件来推导出结论。相对而言，"德

---

1 阿隆：《论治史》，第132页。他用关于汽车散热器爆炸一事的解释，来说明"亨佩尔模式"和"德莱模式"的区别。根据亨佩尔模式，汽车散热器爆炸是因为水到零度就结冰，而冰比水的体积大，散热器中的水没有加防冻剂，遇到零度以下的气温管子就结冰并发生爆裂（可见，这一解释是基于两个公设而得出的）。如果按照德莱模式，散热器爆炸是由于修理工出于报复而故意将散热器中的水换成了没有加防冻剂的水（这一解释涉及了人的行为及其动机）。参见阿隆：《论治史》，第139—140页。这个例子不仅过于简单化，而且也很不确切。前一解释针对的纯粹是自然现象，因而不属于历史解释的范畴。实际上，"规律性解释"侧重的是历史现象，而"理性解释"针对的是个人行为。在涉及对人的行为的解释时，亨佩尔同样不会忽视理性的行为逻辑。参见霍华德·阿德曼：《理性解释再探：个案研究与亨佩尔—德莱模式》（Howard Adelman, "Rational Explanation Reconsidered: Case Studies and Hempel–Dray Model"），《历史与理论》（History and Theory），第13卷，第3期（1974年10月），第208—224页。

2 有学者认为，科林伍德和德莱分属历史解释理论中的两个不同的派别。参见莫里斯·曼德尔鲍姆：《历史解释："覆盖律"问题》（Maurice Mandelbaum, "Historical Explanation: The Problem of 'Covering Laws'"），《历史与理论》（History and Theory），第1卷，第3期（1961年），第229页。

3 "理性解释"是一个"颜色驳杂的标签"，支持"理性解释"的人对具体的解释思路也有多种不同的观点。参见阿德尔曼：《理性解释再探》，《历史与理论》，第13卷，第3期，第208—224页。

4 参见威廉·德莱：《规律与历史解释》（William Dray, Laws and Explanation in History），牛津1957年版，第122—137页。黑体字系原文所有。

莱模式"比较切合历史研究的实际。[1]德莱本人也有类似看法。他曾猛烈抨击"覆盖律模式"（the covering law model），称之为"对历史哲学有危险的模式"。他还注意到，历史学家倾向于抵制这一模式，觉得它与他们实际要做的工作并不相干；历史学家在提出一种具体的解释时，并不会固守某种"具有方法论意义的覆盖律"。"覆盖律理论家"所主张的，实际上要将"解释"这个术语的"供狭隘科学用途的特殊的技术性含义"引入历史研究。[2]他推许"理性解释"，称它来自历史学家治史的实践。[3]然则阿特金森并不赞同德莱的说法，他觉得"理性解释"同样有很大的问题：它一般只适合于解释具体人物的行为，在政治史和精英史研究中可能有"用武之地"；而在"传统史学"中，这种解释方式通常流于将历史人物的脾气、性格和行为逻辑视作事件的关键原因，不免失之简单和肤浅。现代史学更多地研究底层群体、社会生活、习俗、制度和整体性变迁，这时仍单纯基于动机和思想来构建解释框架，未免显得捉襟见肘。[4]阿特金森也不欣赏"规律性解释"，认为它也不符合历史研究的实际，因为它将普遍规律的权威性置于对具体情况的判断之上，而实际上具体判断的作用更加重要，在开始时原则可能指导判断，但到最后判断占据更重要的地位；"普遍假设只能提示和反映关于具体情况的说法，而不能支配它"。[5]

　　阿隆和阿特金森关于两种解释模式的评论，固然包含真知灼见，但并未触及它们的最大弱点。参照现代史学的实践便不难发现，这两种解释模式不过是典型的外部理论概括。早在20世纪60年代，就有学者尖锐地指出，在历史著述中所发现的无数历史解释，很少有与波普尔和亨佩尔的理

1　阿隆：《论治史》，第149—167页。

2　德莱：《规律与历史解释》，第3、11、50、79页。

3　阿德尔曼：《理性解释再探》，《历史与理论》，第13卷，第3期，第211页。

4　参见阿特金森：《知识与历史的解释》，第128页。

5　阿特金森：《知识与历史的解释》，第114—115页。

论相吻合的。[1]这当然不是说历史学家都不够高明，未能成功地实践哲学家的理论，而只能证明哲学家的理论并不是来自实际的历史研究。这两种模式的特点都在于，选取某些与预先设定的规则相吻合的事例，以演示或证明某种普遍公式的解释力，而对于历史学家针对千差万别的历史现象进行解释的各种方式，以及个体学者在解释建构中的个性化做法，则不阑入考虑或涵盖的范围。因此，只要用专业史家的解释方式来印证，这两种模式的哲学化特征就昭然若揭了。

"覆盖律模式"基于人的一般思维方式，也带有常识性的色彩。在日常生活中，人的思考和判断离不开规律和常理；而解释历史现象自然也需借助于规律和常理。但是，"覆盖律模式"所涉及的规律或常理，通常都是外在的和后设的，将它们运用于不断变化、纷繁复杂的过往人类行为，其解释力实在过于薄弱。波普尔和亨佩尔在阐述自己的理论时，通常只用一些日常生活或自然科学中的简单事例来说明，而很少触及复杂的历史现象。即便偶尔提及历史方面的例证，也未能做出充分的分析。这正是其解释模式受人诟病的主要原因。[2]亨佩尔曾用一个历史事例来说明"规律性解释"，反而清楚地暴露出其理论面对复杂的历史时显得多么苍白无力。他举例说，美国大尘暴以后，中部平原地区的农场主深为干旱和风沙所苦，向往加利福尼亚更好的生活条件，因而纷纷迁往那里，而这种解释正是借助了"人口总是向能够提供更好的生活条件的地区迁移"这一"普遍假设"。可是，这种解释并不切合中部地区人口外迁的实际。加入迁徙大潮的农场主为数众多，其动因和目标也不尽一致；倘若没有足够的材料来证明多数农场主的迁徙有着相同的原因，就绝不可泛泛而论，认为他们是由

1　艾伦·多纳甘：《历史解释：重评波普尔—亨佩尔理论》(Alan Donagan, "Historical Explanation: The Popper–Hempel Theory Reconsidered")，《历史与理论》(History and Theory)，第4卷，第1期（1964年），第14页。

2　A. A. 范·登·布雷姆布赫：《历史解释与比较方法：寻求一种关于社会历史的理论》(A. A. van den Braembussche, "Historical Explanation and Comparative Method: Towards a Theory of the History of Society")，《历史与理论》(History and Theory)，第28卷，第1期（1989年2月），第3页。

于向往较好的生活条件而离开中部平原地区的。即使亨佩尔所提到的这种解释是成立的，农场主因向往更好的生活而迁徙，那岂不正是"理性"的"动机"在起作用？这样一来，"覆盖律模式"与"理性模式"的差别又在哪里呢？无怪乎亨佩尔自己也意识到，这个解释所依据的"普遍假设"，其实很难"准确地以普遍规律的形式来陈述"。[1]

历史的解释是一件细致而复杂的事情，绝不像根据某种普遍规律来进行推理那样简单。治史者需要解读史料，厘清事实，了解事实的意义，寻找不同事实之间的关联，综合考虑方方面面的信息，并借助适当的理论或概念工具，最后方能做出恰如其分的判断。亨佩尔仅只突出"普遍假设"的解释力，而不考虑事件背后人的因素。须知人不是依据定理而设计出来的机械装置，甚至也不完全受理性的支配，其思想、情绪和行为通常会受到多种不确定因素的影响，因而对由人的行动所构成的事件，就无法采用"普遍规律或假设"来解释，而须更多地诉诸"理解"（这一点容下文详论）。同样不能忽视的是，历史并不是"一个人从梯子上摔下来"这种简单的事件，而充满各种多变的行动、观念、趋势和情势的交织互动，其复杂性和不确定性远远超出任何"覆盖律"所能"覆盖"的程度。因此，在有经验的专业史家看来，"覆盖律"之类的"逻辑实证主义"解释模式，与历史研究的"实证主义"完全是相悖的。[2]

相对而言，"理性模式"似乎比较接近历史解释的实际。但是，亨佩尔恰恰对"理性解释"颇不以为然。他认为，所谓"移情理解方法"（the method of empathetic understanding，也可译为"心通意会的理解方法"）并不能构成一种解释，而只是一种"非常富有启发性的方式"；"只有普遍假

1　亨佩尔：《普遍规律在历史中的作用》，载何兆武主编：《历史理论与史学理论》，第866页。译文中将"farmers"译作"农民"，似不妥。阿特金森也对这个例子做了评论。参见阿特金森：《知识与历史的解释》，第103页。
2　参见吴承明：《经济史研究的实证主义和有关问题》，《南开经济研究》，2000年第6期，第20页。

设的可靠性才决定解释正确与否"。[1] 显然，这种批评只不过是固执己见的偏颇，并未切中"理性模式"真正的不足之所在。实际上，德莱本人就意识到"理性解释"的局限，因为这种模式只适用于解释"历史中个人的行为"。[2] 对于构成历史主体的集体行动、社会变迁或宏大趋势，"理性模式"就很难有用武之地。即使是用于解释个人行为，"理性模式"的有效性也可存疑。"理性解释"的前提是把人视为纯粹的理性动物，把人的行动看成机械运动，采取一种简单的"线性因果观"，关注动机和行动之间的直接相关性，而忽略非理性及情感等因素的作用，也不考虑从动机到行动之间其他多种变化无常的中间环节。历史中的行动者将自己的动机转化为决定并付诸行动，也不大可能仅从自己的角度着想，或许还牵涉到许多相关因素，尤其是行动者的思想和情势之间的微妙互动。人并非在真空中凭借理性来思考和行动，而总是处于具体而多变的情势中，其所感受到的情势及其变化，可能会对其思想和情绪发生影响，进而投射到判断和行动之中。可见，即便在政治史和个体精英的研究中，完全采用"理性模式"，也难以做出深入而可信的解释。

阿特金森所总结的"叙事性解释"，似乎不是一种具有独立意义的解释模式。叙事确实是建构解释的基本手段，但在历史著述中并不存在纯粹的叙事，叙事总是和其他解释方式交织在一起的。在以叙事为主的历史解释中，需要在不同事实之间建立联系，需要探求因果，需要说明历史行为者的动机和思想。假定"规律性解释"和"理性解释"都具有某种效能，那么它们也离不开叙事。因此，叙事只是建构历史解释的方式，而不是一种单独的"解释模式"。国内学者习惯于将"为什么"置于"是什么"之上，造成重分析而轻叙事的风气。就解释功能而言，从分析与叙事中分辨

---

1 亨佩尔：《普遍规律在历史中的作用》，载何兆武主编：《历史理论与史学理论》，第870页。

2 德莱：《规律与历史解释》，第118页。

出何者更重要，其实并没有特别的意义。[1]

除了阿特金森所总结的三种解释模式，欧美学界关于历史解释还有其他一些说法。法国学者保罗·韦纳将"情节"作为历史叙述的组织性因素，认为一个事实能否成为历史事实，关键是要看它能否汇入一段情节。他断言，"事实只存在于情节之中，并通过情节具备了人类戏剧逻辑赋予的重要性"；因此，"所谓解释，只不过是把叙述组织成可以理解的情节的方法"，"对历史学家来说，解释意味着阐明情节的发展过程，使它能够被理解"。[2] 显然，他是从历史叙事的形成方式着眼来看待历史解释的。海登·怀特也曾论及"情节"，把它视为史家建构叙事所采用的三种方式之一。据他所说，"用编排情节来进行解释"，就是"通过确认所讲述的故事的种类来为一个故事提供'意义'"。这种方式似乎近于前文提到的"叙事性解释"。治史者采用的第二种解释方式，乃是"用形式的、明确的或推论的论证来进行解释"；"这样一种论证通过援引被作为假定的历史解释法则的组合原则（principles of combination）来解释故事中发生的事情"。这与前文论及的"规律性解释"也有相似之处。具体来说，这种解释方式又可分为四种类型：形式主义的（formist）、有机体论的（organicist）、机械论的（mechanistic）和语境主义的（contextualist）。其中，形式主义的和语境主义的两种类型更受职业史家的青睐。第三种方式则是"用意识形态的含义来进行解释"。怀特假定有无政府主义、保守主义、激进主义和自由主义四种意识形态立场，而史家可能选择其中任何一种立场来进行解释。[3]

将历史解释划分为不同的模式，当然只是一种理论性的阐述，或者说是历史哲学的思考，而不是实证研究中解释方式的写照。无论"规律性解释"还是"理性解释"，都只侧重历史的因果关系，即便都是有效的模

1　参见阿特金森：《知识与历史的解释》，第136页。

2　转引自利科：《法国史学对史学理论的贡献》，第69、75页。

3　海登·怀特：《元史学》，第7—29页。

式，也仅只涉及历史研究的一角。另外，从历史哲学角度讨论历史解释的学者，其本人大多没有从事实证研究的经验；他们所提出的理论，也不是出自对专业史学实践的观察，而是只用一些零星的例证为材料所进行的思辨，与历史研究的实际有着明显的距离。[1]专业史家很少遵循某种模式来建构历史解释，更不会为了某种模式的要求而对题材做"削足适履"的处理。治史者所建构的每一种历史解释都有其独特性，运用的方式和方法也往往带有一定的个性色彩。诚然，有的史家可能偏重从规律的角度来看问题，有的史家则可能更关注人的动机和思想；但是，他们在建构解释的过程中，一般会根据主题、材料和立论的具体情况，尽可能使自己的解释合理而可信。不妨说，建构历史解释的方式通常具有一定的综合性和混合性，材料的占有、对材料的解读以及史家的灵感和见识，都会对历史解释的建构发生作用。治史者在一定程度上应是"实用主义者"，完全不必愚笨地固守某种理论模式，也不必因为自己的解释方式与某种理论不合而自感困惑或羞惭。

四、理解与评价

在实证研究中，建构历史解释的前提和关键都在于"理解"。把前人往事置于具体时空和语境加以理解，是一种基本的，同时也是最重要的"历史方法"。史家要从大门永远关闭的过去世界获取信息，并使之转化为今人所能领会的历史知识，首先需要基于知识和想象而进入过去世界，以参与者的身份把握历史现象，极力了解前人的想法、信念、行为以及所处的环境或情势。[2]不经过理解即做出评判，就很容易沦为妄断。史家要时刻提醒自己，前人不能替自己说明或辩解，史家如果不尽力理解他们，就无

---

1 参见埃尔顿：《历史学的实践》，"前言"，第7页。
2 参见乌尔里希·穆拉克：《理解》，载约尔丹主编：《历史科学基本概念词典》，第276页。

法了解真实的情形，可能导致对他们的不公正。质言之，治史者在研究中须始终保持一种清醒的方法论意识：理解先于评价，理解重于评价，理解也难于评价。

从学理上说，"理解"是一个比"知道"更复杂、难度更大的智性和心理过程。[1]阐释主义哲学和诠释学都以"理解"为鹄的，反对把自然科学的原则运用于对人和社会的研究。这一脉理论着意对解释（说明）和理解加以区分：前者重在探究原因和规律，后者则关注动机和意义；前者依靠客观的、抽象的认识，后者则须借重主观的个人经验。[2]德国哲学家狄尔泰出于对实证主义哲学的反感，把"理解"看成"人文科学"与自然科学相区别的"基本方面"。[3]他相信，对自然可以"解释说明"，"对人则必须去理解"。[4]法国学者利科也认为，"理解虽不能构成一种方法，却是方法的灵魂"。[5]在历史哲学的意义上，同样有人强调"理解"在历史解释中的重要性。法国学者阿隆说："历史工作不仅仅是理解事件，而是理解人，理解过去的人和我们是不一样的。"[6]另一位法国学者马鲁说得更具体："从认识理论角度来看，历史理解就是理解另一个人，这看来极象在现在的日常经历中去理解其他人，这样，历史理解就进入了更为一般的人际认识范畴（包括自我认识）。"[7]利科在评论马鲁的观点时写道：理解有助于"培育着历史学家与某个时代的人物、价值及产物之间的批判的友谊"。[8]他的意思是，研究者对待其研究题材，应当持一种友好的、开放的、对话的态度。其实，理解并非仅限于对待前人，对于过去的各种事物也存在理解的问

1　参见奎格利：《文明的演化》，第266页。

2　普罗斯特：《历史学十二讲》，第134—142页。

3　里克曼：《狄尔泰》，第141页。

4　转引自殷鼎：《理解的命运》，生活·读书·新知三联书店1988年版，第101页。

5　利科：《法国史学对史学理论的贡献》，第45页。

6　阿隆：《论治史》，第167页。

7　转引自利科：《法国史学对史学理论的贡献》，第44页。

8　利科：《法国史学对史学理论的贡献》，第46页。

题。所谓理解，主要是将陌生的事物转化为熟悉的事物。[1] 就此而言，理解就是解释。[2]

马克斯·韦伯区分出两种理解：一种是"直接观察的理解"，即对事物表象的理解；另一种是"解释性的理解"，即对动机和意义的理解。[3] 历史研究中的理解主要属于后一种。关于理解的目标，欧美诠释学中也有两种不同的理论。一种认为，作品的意义是唯一的和固定不变的，对作品的理解就是要"更好地理解"，以不断接近作者的原意，最终目的是复制或重构作者的意图。另一种则强调，"作品的真正意义并不存在于作品本身之中，而是存在于它的不断再现和解释中"；对作品的意义不仅要发现，而且还要发明，因而人们总是"以不同的方式在理解"，而对同一件作品的意义往往有有不同的理解。[4] 就史学"尚真求实"的旨趣而言，历史理解所追求的目标应是第一种。可是，既然"原意"是"唯一的和固定的"，何以实际的"理解"总是纷繁多样乃至相互冲突呢？这看起来似乎是一个矛盾，却也正好触及历史理解的突出特点：它是一个通过多样化的理解而不断接近"原意"的过程。

毫无疑问，要真正了解"原意"，绝不是轻而易举的事。史家并没有可以在历史人物身上"附体"的魔法，又如何能够体验他们的思想和行动呢？普通人在日常生活中要做到相互理解，通常也是相当困难的；而要理解与今天相隔遥远、差异很大的前人往事，又谈何容易。不过，能否做到真正的理解是一回事，是否有意识地去理解则是另一回事。抱有理解的意图，就会极力避免武断和简单化。而且，历史的理解不是凭空揣度，而是基于相关知识来"走进"前人的生活。抱有理解的愿望，研究者就会努力

1　参见海登·怀特：《转义、话语和人的意识模式》，载海登·怀特：《后现代历史叙事学》，第7页。

2　参见托波尔斯基：《历史学方法论》，第532页。

3　马克斯·韦伯：《社会科学方法论》（杨富斌译），华夏出版社1999年版，第40—41页。

4　洪汉鼎：《诠释学》，第20—21页。

去搜寻相关的知识和史料，以了解前人的思想、言论和行为。因此，对治史者来说，理解首先是，或者说主要是一种意向，一种始终伴随着历史解释的态度；它要求研究者认真地倾听前人的声音，耐心地与前人平等对话，尽可能为前人设身处地，努力把过去的人和事置于具体的环境和情势中看待。在这个意义上，理解乃是建构"公正而可信"的历史解释的前提。

同时，理解也是治史的一种核心能力。对前人往事进行是非评判相对比较简单，而理解则远为复杂和困难。马克·布洛赫感叹道："长期以来，史学家就像阎王殿里的判官，对已死的人物任情褒贬。……我们对自己、对当今世界也未必有十分的把握，难道就这么有把握为先辈判定善恶是非吗？"实际上恰恰相反，"'理解'才是历史研究的指路明灯。……理解包括体验人类千变万化的差异，包括人们之间不断进行的交往"。[1]治史者必须学会理解，要努力用理解之手来掸去蒙在过去世界之上的浮尘。狄尔泰说："在对陌生的和过去的重构和再体验中清楚地显示出：理解以一种特殊的个人天才为基础。但是，由于作为历史科学基础的理解是一个重要的和持续的任务，这样，个人的天才就变成为一种技巧。"[2]是否具备"理解"这种以"天才"为内涵的技巧，是判别一个合格史家的重要指标。

理解前人往事的最大困难，在于今人没有在过去世界生活的直接经验，而不得不倚重自己的经验和见识来揣度，而揣度又很容易沦为臆测，造成误解乃至扭曲。于是，尽可能多地掌握关于过去世界的间接知识，也即过去留下的文字记载和实物遗迹中保存的信息，就成为减轻臆测之弊的主要方式。史家须有博大的襟怀和丰富的想象力，力避以当前的标准衡量过去，不以一己之见裁量前人，而要极力进入过去的时空结构当中，将自己所具备的现代生活经验与关于过去的知识结合起来，形成一种理解前人

1　布洛赫：《历史学家的技艺》，第102、105页。

2　狄尔泰：《对他人及其生命表现的理解》，载何兆武主编：《历史理论与史学理论》，第332页。

往事的有效能力。

历史人物的思想、行为以及与之关联的动机和语境，都深埋于不断累积的时间烟尘之中；治史者生活在一个大不相同的世界，如果不对前人往事抱一种"了解之同情"，就根本谈不上理解，也无法做出贴切的解释。在中国现代学术史上，对"了解之同情"做出系统而深刻阐释的人，无疑首推陈寅恪。他在下面这段话中阐发的思想，向来颇受国内学者的推重：

> 凡著中国古代哲学史者，其对于古人之学说，应具了解之同情，方可下笔。盖古人著书立说，皆有所为而发。故其所处之环境，所受之背景，非完全明了，则其学说不易评论，而古代哲学家去今数千年，其时代之真相，极难推知。吾人今日可依据之材料，仅为当时所遗存最小之一部，欲借此残余断片，以窥测其全部结构，必须备艺术家欣赏古代绘画雕刻之眼光与精神，然后古人立说之用意与对象，始可以真了解。所谓真了解者，必神游冥想，与立说之古人，处于同一境界，而对于其持论所以不得不如是之苦心孤诣，表一种之同情，始能批评其学说之是非得失，而无隔阂肤廓之论。[1]

不过，陈寅恪并不是唯一也不是最早提出这一思想的人。章学诚曾从"文德"的角度表达过相似的见解。他认为，对待前人的"文辞""必敬以恕"。具体来说，"论古必恕，……恕非宽容之谓者，能为古人设身而处地也"；"是则不知古人之世，不可妄论古人文辞也；知其世矣，不知古人之身处，亦不可以遽论其文也"。[2]如果用当今语汇来转述他的观点，或许就是：对前人要抱恭敬和尊重的态度，要平等对待他们的文章言论，要以博大而包容的襟怀来了解前人著述的"语境"。陈寅恪的"了解之同情"说，

---

1 陈寅恪：《冯友兰中国哲学史上册审查报告》，载陈美延编：《陈寅恪集·金明馆丛稿二编》，第279页。
2 章学诚：《章学诚遗书》，第17页。

可视为这种思想的引申和发挥。

欧洲学者在讨论理解和解释的问题时，有人提出"心通意会"说[1]，这可能是陈寅恪思想的另一渊源。19世纪德国诠释学理论家施莱尔马赫（Friedrich Daniel Ernst Schleiermacher）指出，文本包含着关于作者的思想、生活和经历的信息，解释者要"使自己的思想和作者的思想处于同一层次"，避免对文本及其所含信息产生误解，要通过"设身处地"来"创造性地重新认识或重新构造作者的思想"，借助想象和体验来模仿作者创作时的心境，从而深刻领会作者的原意。[2]德国哲学家狄尔泰和文德尔班也谈到，阅读一种过去的文本，需要抱着"心通意会"的态度，从文本语言本身，并结合它所产生的时代来理解其意义。[3]另有历史哲学家和职业史家，试图将这种诠释学理念引入历史研究，提出"心通意会的理解"（empathetic understanding）的说法。论及治史者为前人"设身处地"和"心通意会"，也许没有人比英国史家赫伯特·巴特菲尔德说得更加透彻：

> 我们如果不从历史人物的内心来看他们，不像一个演员感受他所扮演的角色那样来感受他们——把他们的想法再想一遍，坐在行动者而不是观察者的位置上——就不可能正确地讲述故事。……（这一点的确难以做到）……但无论如何，历史学家必须把自己置于历史人物的位置上，必须感受其处境，必须像那个人一样思想。如果没有这种艺术，不仅不可能正确地讲述故事，而且也不可能解读那些重构历史所依靠的文件。传统的历史写作强调富于同情的想象（sympathetic

---

1　"empathy"有"移情"（林同奇：《"中国中心观"：特点、思潮与内在张力》，载柯文：《在中国发现历史——中国中心观在美国的兴起》[林同奇译]，中华书局2002年版，第21页）和"心通意会"（罗志田：《后现代主义与中国研究：〈怀柔远人〉的史学启示》，《历史研究》，1999年第1期，第107、117页）两种译法。我意以为后者更贴切。

2　洪汉鼎：《诠释学》，第23—24、71、77页。

3　参见豪厄尔等：《源自可靠的资料》，第102页。

imagination）的重要性，目的是要进入人类的内心。[1]

美国史家贝林进一步发挥"心通意会的理解"的含义，具体阐述了"语境主义史学"的理念。他对欧美四位历史学家（Charles M. Andrews, Ronald Syme, Perry Miller, Lewis Namier）的治史风格做了讨论，发现他们具有三个共同的特点：对于过去事态的语境有着透彻的了解，因而都是"语境主义者"（contextualists）；大量使用新发现或过去较少利用的新资料；选择的主题都和他们的个人经历有着某种联系。[2] 显然，这三个特点都关乎他们对过去的"心通意会的理解"。由此看来，陈寅恪的思想的确带有欧洲诠释学理论的痕迹。他实际上也是一个"语境主义者"，所提出的"了解之同情"说，与欧洲学者所谓"心通意会的理解"和"富于同情的想象"，真可谓异曲同工。[3]

　　不过，"心通意会"说也不乏质疑者。亨佩尔倡导历史的"规律性解释"，对"心通意会"说颇不以为然。在他看来，这种为历史人物"设身处地"的方法，仅只具有"启发价值"，不过是揣度历史人物的动机以解释其行为的一种技巧，本身并不构成一种解释。[4] 仅把"心通意会"视作一种解释技巧，似乎有些片面。从历代优秀史家的经验来看，"心通意会"首先是一种面对前人的态度。前人所处的时代和境遇与今天不同，治史者不能把当前的观点强加于过往的时代，不能按自己的习惯和好恶来对待前人，而应想象性地把自己置于所考察的时代，为前人设身处地，认真倾听前人的声音，尤其要努力辨识其中与今天不一样的地方。同时，"心通意会"也是一种理解前人的方式。前人的言行都有具体的语境，治史者需尽

1　转引自德莱：《规律与历史解释》，第119—120页。
2　贝林：《论历史教学与写作》，第89—93页。
3　陈寅恪的立论是否直接源自章学诚和德国诠释学理论，尚需用经验材料（陈寅恪阅读章学诚的著作和接触德国诠释学的"证据"）来证明。
4　参见德莱：《规律与历史解释》，第120—121页。

可能探明其语境，并将它们置于这种语境中来理解。此外，"心通意会"也对史家的能力和技艺提出了至高的要求。由于今人对于前人往事不可能有亲眼的观察，而留存的相关资料又往往不足，以致要真正了解前人的世界十分困难，因而史家尤其需要有丰富的学识、敏锐的眼光和丰富的想象力。总之，"心通意会"为理解过去指明了一条可行的道路，只不过这也是一条艰难的道路。

治史者要做到"心通意会"，与前人"处于同一境界"，就必须保持"差异"的意识，避免用今人的"后见之明"来看待前人往事。治史者不能假定历史人物和今人具有同样的知识，掌握同样的信息，而应意识到他们对事态的了解存在种种不为今人所知晓的限制，至少他们不知道自己身处其中的事态的结果，这对其决定和行为有着至关重要的影响。治史者要理解前人，就意味着要将自己置于当事人的位置来看问题：事件的参与者既然不能准确了解当时的各种条件和发挥作用的因素，也不知道这一事件的最终后果，而只能按照自己推测的可能性来采取行动；治史者也就应当尽力想象自己处于同样的位置，以此看待当事人的言行。[1]诚然，将自己想象成过去事件的参与者几乎是不可能的，但值得竭力去尝试。贝林谈到，在研究各种"公共事件"时，研究者对结果的了解乃是"语境主义史学"的最大障碍；研究者要抑制自己关于事件结果的知识，在讲述故事时，要设想当事人是不知晓未来的，因而要对失败者抱同情的态度。[2]欧美学者常说"从历史着想"（historical mindedness），中文也常说"历史地看问题"，其实都含有类似的意思。

可是，在当今史学论著中，这类以"后见之明"评论前人的例子并不少见。有一篇文章批评"秦穆公的战略短视"，声称，"假如秦穆公战略高

1　参见韦伯：《社会科学方法论》，第261—262页；埃柯克：《有时是艺术，从未是科学，但总是技艺》，《威廉—玛丽季刊》，第51卷，第4期，第648页。

2　贝林：《论历史教学与写作》，第53页。

明，战术对头，也许还可以有一番大作为"；可是他的"战略眼光如此差劲"，未能称霸中原，"着实让人觉得可惜"。[1] 按照这篇文章的逻辑，似乎秦穆公只要按照这位几千年以后的作者的"战略战术"行事，就可成为真正的"霸主"，秦国就能提前"扫六合而一天下"。这是一种典型的"非历史主义"的表现，所倚仗的不过是来自"后见之明"的优越感。而且，如此避实就虚地讨论"应该如何"以及"何以未能如此"，也不合史学的范式，因为研究历史关注的只能是"实际如何"以及"何以如此"。治史者不能以为，批评几千年前的古人就无须承担责任；正是因为古人不能替自己声辩，史家才要格外慎重地使用"话语权"，要对自己的"后见之明"提高警惕。这也是一种起码的学术自律。

治史者理解前人往事，还须留意在当事人立场和研究者身份之间保持恰当的平衡。"同情"并不是同意，[2] "了解"也不意味着认可。同情是一种态度，史家出于这种态度去寻找知识和材料，以便更好地理解前人及其世界。但在这个过程中，研究者可能不自觉地接受当事人的立场，甚或认同于研究对象。据说，法国史家米舍莱研究法国革命，全副身心地投入自己的题材，将自己想象成革命者的"自己人"，以其是非为是非，将"同情"完全变成了"同意"。[3] 美国一些研究妇女史的学者，出于对女性的历史遭遇的同情，完全站在妇女的立场来看问题，构筑出一种性别对立的史观。还有一些研究族裔史的学者，也与所关注的族裔采取同样的立场。理解的目的是解释，而不是让研究者变成历史的参与者或辩护人。强调理解先于评价，正是为了防范这种偏向。史家理解过去，的确要极力将自己想象成历史的参与者；而在进行解释时，则应超脱历史参与者的立场，站在中立

1　黄朴民：《秦穆公的战略短视》，《光明日报》2004年2月3日B3版，"理论周刊·历史"。

2　卡尔谈到，他主张用"富于想象的理解"的提法，而不用"同情"一词，因为"同情"往往暗含"同意"的意思。参见卡尔：《历史学是什么？》，第26—27页。

3　参见汤普森：《历史著作史》，下卷，第3分册，第325页。

的位置来立论。借用画家李可染论对待传统绘画的名言，就是要"用最大功力打进去，用最大勇气打出来"。[1]只有做到能"进"能"出"，先"进"后"出"，方不失"理解"的旨趣。

　　治史者要理解前人及其生活，往往面临许多具体的困难，而时空和文化的限制，则是其中最大的挑战。有欧洲哲学家（如大卫·休谟）相信，"人同此心，心同此理"，不同时代、不同民族的人在心理和行为上都有相通之处，若能了解一时一地的人的思想逻辑和情感方式，也就可以理解其他时代和其他民族的人。诚然，只要属于人类，无分古今中外，在思维和行为上必有相似性。但这只是问题的一个方面。文化人类学和历史学的研究发现，不同时代、不同文化和不同处境中的人，在知识、信仰、价值、情感等方面同样存在明显的差异，如果用一种模式或标准来看待他们，就难免导致误解和扭曲。美国人类学家克利福德·格尔兹指出，启蒙时代关于"人性像牛顿的宇宙一样规则有序、完全不变和惊人地简单"的观点，是完全站不住脚的；"不受时间、地点和环境、研究和职业、一时风尚和暂时观点影响的人性形象"，也只是一种幻觉。实际上，"大写的人"绝不存在；不同时代、不同地方和不同处境的个人，身处其中的意义系统并不一样，因而对待世界、生活和知识的态度也必然有所不同。[2]陈寅恪也谈到过"了解之同情"的风险："但此种同情之态度，最易流于穿凿附会之恶习。……著者有意无意之间，往往依其自身所遭际之时代，所居处之环境，所熏染之学说，以推测解释古人之意志。……其言论愈有条理统系，则去古人学说之真相愈远。"[3]总之，历史学家如果不能突破时代和文化的双重限制，不能将前人的思想和行为置于具体的"语境"中，确有可能"流于穿凿附会"。

1　语见孙美兰：《李可染研究》，江苏美术出版社1991年版，第227页。

2　克利福德·格尔兹：《文化的解释》（纳日碧力戈等译），上海人民出版社1999年版，第39—63页。

3　陈寅恪：《冯友兰中国哲学史上册审查报告》，载陈美延编：《陈寅恪集·金明馆丛稿二编》，第279—280页。

提倡"心通意会的理解",其意义正在于帮助治史者突破时空和文化的限制,以实现"语境主义史学"的旨趣。年鉴学派史家吕西安·费弗尔关于拉伯雷宗教观的讨论,在这方面提供了一个颇有教益的范例。费弗尔强调,要理解拉伯雷宗教观的意义,必须清楚地意识到,16世纪法国人在宗教、思想、科学和感知各方面,同今人有着巨大的差别。在16世纪,人们不可能选择不信教,而宗教覆盖人从出生到死亡的整个生命历程,渗透到生活的方方面面;在这种社会文化氛围中,某个人的反宗教言论不可能产生太大的意义。而且,16世纪的哲学也缺乏当今的抽象概念和体系,以书本知识所展现的科学也远不及实践经验和实用技能那么重要,因而当时人的宗教观念不可能获得类似当前的学理性支撑,从而取得"科学般的"说服力。再则,16世纪人的时空概念也影响其信仰世界,难以容纳某种大张旗鼓的思想革新运动。最后,当时人的感知偏重听觉、嗅觉和味觉,而不太利用视觉,他们对于自然和超自然的理解也与今人迥然不同。总之,16世纪是一个"愿意相信的时代",拉伯雷并非后人所说的"不信教者",《巨人传》所包含的宗教思想在当时也不具有今人所想象的那种影响力。[1]

不过说到底,治史者只能用自己所掌握的知识来看待过去,但其知识有时非但无法解释前人往事,反而导致对前人往事的误解和扭曲。依据今人所掌握的科学知识,山崩地裂、江河泛滥、干旱少雨、"西风起于春"、"妖星现于天"之类的"灾异",都是可以解释的自然现象;但在中国古代的知识和信仰世界中,这些现象包含着许多今人不易理解的特殊含义。按照古人的看法,天文学的功用在于"以纪吉凶之象,圣王所以参政也",因为"皇天不言,以文象设教",故君主应当"观乎天文,以察时变"。君主"代天牧民",如若悖德失政,必导致"天怒人怨",灾异频发。在某些情况下,反常自然现象的发生,竟能引发政治变动或政策调整。君主有时以"灾异"为由罢免官员,惩治自己不喜欢的臣属;而谏臣则以此来

1　费弗尔:《十六世纪的无信仰问题》,第460—613页。

规劝乃至胁迫君主，限制君主的为所欲为。例如，汉顺帝刘保曾被安帝和阎皇后废太子之位，后来东山再起，得到过乳母宋娥的帮助，他便要封宋娥为山阳君；朝臣认为此举不合典制，以灾异频繁为由，谏劝顺帝放弃对宋娥的册封。关于这类事情的记载，屡见于《资治通鉴》。直到元代，胡三省为《资治通鉴》作注时还特别说明，东晋元帝四年的一次"日中有黑子"的反常现象，乃是权臣王敦"骄悖浸甚"在天象中的反映。[1] 治史者若凭借今人的科学知识，觉得古人"愚昧无知"，就难以真切了解反常自然现象在古代政治中的意义。

历史上有一些事件，其当时的影响和后来的意义可能颇为不同，研究者容易将两者混淆起来。郑天挺说："历史是向前发展的，不能用后来的发展附会当时。"[2] 但这种"附会"在史学界却屡见不鲜。17世纪英国思想家约翰·洛克及其《政府论两篇》的遭际，就是这方面的一个例子。国内的历史教科书大多提到，洛克的思想是对"光荣革命"的公开辩护，是"光荣革命"原则的总结和发扬。诚然，洛克的著作成稿于1688年革命之前，在革命发生后匆忙出版，从洛克个人的角度说，也许带有为革命辩护的意图。可是，就实际效果而言，这本书几次匿名出版，在当时并没有引起广泛注意，其观点也很少为"光荣革命"的辩护者所援引。为"光荣革命"辩护的辉格派，非但绝少引用洛克言论，反而极力回避社会契约、革命的权利等激进原则。他们主要诉诸英国古代宪法和国王的责任等观念，思想上带有明显的保守色彩。[3] 这说明，在1688年革命前后的一个时期，洛克的著作并没有后世所想象的那么重要。及至18世纪中后期，美国革命者利用洛克理论为反英运动辩护，并将它写入《独立宣言》；英国的激进主义者也借洛克的语言来阐述改革的主张，于是使《政府论两篇》产生了在其发表的年代所不具备的影响。待到19世纪自由主义在英美成为一种思潮后，

1　司马光等：《资治通鉴》，第7册，第2886页。

2　郑天挺：《漫谈治史》，载文史知识编辑部编：《学史入门》，第1页。

3　参见迪金森：《自由和财产》，第71—79页。

《政府论两篇》更被打造成这一思想理论的经典。如果不了解洛克理论的地位的历史演变，用其后来所具有的影响来附会17世纪末的情况，就会得出与事实完全不符的看法。

还有一些历史事件看似具有重大的意义，其实是后世史家刻意放大的结果。乾隆年间，英人马戛尔尼使华，这在当时只是清朝接待的众多"朝贡"使节中的一次，此事引起的风波也许超过其他类似事件，但也没有在此后的历史中留下长久的回响。19世纪中期以后，中国在与"西方"的接触中处境不利，屡遭挫折和失败，于是有人开始反思清政府的"闭关锁国"政策以及对待"西方"的态度，以此解释中国近代历史走向的成因。在这种思想语境中，马戛尔尼使华就成了一个具有重大象征意义的事件。[1] 近期盛行于美国的多元文化史观，也存在"放大历史"的倾向。多元文化史观的出现，表明少数族裔在美国社会的地位有所提高，但如果以此反观整个美国历史，片面关注以往对少数族裔的排斥和歧视，刻意拔高少数族裔在美国历史中扮演的角色，也无异于对历史的歪曲。

相反，有些事件或人物在历史上曾有过重要影响，却在有关历史叙事中遭到漠视或有意回避。特别是历史上的失败者，通常难以得到公正的对待。史家喜欢用是否"顺应历史潮流"来评判历史人物的功过，但所谓"历史潮流"，通常是后人对已知历史趋势的判断，有时甚至是一种政治和意识形态的建构，以此来评判前人，容易落入"超历史"和"非历史"的陷阱。贝林指出："用同情的态度研究失败者，乃是克服我们现在关于结果的知识（的不利影响）的一种方式。"[2] 他正是基于这种思路，对美国革命中的失败者托马斯·哈钦森做了深入研究，揭示了哈钦森在革命时期的矛盾处境和复杂心态。贝林据此提出，研究历史应当重平衡甚于重论辩，重

1　参见罗志田：《后现代主义与中国研究》，《历史研究》，1999年第1期，第103页。

2　贝林：《论历史教学与写作》，第56页。

语境甚于重后果，重过去的意义甚于重当前的作用。[1]

研究外国史的学者，不仅要面对时空的制约，还要突破文化的隔膜，具备跨文化的"了解之同情"。例如，国内学者在讨论美国革命的起因时，往往强调英国的"殖民压迫"，认为殖民地居民争取独立乃是"逼上梁山"之举。这是习惯于用"压迫—反抗"的逻辑看问题的结果，实际上是一种文化隔膜的表现。英国对北美殖民地的政策一直比较宽松，非但没有将殖民地居民逼得走投无路，反而给他们带来了富足和繁荣；英国政府在1764年以后推行"新殖民地政策"，一方面是要弥补原来的管理漏洞，另一方面也意在使殖民地为自身的管理和防务承担更多的财政责任。可是，殖民地精英一心要争取更多的自治和自由，于是发起抵制运动，促使英国政府最终不得不采取高压措施。按照常理，帝国政府为维护权威和保障秩序，对抗税行为和骚乱活动进行惩处，属于正常行使权力的范畴，伦敦推出"不可容忍的法令"也在情理之中。因此，在革命领导人埃德蒙·伦道夫看来，美国革命乃是一场"没有直接的压迫"的革命，而实际上可以说是"理性的结果"。[2]尽管反英人士一再指责英国在殖民地推行"暴政"，实施"奴役"的阴谋，但是他们也不得不承认，这种"暴政"和"奴役"只是一种可能降临的威胁，而不是现实存在的危险。在英国政府推出高压措施以后，殖民地居民难道真的除了武装反抗之外就无路可走吗？假使他们稍稍向英国的权威低头，就可以像其北面的邻居加拿大人那样，继续安稳地做"英王臣民"，而根本不会沦为他们所说的那种"奴隶"。殖民地精英与其说是为英国的"殖民压迫"所逼而被动抗争，不如说是因预见到可能的威胁而采取积极行动；与其说他们是力图阻止对其财产和权利的侵夺，倒不如说是在奋力争取更多的自由和更大的发展空间。可见，用中国式的

---

1 伯纳德·贝林：《托马斯·哈钦森的磨难》（Bernard Bailyn, *The Ordeal of Thomas Hutchinson*），马萨诸塞州坎布里奇1974年版，"前言"，第7页。

2 伍德：《美利坚共和国的缔造》，第4页。

行为逻辑来看待美国革命者的思想动机，其结果只能是与美国革命的实际起因"南辕北辙"。

最后，孤立地看待前人往事，也是妨碍史家深入理解过去的一个障碍。历史中的任何事件，只有置于当时的语境中，并与同时期的其他事件做比较，才能确切了解其意义和影响。美国史家赫伯特·阿普特克写过一本《美国黑人奴隶的反抗》，讨论美国历史上白人奴隶主对黑人奴隶的控制和黑人奴隶的反抗行动，并得出这样的结论：美国黑人奴隶的反抗行动以及由此引起的恐惧，对南部的生活和历史发生了深刻的影响；黑人奴隶并非被动而驯良地接受奴隶制，奴隶的不满和反抗不仅"极端常见"，而且构成"美国奴隶制的特征"。[1]他的目的在于矫正以往忽视美国黑人奴隶反抗行动的做法，但其研究方式却存在明显的局限。一方面，他孤立地看待美国黑人奴隶的反抗，没有与同一时期中南美洲黑人奴隶的反抗相比较；另一方面，他单独讨论黑人的反抗行动，而未与奴隶制的常态进行比较，从而夸大了奴隶反抗行动的意义和影响。实际上，以奴隶制在美国存在的时间之久，黑人的反抗活动显得相当零散而无力，而南方社会也并没有始终处在对黑人反抗的恐惧之中。同理，论述历史人物的作用，也必须将他与同时代的其他人物放在一起来考察，才能得出恰当的看法。以研究詹姆斯·麦迪逊的政治思想为例，如果仅就麦迪逊论麦迪逊，就会得出其所有思想观念都是首创的错觉。只有深入了解美国革命时期的政治文化，并细致辨析这种政治文化与欧洲思想传统的联系，才能准确评估麦迪逊的见解和主张在美国政治思想史上的地位。

五、事实关联

从形式上说，一种历史解释体现为在一个自足的文本中就不同的事

---

[1] 赫伯特·阿普特克：《美国黑人奴隶的反抗》（Herbert Aptheker, *American Negro Slave Revolts*），纽约1963年版，重点参见第368、374页。

实所建立的联系。这种联系可以是因果关系，可以是平行的影响，也可以是连续性的趋势。建构一种历史解释，就是要围绕一个具体的问题，按照各种事实之间的实际联系将它们组织成一个论述系统，作为对这个问题的解答。但是，过去事实在表面上总是繁杂而无序的，不同的事实之间的联系，并不能由单个的事实本身来提供，而需要治史者从众多的事实中去寻找。寻找不同事实之间的联系，可以采用多种智性手段，例如，用推理方法可以找出事实之间的逻辑联系，用猜测方法也可以寻找事实之间的可能联系。然则这都不是建构历史解释的基本方式。历史解释必须建立在事实之间的实际联系之上，史家的工作就是从不同的事实之间找出实际关联，而不能单纯依靠推理或猜测来建构历史解释。

布罗代尔的巨著《菲利普二世时代的地中海和地中海世界》，曾受到一些欧美史家的批评，主要是因为全书分三部分叙述地理环境变迁、社会趋势、政治和外交事件，却没有阐释这三个部分之间的联系，而这种联系也没有自动显示出来。这就是说，布罗代尔没有就结构、局势和事件三者在具体历史语境中的实际关联做出交代。于是，三个部分独立成篇，没有形成完整一贯的历史解释。对一部名作见仁见智本属正常，何况布罗代尔的著作篇幅巨大，包罗甚广，与围绕一个具体问题而建构的历史解释自然有很大的不同。不过，细思他对三个部分的处理方式，仍有某些教训值得重视：仅仅罗列众多没有联系的事实，是不可能形成系统而令人信服的历史解释的。

以往国内史学界曾就农民战争的意义进行过热烈的讨论，争议各方都在同一种意识形态话语系统内讨论农民的"革命性"、"农民政权的性质"、"让步政策的功过"、"平均主义的评价"等问题，关注的焦点在于农民战争是否"推动了社会进步"。[1]可是，倘若不具体探讨历次农民战争

1　参见王学典：《二十世纪后半期中国史学主潮》，第274—360页。

对人口变动、土地关系、财富占有、权力分配和生存状况的影响，即不在农民战争与社会变迁之间建立事实关联，就等于把一个历史问题转变成概念之争，讨论流于浮泛空疏，留下的只是一些印象式的看法，并无助于深化关于农民战争的历史作用的认识。在当时的政治和知识背景下，这种讨论也许并非毫无意义，只是脱离事实关联来讨论历史问题，难免带有概念游戏的色彩。

　　由此可见，只有找出并陈述不同事实的实际关联，才能建构有意义的历史解释。从历代史家的经验来看，寻找不同事实之间的实际关联，需要综合运用历史方法和逻辑方法。所谓历史方法，就是探明不同事实在时间和空间方面的关系，证明并揭示其实际的关联。时间是历史认识的基本范畴。按照雷蒙·阿隆的说法，史家"根据时间的箭头把事件一个接一个地连在一起"，[1]就形成历史叙事，也就建构起历史解释。在中国古史研究中，若认为某书的成书受到另一本书的影响，而实际上后一书晚出于前一书，这个简单的时间要素就足可否定整个论断。空间要素同样重要。比如，在美洲发现了古代东方的石锚，仅凭这一点并不能断定古代东方人到过美洲，因为古代东方的石锚可以通过多种方式到达美洲，如果不能确定石锚跨越遥远的海上距离而出现在美洲的具体方式，也就难以构成一种有说服力的历史解释。又如，18世纪中后期，在大西洋沿岸的波士顿出现天花病毒，此后中部大平原和太平洋海岸地区也发生天花流行，如果能够探明天花是从波士顿传播到这些地区的，那就证实北美大陆两端在18世纪中后期即存在某种沟通联络的渠道；而证实这一点的关键，在于找出天花传播的空间载体和传播路线。

　　逻辑方法则是根据原理、常识和经验推导出不同事实之间的关联。不过，在历史解释的建构中，逻辑方法通常不能单独运用，而必须与历史方

1　阿隆：《论治史》，第92页。

法相结合才能产生合理的结果。陈寅恪在《隋唐制度渊源略论稿》中论证隋唐礼仪源自南北朝，其基本思路和方法，就是综合运用历史方法和逻辑方法来寻找事实关联：首先从地域和人事入手，发现许多在南北朝时期职掌礼仪的官员或硕学大儒，在隋代仍旧担任类似职务，或其后人参与新礼设计；然后依据常识推断，这些人必定将自己所熟悉的前朝故事带入隋代；而唐初礼仪多沿袭隋代，隋唐礼仪和前代思想、制度之间的事实关联，于是便凸现出来。[1]读者初读此书或许略感费解：何以书中不惮其烦地排列众多人物的生平资料和家世渊源？待看到案语中所揭示的资料的意义，才明了作者这种注重事实关联的深切用心。

美国学者斯蒂芬·德沃利茨在一本研究美国革命政治思想渊源的书中，专设一章讨论方法问题，就思想史研究中如何建立不同观念之间的实际联系，介绍了几种基本的方法及其局限，对于了解如何建立事实关联，具有一定的帮助。

德沃利茨首先讨论目录学方法的利弊。这种方法借助于考察个人和机构的藏书，来推测某种思想的传播和接受情况。18世纪北美精英的藏书和读书，显然可以反映其思想的来源，这是一种在不同观念之间建立事实关联的有效方法。但是，正如美国史家布尔斯廷所指出的，在研究18世纪的思想时，将一个人的藏书和他的思想大致等同起来，是最容易引起偏误的。从常识推断，一个图书馆的藏书，有的书读者很多，而同一书架上的其他书则很少有人问津；有的书可能只有一本，但总是在许多读者手中流传，另一些书可能有三个副本，反而无人借阅。另外，收藏一本书，并不等于读过它；读过一本书，也不意味着赞同其中的全部观点。所以，目录学方法固然有用，但并非绝对可靠。德沃利茨本人在书中就很少使用这种方法。

1　陈美延编：《陈寅恪集·隋唐制度渊源略论稿·唐代政治史述论稿》，生活·读书·新知三联书店2001年版，第6—69页。

接着，德沃利茨分析"经验证据法"（empirical evidence）的短长。这是研究思想传播和影响的主要方法，即通过考察文献的引用情况和理论话语的相似性，来判断不同观念之间的关联。具体可分为"外在文本证据法"（external textual evidence）和"内在文本证据法"（internal textual evidence）。前者考察直接引用的情况，后者分析不同思想文献在语言、理论或原则上的相似性。从表面看，似乎"外在文本证据法"要优于"内在文本证据法"；其实两者都有价值，也都存在局限。首先，引文的识别就是一个难题。文献中的引文有的没有出处，有的没有加引号，如果研究者不熟悉被引用的文献，就难免漏掉这种引文；而且，抄袭现象在18世纪相当常见，一般的引文识别方法对此是无能为力的。更重要的是，一种具体文献被引用的次数，并不足以说明这一文献的重要性。以研究洛克思想与美国革命的联系来说，仅仅考虑引用的次数，并不能深入地阐释洛克理论与革命的思想及实践的关系。此外，引用者可能有意或无意地对引文加以曲解，这就会使引文次数变成没有价值的统计数字；如果研究者不能发现这种曲解，情况可能更糟。在运用"内在文本证据法"时，需要较多地诉诸主观判断。例如，在美国革命的小册子和洛克著作中，都出现了自然法理论，研究者必须确定这种相似性究竟是一种巧合，还是一种有意识的转述。或许还有其他的理论来源？因为美国革命一代所能接触的欧洲思想家中，并非仅有洛克一人讨论过自然法问题。那么，如何消除"内在文本证据"的模糊性呢？首先要熟悉相关的文献；其次要提供一个反面的论断，即排除其他的思想来源。

虽然"经验证据法"存在种种局限，但仍然是思想史研究的基本方法，是建立不同观念之间的事实关联的有效途径。德沃利茨运用这种方法，对美国革命期间新英格兰牧师布道词中的政治观念与洛克理论的事实关联，做了具体的论证。从"内在文本证据"看，牧师们在讨论政治理论问题时使用的概念和语言，与洛克具有相似性；从"外在文本证据"看，牧师们多次引用"洛克论政府"来支持其立论（牧师们还特别尊重洛克关于《圣经》的诠释）。这一切证据表明，在新英格兰牧师的政治思想与洛克的理论之间，有着明显的事实关联。[1]

　　但是，由于史料的残缺，研究者有时无法找到联结不同事实的中间环节，这时，合理推测就成了一种略有补益的方法。合理推测即基于相关的知识和常识来推断不同事实之间的可能联系，以弥补事实关联的不足，也就是陈寅恪所说的"猜出可能"。[2]吕思勉谈到，研究历史就是"搜辑特殊事实，以明了一般状况"，因而离不开推测；但要做到推测准确，就必须广泛收集资料，做到"所知者博"。[3]据英国史学史名家古奇说，德国史家尼布尔的研究方法是"推测订正法"，即通过猜测来填补材料"遗失"所留下的知识空白。[4]不过，尼布尔也因推测法而受到后世学者的抨击。科林伍德则把史学称为用推理来研究事件的"特殊的科学"。[5]布罗代尔也不否认推测的必要和意义。他谈到，为什么米兰、伦巴第在16世纪取得了巨大的技术进步和经济变革，但最终却没有像后来的英国一样发生工业革命？"根据现有的历史资料，我们拿不出证据来回答这个问题。我们只能作些猜测。首先因为米兰没有归它支配的广阔民族市场。其次因为初期投机热潮过去以后，地产收益有所下降。"[6]傅斯年对推测却有不同看法，曾明确表示反对在治史中运用推理的方法。他强调，如果两件事实之间的联系不太明显，要慎重"联络"，因为"推论是危险的事，以假设可能为当然是不诚信的事"。这与他一贯提倡以整理好材料为治史要务的主张，无疑是一脉相承的。他相信，材料自身可以"说话"，因而"材料之内使他发现无

1　德沃利茨：《未加掩饰的原则》，第40—53、172页。

2　杨联陞：《陈寅恪先生隋唐史第一讲笔记》，载张杰、杨燕丽选编：《追忆陈寅恪》，第187页。

3　吕思勉：《史学四种》，第28页。

4　古奇：《十九世纪的历史学与历史学家》，上册，第99页。

5　柯林武德：《历史的观念》，第350页。

6　布罗代尔：《15至18世纪的物质文明、经济和资本主义》，第3卷，第637页。

遗，材料之外我们一点也不越过去说"。[1]

推测要能合理，关键在于仅用它来弥补中间环节的材料缺失，而不是做纯粹的逻辑推理，更不可将推测的结果作为定论。在材料不足的情况下，不用推理就无法进行解释；而以合理推测提出假说，以俟后来验证，较之存而不论更有意义。即使材料相对充分，有时也需要借助推测来发现事实之间的联系，然后再以史料来确证。在中国古代史上，许多问题都受材料缺乏的限制，无法得到确切的解释，推测就成了常用的方法。在一些古史论著中，常见"或许"、"可能"、"大致"一类的字眼，表明其看法带有推测的性质。陈寅恪在论文中提出一个论点，如果遇到缺少史料确证的情况，通常说明是"推论"或"臆测"，有的文章标题就用了"推测"字样，如"李唐氏族之推测"。他关于崔莺莺氏族的考察，基本上没有事实关联，属于纯粹的推测，表现出渊博学识和超常的想象力。有学者称赞陈寅恪的做法是"由疑求证，证后存疑，完全是实事求是的学者风度"。[2]唐长孺在解释汉末的"宗"为地方武装组织时写道："我们知道黄巾起义之后，以宗族乡里的关系而组成的武装集团在北方极其普遍，那么我们也有理由相信南方有同样的情况。"[3]他这里用的就是推测方法，即基于北方的情况来推测南方的情况。田余庆关于鲜卑拓跋部"子贵母死"制的研究，也大量使用推测方法。关于"子贵母死"制的渊源，一说为"仿效汉制"，一说是"拓跋旧制"。田余庆认为，"汉制之说是外观的包装，说明道武帝身边汉士的影响，在某些方面与道武帝相投；旧法之说则蕴涵拓跋历史的正反经验，值得我们进一步探索"。他进而提出，汉制是包装，旧制乃为根源。在他看来，这种残酷的制度具有突出的历史作用：在北魏国

1　傅斯年：《历史语言研究所工作之旨趣》，载岳玉玺等编：《傅斯年选集》，第181页。
2　蔡鸿生：《仰望陈寅恪》，第55页。
3　唐长孺：《孙吴建国及汉末江南的宗部与山越》，载唐长孺：《魏晋南北朝史论丛》，河北教育出版社2000年版，第6页。

家转型时期，道武帝用这种制度消弭因君位传承而引发的动乱，以及相关的母系部族之间的利益冲突，以巩固父子继承制，抑制外戚干政，确立专制帝业。同时，他还将表面"事不相属"的"离散部落"问题与"子贵母死"制联系起来，都看成是具有同样社会历史功能的事件。[1]这个富于历史想象力的论点，主要是借助推测得出来的。[2]

不过，推测实属不得已而为之事，必须极其谨慎；只要能找到确切的材料，就要避免使用推测方法。有论者不肯花费气力收集材料，在文中轻率地使用推测方法，或者片面依赖逻辑方法，有时甚至跌入"想当然"的陷阱。例如，娜塔莉·戴维斯的《马丁·盖尔归来》最受诟病的地方，就是其许多判断不过是对可能性的推断（may-have-beens）；尤其是把女主人公贝特朗判定为"共谋者"，完全基于心理学的推测，而缺乏基本的史料证据。[3]国内史学论著中常见的"原因—背景模式"，也带有纯粹逻辑推理的倾向。有教科书论及工业革命发生的原因，称欧洲国家进行海外殖民掠夺，促进了资本的原始积累，有利于工业革命的发生。这个论点完全是逻辑推理的结果：贵金属可以转化为发展工业的资金，而欧洲殖民者从非洲和美洲获取大量贵金属，这必然推动工业革命的出现。然而，仅仅陈述欧洲人在海外获取财富的事实，而不交代这些财富如何以及在何种程度上转化为工业资本，并不能证明海外殖民掠夺与工业革命之间有何事实关联。从海外获得的财富未必都变成了资本，西班牙从美洲获得的金银大大超过英国，而这些财富却大都为王室和贵族所消耗，并没有促进"资本原始积累"，也没有推动西班牙率先步入工业革命的时代。

---

1 田余庆：《拓跋史探》，第9、15、59—61页。

2 对田余庆关于"离散部落"问题的结论，史学界存在不同的看法。在流传的"离散部落"事例中，由慕容氏所为者仅居其半；而强制部落迁徙并不等于离散，田书所举离散事例中，有些只是单纯的强制迁徙，这在当时是一种常见现象。这样一来，"离散部落"并非都有打击母、妻部落的特殊含义。参见胡宝国：《在题无剩义之处追索》，《读书》，2004年第6期，第129—132页。

3 斯塔利：《历史想象》，第61—64页。

第九章　常用的方法

　　历史研究的方法论是一个丰富而复杂的体系。除开一般思维方法，前文已论及的许多问题，诸如在具体时空中思考，历史地理解前人往事，批判性地运用史料，吸收和借用相关学科的理论工具，建构适当的解释框架，凡此种种，无一不关乎历史研究的范式，因而都属于方法论的范畴。此外，不同的研究领域，处理不同的研究题材，还需要采取有针对性的路径、方法和技巧。细分起来，路径、方法和技巧三者既有差异，也有交叉重叠，因而经常混用。路径是一个包罗广泛的概念。从广义来说，它可以涉及历史观念和历史研究的整体方式，比如，从政治、经济、社会或文化等不同的路径来考察历史，在很大程度上改写了整个现代史学史；在狭义的层面，它可指处理具体课题的视角和策略，比如以制度分析的路径研究环境史课题。方法则直接同研究实践挂钩，是用以处理具体问题的手段的总称。技巧则往往带有更明确的工具性，包括应对具体细节的各种手法。举例来说，探讨一个经济史的题目，研究者可以采用政治学的路径，即通过考察技术、生产、市场和财富的分配与占有，发掘潜藏于经济领域的权力关系；同时，研究者可以把经济学的理论和概念用作方法或工具，并借助统计学的方法，以处理课题所涉及的具体数据；此外，研究者还离不开史料考辨、语境分析、年代学等治史的基本技巧。这样看来，在具体的研究实践中，路径、方法和技巧都不是孤立自足的，都同题材和问题息息相关，并通过题材和问题而交叉结合，以至于浑然一体而难以分辨。

一、历史叙事

　　根据通行的说法，"传统史学"是关注"是什么"的叙事性史学，而"现代史学"则是索解"为什么"的分析性史学。在当今采用的学术评价标准中，"就事论事"的单纯叙事被视为一种低层次的历史写作，甚至不配称作史学；史学论著如果缺乏分析，或者分析不够透辟，就难以得到同行的好评。其实，叙事乃是史学的基本属性，甚至是史学得以成立的基础。中国和欧美的"传统史学"均以叙事见长，而且通常是规模宏大的全景式叙事。英语中的"history"一词，本义即为"故事"；用美国学者阿瑟·丹托的话说，"史学讲故事"，事件的历史意义只有在故事的语境中才能看得出来。[1] 传统史家的著述方式，通常以事件始末或人物行迹为中心，广泛收集材料，经过分辨考证，选取重要而相互联系的事实，以时间为线索进行编排和铺叙，形成一个首尾连贯的故事。[2] 因此，讲故事原本是史家的"拿手好戏"，而叙事（描述）的技巧则是史家必备的基本功，也是史学的艺术性的保证。19世纪法国史家道诺在讲课时告诉学生，要做一个历史学家，先要阅读史诗和近代小说，学习其叙事的艺术和写作的技巧；在研究古往今来大历史学家的著作时，首先要揣摩他们的文学风格，然后才是从中了解"历史"。[3] 美国学者彼得·盖伊在评论兰克的学术风格时，称

---

[1] 克拉克：《历史、理论、文本》，第87页。

[2] 据美国普林斯顿大学英国史教授劳伦斯·斯通的分析，传统的"叙事史"和"新史学"的"结构史"之间的主要区别在于：前者采用的是描述而不是分析，注重的是人物而不是环境。斯通：《叙事的复兴》，《过去与现在》，第85期，第3页。

[3] 鲁滨孙：《新史学》，第22—23页。

他"展现了我们通常与说书人和剧作家联系在一起的天赋"，即"速度、色彩、变化、新鲜的措辞和高超的掌控"。[1] 在以上这些学者看来，描述等文学方面的技巧，对于史学写作具有无可替代的重要性。

然而，自19世纪末期以来，欧美史学走向专业化，随后又与社会科学建立"联盟"关系，与此同时历史的故事性渐趋淡化，叙事方法也就不断萎缩，而分析性成为史学的主导特征。有学者甚至宣称，最高形式的历史解释，真正的、前沿的历史，乃是分析性的。[2] 综合性叙事也就不再是史学著述的主要形式，代之而起的是篇幅较小的论文和专著。史家的工作程序也发生了变化，通常是以具体的问题为中心，收集证据，展开论证，最后形成结论。"新史学"尤其看重问题与分析，而不屑于"讲故事"，甚至把"事件史"打入"文化超市"；叙事方法也颇受歧视，称其总是陷入"发生于其后者必是其结果"（post hoc, ergo propter hoc）的逻辑谬误之中。常见的史学著作乃是"论说文"，而不再是"记叙文"；其主角是"结构"、"趋势"和"群体"，而不是具体的"人"。叙事的式微可以说是现代史学发展的一个突出特点，这种趋势演化到极点的结果就是，史学著作近于"研究报告"，"问题—证据—结论"或"假设—材料—理论"成为一种刻板的写作模式。这样的作品因缺少可读性而颇受訾议。于是，"叙事的复兴"的苗头刚一出现，马上就引来一片欢呼。[3]

在这种欢呼"叙事的复兴"的气氛中，风靡一时的年鉴学派也受到非议，因为年鉴学派的第一代和第二代代表性人物都蔑视"事件史"，[4] 着重研究结构和趋势，淡化叙事的意义。美国史家贝林多次批评布罗代尔的方法，[5] 认为他的《菲利普二世时代的地中海和地中海世界》在结构上是"非

1　彼得·盖伊：《历史学的风格》（Peter Gay, Style in History），伦敦1974年版，第62页。

2　参见阿特金森：《知识与历史的解释》，第131页。

3　斯通：《叙事的复兴》，《过去与现在》，第85期，第3页。

4　布罗代尔称事件有如茫茫夜空中的萤火虫，虽然闪亮发光，却永远无法照亮无边的黑暗。布罗代尔：《论历史》（上册），第12页。

5　贝林：《重评布罗代尔的地理史学》，《经济史杂志》，第11卷，第3期第1部分，第277—282页。

历史的"（ahistorical），并且"将生命排除在历史之外"。贝林写道：

> 史学的目标不是要把这些不同维度的事件在时间的某一点上分离出来，而是要显示它们在一个演进的故事中持续不断的互动。人们在有限的生命循环中与制约他们的环境做斗争，这种富于戏剧性的故事，乃是一切有生命的历史的核心；这种故事本身的发展，而不是把事件分门别类的元史学体系，必定给一切有效的历史解释提供框架。

显然，贝林反对的不是分析，而是人为地割裂历史的连续性，削弱历史的故事性。在他看来，"归根结底，历史学家不应是一个从过去抽象出来的孤立的技术性问题的分析者，而应是运动的世界的叙述者，这些世界与我们这个世界同样复杂，同样不可预测，同样瞬息万变"。[1]

不过，这种"复兴的"叙事，已不再是传统史学意义上的叙事，而是一种新的"分析性叙事"。它作为分析性、计量化和结构性史学模式的反拨，借助人类学等学科理论提供的铺垫，综合吸收分析和描述的长处，关注社会下层和普通人的生活与情感，注意发掘新的资料，致力于揭示人的内心世界，力图以小见大，以了解过去的社会和文化的内在机制。[2]波兰学者托波尔斯基称叙事分两种，一是"能动性叙事"（dynamic narratives），侧重叙述事件的过程，陈述独特事件中包含的因果链条；二是"结构性叙事"（structural narratives），叙述的不是事件的过程，而是反复出现的行为或行动的类型。[3]第一种叙事常见于"传统史学"，而第二种则属于"分析性叙事"的范畴，比如，涉及人口变动、社会运动和文化发展的叙事，都属于这种类型。它是把"叙事史"和"结构史"结合起来的产物。"分析

1　贝林：《现代史学的挑战》，《美国历史评论》，第87卷，第1期，第5、24页。

2　参见斯通：《叙事的复兴》，《过去与现在》，第85期，第14、19页。

3　托波尔斯基：《寻求一种整合的历史解释模式》，《历史与理论》，第30卷，第3期，第326—327页。

性叙事"当然也涵盖"能动性叙事"。20世纪80年代以来，讲述单一事件或个人经历的新叙事史趋于流行。在这种新的叙事方式中，分析和描述是相辅相成的，分析以促进描述的条理性，描述则增强分析的故事性，共同建构分析和叙事交融的历史解释模式。这时，叙事和分析难以截然分开，分析中包含叙事，叙事也需要借助于分析，两者各具功能，相互补充，两相结合而成为历史写作的有效手法。

　　叙事作为一种方法，通常不是单纯的"就事论事"，而具有一定的解释功能。一方面，叙事并不是单独的史实陈述，也不是对单一史事的描述，而是由多个史实陈述或众多史事所构成的事实序列；这个序列通常能够显示不同事实之间的多种性质的联系，由此带来说明和解释的效果。另一方面，任何历史叙事大都不是单纯地罗列事实，而包含"事之原委为何"的问题；叙述者用经过精心选取的史事来构筑某种连续性的描述，以展现故事的"来龙去脉"，这样就使叙事转化成解释。进而言之，叙述的姿态、角度、布局和用词，也无不包含评价和情感的取向，这些同样指向解释。在史学的演化中，叙事所包含的解释功能越来越突出，尤其是涉及对事件因果关系的说明。诚然，探讨因果关系主要需借助分析方法，但因果关系具有明显的时间顺序，即因在前，果在后，而叙事的基本路径正是依照时间顺序来编排事实，这样就带有说明因果的功能。当然，这种因果说明易于滑入前文提到的"发生于其后者必是其结果"的窠臼。但不论怎样，叙事都有可能成为历史解释的一种方式。欧美有些学者，如J. C. 雷尼尔（J. C. Renier）、W. B. 加利（W. B. Gallie）和保罗·利科等，都认为史学离了叙事就不成其为史学，叙事则兼具描述（是什么）和解释（为什么）的功能，因而"叙事若不能解释就够不上叙事"。[1] 就常理而言，叙述事件的来龙去脉，无疑就是解释。正因为叙事本身就是解释，于是在许多

1　参见阿特金森：《知识与历史的解释》，第130页；克拉克：《历史、理论、文本》，第90页。

情况下历史解释又被称作历史叙事。阿特金森谈到，叙事要成为解释，须具备如下条件：所有断语都要有适当的根据；问题要有清晰的表达，并与历史研究当前状况的观念相联系。[1] 显然，叙事如能满足这些条件，也就变成了"分析性叙事"。

　　那么，史家作为叙述者，在历史叙事的形成中扮演什么角色呢？是被动的"历史代言人"，还是主动的故事组织者？荷兰学者安克斯密特认为，过去本身并不存在"叙事结构"，而叙事的形成又没有什么规则可言，因而叙事乃是一种纯粹的艺术。波兰学者托波尔斯基不同意这种观点，认为叙事须讲究连贯性，要追求真实的表述，并且要在时间和概念两个层面保证其完整性和真实性。[2] 这两种说法都没有触及叙事的关键。历史叙事固然要以准确可信的表述为鹄的，但它首先是叙述者以特定的时间、概念和单位为框架而安排的史实序列。

　　时间是历史叙事的组织性要素。故事通常是依循时间而展开的，时间顺序暗示事实之间的联系，也展现事件过程的连续性。不过，叙事所依凭的时间乃是历史时间，而历史时间则带有"人造"的性质。中国传统的编年体史书，依据当时通行的纪年方式，将当年出现的众多史事组成一个系统。但是，当所述之事跨越若干年时，就难以保证事件的连续性，也不易理出线索和原委。许多事件并非突然出现于某年某月某日，而往往是"其来有自"；在它初露端倪时，不便作为当年大事来记载；即便提及，也难以与后面发生的事联系起来。为突破编年体裁难以兼顾事件连续性的局限，古代史家找到了三种办法：其一，在事件的变化达到高潮而值得一书时，采取倒叙法，用一个"初"字引出其由来；其二，作注的人在事件起始处注明"为后来某事张本"，或在事件结束处注明参见此前某年的记述；

1　阿特金森：《知识与历史的解释》，第136页。

2　耶日·托波尔斯基：《历史叙事：寻求一种连贯一致的结构》（Jerzy Topolski, "Historical Narrative: Towards a Coherent Structure"），《历史与理论》（*History and Theory*），第26卷，第4期（1987年12月），第75—86页。

其三，把关于同一事件的记述集中起来，形成"纪事本末"的新体裁。从古代史家的这些处理方式可以看出，叙事若不依时间顺序展开，就难以构成一个连续一贯的故事。

同时，史家的时间意识还能赋予历史叙事以"历史感"。历史考察的对象，既不是抽象的事物，也不是静止的状态，而是在历史时间中以不断变化的面目而呈现的人和事。前人往事在时间之流中的不断变动，往往表现为过程，而描述过程正是历史叙事的核心任务。史家要将前人往事置于时间之流中做动态的考察，描述其形成或变化的过程，并旁及影响其形成或变化的因素。美国学者费希尔提醒说，史家必须清楚地知道，对于"事物的形成"的分析和对"形成了的事物"的分析，是很不一样的两回事。[1] 对"事物的形成"的分析，并不是一种单纯的分析，而是包含叙事的分析，因为它涉及的是过程。处于时间之流中的事物并没有预先铸造好的模子，能在某一特定的时刻以某种特定的面目出现，而是逐渐形成、不断演变的。费希尔提到，美国史家曾讨论"第一政党体制在什么时候于美国出现"，但这完全是一个"非历史的"问题，因为现代政党体制并不是某种存在于时间以外的固定不变的东西，它不可能在某个时刻突然出现。[2] 如果用同样的眼光来看文艺复兴，就会发现，历史中并不存在一个叫做"文艺复兴"的固定不变的事物；所谓"文艺复兴"，只是14—16世纪在欧洲历史中出现和变化的众多相近现象的集合名称。总之，正如费希尔所说，"一个历史学家在任何可能的地方都应当明确界定历史的过程，而不是非历史的状态；也就是界定发生的事情（things that happen），而不是存在的事情（things that are）"。[3]

"结构性叙事"属于"分析性叙事"的一种，其组织性要素不一定是

1　费希尔：《历史学家的谬误》，第160—161页。

2　费希尔：《历史学家的谬误》，第154页。

3　费希尔：《历史学家的谬误》，第280页。

时间，而可能是某一理论概念或核心事实。例如，关于第二次世界大战以后的"非殖民化"历史叙事，就是围绕"非殖民化"这个核心概念而形成的。当然，在叙述某个殖民地和某个民族的"非殖民化"过程时，仍然离不开时间的线索。再如"跨大西洋人口运动"的历史叙事，便需综合利用"大西洋"这个地域和"人口运动"这个概念来加以组织。

"分析性叙事"也难免遇到历史分析所固有的风险，即忽视时间因素和变化的观点。[1] 于是，高明的史家便巧妙地将时间和专题结合在一起，构筑一种符合历史特性的"分析性叙事"。通常采取的办法是：从每个时段选取一个具有代表性的事件或问题，集中加以叙述和讨论；在整个研究框架中，各个时期前后相续，各个问题彼此衔接，由此凸显一条时间之流中的变动主线。例如，美国史家戈登·伍德的《美国革命的激进主义》，全书分为"君主制"、"共和主义"和"民主制"三个部分，从专题的角度看，这是本书集中讨论的三个核心问题；从时间上看，则分别概括了革命前、革命时期、革命后期及建国初期美国社会的特征；三者次第演进，展现了从18世纪60年代到19世纪20年代美国社会从君主制走向民主的历程，由此引出一个具有强烈学术冲击力的结论：美国革命是一场造成深刻政治和社会变动的激进革命。[2] 伍德的另一本书《本杰明·富兰克林的美利坚化》，也有类似的特点。全书五章的标题分别是："成为一个绅士"、"成为一个不列颠帝国主义者"、"成为一个爱国者"、"成为一个外交家"、"成为一个美利坚人"。这既是全书讨论的五个核心问题，同时又代表富兰克林一生的五个阶段。通过他在这几个阶段的人生经历，还能反映革命一代从殖民地居民变成美利坚人的历程。[3] 这种兼顾专题、时间和变化的叙事方

1　参见本章《因果分析》一节的有关讨论。

2　戈登·伍德：《美国革命的激进主义》（Gordon S. Wood, *The Radicalism of the American Revolution*），纽约1993年版。

3　戈登·伍德：《本杰明·富兰克林的美利坚化》（Gordon S. Wood, *The Americanization of Benjamin Franklin*），纽约2004年版。

式，既能体现"分析性叙事"的长处，又可避开其欠缺。

　　一般来说，一种历史叙事必须围绕特定主题来建构，没有主题的叙事，或许会沦为"一笔理不清楚的糊涂账"。史家在组织历史叙事时，需有一个中心线索，欧美学者通常称之为"情节"（plot）。[1] 依照"情节"，研究者将各种相互关联的史事编排成一个有意义的事实序列，从而形成一个清晰而晓畅的叙事系统。在18世纪中期以后的英国，约翰·凯伊发明飞梭，詹姆斯·哈格里夫斯造出"珍妮机"，塞缪尔·克伦普顿设计"骡机"，埃德蒙·卡特赖特发明水力织布机，瓦特改进蒸汽机，煤铁生产不断扩大，越来越多的人从农村进入工厂做工，越来越多的制造业产品出现于日常生活中，工厂经营者财富剧增，产业工人开始组成工会来争取自己的权益。有研究者从这一连串零散的事件中，找到一个中心线索：这些事件产生的合力，引起生产能力的提高和经济结构的重塑，并在社会结构和日常生活方面造成深刻的变动，这一切就构成一种叫做"工业革命"的历史叙事。在这里，"工业革命"这个主题把许多个别事实熔铸为一个叙事整体。

　　依照中心线索来组织完整的历史叙事，就不可避免地带有很强的选择性。史家只能选取那些与中心线索关系最密切的事实，而把不相干的事实排除在外。但是，这种选择不是绝对排他的，被选出的事实也不完全是自足的。如果叙事时不联系其他相关的因素，不依托一个更广阔的背景，就会导致叙事脱离整体而成为一个独立的系统，从而减弱叙事的意义。这就要求史家妥善处理单一事实和叙事框架的关系，把握好局部与整体的关系。初学者可能不善于选择和取舍，以至于出现两种各执一端的倾向：或将众多不相干的事实混合在一起，使叙事失去条理；或将事件孤立起来，看不出它与更大的历史运动的联系。总之，治史者的学识、眼力和技巧，

1　本德：《整体与部分》，《美国历史杂志》，第73卷，第1期，第122页。

都是保障叙事的有效性的重要条件。

一种历史叙事还须有完整性，也就是要首尾贯通，自成系统。史家在组织历史叙事时，需确定一个有可操作性的叙事单位和叙事时段。传统的叙事单位通常包括区域、国家、民族、村落、人群、领域等。[1] 在全球史和"大历史"的框架中，叙事单位可以涵盖全球乃至整个宇宙。在选定的叙事单位，还要理出一个有意义的线索，将纷繁杂乱的事实整合成一个有序的整体。就一般情况而论，叙事单位越小，操作起来就越方便，也更容易保证叙事的完整性。叙事时段也不可任意截取，而应依据事件或趋势自身的特点来确定。在研究的阶段，还可适当将叙事时段上推和下延，以更清晰而准确地了解事件和趋势的来龙去脉。初学者最好选择一个较小的叙事单位和较短的叙事时段，以便更好地驾驭题材。

历史叙事也需要借助于概念。最初的史官记载或编年体写作，创造的史学概念为数甚少，通常用事物本身的名称来标记史实。越到后来，叙事越来越倚重抽象的或集合的概念，比如"战争"、"战役"、"事件"、"事变"、"动乱"、"反叛"、"政变"、"革命"、"王权"、"中央"、"地方"、"政权"、"统治"、"民族"、"经济"、"工业"、"农业"等，这类概念与具体的史事结合，就成为新的史学概念，比如"赤壁之战"、"唐代民族关系"、"宋代经济"、"卢沟桥事变"、"培根起事"、"法国革命"、"第二次世界大战"、"美国联邦制的中央集权趋势"、"英国王权的衰落"、"战后日本经济的复兴"等。离开这类概念，历史叙事几乎无法成形。史家在叙事中使用什么概念，往往包含对事实的理解和评价。例如，用"起义"来指称1676年纳撒尼尔·培根与弗吉尼亚殖民地当局的对抗，就带有肯定培根一方的取向。因此，在建构历史叙事时，史家要慎重选用概念，要仔细推敲重要概念的内涵和价值取向。

1　参见阿特金森：《知识与历史的解释》，第133页。

在当前欧美的学术语境中，叙事方法又被赋予突出的阐释功能。根据阐释主义的知识生产理论，阐释而非分析乃是更重要的方法，有学者称此为"阐释转向"（the interpretative turn）。一般来说，研究社会可采取两种不同的路径：其一，遵循自然科学的模式，努力对社会做出"科学的说明"，也即揭示规律或趋势；其二，依照阐释学的路径，注重人的主观性和语境中的意义，而不以探求规律为旨趣。第二种路径带有反实证主义的取向。在美国学术界，阐释方法逐渐成为探寻意义的重要方式，但也引出不小的争议。[1]一批新文化史研究者旗帜鲜明地把阐释作为历史研究的主要方法。在他/她们看来，社会学理论对于理解过去不再具有那么重要的意义，而人类学和文学理论则能在"社会解释"（因果解释）之外提供新的理论支持；对于新文化史研究来说，其旨趣在于解读"当时人所刻写的意义"，而不是探寻"因果法则"。因此，新文化史提倡运用阐释方法，其方法论的基础在于关注文本（把过去作为文本）和符号（把行动作为符号），而解读文本和解码符号，都离不开阐释方法。[2]

在阐释方法的框架中，"深描"（thick description）是一种常用的技巧。"深描"是人类学家格尔兹提出的一种人类学技艺，是从外在观察者的角度探究"公共行为"的内在意义的方式。它并不注重"公共行为"的外在形式（浅描），而是把"公共行为"作为符号，置于具体的"意义结构"中以解读其"象征性的内涵"。[3]比如，"眨眼"这个动作可以是单纯的眼皮抽动，也可能是一种传递信号的方式，但从表面却看不出任何差别，因而要确定眨眼的意义，就需要把它置于特定的"公共编码"系统中来解读。[4]

1　维多利亚·邦内尔、林恩·亨特编：《超出文化转向之外：社会和文化研究的新方向》（Victoria E. Bonnell, and Lynn Hunt, eds., *Beyond the Cultural Turn: New Directions in the Study of Society and Culture*），伯克利1999年版，第1、3页。

2　林恩·亨特编：《新文化史》（Lynn Hunt, ed., *The New Cultural History*），伯克利1989年版，第10—11、12页。

3　格尔兹：《文化的解释》，第3—34页；阿勒塔·比尔萨克：《地方知识，地方历史：格尔兹及其他》（Aletta Biersack, "Local Knowledge, Local History: Geertz and Beyond"），载亨特编：《新文化史》，第74—75页。

4　格尔兹：《文化的解释》，第6页。

再如，一个母亲去医院探望刚从精神分裂症中康复的儿子，儿子很高兴地抱住母亲的双肩，可是母亲却把身子绷得紧紧的。在儿子所掌握的意义系统中，母亲僵硬的体态意味着冷淡地拒绝他的拥抱。[1]在这两个例子里，呈现出来的意义都不是直接来自行动本身，而是观察者把行动作为符号来加以阐释的结果。可见，用解读文本的方式来描述作为符号的行动以阐释其意义，乃是"深描"的旨趣。总之，"深描"能使叙事（描述）具有阐释的功能，而阐释的旨趣在于促进对叙事所关涉的事物意义的理解。[2]

在历史叙事中采用"深描"的例子，可以举出罗伯特·达恩顿的《屠猫记》。在达恩顿的笔下，18世纪30年代巴黎几个印刷学徒工的杀猫游戏，变成一个象征性符号，并被置于当时的意义世界中加以细致的解读。达恩顿认为，工人们赋予这一屠猫行为以反抗、猎巫、奸淫和娱乐等多重意义。[3]不过，在历史写作中运用"深描"技巧，较之人类学有天然的劣势。这不仅由于史家无法亲身体验语境，难以确切把握当时的意义世界，而且还因为史家受到资料及其解读方式的限制，尤其是不能获得记录行动的视觉资料。[4]

二、因果分析

历史认识的途径，通常是从个别事实到事实集合体，从局部到整体，从分散到整合；在这个过程中，分析和综合这两种方法交替出现，相互促进。分析是将整体拆分为不同的部分来观察，以便进行细致而深入的探

1　托马斯·谢弗：《试图解决关于"深描"的争论》（Thomas J. Scheff, "Toward Resolving the Controversy over 'Thick Description'"），《当前人类学》（*Current Anthropology*），第27卷，第4期（1986年8—10月），第408页。

2　参见陆启宏：《历史学与人类学：20世纪西方历史人类学的理论与实践》，复旦大学出版社2019年版，第156—158页。

3　罗伯特·达恩顿：《屠猫记：法国文化史钩沉》（吕健忠译），新星出版社2006年版，第77—108页。

4　托什：《历史学的追求》，第284—285页。

究。所谓历史分析，就是把某一历史事实（事件、制度、过程、观念、趋势）分解成若干部分，把它们分别置于时间之流中逐一加以考察，以求得精准的认识。讨论重大事件的起源，通常从不同侧面、不同地区、不同时期来进行考察；具体到某个侧面、某个地区、某个时期，还需进一步细分为若干部分，以便更深入地探讨。分析的目的在于得出结论，换言之，分析最终指向综合。分析是研究的主要工作，一般是较长的过程；而综合是分析的目的，是分析的归宿。布洛赫曾提到一句老话，即"多年的分析为的是一日的概括综合"。[1]分析走向综合，而综合又引出新的分析，如此交替和递进，可望对研究对象有更透彻的认识。

　　在谈到分析方法在历史研究中的作用时，英国史家埃尔顿指出，人们通常错误地以为，叙事要回答的问题是"如何"（how），而分析要回答的是"为什么"（why）；其实叙事集中解决的问题是"事情是如何发生的"（how did it happen），而分析主要处理的问题是"究竟是怎么回事"（what was it like）。[2]这就是说，分析方法侧重对历史事实做局部的、断面的和静态的探查。因此，埃尔顿提醒说，使用分析方法存在两种风险：一是"将历史过程的整体零碎化"，二是"妨碍对变化的理解"。为了防范这两种危险，他建议治史者在对专题和部分进行分析时，不仅要把每个问题与其他部分"有机地联系起来"，而且要考虑时间因素，并牢记变化。[3]埃尔顿提出的这两条建议，正好触及历史分析区别于一般分析方法的基本特征。

　　在现代社会科学兴起以前，史家经常利用常识乃至迷信来分析史事；当今史家有可能从相关学科借用理论性的分析工具，而那些涉及面广、效力持久的分析工具，通常叫做"分析范畴"。美国史家取法于社会科学，

1　马克·布洛克：《比较史学之方法——论欧洲社会的历史比较》（齐建华译），载项观奇编：《历史比较研究法》，山东教育出版社1986年版，第134页。案："布洛克"现通译"布洛赫"。

2　埃尔顿：《历史学的实践》，第117页。

3　埃尔顿：《历史学的实践》，第118—120页。

把"性别"、"种族"和"阶级"作为分析范畴，用以讨论各种历史问题。[1]
尽管对这三个分析范畴的内涵和价值有不同的界定，但它们都不是单纯的
理论工具，而带有深厚而鲜明的意识形态意蕴，甚至在一定程度上受到
后现代主义的熏染。运用这些分析范畴的史家，大多聚焦于这些概念所
指涉的群体如何在特定的社会文化中被建构，并成为压迫的对象，以及
这些群体如何自主地追求自由和平等。具体来说，"性别"关注的是历史
中不平等的性别关系，尤其是女性所遭受的控制和压迫以及她们对此的反
抗；"种族"则直指白人借助族裔和文化优势而压迫、奴役和歧视少数族
裔，并借此揭示少数族裔的抗争和自主意识；"阶级"注重底层群体的经
历，并着力渲染他们在历史中所扮演的创造性角色。因此，运用这三个分
析范畴的意义，主要在于凸显底层民众和边缘群体的历史地位，揭示历史
中不平等的权力关系及其后果，带有强烈的反精英、反权威、反压迫的思
想取向。

　　理解历史的基本途径是寻绎事件、制度、运动和观念的成因；而借鉴
历史的方式则在于从历史的因果关系中获得启示或教训。因此，出于理解
和借鉴的需要，因果分析就成为研究历史的基本方法。史学的因果分析，
通常是就已知的结果来探究其成因，带有逆推或追溯的特点。自古以来，
史家就一直致力于寻究历史中的因果关系。司马迁所谓"究天人之际"，
大意是探求历史的根本原因；希罗多德在《历史》中更明白地表示，他的
目的不仅在于叙述希腊人和异邦人的事迹，更是要记载"他们发生纷争的
原因"。史家重视因果关系，热衷于追查原因，这与人的认识方式也是完
全一致的。认识一个事物，最好是同时"知其然"和"知其所以然"；因
为只有明了原因，才能更好地理解。人从童年时期开始，获取知识的基本
方式就是不断提出"为什么"的问题。可见，史家探讨历史的原因，其目

1　关于这三个范畴的理论阐述，参见钱塞等：《性别、种族和阶级概论》。

的就在于更深入地理解过去。另外，因果关联具有将纷纭零散的事实连缀成一体的功能，离开因果关联，史家就无从解释前人往事。在这种意义上，有人将探讨原因夸张地说成史学的唯一任务。初学者为了突出探求原因的重要性，往往在文中将过程和原因分开论述。这样做的好处是清楚明了，而弊端是容易把原因和结果割裂开来，无法揭示事件的由来和过程的复杂性。高明的因果分析，往往是在叙述事件的过程中交代原因，结果和成因浑然一体。

关于原因的问题，通常是由"为什么"而引出的。不过，"为什么"也是一种容易产生歧义的提问方式，因为"理由"也可以成为问题的答案。史家解答"为什么"的问题，并不是为历史事件的发生提供理由，而是要探明其发生的原因。进行因果分析的前提，在于治史者相信历史因果关系的必然性，即认定事件的发生、人物的行为、趋势的形成和社会的变迁，都由某种或某些因素所引起，或受到某种或某些因素推动；只要能把这些因素找出来，就可以加深对事件、人物、趋势和变动的理解。在历史写作中，对于因果的关注可采用多种多样的表述方式。亨佩尔提到，诸如"因此"、"所以"、"由此"、"因为"、"自然地"、"明显地"一类词句，"常常是隐含某种普遍规律的表现，它们被用来联结初始条件和待解释的事件，但是，只有在事件遵循预先假设的相应的普遍规律时，才能期待它作为被陈述条件的一个'自然的结果'"。[1]这段话包含两层值得重视的含义：其一，史学的因果解释往往是由一些标志性的词汇所引导的，史家不可轻率地使用这类词汇，以免将一般陈述误作因果解释；其二，说明因果关系是一种需借重普遍规律的解释方式，有此因是否必然有此果，取决于其背后的规律的有效性。另外还有一些表述形式，比如"在……的影响下"、"受……的推动"、"在……的冲击下"、"随着……"、"……因

---

[1]　亨佩尔：《普遍规律在历史中的作用》，载何兆武主编：《历史理论与史学理论》，第866页。

而……"、"促成了"、"带来了"、"缘于……"、"来自于"和"起源于"等，也含有因果解释的意图，有时论者不自觉地使用这些表述形式，无意中将论说的方向引向因果解释。[1] 显然，史家要谨慎使用任何暗含因果解释意向的表述形式，以避免无意间滑入"因果的陷阱"。

特别值得注意的是，历史的因果关系不能依据规律或法则来推导，对因果关系的判断须建立在前文提到的"事实关联"之上。单一事件的原因相对易于把握，而一个事件既是后续事件的原因，也可能是此前事件的结果，于是就形成所谓"因果链条"。这就要求史家在考察因果关系时必须具有复合多向的眼光。毫无疑问，集合性事件的原因更为复杂，比如，革命、社会运动、经济发展、人口运动和思潮流变，其原因往往不是简单明了的。在这种情况下，研究者习惯于把原因分解为"因素"，常见的说法有："导致这种局面的因素是……"，"这种变化是多种因素造成的"，"促成这一事件的关键因素是……"，"推动政府做出这一决策的因素有如下几种……"，"……等因素使之成为可能"，等等。英国史家埃尔顿谈到，史家所用的"原因"一词，本来就是一个含混不清的概念，而用"因素"（factors）这种"毫无意义的陈腐行话"来替代原因，不免更加使人厌恶。他写道："各种事件并不是简单原因的产物，而是有各种人物和情形参与的复杂局面的产物，但这并不意味着它们是由一些因素所产生的。"[2] 反对用简化的眼光看待原因，固然有其道理，但完全排斥"因素"分析法，也可能妨碍对具体原因的探讨。实际上，因果分析的基本方式，通常是先将导致事件发生的条件分解为"因素"，然后判断各个因素的具体作用以及相互关联。

长期以来，治史者喜欢把历史人物的动机或心理当作原因，可是，动机和心理并不能单独引发某一事件，更何况在动机和结果之间还有许多难

---

1 参见费希尔：《历史学家的谬误》，第164—165页。
2 埃尔顿：《历史学的实践》，第92—93页。

以预料的因素介入，充满变数和不确定性。即便单就动机而论，人在具体处境中的心理并不是预先就有的，因而动机也必然是随具体情势而产生和变化的。对于研究者来说，更致命的问题在于，关于动机的史料往往十分匮乏，即便一个留有日记的历史行动者，也不会全盘记录下自己的各种想法。因此，对于动机的考察本身就有极大的局限性，若不结合有关外部条件来考察，就根本无法揭示动机和事件之间的因果关联。许多史家从动机的角度进行因果分析时，倾向于片面关注当事人的主观态度，着重探讨其内心想法，而忽视当事人所处的环境和情势，以及当事人对这种环境和情势的认知。波兰学者托波尔斯基谈到，历史学家在解释事件的原因时，往往将人的动机和外部事件混为一谈。通常所说的动机包含两种类型：一种是可以视为行动的目标的动机，另一种是历史人物带有情绪状态特点的动机。传统史学常用善良、残忍、忌妒、勇气或胆怯来解释人的行为，而现代史学家则通常将心理性格视为影响目标实现（使之容易或更难实现）的限定性动机（qualifying motives）。[1]他的意思是，动机不能单独作为事件的原因，而必须与其他条件结合起来考虑，才能解释事件的成因。田余庆关于北魏"子贵母死"和"离散部落"的研究，较好地处理了动机与外部条件的关系。在他看来，道武帝采取上述做法，其目的在于建立和巩固"专制皇权"。这种动机就不仅仅是一种个性化的欲求，而且还是有特定社会背景的政治目标；换言之，它是拓跋氏从部落走向国家过程中的一个具有建国理想的权势人物的动机。[2]

在实际研究中，现代史家对因果关系的理解一般分为多个层次或维度，通常按政治、经济、社会、文化、军事、个人、地理等范畴对原因进行分类，并在这些范畴内逐一列举有关因素，以示"全面"和"辩证"。[3]

1　托波尔斯基：《寻求一种整合的历史解释模式》，《历史与理论》，第30卷，第3期，第328、330页。

2　田余庆：《拓跋史探》，第9—61页。

3　参见德特勒夫·容克尔：《因果性》，载约尔丹主编：《历史科学基本概念词典》，第154页。

费希尔讲述过一个发生在美国一所著名大学的故事：有个研究生准备参加博士资格考试，专门做了一套卡片，在每张上面分别写着"政治的"、"经济的"、"宪法的"、"宗教的"、"军事的"、"智性的"、"教育的"、"外交的"、"人口的"、"文化的"、"社会的"和"其他"等字样，在回答考试委员会提出的问题时，他就按照卡片上罗列的范畴来逐一列举各种因素，而且每个范畴用时一样多，结果以优异成绩通过考试。费希尔把这种逐一罗列原因的做法称作"不加区分的多元化谬误"（the fallacy of indiscriminate pluralism）。[1] 从这个故事可以引出两条教训。第一，原因本身是一个综合体，其作用方式也颇为错综复杂；借用"合力"的概念来说，构成原因的多种因素只有综合在一起才能带来某一特定的结果，研究者不能止步于罗列各种因素，而应找出这些因素的相关性或结合部。第二，不能为求全面和辩证而不加选择地罗列各种因素，越是面面俱到，可能离真正的原因越远。因果分析同样需要去芜存精，突出重点，要着力分辨哪些是重要因素，哪些是次要因素。

　　进而言之，历史的因果关系非但不像自然科学某些学科那样确定，反而更加复杂和更具偶然性。[2] 因此，因果分析也是历史解释中分歧最多、争论最大的一个方面。这类分歧在史学史上可谓俯拾即是。西晋发生"八王之乱"，不少史书记载甚详，但关于这一事件发生的原因，却有多种解释。《资治通鉴》以编年为序叙述事件的原委，从中隐约可知，诸王和朝臣之间的私怨及权位之争，乃是事件的主要原因。[3] 范文澜在《中国通史》中论及这一事件的起因，注重当时社会风习的腐败和政治的败坏，强调"司马氏集团中人"之间的"极阴恶的杀夺关系"。他的论说类似一种背景的交

1　费希尔：《历史学家的谬误》，第175—176页。

2　纽金特：《创造性的史学》，第95页；加迪斯：《历史的风景》，第64页。

3　司马光等：《资治通鉴》，第6册，第2598—2724页。

代，而没有正面涉及事件的实际原因。[1] 王仲荦不同意将"八王之乱"归因于晋武帝分封同姓诸王，认为主要原因在于，东汉末年以来的"州、郡积重"，而"同姓诸王"多出掌"方面重镇"，以致"割据称雄"和"举兵向阙"。[2] 不过，同姓诸王执掌重镇，似乎只是为"八王之乱"埋下了可能的种子。"八王之乱"是否还与当时皇帝闇弱、皇权衰颓、朝廷机构功能混乱、中央控制能力下降有关？可见，对于"八王之乱"这种单一事件的原因，尚且可以从不同的角度提出不同的解释，而就重大事变或长期趋势的原因发生激烈分歧，就更不足怪了。

　　造成因果分析充满分歧的另一个重要因素，可能是历史的因果分析总是一种"逆断"，即从结果来倒推原因。[3] 这与通过物理试验探求因果关系并不完全一样。一定的作用力可以导致木棍折断，这可以通过直接观察来验证。历史的因果关联却无法得到确切验证，因果分析是否成立，在很大程度上取决于证据和论述逻辑的说服力。众多史家就同一事件的原因提出各种解释，可视为一种学术观点的竞争，而唯有最具说服力的论点才可能成为史学界公认的"不刊之论"。史家在知识、见解、立场、理论和所掌握的材料上往往存在差别，对同一事件的原因就不免产生不同的看法。在史学史上，有人专讲必然性，上帝的意志或黑格尔式的"世界精神"，都曾被视为历史的终极原因。现今盛行的经济决定论或规律决定论，也属于注重必然性的路径。还有人强调偶然因素的作用。帕斯卡尔说："如果克娄巴特拉的鼻子短一点，整个世界的面貌就会不同。"这句话经常被当作片面强调偶然性的例子。[4]《资治通鉴》重视关键人物的德行，在叙述三国鼎立局面的形成时，对后世史家大书特书的官渡之战、赤壁之战（书中没

1　范文澜：《中国通史》，人民出版社1978年第5版，第2册，第368—378页。

2　王仲荦：《魏晋南北朝史》，上海人民出版社2003年版，第200页。

3　托波尔斯基：《历史学方法论》，第318页。

4　参见卡尔：《历史学是什么？》，第119—143页。

有出现这类名词）的意义未置一词，而对曹操不肯任用刘璋派去的张松一事颇为重视，并引习凿齿的话说："昔齐桓一矜其功而叛者九国，曹操暂自骄伐而天下三分。皆勤之于数十年之内而弃之于俯仰之顷，岂不惜乎！"[1]这种评论不免造成一种印象，似乎三国鼎立局面纯粹是由某个偶然事件所造成的。

偶然因素的作用诚然不可忽视，但不可用孤立自足的眼光来看待它。历史上的确常有偶然事件改变重大进程的情形，但那些引起重大后果的偶然事件，其实并不是孤立发生的，而与此前发生的事件或同时存在的其他现象有着或明或暗的联系，这种联系有时可能表现为两组或更多的独立的因果链条的交织。[2]换言之，产生重大历史后果的偶然事件往往具有伴随性。[3]比如，1914年6月28日，奥地利王储斐迪南大公访问萨拉热窝，在街头遭一名年轻学生枪击而身亡，第一次世界大战随之爆发。此事激发不少人丰富的联想，甚至有人以为如果普林西普的枪法差一点，就不会有第一次世界大战这回事。其实，即使一般的历史教科书也业已写得十分明白：如果不是此时欧洲两大国家集团（尤其是英国和德国）之间的对抗已使国际秩序濒于失控，萨拉热窝的枪声就难以在历史的长廊中留下如此之大的回响。可见，只有深入考察寓于多种因素之间的伴随性（即各种事物或条件之间的网络式勾连），才能触及因果关系的复杂性。借约翰·加迪斯的话说，在历史学的因果分析中，并不存在社会科学家所津津乐道的"自变量"（independent variable），因为所有的"变量"都是相互依存的（interdependency of variables）。[4]那些在历史上起过重要作用的偶然"变量"，其实并非孤立地发挥作用。史学界也有帕斯卡尔式的偶然论者，他

1　司马光等：《资治通鉴》，第5册，第2095页。
2　参见谢弗主编：《历史学方法指南》，第33页。
3　参见温德舒特尔：《对历史的杀戮》，第217—218页。
4　加迪斯：《历史的风景》，第64—65页。

们带有反决定论的思想取向，重视人在历史过程中的能动性，但往往忽略偶然因素的伴随性，把重大历史变动单纯归因于某些未可预知的小事或个人因素。对原因做如此简单化的理解，有时可能导致十分荒谬的假设，以为如果去掉了某个偶然的条件，整个历史就会改写。

在因果分析中，还要特别注意连续性（continuity）。古代史家有的注重"古今之变"，有的强调"相因之义"，[1] 两者相合，或许正是对待"变动"与"连续"的辩证观点。历史是一个连续的过程，变化也是在连续中逐渐积累生成的。一个事件，一种趋势，都不是突如其来的，而是长期演化的结果；即使是突发事件，也与此前的事件有着形式不同、程度不一的联系。史家必须从连续性的角度来考察原因，不能片面关注突变。但是，史家对突变总是特别喜好，在叙述过程或趋势时，倾向于找出界标性的事件作为"转折点"。蒙文通借用孟子的"观水观其澜"一语，强调了解长江要把握"大转折处"，研究历史要找大变故。[2] 究竟应当如何看待历史运动中的"突变"，是一个需要慎重思考的问题。在一般的历史教科书中，革命、战争、朝代更替、技术发明和产业革命，通常被当成具有"转折意义"的"突变"。但事实上，这些事变没有一个是突然发生的。观察历史不能忽略"突变"之前漫长的时段，正是在漫长的历史时段中，各种细微变化长期积累，最终以"突变"的形式呈现出来。史家不仅要善于"观其澜"，而且更要着力考察波澜底下巨大的水流。美国的独立是发生在1775—1776年间的一种"突变"，而从较长时段来看，这一"突变"乃是此前许多"渐变"不断叠加的结果：英国在计划向北美殖民时，就有人预言殖民地最终会脱离母国而独立；马萨诸塞在建立之初就有很强的独立倾向；殖民地本地精英很早就开始追求政治权力；财富增长和社会自主性的增强，推动殖民地追求独立的愿望趋于表面化。如果仅仅关注革命前数年

1　参见瞿林东：《中国史学史纲》，第459页。

2　蒙文通：《治学杂语》，载蒙默编：《蒙文通学记》，第1页。

的形势，就无法看出美国独立的由来。历史上也的确常有"断裂"，比如战争和灾变等不可抗拒的因素，往往导致某一地域历史的中断，而资料的缺失也可能造成断裂的假相。

从理论上说，探讨原因还需要同时考虑必要条件和充分条件。[1]波兰学者托波尔斯基指出：

> 只有将一个假定的原因归入一个普遍法则之下，它才能被认为是事实上的原因。这一普遍法则必须是一个严格的普遍陈述，而不能只是一个单纯的概括；而且，它必须指向原因和结果之间最密切的联结点。这意味着应当同时描述导致所讨论的结果出现的充分条件和必要条件。仅仅指出充分条件是不够的，其缘故在于，既然其他过程也可能引起这一结果，人们就仍拿不准是否抓住了真正的联结点；仅仅指出必要条件也是不够的，因为必要条件未必足以产生某一结果，人们仍不免怀疑所确定的原因是否事实上就是所讨论的结果的原因。[2]

但是，"充分条件"和"必要条件"的概念，对于分析历史事件或历史运动的原因，几乎没有运用的可能性。诚然，化学、物理学、生物学、地球科学乃至宇宙学所揭示的物质世界的定律，对于人的行动和事件的发生都可能起支配作用，但这不属于历史学因果分析的范畴。历史是人的思想和行动，而人的思想和行动总是受到人所感受到的多种不确定因素的影响，这与物质世界的运动是完全不同的。而且，每一件事，每一个行动，其原

---

1 "必要条件"是指要产生某一结果必须具备，但不一定绝对能引起这一结果的条件，其公式是：无甲必无乙；有甲可能有乙，也可能无乙。例如，不讲逻辑，不可能写出好文章；讲逻辑，可能写出好文章，也可能写不出好文章，因为写好文章还需要其他条件。"充分条件"则是指具备了某一条件必然产生某一结果，但没有该条件则未必没有该结果的条件，其公式是：有甲必有乙；无甲可能无乙，也可能有乙。例如，有炎症会发烧；无炎症可能不发烧，也可能发烧，因为其他条件也能导致发烧。

2 托波尔斯基：《寻求一种整合的历史解释模式》，《历史与理论》，第30卷，第3期，第335页。

因都是具体的，在许多情况下因果之间的联系也模糊错杂的。历史学的因果分析，其可贵之处和至难之处，都在于就具体事件的具体成因做出具体的分析，揭示具体事件中的具体的不确定因素及其意义。

对于不同的时代、不同的地点或不同的人群，相同的原因不一定引出相同的结果。灾害和饥荒，可能引发广泛的盗窃活动，可能导致"抢米风潮"，可能造成民众暴动，也可能带来人口的迁徙。工业化初期，机器生产对某些行业的工人产生了很大的冲击，使他们难以适应，充满危机感和不满情绪。这种现象在英国引发了"卢德运动"；其他国家也存在类似情况，但却没有发生类似的捣毁机器的暴动。历史决定论认为，历史运动受到"普遍规律"的制约，有此因必有此果，有此果也必有此因。于是，"必然"、"注定"、"不可避免"一类的字眼，屡屡出现在历史著述中。马克斯·韦伯指出："史学家的因果性问题也是以具体结果与具体原因的相关为取向，而不是以确定抽象的'一致性'为取向的。"[1]这一点的确不能忽视：历史中的因果关系具有特定的适应性，离开具体的语境，同样的原因往往不会产生同样的结果，这与自然界的因果关系有显著的不同。

美国学者阿伦·梅吉尔谈到，现代人文学科的学者偏爱"垂直性隐喻"（metaphors of verticality）或"差别性可见度隐喻"（metaphors of differential visibility），相信揭示"深层的、隐藏的实际"比"表面的、可见的实际"更有解释力。[2]这一倾向在因果分析中也有体现。治史者大多希望找出构成历史运动根本原因的"深层因素"，非如此不足以免于"肤浅"之讥。就常理而言，事物的原因自然不是凭空出现的，它也有自己产生的原因；但是，如果纠缠于原因的原因，就无法就因果关系展开论说。托波尔斯基谈到，在用当事人的动机解释其行动时，如果追问当事人何以拥有

1　韦伯：《社会科学方法论》，第266页。

2　梅吉尔：《历史知识，历史谬误》，第82页。

这些动机而不是其他动机，就超出了动机解释模式的框架。[1]同理，对因果关系的分析也须有适当的限度，不能无限度地追寻原因的原因。大卫·休谟说："一个真正的哲学家必须具备的条件，就是要约束那种探求原因的过度的欲望。"[2]治史者在探求历史的原因时，同样需要保持适度的克制。史家通常所关心的"终极原因"或"根本原因"，很可能就是原因的原因，而且通常与事件没有直接的相关性。探求原因，应当从具体情况出发，依据史实来分析，而不必拘泥于某种教条，也不可无止境地追溯"深层的、隐藏的实际"。例如，在分析美国民权运动兴起的原因时，通常把美国社会对黑人的歧视和压迫作为"深层因素"，其实这并没有实际的意义。美国黑人遭受歧视和压迫的事实已然存在数百年，何以到20世纪50年代才出现民权运动呢？黑人在不同时期对歧视和压迫的反应并不一样，反抗的方式也各不相同；而导致民权运动兴起的原因，应当是一些具体而特别的因素。分析这些因素的作用，可能比追究"根本原因"更有意义。

最后，因果分析还需力避"想当然"。重大的事件不一定产生重大的后果，细微的因素却可能引起重大的变化，这在中外历史上都不乏其例。1588年英国击败西班牙"无敌舰队"，史家通常认为，这是英西两国海上实力消长的分界线，也是西班牙在海上竞争中落后于英国的开端。但是，这种因果分析只是"想当然"的推理，而不是事实。这里的逻辑可能是，16世纪以后是一个各国海上实力竞争的时代，英国在其中取得越来越大的优势，原本居于"领头羊"位置的西班牙则不断落后于英国；而西班牙海军败于英国，正巧发生于这个时段。但是，即便17世纪西班牙海上实力衰落乃是一个事实，而要说明这种局面的出现与"无敌舰队"被打败之间的因果关联，就必须首先考察1588年以后西班牙海军的变化，海外殖民的情况，英西两国海上实力的对比及其对海外竞争的影响，1588年事件给英国

1　托波尔斯基：《寻求一种整合的历史解释模式》，《历史与理论》，第30卷，第3期，第335页。
2　休谟：《人性论》（关文运译），商务印书馆2017年版，第20页。

带来的裨益，英国此后海上竞争态势的变化等，然后才能判断此事究竟是否削弱了西班牙的海外竞争能力。事实上，1588年以后西班牙海军并没有崩溃，海外基地也没有易手，英国也没有在海外扩张中迅速占据优势。可见，不能想当然地认为，1588年"无敌舰队"的失败，乃是此后英西两国海外扩张局面发生变化的转折点。[1]

三、定量分析

通常来说，因果分析属于定性分析（qualitative analysis）的范畴，而定性分析也是历史解释的常规方法。它注重对过往现象和历史运动的过程与性质做出判断，而这种判断往往无须用实验来核查，也不必体现为具体的数量关系。[2]定量分析（quantitative analysis）则相对后出，其旨趣在一定意义上正在于弥补定性分析的不足。在常规的历史写作中，史家喜欢用"多数"、"许多"、"不少"、"一些"、"为数不多"、"典型的"、"普遍的"和"经常性的"一类字眼，虽然触及数量关系，但未用具体数字作为支撑，因而带有"印象主义"的特征。[3]同时，治史者也经常使用量化资料，并对数量关系进行分析。例如，用数字说明不同集团的力量对比，用数字显示经济变动的情况，用伤亡或财产损失的数量说明战争的后果，用选民数量或民意支持率论证政党的社会影响力，等等。这种把数字作为辅助性资料的分析方法，并不是真正的定量分析。定量分析的前提和基础，都有赖于计量方法的运用。

二战以后，欧美史学界一度盛行计量方法，这对历史研究产生过革

1　参见费希尔：《历史学家的谬误》，第166—167页。
2　参见诺曼·K. 邓津、伊冯娜·S. 林肯主编：《定性研究：方法论基础》（风笑天等译），重庆大学出版社2007年版，第11页。
3　参见费希尔：《历史学家的谬误》，第124—125页。

命性的影响。计量方法不是简单地使用统计数字或描述数量关系，而是借助统计学和数学的原理与方法，采用计算机对相关数据进行编制和计算，以展示分析项目的数量关系、统计分布、变动曲线，进而得出量化的结论。计量方法力图将事实判断或意义评估建立在精确的数量关系之上，主要依据统计学的大数定理，即"从大量随机现象的重复中找出规律性的东西"。[1] 在美国和法国史学界，计量方法成熟较早，曾在许多研究领域得到广泛运用。苏联史学界也颇重视计量方法，但坚持定性方法的主导地位，强调要根据研究课题和资料的性质来选取研究方法。[2] 以计量方法为主要方法来探讨特定的历史题材，就是计量史学。计量史学本身不是一个领域，而是一种方法或路径。在经济史（物价变动、奴隶制、铁路、经济增长）、人口史、移民史、社会史（社会流动、社会分层）、政治史（选举登记和投票结果的计量研究）等领域，计量方法曾得到广泛运用，并有若干成功的例证。采用计量方法，有助于淡化史学所用自然语言固有的模糊性和不确定性，使许多过去无法利用的资料产生极大的价值，还开辟了一些新的研究领域。于是，历史研究在早已成熟的"定性分析"之外，又增添了"定量分析"这一新的手段。

可用计量方法处理的资料大致分为两类：其一，"本身就是用数字表示的资料"，如人口记录、各类统计、公私账簿等；其二，本身不是以数字表示的资料，但史家可将它们整理成系列而用于计量处理，如近代欧洲的婚约公证书等。[3] 在运用计量方法处理史料时，为了比较事物的数量关系，通常要对数据进行分类处理。定量分析的数据一般可分为：（1）定名资料，即按照事物的名称列出其数量，例如，一个家庭每月的收入包括工

1 于沛主编：《现代史学分支学科概论》，中国社会科学出版社1998年版，第281页。

2 参见于沛主编：《现代史学分支学科概论》，第250—271页。

3 弗朗索瓦·菲雷：《史学计量法》，载勒戈夫、诺拉主编：《史学研究的新问题新方法新对象》，第60—61页。该文将计量史料区分为三种，但第一、二种实际上属于一类。

资3000元，出租房屋2500元和其他收入390元；（2）定序资料，即按照一定的规则排列各项事物的数量，以便进行比较，例如，1688年英国世俗贵族160户、精神贵族26户、地主3000户、绅士12000户……这种排列可反映不同阶层的人口数量；（3）区间资料，即从一个基数到最高数目之间的比较关系，例如，英国议会不同政党由少到多的议席数量，可以反映不同政党的政治实力；（4）比率资料，即不同数量之间的比率，以反映事物的大小、强弱和变化等。就对定量分析的作用而言，区间资料的价值要高于定名资料和定序资料。[1]计量方法在运用中常借助图表法，并通过概括性方法、时间数列分析、相关与回归分析等方法而得出结论。可见，计量方法拥有一整套理论和技巧，并需要相关学科的支持，是一种非经专门训练不能掌握的方法；对于缺乏数学基础和统计学训练的学者来说，通常是难以涉猎的。[2]

以往有人反对将史学纳入科学之列，其中一个重要理由就是其结论不精确。在引入计量方法以后，史学与科学的距离是否有所缩小？欧美学界也确曾有人希望借此把史学改造为科学。那些迷信计量方法的学者，不仅相信定量分析在价值和意义上优于定性分析，而且觉得计算机的程序可以代替历史研究者的思考。法国史家勒鲁瓦·拉杜里（现通译"勒华拉杜里"）在1973年宣称："凡是不可量化的历史学，就都不能声称是科学的。"[3]他还曾预言，到20世纪80年代，"历史学家将变成计算机程序员，不然他就什么也不是"。[4]当然，也有史家对计量史学的傲慢和优越感颇为反感，刻意贬低或否认计量方法的价值。美国学者小阿瑟·施莱辛格说："几乎所有重要的问题之所以重要，正是因为它们不能用数量来解答。"[5]另一位美

1　罗德里克·弗拉德：《计量史学方法导论》（王小宽译），上海译文出版社1991年版，第8—13页。

2　参见于沛主编：《现代史学分支学科概论》，第283—298页。

3　转引自伊格尔斯：《二十世纪的历史学》，第51页。

4　转引自斯通：《叙事的复兴》，《过去与现在》，第85期，第13页。

5　转引自费希尔：《历史学家的谬误》，第94页。

国史家布里登博，甚至鄙夷地把计量方法称作"女财神"（bitch-goddess），奉劝人们不要对她顶礼膜拜。[1]对计量方法或崇拜或鄙弃，这是两种各执一端的态度，显然都有偏颇之处。

　　计量方法的确不是万能的，它像任何其他方法一样也有其局限性，没有，也不可能取代其他史学方法。[2]由于受资料性质的限制，并不是所有历史问题都可用计量方法来处理；即便是主要用计量方法来处理的问题，也需要辅以其他方法。有些问题无法单纯用计量方法来处理，比如社会意识、民族认同、社会观念等问题，其内涵确实远非数量关系所能表达。这类问题即便能用到定量分析，所呈现的可能也只是比较模糊的相关性，而不是数学算法意义上的精确性。因而说到底，计量方法只是历史研究所运用的诸多方法中的一种。美国早期史名家杰克·格林，对殖民地政治以及殖民地和英帝国的关系有精深的研究，他的代表性论著都属于叙事性解释和定性分析的范畴；而在计量史学盛行的20世纪80年代，他也对殖民地议会的成员轮替做过定量研究，作为他对殖民地及英帝国政治所做探讨的补充。[3]这个实例有助于展示定量分析和定性分析的互补性。英国学者罗德里克·弗拉德中肯地指明了计量方法的长短利钝，认为定量和定性需要互补。他写道：

1　布里登博：《大变异》，《美国历史评论》，第68卷，第2期，第326页。"女财神"在欧美文化中象征物质上的成功，布里登博用它所要表达的意思可能是：计量方法只能产生一时的、低层次的效力，而在根本上无益于史学的发展。

2　据一位学者对美国10种全国性和地方性史刊物1975—1995年间登载的论文的分析，使用计量史料的论文数量在80年代中期达到高峰，此后出现了明显的下降趋势，这说明计量方法并没有像其倡导者当初预计的那样，成为史学的主导方法。参见约翰·雷诺兹：《历史学家还继续计数吗？——1975—1995年间史学中使用计量方法的状况》（John F. Reynolds, "Do Historians Count Anymore? The Status of Quantitative Methods in History, 1975-1995"），《史学方法》（*Historical Methods*），第31卷，第4期（1998年秋季号），第141—148页。

3　杰克·格林：《1696—1775年英属美洲立法机构成员的轮替：一项定量分析》（Jack P. Greene, "Legislative Turnover in British America, 1696 to 1775: A Quantitative Analysis"），《威廉-玛丽季刊》（*The William and Mary Quarterly*），第38卷，第3期（1981年7月），第442—463页。

定量问题补充定性问题，定量证据补充定性证据；两者无法相互取
代，两者各自也不能以了解整个历史学的研究自命。……计量证据几
乎肯定不会提供一个全面的答案，但是它很可以提供一部分的答案，
而把这部分的答案视若无睹地丢掉，既是浪费也是不负责任。[1]

的确如弗拉德所说，当今史家可能不懂计量方法，也不一定做专门
的计量研究，但不能忽视数量资料和定量分析的意义。1966年，布罗代尔
推出《菲利普二世时代的地中海和地中海世界》的增订版，尽管他不太擅
长正在兴起的计量方法，但还是吸收年轻学者的研究成果，在书中增补了
若干关于价格和人口的统计数据。[2]美国史家贝林具有深厚的人文修养，在
一系列开创性的论著中，常用的方法自是叙事和定性分析，但他对数量资
料和计量方法抱一种开放的态度。他认为："你极力用你所想得出的任何
手法，将数字用作描述性资料，使之和叙事性描述联系在一起，就像你使
用任何其他类型的资料一样。"他本人曾多次尝试计量研究，特别是在对
1773—1776年从英国移居北美的1000余名移民进行分析时，有效地运用了
计量方法。不过他也强调，运用数量资料终归须服务于探讨人的问题，因
为"如果只是计数，它就不是历史，而只是数字。最终必须谈到人，谈到
他们的活动和想法"。[3]这也说明，否认计量方法用于处理重大问题的可能
性，也许是一种偏见。人口迁徙、经济变动、日常生活、选举行为等，都
不能说不是重要的问题，但都可以使用，而且必须使用数量资料来进行定
量分析。

现今已进入大数据时代，数量资料在历史研究中的作用越来越突出，
能够借重"量化证据"的领域和课题也越来越多。学术意义上的大数据方

1　弗拉德：《计量史学方法导论》，第3页。
2　伯克：《法国史学革命》，第59、85页。
3　贝林：《论历史教学与写作》，第36、37—38页。

法，其核心特征是以特定的软件处理海量数据并做出量化分析，以获取传统的文献研究方法所不能获得的结论。在有的学者看来，这不啻为"计量史学"的复兴。[1]其实，大数据方法与原来的计量方法已有显著的不同。在大数据研究的框架中，无须复杂的统计学知识和技能，而只需借助相应的软件工具，就可以处理海量的非量化史料，从而取得描述性的结果。在这个意义上，大数据方法无疑是一种新的研究手段，是定量分析的新工具。以往计量方法主要盛行于经济史研究，在人口史、社会史和政治史中也偶有运用；于今只要有足够的数据支持，任何领域和课题都可以采用大数据方法。

对于当今治史者来说，只要有计量资料可用，就不能弃之不顾；只要能采取定量分析，就须尽力尝试。例如，在研究20世纪黑人政治力量的崛起时，如果能够列举黑人选民登记和投票率的数据、黑人议员和官员的比率、黑人参与各级竞选的人数等数量资料，将大大增强定性结论的说服力。随着统计技术的发展和相关制度的完善，各种直接的数量资料不断增多，获取的渠道也不断拓宽，给定量分析创造了良好的条件。这是以往史家所难以想望的新的学术资源。因此，治史者一方面要树立重视数量资料和计量史学成果的意识，另一方面也要加强统计学和数学的基础性训练，以便更好地利用数量资料。不过，在常规的史学研究生训练中，通常不包括统计学的课程。当计量史学如日方升之际，不少美国历史学者意识到，在研究生训练中加入统计学课程十分重要，可是效果并不理想。到90年代中后期，即便开设统计学课程的学校，所传授的也不过是最基础的知识。[2]

治史者在使用数量资料时，需要把握不同项目的数据之间存在的关联以及相关程度。例如，政党议席的占有量与政党势力的关系，价格指数变化与生活质量的关系，身高变化与营养状况的关系，营养状况与经济生

1　乔·古尔迪、大卫·阿米蒂奇：《历史学宣言》（孙岳译），格致出版社2017年版，第120—121页。

2　雷诺兹：《历史学家还继续计数吗？》，《史学方法》，第31卷，第4期，第147页。

活的关系等，都属于这类情况。为清楚地说明各项数据之间的关系，现代史学著述通常采用表格和图示的方式。在分析人口变动趋势时，需考察增长率的变化，如果将不同年份的增长率列成表格，自可收到一目了然的效果。使用数字表格，要充分考虑所列项目与论旨的关系，并注意数据的代表性。在必要时还可对数量关系予以进一步阐述，以充分揭示其意义。另外，在利用各种统计资料时，可以根据论述的需要对数据进行重新排列，或对某些项目进行计算。例如，可根据统计资料提供的不同年份的国内生产总值来计算增长率，以进一步说明经济变动的情况。

在使用数量资料时，研究者还应特别留意数字的单位。数字不注明单位就毫无意义，而单位的含义在不同时期和不同地区又往往有所不同，而且经常处于变化之中。例如，美国殖民地时期的货币体制中有"镑"这个名称，它既是殖民地本地货币的单位，也是英国货币的单位，两者的比值差别甚大；而且，各殖民地货币的币值也出入甚大，若不加区分，不仅无法显示数字的意义，而且还会造成很大的混乱。另外，在比较不同时期的同类数字的关系时，也要注意数字本身含义的变化。例如，比较不同时期同一人群的收入，不能直接使用各个时期的收入数字，而要考虑货币实际价值的变化，须按某一确定年份的币值进行换算，才能显示其间的差别。在换算时一定要有确切年份，而不能用"当今货币的价值"这种模糊的说法。[1]此外，运用数字时还会涉及数量关系的转化。在经济史研究中，常用"间接度量法"，即在数据不足的情况下，从一个数量推测另一个数量，比如"以成本变动度量产量"，或"以社会储蓄度量国民生产总值"。[2]在运用这种方法时，尤其应落实不同事物在数量上的相关性，比如消费的增长与经济发展密切相关，而人口数量的变化则不一定与经济变动有确定的关系。

1　费希尔对卡尔·布里登博一本书中用"当今价值"来换算殖民地货币的做法提出批评，认为年代不具体，无法确知是哪一年的货币价值。参见费希尔：《历史学家的谬误》，第44页。

2　吴承明：《经济史：历史观与方法论》，《中国经济史研究》，2001年第3期，第19页。

四、比较方法

　　比较是人认识事物的基本方法，历史认识同样离不开比较。用比较的方法对两个或两个以上的历史题材加以探讨，以揭示其异同及其成因，就是比较史学。作为一个专门研究领域的比较史学，产生于20世纪上半叶，得到了马克·布洛赫等人的大力推动，并在二战后获得迅速的发展。《社会和历史比较研究杂志》（*Comparative Studies in Society and History*）于1958年创刊，倡导以比较研究来突破国家边界对历史认识的限制，打破各式各样的"我族中心主义"。自20世纪80年代初以来，国内史学界对比较史学也相当重视，特别是80年代前期关于中西封建社会异同的论争，一度颇受关注。但从总体上看，即便在欧美史学界，比较史学的进展也不理想，只在少数课题上取得了足可称道的成绩。在有的学者看来，比较史学还称不上一种成熟的研究。[1]例如，研究明清以来中国史的美国学者，经常将中国与同期的欧洲比较，但由于比较对象的选取、可比性的判定、资料的代表性、研究者的知识结构等方面的制约，所得出的论点往往争议甚大，所使用的方法也引来毁誉不一的评价。

　　比较史学倚重比较方法，而比较方法的运用却并不限于比较史学。从历代史家的经验来看，比较是治史的基本方法，从考订史实开始，比较方法几乎伴随研究的各个环节。陈寅恪曾总结王国维治学的三大特点："一曰取地下之实物与纸上之遗文互相释证"；"二曰取异族之故书与吾国之旧籍互相补证"；"三曰取外来之观念，与固有之材料互相参证"。[2]显然，三者都涉及比较方法。傅斯年对比较方法尤为重视，曾说："假如有人问我们整理史料的方法，我们要回答说：第一是比较不同的史料，第二是比较

---

[1]　米克海尔·克罗姆：《历史比较导论》（Mikhail Krom, *An Introduction to Historical Comparison*, translated by Elizabeth Guyatt），伦敦2021年版，第1页。

[2]　陈寅恪：《王静安先生遗书序》，载陈美延编：《陈寅恪集·金明馆丛稿二编》，第247页。

不同的史料，第三还是比较不同的史料。"[1]他的意思是说，一个事件往往有多种记载，比较不同的记载就可找出"近真"的记载；不同事件则往往相互联系，通过比较而"得其头绪"。于是，他径直说"史学便是史料学"，而"史料学便是比较方法之应用"。[2]可见，在傅斯年史学思想的框架内，比较乃是治史的核心方法。杜维运结合中国史研究来讨论史料的鉴别，也强调要借助于比较方法，提到了"同源史料的比较"、"异源史料的比较"、"转手记载与原书的比较"等具体方法。[3]

在欧洲史学传统中，历史比较一直是一条颇受重视的研究路径，到20世纪上半叶更成为历史研究的基本方法。1923年，比利时史学大家亨利·皮朗（Henri Pirenne，或译"皮雷纳"），在第五届国际历史科学大会上发言说："采用比较，而且唯有采用比较，我们才能获得学术性的知识。如果以民族国家历史画地为牢，我们就永远做不到这一点。"[4]及至20世纪中后期，以美国为主的历史社会学家广泛运用历史比较方法，取得许多富有影响的理论成果。近二三十年来，跨国史和全球史的声势越来越大，这些领域尤其重视比较方法。这种比较不再采用立足于（民族）国家的"他者化"视角，而是通过多向比较来识别跨国性和全球性的趋势，寻究不同社会和文化之间的联系与影响，并致力于破除各种版本的"中心论"、"例外论"和"优越论"。

历史解释的建构自然需要运用比较方法。德国学者于根·科卡综合前人的经验和看法，指出比较方法具有启迪、描述、分析和范式等四个方面的功能。具体来说，比较方法可以启发史家去发现一些如果不用这一方法就有可能忽视的问题；通过与其他案例的比较，有助于更清楚地认识单个

1　傅斯年：《史学方法导论》，载岳玉玺等编：《傅斯年选集》，第192页。

2　傅斯年：《史学方法导论》，载岳玉玺等编：《傅斯年选集》，第192—193页。

3　杜维运：《史学方法论》，第88—103页。

4　转引自克罗姆：《历史比较导论》，第27页。

的案例；对于提出和解答因果关系问题，比较是一种不可或缺的方法；借助比较，可以打开专业眼界，破除研究的地方性和狭隘性。[1]在具体运用中，比较方法的重点不在于探讨两个表面差异很大的对象，而通常是对比两个或两个以上的具有共同性或相似性的事物，以求"同中之异"或"异中之同"。前一种比较叫做"个体化比较"（individualizing comparisons），旨在通过对比来凸显其中一方的特殊性，比如韦伯关于"东西方"宗教和城市的比较研究，其旨趣主要在于凸显"西方文明"的特殊性；后一种比较则称"普遍化比较"（universalizing comparisons），其目的在于确定相比各方的相似性。在实际研究过程中，两种类型的比较往往是结合在一起来运用的。[2]后一种比较有时也称"总体化比较"，有学者相信，这种方法有助于"揭示一切历史的和现代社会中的人类共同生活的共同规律"。[3]

比较可以为历史认识提示新的角度，带来新的启迪，并引领研究者调动更多的知识资源来作为"参证"。一个历史问题，如果单从其本身来考察，往往难以获得深入的理解；而一旦借助比较，在不同的参照对象的映衬下，其丰富的内涵和确切的意义就可以更清晰地显现出来。例如，国内美国史研究者论及《独立宣言》的意义，大多认为它提出了一系列重要的观念和原则，奠定了美国立国的思想基础，并构成美国政治思想传统的源头。然则问题是，一个国家的立国思想倘若仅仅存在于一份单独的文件中，那将是何等的薄弱。这时，如果考察《独立宣言》产生的知识和思想语境，并把宣言中包含的观念与当时英美世界流行的政治话语进行对比，就不难看出，宣言的核心观念来自对当时英美政治文化的提炼，其中

---

1 于根·科卡:《比较及其他》(Jürgen Kocka, "Comparison and Beyond"),《历史与理论》(History and Theory), 第42卷, 第1期 (2003年2月), 第29—41页。1965年, 德国学者特奥多尔·席德尔 (Theodor Schieder) 归纳了比较方法的五种形式, 即范式的、相似性的、概括的、具体化的和综合的, 其中也涉及比较方法的不同功能。参见克罗姆:《历史比较导论》, 第89页。

2 参见斯蒂芬·伯格:《比较史学》(Stefan Berger, "Comparative History"), 载伯格等编:《历史书写的理论与实践》, 第163页。

3 哈特穆特·凯博:《历史比较研究导论》(赵进中译), 北京大学出版社2009年版, 第18页。

所涉及的问题，在北美殖民地已讨论过十余年，许多观念早已成为常识。《独立宣言》的重要性并非来自观念的创新，而在于对现有的思想资源加以提炼和升华，并以官方文件的形式将其作为反英派的共识公之于世。宣言正是由于凝聚了当时政治文化的精华，才得以成为美国立国思想的集中表达。

历史比较更常用于探讨规模较大的历史现象，乃至辨析不同社会或文化的异同。研究美国的工人运动，可以与同期英国、法国、德国、日本的工人运动比较，以得出更加深刻的认识。关于美国奴隶制的研究，有学者把问题置于南北美洲奴隶制的比较视野中，甚至涵盖整个大西洋世界不同地区、不同形式的奴隶制。在探讨国家起源和早期国家形态时，若把古代中国、两河流域、古埃及、古希腊和罗马纳入共同考察的范围，引入比较分析，无疑能带来更有价值的学术收获。另外，关于古代文明、专制主义、封建制、资本主义起源、工业化、人口迁徙等重大题材，中外学者都曾做过富有反响的比较研究。

国内学者研究外国历史，也经常进行中外比较或相互参照的尝试。吴于廑关于东西方历史上农本与重商问题的比较，[1] 罗荣渠关于15世纪中西航海史的比较，[2] 马克垚关于中西封建社会的比较，[3] 都是专门的比较研究的实例。近年来，中西古代文明比较研究取得了新的进展。尽管欧美古典学者在这方面着了先鞭，但国内古代史研究者大力跟进，并取得了显著的成绩。[4] 除显性的中外比较之外，还可就相似问题进行隐性的中外比较，这样不仅能为选题提供参照，而且还会给具体的立论带来启发。比如，在探讨19世纪下半期美国的"农民"运动时，国内学者很自然地会暗中与中国

1　吴于廑：《世界历史上的农本与重商》，载吴于廑：《吴于廑学术论著自选集》，第114—152页。

2　罗荣渠：《15世纪中西航海发展取向的对比与思索》，《历史研究》，1992年第1期，第3—19页。

3　马克垚：《中西封建社会比较研究》，学林出版社1997年版。

4　黄洋：《从古代文明的比较研究探寻中国史和世界史的融通》，《光明日报》2021年7月26日第14版，"文史哲周刊"。

历史上的农民战争，甚至当今农民状况进行对比，以更加清晰地理解美国"农民"的政治意识、组织化程度和社会抗争策略，从而使自己的论述有别于美国学者的同类研究。不过，在中外比较研究中，绝不可忽视或误解对比双方的实质性差异；倘若简单地以中国观念和史事比附外国的情况，就会导致谬以千里的看法。同样以美国"农民"运动研究为例，研究者绝不能混淆其中一个根本性的差别，即美国"农民"的主体不是无地的小农（peasants），而是独立农场主（yeoman farmers）；他们非但不具依附身份，反而长期被视作美国民主的基石和砥柱。

　　在就具体问题立论时，研究者尤其常用隐性比较。美国学者娜塔莉·戴维斯说："几乎我们所作出的每一个陈述都牵涉到比较，尽管只有在我们对空间上有足够分离和有着足够差异的事物进行比较时，我们才会明确地谈到它。"[1]隐性比较是一种不直接标明比较对象的比较。在很多情况下，一个具体的论点只有置于比较的框架内才有意义。例如，美国史家常把美国革命称作一场保守的革命，这一般是把它与法国革命、俄国革命、中国革命等激进的革命加以比较的结果，但在论述时并不一定直接提到上述革命。这时，研究者也应保持一种自觉的比较意识，对隐性的比较对象加以认真考察，使论述真正建立在比较的基点上，并让读者明了其中包含的比较意蕴。

　　比较史学通常分成横向比较、纵向比较、宏观比较和微观比较等类型；[2]而一般研究中使用的比较方法，也涉及这些类型。专门的比较史学侧重横向比较，特别是就不同国家和地区的同类现象进行横向比较，比如，东西方专制主义的比较，南北美洲奴隶制的比较，英国和美国工业革命的比较，南北美洲发展道路的比较，均属此列。纵向比较往往用于探讨事件的前因后果。比较魏晋南北朝时期的战乱和五代十国时期的战乱，比较早

1　帕拉雷斯－伯克编:《新史学》，第81页。
2　参见于沛主编:《现代史学分支学科概论》，第321—323页。

期工业化和现代工业发展，比较美国内战前后黑人地位的变化，都是纵向比较的例子。在讨论美国革命究竟是一场保守的革命，还是一场激进的革命时，可以同时采用横向比较和纵向比较：纵向比较美国革命前后的社会状况，判断革命是否造成了广泛而深刻的社会变动；与法国革命做横向的比较，考察两场革命所引起的震荡强度，从而判定何者更为激进。在判定某一历史人物的地位时，需要将他与同时代的其他人物相比较，才能看出其独特和重要的程度。例如，考察汉密尔顿在美国早期史上的作为，需把他与华盛顿、约翰·亚当斯、杰斐逊、麦迪逊等人进行比较，以确定哪些是他提出的主张，他采取的举措有何特别之处；如若仅就汉密尔顿论汉密尔顿，立论就难以中肯。显然，这种比较属于微观的层次。宏观比较则涉及更大的范围或更长的时段。例如，美国的"一致论学派"提出，美国历史是一部基于共识的连续不断的历史，这种观点无疑来自于与欧洲多国近现代历史的宏观比较。

具体史事的论述也可以借助横向比较的方法。在美国革命期间，许多州都要求居民向新生的革命政府宣誓效忠，而在大陆军控制的地区，有时也由大陆军军官出面主持这种宣誓，由此引起地方政府的不满。纽约有地方政府向大陆会议提出抗议，认为主持宣誓是文职官员的责任，军队不能插手。结果大陆会议支持纽约地方政府的主张，宣布：除民兵军官以外，任何军人不能主持平民的忠诚宣誓。美国学者迈克尔·坎曼对这件事做了讨论，其看法是，这并非文职和军队之争，而是纽约地方势力争夺控制本地事务的权力。[1] 如果把英国革命或俄国革命中军队与政治的关系作为比较对象，就不难看出这一事件还有其他方面的意义。美国自殖民地时期就存在一种反感和防范正规军的政治文化取向：常备军被视为自由的威胁，军队必须受到国家的控制，而且不得干预政治。华盛顿功成身退而交出军

1　坎曼：《作为信仰危机的美国革命》，载杰利森编：《社会、自由与信仰》，第177—178页。

权，宪法规定总统统率军队，在1812年战争以前不设成规模的常备军，普通民众拥有持枪的权利，所有这些事件和制度安排，都是上述政治文化取向的反映。美国革命期间纽约州关于宣誓主持权的争论，可视作这个大传统中的一个小插曲。

运用比较方法时，首先要确定可比性，避免使比较沦为比附。两个事物的可比性，一般须建立在两者具有相似性的基础上。比较人和石头的寿命当然是荒谬的，但人体和石头的质量则有可比性，因为质量是两者作为物质所具有的共性。马克·布洛赫指出："从历史的角度讲，比较因而需要两个条件：一是被观察的事物的某种相似——这一点本不在话下，二是产生这些事物的环境之间的某种不同。"[1]不论在横向还是纵向维度上具有相似性的事物，都可加以比较。美国革命和法国革命具有可比性，因为两者都是现代革命；若将美国革命与明治维新比较，就不免有些牵强。关于中、欧封建社会的比较，似乎是一个可以商榷的问题，其关键在于中国历史上是否存在欧洲意义上的封建社会；如果不存在，也就没有可比性。不同事物的相似性有时是潜藏不露的，遇到似是而非的事物，在确定相似性时尤其需要细致谨慎。不具可比性的比较，就难免沦为比附。余英时谈到，有人将清代考证学比附为欧洲的"文艺复兴"，或比附为"启蒙运动"；可是，后两者是欧洲历史上特有的现象，因而这种"牵强的比附""只能在中国史研究上造成混乱与歪曲"。[2]另外，将清代中国的边疆开发和美国西进运动进行比较，或将21世纪初中国的西部大开发和19世纪美国的西部开发进行比较，都有比附的嫌疑。

比较还须有出发点和立足点，并不能同等对待所对比的各个事物。[3]在美国革命史研究中采用比较方法，目的在于加深对美国革命的性质、特点

1　布洛克：《比较史学之方法》，载项观奇编：《历史比较研究法》，第104—105页。

2　余英时：《治史自反录》，《读书》，2004年第4期，第119页。

3　参见于沛主编：《现代史学分支学科概论》，第324页。

和意义的认识，其出发点和立足点均在于美国革命，而作为比较对象的其他革命只是参照。诚然，这是一种"单向比较"，也是一般研究中常用的比较方法。美国有些中国史学者为避免"欧洲中心论"和"中国中心观"的片面性，曾尝试运用多向比较的方法，即从中国的角度来与欧洲比较，也从欧洲出发来与中国比较，并在其他单元之间进行交叉比较。[1]彭慕兰还进一步解释说，这种欧洲和中国之间的"交互比较"所针对的问题，不仅是"为什么中国不是欧洲"，而且还有"为什么欧洲不是中国"。[2]不过，由于受到研究者知识结构的制约，多向比较通常也会有所侧重，比如王国斌、彭慕兰等人所热衷的中、欧比较，探讨重点仍是中国历史问题，关于欧洲历史的材料则大多取自二手文献。不妨说，多向比较经常只是一种视野或意图，而实际的比较分析仍然带有单向的特征。

最后，运用比较方法时，还要对比较各方所牵涉的时间和空间做出清晰的界定。在横向比较中，常见的时间维度是"同时性"（synchronicity）。如果对处于不同历史时段的不同社会或文化进行比较，例如比较古代雅典和现代日本，就没有什么学术意义。但"同时性"也不是绝对的限制性条件，某些发生于不同时代的具有相似性的事物，比如19世纪初期美国的民主化和二战后日本的民主化，仍在可以比较的范围之内。横向比较还涉及空间问题。首先，比较各方都有地理范围，需要清晰地确定其规模和边界。比较各方的空间规模一般须对等，地理边界的确定还需考虑具体的政治、文化、社会和历史等方面的因素。比如，中国的南方和北方，美国的西部和南部，都是不断变化的地理概念。其次，若从联系和影响着眼比较现代交通和通讯出现以前两个相距较远的国家或地区，还需要考虑它们之间沟通联络的渠道和方式，比如对汉代中国和罗马帝国做比较，便是如

1　参见乔新华：《近五十年来美国中国史研究的两次转向》，《光明日报》2004年11月2日B3版，"理论周刊·历史"。

2　彭慕兰：《大分流：欧洲、中国及现代世界经济的发展》（史建云译），江苏人民出版社2003年版，第2页。

此。纵向比较通常在同一空间范围内进行，比如对中世纪晚期和早期现代英国的农业加以比较；在时间上则通常具有前后相续的特点，比如比较分析20世纪20年代和一战前美国人的生活方式。

　　总之，运用比较方法有相当大的难度，要求研究者具有宽广的眼界和渊博的学识。掌握丰富的知识和充足的材料，是进行比较分析的前提。研究者对比较各方都要有相当深入的了解。一般来说，对比较的主方须基于原始材料做深入的研究，而对参照方则可借鉴他人的研究。比较时经常出现的问题是，研究者对参照方缺乏深入的了解，所拥有的知识不够准确可靠，有时甚至是基于误解或以虚拟的对象来做比较，所得出的看法也就难以成立。有的比较所依据的不过是有限的乃至印象式的知识，20世纪初以来文化研究中关于"中西文化异同"的议论，大多带有这种色彩。对参照方所知不多或故意歪曲，借比较来强化先定的论点，这是对比较方法的滥用。

五、跨学科路径

　　布洛赫、费弗尔、布罗代尔等年鉴学派史家，大都具有丰厚的多学科素养，堪称跨学科研究的高手。他们游刃有余地把经济学、地理学和社会学等学科的理论和方法引入自己的研究领域，所取得的成就也赢得了相关学科专家的肯定。在历史研究中采用跨学科路径（interdisciplinary approach），并不仅仅是一种方法的尝试，还包含某种意识形态和历史观方面的用意。自20世纪初年以来，欧美许多学者致力于推倒"史学部落"的三座"偶像"，即"政治偶像"、"个人偶像"和"编年偶像"，[1]倡导对社会结构和日常生活开展研究，把普通人和社会群体置于史学的聚光灯下，借

1　这是法国学者弗朗索瓦·西米昂的形象化说法，转引自伯克：《法国史学革命》，第14—15页。

助多种分析工具，采取理论化模式，以揭示历史运动的趋势或"规律"。出于这种学术追求，越来越多的史家觉得，史学传统的方法和技艺实在捉襟见肘，而借用相关学科的理论和方法，或直接同相关学科的学者进行合作，就可以开创新的局面。

跨学科路径并非浅尝辄止地借用其他学科的知识，而是实质性地运用两个以上学科的理论与方法，从多个角度来探讨同一历史问题。历史研究的跨学科路径通常沿着两个方向展开：其一，治史者引入其他学科的理论和方法，或与其他学科的学者合作研究，比如新政治史、新文化史的兴起，采取的就是这一路径；其二，其他学科的学者进入史学领域，采用史学的材料和方法，推进本学科的理论创新乃至范式转换，比如历史社会学[1]、历史人类学[2]等，就是这种路径的产物。下文试以新文化史、心理史学和新经济史为例，简略介绍跨学科路径在历史研究中的应用。

20世纪80年代以来蔚然兴起的"新文化史"，在很大程度上乃是历史研究沿着跨学科路径所取得的重大进展。新文化史的理念、技艺和表述，无一不倚重社会学、人类学、文学批评、文化研究的理论和方法。不妨设想，倘若不借用人类学、社会学的理论与方法，《蒙塔尤》是否还能写得出来？勒华拉杜里在书中说，他所做的工作不过是关于一个山村的社会学研究；他所关注和讨论的问题，比如家庭、婚姻、心态、情感、举止、仪式、性关系、社会网络等，大多可以归入人类学和社会学的范畴；书中多处可见"人种志"、"社会结构"、"文化网络"等提法。毫无疑问，如果脱开社会学和人类学的影响，不仅这本书会失去其学理基础，而且甚至连写这样一本书的念头也不会出现于史家的脑海里。[3]有新文化史"教母"之

1　参见杰拉德·德兰迪、恩靳·伊辛主编：《历史社会学手册》（李霞、李恭忠译），中国人民大学出版社2009年版。

2　参见陆启宏：《历史学与人类学》。

3　埃马纽埃尔·勒华拉杜里：《蒙塔尤：1294—1324年奥克西坦尼的一个山村》（许明龙、马胜利译），商务印书馆1997年版。

誉的娜塔莉·戴维斯，其《档案中的虚构》一书并未采用常规的史料批判
方法，而是把16世纪法国的"赦罪书"这种"档案"当作文本，解析其叙
事技巧，揭示其政治和文化的含义。这本书带有某种后现代主义的色彩，
综合运用文学、社会学、史学的理念和方法，为"新文化史"研究提供了
一个重要的例证。[1]新文化史的另一位主将是美国学者罗伯特·达恩顿。他
在普林斯顿大学与人类学家格尔兹长期合作开课，并承认自己的研究受
到格尔兹的启发。他把关于18世纪法国普通人经验世界的研究划入"文化
史"的范畴，并说，这相当于"以人类学家研究异文化的同一方式处理我
们自己的文明"，进而把文化史称作"历史的人类学模式"。[2]在20世纪90年
代，主要来自加利福尼亚几所大学的一批学者，出于反思新文化史研究的
考量，先后召开"语言学转向之后的历史学与社会学"、"在语言学转向中
研究文化：历史学与社会学"等学术会议，探讨文化史与社会学如何进一
步结合，以及如何更好地借鉴语言学、文学批评和文化人类学等学科的理
论与方法。[3]这些情况说明，任何想要涉足新文化史领域的学者，都必须认
真而深入地向相关学科取法，或者直接与相关学科的学者开展合作研究。

　　现在看得很清楚，在新文化史的旗帜下，聚集着几路不同的人马。其
中，有的借重人类学的理论（主要探讨文化实践及其意义），有的取法于
语言学（钟情于"符号"、"表象"与"发明"），还有的关注文化的社会
政治意蕴（从族裔、性别和阶级着眼看待文化）。但是，他们在方法论上
具有一个共同的特点，就是大力拓展和丰富"文化"的定义（并非仅仅从
上层文化转向大众文化，从官方文化转向民间文化，从伟大作品转向意义

1　娜塔莉·泽蒙·戴维斯：《档案中的虚构：16世纪法国的赦罪故事及故事的讲述者》（饶佳荣、陈瑶等
　　译），北京大学出版社2015年版，重点参见"绪论"。
2　达恩顿：《屠猫记》，第1、4页。"历史的人类学模式"原文为"the anthropological mode of history"，似以
　　译作"历史学的人类学样式"更为贴切。
3　邦内尔、亨特编：《超出文化转向之外》，第ix—x页。

模式，而且把文化界定为一种以符号表示的意义编码系统），在破除文化共识和文化传统的神话的同时，强调文化的自主性和人的主体性，把日常生活、习俗、仪式、消费、阅读和身体等"实践"，以及记忆、梦境、感知（声音、气味、冷热、时令）和情感等人的内在经验，作为符号（"表象"或"表演"）来解读（也即把文化现象转化成"符号世界"），借助于文字材料以及语言、图像、姿势、实物等符号化史料，依循阐释主义的路径来揭示它们在特定社会编码系统中的意义。[1]另外，正如美国学者德鲁·福斯特所说，"文化和意义的透镜过滤所有其他维度的经验，（因而）文化史是无法回避的"。[2]换言之，新文化史本身也成为一种方法，能给其他领域的研究指引新的方向。其结果是，"几乎所有的事情似乎都已经被写成了文化史"。[3]

　　把社会科学的"反事实模式"引入历史研究，可以形成历史假设的分析方法。马克斯·韦伯曾提出一种"反事实条件"（counterfactual conditions）的分析方法，即"假设一个事件未发生或发生的方式不同，然后问如果那样的话会发生什么事"。[4]法国学者菲雷在论及计量方法的意义时说："当今，史学研究必须从假设着手：必须假设，历史时间的性质可能随所要加以分析的事物的层次和单独的历史体系的不同而出现差异。"[5]后来另有学者撰文讨论"假想实验"（thought experiment）的方法，称其为一种"出于理论目的而进行的反事实推理"；因为时间无法倒转，历史无法实验，而通过假想的实验，则可以增强史家的解释能力，建立事件的因果联系；同时，这种实验并非纯粹的想象，其前提需要"得到经验数据的支

1　参见彼得·伯克：《文化史的风景》（丰华琴、刘艳译），北京大学出版社2013年版，第206—236页；彼得·伯克：《什么是文化史》（蔡玉辉译），北京大学出版社2009年版，第22—147页。

2　《意见交流：历史学的实践》，《美国历史杂志》，第90卷，第2期（2003年9月），第587页。

3　伯克：《什么是文化史》，第151页。

4　阿隆：《论治史》，第197页。

5　菲雷：《史学计量法》，载勒戈夫、诺拉主编：《史学研究的新问题新方法新对象》，第68页。

持"。[1]"反事实模式"或假设方法可否用于历史研究，并不是一个没有争议的问题。马丁·邦泽尔指出，"反事实推理"有"好"和"坏"之分："坏的推理"不讲根据，属于纯粹的想象，而且是"没有任何限制的想象"；而"好的推理"则"能有根据"，可以通过"间接证据"来评价。在他看来，在历史研究的实践中，"反事实方法"并不像人们通常所认为的那样容易避开；而借助于"规律、理性和因果分析这三个基础"，则可保证它成为"好的推理"。[2]

在计量方法进入历史研究以后，所谓"反事实模式"或"假想实验"被作为核心方法投入应用，尤其在经济史研究中一度造成经济学、统计学和历史学合流的跨学科趋向。美国学者罗伯特·福格尔关于铁路与美国经济发展的研究，可说是这方面反响颇大、争议激烈的一个尝试。他采用"反事实模式"，假设到1890年美国还没有铁路，经济发展可能会出现一种什么局面。他基于多种历史资料，通过复杂的计量经济学研究，得出如下结论：马车和水路运输相结合，可以替代铁路；即使没有铁路，大草原地区也会得到开发；没有铁轨的消耗，美国的炼铁业也能找到自己的市场；因而铁路对美国经济发展的作用，并不像通常所说的那样重要。[3]福格尔预料其方法可能遭到非议，于是，他在书的前言中预先替自己做了辩护：如果史学要揭示过去实际发生的事情，就不能排斥他使用的方法，因为用这种方法得到的结果，与一系列重大问题上的流行见解是相对立的。[4]果不其然，他的书出版后旋即引发争议。费希尔从根本上否定福格尔的研究路

1　蒂姆·德梅、埃里克·韦伯：《历史学中的解释与假想实验》(Tim De Mey and Erik Weber, "Explanation and Thought Experiments in History")，《历史与理论》(History and Theory)，第42卷，第1期（2003年2月），第29、33、35页。

2　马丁·邦泽尔：《反事实史学：使用者指南》(Martin Bunzl, "Counterfactual History: A User's Guide")，《美国历史评论》(The American Historical Review)，第109卷，第3期（2004年6月），第845—858页。

3　罗伯特·福格尔：《铁路与美国经济的增长》(Robert William Fogel, Railroads and American Economic Growth: Essays in Econometric History)，巴尔的摩1970年版，重点参见第20、110、206、219、224页。

4　福格尔：《铁路与美国经济的增长》，"前言"，第7—8页。

径，称用经验方法来验证虚构的问题是极不可取的。他认为福格尔的研究存在三大缺陷：第一，关于在没有铁路的情况下采用何种交通运输网络的假设，实际上是从一个铁路已经出现的世界推演出来的。第二，这一研究涉及两个问题，"铁路是否改变了美国经济成长的过程？""铁路是否以只有铁路才能做到的方式改变了美国经济成长的过程？"前者可以用经验来证明，而后者则不能，这表明作者的研究思路存在逻辑上的欠缺。第三，关于铁路对美国经济成长是否不可或缺，正如美国内战是否不可避免一样，是一个形而上学的问题。总之，假设方法是不能用于历史研究的，因为以假设方式提出的问题，无法用经验方法来加以证明。[1]

　　除了"反事实模式"的新经济史研究，治史者还喜欢在具体问题上借助假设来建构解释，或用假设语气来表达论点。有学者提出，如果从历史当事人的角度看待历史，也就是采用"即时性视点"来观察历史，就会发现历史的演化存在多种可能性，而实际发生的历史只是其中某一种可能性最终实现的结果；就历史的这种"内在可能性品格"而言，历史就是可以假设的；这种假设不仅具有方法论的意义，而且还是"一种思辨的历史'理解'方式"。[2]另有学者持类似看法，认为假设方法可以用于研究以下这种情况：根据某一事实发生前的其他可能性，来判断这些可能性何以未能成为改变事情结局的因素。[3]还有学者提出，任何涉及因果的论断都可以运用"反事实模式"来检验，因为原因链条中任何环节的断裂，都有可能改变历史的面貌。[4]可见，假设方法在历史思考的层面确实能发挥某种积极的作用。但在运用时应极为慎重，因为不论史家如何高明和睿智，也难以真正从"历史当事人的视点"来看问题，任何假设都难免受制于假设者

1　费希尔：《历史学家的谬误》，第16—19页。

2　周建漳：《历史与假设》，《史学理论研究》，1994年第3期，第122—125页。

3　张绪山："假设"的历史和历史研究的"假设"》，《光明日报》2004年4月6日B3版，"理论周刊·历史"。

4　斯塔利：《历史想象》，第129页。

的"后见之明"，甚至可能只是依据某种"规律"、"理性"或"常识"做出的推测。尽管"反事实模式"有助于锻炼史家的思维，偶尔使用"假如……就会……"的"反事实"表述也无伤大雅，但假设终究不能成为解释历史的基本方法。

不过，对假设方法的某些误解也须加以澄清。"历史不能假设"是不少治史者的口头禅，其理由是历史是已经发生的事情，"假设"无助于获得真实的历史知识。有学者认为历史可以假设，运用假设方法有助于探明事件的前因后果，开拓研究的思路。实际上，这两种观点所涉及的"假设"，并不完全是一回事。声称"历史不能假设"，强调的是不能以假设代替事实，不能用假设的条件来进行历史分析；主张历史可以假设，是希望把假设作为一种辅助方法，通过分析历史上存在的其他可能性，以加深对问题的理解。

跨学科路径还有一个昙花一现的尝试，这就是心理学和历史学结合而产生的心理史学。长期以来，史家比较注重从历史人物的思想动机来解释历史，带有心理分析的色彩，只是这种分析通常是依据常识进行的，并未有意识地与心理学的理论相结合。现代心理学被引入历史研究以后，促成心理史学这一新的史学类型，并且使心理分析成为历史研究中常用的辅助方法。心理分析方法可用于处理两类题材，由此形成两个不同的研究领域。其一，在历史传记中对人物的心理和性格特征进行剖析，并阐释它们对人物行为的影响，或解释人物行为的心理逻辑。这是原初意义上的心理史学。其二，描述特定历史时期群体性的心理状态及其变化，有"心态史学"之称。

历史传记中使用的心理分析，一般借助于某种心理学理论，尤其注重探讨人物的早年经历和记忆对其成长道路及生平事业的影响。弗洛伊德和荣格等心理学家创立的理论，一度颇受心理史家的青睐。1910年，弗洛伊德本人用精神分析理论对达·芬奇进行研究，分析其出身和童年记忆对创作《蒙娜丽莎》的影响。虽然弗洛伊德提出的论点未能经受历史事实的检验，但这种尝试开启了心理史学的先河。此后，埃里克·埃里克森（Erik H. Erikson）写成《青年路德：对精神分析与历史学的研究》，托马斯·科胡特（Thomas A. Kohut）推出《德国的影像：对德皇威廉二世的研究》。两者都是运用精神分析理论研究历史人物的代表性著作。还有学者运用行为科学、心理学和社会学的理论来探讨历史问题，也有一定的建树。但是，心理史料相对缺乏，妨碍理论和史实的有效结合；而且，心理史家往往孤立地看待心理因素，未能联系相关的历史背景。诸如此类的欠缺，导致心理史学遭受诘难。[1]

虽然心理史学存在局限，但心理分析仍不失为历史研究中一种有用的方法。以往史家在建构历史解释时往往有所侧重，有的关注人物的动机，有的强调经济因素，有的突出制度的作用，有的侧重文化的意义，于是出现各具特色的分析方式，甚至造成不同的学术流派。重视心理分析，也是一种从人的角度看待历史、从潜意识等非理性因素来解释思想和行动的路径，如果运用得当，就有助于强化史学的人文性。韦伯关于新教伦理与资本主义兴起的研究，展示了一条从心理和文化角度切入历史的路径。不过，那些强调经济、制度、环境或规律的作用的学者，往往不太重视历史中人的能动性，当然也就不会承认心理分析有多大的价值。

其实，心理分析可用于许多问题的探讨。在外交史研究中，史家通常将国家利益视为外交决策的决定性因素。可是，国家利益并不能直接作用于外交决策，而需通过外交决策者的认知和判断才能发挥作用，因而只有了解外交决策者的心理，才能在国家利益和外交政策之间建立事实关联。心理分析也可用来探寻历史事变的社会心理基础。这种心理分析可以依据某种心理学理论，也可以依据常识来进行。在美国革命史研究中，有

---

[1]　参见于沛主编：《现代史学分支学科概论》，第67—110页。

一批学者注重"意识形态"的作用，精心考察革命者的价值观念、期望、恐惧和担忧对其行为的影响，以揭示革命的深层动因。其中，贝林和伍德的研究尤见功力，反响强烈。贝林仔细描述美国革命参与者的心理状态，提出解释美国革命起源的"阴谋假说"。他还讨论过革命时期效忠派托马斯·哈钦森的心理，揭示了效忠派复杂而痛苦的心路历程。另外，心理分析还可用来梳理历史事件的心理影响，威廉·兰格对欧洲黑死病的心理影响的研究，就是一个颇有名的例子。近几十年来，文学和史学领域都有学者从事"创伤研究"，也可能用到心理分析的方法。

第十章　研究的步骤

　　吕思勉论及"作史"的程序时说："第一，当先搜集材料。第二，当就所搜集得的材料，加以考订，使其正确。然后第三，可以着手编纂。"[1]《学术规范导论》一书的"历史学"一章，也介绍了"历史研究一般程序"，包括六个步骤："提出问题"；"了解研究现状，确定研究起点"；"搜集资料"；"提炼思想，形成学术观点"；"选择研究方法"；"完成论题写作"。[2]英国学者卡尔谈到自己的研究经验时说，他在获得一些主要的资料后就开始写作，边写边读，边读边写，在读和写的互动中推进研究。他的体会是："我写得越多，就越明白自己在寻找的是什么，也就越了解我所找到的东西的重要性和相关性。"[3]英国学者约翰·托什论及史料的运用，也提到两种研究方式：其一，从史料入手，集中钻研一种或一组史料，依照史料中包含的信息来确定探讨的方向和课题；其二，从问题出发，围绕在阅读二手文献时形成的问题，直接收集和阅读相关史料，而不顾及其他的史料。他认为，两种方式各有欠缺，但在实际研究中并不相互排斥，而有

1　吕思勉：《史学四种》，第29页。
2　杨玉圣、张保生主编：《学术规范导论》，第115—121页。
3　卡尔：《历史学是什么？》，第33页。

多种形式与之结合和平衡。[1]以上这些不同的说法表明，历史研究不像工厂流水线上的作业，并没有严格而固定的程序可循。治史和其他研究工作一样，始终处在智性、资料、环境等多种因素的复杂而微妙的互动之中，其间充满变数和不确定性。通常所说的"选题—研究—写作"这种程式，只是对研究过程的一般性描述。

一、课题的类型

历史研究的课题通常有宏观和微观之分，也有学者用"中观"来指介乎宏观和微观之间的中等规模的课题。宏观课题一般涵盖较大的地域，涉及较长的时段，而微观课题则是相对具体和细小的问题。随着参照系的变化，宏观和微观课题的实际规模也可能有很大的不同。相对整体性的世界通史编纂而言，区域史或国别史研究属于微观的层次；在国别史的框架内，对重大事件的研究也属于微观课题；在美国革命史研究中，研究革命时期经济生活或黑人对革命的贡献，具有宏观性质，而研究"威尔逊堡事件"或"邓摩尔的黑人军团"，则是微观课题。不过，就史学界的惯例而言，很少以世界历史为参照来区分课题的宏观和微观，而只有在具体的国别史和专门史领域，宏观和微观之分才有意义。

宏观课题大多带有综合性，微观课题则具有专深的特点，两者各有价值，相辅为用。有的学者擅长宏观研究，有的学者偏好微观课题。就一般情况而言，从事宏观研究的人，必先有微观研究的经验，并从微观研究的基础上自然而然地升华到宏观研究。否则，所谓宏观，难免流于疏阔。就史学的良性发展而言，微观选题和宏观选题应保持一定的平衡。微观研究是宏观研究的基础；反过来，宏观研究可为微观研究提供背景支持，并指

1　托什：《历史学的追求》，第84—85页。

引进一步深入的方向。偏于宏观，容易流于空洞肤浅，大而无当；过度微观，又可能止于细碎零散，招致"见木不见林"之讥，也不利于历史著作进入大众阅读。20世纪80年代以来，美国史学界颇为"碎片化"问题而焦虑，主要的弊端正是微观和宏观失衡，微观研究越来越细致而深入，而宏观的综合性著述则大为滞后。

　　在一般的印象中，似乎"传统史学"多为宏观课题，留传的史学著作大都集中于重大的政治事件和精英人物的事迹，涵盖面甚广，时间跨度也很大。细究起来则不尽然。中国古代的纪传体正史，实际上是由众多微观之作连缀而成的。明清学者常用的札记体著述，所涉及的也多为微观问题。在20世纪以前的欧美史学界，宏观著述的确更为常见，但研究具体问题的作品也为数不少。到20世纪中期以后，微观研究便成一股强劲的主潮。"新史学"更以长于微观课题著称，研究的焦点从精英人物转向普通人，从政治事件转向日常生活；使用的材料不再限于官方档案和名人手稿，而多为普通人的日记、书信、账册、法庭记录和地方文书等以往未引起注意的史料；在方法上则不再倚重单纯的叙事，而更多地借助社会科学理论进行分析。20世纪七八十年代以来，"新微观史学"渐有声势，涌现一批有影响的"小历史"著述。卡洛·金兹伯格（或译"卡罗·金兹堡"）的《奶酪与蛆虫》，叙述16世纪意大利一个小磨坊主的日常行为；勒鲁瓦·拉杜里（现通译"勒华拉杜里"）的《罗曼斯的狂欢节》，描述法国一个小镇居民在1580年狂欢节期间的冲突；G. 布鲁克尔的《乔万尼与卢莎娜》，讲述15世纪佛罗伦萨一对恋人的故事。[1]

　　从历代史家的经验来看，处理宏观课题难度较大，非高手名家莫办。前人治史推崇"会通"，唯有步入"会通"之境，方可驾驭宏观课题。可是，做到真正的"会通"又谈何容易。余英时在谈到"通论"型的宏观文

---

[1]　参见王挺之：《社会变动中的群体与个人——新微观史学述评》，《史学理论研究》，2002年第2期，第26—30页。

章时写道：

> 通论是所谓"大题小作"，往往不免要把非常复杂的问题加以简化，
> 面面俱到是不可能的。而且作者的知识和主观见解，又处处限制著论
> 点的选择、资料的运用、以致文章的剪裁。因此，任何通论性的题旨
> 都达不到最后的定说。照理想来讲，通论必须建立在许多专论研究的
> 基础之上，立说始能稳妥；而事实上，每一范围稍广的通论性的题旨
> 都包括着无数层次的大大小小的问题，如果要等到所有问题都解决了
> 才能写通论，那么通论便永远不能出现了。[1]

他这里所说的"大题小作"，是指将宏观课题简化，以较少的篇幅加以论
述。对"大题小作"也可做一"别解"，以此概括宏观著述的特点："大"
系指论题宏大，视野宽广；"小"则意味着资料翔实，论证精审。这也就
是说，研究宏观课题不仅需要开阔的眼界和高超的驾驭能力，而且要基于
丰富的学识和扎实的微观研究，并广泛参考、借鉴同行的研究。

　　宏观课题牵涉面广，涉及的问题较多，需要处理的材料也相对庞杂，
因而容易出现各式各样的毛病。通观各种宏观之作，普遍存在的弊端主要
有三类：其一，立论浮泛，似是而非；其二，拼凑扭合，不成系统；其
三，错漏比比，"遍体鳞伤"。丹尼尔·布尔斯廷是美国20世纪少见的史学
大家，其三卷本《美国人》，体大思精，别具一格，名重一时；但因有细
节疏漏、年代含混等方面的缺憾，同样招致同行的诟病。[2]即便是成名学者，
在处理宏观课题时尚且难免舛误，初学者如果贸然涉足其间，更可能顾此
失彼，捉襟见肘。

1　余英时：《历史与思想》，第1—2页。
2　罗伯特·布鲁斯：《打包过去：布尔斯廷的历程》（Robert V. Bruce, "Packaging the Past: The Boorstin Experience"），
　　《跨学科历史杂志》（*The Journal of Interdisciplinary History*），第6卷，第3期（1976年冬季号），第507—511页。

因之前人大多主张，初学者最好从小题目做起。王力向研究生讲解语言学论文写作之道，用许多例子来说明研究小题目的好处。他说："应该写小题目，不要搞大题目，小题目反而能写出大文章，大题目倒容易写得很肤浅，没有价值。"[1]他说的"小题目"，在史学领域就是微观课题，集中讨论一件事，研究一个人，甚至侧重某件事的某个方面，或某个人的某些事迹。对于学生来说，在校有年限，没有充分的时间来就"大题目"做充分的准备，其学力也不足以驾驭这样的课题。另外，讨论"大问题"，主要运用二手文献，也不利于初学者锻炼收集、鉴别和运用史料的技能。有的毕业论文题目过大，看起来像一本书，缺乏论文的特性，也收不到学术训练的效果。研究小题目，不仅易于把握，而且可在治学方法上进行更切实的锻炼。不过，外国史研究生的论文选题有其特殊性。国内外国史学科的知识体系不完整，资源积累单薄，材料不易搜求，如果研究的课题过"小"，可能会受资料的限制而不能深入，有时甚至难以敷衍成篇。但因此而走向另一个极端，也会造成不良的后果。论文选题偏于宏阔，时间跨度长达数百年，初学者不易驾驭，加以无法大量占有原始文献，也难以全面掌握已有的研究，通常不能写出新意。因此，外国史研究生的论文，也应选择资料相对较多的具体课题，只有在不得已的情况下，才可以适度扩展范围和时段。王力还谈到，由于材料的关系，研究生最好选择"一个内容比较单一、不需要找多方面材料的题目"。[2]这也是根据初学者的实际情况而提出的有益忠告。

初学者应多致力于做小题目，而成熟的学者是否就可以放手讨论"大"问题呢？国内史学界曾出现一种忽视小题目、重视大问题的风气，在世界史学科表现得尤为突出，以至于不研究世界性的宏观课题，就不能称作"世界史"。这种现象首先源于对"世界史"学科概念的误解。关于

1　王力：《谈谈写论文》，载王力、朱光潜等：《怎样写学术论文》，第1—3页。

2　王力：《谈谈写论文》，载王力、朱光潜等：《怎样写学术论文》，第4页。

世界史的学科体系，国内史学界有过讨论，吴于廑提出的见解颇受重视。他认为，世界史是"一个有限定意义的分支学科"，以世界从分散向整体发展的历程为研究对象。[1]这种定义与欧美史学界"世界史"概念如出一辙，但并不能涵盖中国学科目录中的"世界史"学科。国内的"世界史"学科，包括"宏观世界史"、"区域史"、"国别史"，以及涉及外国的"专门史"等几个领域。第一个领域从整体上探讨世界历史趋势，主要涉及世界史教科书编写、全球史、跨国史和比较研究等方面；第二、三个领域是目前国内世界史研究的主体；第四个领域涵盖国际关系史、政治史、经济史、社会史、文化史、妇女史、环境史、军事史、思想史、情感史等研究方向，可与第二、三个领域交叉重叠。在所有这些领域所进行的研究和教学活动，都属于世界史学科的范畴。这些领域之间不存在统属关系，也没有高下之分，不能以某个领域的标准来看待其他领域的研究。从目前国内世界史学科的实际状况来看，进行宏观研究的条件反而不够成熟，亟待加强的应是区域史、国别史和专门史等领域的微观研究。没有微观研究的雄厚积累，所谓"宏观的"和"整体的"世界史，就很难走出凌空蹈虚、肤浅浮泛的境地，也无法在欧美史学的框架和话语之外自成一格。

　　一度也有人觉得，研究小题目不易进行理论阐发，难以做到融会贯通，可能导致"见木不见林"或"重史轻论"的弊端。20世纪80年代初，国内史学界有人不满所谓"回到乾嘉去"的主张，并批评有些学者"只研究小问题，疏忽了大问题"，正是这种担忧的体现。[2]近年来，国内史学界又有"碎片化"之议，批评社会史和社会文化史的研究者专注于做"小"题目，而忽视对"整体性"的"大问题"的思考，也缺乏"普遍意义的内

1　吴于廑：《世界史学科前景杂说》，载吴于廑：《吴于廑学术论著自选集》，第42—45页；吴于廑：《世界历史——为〈中国大百科全书·外国历史卷〉作》，载吴于廑：《吴于廑学术论著自选集》，第52页。

2　参见王学典：《二十世纪后半期中国史学主潮》，第119—121页。

涵"。¹然则事实早已证明，一味提倡宏观研究，容易造成一种急功近利、空疏浮躁的学风。研究小题目，一方面需要下苦功爬梳史料，另一方面又不易获得广泛的读者，似乎不如写宏文大书讨好。对于大问题，"人皆能言之"，略读几本书，就可以发一大篇议论。可是，没有小题目做基础的宏观研究，非但没有什么学术价值，反而会在大问题上造成误解与混乱。

从小题目做起固然很有必要，但也不可绝对化，而要从研究领域以及个人的实际情况出发。在选题时，题目虽然要微观具体，但不一定越小越好，而须规模适中。有学者谈到，题目"太大了，力不胜任，难于完成，一定失败。太小了，轻而易举，不费力气，不利锻炼"。²这也是一种经验之谈。过小的题目的确易于驾驭，但不利于学习复杂的治史技巧，也难以体会研究过程的甘苦。而且，题目太小，写成一篇数千字的文章以后，便没有拓展余地，对此后的学术发展也不是好事。因此，选题时应多考虑题目的相关性，从大问题中截取小题目，完成一个，再接着研究其他相关的题目，如此生发铺展，最终或许可以写成大部头著作。

更重要的是，研究小题目要有大眼光，要下大功夫，力争做到"以大观小"、"小题大作"和"因小见大"。"以大观小"，是指用"大"历史的眼光来看待"小"问题，找到"小"问题在"大"历史中的确切位置，明了"小"问题对理解"大"历史的意义，避免使"小"问题成为游离于"大"历史之外的零散点缀，更不能让人误以为"小"问题就是"大"历史。"小题大作"，就是要下最大的功夫，调动全部的学力，占有详尽的材料，全力以赴地探讨"小"问题。胡适十分推崇顾炎武的治学路径，曾以"小题大作"一语，称赞他研究"小"问题肯下细密深入的功夫，运用翔实丰富的材料。³"因小见大"，就是要把"小"问题与本领域的基本问题联

1　参见李长莉：《"碎片化"：新兴史学与方法论困境》，《近代史研究》，2012年第5期，第20—24页。
2　王世德：《怎样写毕业论文和学年论文》，载王力、朱光潜等：《怎样写学术论文》，第19页。
3　参见陈平原：《中国现代学术之建立》，第162—163页。

系起来，为解答这些基本问题提供知识或思路，并通过若干"小"问题的连缀，最终显现"大"历史的轮廓。英国学者帕特里克·乔伊斯谈到，课题的"小"并不是问题的要害，关键在于如何处理小课题；"在大和小之间存在许多联系，但这里的关键是你从'小'入手而是（原文如此，"而是"疑为"乃是"之误——引者）为了寻求'大'的问题或主题的运作方式"。[1]这番话可能带有为后现代的"碎片化"辩护的意味，但也触及如何看待课题的"大"和"小"的关系。

二、问题与选题

在有经验的学者看来，选题乃是决定研究成败的一个关键。这就是说，选题是研究的重要一环，选题能力更是治学的基本功。一个优秀的学者，往往能选取既有价值又切合自身特点的课题，找到既出人意表又合乎情理的切入角度。在看待某一论著的学术水准时，首先要考察其选题是否富有新意，是否具有学术价值，以及是否具备适当的学术史背景。选题的能力并不是一个纯粹的技术性问题，而牵涉到研究者的禀赋、学养和眼光，也与读书多寡、史料占有和思考的方向有直接的关系，因而不能指望一蹴而就地成为选题的能手。专业训练的目的，即在于帮助初学者找到提高选题能力的方向和路径。

做研究需有具体的题目，而选取具体题目的核心环节，在于提出"恰当的问题"。对此前文已略有论及。现代史家的具体研究通常是从提出问题开始，通过回答问题而展开，最后以解决问题而告完成。无论一篇论文，还是一部巨著，都应当有一个或几个问题，否则主题和论旨就不明确。只有先找到有意义的问题，才能使研究的课题得以成立。对有经验的

1　李宏图：《从现代到后现代：当代西方历史学的新进展》，《史学理论研究》，2003年第2期，第103页。

学者来说，做研究需要"主动地"走进自己的课题，也就是对读到的材料不断地提问。[1]郑天挺用一种朴实而自带语境的语言，说出了同样的道理："研究历史，要多问几个为什么。问的越多，解决问题越彻底。应当一个问题扣一个问题地追问下去，找到问题的根本性原因和规律。"[2]一个课题一般是围绕一个或几个相互关联的问题而形成的，但这样的问题应当是解释性和思想性的，而不能是纯粹的知识性问题。例如，研究"美国革命的起源"，最初的研究者可能关注"革命究竟为何发生以及如何发生"的问题，这一问题显然带有解释性；但随着讨论不断深入和细化，自然会出现众说纷纭的局面，这时若介入这一课题的研究，就必须针对已有的各说或其中的某说来立论，这时的问题就必须具有某种思想性。诚然，一个课题可以分解为若干不同层次而相互关联的问题，但通常应有一个核心问题来引导讨论的方向，指明课题关注的焦点之所在。

　　学界曾流行一句话："有了好的问题，就等于成功了一半。"对于历史研究来说，"好的问题"未必等于成功的一半，因为有了"好的问题"，如果缺乏材料，也只能望"题"兴叹。但是，"好的问题"至少能够指明一条通向成功的路径。现代史学史上有影响的著作，无一不是围绕一个或几个"好的问题"而写成的。例如，关于美国革命的起源，在美国史学界向来颇受关注，论著甚多，各说并立。带有"范式"意义的观点有：英国的"暴政"促使殖民地居民起来反抗；英国的贸易和关税政策引起殖民地商人不满，以致发动反叛；殖民地社会发育成熟，力争自治，致力于摆脱英国的统治；殖民地社会走向成熟和强大，本地精英希望把北美变成一个不受英国控制的强大帝国；不同阶级的冲突愈演愈烈，最终引发深刻而激烈的社会变革。美国史家贝林从一个新的角度来切入，提出若干具有转换思路的意义的问题：革命的参加者是如何看待他们反抗帝国的原因的？他们

1　特拉齐滕伯格：《国际史的技艺》，第79页。
2　郑天挺：《漫谈治史》，载文史知识编辑部编：《学史入门》，第2页。

构筑"反叛逻辑"的思想和话语资源来自何处？他们的希望和担忧、追求和焦虑对于革命的发生和进展有什么影响？基于对这些问题的探讨，贝林提出"阴谋假说"和"共和综论"，在美国革命史研究中引起了所谓"贝林革命"。又如，美国历史上的"重建"时期，在美国史学界长期被说成一个"黑暗的时代"：北部共和党人和投机分子纷纷南下，与南部某些白人联手，利用黑人来实现他们的政治、经济的目的，导致南部腐败丛生，重建最后也以失败而告终。美国史家埃里克·方纳质疑这种解释方式，提出一些新的问题：重建真的以失败告终吗？黑人在重建中究竟扮演了什么角色？重建对美国社会的现代化有什么意义？基于这样一些带有鲜明思想指向的问题，方纳写出《重建：美国未完成的革命》一书，为重建史研究增添了一部里程碑式的著作。

卡尔·波普尔说："科学在其发展中在任何时候都遇到问题。……在我们能够收集资料之前，我们对**某类资料**的兴趣必定已经产生了。这就是说，问题总是最先出现的。"[1]史学虽然不是他这里所说的"科学"，但在研究程序上似乎也有相似之处。有学者提出，历史研究程序的第一步，正是"提出问题"，然后才是掌握研究状况和收集资料。[2]不过，对于初学者来说，实际的研究过程并不一定遵循这种程序。问题固然是研究的先导，但初学者的问题一般并不是"最先出现的"。初学者进入一个领域和接触一个课题，首先要阅读大量的相关研究文献，并对所涉及的原始材料有初步了解，然后才有可能产生提问的意向；接着，在交替阅读第一、二手文献的过程中，要讨论的问题便逐渐清晰地凸现出来。例如，一个初学者研究明代财政，绝不可能首先凭空想出一个问题，然后再去读黄仁宇等人的著作，翻检《明史》、《明实录》等书来找材料，而恰恰是相反。对于一个研究明史素有积累的学者，由于早已熟悉明史领域的整体研究状况，对于明

1　波普：《历史决定论的贫困》，第96页。黑体字系原文所有。

2　杨玉圣、张保生主编：《学术规范导论》，第115—121页。

代史料也了如指掌，当转而研究明代财政时，有可能是先产生某个问题，然后围绕这个问题来具体收集材料，深入推敲。还有学者认为，原创性的想法不可能仅仅产生于阅读第二手文献，而只能来自对原始材料的深入细致的钻研。[1] 实际情况可能也没有这样绝对。研究者在阅读第二手文献时，也会产生疑问，追寻这种疑问而进一步阅读第一或第二手文献，最终有可能把最初的疑问变成研究的问题。总之，"好的问题"通常产生于持续的阅读和思考的过程中。

　　要找到"好的问题"，在很大程度上取决于研究者的学养、悟性和努力，似乎没有特别的窍门。不过，从前人的经验来看，也依稀可见某些可资效法的途径。最根本的一点依然是要多读书，以全面而透彻地掌握前人的研究，深入理解相关的史料，为自己的思考构筑厚实的知识语境。同时，要以怀疑和对话的姿态来对待所读的书，从中发现疑点、漏洞乃至空白，作为自己探寻的起点。所谓怀疑的精神，关键在于不迷信权威和成说，不被动地接受已有的知识，而对既有各说提出各种各样的问题。"对话"则要求理解前人之说，以换位思考的方式看待前人立说的学理和逻辑。古代学者经常提到读书须"有疑"。孟子说，"尽信书，则不如无书"；[2] 程颐说，"学者先要会疑"；[3] 陆九渊说，"为学患无疑，疑则有进"。[4] 他们所强调的都是要带着疑问读书，这样才会发现问题，有所收获。明代李贽曾谈及"由疑而悟"的问题："学人不疑，是谓大病。唯其疑而屡破，故破疑即是悟。"[5] "疑"是提出问题的先导，而"悟"则意味着找到了解答问题的思路。由"疑"而"悟"，无疑是以怀疑和对话的姿态读书的佳境。梁启超论及以戴震为代表的清人的治学精神，就这种治学路径做了概括：

1　埃柯克：《有时是艺术，从未是科学，但总是技艺》，《威廉－玛丽季刊》，第51卷，第4期，第639页。

2　杨伯峻：《孟子译注》，下册，第325页。

3　张明仁编：《古今名人读书法》，第40页。

4　张明仁编：《古今名人读书法》，第68页。

5　张明仁编：《古今名人读书法》，第97页。

"盖无论何人之言，决不肯漫然置信，必求其所以然之故；常从众人所不注意处觅得间隙，既得间，则层层逼拶，直到尽头处；苟终无足以起其信者，虽圣哲父师之言不信也。"[1]

提问还需要理论的参与，理论不啻为思考的引擎。同样的题材和史料，用不同的理论来观照，完全可能浮现不同的问题。比如，18世纪中期清朝曾有所谓"叫魂"妖术，若运用不同的理论工具，就可能关注很不一样的问题。熟悉社会学理论的学者，可能比较留心这种妖术形成的社会机理，着力探究它作为一种社会习俗的功能和意义；了解民俗学理论的学者，或许更注重妖术的民俗内涵，着重讨论它在中国传统民间信仰中的位置和意义。美国学者孔飞力（Philip A. Kuhn）则综合运用社会学和政治学的理论，就此讨论几个相互关联的问题：乾隆盛世何以会出现"妖术恐慌"？朝廷和地方官员对"妖术恐慌"的不同反应，是否说明清代皇权和官僚机制之间存在着某种复杂而微妙的关系？为解答这些问题，孔飞力既探讨"妖术恐慌"产生的社会根源，又深入揭示专制权力的运作方式及其限度，进而提出"官僚君主制"的概念，为理解清代政治史提供了一个新的视角。[2]于是，一个社会史的课题，经过多种理论的发酵，最终产生了政治史的意义。这个例子表明，思考和提问的过程，也是一个理论和材料发生"化合反应"的过程；只有充分而合理地调动理论工具来处理题材和史料，才能从中发现最有意义的问题以及相应的探究方向。因此，治史者既要培养理论思维的素质，也要具备运用理论工具的自觉。在阅读史料和研究文献时，研究者除了借助平日的理论修养，还可以同时读一些直接相关的理论文献，这样更有利于寻找思考的突破口，产生富有新意的问题。

突破常规的思考方式，也能增加发现新问题的可能性。对于同一个事物，若换一个角度来看，或不按常规来考察，或许能有新的发现。这方面

---

[1]　梁启超：《清代学术概论》，第31—32页。

[2]　孔飞力：《叫魂：1768年中国妖术大恐慌》（陈兼、刘昶译），上海三联书店1999年版。

例子可谓比比多见。欧美学者习惯于从"西方"来看中国，用"西方"的模式来考察中国历史，其视角可能带有"欧洲（西方）中心论"的意味。为摆脱这种弊端，美国有中国史研究者倡导"在中国发现历史"，以"中国中心观"对抗"欧洲（西方）中心论"。美国华裔学者王国斌则反其道而行之，认为要超越"欧洲（西方）中心论"，首先应当回到欧洲，既从欧洲的角度考察中国，也用中国的标准评价欧洲，并将两种视角结合起来。他用这种方式来考察中国历史，发现了许多有意义的新问题。[1] 又如，论及美国独立战争的性质，国内学者习惯于从北美是英属殖民地这一事实着眼，并借助二战后形成的反殖民主义理论，把美国的独立战争视为反抗英国殖民统治的"民族解放战争"。然而问题是，18世纪的北美殖民地与二战后的非洲殖民地属于同一性质吗？北美殖民地居民如何看待他们与英国的政治关系？美国独立战争时期存在反殖民主义的思想意识吗？独立战争的参与者是以这种方式来看待他们的行动吗？在如此这般地转换思考角度以后，原来的观点似乎难以成立，新的问题也就得以形成。实际上，美国独立战争只是英帝国主权体内部的政治分离事件，而不是现代意义上的反殖民主义的"民族解放运动"。

学界同行经常就某个问题展开商讨和争论，这对深化历史认识具有重要的作用。选择有争议的问题进行研究，也是常见的选题途径。他人的研究通常有所侧重，因而也就存在局限，如果能够找到不同的角度，或掌握新的材料，就会形成不同的研究思路。20世纪的美国史学界，围绕奴隶制的起源，曾发生一场长达数十年的热烈讨论，不少重要的学者加入其中，先后问世的名著有《美利坚的奴役，美利坚的自由》[2]、《白高于黑》[3]等。毫

1　王国斌：《转变的中国——历史变迁与欧洲经验的局限》（李伯重、连玲玲译），江苏人民出版社1998年版，第2、3页。

2　埃德蒙·摩根：《美利坚的奴役，美利坚的自由：殖民地时期弗吉尼亚的考验》（Edmund S. Morgan, *American Slavery–American Freedom: The Ordeal of Colonial Virginia*），纽约1975年版。

3　温斯罗普·乔丹：《白高于黑：美利坚人对黑人的态度》（Winthrop D. Jordan, *White over Black: American Attitudes Toward the Negro, 1550–1812*），纽约1977年版。

无疑问，关注史学界的研究热点，加入有意义的学术讨论，乃是一条有效的选题路径。另有一些课题，经过许多学者的探讨，似乎已是"题无剩义"，多年不再有人问津；可是，假若换一个角度来重新考察，也有可能发现新的研究价值。这就叫做"旧题新作"，"推陈出新"。许多处于沉寂状态的老问题，若遇到"独具慧眼"的研究者，也能成为创新的契机。有初学者在准备学位论文时，对某些"定论"产生疑问，穷追不舍，最终找出证据坚牢、自成一说的新答案。可见，"开拓生荒"固然重要，"熟地新耕"也能带来可喜的收获。

三、课题的确定

治学不外两个途径：其一，平时留心收集和积累资料，待到资料渐多，便就材料相对集中的问题写成文章；其二，先确定一个题目，围绕这个题目收集资料，一旦资料大致齐备，便可铺排成篇。古人治学大多采取前一种途径，倡导以读书为本，在读书的过程中积累材料，发现问题，产生心得，遂有著述。当今研究者通常以选题为中心来收集材料，找到材料便写文章。这种差别可能与学术体制的变化有关。古人多不以著述谋生，也不求发表论著而获得晋升之阶，因而可以穷毕生之力来读书，读书有得方落笔为文。现代专业化、职业化的学术，则难免兼有工业生产的特点，学者须定期定量地制造学术产品，以满足考核的要求，并有利于晋升和改善待遇。在这种情况下，围绕选题而集中研究和写作，就成了一种高产出的有效方式，由此形成新的学术生产流程。两种途径各有利弊，如果取其所长而综合利用，或许能收到更好的效果。具体来说，学者在以选题为中心进行集中研究的同时，也不忽略仔细读书，留意积累资料，在完成"短线"指标时兼顾"长线"课题。这样既能有定期的发表，又可蓄积学术底蕴，假以时日，或许可以汇聚成重大的治学实绩。

　　初学者的研究工作，一般是从选题开始的。学生接受治史训练的方式，主要是写作学年论文和毕业论文。学生在校时间有限，而论文完成有期，故须"缩短战线"，专心致力于某个专题，以按期完成论文，并收到学术训练的效果。找到一个适合自己的题目，这本身就是治学能力的一个重要方面；不具备这种能力，就无法成长为一个合格的学者。就研究生的训练而言，选题能力的培养尤为重要。可是，这种训练也容易遭到忽视。有的学生喜欢向老师要题目，而有的老师也习惯于给学生指定题目。美国学者贝林一生指导过60多名博士生，其中不少都是美国早期史领域的知名学者，可谓"桃李盈门"。他的经验是基本上不给学生"分派题目"，而是通过不断的讨论来明确学生的兴趣所在，了解什么"真正能抓住他们的想象"，据此逐渐发展出研究的题目，或找到值得去研究的领域。[1]这种师生互动式的选题方式，确实不乏效法的价值。学生初次自己动手找题目，难免感到茫然，这时老师可以帮助其划出大致的范围，或提示一个可能的方向，通过师生之间的讨论交流，逐步确定具体的题目。这也属于贝林曾提到的情形：有些人需要别人提供一点具体的建议，以便他们能够"动起来"。[2]对于成熟的学者来说，选题似乎不在话下；但要选取最具学术价值的前沿课题，同样不是轻易就能办到的事情。

　　选题涉及"点"和"面"的关系。严耕望不赞成就一个一个的小问题分开研究，因为这种"专"不可能带来"精"；他主张应做"面"的研究，即"目标要大些，范围要广些，也就是大题目，里面包括许多小的问题。如此研究，似慢实快，能产生大而且精的成绩"。[3]他所说的这种"面"的研究，实际上是将一个大题目分解为若干相互关联的小题目，研究小题目时盯着大题目，最后再把所有小题目的研究结果组合起来，变成大部头的

1　埃柯克：《有时是艺术，从未是科学，但总是技艺》，《威廉－玛丽季刊》，第51卷，第4期，第639页。
2　埃柯克：《有时是艺术，从未是科学，但总是技艺》，《威廉－玛丽季刊》，第51卷，第4期，第639页。
3　严耕望：《治史三书》，第16页。

论著。简单来说，这就是从"面"到"点"，"点""面"结合。这种研究策略，对于选题也有参考的意义。在选题时，先确定一个较大的领域，对这个领域的基本知识、研究状况和资料分布做一番考察；接着深入研读其中的代表性论著和基本史料，以获得比较全面的知识，作为专深研究的底蕴；最后逐渐缩小范围，集中于其中的某个问题，这时也就找到了选题。依照这种策略来选题，伸缩进退都能方便自如。如果某个问题的研究无法开展，也不难在本领域另找一个题目；在完成了一个题目以后，就可以很自然地转换到其他相关的题目。

这种选题策略的关键在于读书。古人将读书视为治学之本，只有"读书得间"，方可言及著述。今天所说的读书，包括阅读理论著作、专业书籍、专题研究文献和相关史料。20世纪前期有一批学者，特别是傅斯年，一反古人的治学路径，主张以"找东西"为治学的主要途径，痛批"读书即学问"的说法，声称"我们不是读书的人"。[1]这种刻意将读书与治学割裂乃至对立的主张，针对的可能是片面注重正统文献、死守"六经三史"的古旧学风，呼吁发掘和整理新材料，以推进学术发展，带有矫枉过正的用意。因此，不能简单地认为傅斯年反对学者读书。其实，傅斯年本人博极群书，学识渊博。一个优秀的学者，必是饱学之士，而且通常以读书来找题目，以读书来做研究。全球史大家威廉·麦克尼尔谈到，他做研究的方法挺简单，先对某个问题产生兴趣，接着去读书；在读书时会对原先的问题加以重新界定，并调整阅读的方向；按照新的方向读书时，又会进一步重新界定问题，进而重新调整阅读方向；如此多次循环往复，最终感到所得结果是确当的，这才动笔把它写下来。[2]这种朴实而有效的治学方法，正是一种以读书为中心的研究路径。

不过，选题也不会直接从书里面跳出来，而要研究者从思考中去发

---

1 傅斯年：《历史语言研究所工作之旨趣》，载岳玉玺等编：《傅斯年选集》，第182、183页。
2 加迪斯：《历史的风景》，第48页。

现。选题时，读书不能漫无目标，而要集中阅读某一领域的文献，头脑里装着疑问，通过读书来发现问题。如果在读书时不带任何先入的观点或问题，就会导致泛漫无边，其结果很可能是有知识而无问题。读书的过程必须是一个思考的过程，平时的知识积累和关注点与书中的知识和思想发生碰撞，激发灵感，开启思路，不断校正初步形成的问题。另外，在读书时须留心积累材料，材料丰富到一定程度，也可能带出有意义的问题，从而促成选题。严耕望在这方面也有自己的经验。他谈到，早年读翁方纲的《两汉金石记》、宋人洪适的《隶释》和《隶续》等石刻资料，发现了许多关于汉代职官的史料，可补正史记载的简略，而前人对此未加注意和引用，于是据此写成题为《秦汉地方行政制度》的毕业论文。[1]

　　确定研究的题目，的确是一个相当复杂的过程，中间会受到许多因素的影响或制约，其中有些因素是学者个人所无法左右的，而有些因素则在自主控制的范围内。对当今学者来说，"现实关怀"是引导选题方向的一个重要因素。申请研究基金，必须论证课题的现实意义。所谓"现实感"、"现实性"或"现实需要"，反映的是对学术的短期效应的期待。前文论及，一个学者的选题或明或暗总会反射出现实的影子。研究美国选举史的学者，在选题时可能会想到美国最近几次总统选举争议；一个专攻中东国际关系史的学者，可能会从当前巴以局势以及中东难民问题得到选题的灵感。不过，不同的学者对现实的认知并不一样，关注点也各不相同，这可能给同一领域带来选题的多样性。而且，学术本身也是一种需要"关怀"的"现实"，对社会现实的关怀必须与对学术的关怀结合起来，才有可能产生既有现实意义又有学术价值的课题。有时一个学者选择某个题目，可能仅仅是因为其本人觉得这个题目值得研究，而已有的研究又相当薄弱。这种纯粹的"学术关怀"，也有不证自明的正当性。

1　严耕望:《治史三书》，第202页。

　　然则一个课题是否成立，其决定性的因素还在于学术方面。一个合格的学者，在考虑做什么题目时，首先要明确这个题目是否有新意，是否值得研究。现代史学"过量生产"，从未有人涉猎的课题少之又少；而一个课题前人研究得越多，创新的余地就越小。对于无法超越前人的题目，后来者尽量不要涉猎。确定一个题目能不能研究，需要依靠具体而细致的学术史梳理。[1]杨志玖将掌握研究状况形象地比喻成"了解行情"。[2]不知"行情"，产品就容易与人雷同。前人有轻视检索以往研究成果的倾向，比如严耕望就说过，查找与自己欲着手的课题相关的论文，不必花太多的功夫，而应在基本材料上"下细密深入功夫，保证会有突出前人的成就"。他自信平时即已留意有关论著的出版情况，若有未见到的，大抵不甚重要，只管按自己的工作方式去做，就肯定能有新意。他还称这种做法是屡试不爽的。[3]但这显然不是一种治学的常规，尤其不能为初学者所仿效。普通学者千万不能过分相信自己有"独特的"学术眼光，也不能单凭平时的印象来判断已有研究的情况，而应用较多时间和精力，系统地搜集有关论著，并加以仔细研读和评判，不仅要避免"撞车"的风险，而且还要力求有新意。待到文章写成，才发现自己"与前人暗合"，那就等于做了无用功。围绕选题所做的这些工作，可以说是对选题的**"学术史定位"**，目的是确定该题目是否有研究的余地。

　　一个题目自身的学术价值，也是选题时需要重点考虑的问题。有经验的学者会将拟选的研究题目置于本领域的知识系统中考察，看它能够在多大程度上丰富和增进本领域的知识积累，深化对本领域的具体问题的认识。这可以说是对选题的**"研究领域定位"**，也就是确定一个题目的学术价值。在这个过程中，研究者至少要考虑两方面的问题：为什么要研究这

1　参见本书第六章第一节。
2　杨志玖：《和历史系同学谈怎样写论文》，载文史知识编辑部编：《学史入门》，第167页。
3　严耕望：《治史三书》，第59—60页。

个课题而不是其他的课题？为什么要用这种方式而不是其他方式来研究这一课题？例如，研究19世纪末20世纪初进入美国的意大利移民，就要将这个群体的经历置于整个美国移民史领域来考察，以确定这一课题在美国移民史研究中具有何种意义。有的学者比较关心课题完成后能否产生反响，但这方面的事情通常不是学者自己所能控制的。研究者所能做的事，不过是极力选择学术价值高的题目，争取使自己的研究具有深度，写出的论著能够达到较高的学术水平。

材料是否充足以及获取的渠道是否畅通，对课题的确定也具有决定性的作用。再好的课题，如果没有材料，或者有材料而无法获取，也只能"忍痛割爱"。相反，一个学者如果发现一批相对集中的新材料，也就等于找到了一个有价值的研究课题。因此，在确定课题之前，首先要对相关资料的状况进行调查，做到心中有数。这里所说的资料，包括史料和研究文献，必须两者并重，如果偏废一端，便不利于准确判断课题的可行性。当然，在选题的过程中，对于资料情况只能有一个大略的了解，最低限度在于查明资料的价值、收藏和获取渠道。有一点尤其不容轻忽，即落实课题所需的核心资料。如果得不到核心资料，就只能改选别的题目。例如，研究19世纪末20世纪初美国最高法院对劳工问题的态度，这一时期最高法院的有关判例就是核心资料，如果找不到这批资料，就无法着手研究。研究微观课题尤其要重视原始资料，因为这种研究的基本任务，就是梳理出一个关于具体事件的史实序列，如果没有新材料，就无从谈及新意。博士生的毕业论文选题一般比较细微具体，因而必须尽力发掘新材料。

在确定选题时，研究者还须考虑自己是否有能力驾驭拟选的课题，能否在规定的时间内完成研究工作。有的课题难度较大，或者需要专门的知识和技能，只要超出研究者的驾驭能力，学术价值再大也只能舍弃。比如，一个学者如果缺乏数学和统计学的基础，显然就不适合选取量化史料较多的课题，更不能轻易接触计量方法。抽象思维能力弱的学者，研究思想史可能会倍觉艰难。当然，有些课题所需的某些知识和技能，是可以临时补充的。严耕望谈到，何炳棣为写《黄土与中国农业的起源》，曾"临时恶补"有关知识。不过，他同时又说，"临时补习"虽然是"绝对必要的"，但只能补充一些辅助性的知识，基本的知识和材料，一定要在自己平时已经掌握的范围内。[1]另外，选题的规模和研究计划也要切合实际，能够在一定的时间内完成。研究生有毕业年限的规定，选题如果不能在此期间完成，就会延误学业。对专业史家来说，一个课题如果需要毕生时间才能完成，也会带来一系列严重的现实问题。有位学者在谈到自己的经学史研究时说，最初立志写一部"基于现代人立场的、对传统学术进行重新审视的《中国经学史》"；后来发现这部书"不那么好写"，"也许穷毕生之力，也未必能够达到自己预想的目标"；于是转而进行"分经典的研究"，先写一部《春秋学史》。[2]成熟的学者往往能根据具体条件及时调整选题和计划，初学者尤其需要重视这方面的经验。

在确定选题时，研究者还可以附带考虑，拟选的题目是否有利于自己将来的学术发展。课题涉及的领域是否具有发展前景，课题本身是否具有前沿性，能否进入当前史学的主流，这些问题都与研究者个人长远的学术发展有着密切的关系。一个领域的发展前景总是处在变化中，有时在某一阶段相对沉寂的领域，过了若干年又可能焕发新的生机，其关键在于是否有新的问题、新的视角、新的材料和新的路径。20世纪政治史在欧美史学界的沉浮，可以说是一个很有意思的例子。在20世纪前期，关注精英人物和全国政治的"传统"政治史发生危机，逐渐受到冷遇；到了五六十年代，政治史研究者引入计量方法和行为科学，转而探讨基层政治和大众政治行为，促成"新政治史"的兴起。未几，"新政治史"又走进越来越窄的胡同，政治史再度陷入冷寂。及至20世纪末，历史社会学、文化人类学

1　严耕望：《治史三书》，第57页。
2　赵伯雄：《春秋学史》，"自序"，第1页。

的理论进入政治史领域，政治史家接受社会史和文化史的启迪，把研究视野转向民众政治、基层权力、大众政治信仰以及核心政治观念的演变，推动政治史走向复兴。可见，即使研究题目属于一个沉寂的"老"领域，只要努力做新的探索，也能取得出色的成绩。毫无疑问，有眼光的学者在选题上常有前沿意识，研究的题目在材料、视角和方法诸方面，都极意突破现有格局，具有引领研究风气乃至"重新界定领域"的潜力。仍以政治史为例，关于高层政治和政治精英的课题，早已远离学术的前沿；而基层权力和民众政治方面的选题，至今仍有一定的前沿性。此外，研究者也不可忽略选题的扩展性。选定一个题目，如果只能写一两篇文章就不再有研究的余地，显然是失策之举。最好的选题策略，是盯住一个可以不断生发拓展的题目，使自己的研究在一定时期内具有连贯性，能产生成系列的作品，最终形成自己的研究特色。这一点对于博士研究生颇为重要。凡有志于治学的初学者，在进行学位论文选题时，一定要着眼于自己长远的学术道路。一篇好的学位论文，应当有助于树立将来的学术形象。

　　题目大致确定以后，如果用于申请研究基金或作为学位论文的选题，通常需要写出一个大致的选题报告。各种研究基金都有自己的申请表格，申请者按要求填写即可。至于研究生的选题报告，目前还没有通行的格式。据一位在哥伦比亚大学获得博士学位的中国学者介绍，美国大学史学专业博士生的选题报告，一般包括"阐述题目"、"列举和评论现存的同类研究的不足"、"说明论文的构思、研究方法、章节安排、材料来源"等方面的内容。[1]这些项目大体上包罗研究者在选题阶段所应具有的信息和想法。美国学者贝林反对研究生一开始就制定"选题报告"，因为这种从第二手文献中得来的想法不可能具有什么原创性；相反，在随后的实际研究中，

---

[1]　王希：《美国名牌大学的博士生培养制度》，《中国政法大学人文论坛》，第一辑，中国社会科学出版社2004年版，第501页。

需要反复提出类似"选题报告"的研究设想。[1]换言之，如果缺乏切实而深入的前期工作，特别是没有钻研有关研究文献和主要史料，选题报告就难免流于形式。

四、资料的收集

英文的"research"和"study"均有"研究"之意，在涉及操作性、程序性的学术工作时，常用前者。"research"既指"围绕一个课题来探查事实或真相"的一般性活动，也指"有组织的科学探索行为"。就这种含义而言，收集资料的工作就构成研究的主要环节。按照一般说法，课题确定以后，研究者就要进入收集资料的阶段。但实际的研究工作并非如此严格地次第进行。在选题时需要做资料调查工作，并初步阅读代表性论著和基本史料，这无疑是资料收集工作的开端。随着资料收集工作的进展，可能要对选题进行调整，甚至做很大的修正。即使进入写作阶段以后，还会发现缺少某些资料，需要回头再做查找的工作。因此，在实际的研究中，选题、收集资料和写作等环节，并不像操作机械一样有固定不变的程序，而是一个交错反复、交相促进的过程。

在收集资料之前，一般需要整理一份系统的专题文献目录。这一工作通常在选题阶段就已经着手，在课题确定后则可做进一步调整和补充，力求全面而完备。所列书目不必限于当时有条件获得的材料，而要尽可能全面涵盖与课题相关的文献。出于一目了然和突出重点的考虑，可对目录加以分类。第一步，分成"资料性文献"和"研究性文献"两大类；第二步，在两类文献之下再做细分。可依据文献的性质，将"资料性文献"分为档案、公文、手稿、日记、书信、报纸、谱牒、碑刻、笔记、账册、统

1　埃柯克:《有时是艺术，从未是科学，但总是技艺》,《威廉-玛丽季刊》,第51卷，第4期，第639页。

计资料和公开出版的资料集等。"研究性文献"可以按专著、论文、未出版学位论文等栏目编排。同时，还需在每一种文献后面注明收藏地或获取途径，以备查找时参考。这样做看似繁琐费事，但"磨刀不误砍柴工"，有一份完备的书目在手，收集资料时就能得到"按图索骥"的便利。如果事先不编书目，研究中随意找书，就无法保证资料的系统性和完备性。中国史学有目录学训练的传统，外国史研究者同样要重视目录学工作。

文献目录的获取有多种途径。最便捷的办法是从相关的工具书中摘录。欧美史学界编有各式各样的书目工具书，有的按地区、国家甚至更小的地域单位编排，有的按年代和时期编排，有的按专题编排，甚至还有关于书目工具书的工具书，都能提供很有助益的资料线索。[1] 美国历史协会编有《美国历史协会历史文献指南》，经多次增补和修订，篇幅已达两千余页，不仅收录有关世界各国、各地区、各时期、各专题的主要研究性文献，而且附有史学刊物目录，具有很高的实用价值。[2]《哈佛美国历史指南》则是研究美国史的通用书目工具书，不仅收录基本史料和主要研究论著的目录，而且对研究方法和写作规范做了简要的介绍。[3] 除了这类工具书，还可从相关论著的参考文献中寻找所需的书目。另外，专业学术期刊一般刊载介绍档案、手稿和近期出版物的信息以及新书评介，可以从中找到新近问世的文献。网络和数据库更为查找书目提供了便捷的途径。例如，进入美国国会图书馆的网上书目检索系统，输入与自己所需文献相关的主题词，就可以获得该馆收藏的所有相关文献的目录。一些较大的期刊数据库，如"中国期刊全文数据库"、"JSTOR"和"EBSCO"等，都可以用来

---

1 参见谢弗主编：《历史学方法指南》，第109—111页。

2 玛丽·诺顿主编：《美国历史协会历史文献指南》（Mary Beth Norton, gen. ed., *The American Historical Association Guide to Historical Literature*），纽约1995年第3版。

3 《哈佛美国历史指南》（*Harvard Guide to American History*）最初由美国史学名家奥斯卡·汉德林主持编写，在1954年和1967年分别出过两版；1974年和1979年又分别出版由弗兰克·弗莱德尔（Frank Burt Freidel）编写的新版。

检索论文篇目。有些史学网站还挂有专题书目，下载也十分方便。

编制专题文献目录，还只是资料收集工作的一小步。更艰巨而繁琐的事，在于找到所需要的文献，并摘录成可用的专题资料汇编。资料的摘录是一个初步的阅读过程，可把不相关的部分排除在外，将可能有用的资料以一定的方式保存下来，作为思考的材料和写作的准备。收集资料要从阅读研究性文献入手，而不能一开始就埋头看原始材料。美国有学者提出"定向性阅读"（orientation reading）的理念，即通过阅读代表性的论著来了解课题的内容，找寻思考的方向，掌握资料的线索。[1]就课题所做的学术史梳理，就具有这种"定向"的功能。只有掌握一定的知识和概念，对课题的内涵有初步的了解，形成一个具有识别和辨析功能的思想透镜，才能在浩繁的原始文献中发现课题所需要的材料，才能准确理解材料的含义。韦庆远写道：

> 在利用档案之前，最好先能够初步熟习有关本专题的图书文献及前人、今人对此问题的研究成果，能够对本专题研究的重点、难点、疑点和薄弱点，做到心中有数。当我们接触到档案所反映的大量具体资料时，就会比较易于权衡鉴别，比较易于知道妥善取舍增补，何者应详，何者应略，何者需全文复制，何者应摘录其要点，何者可以进行量化统计，何者比较可靠，何者纯为不实之词。……基本功扎实一些，知识领域宽一些，对于利用档案肯定是大有帮助的，所谓由博入约，由广阔到精深。[2]

这是一位对明清档案下过精深功夫的专家的经验之谈。赵光贤也谈到，收集资料一定要"带着问题看书"，"脑子里如果没有问题，即使材料明明摆

1　谢弗主编：《历史学方法指南》，第46页。
2　韦庆远：《利用明清档案进行历史研究的体会》，载文史知识编辑部编：《学史入门》，第127页。

在你面前，你也看不见"。[1]他所说的"问题"，无疑只有事先读书和思考才能产生。有人主张在接触原始材料之前不要读研究性著作，以免受到他人见解的影响。这种做法不仅背离学术规范的要求，也会妨害收集资料的成效。从学术继承与创新的角度说，如果他人的见解能得到材料的印证，即为定说；如果不能得到印证，正可以提出新的见解。更为重要的是，不借助阅读研究性文献所形成的知识背景，就无法看出具体材料的意义以及同主题的相关性，可能遗漏很多有价值的材料，甚至可能在大堆的原始文献面前感到茫然而不知所从。

在收集原始文献时，可以利用各种档案指南和资料索引（index）。索引是一种可以大大节省学者劳动的工具书。在没有索引的时代，研究者必须通读一种文献才能发现有用的资料，有时甚至读过成百上千页文献，也未能找到一条可用的材料。古人注重平时广泛涉猎，边读书边摘抄，经年累月以渐成规模，这可能与缺乏资料索引一类的工具有关。自从索引出现以后，查找资料更加简便，同时也改变了学者读书的习惯。英美等国的出版物多有索引，特别是档案和文献通常有配套的指南和索引，使用起来十分方便省力。美国国会自1896年以来陆续编辑《公共文献目录》，英国有《议会文件指南》，美国还有《政府出版物及其使用》之类的工具书。在美国，凡已开放的档案大多经过较好的整理和编排，并由专业人员管理和提供服务；一些主要的档案馆还编有各自的指南，如美国政府印刷局编有《国家档案馆文件指南》，菲利普·哈默（Philip M. Hamer）1961年编成《美国档案和手稿指南》，为查阅档案提供了很大的便利。有的报纸也编有索引，如《纽约时报》自1913年以来连续编制索引。[2]中国书籍大多没有索引，近世有学者专为一些常用典籍和正史编制"引得"，可谓嘉惠学林。目前数字化资料不断增多，许多大型文献都有电子版，运用主题词、关键

1　赵光贤：《中国历史研究法讲话》，《历史教学》，1982年第4期，第40页。
2　参见谢弗主编：《历史学方法指南》，第111—116页。

词和相关词来检索资料，不仅快捷省心，而且可以减少遗漏。不过，索引和数字化检索也可能造成负面效应，收集资料时只摘取与输入词句相关的材料，容易忽视对上下文的了解，也不会对资料的全貌有完整的印象。

当然，并不是所有的档案和文献都能如此便捷地加以利用。有些文献卷帙浩繁，却没有索引，查阅起来十分烦难。如果逐句读去，时间和精力都不允许，因而必须采取速读法，留心与研究主题相关的关键词，发现包含这些关键词的段落，即可停下来仔细阅读，摘录需要的部分。例如，围绕"内战时期黑人的自我解放运动"这个课题收集资料，在快速阅读文献时，须留意"内战"（Civil War）、"黑人"（Negroes, Nigger, Blacks）、"奴隶制"（slavery）、"逃奴"（fugitive slaves）和"黑人士兵"（Black soldiers）等关键词，不放过出现这些词汇的部分，以期从中找出所需的材料。

根据前人的经验，收集资料时不能一心只想着当前的课题，而要有较长远的眼光。在集中收集当前课题所需资料的同时，也要留心其他问题的材料，只要可能是有用的，就随手加以摘录。这相当于同步进行几个问题的研究，待到当前课题的资料收集完备，其他问题的资料也已有眉目，一旦完成手头的工作，就可以很快转入新课题的研究。同时，有志于学术的人，一般不会忽视平时的资料积累。读书时留意摘录材料，日积月累，逐渐增多，既可为当前的研究增厚底蕴，也能就某个材料集中的问题另写文章。

资料的摘抄和保存方式，并没有一定之规。传统的方式是将资料摘抄在纸上。不同的学者有不同的摘抄习惯。陈垣和季羡林喜欢将资料抄在稿纸或其他较大的纸张上；向达有时用香烟盒记录材料；[1]陈寅恪习惯于在读书时做眉批，将相关资料写在书页上，与书中材料相互比对和印证，待积累丰富，即据以成文。有的学者用笔记本摘录资料，还有人喜欢在书中

1　季羡林：《季羡林自述》，载高增德、丁东编：《世纪学人自述》，第4卷，第142页。

夹纸条或做记号。据说，用卡片抄资料，在法国是专业史学形成后才出现的一种新的工作方式，此前的研究者常用笔记本摘录文献。[1]在"前电脑时代"，用规格统一的卡片摘抄和储备资料，曾是一种有效的工作方法。每张卡片摘录一条材料，在显著位置标明材料的主题和出处；然后按材料的相关性将卡片集中排列，便于查找和运用。还可以自己制作专门的卡片盒，将同类卡片竖立排列，中间用明显的标志将不同主题的材料隔开，使用时可收一目了然的效果。今天，电脑已取代纸笔成为记录和存储资料的工具，上述传统方式已遭淘汰。但是，传统工作方式的某些优点仍可借鉴，比如，为使资料便于利用，给每条资料加上一个不同字体的标题；又如，按主题、出处、作者对资料进行分类，制作成多个单独的文件夹。数量较大的资料，可用扫描的方式录入。扫描时采用图像文本比较准确保险，但不利于编辑和运用；转换成文本形式保存，则须注意识别率，要与原件核对无误。

不论采用何种方式收集资料，都要遵循一些通行的规则。首先，摘录一定要准确无误，无论抄写还是电脑录入，一定要反复核对，不仅做到文字准确，而且标点符号也不能有错漏。其次，资料的出处须清楚准确，资料的题名、版本、页码、收藏地、编号等要目也必须完备无误，最好是单独编一份资料名录，将所有资料的版本和来源等信息集中保存。再次，资料要便于核对，外文资料需尽量摘录原文，写作运用时再翻译成中文，并反复核对译文是否准确畅达；如果在摘抄时便直接译成中文，就不利于核对和修改译文。最后，电子文本的资料一定要保存多个备份，以免丢失，也便于长期使用。

总之，收集资料是一项艰苦繁难、耗时费力的工作，研究者须尽心竭力，细致入微，不惮其烦。有的资料一时不能获取，需要长期留心，反复

1　普罗斯特：《历史学十二讲》，第27页。

努力。对于一个专题的资料，虽然沧海遗珠在所不免，但要力求完备。有人问美国学者贝林，当他打算写一本书时，什么时候才停止资料收集的工作？他的回答是，只有在意识到再也没有新东西出现时才罢手。[1] 兰克的史学主张和许多著作早已失去往昔的光泽，但他不辞劳苦、遍访档案的研究方式，仍然令人敬佩。他搜求文献的足迹遍布欧洲许多国家，其著作所用史料的丰富程度，并非常人所能企及。[2] 治史者如果没有这种精神，就难以取得突出的成绩。清初画家石涛有"搜尽奇峰打草稿"的说法，傅斯年称"上穷碧落下黄泉，动手动脚找东西"，陈垣寻访史料则力求"竭泽而渔"，这都是在收集资料时可以效法的态度。

五、研究的推进

研究一个专题，在资料逐渐增多时，便可着手整理、编排和阅读，以深入发掘史料的意义以及不同事实的联系，为论著的撰写做进一步的准备。所谓梳理资料，实际上就是通过反复揣摩资料来不断调整和细化研究思路，深入推敲主题，并逐渐明确写作方案。这是一种沉潜反复、细致微妙的智性活动。在梳理资料时，研究者需从问题出发来理解资料，又通过理解资料来进一步界定问题，有时甚至可能放弃原来的方案，转而考虑新的问题。于是，资料和问题就处在一种持续的碰撞和互动之中，推动研究逐步走向深入。美国有一本史学方法教科书对这个过程做了如下描述：研究者提出问题后，借助可用的资料来寻找答案；当他接触到一些资料后，就发现自己的问题需要重新表述，需要重新思考；"这个过程是持续的：资料将信息反馈回来，历史学家重新表述他就资料提出的问题，资料又提供了新的答案。这个连续的过程不断进行着，直到历史学家感到满意：因

1　埃柯克：《有时是艺术，从未是科学，但总是技艺》，《威廉-玛丽季刊》，第51卷，第4期，第653页。

2　参见吴于廑：《朗克史学与客观主义》，载吴于廑：《吴于廑学术论著自选集》，第312—314页。

为他提出了最具智慧的问题，并找到了最佳的答案"。[1]简要地说，梳理资料旨在立意，推敲、调整乃至更新原先提出的问题，并从资料中找到解答问题的最佳方案。

梳理资料的关键，在于根据资料来发现或校正问题，并提炼论点。中国近代史专家李侃谈到，有人积累了许多资料，但不知从何处下手写文章，可能是"平时重视了资料积累而忽视了问题积累的缘故"。他强调，"要从所积累、所占有的资料中，从历史实际和研究的实际情况中，随时去发现、发掘和提出需要研究的问题，这样，把问题不断积累起来，在脑子里就装着一些自己给自己出的研究题目，并且围绕这些问题再去搜集、充实、鉴别、排比、分析资料，如果这些资料足以说明所提出的问题，那么就可以比较得心应手地进行研究了"。因此，"积累资料和积累问题应该同步进行，并且把这两者结合起来，纳入整个研究的过程中去"。[2]他提到的两个"积累"，实际上也是许多治史者的共同经验。按照欧美学界通行的说法，史家在收集和梳理资料时，需要进行同步的思考，提出问题，并形成"尝试性假说"（tentative hypotheses）或"工作假说"（working hypotheses）。[3]

"尝试性假说"来自对资料的初步梳理，反过来又为进一步收集和解读资料提供指引；没有这种假说，研究者就无法从纷繁庞杂的资料中找出自己所需要的东西，也不能准确把握材料的实际含义。前文谈到的对选题的"学术史定位"和"研究领域定位"，以及阅读原始文献之前的"定向性阅读"，都有助于在课题的框架内形成某种假说，以推进对材料的意义及联系的发掘，进而形成解释的思路。这种假说之所以是"尝试性"的，就表明它不是成见，更不是定论，而只是一种需要推敲和论证的设想。在

1　纽金特：《创造性的史学》，第71—72页。
2　李侃：《中国近代史研究方法漫谈》，载史学知识编辑部编：《学史入门》，第147—148页。
3　谢弗主编：《历史学方法指南》，第48页。

许多情况下，研究者可能发现资料非但难以支持此前的假说，反而指向一些原先根本未曾意识到的问题。但这并不意味着提出"尝试性假说"的方式没有意义。如果没有最初的假说，也许根本不会引导研究者来到有新发现的地方。

前人在治史的实践中，摸索出许多梳理资料的有效方法。司马光主持编撰《资治通鉴》，留下了"长编法"这一可资借鉴的工作模式。据说，《通鉴》的资料底稿装满19间屋（一说两间屋），编纂者在此基础上做成"长编"。这种"长编"实际上是一部细致繁琐的初稿，后经删削和润饰，最终形成定稿。现在所说的"资料长编"，系从《通鉴》的"长编法"生发而来，即按照初步的写作提纲，以纲目为框架，将所有相关资料编排成一个粗略的系统。如果资料以卡片形式保存，只需将卡片按纲目分别排列起来即可；如果资料已录入电脑，则可用剪贴工具把各条资料排列在相应的纲目下面。"长编法"的好处不止一端：第一，可以清点资料，明确哪些方面材料较多，而哪些方面材料不足，以便进一步查找和补充；第二，有助于寻找不同事实之间的联系，思考解释方案，推敲论点，调整写作提纲；第三，鉴别比较材料的价值，精选最有代表性的材料用于论著的撰写；第四，把资料铺排成一个粗略的系统，再经过一番删削、调整和连缀，便可形成文章的初稿。初学者面对繁多而纷乱的资料，可能感到没有头绪，如果采用"长编法"，就可能对资料及其相互联系产生比较清晰的看法，研究思路也能逐渐趋于明朗。

中国古代学术留下的另一个颇为实用的资料处理方法，叫做"考异法"。司马迁作《史记》，博采众说，参同辨异，择其雅驯可信者而言之，这实际上就是在运用"考异法"。[1]司马光在主持纂修《资治通鉴》的同时，编成《考异》30卷；宋末元初胡三省注《通鉴》，将《考异》中的相关内

1　参见内藤湖南：《中国史学史》，第83—84页。

容逐录于所涉之事的下方，以便读者查考。"考异法"实际上就是傅斯年所说的"比较不同的史料"。同一事件，史籍中有两种以上的不同记载，而撰史时只能取其一种，这就需要通过鉴别和比较来确定弃取。"考异法"可以和"长编法"结合起来，同一问题的材料集中编排在一起，记载的异同便不待考而自明。从不同的说法中选择较为可信的一种，需要知识、眼力甚至直觉，尤其是在没有更多佐证可供参照时，就只有依靠直觉。在遇到无法判断和取舍的情况时，则可用适当形式将各种说法一并列出，以便于读者参详和判断。

反复熟读资料，更是写作前不可缺少的环节。在收集、摘录资料时，研究者关注的焦点往往是单独的各条材料；在资料增加以后，就要更多地考虑众多材料的关联，有必要反复阅读，仔细推敲。田余庆介绍他研究拓跋历史中"子贵母死"制度的经验，其中一条就是反复研读史料，发现这一制度和"离散部落"之间的联系，进而看出它在拓跋历史中的重要性，于是取得了重大的突破。[1]外间对治史有一种误解，以为只要将材料连缀起来，即可敷演成文。实际上，看似简单的材料铺陈，却包含着论者推敲审度、殚精竭虑的苦功。

在收集和梳理资料时，研究者随时都有可能产生零星的想法，它们像划过夜空的流星，一闪即逝，必须当即记下，铢积寸累，对正式的撰述大有补益。记录零星想法的方式可以灵活多样：与具体材料相关的看法，可以作为按语附在材料后面；其他想法则可记在专门的记录本上；应急时也可以记在手边的任何载体（如手机、iPad等）上。学者要养成随手札记的习惯，哪怕是已经解衣就寝，如果有念头闪过脑际，也要立即起床记下。王鸣盛所谓"忽然有所得，跃起书之，鸟入云，鱼纵渊，不足喻其疾也"，[2]正是这种状态的写照。

1　田余庆：《关于子贵母死制度研究的构思问题》，载田余庆：《拓跋史探》，第101页。
2　王鸣盛：《十七史商榷》，"序"。

　　总而言之，梳理资料是写作前对论题的集中酝酿，是推进研究的关键一步，最宜抛弃杂念，心无旁骛，朝思暮想，寝馈其中，让问题、资料和假说在头脑中交错碰撞，混合发酵，形成比较明确的解释思路和写作方案。这时不必拘泥于事先设想的方案或提纲，而要从课题的整体着眼，寻求最佳的切入角度，探索独出心裁的解释路径。1990—1994年间，我本人曾集中研究美国印第安人与白人关系史，围绕这个课题阅读了100多种论著，收集了几千张卡片的资料，但苦于找不到一个合适的切入角度。当时想到了几种可供选择的方案：评析美国政府对印第安人政策的演变，但视角一般化，立论也可能流于平淡；论述印第安人保留地制度的形成和演变，又感到题目偏小，资料不够集中；探讨印第安人的"历史命运"，又担心有可能写成一部印第安人通史。最后选取从文化关系的角度切入，探讨两种异若霄壤的文化体系在彼此碰撞中的种种事变，从而揭示不同文化之间交往的历史教训。就当时所掌握的材料和知识而言，这可能是一个最佳的切入角度。写成的书稿不仅最充分地体现了所用材料的价值，而且粗略地搭建起一个解释印白文化关系史的基本框架。[1]在寻找最佳切入角度的过程中，我们需反复而仔细地梳理资料，广泛而深入地阅读相关论著；一旦找到合适的切入点，动笔写起来就有一种顺水放舟、势如破竹的畅快淋漓之感。

1　李剑鸣：《无涯学海初扬帆》，载《南开学人自述》，南开大学出版社2004年版，第2卷，第264—266页。

第十一章　文体与规范

　　史学写作和其他形式的写作一样，是一种高度"私人化"的活动。学者个人在相对私密而"孤独"的情境中写作，所表达的见解则为作者个人所独有。不过，每个学者在独自写作时，却必须遵循专业共同体确立和承认的规范及标准，否则其作品就难以得到发表和传播的机会。在这个意义上，学术写作又具有突出的"公共性"。近二十余年来，国内学术界致力于建立基本的学术规范和标准，希望以此促成和维持合理的学术秩序，杜绝学术舞弊，避免低水平重复，以推动知识和思想的有效积累。专业研究的结果通常呈现为定型的学术论著，因而学术规范的主要内容乃是写作的规范。中国古代史家著述讲究"类例"和"绳墨"，目的是保证写成的作品符合当时的治学矩矱，具有可以评估的学术内涵。现代史家的写作牵涉到新的文体特征，在引文的处理和标注方面须遵循明确的规则。而且，体例和规范的意义也不仅限于技术的层面，而关系到论著的质量和价值，同时还是检验学风和学德的尺度，因而不可等闲视之。

一、体裁的演变

　　作文须先明体。前人对文体的分类有不同的标准，分法繁多。有的按风格分，如婉约体和豪放体；有的按流派分，如韩（愈）体、柳（宗元）体和桐城体；有的按功能分，如奏议、书论、赞颂和铭诔；有的按时代分，如建安体和永明体；有的按形式分，如骈体与散体。一些古籍对文体做了更加细致繁复的划分：任昉的《文章缘起》分84类；萧统的《文选》分37类；吴敏德的《文章辨体》分54类；徐师曾的《文体明辨》分127种；姚鼐的《古文辞类纂》分13类。曾国藩则将历代文章分为11类，并归入著述（论著、词赋、序跋）、告语（诏令、奏议、书牍、哀祭）、记载（专志、叙记、典志、杂记）三门。[1]

古代的文体分类于今大多失去了意义。现代文体也没有统一的划分。有的分为记叙、议论、说明、实用四大类，其中不包括小说等文学作品，并将"科学论文"归入"议论"一类。[2] 如果从文章的性质和功能着眼，不妨将现代文体划分为文学作品（小说、散文、诗歌、剧本、曲艺、杂文、随笔）、学术论著（论文、专著、教材、综述、评论）和应用文（政论、新闻报道、回忆录、说明书、调查报告、启事、书信、日记、公文）三大类。史学论著在文体上属于学术论著的范畴。不过，史学论著与科技论文、文学评论、哲学论著、社会科学论著又有明显的不同。

史学文体的演变是史学史上的大事，当今史家常用的文体，乃是长期发展的产物。中国古代史书的体裁主要有纪传体、编年体、纪事本末体等数种。《史记》是纪传体的典范，后世正史多按这种体裁编纂。刘知几在论《史记》之失时，谈到了纪传体的局限性。他称《史记》"每论家国一政，而胡、越相悬；叙君臣一时，而参、商是隔"；这是"其体之失"。而且，"同为一事，分在数篇，断续相离，前后屡出"。[3] 古代史官记事多用编年，而《资治通鉴》则可谓编年体的集大成。在欧洲现代史学观念中，

---

1 唐弢：《文章修养》，生活·读书·新知三联书店1998年版，第54—60页。
2 张寿康主编：《文章学概论》，山东教育出版社1983年版，第66—73页。
3 刘知几撰，浦起龙释：《史通通释》，第19、28页。

"编年史"不是真正的历史，因为它仅仅记录事件，而没有对历史的意义做出阐释。中国古代的编年体史书与这种"编年史"并不完全一样，它是经过史家取舍编排的历史叙事，其中包含作者对史事意义的理解。但这种体裁也确有弊病，尤其是一事分散在数年，断续零碎，脉络不畅。南宋袁枢有鉴于此，编成《通鉴纪事本末》，将《资治通鉴》中的史事"摘要归类，各标一题，自为起讫"，由此形成纪事本末体。[1]清人谷应泰认为这种体裁颇有长处："其法以事类相比附，使读者审理乱之大趋，迹政治之得失，首尾毕具，分部就班，较之盲左之编年，则包举而该浃，比之班、马之传志，则简练而檃括，……"[2]清人傅以渐也提到，"一事而散漫百年之中，一事而纵横数人之手，断非纪事不为功"。[3]较之纪传体和编年体，纪事本末体有明显的长处，故现代史家偶尔也加以采用。

此外，古代史学著述的体裁还有谱、表、志、学案、札记等多种。其中谱、表、志相当于专题资料汇编，学案大体限于学术史的研究，而札记则是大盛于明清时期的一种短小精悍的著述体裁。清人赵翼谈《廿二史札记》的成书过程时说："闲居无事，翻书度日。……有所得辄札记别纸，积久遂多。"[4]潘耒论顾炎武作《日知录》，称顾"稽古有得，随时札记，久而类次成书者"。[5]可见，札记体是一种类似读书笔记的短小文章，或辨正史事，或质疑问难，或考订古书文本，或阐发读书心得，不拘一格，精简灵活。当今偶见于专业刊物的"读史札记"，大体上类似这种体裁，但似乎没有得到应有的重视。[6]

从总体上说，古代史学著述的体裁，大多没有为当今史家所袭用。近

1　梁启超：《中国历史研究法》，第326页。

2　谷应泰：《明史纪事本末》，中华书局1977年版，第1册，"自序"，第1页。

3　傅以渐：《明史纪事本末序》，载谷应泰：《明史纪事本末》，第1册，第1页。

4　赵翼著，王树民校证：《廿二史札记校证》，中华书局1984年版，上册，第1页。

5　潘耒：《日知录序》，载顾炎武撰，黄汝成集释：《日知录集释》，上册，第25页。

6　王子今：《史学论著的"燕瘦环肥"：说"读史札记"的价值和意义》，《历史研究》，2004年第4期，第6—7页。

世屡有学者倡导在传统著述体裁的基础上推陈出新。梁启超推重纲目体，认为这是一种"很自由"而"简单省事"的文体，"顶格一语是正文，是断案，不过四五百字。下加注语，为自己所根据的史料，较正文为多"。[1] 严耕望则将论文体式分为四类：一是常行体，即夹叙夹议的写法，要"多加小标题，多作小结论，最后有总结论"；二是纲目体，为中国传统写法之一，以大字写提要为"纲"，小字作注为"目"；三是纲目变体，将"纲"集中在前面，"目"集中在章末；四是复合体，集合前三种体式的特点而为之。[2] 在这四种体裁中，后三种都带有传统体裁的痕迹。目前仍有学者主张继承传统体裁的优点，探索中国式的史学文体。[3] 国家投入巨资的清史编修工程，也在借鉴传统史学著述体裁方面有所尝试。不过，当今的史学著述，早已为章节体专著和专题论文所主导。这类体裁是史学"现代化"的产物，很好地适应了现代学术的要求，至少目前还没有出现可以替代它们的更佳体裁。

严格来说，专著和论文这类著述形式，是从欧美学术界传入中国的。欧美传统的史学著述形式是单卷或多卷本书籍，长篇论文也以单行本刊印，称作"monograph"或"treatise"。"monograph"本义是指篇幅较大的专题论文，由于多以书籍的形式面世，因而中文通译"专著"或"专书"。19世纪欧洲史学走向专业化，专门的学术刊物纷纷问世，专业学术会议不断增多，于是短篇论文就逐渐成为一种主要的著述形式。在1832—1836年间，德国曾短期出版《历史政治评论》，由兰克担任编辑；1859年，兰克的学生希贝尔创办《历史杂志》。此后，法国的《历史评论》（1876年）、意大利的《意大利历史评论》（1884年）、英国的《英国历史评论》（1886年）和美国的《美国历史评论》（1895年）相继创刊。进入20世纪，欧美

---

1 梁启超：《中国历史研究法》，第179页。

2 严耕望：《治史三书》，第66—74页。

3 刘志琴：《建立富有中国气派的历史学》，《光明日报》2003年5月20日，"理论周刊·历史"。

各国的专业学术期刊数量更趋增多。众多的学术刊物，为史学论文的发表提供了广阔的园地。

在学术期刊出现之前，中国学者的单篇文章多在小范围内传抄，或者汇集后刻版印制成册。论文成为主要的著述形式，与史学的专业化和学术期刊的增多也有一定的关系。[1]20世纪上半叶，国内有许多种学术刊物面世。较早创刊的有《国粹学报》（1905年）、《新青年》（1913年）、《少年中国》（1919）、《学衡》（1922年）、《史地学报》（1922年）、《国学季刊》（1923年）和《北京大学研究所国学门周刊》（1925年）等。随后创立的专业史学刊物，则有《国立第一中山大学语言历史学研究所周刊》、《史学》、《史学年报》、《中央研究院历史语言研究所集刊》、《文史杂志》、《社会经济史集刊》等。专门领域的刊物也有数种，比如，陶希圣创办的《食货》半月刊，主要刊登社会经济史论文；顾颉刚主持的《禹贡》，刊载的文章大多属于历史地理学领域。另外，《清华学报》、《燕京学报》、中央大学《文史哲季刊》等大学学报，也经常刊登史学论文。在这些定期或不定期的学术刊物的作者中间，有不少是20世纪颇负盛名的史学大家，如傅斯年、陈寅恪、岑仲勉、钱穆、张荫麟、劳榦、杨树达、孙毓棠、吴晗、孟森等。专著的数量也逐渐增加。中央研究院历史语言研究所以单刊形式出版专著，如王静如的《西夏研究》，即为单刊甲种之八。吴相湘主编的"中国史学丛书"，清华大学编辑的"清华丛书"，其中都包括史学著作。商务印书馆编印的"中国文化史丛书"，到30年代末期已出版40余种。在20世纪上半叶，章节体专著和短篇论文已经取代传统的史学体裁，成为通行的著述形式。

专著和论文都以"论"为特征，按侧重点的不同则有"言事"和"论理"之分。传统学术中所谓"考据"或"义理"的分辨，也可以理解为文

1　关于史学刊物在中国史学发展中的作用，参见李春雷：《史学期刊与中国史学的现代转型——以20世纪二三十年代为例》，《史学理论研究》，2005年第1期，第97—109页。

章的两种不同类型。欧洲史学中似乎也有类似的区分。吉本在谈《罗马帝国衰亡史》的写作时说："我做了多次实验，然后才有可能在呆板的记事体和夸饰的论辩体之间选定一种适中的笔调。"[1]"记事体"重在"言事"，"论辩体"偏于"论理"，其差别是不言自明的。近年来，国内史学界习惯于用"实证性"和"理论性"来概括两类不同论著的特点。前者依据翔实的史料做细致的叙事和分析，与"言事"或"考据"之作大致相近。"实证"一词用于界定史学写作的特征，与欧洲哲学中的"实证主义"并无瓜葛，强调的是资料翔实，证据雄厚，考证细密。"理论性"论著则侧重对重大历史问题进行理论阐释，通常倚重二手文献，行文则以议论为主。史学理论或评论文章，通常具有比较突出的理论性；而一些借事说理的史学论著，如阐述社会经济形态的文章，同样属于"理论性"的范畴。不过，史学论著的理论性终究不能脱离史实，任何史学论著都必须运用一定数量的史料，因而它们在根本上都应是"实证性"的。

陈寅恪所谓"整理史料，随人观玩，史之能事已毕"，[2]或许带有调侃自谦之意，但也道出了"言事"和"实证性"一类论著的要义。初学者可多做这类文章的练习，因为其主题集中，范围明确，内容平实，易于驾驭。写这种文章，还可以系统地训练收集史料、考辨史事、梳理文献、编排史实等专业技能，有助于积聚学力，增进见识。"理论性"文章通常带有宏观性和综合性，需要凭借丰富的学识和充足的材料，融会贯通，条分缕析，以求言之成理、自圆其说。初学者轻易涉足其间，容易流于空泛，或言不及义。

现代史学著述的体裁，除专著和论文外，还有传记、通史、教材、随笔、评论、综述和通俗读物等多种。其中传记、通史、教材一般采用章节体，随笔、评论、综述等则与短篇论文类似。可见，掌握专著和论文的文体特征与写作规范，乃是史学著述的基础。

---

1 吉本：《吉本自传》，第140页。
2 陈守实：《记梁启超、陈寅恪诸师事》，载张杰、杨燕丽选编：《追忆陈寅恪》，第42页。

二、行文的特征

随着章节体专著和专题论文成为史学写作的主要体裁，现代史学的文体特征也渐趋明朗。这些特征不仅使史学论著区别于文学作品，也让它与政论、时评、杂文等论说文判然有别。

现代史学论著的最突出特点，就是言必有据，无征不信，自圆其说。治史尚真求实，而"真"和"实"须基于证据的坚牢可靠，其史料、逻辑和判断都应经得起查考。古代史家的叙事不一定都有依据，其中夹杂传说、想象和发挥的成分。麦考莱批评希罗多德"自始至终都是一位虚构者"，"那些发生在遥远年代和国度的事件，如果真发生过的话，它们的细节也绝不可能为他所知，但他把它们讲得绘声绘色"。[1]《史记》中也有类似情况，那些司马迁写得生动可读的细节，尤其是两人之间的密谈私语，从常识推断，既难以为外人所知晓，也不可能留有文字记载。随着史学的演变，"据"和"信"的概念也不断完善，史家的证据观念逐渐增强，在行文时则力求严谨而中肯。论者不仅在陈述事实和做出判断时需有可靠的证据，而且表述也要力求准确而贴切。例如，"众所周知"、"无时无刻"、"日新月异"、"一日千里"之类的词句，都带有夸张色彩，并不是对事实的陈述，也不可能有足够的证据支撑，因而在史学写作中不宜轻率地使用。

现代史学著述讲究论述的系统性。无论是专著还是论文，都有一个相对集中的主题，有贯穿全文的核心论旨，并以它为中心来组织材料，展开论述，层层推进，最后引出全篇的结论。传统史书重在记事，全书通常没有单一的主题和核心论旨；札记体文章一般用于表达点滴见解，篇幅短小，不便进行系统的论述。当今通行的专著和论文，则有充分的空间来阐

1　麦考莱：《论历史》，载何兆武主编：《历史理论与史学理论》，第261—262页。

发对于某一专题的看法，对于论述的系统性提出了很高的要求。

现代史学写作在体例上有一个突出的特征，就是注释繁复。20世纪以前的史书，虽然同样重视资料来源和学术传承，但很少采用注释这种技术性手段。中国古书的注疏，乃是对文本的字音、字义以及其他内容的诠释。欧美史学著作也是在完成专业化以后方才普遍采用注释。注释的功能变得相当丰富，标注方式也趋于严格和完善。可以说，注释已经成为史学论著学术性的外在标志。

专著和论文在结构上具有完整性，这也是现代史学文体的一个显著特点。学术专著一般包括导言、正文和结语，而正文又往往分成若干章，一章又分若干节，其目录通常能反映全书的主题和论旨。论文一般也由导言和若干部分构成。过于讲究结构的整齐划一，已经成为当前史学著述的一个弊病，以致形式刻板，面目单一，透出新的"八股气"。[1]

从语言的层面说，现代史学写作须使用正规的书面语，而不宜采用口语或方言；在确有必要借用口语或方言时，必须用引号标出，以示分别。汉语对书面语和口语的区分并不十分清晰和严格，一般人也没有接受过系统的训练，这方面的意识也许不甚鲜明。使用规范的书面语，首先要严格遵循语法规则，其次要尽量使用雅驯的字词。文句不能有语病，搭配要恰当，词序要合乎常规，主语不宜过长，谓语和宾语之间不能出现过于繁复的修饰成分。用词则要力求正规典雅，避免使用流行的口语词汇或简写，也不能直接采用外文的缩写。例如，"从事学术"和"搞科研"，"资深学者"和"老先生"，"大声疾呼"和"喊得震天价响"，前者是书面语，后者是口语，区分起来并不困难。又如，"白种盎格鲁－萨克逊新教徒"，不能直接用"WASP"，最好是将英文附注在括号中；"世贸组织"也不宜直接写成"WTO"。这关系到语言的纯洁性，不能出于简便省事而直接使用

---

[1] 有的学者评论说，论文是"工业化社会学术生产的标准化形式，……助成了新的'八股'的出现"。参见王子今：《史学论著的"燕瘦环肥"：说"读史札记"的价值和意义》，《历史研究》，2004年第4期，第6页。

外文缩写。

史学论著在语言方面的另一个基本要求，乃是文辞中性。朱光潜谈到，外国人写文章有所谓"零度风格"（zero style）之说，即"纯然客观，不动情感，不动声色，不表现说话人，仿佛也不理睬听众的那么一种风格"。他认为这并不可取，因为"这种论调对于说理文不但是一种歪曲，而且简直是一种侮辱。说理文的目的在于说服，如果能做到感动，那就会更有效地达到说服的效果"。[1] 史学论著也是说理文的一种，却需要尽可能具备这种"零度风格"，极力做到文辞中性。史学论著的说服力并非来自作者的情感和倾向，而在于材料的可靠性、事实的真实性、论证的逻辑性和论点的清晰性。

史学写作要做到文辞中性，首先须戒除夸张渲染的文学笔法。苏东坡评李、杜诗歌的成就，称"李太白、杜子美以英玮绝世之姿，凌跨百代，古今诗人尽废"。[2] 寥寥数语，气势豪迈，文笔遒劲，凸显李、杜在诗史上的地位，给读者以强烈的印象。但问题是过于夸张，不能作为一种学术性的论断。从学术的角度看，李、杜诚为诗史上的高峰，但绝非孤峰，与他们各领风骚的诗人大有人在，因而不能说他们两人"凌跨百代"，以至于"古今诗人尽废"。这并不是对苏文吹毛求疵，而旨在说明文学笔法和学术性文辞之间，确实存在鲜明的差别。

避免使用带有强烈的褒贬和情感色彩的词句，也是文辞中性的体现。史家的看法和见解，无非是基于事实而做出的判断，并不是主观情感的宣泄，因而不能滥用褒贬强烈、蕴含情感的词句。这种要求不免限制写作的尽情挥洒，却是追求客观性和真实性所必须付出的代价。有篇文章写到，秦穆公原本可有更大的作为，成为中原霸主，结果未能做到；作者论及此

1　朱光潜：《漫谈说理文》，载王力、朱光潜等：《怎样写学术论文》，第40页。

2　苏轼：《书黄子思诗集后》，载刘禹昌、熊礼汇译注：《唐宋八大家文章精华》，湖北人民出版社1987年版，第652页。

事，几次用了"可惜"一词。"可惜"二字所传达的纯粹是作者个人的情绪，而不是历史事实或从事实引申的意义。另外，文中将晋文公登位称作"爬上宝座"，斥责秦穆公攻打晋国为"利令智昏"，都带有明显的情感好恶，并不是对事实的客观陈述和评论。[1]

现代史学写作还有一个有趣的特点，就是"我"的淡出。古代史家喜欢明确宣布自己是历史的叙述者，如希罗多德在《历史》的开篇即说：

> 在这里发表出来的，乃是哈利卡尔那索斯人希罗多德的研究成果，他所以要把这些研究成果发表出来，是为了保存人类的功业，使之不致由于年深日久而被人们遗忘，为了使希腊人和异邦人的那些值得赞叹的丰功伟绩不致失去它们的光采，特别是为了把他们发生纷争的原因给记载下来。[2]

司马迁在《史记》中发表自己的意见，首先标出"太史公曰"，多处出现第一人称代词"余"，在叙事时也经常夹杂自己考察史迹的行止和凭吊前事的感慨。陈寅恪的文章常用"寅恪案"来表述自己的看法。当今论著中则很少出现"我"字，在作者不得不"现身"时，也常用"笔者"二字。这也是文辞中性的一个表现，论者力图将主观印记淡化到最低限度。有人写文章为了行文的需要，喜欢使用"我们认为"一类的字眼。但是，如果文章的作者只是一个人，这个"我们"就成了虚拟的论说者，带有增强话语权势的意图。虽然"我"字从史学写作中淡出，但并不意味着作者的个性和自我意识可以被彻底清除。英国学者埃尔顿曾谈到作者的"自我介入"问题。他认为，作者的个人和个人见解不可能，也不应当被完全排除在写作之外；"历史学家不必有意去清除，也不必有意去引入他自己；他

1　黄朴民：《秦穆公的战略短视》，《光明日报》2004年2月3日B3版，"理论周刊·历史"。

2　希罗多德：《历史》（王以铸译），商务印书馆1985年版，上册，第1页。

只要专注于（stick to）历史的写作，同时忘记他的精神的重要性即可"。[1]
作者的"自我"不可能从写作中消失，这是一个难以改变的实际状况，但
不能因此放松对自我介入的警惕。如果不能有意识地控制自我意识，就容
易导致史学写作过度"个性化"。美国学者贝林认为，塞缪尔·莫里森写
作时有一个毛病，就是存在过多的"有意识的自我介入"（self-conscious
personal intrusion）；越到晚年，他的这种倾向就越明显。[2]的确，作者在论
著中直接出面与读者交谈，会造成以讲述者为中心的局面，减损叙事和论
说的历史意味。

　　文辞中性并不等于消除作者的立场，也不要求摈弃文采。客观中性
本身就是一种立场，是一种史家特有的立场。一方面，中性的文辞传达的
信息相对可靠，有助于读者做出独立的理解；另一方面，任何历史解释都
经过了史家思想的过滤，必然沾染主观色彩，强调文辞中性，或许有助于
减轻"主观色彩"对事实"本色"的覆盖。再者，中性的文辞并非不能达
到优美流畅的境界，如陈垣的著述，叙事和议论均平稳持重，文笔干净利
落，同样琅琅可诵。以下是取自《元西域人华化考》中的两段文字：

> 儒学为中国特有产物，言华化者应首言儒学。元初不重儒术，故南宋
> 人有九儒十丐之谣，然其后能知尊孔子，用儒生，卒以文致太平，西
> 域诸儒，实与有力。

> 以论元朝，为时不过百年，今之所谓元时文化者，亦指此西纪一二六
> ○年至一三六○年间之中国文化耳。若由汉高、唐太论起，而截至
> 汉、唐得国之百年，以及由清世祖论起，而截至乾隆二十年以前，而

1　埃尔顿：《历史学的实践》，第96页。
2　埃柯克：《有时是艺术，从未是科学，但总是技艺》，《威廉-玛丽季刊》，第51卷，第4期，第633—634页。

不计其乾隆二十年以后，则汉、唐、清学术之盛，岂过元时！[1]

　　这些文字表达的是若干重要的研究结论，词句简练，文风平实，而论点则如长虹挂空，醒目逼人。如果想了解什么是中性而富于力量的史家文笔，不妨读一读这类论著。

三、引文的处理

　　引用是史学写作的基本手段。"资料翔实"是对史学论著的一种很高的赞誉，而"翔实"的"资料"，在论著中就表现为繁多的引文。一种以"实证性"为特色的论著，引文所占的分量有可能超过一半。这些引文一般有三种类型：一是史料，这是引文的主要成分，史料单薄就意味着论著没有分量；二是他人的论点，这对现代史学著述尤其重要，因为史家在写作中需要大量借鉴已有的研究，引用他人的论点作为论据；三是理论和概念，现代史学需要借助一定的理论和概念来分析史事，进行阐释。

　　但是，引文繁多往往被误以为是史学著述的一大弊端。有人甚至担心，引文过多有可能代替或埋没作者自己的看法。其实不然。史料不等于历史，只有史家从分散零碎的史事中发现其中的联系，按照史事本身的逻辑而将它们排列成一个可以理解的系统，历史的面目才能呈现出来。从技术的层面说，史料不会自动变成引文，它们在某一论著中成为引文，乃是作者仔细推敲、反复甄选和深入解读的结果。这无疑是一种需要智慧和思想的创造性劳动。另外，史家的研究须以前人已经完成的工作为基础，才能向前推进，因而引用他人之说，不过是为了论证自己的观点。总之，史家的工作与建筑师有类似之处：砖瓦、水泥、木材、钢筋、玻璃等各种材

1　陈垣：《元西域人华化考》，第8、133页。

料，都不是建筑师自己生产的，但他/她能将它们创造性地组合起来，建成精美的房舍。当然，史学著述的引用也须以必要为度，不能为了显示博学而堆砌引文，正如建筑师购置建材是为了造楼，否则他就只是建材仓库的保管员。

史家在处理引文时，通常要遵循一些基本原则。第一条，也是最根本的一条原则，就是引文必须准确，要尽量避免出现错字、漏字、串行、误译或误植。这些都是学术的"硬伤"，会直接损害论著的学术质量。前人有时凭记忆引用资料，出错在所难免。胡适曾提到王国维引《宣帝纪》有一句与原文不符的例子，特别强调说：**"引书最忌靠记忆力，尤不可不严戒无意中增减文字"**。[1] 若要减少引文错漏，并无其他良策，唯有细致谨慎，认真核对。对于大段引文和数据图表，尤其要反复查证。至于译自外文的引文，不仅需要核对原文，而且还应用心推敲译文，力求信而达，做到晓畅流利。

引文要力求准确，学者就必须有忠实于原文的意识。如果采取"原文照录"式的引用，就不能修改引文的文字和标点。对于没有标点的古籍，可以自行标点；如果改动已有标点的古籍，也要做出说明。引书时删改原文，在古人著述中是常见的做法；但以当今的学术规范来看，这样做并不可取。即便原文本身存在错漏，也不能擅自改动，而只能在引用时注明"原文如此"或"某系某之误"。在引用时不忠实于原文的常见情形，可以举出以下数种：其一，为使引用材料中的名词与本人的译法一致，便改动原文作者的译法，如将"印第安人"改为"印地安人"；其二，自行改正和填补原文的错漏，而不做任何说明；其三，对于"文字不雅驯"或"猥鄙繁冗"的材料加以"润饰"，以保证历史的"庄严性与高贵性"。[2] 所有

1　胡适：《致王重民》，载耿云志、欧阳哲生编：《胡适书信集》，中册，第893页。黑体字系原文所有。

2　杜维运：《史学方法论》，第267页。杜维运书中介绍引文的处理，多以中国传统史学为例，与现代学术的要求相去甚远。

这些做法，均不符合当前的学术规范。

引文出处的标注应当真实而准确。所谓"真实"，就是须以引者直接见到的出处为准，不能将转引注为直接引用，或将节选本注为全文本，或将译本注为原文版。这些做法有"伪注"之称，是一种常见的学术舞弊行为，已引起学术界的警觉和谴责。所谓"准确"，是指引文的出处不能发生错误，页码一定要精确。特别是分散在连续几页中的引文，一定要落实到具体的页码，不能笼统地注为从某页到某页。有论者引用胡适致罗尔纲的信函，注作《胡适书信集》中册第699—704页，固然无大错；不过，这几页除胡适致罗尔纲的三封信之外，还有致孟森和丁声树的信各一封，与文中所引材料无关，因而宜注为第699—700、702—704页。[1]

引文应当服务于论述的需要，并成为文章的有机成分。如果堆砌材料，为引用而引用，就犯了常言所谓"掉书袋"的毛病。而且，引文还要尽量与行文紧密结合，浑然一体。引文太多，往往造成词句支离和文气不畅，高明的论者可能会设法减轻引文的这种不利影响。余英时谈到，钱穆作《中国近三百年学术史》，"每写一家必尽量揣摩其文体、文气而仿效之，所以引文与行文之间往往如一气呵成，不着剪接之迹"。[2]是否有必要模仿引文，诚然值得考虑；但极力淡化引文和行文的"剪接之迹"，则有一定的必要性。另外，对引文也可做适当的分析，使之完全融入自己的论述中。

至于引用的方式，常见的有两种。顾炎武在《日知录》中论及引书之法，提到了"必用原文"和"略其文而用其意"两种方式。[3]这也是当今学术著述中通行的做法，即"原文照录"和"转述原意"。英美学者处理引文，也有"quote"和"paraphrase"的区分，与中文著述的引书方式基本

1　桑兵：《晚清民国的国学研究》，第177、189页。

2　余英时：《钱穆与中国文化》，第27页。

3　顾炎武撰，黄汝成集释：《日知录集释》，中册，第1547—1548页。

相同。两种方式各有利弊。"原文照录"的长处是可以让读者看到材料的原貌，有机会对材料进行重新理解和判断。其缺点在于容易造成引文与行文的脱节，减损行文的流畅性，并增加文章的篇幅。"转述原意"可以节省篇幅，保持行文的统一，同时便于读者一目了然地看出材料的意义。但其问题是容易造成原意的扭曲或丢失。两种方式各有短长，论者可根据著述的需要而用其所长。严耕望提出，"通论性的文章"可多用转述，而"专门研究性的论文"则可多用原文照录。[1]这当然只是个人的习惯。采用何种引用方式，可能与文章的体裁或性质没有直接关联，而须重点考虑论述的要求和资料的性质，将两种方式结合起来使用。清人陈澧说："所引之书，其说甚长者，当择其要语，或不必直录其文而但浑括其意。"[2]换言之，原文过长，可用转述的方式以节省篇幅。在一般情况下，涉及思想观念的材料，宜多录原文，以完整而准确展现历史人物的言论及其上下文关系，也便于读者检验论者的解读是否准确和合理；论述事件或制度时，则可更多地借助于转述，这样能产生清晰、连贯、顺畅的效果。此外，采用何种引用方式，有时也与作者个人的偏好有关。例如，陈寅恪的论著大多用原文照录的方式集中排列史料，然后用"寅恪案"引出自己的分析和阐释；黄仁宇的《万历十五年》中则很少出现"原文照录"式的引文，所引材料多为转述。中国古代史论著，如果将引文译为现代汉语，就不是严格意义上的"原文照录"；外国史论著也没有绝对的"原文照录"，因为所有引文均以译文的形式出现。

照录原文并非都要一字不漏地照抄，而可视需要加以删削，并用省略号标出。古书没有标点，引书时不可能用引号标出，删节部分也没有省略标记，要区分"原文照录"和"转述原意"两种方式并不容易，有时甚至无法分清引文与行文。这是古人引书的局限，现代有论者反而加以称赞，

1　严耕望：《治史三书》，第77页。
2　陈澧：《引书法示端溪书院诸生》，载张舜徽选编：《文献学论著辑要》，第414页。

着实令人费解。[1] 前人对待引文的删节有不同的做法。陈垣称，引书而删省是正常之事，不必用省略号标出。他甚至说："史学家竟不敢删省前人之文，如何能自成一家之言！"[2] 陈寅恪的做法有所不同，其引文有删节则用"中略"标出。诚然，对引文加以删省不仅无可厚非，而且大有必要，只是在省略处要有明确的标记，这是保证引文忠实于原文的基本要求。

相对于"原文照录"，"转述原意"似乎是一种难度较大的引用方式。其最大的难点在于，既是转述，又须保持原意。在一定意义上，转述考验转述者的智性能力；要用自己的语言表达他人的意思，就必须在原文、思想和语言三者之间找到"等值的"对应。转述最忌断章取义、曲解附会和添枝加叶。而且，史学写作的转述，与文学批评的作品复述大不相同。复述是评论者根据自己对作品的理解和感受，用自己的语言将作品的内涵和主题概述出来，虽然从理论上要求尽可能准确地传达原作的含义和神韵，但它和文学写作一样也是一种个性化创作，其中包含评论者的理解和体会，不同的人对同一作品的复述通常大有出入。史家转述引文的原意，则要求准确而忠实地传达原文所包含的信息及态度。虽然有所取舍，但不能添加或发挥；虽然用的是引者自己的语言，但必须贴近原文的含义。有学者认为，转述原意可以"自由的增删润色"，而且"可以不注明出处"。[3] 这样做并不符合处理引文的规范。论者须对资料融会贯通，将引文与行文融成一体，但并不等于可以"自由发挥"。另外，在转述时可以穿插性地使用原文中的关键词句，但需用引号标出。

在引用涉及同一事实的多种材料时，可以采用综述的办法，这与转述原意有相似之处。关于同一事实有多种记载，它们可以相互补充或发明，单引其中任何一种都不完备，逐一引用又过于繁琐和零碎，这时就可对多

1　杜维运：《史学方法论》，第273—274页。
2　牟润孙：《从〈通鉴胡注表微〉论援庵先师的史学》，载陈智超编：《励耘书屋问学记》，第68—69页。
3　杜维运：《史学方法论》，第259页。

种材料的含义加以融会贯通，以综述的方式引用，并逐一注明各种材料的来源。在综述中如果采用了某一材料中的词句，也要用引号标出。综述比转述原意更难于把握，不仅要准确，而且必须概括而精练。此外，有英美学者在处理多条同类材料时，还有这样一种常见的方式：在正文中引用一两条最有代表性的材料，借助注释逐一注明其他相关材料的出处。这样做既可增强论述的根据，又有利于读者查考。

就引文的来源而言，引用还有"直引"和"转引"之分。"直引"的材料来自原始的文本，这种材料通常更可靠，也更有价值。在无法看到原始文本的情况下，就只能从他人的著述中转引。转引的材料不一定没有价值，但严谨的学者历来对"转引"持慎之又慎的态度，只有在万不得已时才采用。一篇论文如果转引的材料过多，可能会减损其学术分量。这主要是由于转引包含很大的潜在风险。首先，原引者存在出错的可能，如陈澧所言，"若未见本书而从他书转引者，恐有错误，且贻诮于稗贩者矣"。[1] 陈垣早年作《史讳举例》，匆忙间从钱大昕著作中转引一些材料，后来查对原书，发现钱的引文多有错漏简脱之处，不禁大为震撼，后来反复说"应当深深记取《史讳举例》的教训"。[2] 瞿同祖也谈到，顾炎武在《日知录》中引明代谢肇淛的《五杂俎》，称户部十三书吏均为绍兴人，后人多转引《日知录》中的这条材料，以说明幕友多出自绍兴；但《五杂俎》的原文为"吴越人"，而非"绍兴人"。[3] 钱大昕和顾炎武都是公认的学问大家，引书尚有这般疏忽，一般著作中的引文可能存在更多的问题。其次，材料须从上下文关系才能得到确切的理解，而转引材料通常失去了这样的条件。原引者一般只截取原文的一段，而且为论说的需要而对引文加以处理，或删节，或重组，或转述，甚至断章取义。经过如此处理的材料，可

1　陈澧：《引书法示端溪书院诸生》，载张舜徽选编：《文献学论著辑要》，第414页。
2　刘乃和：《"书屋而今号励耘"》，载陈智超编：《励耘书屋问学记》，第143页。
3　瞿同祖：《我和社会史及法制史》，载张世林编：《学林春秋》，第223—224页。

能会脱离原来的上下文，也不能完整而准确地保留原文的信息。转引这样的材料，难免受到误导。

因此，引用须竭尽所能地查对原书，要不惮其难，不厌其烦，以找到材料的最可靠的出处。在不得不转引时，一定要审慎鉴别和分析，确认其文可信方可转引。至于如何确认"其文可信"，就需考察著者的学术声誉以及论著的质量。对于治学不够严谨的人，最好不要转引其论著中的材料；主要用第二手资料写成的书，也不宜转引；没有任何注释的书，更不能转引；涉猎众多领域的"全能型"学者或职业畅销书写手的作品，尤其不可轻率转引；教科书和通俗读物的资料，也不宜转引。

转引要注出转引的论著，如果直接注原文的出处，就是弄虚作假的"伪注"。陈澧制订的"引书法"，专门提到了转引一项，强调在不得不转引的情况下，须注明"不见此书，此从某书转引"；若转引"亡书"，也须注明"所出之书"。[1]严耕望说："古人写文章，往往用转引的史料有如自己直接搜集到的一样，那是很通常的事。现代著述态度应该愈来愈严肃，但仍有很多成名的学人也犯此类毛病。"[2]前人已有这样的认识，当今学者更应加强自律，摒除"伪注"行为。

学者的研究通常具有连续性，有时需要重复自己已发表论著中的某些内容，常见的处理方式有两种：一是不留痕迹、不加说明地迻录；二是像引用他人论著一样注明出处。严格来说，著述应当极力避免自我重复，已经发表的论著不宜充当新著的内容，必要时可以用参见或引述的方式处理。如果不同的论文之间存在内容上的关联，可相互参见；如需引用自己在其他论文中提出的论点，便用引述。即便是参见和引述，也须适度，以免造成自我炫耀或顾影自怜的印象。

在行文中，根据引用的不同情况，需对引文做不同的安排。大段引文

1　陈澧：《引书法示端溪书院诸生》，载张舜徽选编：《文献学论著辑要》，第414页。
2　严耕望：《治史三书》，第45页。

（一般在100字以上）一般应另段排列，退两字格抄写；如果是打印稿，最好用不同于正文的字体，左边缩进两字格，前后各空一行，不加引号；注释标记置于引文结束处。在回到正文时，如果不是另起一段，则首句不必空两字格。例如：

> 但民众早已不能保持克制持重的心态，一些在反《印花税法》大会上持温和立场的代表，回去后遇到了不同程度的麻烦。新泽西议会下院议长甚至被迫退出了议会。据约翰·亚当斯的日记描述：

> > 在每一个殖民地，从佐治亚到新罕布什尔，印花代销商和监督员在人民的难以扼制的愤怒面前，被迫放弃了他们的职位。人民当中一片群情激忿，我们看到，所有那些敢于为印花税说好话或试图缓和人们所怀有的憎恶的人，无论他的才能和品德从前得到多么大的尊敬，也不论他拥有何种财富、关系和影响，都遭到了普遍的蔑视和羞辱。[①]

> 哈钦森在1766年的一封信中也说，在北美殖民地的每个地方，人们都在用同一种声音说，如果征收印花税，他们就是绝对的奴隶；谁也不要和他们论理，否则马上就会被宣布为大众之敌。[②]

引用完整的句子，要在说话人之后用冒号，后接引出号；引文结束处，先用句号（或问号、感叹号），然后用引回号；注释标记置于引号之后。例如：

> 1701年，英国旅行家约翰·劳森（曾在北卡罗来纳定居）在南卡罗来纳见到大片玉米地，不禁感叹道："印第安人的玉米，或叫玉蜀黍，经证明乃是世界上最有用的谷物，如果没有这种丰饶多产的作物，美

洲某些殖民地的拓殖，会被证明是十分困难的。"①

引文若非完整的句子，而只是行文中一句话的插入部分，则要在说话人之后用逗号，后接引出号，引文结束处先用引回号，再用逗号或句号，注释标记置于逗号或句号之后。例如：

孔多塞写道，一旦思想的光芒照亮全球，商业的纽带将各部分紧密联结，那么"一切都会成为人类的朋友，都会为人类的完善与幸福而共同效力"。①

在行文中引用个别语汇，只需在所引语汇上面加引号，注释标记置于句号之后。例如：

人们并不否认对英王的忠诚，在《印花税法》被废除后，各地民众举行庆祝活动，人们举杯祝福英王健康，仍旧自认是大英帝国的臣民。有的报纸将"自由之子"称作"英王陛下的忠实臣民"和"英国宪法的真正朋友"。①

在转述原意时，如果中间使用了原文的词句，也要用引号标出，将注释标记置于转述结束处。例如：

尚在病中的威廉·皮特亲赴下院发表演说，声讨《印花税法》。他说，英国固然可以对殖民地行使多种权力，但不可未经他们同意就从他们口袋里掏钱；美利坚人的确是英格兰的孩子，但不是私生子，征税并不是母国统治权和立法权的一部分。格伦维尔当场向皮特发难，称英国对于北美拥有至高的主权和立法权，而征税权正是这种权力的一部分；英国既然保护了殖民地，殖民地居民就必须服从英国。皮特则对这种论点加以反驳，并提到"内部税"和"外部税"的差别，认为英国无权在殖民地征收"内部税"。他最后说，《印花税法》必须"绝对、完全和立即"废除，因为它建立在错误的原则之上。但他同时又说，要用"强烈的语言"宣布英国对美洲的主权。[①]

四、标注的方式

学术论著的注释看起来属于细枝末节，而实际上意义十分重大。注释自身也有一部漫长的历史，在现代学术的演变中，注释在著述中占据不可替代的位置，并具有多种多样的功能和意义。[1]它不仅是论著学术性的标志，而且也是反映学风和学术道德的重要指标。用什么方式标注，以及如何标注，直接关系到论著的传播和阅读效果；充分发挥注释的功能，可以提升论著的学术价值。因此，无论初学者还是成名学者，都不可忽视注释问题。

认真做好论著的注释，首先要对注释的功能和意义有所认识。现代学术论著的注释与古代的"注疏"有明显的不同。古书的注有"解、注、疏、说"等多种名目，都是后学为前人著作所做的注解和阐释，相当于著述的一种形式。现代学术论著的注释则是作者的自注，并非单独的著述形式，而是保证论著学术性的手段，也是区分学术论著和其他读物的外在标志。学术论著必须有规范而完备的注释，而通俗读物和教科书则不必如此。治史特别讲究材料和根据，没有细致可信的注释，就无从反映材料的来源和根据的所在。可见，注释对于史学论著的作用尤为重要。

注释的首要功能是注明材料的来源。在学术论著中，凡"直接引语和

1　参见安东尼·格拉夫敦：《脚注趣史》（张弢、王春华译），北京大学出版社2014年版，第1—34页。

非普遍所知或不能轻易查证的事实与见解"，都应注明出处；[1] 常识、可从一般工具书或教科书中查到的知识，则不必标注来源。通过注释的方式，作者所使用的论据和其他知识可以得到核查，从而有助于提高知识的准确性和可信度。澳大利亚学者温德舒特尔批评福柯，说他的著述放弃学术界通用的注释和参考书目等手段，在讨论他人的术语和概念时，既不引述原文，也不交代出处，其论说宽泛而自由，无法确知具体的所指。[2] 这一点是史家所应引以为戒的。

对学术的继承和创新来说，注释也是一种有效的保障。如果用注释标出前人的观点，作者自己的见解也就得以自然显现。课题的有关学术史信息，可以在注释中得到反映；研究中涉及的问题，若前人已有可靠的论述，只需在注释中注明参见即可。读者只要查看论著的注释，就可大致明了前人在相关问题上已经做过的工作。而且，注释还可以为进一步的研究指引门径，研究扎实的论著所引用的资料、书籍和论文，大体能够反映这个课题的基本资料和已有研究的情况，从中可以获得大量信息和资料线索，后进循此开展研究，能够收到事半功倍的效果。

注释还可以作为正文的补充。在写作中，某些内容如果舍弃会妨碍对问题的理解，而阑入正文又可能妨碍行文，这时就可用注释的方式来处理。钱穆在评论余英时的一篇论文时说："正文中有许多枝节，转归入附注，则正文清通一气，而附注亦见精华。"[3] 韦伯的《新教伦理与资本主义精神》一书，虽然不是史学著作，而在注释中对资料进行辨析，就相关问题做出阐释，以致注释的篇幅和正文相当。美国学者贝林的《美国革命的意识形态起源》一书，脚注所占的篇幅也不少，有的甚至超过半页，内容涉

1　《芝加哥著述手册》（*The Chicago Manual of Style*），芝加哥2003年版，第594页。

2　温德舒特尔：《对历史的杀戮》，第133页。

3　《钱宾四先生论学书简》，载余英时：《钱穆与中国文化》，第230页。据说，陈垣反对在自己的文章中加小注补充正文，主张要尽量在正文中将问题讲清楚。参见启功：《夫子循循然善诱人》，载陈智超编：《励耘书屋问学记》，第105页。

及史实的考辨和论点的补充发挥。当然，也不可误以为注释繁多可以衬托文章的档次，而故意将正文的内容放在注释中。

参见也是注释的一大功能。有的资料不必详细列举，可以简述其意，注明出处以供读者参考；对于他人已做过研究的问题，作者不必详细复述，也可用参见的方式。在陈寅恪的著作中，参见的书目多于直接引用的书目。据有关统计，他参考的文献达606种，而引用的文献只有363种，其中参考和引用相重复的有62种。[1] 国内史学界一度流行只注材料出处、不注参见的风气，无意中减损了注释的作用。

此外，作者还可借注释向提供帮助和启发的人致谢。陈寅恪常在文中说明某一资料系某人"举以见告"，一点也不埋没他人的工作。[2] 某一论点如得到他人提示而获得，或得到其他论著的启发而形成，都可在注释中加以说明。总之，如果善用和巧用注释，就可收"一石数鸟"的功效。

严谨的学者一般都会用心做好注释，而细致准确的注释也的确是严谨学风的体现。在学术上弄虚作假的人，尤其喜欢在注释上"做手脚"。读书不多，又想以博学示人，于是借注释手段来帮衬：或罗列众多自己并未接触过的文献，或将"转引"改注为"直引"，或将译本注为原版，或引而不注。有的剽窃者掩饰真相的手法，就是将原书的文字和注释一并照抄，造成旁征博引、规范严谨的假相。可见，注释可以折射学风，不啻为检验学术道德的试金石。

在当前的学术书刊中，注释的排印方式并不统一，常见的有页下注、尾注、夹注三种形式。严耕望欣赏夹注，推为首选；他对底注（页下注）也能接受，唯独不喜欢尾注。[3] 不同的读者对于注释的排印形式可能有不同的态度。一般读者可能只关心论著的内容，而不留意注释；同领域的学者

1　王子舟：《陈寅恪读书生涯》，第170页。

2　王子舟：《陈寅恪读书生涯》，第198页。

3　严耕望：《治史三书》，第79—80页。

希望从注释了解作者的材料来源和读书范围，因而以页下注最为便利，其好处是可以一目了然地看到论著的文献依据。尾注与页下注的作用相似，只是查考不及页下注方便。夹注本是中国传统注疏的常用形式，有的中国史论著也用这种方式标注常见古籍，虽然检视方便，但若做较长的解释性或发挥性注释，就会冲散行文，妨碍阅读。

21世纪初，受社会科学文献注释体例的影响，国内一些大学学报和地方学术刊物推出CAJ-CD标注格式。这可以说是夹注的一个变种，只是减弱了夹注原有的功能，而增添了查阅的不便。注文变成若干数目字，需查对文末的参考文献，才能知晓引文的来历；如果有解释性的文字，仍需采用脚注。这种标注方式对于征引浩繁的史学论著尤其不适用，既造成写作的不便，也增添查阅的困难。而且，这种格式所规定的文后参考文献的著录形式不中不西，不伦不类，更是不堪入目。推行这种格式，表面上照顾到排印和检索等技术方面的需要，但削弱了注释的学术功能，完全是一种削足适履、弊多利少的体例。这种注释体例出台以后，受到一些学者的批评。[1]仅过数年，这种注释体例便已从人文书刊中匿迹。

目前，学术书刊的注释依然没有通行的体例。各杂志社自行其是，而出版社也没有统一的规定。学术刊物所用的注释体例五花八门，有不少既欠规范，也不合理。有的刊物制定的注释体例涵盖面小，所列举的格式不能适用于各种类型的文献和各种引用情况。有的刊物的外文文献采用原文标注，但注释格式相当随意，包含的文献版本信息也不规范。可见，借鉴欧美学界和出版界的经验，制定适合中国人文学术的标注体例，仍是一件亟待完成的工作。

在制定人文学术的标注规范时，应对各国，特别是欧美各国的注释体

1　任东来：《学术期刊的注释标准》，载杨玉圣、张保生主编：《学术规范读本》，第365—367页；姜朋：《注释体例大一统、学术规范及学术水准的提高》，载杨玉圣、张保生主编：《学术规范读本》，第368—376页。

例进行认真研究，取其所长，并结合中国学术的实际加以完善，形成既适应中国学术发展又有利于"国际接轨"的标注规范体系。美国学术界和出版界在标注体例方面颇有建树，在引用文献的分类、各种标注情形的设定和不同类型文献的标注格式等方面，都有值得借鉴的成例。例如，在标注中对论文和书籍加以区别，就很合理，也便于检索。文章用引号标出，书籍和报刊名称则用斜体。这种做法也可以引入中文论著的注释，文章用引号（或单书名号），书籍和报刊用双书名号，以示区别。目前的书刊注释，大多都把文章名置于双书名号中，与书籍毫无区别，使人难以判断文献的性质。不过，这种方式早已有约定俗成的韧性，一般作者只能遵从。毫无疑问，美国学术论著的注释体例也有弊端，尤其是将多条材料的出处放在同一条注释中，或者一整段只做一个注释，这都给读者检索资料出处造成不便。中文论著一般采取一条材料一个注释的做法，可以说是一个优点。

　　制定合理而实用的注释体例，无疑是一项复杂而艰巨的工作，牵涉的问题很多，特别是需要考虑不同类型的文献的不同要求，并兼顾各个学科的特点。这样一项工作，需要学术界、杂志社和出版社协同努力来完成。仅就史学论著而言，不同类型的文献的标注，就有不同的要求，任何个人的意见和处理方式，都难免存在局限。

　　引用中国古籍，采用何种标注形式较为实用和便利，就是一个有待探讨的问题。按中国文史论著的习惯，常见古籍只需在正文中提及，或仅注出书名和卷次，而不标明版本和页码。一些线装古籍或古籍影印本原本没有页码，只有卷号，不注页码固然无可非议，但仍须注明版本。许多古籍经人校点整理，有不同的印刷版本，在引用时应注明版本和页码。古籍的不同版本，在价值和阅读难度上不完全一样，特别是旧刻本和标点本之间差别较大，引用旧刻本需要自行标点，体现引者对原文的理解；而引用标点本则须尊重原书的标点，若对某些标点加以调整，应在注释中说明。总之，引用的古籍只要有版本和页码，就要注出，以便于读者查阅和核对。

一味简省必要的项目，或许会为作弊留下空隙，容易引出将转引注为直引、将标点本注为旧刻本之类的做法。例如：

 ① 杜佑：《通典》，卷148。

 ②《资治通鉴》卷132《宋纪14》。

这种标注过于简略，欠缺版本和页码方面的信息，不便于读者查对。如果引用的是这些书籍的点校本，不妨注为：

 ① 杜佑：《通典》（王文锦点校），中华书局1988年版，第3792页。

 ② 司马光等：《资治通鉴》，中华书局1956年版，第9册，第4149页。

在国内史学期刊中，《历史研究》近年所实行的古籍标注方式比较合理和实用，唯有关项目的排列方式仍可推敲。

  目前国内书刊的外文文献标注主要采取三种形式：一是将文献名称及相关项目译为中文，二是直接注原文，三是译成中文再括注原文。只注中译文，不便于读者检索，自不可取。直接用外文作注，对作者最为简便省事，因为标题的翻译往往烦难费力。这也是有学者主张直接使用原文的一个理由。但是，这种标注形式却有很大的弊端。第一，损害中文论著在文字上的纯一性。中文著述应规范地使用中文，外文引文以及文中出现的人名、地名和其他名词须译为中文，必要时可将原文附注在括号中。直接用外文作注，或中外文混用，或许有损中文的整体面目。第二，当注释中需插入说明性文字时，就造成中外文混杂，标点符号不易处理，比如，注释结束处究竟用英文句号还是用中文句号，就是一个问题。第三，不懂某一语种的读者，难以从原文注释了解论著的资料来源，也无法掌握相关领域的文献状况。诚然，英美书刊往往直接使用法文或德文的注释，日本和中国港台书刊的注释，也常有多种文字混排的情况，但中文自有中文的特点，国内读者也有国内读者的要求，故应尽力采用最适合国内情况的标注形式。从目前的情况看，将外文文献的作者和题名译成中文并括注原文，或许是一种合理和实用的形式。具体来说，在首次标注时，将文献的作者、标题和出版地译成中文注出，并将作者和标题的原文置于括号中，以便于读者查找；出版地或出版社不具检索价值，故不必注出原文；在第二次标注时，则只需注出作者姓氏和主标题的中译文即可。例如：

① 弗雷德里克·霍克西:《最后的诺言：1880—1920年间同化印第安人的运动》(Frederick Hoxie, *A Final Promise: The Campaign to Assimilate the Indians, 1880-1920*)，英国剑桥1989年版，第23页。

② 埃里克·方纳:《自由在解放奴隶时代的意义》(Eric Foner, "The Meaning of Freedom in the Age of Emancipation")，《美国历史杂志》(*The Journal of American History*)，第81卷，第2期（1994年9月），第443页。

③ 约翰·艾伦:《关于自由之美的演讲》(John Allen, "An Oration Upon the Beauties of Liberty")，载埃利斯·桑多兹编:《美国建国时期的政治布道词》(Ellis Sandoz, ed., *Political Sermons of the American Founding Era*)，印第安纳波利斯1991年版，第322页。

④《1764年货币条例》(Currency Act of 1764)，载梅里尔·詹森编:《英国历史文献（第9卷）：北美殖民地文献》(Merrill Jensen, ed., *American Colonial Documents to 1776*, in *English Historical Documents*, Vol. 9)，伦敦1955年版，第649—650页。

⑤ 美国商务部国情调查局:《美国历史统计：殖民地时期至1970年》(U. S. Department of Commerce, Bureau of Census, *Historical Statistics*

of the United States, Colonial Time to 1970），华盛顿1975年版，第2卷，
第1168页。

⑥ 霍克西:《最后的诺言》，第88页。

⑦ 艾伦:《关于自由之美的演讲》，载桑多兹编:《美国建国时期的政
治布道词》，第322页。

⑧ 美国商务部国情调查局:《美国历史统计》，第2卷，第1168页。

这种标注方式有利于保持文字的纯一性，所提供的文献信息也比较完整，
便于所有读者了解文献的名称、性质和来源，并为查找和核对引文创造便
利。在国内的史学刊物中，目前似乎只有《史学月刊》的外文注释采用这
种格式。[1]

现代中文文献的标注同样需要规范化。一些书刊的中文文献注释存在
明显的欠缺，尤其是不尊重中文的惯例，不顾及中文的整体面目，标点符
号和数字的使用相当混乱。曾有书籍推荐这样一种标注格式:[2]

张舜微（原文如此。"微"为"徽"之误）.中国古代史籍校读法.第
一版.上海古籍出版社.1962年.

胡小石.南京在中国文学史上的地位.见：胡小石著.胡小石论文集.上
海古籍出版社,1982.138—146

蒋礼鸿.柳集笺校.文献.1992[8].10—19

也有出版物采用类似的注释格式，如河南大学出版社《学术规范读本》的

---

1 《历史研究》和《世界历史》都曾采用中外文相结合的方式标注外文文献，后来均改用外文。有的方法
论书籍推荐纯以原文注外文文献，但未说明理由。参见林家有:《史学方法论》，中山大学出版社2002
年版，第105—106页。

2 徐有富:《治学方法与论文写作》，第287页。

标注格式为：[1]

> ① 陈寅恪.冯友兰《中国哲学史》下册审查报告.见陈寅恪.金明馆丛
> 稿二编.上海：上海古籍出版社,1982.252页
> ② 智效民.学界沉沦三题.学术界,2001,(1):170

这类标注格式的最大弊端，在于标点符号混乱，中、英文标点符号混在一起，严重损害中文的形象；而且不能直观地反映文献的性质，视觉效果也不佳。中文文献的标注应符合中文的行文规则。以上标注的示例，似可改为：

> ① 张舜徽：《中国古代史籍校读法》，上海古籍出版社1962年第1版。
> ② 胡小石：《南京在中国文学史上的地位》，载胡小石：《胡小石论文集》，上海古籍出版社1982年版，第138—146页。
> ③ 蒋礼鸿：《柳集笺校》，《文献》，1992年第8期，第10—19页。
> ④ 陈寅恪：《冯友兰中国哲学史下册审查报告》，载陈寅恪：《金明馆丛稿二编》，上海古籍出版社1982年版，第252页。
> ⑤ 智效民：《学界沉沦三题》，《学术界》，2001年第1期，第170页。

近年来，电子学术资源不断增加，越来越多的论著引用电子文献，这类文献的标注问题，也引起了学术界的重视。2003年新版的《芝加哥著述手册》，设专节介绍电子图书、网络在线文件和数据库文献的标注及参考书目格式。目前国内学术界还没有统一的格式。总的原则也应与纸质文献的标注一样，要从学术道德、版权法和便利读者的角度着眼，同时还要考

1　杨玉圣、张保生主编：《学术规范读本》，第77、316页。

虑电子文献的特殊性质。在电子文献出现之初，国外有的体例手册要求把电子文本与纸质文本加以比对，并按纸质文本标注出处。[1]随着数字化技术的发展和电子文献的普及，学术界越来越倾向于把从纸质文本转化而来的电子文本与纸质文本同等对待，在注释和参考书目中都无须另做说明。但仅有电子文本的网络资源，在引用时仍需注明网址和获取日期。例如：

① 《伊利诺伊州宪法》（Illinois Constitution），第2条第2款。（http://www. legis.state/il.us/commission/lrb/conmain.htm/，2001年3月1日获取）

② 《1790年11月7日托马斯·杰斐逊致詹姆斯·布朗》（From Thomas Jefferson to James Brown, Nov. 7, 1790, Founders Online, National Archives, https://founders.archives.gov/?q=Volume%3AJefferson-01-18&s=1511311112&r=1，2021年12月17日获取）

　　关于二次引用的文献，有几种常见的简省标注方式。英文论著中常有"ibid"、"op. cit"等形式：前者是拉丁文"ibidem"的缩写，意思是"同上出处"，一般在紧接注明作者和篇名的同一文献之后使用；后者为拉丁文"abbr opere citato"的缩写，意即"在前面引用的书中"，在使用时需要先注出作者姓氏。中文论著中也有相对应的类似形式，如"同上"、"同前"、"×××，前引书"、"×××，前揭书"等。这类标注方式固然简省，但不便于读者查证。如果篇名没有在当页出现，读者就难以很快查到"前引书"的实际所指；而且，如果同时引用同一作者的多种文献，还不免产生混淆。因此，在重复引用同一文献时，比较合理而可行的标注方式，应是注明作者姓氏和书/篇名的主标题。这样并未多费几个字，却可以给读者带来很大的便利。

1　参见《芝加哥著述手册》，第684—687、752—754页。

五、图表、译名与书目

现代史学写作常用图表来辅助论述。统计数字表、比例图、变动曲线、坐标、地图、历史图片等各种类型的图表，常见于多种论著中。图表的使用同样需要考虑实用和便利等方面的问题，以最大限度地发挥其功能，有助于提升论著的学术品质。

使用统计数字表格，需要对表格进行编号。如果全文表格较少，可用"表一、表二……"这种编号方式；如果全文表格较多，可按章编号，如"表1.1"表示第一章的第一个表，"表2.3"表示第二章的第三个表。表格的项目设置须清楚和准确，标出数字的单位，并在表格下方注明资料出处。例如：

表二　1940—1984年美国人口增长的构成因素

项目 年份	每年 净增长率 （‰）	每年平均 自然增长率 （‰）	每年 平均出生率 （‰）	每年 平均死亡率 （‰）	每年 净移民率 （‰）
1940—1944	11.4	10.4	21.2	10.8	0.8
1945—1949	15.7	14.0	24.1	10.1	1.6
1950—1954	17.1	15.2	24.8	9.5	1.8
1955—1959	17.2	15.4	24.8	9.4	1.8
1960—1964	14.9	13.2	22.6	9.4	1.9
1965—1969	10.7	8.7	18.3	9.5	2.1
1970—1974	10.6	6.8	16.1	9.3	1.7
1975—1979	10.4	6.3	14.9	8.7	2.0
1980—1984	9.8	7.1	15.7	8.6	2.6

*资料来源：美国商务部国情调查局：《1986年美国统计摘要》（U.S. Department of Commerce, Bureau of Census, *Statistical Abstract of the United States 1986*），华盛顿1986年版，第7页。

表2.3　1920—1990年美国大都市区的人口

项目 年份	所有大都市区			百万人口以上的大都市区		
	数量	人口 （万）	占美国人口 比例（%）	数量	人口 （万）	占美国人口 比例（%）
1920	58	3593.6	33.9	6	173.9	16.6
1930	96	5475.8	44.4	10	3057.3	24.8
1940	140	6296.6	47.6	11	3369.1	25.5
1950	168	8450.6	55.8	14	4443.7	29.4
1960	212	11959.5	66.7	24	6262.7	34.9
1970	243	13940.0	68.6	34	8326.9	41.0
1980	318	16940.0	74.8	38	9286.6	41.1
1990	268	19772.5	79.5	40	13290.0	53.4

*资料来源：王旭：《美国城市史》，中国社会科学出版社2000年版，第151页。

　　数字表格的特点是清楚明了，便于比较。在必要时可对表格中的数据加以分析，以解释数据的意义，同时也可使表格和行文结合成一个整体。例如：

　　美国移民政策的改革，导致移民的数量和族裔构成发生了很大变化。从"表2.7"可以看出，60年代以前，欧洲和北美的移民数量始终高于亚洲和拉丁美洲的移民；此后，欧洲和北美的移民数量开始下降，亚洲和拉丁美洲的移民的人数逐渐上升，至70年代超过欧洲移民而成为移民的主体。这一变化具有突出的历史意义，促成了美国人口的种族和族裔结构的重大改变。

表2.7　1921—1990年间美国移民来源的变化（占移民总数的%）

年代 地区	西北欧	东南欧	拉丁美洲	亚洲	北美	其他地区
1921—1960	38	20	18	4	19	1

续表

地区 年代	西北欧	东南欧	拉丁美洲	亚洲	北美	其他地区
1961—1970	18	15	39	12	13	3
1971—1980	7	11	40	35	4	3
1981—1990	4	6	47	38	2	3

*资料来源：理查德·T. 谢弗：《种族和族裔群体》（Richard T. Schaefer, *Racial and Ethnic Groups*），纽约1996年版，第108—109页。

　　其他图表也要辅以说明性的文字。对比例图和坐标图可用文字加以说明或阐释；地图或历史图片的下方要有图注。另外还需留意，引用官方统计数据一般没有特别的限制，而有版权的著作中的表格和图片，若整体性引用，需征得版权所有者的同意和授权。

　　文中出现的外文历史名词、地名、人名和组织名称，译法应力求规范，全文尤须统一。地名的翻译，可依据商务印书馆出版的《美国地名译名手册》、《外国地名译名手册》等工具书。人名的翻译，一般以商务印书馆出版的《英语姓名译名手册》、《法语姓名译名手册》、《德语姓名译名手册》等工具书为依据；在某些特殊情况下，还须遵循"名从主人"和"约定俗成"的原则。不少与中国有关系的外国人，或有中文名字，或有固定的译法，如果根据译名手册翻译，反而会导致混淆。例如，Samuel Shaw在中国史籍中作"山茂召"或"萧三畏"，如果译为"塞缪尔·肖"，就不知其为何许人；Edouard Chavannes通译"沙畹"，Paul Pelliot通译"伯希和"，如果分别译作"爱德华·沙瓦纳"和"保罗·佩利奥"，也会造成误解。还有一些外国人名，国内已有约定俗成的译法，如果参照译名工具书，反而会带来不便。例如，Phillip Foner一般译作"菲利普·方纳"，William Henry Seward的习惯译法为"威廉·亨利·西沃德"，而不宜依据相关手册译作"菲利普·福纳"和"威廉·亨利·苏厄德"。

　　历史名词或史学名词的翻译，往往牵涉复杂的知识和文化问题，需仔细辨析其语境和含义，译法方可做到"信"和"达"。美国历史上的"Civil War"，国内有"南北战争"和"内战"两种译法，而且通常是两者混用。实际上，"Civil War"是一个历史名词，如果译作"南北战争"，不仅将历史名词变成了史学名词，而且把这场意义重大的事变简化成一场地域之战，不如直译为"内战"更确当。"Civil Rights Movement"的翻译也颇有讲究。这场运动固然是以争取黑人的平等权利为主要目标，但内涵并不止于此，参加者也不限于黑人，而包括大量的白人、妇女组织和其他族裔群体，因以译作"民权运动"为妥，而不必在前面画蛇添足地加上"黑人"二字。[1]总之，使用外文的历史名词或史学名词时，不能简单地采信陈说，而应推敲原文的含义，细考语境，选取最贴切的译法。

　　学位论文和专著均需附上参考书目，以备检视使用文献的情况，查考论说的可信度，并为进一步的研究提供线索。编制参考书目是一项细致的工作，应以清楚、准确和便于查找为原则。根据国内外学术界的通行做法，参考书目须分类编排，先中文，再外文；在中文和外文下面，可分别按原始文献（如果原始文献的数量大、种类多，可进一步分成档案、政府出版物、统计资料、手稿、日记、书信、当时的报刊等名目）、研究著作和论文等项排列。至于文献的排列顺序，则须以便于查找为原则。

　　中文文献的排列，一般以作者姓氏的拼音字母为序。同一姓氏的数位作者，以姓名第二字的拼音字母为序；同一作者的多种著作，按书名第一个字的拼音字母顺序排列。[2]对文献可以编号，也可以用首行缩进的方式排列。档案须标明作者（后接冒号）、档案名（用引号或书名号，后接逗号）、编号（后接逗号）、收藏处（句号）；书籍须标明作者（如系编

1　参见李剑鸣：《学术规范建设与世界史研究》，《史学集刊》，2004年第3期，第85页。

2　中文文献还可以按作者姓氏的笔画排列，对于不熟悉拼音的读者有一定的便利，但总体上不如以拼音为序方便，因为笔画不如拼音，一看便知。

者，须在姓名后加"编"或"编选"或"主编"，后接冒号）、书名（用书名号，后接逗号）、出版地（后接冒号）、出版社（后接逗号）、出版年代（后接句号）。论文须标明作者（后接冒号）、标题（用引号或书名号，后接逗号）、报刊名（用书名号，后接逗号）、卷次和期号（后接句号）。例如：

一、中文书籍

陈智超编注：《陈垣来往书信集》，上海：上海古籍出版社，1990年。

傅斯年：《史料论略及其他》，沈阳：辽宁教育出版社，1997年。

顾颉刚：《当代中国史学》，上海：上海古籍出版社，2002年。

梁启超：《中国历史研究法》，北京：东方出版社，1996年。

钱穆：《八十忆双亲·师友杂忆》，北京：生活·读书·新知三联书店，1998年。

钱穆：《中国历史研究法》，北京：生活·读书·新知三联书店，2001年。

唐长孺：《魏晋南北朝史论丛》，石家庄：河北教育出版社，2000年。

王国维：《观堂集林》（上、下），石家庄：河北教育出版社，2001年。

张舜徽选编：《文献学论著辑要》，西安：陕西人民出版社，1985年。

二、中文论文

何兆武：《对历史学的若干反思》，《史学理论研究》，1996年第2期。

蒋大椿：《论与史的关系考察》，《历史研究》，1982年第4期。

罗志田：《见之于行事：中国近代史研究的可能走向》，《历史研究》，2002年第1期。

罗志田：《史料的尽量扩充与不看二十四史》，《历史研究》，2000年第4期。

缪钺：《治学琐言》，《文史知识》，1982年第9期。

吴承明:《中国经济史研究的方法论问题》,《中国经济史研究》,1992
　　年第1期。

杨生茂:《学史杂拾》,《光明日报》,1992年8月30日。

中文古籍若有作者或编者,也要以姓氏拼音为序,其他则可按书名首字的拼音排列。有点校者或译注者的古籍,须标举姓名。旧刻本要交代刻印年代;手抄本要注明收藏地;现代点校本或影印本则须列具出版社和出版年代。古代的各种正史,最好按作者姓氏分开排列,不宜笼统地冠以"二十五史"的名称。例如:

班固:《汉书》,北京:中华书局,1962年。

顾炎武撰,黄汝成集释:《日知录集释》,上海:上海古籍出版社,
　　1985年。

李百药:《北齐书》,北京:中华书局,1972年。

刘昫等:《旧唐书》,北京:中华书局,1975年。

刘知几:《史通》(黄寿成校点),沈阳:辽宁教育出版社,1997年。

欧阳修、宋祁:《新唐书》,北京:中华书局,1975年。

司马光等:《资治通鉴》,北京:中华书局,1956年。

司马迁:《史记》,北京:中华书局,1982年第2版。

魏征等:《隋书》,北京:中华书局,1973年。

章学诚:《章学诚遗书》,北京:文物出版社,1985年影印。

郑樵:《通志略》,上海:上海古籍出版社,1990年。

外文文献在注释中已译为中文,参考书目一般直接用原文,按作者姓氏第一个字母排序。同一作者的多种论著按题名第一个单词的字母排序,作者姓名第二次出现时则用四字符长的横线代替。英文书籍需标明作者

（姓在前，名在后，用逗号隔开，名后用句号；如果最后一个名字系缩写字母，则以缩写标记代替句号；如果是编者，名字后用逗号，后接编者的缩写，并以缩写标记代替句号；有多位作者的，从第二位作者开始按姓名正常顺序排列）、书名（斜体，后接句号）、出版地（不知名的小城市须注明所在州、省或国家；同名城市须注明州、省或国家；后接冒号）、出版社（后接逗号），出版年代（后接句号）。英文论文标明作者（姓在前，名在后，用逗号隔开，名后用句号；如果最后一个名字系缩写字母，以缩写标记代替句号；有多位作者的，从第二位作者开始按姓名正常顺序排列）、标题（置于引号内，后接句号，置于引回号之前）、期刊名（斜体，后接逗号）、卷次和期号（括注年月，后接冒号）、起止页码（从某页至某页，后接句号）。例如：

一、英文书籍

Abelove, Henry, et al., eds. *Visions of History*. New York: Pantheon Books, 1983.

Atkinson, R. F. *Knowledge and Explanation in History: An Introduction to the Philosophy of History*. London: The Macmillan Press, 1978.

Bailyn, Bernard. *The Ideological Origins of the American Revolution*. Cambridge, Mass.: The Belknap Press of Harvard University Press, 1967.

——. *On the Teaching and Writing of History: Responses to a Series of Questions*. ed. Edward C. Lathen. Hanover, NH: Dartmouth College, 1994.

Collingwood, R. G. *The Principles of History and Other Writings in Philosophy of History*. ed. W. H. Dray. Oxford: Oxford University Press, 1999.

Evans, Richard J. *In Defense of History*. New York: W. W. Norton, 1999.

Fischer, David H. *Historians' Fallacies: Toward a Logic of Historical Thought*.

New York: Harper & Row, 1970.

Hamerow, Theodore S. *Reflections on History and Historians*. Madison, Wis.: The University of Wisconsin Press, 1987.

Handlin, Oscar. *Truth in History*. New Brunswick, NJ: Transaction Publishers, 1998.

McCullagh, C. Behan. *The Truth of History*. London: Routledge, 1998.

Novick, Peter. *That Noble Dream: The "Objectivity Question" and the American Historical Profession*. Cambridge, UK: Cambridge University Press, 1988.

Takaki, Ronald. *A Different Mirror: A History of Multicultural America*. Boston: Little Brown, 1993.

Windschuttle, Keith. *The Killing of History: How Literary Critics and Social Theorists are Murdering Our Past*. New York: The Free Press, 1996.

二、英文论文

Ankersmit, F. R. "Historiography and Postmodernism." *History and Theory*, Vol. XXVIII, No. 2 (1989): 137−153.

Appleby, Joyce. "The Power of History." *American Historical Review*, Vol. 103, No. 1 (February, 1998): 1−14.

Bogue, Allan G. "Historians and Radical Republicans: A Meaning for Today." *The Journal of American History*, Vol. 70, No. 1 (June, 1983): 7−34.

Degler, Carl N. "Remaking American History." *The Journal of American History*, Vol. 67, No. 1 (June, 1980): 7−25.

Hutton, Patrick H. "The Role of Memory in the Historiography of the French Revolution." *History and Theory*, Vol. XXX, No. 1 (1991): 56−69.

Joyce, Patrick. "The Return of History: Postmodernism and the Politics of

Academic History in Britain." *Past and Present*, No. 158 (February, 1998): 207-235.

Leuchtenburg, William E. "The Historian and the Public Realm." *The American Historical Review*, Vol. 97, No. 1 (February, 1992): 1-18.

Topolski, Jerzy. "Towards an Integrated Model of Historical Explanation." *History and Theory*, Vol. XXX, No. 3 (1991): 324-338.

最后，专著还需要编制索引，以便于读者阅读和检索。索引一般需由作者编制，基本的程序是：确定索引项（人名、地名、事件名、组织名、其他专名以及书中讨论的具体问题），按中文拼音字母顺序排列；在每个索引项后标出书中出现的所有页码；在大的索引项之下，可进一步细分其他小项。索引项要尽可能完备，页码须准确无误，否则就失去了编制索引的意义。

第十二章　文章的艺术

　　史学著述最常见的形式是论文和专著，而专著说到底也是一种长篇论文，因而论文写作就成了史学写作的核心。论文篇幅短小，问题集中，看似不难驾驭，真正写起来也并非轻而易举。它要求在有限的篇幅内充分满足论述的要求，从材料到论点，从结构到文字，都颇有讲究。曾听有的同行说，能写论文就能写书，而能写书不一定能写论文。这也从一个侧面说明，论文的确是史学著述的基础，掌握写作论文的技巧以后，撰写专著、通史或教材就较为容易。从形式上看，史学写作就是按照一定的思想逻辑，运用准确、清楚、流利的文字，对有证据支撑的史实加以表述，以形成自圆其说的历史解释。同时，史学作为一种人文学，对文笔也有特别的要求：文字不仅仅是表述研究结果的工具，而且也是传达思想和美感的符号。因此，优美可诵也是史学论著应当追求的品质。

一、写作的意义

　　按照习惯的说法，"写文章"几乎成了做学问的代名词。在有些史学理论文章中，"历史书写"涵盖治史的全过程，甚至等同于整个史学。确定课题，收集资料，解读史料，寻找分析工具，构筑解释框架，终究都是为最后动笔"写文章"做准备。甚至有人说："历史在被写出来以前是不存在的。"[1]严格来说，作为文字表述的史学写作，只是历史研究的最后阶段，是研究成果的终极表述；它不能离开前期的研究工作而独立进行，也从来没有不做研究而专攻写作的史家。这就是说，史学写作依附于学问，它本质上是研究的一部分；只有用来表述研究的结果，写作才具有意义。有学问的人不一定是写作高手，但没有学问或学问不好的人，肯定写不出优秀的历史著作。

从另一个角度看，研究的结果如果不写出来，也就不能转化为可以接受的历史知识；而写作的优劣，无疑会直接影响到知识传播和接受的效果。对于个体的学者也是一样。有人平生孜孜不倦地读书，不舍涓埃地积累知识，可谓博学多闻，但最终写不出有价值的文章，陷于前人所讥刺的"但知聚铜，不解铸釜"的境地。[2]因此，诚如英国社会史名家阿萨·布里格斯（Asa Briggs）所说："历史学家要写得一手让人记得住的好文章，这对他来说非常重要。"[3]

不过，史学写作又是一种十分特殊的写作，它受制于材料的多寡，依托于作者的研究能力，也离不开作者的学力和眼光，难以做到任情挥洒和自由发挥。清人戴震说："古今学问之途，其大致有三：或事于理义，或事于制数，或事于文章。事于文章者，等而末者也。"他为治学的三种方式定出优劣，意在强调学者应当"毕力以求据其本"，"以圣人之道被乎文"，譬如草木，"根固者叶茂"。[4]章学诚谈到两类不同的文章时也说："文人之文，与著述之文，不可同日而语也。著述必有立于文辞之先者，假文

---

1 豪厄尔等：《源自可靠的资料》，第1页。
2 章学诚：《章学诚遗书》，第82页。
3 帕拉雷斯-伯克编：《新史学》，第47页。
4 戴震：《与方希原书》，载《戴震文集》，第143—144页。

辞以达之而已。"所谓"文人之文"，专事雕琢，卖弄词章，空洞无物。[1]的确，文学作品具有相对的形式美价值，一篇诗文即便无病呻吟，只要文笔优美，尚有词章可供赏玩；而史学论著如果没有充分的材料，缺乏独到的见解，也即缺少"立于文辞之先者"，便毫无价值可言。因此，史家切不可将"著述之文"写成"文人之文"。说到底，文辞只是表达知识和思想的中介，决定史学论著的学术质量的关键，在于作者的研究水准，而不是写作能力。因此，史家的写作能力应与研究水平齐头并进。

欧美后现代主义者将历史视为一种"虚构性的"叙事，很自然地注重写作的意义。海登·怀特说，一些"'经典'历史作家"的著作所提供的知识和解释可能过时，但人们"仍然把他们的著作作为历史写作的模式而表示景仰"；"如对待吉本的著作一样，当我们把一部伟大的历史著作从'科学'领域拿出来，将其奉为'文学经典'时，我们最终所景仰的是历史学家对一种本质上属于造型和比喻能力、最终是语言能力的掌握"；"当一部伟大的历史著作或历史哲学过时时，它在艺术中**获得新生**"。[2]照怀特的说法，最终赋予历史著作生命力的要素是文辞。他还说："研究历史著作最有效的方法应特别注重其文学性的一面，而不是'文体'所允许的模糊的、不成理论体系的概念。"[3]但若据此认为，史学著作可以单纯依靠文学技巧而传世，那就是本末倒置，因为再优秀的史家也无法与文学家较量文笔和表现技巧。吉本的著作之所以能作为"经典"留传，首先是因为它属于"史学"经典，其文学价值是依附于史学特性而存在的。在史学写作中，文学性只有和学术性结合起来，才能收到相得益彰的效果。

进而言之，写作也是研究过程的延续，类似研究的收尾工作。在写

1　章学诚：《章学诚遗书》，第50页。

2　海登·怀特：《历史主义、历史与比喻的想象》，载海登·怀特：《后现代历史叙事学》，第123页。黑体字系原文所有。

3　海登·怀特：《旧事重提：历史编撰是艺术还是科学?》，载陈启能、倪为国主编：《书写历史》，第19页。

作中可能出现新的问题，需要增加新的材料，需要不断思考和推敲。从开始写作到完成定稿，其间充满变数，最后的结果和最初的设想可能相去甚远。吉本在回忆《罗马帝国衰亡史》第1卷的写作情况时写道："刚开始时，一切都是模糊不定的，甚至书的题名、'帝国衰亡'的确切起讫时间、引言部分的论述范围、章目的划分以及记叙的次序等，都还没有确定的打算。"[1]这很可能也是许多史家共有的经验。写作往往与研究同步进行，交织互动，彼此促进。

写作固然依附于研究，但并不是一个无关紧要的环节。实际上，写作的好坏直接关乎学术质量的高低。好的学问需要好的表达，高水准的研究应匹配高质量的写作。"言之无文，行之不远"，文字拙劣的史学著作，必定难以激起阅读的兴趣。据说，陈寅恪有一次谈到治史的要义时说："整理史料，随人观玩，史之能事已毕；文章之或今或古，或班或马，皆不必计也。"[2]从表面上看，他似乎只注重占有和解析史料，对写作并不十分在意。这番话也许有特殊的语境，着意强调的可能是，治史重在掌握史料，阐释史实，而不必过于讲究文章的形式。即便如此，也不能说陈寅恪不重视写作。他提到了司马迁和班固，这两人的写作风格固然不同，但都是史家中公认的文章高手；著史的文笔无论是马是班，都是很难达到的境界。至于"或今或古"，对陈寅恪也并不是"不必计"的事。他一生著述极少用纯粹的白话文，即便在1949年以后，仍坚持用偏于古旧的文笔写作。当今人文学者能随手写出中规中矩的文言文者，可谓寥寥无几，当然也不必以此为追求目标。但是，像司马迁和班固这样长于文辞的史家，历来都是学者推崇景仰的榜样。

孔子说"文胜质则史"，古人把讲究词章、注重雕琢的文人称作"史匠"，表明著史与文采有着天然的联系。章学诚对文辞在史学中的意义也

---

1 吉本：《吉本自传》，第140页。

2 陈守实：《记梁启超、陈寅恪诸师事》，载张杰、杨燕丽选编：《追忆陈寅恪》，第42页。

有透辟的阐述。他提出，"夫史所载者，事也；事必藉文而传，故良史莫不工文，而不知文又患于为事役也"。他还说："史之赖于文也，犹衣之需乎采，食之需乎味也。"[1] 这就是说，"文"与"事"是一种相互制约、相得益彰的关系："事"需借"文"以传，"文"可为"事"增色。不过，他同时也意识到，"文"与"学"虽然相辅相成、相得益彰，但两者兼备，自古为难："文非学不立，学非文不行，二者相须，若左右手，而自古难兼，则才固有以自限，而有所重者，意亦有所忽也。"[2]

诚然，"著述之文"远不如"文人之文"那么挥洒自由，但也不能离开修辞和文采。换言之，史学的特性要求把写作当成一种艺术。史学著述的价值需经读者阅读才能充分体现出来，如果不讲究形式，不追求可读性，就难以使历史知识走出专业领域的樊篱。而且，史家面对遥远而陌生的过去，如果没有穿越今古、神游冥想的气质，就无法展现已逝人类生活的图景。在这个意义上，史家要有想象力，要有激情，这就使得史学写作带有某种艺术的色彩。治史者对于语言的领悟，对于文字的运用，都需要考虑艺术的效果。另外，史学著述同时也是史家思想的表达，而思想要求清晰、明确和富于逻辑性，这样才可以为读者所理解和接受。这就要求史家的文字清楚、严谨和富于力量。总之，史学写作关乎其人文学的特质，须在知识、思想和美感三个方面达成适度的平衡。这三者的平衡，最终是在文字表述中实现的。

然则现代史学遇到的一个普遍问题，就是文章的式微。传统史家擅长叙事，写作中往往糅合文学技巧，其书大多生动可读。在"全景式"叙事性史学被专题化的分析性史学取代以后，史学著作的可读性随之降低，史家的写作能力也明显退化，不少论著沦落到"研究报告"的地步，严重削弱了史学的社会影响力。英国史家特里维廉说："写好历史并非儿戏。……

1　章学诚:《章学诚遗书》，第40页。

2　章学诚:《章学诚遗书》，第85页。

在现在所写的历史中，因科学而牺牲艺术的情形十倍于因艺术而牺牲科学的情形。"[1] 这种观察是否精确固然可以商榷，但指涉的现象乃是不争的事实。如何兼顾"科学性"（知识的准确性和可检验性）和"艺术性"（故事性和文字美感），乃是当今史家必须面对的严肃课题。史家如果不擅长文字技巧，不重视写作，就难以达到治史的上乘境界。毕竟，史学论著不能仅只是"研究报告"，而应当是一种"文章"。在欧美史学界，那些以结构、分析和量化为旗帜的"新史学"研究者，虽然一度占尽风光，但很快发现自己的读者不过是同行专家，著作的买主也仅只是图书馆。因此，自20世纪70年代末期以来，许多史家开始改弦更张，重拾"讲故事"的技巧，讲究文辞和可读性，以争取较多的读者。[2]

二、论著的构成

前人论写作，有"苦心经营"的说法。写作确实不是轻易的事，需要同时兼顾内容和形式两方面的问题。一篇论文，一本著作，在构成上也涉及内容和形式两个方面。从内容上看，论著由主题、材料和论点所构成，三者结合得越紧密，论著的整体性就越强，论述的说服力也就越大。在结构方面，论著通常包括标题、引言、正文和结语等几个部分，这些部分的安排以及在全文中所占的分量，都需根据内容和主旨的要求来确定。

主题是论著所讨论的基本问题。主题和课题有联系，也有区别：主题来自课题，是课题中相对集中的具有思想性的问题；一篇论文通常只有一个主题，而一个课题则可写成多篇主题相互联属的论文。例如，在"美国内战的起源"这一课题中，可选取多个主题撰文，如"南部奴隶主的政治控制能力与内战的爆发"，"北方精英集团对奴隶制的态度与内战的起

1　屈维廉：《克莱奥》，载田汝康、金重远编：《现代西方史学流派文选》，第194页。

2　参见斯通：《叙事的复兴》，《过去与现在》，第85期，第15—19页。

源"，等等。一部专著或一篇论文必须有一个主题。主题是论著的骨干，只有借助主题才能将材料和论点组织成一个整体。没有主题，就无法展开论述，也就谈不上论著的撰写。有的论著除主题外，还可讨论有助于深化主题的相关问题，通常以"附论"或"兼论"的形式出现。

如果说主题是论著的骨干，那么材料就是它的血肉。撰写史学论著的材料通常包括史料、相关研究、常识和其他知识四大类，其中史料是主要材料，相关研究一般作为辅助，常识和其他知识则是铺垫。不同类型的论著对材料有不同的侧重，如微观论著可以只用史料，而宏观论著或综合性著述则需要更多地借助于他人的研究成果。在论述时使用的材料，就变成了论据。从写作的角度看，论点可能先于论据，但史学的研究范式要求从材料中提炼论点，因而论据实际上是先于论点而存在的。这是史学论著不同于一般论说文的地方。从这种意义上说，材料是论文的主体，是决定论文质量的核心要素。作者在动笔前需深入钻研材料，选择最有分量的论据，不吝精深细微的功夫。论述中还会经常引述他人的论点，但这些只能作为辅助性论据，不能纯用他人的论点来论证自己的论点。

论点则可以说是论文的眉眼，只有论点鲜明而突出，文章才会有神采和活力。论文之名的成立，端赖论点的存在；论文学术水平的高低，也主要以论点的深度和说服力来衡量。有的写作理论书籍将论点定义为"论文中需要证实的观点"，[1] 但对史学论著而言，只有从写作程序上说，这种界定才是成立的。严格来说，论点是作者从材料中提炼出来的看法，是构成历史解释的核心元素。换言之，任何关于过去的表述一般是由证据和论点组成的，两者联袂而行，缺一不可。杨志玖曾用十分朴实的语句总结了论点的特征和要求。他说，论点必须"是前人没有说过或说错、或没说清楚、或证据不足的，总之，必须有新东西"；同时，论点"确实是自己发

1　徐有富：《治学方法与论文写作》，第259页。

现的，不是抄袭的"。[1] 显然，论点既然是同前人对话或辩论而产生的看法，就必须有不同于前人之见的地方。一种论著，只有包含新颖而有思想冲击力的论点，才能引起同行的关注和讨论，才具有真正的学术价值。在写作中，论点的表述方式也是灵活多样的，可以先排比史实，然后从中引出看法；可以先提出论点，然后展开论证；可以在叙述史实的同时提出论点，即所谓"夹叙夹议"；还可以借助对事实的排列次序和详略取舍来表达自己的看法，这就是通常所说的"寓论于史"。[2] 总之，在写作过程中，作者不必拘泥于先史后论或先论后史，只要持之有故，言之成理，信而有征，自圆其说，就符合史学范式的要求。

论著的主要论点就是所谓"主旨"或"核心论旨"。"核心论旨"是论著的灵魂，有了它，论文才有生命力。高质量的论著，其"核心论旨"必定新颖（发人之所未发，出人意表而合乎情理）、深刻（直达根本，洞悉精微）、鲜明（清楚醒目，令人难忘）、集中（只有一个主旨，否则就庞杂零乱，形神松散）和说服力强（材料翔实，论证缜密，表述精当）。[3] 从研究的角度来看，"核心论旨"是从材料和众多论点中浓缩升华而成的；但就写作程序而言，它又是先定的，是"立意"的产物。整篇文章必须围绕"核心论旨"来展开，材料的取舍，文字的选择，重点的安排，都必须服务于论证中心论点的要求。唯有这样，文章才能凝练集中，主题突出。初学者在写作中常见的问题，就是不善于提炼"核心论旨"，其文材料不少，也有见地，但是缺少统领全文的中心论点，以致全文"如钱之散积于地，不可绳以贯也"。[4]

作文必须讲究结构，因为结构是文章的框架。框架立则文章成，框

1　杨志玖：《和历史系同学谈怎样写论文》，载文史知识编辑部编：《学史入门》，第163页。

2　参见蒋大椿：《论与史的关系考察》，《历史研究》，1982年第4期，第25—26页。

3　参见张寿康主编：《文章学概论》，第74—75页。

4　章学诚：《章学诚遗书》，第89页。

架不稳，文章也就站不住脚。通常所谓"结构合理"，是指文章的结构安排要与主题及主旨若合符节，能体现论证逻辑的要求，有利于展现文章的思路，有助于突出文章的重点。一篇论文，什么先写，什么后写，什么详写，什么略写，需从主旨和逻辑两方面来权衡。倘若先后失序，详略欠当，就会妨碍主题，主旨也可能晦暗不明。例如，论证美国内战对南部经济的影响，如果详细交代内战的过程，或用较大篇幅讨论南部的战争行为，都无益于很好地说明战争对南部经济的影响。讨论詹姆斯·麦迪逊在1787年制宪过程中的作用，如果过细地交代制宪会议的情况，也会冲淡主题。文章的长短也须依据内容而定，遵循"有话则长，无话则短"的原则。文章的质量与长短没有必然联系，不必误以为篇幅越长就越有分量。

论著均有标题。作者动笔时自然会想到给文章取名，这似乎是一件很平常的事。然而标题对于文章的意义却不可轻忽。标题能为文章增色添彩，一个精当贴切的标题，可以收到画龙点睛的效果。标题的概括性很强，须言简意赅，既要点明主题，又要醒目好看。古人著作的标题一般简练而朴实，能充分反映文章的内容和主旨。司马光的《资治通鉴》，寥寥四字，充分显示本书的性质和旨趣。赵翼的《廿二史札记》，仅从标题就能知道内容和体裁。近世学者大多承袭这种朴实简明的取名方式，如陈垣的《元西域人华化考》，不过七个字，但时间、地点、人物、主题、体裁等要素一应俱全，可谓以一当十，言少意繁。陈寅恪的文章也多以这种方式命名，如《论唐高祖称臣于突厥事》。他还喜欢在自己的书名后面加一"稿"字，表示尚待修订完善。当今学者在标题中常用"试论"、"初探"等字眼，也包含相似的用意。

英美学者的论著常有主、副标题，主标题以简练醒目的词汇点出主题或主旨，或用文学化的词句以示生动；副标题则用较多的文字界定文章的内容或主题。当然，有时也可以反过来。詹姆斯·巴雷特的论文《自下而上的美国化：1880—1930年美国的移民与工人阶级的重塑》，主标题凸显主旨，副标题含括内容。[1]有的论著从历史文献中选一句话或一个词汇作为主标题，再以副标题概括文章的内容或主题，如洛雷纳·沃尔什的论文《"至死乃分"：17世纪马里兰的婚姻和家庭》。[2]这种风气传到国内，中青学者尤其喜欢这种方式。李伯重的论文《楚材晋用：中国水转大纺车与英国阿克莱水力纺纱机》，[3]是一个很有意味的标题。文章的中心论点是，中国发明的水转大纺车在国内未产生革命性后果，传到英国后却对水力纺纱机的发明起了促进作用，正与"楚材晋用"这个成语的含义相合。不过，这个成语带有中国文化的特殊印记，用来指涉国外的事物，若加引号则更佳。主、副标题搭配，可以使标题多姿多彩，只要用得贴切，效果自然不错。主、副标题之间可用冒号或破折号分开。英语标题中常用冒号，而中文则多用破折号；近来中文论著标题中用冒号的现象也较常见。也有文章用副标题来限定或扩展文章的论述范围，比如黄宽重的论文，其标题为《唐宋基层武力与基层社会的转变——以弓手为中心的观察》，[4]属于限定论述范围；行龙的论文，其标题为《近代华北农村人口消长及其流动——兼论黄宗智"没有发展的增长"说》，[5]则表明扩展论述范围。

　　无论采用何种形式的标题，关键在于题与文要两相符合。同一主题的文章，如果标题稍有不同，论述的角度和重点就会发生相应的变化。例如，《使命意识的形成对美国外交政策的影响》和《使命意识的形成及其

1　詹姆斯·巴雷特：《自下而上的美国化：1880—1930年美国的移民与工人阶级的重塑》（James R. Barrett, "Americanization from Bottom Up: Immigration and the Remaking of the Working Class in the United States, 1880–1930"），《美国历史杂志》（*The Journal of American History*），第79卷，第3期（1992年12月），第996—1020页。

2　洛雷纳·沃尔什：《"至死乃分"：17世纪马里兰的婚姻和家庭》（Lorena S. Walsh, "'Till Death Us Do Part': Marriage and Family in the Seventeenth-Century Maryland"），载萨德·泰特等编：《17世纪的切萨皮克地区：英属美洲社会论文集》（Thad W. Tate and David L. Ammerman, eds., *The Chesapeake in the Seventeenth Century: Essays on Anglo-American Society*），纽约1979年版，第126—152页。

3　《历史研究》，2002年第1期。

4　《历史研究》，2004年第1期。

5　《历史研究》，2000年第4期。

对美国外交政策的影响》两个标题，虽然只有两字之差，但写法很可能大不一样：前者只须稍略论及使命意识的形成，而重点探讨使命意识如何以及何以影响美国的外交政策；后者的重点则是讨论使命意识的形成，仅兼及它对美国外交政策的影响。需要特别注意的是，史学论著的标题一般应包含时间、地点等要素，必要时可用括号标明起讫年代。上文列举的标题大多包含这类要素。外国史论文还应在标题中标出国名，一篇讨论美国《独立宣言》的理论来源的文章，不宜用《论〈独立宣言〉的思想渊源》这样的标题，应作《论美国〈独立宣言〉的思想渊源》。

论著正文若划分章节，一般也要有标题。章节标题的要求和取名方式，与论著的标题大致相同，须高度概括本章、本节的内容或主题，各章、各节的标题之间须有联系，共同指向全文的主题，连贯起来就可以显示全文的纲要。有的论文只用数目字分节，而不用文字标题，似乎不便于读者一目了然地把握文章的内容。另外还需提及的是，大、小标题一般不宜用完整的句子，而应是短语词组。例如，用"美国革命是一场社会运动"做标题，不如改成"作为社会运动的美国革命"；"土改运动引起了华北农村的深刻变动"，似可改为"土改运动与华北农村的变动"。

凡文章必有开篇。论文的开篇一般没有专门的名称，而著作的开篇则有"前言"、"导论"、"导言"、"绪论"、"引论"、"引言"等名目，大体上相当于英文论著中的"introduction"。开篇既然是文章之首，就要有富于吸引力的面目，因而古今学者都重视写好开篇。章学诚说："书之有序，所以明作书之旨也，非以为观美也；序其篇者，所以明一篇之旨也。"[1]不过，交代全文或全书的主旨，只是引言的一个功能。当前学术论著的引言还需评述相关的研究，交代本人的研究思路，引领读者进入论题。在具体写作时，如若刻板地遵循这种规程，就难免写成千篇一律的"新八股"；

1　章学诚：《章学诚遗书》，第23页。

而不交代这些内容，又不能体现学术规范的要求。这是一对不得不妥善处理的矛盾。讲究写作的学者，可能会在格式内求变化，通过文字和句序来体现多样化，以避免呆板平淡。古人为文，尤重开头；起首一句，殚精竭虑。据说，苏东坡写《韩文公庙碑》，开头写了百十遍，均不满意；最后想出"匹夫而为百世师，一言而为天下法"一句，随后文思泉涌，"遂扫将去"，终成千古名篇，胜于以往所有赞颂韩愈的文章，以致"众说尽废"。[1]史家也要用这种精神来对待开头。开头顺利，写下文则势如破竹，有迎刃而解的畅快。

论著的正文通常分成若干章节。数千字的短篇论文，可以不分节，而较长的论文最好分节，以便于阅读。专著多用章节体。章节的划分，通常按内容和论证逻辑的要求而定，不必预设框架，也不为讲究形式而割裂内容。章学诚讥讽司马迁模仿《春秋》之十二公作十二本纪，不惜分割内容以副十二之数。[2]不顾内容而刻意追求某种形式，自不可取；但完全不讲究形式，章节的划分畸轻畸重，导致结构失衡，也会影响形式上的美观。重视并擅长写作的学者，一般将两者结合起来考虑，力求在保证内容的前提下求取形式之美，使两者相得益彰。

章节则由段落和层次所构成，划分段落和层次的能力，属于小学语文课的训练内容。初学治史的人，多是大学本科或研究生阶段的学生，但在段落与层次的处理上常有三种不足：其一，段落划分不合理，多有含义混杂的长段落；其二，段落内容凌乱，没有集中的段意；其三，段与段之间缺少衔接和过渡，联系不紧密，导致文章逻辑混乱，结构松散。一篇文章积段而成，而段落又有单义段和兼义段之分：前者是一个段落讲述一个意思，后者则在一段中包含几层意思。初学者写论文，宜以单义段为主。如

1　参见黎靖德编：《朱子语类》，中华书局1986年版，第8册，第3312页。

2　章学诚：《章学诚遗书》，第23页。

果多层意思集中在一个段落，不仅难以理清其中的逻辑关系，而且把段落拉得过长，不便于读者把握其要点。每段通常有一个主题句，其具体位置没有一定之规，可以置于段首，也可以作为段落的结尾，还可以隐含在段落中间。没有主题句的段落，就如同一张没有眼睛的面孔。段与段之间则要相互联属，在文字和语义上需要照应、过渡和承接，从而使众多段落成为一个整体。段落秩序的安排，首先是由内容和论述逻辑决定的，而段落之间的关系则需要用文字来铺垫，使全文浑然一体，丝丝入扣，读来如行云流水，晓畅自然。

文章的层次有大小之分。在一章或一节之内，可以根据需要划分层次；而章和节本身也可以构成层次。层次是按含义对文章所做的划分，一般没有外在的标记。一个层次可由若干段落构成，也可能只有一个段落。作者对于层次须有明确的意识，以保证思路的通畅和逻辑的清晰。层次的安排体现作者的思路，层次之间的关系则反映文章的逻辑。交代清楚一层意思以后，再转入下一层次的论述，并注意各层次之间的衔接和联系，力求层次清楚，层层递进，有如剥笋，外壳逐层脱落，中心自然呈现。

结语自是文章的最后一部分，但并非每篇文章都有或必须有结语。有的文章在导言中交代全文的主旨，通过各节的论述，基本论点已得到清楚而完整的表达，就无须再作单独的结语。结语的作用在于对全文观点进行归纳和提升，而不是简单地综述全文的论点，或概括全文的内容。有的论文带有"研究报告"的特点，主干部分铺陈材料，结语部分则归纳结论。高明的论者可能会通过材料的处理来表述论点，而用结语来发挥余旨，产生言近旨远、余音绕梁的效果。文章的开篇很重要，结尾同样不能小看。精妙的结尾，可为全文增色。吴于廑的《世界历史上的农本与重商》一文，最末一段概述现代东西方国家在农本与重商问题上的不同取向及其对此后历史进程的影响，并涉及20世纪不同国家经济格局的特点，然后写道："这是当前世界的一个极为重要的问题，但是已经越出本文讨论的范围之外了。略一涉及，以觇前景。"[1] 寥寥数语，确有余响不绝的意味。

国内期刊发表的论文，一般都附有摘要和关键词，学位论文也有同样的要求。当今学术论著数量急速增长，摘要的作用在于帮助读者快速了解论著的主要内容。初学者不解摘要的功能，也欠缺概括的能力，写出的摘要难免不够规范。常见的问题是将摘要写成导言或论点摘编。摘要应为文章内容和主要论点的概述，在行文上一般采用中性的陈述，不必出现"本文认为"、"本文的主要内容是"、"笔者认为"等字眼。摘要字数有限，必须删削赘词，以一当十，言简意赅；力求文字简洁，高度概括，条理清晰，表述准确。关键词专供检索之用，应以反映论著的主题和核心论旨为目的。在提取关键词时，容易发生两种偏向。其一，用论文标题中的词汇做关键词。实际上，标题本身就具有检索功能，而关键词应当有利于扩大检索的覆盖面。其二，将关键词理解为文中出现频率最高的词，以至于用抽象的概念或外延很大的名词作为关键词。比如，一篇评述美国对伊拉克战争的文章，将"伊拉克"、"美国"、"战争"等词汇列为关键词，而这些词均不能反映该文的主要内容和论点，如果按其中任何一个词来检索，肯定都会出现大量无关的篇目，失去了用关键词检索的意义。

三、成文的步骤

就写作程序而言，一篇论文的完成通常要经过构思、编写提纲、写出草稿、修改润色、最终定稿等几个步骤。当然，并非每个学者都依照这种固定的程序来写作。有人日写万言，一气呵成，无须修改即可定稿；有人蜗行寸进，点滴累积，边写边改；有人先写成一个粗略的草稿，然后反复增补修改，千锤百炼，勒成定稿。具体如何写作，每个学者都有自己的习

---

[1]　吴于廑：《吴于廑学术论著自选集》，第147—148页。

惯；但对多数人而言，大抵需有一个从草稿到定稿的过程，其间不惮其烦地推敲琢磨，修改润饰，以力臻完善。

动笔之前需有构思。构思所要解决的问题，就是围绕论文的主题进行思考，从资料中提炼出核心论旨，作为全文的主干，进而形成大致的结构安排。其中最根本的环节是找出文章的核心论旨。核心论旨能使分散零碎的材料连缀成一个有机的整体，全文的结构也因以成立。用形象化的语言来说，核心论旨就像一个磁极，可以将众多的材料"铁屑"吸附在一起，使它们彼此之间产生联系，成为一个集合体。在整篇文章中，它也像中枢神经一样，将各个部分和种种细节联结成为一个有生命的躯体。只有抓住核心论旨，才能把握构思的关键。对有的研究者来说，构思可能是一个漫长的阶段，从选题肇始，伴随资料的收集和梳理而推进，一直延续到动笔之际。当然，也有学者习惯于在资料积累较多以后才集中思考，以较短的时间完成文章的构思。无论采取何种习惯来构思，但凡学者都不乏苦思冥想、柳暗花明的体会。

论文的构思通常不是单纯在大脑中进行，而可采用多种辅助方式。比如，做资料长编，反复阅读资料，参考同类论著，都有助于构思。编写提纲则是构思的外在化。对于提纲的重视程度，也是因人而异的。钱穆提出："在撰写论文之前，须提纲挈领，有成竹在胸之准备，一气下笔，自然成章。"[1]王世德也认为：

> 有一个提纲，可以帮助我们树立全局观念，从整体出发，去检验每一个部分所占的地位，所起的作用，相互间是否有逻辑联系，每部分所占的篇幅与其在全局中的地位和作用是否相称，各个部分之间的比例是否恰当和谐，每一字、每一句、每一段、每一部分是否都是为全局

---

[1] 《钱宾四先生论学书简》，载余英时：《钱穆与中国文化》，第229页。

　　所需，是否都丝丝入扣，相互配合，都能为主题服务。[1]

他们都将草拟提纲视为写作时不可缺少的环节。不过，也有学者根本不用提纲，一切都完成于打腹稿的过程；甚至有学者反对写提纲，认为提纲束缚思想，不利于写作中的随机发挥。对于初学者来说，动笔之前草拟一个提纲应当有所帮助，可以借此理清思路，安排材料，搭建全文的结构。提纲未必束缚思想，写作中随时调整变动，乃是很正常的事情。

　　提纲的编写，也有一个逐渐积累和完善的过程。在最初确定选题时，研究者脑海里可能就有粗略的提纲；随着资料的增多和思考的深入，提纲也会不断调整。初学者可以准备一个笔记本，随时记下点滴想法，反复推敲提纲，不断改进和完善。如果有几个不同的提纲，最好都要保留下来，在写作时可将几个方案加以对比，选择其中的最佳者，或综合其长处。拟订提纲可以由大到小，先确定一级标题，然后层层分解，逐步细化，根据内容的逻辑关系采用不同的编号，形成一个条理清楚、一目了然的框架。当今学者多用电脑写作，便于直接在提纲的基础上添加材料，逐渐扩展成初稿。于是，提纲和成文也就能合为一体。

　　可见，初稿的写作可以是一个单独的阶段，也可以与收集资料和编写提纲同步进行。有学者在写初稿时便字斟句酌，力求准确清晰，成稿后无须做大的修改。也有学者写作时更注重思路，一气写下来，并不考虑文字、段落甚至逻辑关系，写成的草稿只是一个毛坯，甚至不完全成形，需要在修改时仔细打磨。这也是一个习惯使然的问题。就一般情况而言，草稿的写作重在拉通思路，使材料和论点组成一个大致的系统，过于关注文字和逻辑，可能会影响成文的进度。先将想法粗粗写下，不求精准完善，把推敲打磨之工留待修改时，这不失为一种有效而可取的写作方式。具体

---

[1]　王世德：《怎样写毕业论文和学年论文》，载王力、朱光潜等：《怎样写学术论文》，第31页。

到一篇论文，先写哪个部分，后写哪个部分，也没有一定之规。多数作者可能是顺着事件的线索或论述的逻辑来写，但也可以先把材料齐备、思考透彻的部分写出来。一般来说，文章的导言应先写出来，因为它在最前面，而且引领全文；但也有人主张导言应放到最后才写，因为只有把后面要讲的东西写出来，才能确定在导言中要写什么内容。[1]

无论采取何种方式、何种顺序写出初稿，说到底都不过是细枝末节的小事。最关键、最重要的是，文章在定稿之前须做审慎而仔细的修改。对于许多学者来说，"文章不是写出来的，而是改出来的"。因此，修改在写作中是一个至关重要的环节。梁启超论写作之道，主张"两多一少"，即"多读"（学习前人文章之法）、"少作"（不要贪多）、"多改"（常看旁人的，常改自己的）。[2] 所谓"多改"，就是对文章反复做精心的推敲调整，力求完善妥当，并将错漏舛误、缺失不足减到最少。可见，修改不仅是写作的继续，实际上也是研究的最后一道工序，绝不可掉以轻心。即便是已经发表的论著，作者也不宜自认为"不刊之论"。布罗代尔曾"夫子自道"式地提醒说，史家对于自己的著述要取开放和反思的态度，因为"历史著作从来都不是一劳永逸地写完了的"；"在完成一次长途旅行后，我感到更需要打开门窗，让房间通风，甚至走出屋子"。[3]

修改论文，一般要做以下几方面的工作。第一，推敲论点，完善论述。严耕望认为文章不宜大改，指的是在观点上不能大动，因为牵一发而动全身，在写作初稿时即须材料完备，深思熟虑。[4] 初稿出来后，要反复阅读，推敲论点是否站得住脚，论述是否有说服力，论点的表述是否清楚准确。有不足则加以改进，甚至进行改写。第二，增删资料，核对引文。文

1　霍华德·贝克尔：《社会科学家写作手册》（Howard S. Becker, *Writing for Social Scientists: How to Start and Finish Your Thesis, Book, and Article*），芝加哥2007年第2版，第80页。

2　梁启超：《中国历史研究法》，第181—182页。

3　布罗代尔：《15至18世纪的物质文明、经济和资本主义》，第3卷，第720页。

4　严耕望：《治史三书》，第83页。

章成形以后，可以比较清楚地看出哪些部分的材料较多，哪些部分的材料不足；对芜杂的材料须删繁就简，对薄弱的地方则应补充加强。核对材料也很重要，尤其是引文和数据，一定要避免错漏。有学者还专门请人核查自己文中的材料。第三，调整结构，润饰文字。这也是一个需要细致和耐心的工作，不必拘泥程式，想到一处，即改一处，须不惮其烦，千锤百炼。当今学者多用电脑写作，更便于修改和润饰。

听取他人的意见，修改自己的文章，对写好论文也是大有补益的。个人的知识和见解总有局限，读自己的文章也容易产生意识上的盲点，这时请同行师友审读和提出建议，就大有利于修改和提高。有时作者对文中的不足有所意识，但未引起充分的重视，而经人提醒后，可能会大受触动，这对修改是一种有益的刺激。陈垣经常将未发表的文章拿给别人看，征求意见。他主张将文章给师长、同辈和学生看；哪怕是学生，看过他的文章而不提意见，只说好话，他就表示不满。他往往根据他人的意见，对文章做仔细的修改。[1] 大家尚且如此，初学者更应虚心请益于人。在学术讨论会上宣读论文，或以论文为底稿做演讲，或与同行谈论论文的主要内容和论点，都是获取他人反馈的有效方式。许多论著在发表时附有鸣谢的文字，感谢对文稿提出过意见和建议的同行。同行之间的相互砥砺切磋，有助于提高论著质量，活跃学术气氛。文章写成以后，固然应主动向人请教，但也不宜将半成品或草稿拿出来，一则对人不够尊重，二则对自己也不利，因为读者会以此来判断作者的水平和作风。古人所谓"良工不示人以璞"，说的就是这个道理。作者自己先要尽最大努力来推敲斟酌，在改无可改之际方求助于人。

修改论文也是一种"硬功夫"，严谨的学者绝不肯放松这一环节。不少学问大家都有不厌其烦地修改文章的习惯，所谓"两句三年得，一吟双

---

1 柴德赓：《陈垣先生的学识》，载陈智超编：《励耘书屋问学记》，第39页。

泪流"，道出了修改文章的甘苦。据说，陈垣十分注意收集清儒的手稿，从文稿上的修改来看前贤的治学方法和态度，从中获得不少启示。有人看过鲁迅的手稿，从修改的痕迹揣摩写作的奥妙。鲁迅诗中的"横眉冷对千夫指"一句，原文为"横眉冷看千夫指"，后易"看"为"对"，意味迥然不同。严格来说，一篇文章不会有真正的定稿，随着作者学力的增长，新材料的出现，以及知识和思想氛围的变动，旧作就有修改的余地。不少学者对自己的作品不断琢磨，即便难有再版的机会，仍在不停地修改。这是一种追求自我完善的精神。清人王念孙作《广雅疏证》，每发现新的材料，就在手稿原来用的材料上贴一张字条，层层累积，最后用到书里的，就是最新、最可靠的材料。[1]

学者发表论著也要慎重。前人有"爱惜翎毛"之说，意谓不轻易以作品示人或赠人。对待论著的发表，也可抱同样的态度。文章一旦刊布，即成终极表述，有错也难以弥补。陈寅恪20世纪20年代末作《大乘义章书后》，成文后发现"将作者弄错"，在给胡适的信中感慨说"幸未刊印"，并惊呼"危险危险，真不能再作文也"。[2]有学者主张采用一种简单的办法，以避免轻率发表而造成不可挽回的缺憾：从成稿到发表之间留出一个较长的冷却期，即俗语所谓"在抽屉里放一放"。在此期间，作者的思路可以得到清理和过滤，还有可能发现新的材料，若再做修改，便可使文章更趋完善。蒙文通说："一篇稿子写好后，最好放个二三年；能经得住二三年的考验，再发表也不晚。在这段时间也可作些补充修改，使更完善些。"[3]朱延丰早年作《突厥通考》一文，陈寅恪认为"此文资料疑尚未备，论断或犹可商，请俟十年增改之后，出以与世相见，则如率精锐之卒，摧陷敌阵，可无敌于中原矣"。朱延丰听从建议，修改增删十年之后方决定出版，

1　柴德赓：《陈垣先生的学识》，载陈智超编：《励耘书屋问学记》，第37页。

2　陈美延编：《陈寅恪集・书信集》，第134页。

3　蒙文通：《治学杂语》，载蒙默编：《蒙文通学记》，第8页。

并请序于陈。[1] 王仲荦20岁左右着手笺注《西昆酬唱集》，自觉"年纪轻、涉世浅，对于集子中牵涉到的史实和作诗的本意，都无法完全领会了解，如果当时急于出书，必然失之肤浅"；直到四十多年后，经过仔细修改才付梓刊行，得以避免许多错漏。他的《北周六典》和《北周地理志》，从初稿到成书，也历时四十多年。[2] 从这些例子可约略看出，前贤对待发表持多么慎重的态度。诚然，当今学者不可能，也无必要等待数年或数十年再发表写成的论著，但谨慎从事终归是有好处的。

四、表述的手法

史学写作就是用文字来表述研究的结果。这种表述的理想境界，不外是以优美畅达的文辞，准确而清楚地表达深思熟虑的研究所得。史学写作既是语言和修辞的运用，也是思维、资料和论点的外在结合。换言之，决定写作质量的主要因素是内容，优良的学术素养和精深严谨的研究，乃是文章言之有物的保证；而高超的文字技巧又有助于准确明了地传达内容，使研究结果更好地为读者所了解。写作需用表现手法，文学作品如此，史学著述也不例外。史学写作常用的表现手法有叙述、描写、议论和说明等。

叙述是史学写作的基本方法。历史作为"故事"，需借助叙述来完成，因而叙述史事就是史学写作的主要方式。在以叙事为主的"传统史学"中，叙述自然占有重要地位；当今史学虽然侧重分析，但也离不开叙述。研究者通过对史事的分析而得出结论，一般不能不叙述事件的始末。叙述不是目的，而是一种服务于表达论点的手段。史家笔下叙述史事，内心关注的始终是文章的主旨。当然，叙述本身也有表达论点的功能，叙述

1　陈寅恪：《朱延丰突厥通考序》，载陈美延编：《陈寅恪集·寒柳堂集》，第162—163页。
2　王仲荦：《谈谈我的治学经过》，载文史知识编辑部编：《学史入门》，第34—37页。

的角度，材料的选择，详略的取舍，文辞的运用，无不反映作者的理解和态度，也无不直接或间接指向核心论旨。另外，史家在叙述时，需要就事实做判断，并阐释事实的意义，因而很少纯用"叙述"，而通常采取"夹叙夹议"的方式。

相对于叙述，描写或许不是一种常用的手法，但并非不重要。叙述之中可以穿插描写，以获取细节生动、如临其境的效果。黄仁宇的《万历十五年》，第一章开头就1587年3月2日一次误传的午朝场景加以描写，精彩灵动，实为史家妙笔。文学描写不避虚构和夸张，而史学的描写则必须有根有据，不能逾度。描写场景要有史料根据，可以做适当的想象发挥，但不能损害基本事实的真实。描写历史人物的容貌和气质，应当有画像、照片或影视资料作为依据。兰克在他的一本书中，对教皇保罗四世的容貌和姿态做了如下描写："保罗四世已达79岁高龄，但他那双深陷的眼睛仍然闪烁着青春的火花；他极瘦高，走路轻快，而且看来精神抖擞。"[1]这种描写可谓生动形象，但如果没有当时人的记述作根据，就成了一种小说笔法，因为眼里"闪烁着青春的火花"，走路"轻快"，"精神抖擞"，如果不是亲眼观察，就无法得到清晰的印象。

前文反复提到，史家要慎于议论，但议论作为一种表现手法，在史学写作中也是不可或缺的。对史事的意义进行阐释，提出自己的论点，都需要借助于议论。古代史家习惯于将议论和叙事分开处理，因而有所谓"前论"、"后论"之说，细分更有"曰"、"赞"、"论"、"序"、"诠"、"评"、"议"、"述"、"说"等众多的名目。[2]这种议论大多是对所叙人事的是非得失进行评论，对前人言论的义理加以辨析。现代史家大多采取"夹叙夹议"、"寓论于史"的方式表达自己的见解，力图使议论和事实"水乳交融"。议论可以是正面立论，即阐述自己的看法；也可用驳论法，即通

1　转引自汤普森：《历史著作史》，下卷，第3分册，第251页。

2　瞿林东：《中国史学史纲》，第342—344页。

过反驳他人的论点来表达自己的意见。[1]商榷文章是一种整体性的驳论，而一般论述也可穿插使用立论和驳论，在具体问题上就他人的论点、论据和论证方法展开讨论，借以表达自己的不同看法。在以史事为内容的论著中，议论手法用得较少，通常仅用于直接表述论点；而史学理论、史学评论等文章，则需以议论为主要手法。

　　史学写作经常使用说明的手法。在古罗马史家李维看来，史学不过是"一种讲究词藻的说明性文章"。[2]举凡理论、概念、制度、现象，都需要加以说明；遇到相互矛盾的材料，也要交代取舍的根据。注释就是对资料出处和其他问题的一种说明。说明可以与叙述和议论等手法交叉使用，在文字上要力求清楚、准确和晓畅。

　　抒情是文学写作的手法，能否用于史学写作，需要慎重对待。治史者固然是有价值取向和思想感情的人，过去的人和事难免在其内心激起情感的波澜，并自然地流露于笔端；但是，史学具有"尚真求实"的品格，史家须极力抑制个人的情感，与自己的课题保持适当的距离，论及前人往事，不可轻易使用带有强烈褒贬和感情色彩的字句，须牢记随意抒情乃是著史的大忌。古人著史，常在"论"、"赞"中表达自己的情绪和感想，有时纯用抒情笔法。例如，司马迁写道："吴起说武侯以形势不如德，然行之于楚，以刻暴少恩亡其躯。悲夫！"[3]治学严谨的陈寅恪，有时也仿效古人笔法，在论著中发表个人感叹。他在《论唐高祖称臣于突厥事》一文结尾处写道："呜呼！古今唯一之'天可汗'，岂意其初亦尝效刘武周辈之所为耶？初虽效之，终能反之，是固不世出人杰之所为也。又何足病哉！又何足病哉！"[4]语中饱含对唐高祖李渊的辩护和推许之情，径用"呜呼"二字，

1　关于论证方法，可参见张寿康主编：《文章学概论》，第103—105页。

2　汤普森：《历史著作史》，上卷，第1分册，第107页。

3　司马迁：《史记》，第7册，第2169页。

4　陈美延编：《陈寅恪集·寒柳堂集》，第120—121页。

外加三个感叹号，传达出强烈的个人情绪。这类笔法是否有逾史学矩度，或许仁智互见，而一般治史者对此似应持谨慎态度。

史学表述不仅要选择适当的方式，还须讲究逻辑性，要做到文理清晰、晓畅易懂。表述的逻辑来自思想的逻辑，作者头脑中先有连贯一致的思想，论著才会表现出清晰而严密的逻辑。文章要让人看得明白，论述要有力度，不讲究逻辑是办不到的。论者要对所论对象的内部联系有明确的了解，依据一定的规则和条理来安排论述的顺序，并妥善处理各个论点、各个段落、各个部分之间的关系。陈述某事的意义或原因，一般须依据重要程度或时间顺序来排列各要点。例如，上文介绍史学的表现手法时，按照各种手法在史学写作中的使用情况依次讨论，就带有逻辑方面的考虑。从论点的层面说，"段落大意"与"中心思想"要保持一致，各段大意聚合在一起，就自然显示出文章的核心论旨。文章的安排要首尾呼应，论述须自圆其说。文中对同一问题可能需要分散在几处讨论，各处的提法须保持一致，不能出现前后不一，甚至自相矛盾的现象。

一篇文章，如果段与段、节与节之间互不相属，缺乏过渡和衔接，就无法保证逻辑的清晰和连贯。高明的史家处理段落的起承转合，常有令人击节之处。黄仁宇的《万历十五年》，第一章开头第一段便说"万历十五年实为平平淡淡的一年"，为说明作者何以专写这一年的理由，另起一段作为过渡："既然如此，著者何以把《万历十五年》题作书名来写这样一本专著呢？"前四个字是承接上段，后面的问题则引出下一段。接下来仍说这一年朝廷只发生了一些小事，作者用了这样一句话来引导下文："由于表面看来是末端小节，我们的论述也无妨从小事开始。"这样，各个段落紧密衔接，前后呼应，层层展开，使文章浑然一体。[1]吴于廑的《时代和世界历史》一文，首节讨论古代中外史家对世界历史的认识，在交代中国

1　黄仁宇：《万历十五年》，第1页。

司马迁的"华夷之辨"、"以上国自居"的世界观念之后，转入评论外国古代史家的关于世界的知识，作者用了这样一句话来过渡："以这样的观点来对待时代已知的世界，不是司马迁一人所特有的。"既承接上文，又引领下文。在说明古希腊罗马史家的世界观念以后，转入论述中世纪的情况，作者又在段首用了一个承上启下的句子："中古时期的伊斯兰史家和基督教史家又用另一种准则来为世界划界线。"句中"中古"数字，是引导下文；"又用另一种准则"云云，则承接上文而来，而且暗示下文的内容。[1]节与节之间也应前后照应，自然过渡。古奇的《十九世纪的历史学与历史学家》第四章第一节，论述德国史学家艾希霍恩的史学成就，特别提到了他在研究方法上的建树；第二节转入讨论萨维尼的学术，开头一句写道："如果说艾希霍恩为法律研究的历史方法树立了最早的完美榜样，那么，我们从他的终身朋友萨维尼获得了关于这个方法的最充分的说明与最精彩的辩护。"这一句话不仅是两节的过渡，而且对两个学者的学术贡献做了适当的定位。[2]

史学写作还要讲究分寸感。所谓"分寸感"，是指判断精审，用语确当，表述恰如其分，有如宋玉笔下的"东家之子"，"增之一分则太长，减之一分则太短"。[3]尤其在对较大问题下断语或做一般性概括时，分寸感就显得格外重要。所谓"判断精审"，要求充分占有相关资料，并兼具出色的学识和眼力；要做到"用语确当"，则不仅需要储备丰足的语言资源，而且必须在思想和语言之间达成天衣无缝的对接。史家笔下的分寸感，不仅来自于资料、学识和眼力的综合，而且有赖于对各种例外和反例的精准预判。试举两例加以说明。亨利·皮朗（或译"皮雷纳"）有一个著名的论断："如果没有伊斯兰教，法兰克王国或许是不会出现的；如果没有穆

1　吴于廑：《吴于廑学术论著自选集》，第3—8页。
2　古奇：《十九世纪的历史学与历史学家》，上册，第136页。
3　宋玉：《登徒子好色赋》，载萧统编：《文选》，上海古籍出版社1998年版，第136页。

罕默德，查理大帝也是不可想像的。"[1]这样说的用意，在于突出伊斯兰教徒封锁地中海所造成的历史后果，但这种直接关联性的论断，无异于把法兰克王国的历史归结为伊斯兰教兴起的副产品。这样重大的判断是否精审和确当，难道不可以打个问号吗？霍布斯鲍姆的"年代四部曲"早已进入现代史学经典的行列，其主题之宏大，视野之开阔，思考之深刻，学识之渊博，判断之精准，都让同行及一般读者赞叹不已。但是，在触及作者不甚熟悉的领域或就宏大问题发表意见时，用语的分寸感也难免有可商之处。当论及20世纪初欧洲列强的国际竞争时，霍布斯鲍姆写道："在全球性的大洋中，所有的国家都是鲨鱼，而所有的政治家都了解这一点。"[2]从上下文看，这里的"所有的国家"当指参与当时国际竞争的欧洲诸国，这一点姑且不论。关键在于，这句话包含两个层面的判断：第一个牵涉到政治哲学，即所有参与国际竞争的国家都具有凶残、攻击和吞噬的禀性；第二个则属于历史学的范畴，即作者所掌握的史料显示，当时各国政治领导人无一例外都对国家的这一禀性了然于心。可是，这两点在常识、学理和史料各个层面似乎都可存疑。像皮朗、霍布斯鲍姆这样的史学巨擘尚且偶有用语失当之嫌，一般论者在这方面自然更需小心谨慎。

史学表述还需要大量运用各种概念。合理地使用概念，也是保证论述清晰连贯和具有说服力的一个条件。一篇文章，所用的概念要有一致性，不同的地方用到的同一概念，在定义上要保持一致，对概念的内涵和外延的界定要有稳定性。有些概念拥有多种不同的定义，差别甚大，在使用时要有明确的区分意识。例如，"文化"、"民主"、"封建主义"、"资本主义"、"阶级"、"民族"等概念，在定义上存在很大的分歧乃至混乱，其中"文化"的定义竟有数百种之多；若不加分辨，拿来便用，必然导致论述的混乱。对于定义多样的概念，须以适当方式交代本文系在何种意义上

---

1 亨利·皮雷纳：《中世纪的城市：经济和社会史评论》（陈国樑译），商务印书馆2006年版，第17页。

2 艾瑞克·霍布斯鲍姆：《帝国的年代（1875—1914）》（贾士蘅译），江苏人民出版社1999年版，第413页。

使用这一概念。此外，作者应尽量避免自造术语；如果确实需要采用自造的概念，也要做出具体说明，以帮助读者了解和接受这样的概念。

史学写作中采用的专有名词，有些是历史名词，有些则是史学名词，在使用时需要加以辨析。前者是事件发生的时代就有的说法，后者则是史家的命名，作者对此应有清醒的区分意识。例如，1787年在费城召开的制定美国宪法的会议，美国史学界有"费城会议"（Philadelphia Convention）、"制宪会议"（Constitutional Convention）等多种名称；中国学者常用"费城制宪会议"的说法。这些都是史学名词，而当时的文件多称"合众国代表会议"（the convention of delegates from the United States）或"联邦大会"（Federal Convention）。

另外，有些词汇具有特定的历史和文化内涵，只有置于特定的语境中才能准确把握它们的含义，最忌泛泛使用。例如，中国古代称皇帝出游为"巡幸"或"幸"，体现对皇帝至高地位的尊崇；今人如果直接用这样的说法，就意味着接受古人对皇帝的态度。又如，欧美国家在殖民扩张中对其他人群和文化采用的命名，大多暗含歧视和贬低的意蕴，一些曾经遭受殖民主义之祸的人群，对这些词汇十分反感乃至厌恶；史家遇到这些词汇，也须格外小心慎重。比如，"tribe"（部落）、"native"（土著）等词，带有明显的殖民主义色彩，已为非洲和欧美学术界所摈弃。[1]美国历史上常见的"Indians"（印第安人）和"Negroes"（黑人）等名称，也早已遭到相应族裔群体的反对。

总之，史学写作无论采用何种手法，使用什么语言，其目的都在于准确、清楚而恰当地表述历史知识。英国史家埃尔顿提出，治史者要使自己写出的历史充满活力，就要从两个方面来努力："一个人绝对不能写出任何作者个人没有思考透彻的句子；必须时时牢记说出的确实是实际发生

---

[1] 李安山：《世界史研究的规范化问题——兼谈论著的注释问题》，《史学理论研究》，2001年第1期，第59—60页。

的"。[1]前一点强调史家应在消化资料的前提下做深入的思考，保证从资料发掘的信息准确而晓畅；后一点则涉及史学的基本特性，即史学写作须以事实为核心，以史料为依据，既不凭空捏造，也不凿空议论。这两条看似平淡无奇，但正好揭示了史学写作区别于其他写作的关键之所在。

五、史家的文笔

史学写作至关重要而又不易掌握，因而文章的修养就成为史家必须攻克的难关。优秀的史学论著，一般在文字上兼具记叙文的生动形象、议论文的雄辩条畅和说明文的清晰准确，这对史家的文笔提出了很高的要求。古人称有韵的文字为"文"，无韵的文字为"笔"；[2]而当今所谓"文笔"，泛指文章的语言技巧和风格。史家的文笔固然不同于文学家，但讲究和推敲的程度未必逊于后者。

历代史家对文笔多有评论，而且好恶不同。在刘知几看来，史家的文笔与其所述之事应当相辅相成，即所谓"言媸者其史亦拙，事美者其书亦工"。他举例说："观子长之叙事也，自周已往，言所不该，其文阔略，无复体统。自秦、汉已下，条贯有伦，则焕炳可观，有足称者。"[3]陈垣推崇清简朴实的文风，以顾炎武的《日知录》为典范，强调著史"只求通达不求文采，要少而精，不要多而美"；并批评欧阳修的《新五代史》是"借史作文，有许多浮词"。[4]钱穆以近世史家的文章为例，对著史的文笔做了细致的评论。他说："专就文辞论，章太炎最有轨辙，言无虚发，绝不支蔓，但坦然直下，不故意曲折摇曳，除其多用古字僻字外，章氏文体最当效

1　埃尔顿：《历史学的实践》，第105页。
2　周振甫：《文心雕龙今译》，第380页。
3　刘知几撰，浦起龙释：《史通通释》，第166页。他提到的"子长"，即司马迁。
4　蔡尚思：《陈垣先生的学术贡献》，载陈智超编：《励耘书屋问学记》，第23页。

法，可为论学文之正宗。……梁任公于论学内容固多疏忽，然其文字则长江大河，一气而下，有生意，有浩气，似较太炎各有胜场。……（陈垣）其文朴质无华，语语必在题上，不矜才，不使气，亦是论学文之正轨。"他认为，王国维的文笔以文论最出色，而考据文章则"一清如水"。对于陈寅恪的文笔，钱穆颇不以为然，称其"文不如王（国维），冗沓而多枝节，每一篇若能删去其十分之三四始为可诵，且多临深为高，故作摇曳，此大非论学文字所宜"。他对胡适的文笔则有褒有贬："文本极清朗，又精劲有力，亦无芜词，只多尖刻处，则是其病。"[1] 可见，钱穆推许的文笔，须词句与内容协调，既简洁明朗，又气势酣畅。

欧美史家也颇重文笔。吉本说，"一个作家的文笔，应当是他的心灵的映象，而语言的选择和驾驭，则是长期操练的结果"。[2] 二战前美国的史家很重视写作，据唐德刚回忆，他在哥伦比亚大学历史系就读期间，本系教授艾伦·内文斯（唐译"芮文斯"）和亨利·康马杰（唐译"卡曼杰"）等人的写作，在英语文学中享有一定地位，老师在课堂上也批评有"史"无"文"的论著。[3] 在法国、英国和美国延绵不绝的"文学派"史学，更是不遗余力地追求文笔的优美。在史学"社会科学化"的潮流中，史家的文笔趋于败坏，味同嚼蜡的文章充斥学界。史家的文辞退化到纯粹技术性的地步，许多文章中充满"如表×所显示的"、"从表×的数据可以看出"之类的词句。在美国史家贝林看来，这非但无关乎文学，而且也不是历史的写法，只不过是"某种社会科学研究报告"。[4] 20世纪80年代以来，欧美史家重新看重著史的文笔，可读之作似有所增加。

海登·怀特论及史学写作的语言特征时说："如果历史学家的目的是

1　《钱宾四先生论学书简》，载余英时：《钱穆与中国文化》，第230—231页。

2　吉本：《吉本自传》，第140页。

3　唐德刚：《胡适杂忆》，吉林文史出版社1994年版，第105页。

4　贝林：《论历史教学与写作》，第36—37页。

让我们熟悉陌生的事件，那他必须使用比喻性而非科学性语言。……历史学家特有的编码工具、交际和交流工具就是一般习得的语言。这说明比喻性语言技巧是历史学家用来赋予数据以意义、变陌生为熟悉、使神秘的过去变得可以理解的唯一工具。"[1] 据后现代主义者的说法，史学写作所用的"比喻性语言技巧"（tropes），通常包括四种修辞手法，即隐喻（metaphor）、转喻（metonymy）、提喻（synecdoche）和反讽（irony）。就此而言，史学写作同其他文学形式的写作的确颇为相近。[2] 兹举一例：

> 当意大利半岛处在暗淡的晨曦之中时，地中海东部各地便已扬辉焕彩，各方面已显现出丰富多彩的文化。大多数民族在发展的最初阶段大都注定要找一个出身相同的兄弟，拜他为师，听他号令，意大利各族人民的命运尤其如此。[3]

这段话出自19世纪德国史学大家蒙森的手笔，涉及的是早期罗马的文化状况，其中采用多种比喻手法，意象之丰富，文辞之优美，的确令人赞叹。但用这样的语言来陈述知识和表达见解，其准确性似乎是可以存疑的。当然，采用比喻性的日常语言，也可以说是史学写作的一个优势。正是借助富于文采、清楚流利、晓畅易读的文字，史学论著才获得一条直接走向一般读者的通途，因为普通人无须经过专门的训练和准备，便能轻松地阅读历史书籍。

不过说到底，任何有新意的史学论著，在知识和见解上都会超出一般读者的知见范围。这时，倘若作者仍刻意追求"学术性"，行文装腔作势，含义玄奥含混，就势必增加理解的难度，减损阅读的兴味。知识和思

1　海登·怀特：《作为文学仿制品的历史文本》，载海登·怀特：《后现代历史叙事学》，第185页。

2　芒斯洛：《解构历史》，第13—14页。

3　特奥多尔·蒙森：《罗马史》（李稼年译），商务印书馆2004年版，第1卷，第115页。

想要有益于社会与生活，就应当让人乐于接受并易于理解。因此，高明的学者往往更看重"深入浅出"。学术的"深"与"浅"之间，无疑存在着一种辩证的、充满张力的关系：知识要坚实，见解要深刻，否则就不能对学术有所贡献；表述要清晰，文句要晓畅，不然就难以为人所了解和接受。清人袁枚论诗时引用《漫斋语录》中的话说，"诗用意要精深，下语要平淡"，因为"非精深不能超超独先，非平淡不能人人领解"。[1]学术论文的写作也须基于同样的道理，作者既要展现自己的学问，又要为读者着想，要考虑如何便于他人读懂自己的文章。胡适说："古人作诗，有'老妪能解'的标准。作文亦宜如此，不可但求我自己了解，当力求**人人能解**。"[2]在英国史家特里维廉看来，"容易读的东西向来是难于写的"；"明白晓畅的风格一定是艰苦劳动的结果"。[3]这可谓是一位有经验的史家的甘苦之言。美国社会学家C. 赖特·米尔斯尖锐地指出，社会学写作不够晓畅易懂，无关乎课题的复杂，也跟思想的深刻毫不沾边，而是作者刻意以学术性姿态来"唬人"所造成的恶果。[4]据萧公权回忆，他在康奈尔大学随弗兰克·梯利（Frank Thilly）做博士论文，用心写出一篇"咬文嚼字"的导论，不料被梯利痛骂一顿；他回去反省，重写一通，方得到导师的首肯。[5]总之，文章写起来难，读起来易，才是真正的高明。文章写毕，作者可做换位阅读，从读者的角度来审视文章是否晓畅易懂。

深入浅出的表达，要少用冗繁拖沓的词句，力求文辞简洁明了。简洁就是以尽可能少的文字表达尽可能丰富的含义，是一种词简意繁、以一当十的写法。刘知几谈到，"夫词寡者出一言而已周，才芜者资数句而方浃"；"夫国史之美者，以叙事为工，而叙事之工者，以简要为主。……文

1　袁枚：《随园诗话》（王英志校点），江苏古籍出版社2000年版，第203页。

2　胡适：《致王重民》，载耿云志、欧阳哲生编：《胡适书信集》，中册，第989页。黑体字系原文所有。

3　屈维廉：《克莱奥》，载田汝康、金重远编：《现代西方史学流派文选》，第193—194页。

4　转引自贝克尔：《社会科学家写作手册》，第31页。

5　萧公权：《问学谏往录》，第66页。

约而事丰，此述作之尤美者也"。[1]叙事如此，论理亦然。梁启超论及文采，首推"简洁"，要求"篇无剩句，句无剩字"。[2]一篇文章真正做到增一字则多，减一字则少，固然是夸张的说法，但力求简洁乃是作文的正途。譬如作画，笔墨繁复不难，而以寥寥数笔来营造高妙的意境，则非高手莫办。简洁也涉及句式，定语或状语繁复，句子字数过多，必定导致文句拖沓；而字少句短，干净利落，自然显得文辞清简。回环曲折、冗繁悠长、艰涩含混的行文，难免让读者望而生畏，不敢卒读。

　　为做到文字清楚而简洁，文章写成以后，最好再狠下一番"删繁就简"的功夫。追求简洁要有胆识和决心，可删可存者一律删去，可有可无者决不保留，即便再优美的词句也不吝惜。刘知几说："叙事之省，其流有二焉：一曰省句，二曰省字。……然则省句为易，省字为难，洞识此心，始可言史矣。"他以《汉书·张苍传》"年老，口中无齿"一句为例，认为"年"和"口中"为"烦字"，应当删掉。[3]宋代欧阳修以讲求文辞精简而闻名。据《唐宋八家丛话》记载，某日他与同院出游，途中见一匹奔马踏死一条狗，要同院记述此事；同院说"有犬卧通衢，逸马蹄而死之"，欧阳修以为繁琐，称"使子修史，万卷未已也"；他以为应作"逸马杀犬于道"。[4]欧阳修所作《醉翁亭记》，首句原有数十字，大意为滁州四面皆山；经反复推敲，后删定为"环滁皆山也"五字，而文意丝毫未损。需要注意的是，这里所说的"简洁"，是就文字而言，并不涉及内容的多寡。文字服务于内容的表达，应以"有话则长，无话则短"为原则，而不必一味追求简省。有人批评说，欧阳修所修《新五代史》的最大弊病，正是过于简略，"叙事难得丰赡，从而削弱了史书应有的分量"。[5]总之，文字的简洁应

1　刘知几撰，浦起龙释：《史通通释》，第161、168页。
2　梁启超：《中国历史研究法》，第180—181页。
3　刘知几撰，浦起龙释：《史通通释》，第170页。《汉书·张苍传》原文为："苍免相后，口中无齿，食乳，女子为乳母。"班固：《汉书》，第7册，第2100页。
4　转引自唐弢：《文章修养》，第117—118页。
5　瞿林东：《中国史学史纲》，第470页。

以不妨碍文意为度，并不是字数越少越好。

有的学者偏好繁复曲折的行文，如布罗代尔的《菲利普二世时代的地中海和地中海世界》，篇幅宏大，内容繁博，冗词甚多，故有的学者批评他过于堆砌细节，陷入为细节而细节的窠臼。[1]可见，史学写作追求简洁，不仅要删削芜词，而且需精选材料。"文约事丰"、"以少胜多"的著史风格，在古代当首推司马迁。诵读《史记》，尤其是"列传"中的某些篇章，就可以看到何为"文约事丰"的叙事笔法。例如，在《苏秦列传》中，司马迁叙及传主初次出游失意而归后的表现，有一段精简绝妙、栩栩如生的描述：

> （苏秦）出游数岁，大困而归。兄弟嫂妹妻妾窃皆笑之，曰："周人之俗，治产业，力工商，逐什二以为务。今子释本而事口舌，困，不亦宜乎！"苏秦闻之而惭，自伤，乃闭室不出，出其书遍观之。曰："夫士业已屈首受书，而不能以取尊荣，虽多亦奚以为！"于是得周书《阴符》，伏而读之。期年，以出揣摩，曰："此可以说当世之君矣。"[2]

为增强文章的可读性，史学写作也可运用修辞手法。文学创作可以放手采用比喻、夸张之类的手法，而史学的表述以清楚、准确为要，难免限制修辞手法的运用。有美国学者谈到，比喻是一种类比（analogy），容易导致理解的偏差，因而应慎重使用。[3]不过，比喻只要用得准确而贴切，也可以令文章增色。美国学者乔伊斯·阿普尔比等人所著《历史的真相》，有不少巧妙而贴切的比喻，值得玩味。例如："科南特、巴特菲尔德、奈夫这一代人估量科学的时候，用的是波普尔这一派人士定好焦距的透镜。"[4]

1　赫克斯特：《论历史学家》，第121—122、124页。

2　司马迁：《史记》，第7册，第2241—2242页。

3　参见费希尔：《历史学家的谬误》，第244—247页。

4　乔伊斯·阿普尔比等：《历史的真相》（刘北成等译），中央编译出版社1999年版，第151页。文中提到的科南特（James Conant）系化学家，曾任哈佛大学校长；巴特菲尔德（Herbert Butterfield）为英国历史学家，曾任剑桥大学教授；奈夫（John U. Nef）为工业史专家；波普尔（Karl Popper）为德国科学哲学家。

其大意是说，科南特等人对科学的看法，受到了波普尔等人的理论观念的影响。又如："这就好像社会史学家满怀热情要凿开旧历史记录，却挖了一个可能致命的大洞，历史这门学问可能整个跌进去而完全消失。"[1] 这里的意思是，20世纪60年代以来美国的社会史研究者无意中发现，史学一直受到意识形态的影响并极力为现实需要服务，因而不符"客观"之名，而这个发现有可能消解人们对史学真实性的信念和尊重。

适当加强字词和句式的变化，也可使文章更为多姿多彩。在同一句或同一段中，除开排比一类句式，不宜过多地重复使用同一词汇；在不妨碍准确性的前提下，可多用同义词或近义词。《文心雕龙》提出用字须注意的四个要点：避诡异（不要用怪字和难字）、省联边（不可连用同一偏旁的字）、权重出（用字要避免重复）、调单复（字的笔画多少要搭配得当）。这些要求偏重形式，强调用字的变化，以求内容和形式俱美。[2] 行文还要注意句式的变换，让人读来不觉枯燥呆板。句子首先要合乎语法，其次要整体和谐，最后还要变化多姿。有些古人的文章，在遣词造句上颇为考究。例如，东汉末年荀悦作《申鉴》，其中有这样一段话：

> 致治之术，先屏四患，乃崇五政。……伪乱俗，私坏法，放越轨，奢败制。四者不除，则政末由行矣，……是谓四患。兴农桑以养其生，审好恶以正其俗，宣文教以章其化，立武备以秉其威，明赏罚以统其法，是谓五政。……四患既蠲，五政既立，行之以诚，守之以固；简而不怠，疏而不失；无为为之，使自施之；无事事之，使自交之；不肃而治，垂拱揖逊，而海内平矣。[3]

短短一段话，多用排比和对仗，且富于变化，一气呵成，读来朗朗上口。

---

1 阿普尔比等：《历史的真相》，第183页。

2 关于这一点的阐发，参见唐弢：《文章修养》，第96页。

3 荀悦：《申鉴》，载荀悦：《申鉴·中论·傅子》，第4—6页。

古人作文还颇讲究韵律和节奏，对形式美有很高的标准。《文心雕龙》中有所谓"形文"、"声文"、"情文"之说，[1]其中"声文"是指用字要声韵和谐。汉字有四声，用字讲平仄，在一段话中，要尽量考虑韵律的变化，交替使用平声字和仄声字，使文句琅琅可诵。行文的节奏可能与文句的长短有关，多用短句，文章节奏紧凑；多用长句，则文章舒缓拖沓；只有长短句交错，才能使文章缓急有度，弛张得体。不过，这种形式美的追求，只有在做到准确、清楚、易懂的前提下才有意义。初学者若过于讲究形式，容易落入以辞害意的窠臼。

以辞害意确实是史学写作的大忌。《史记·伍子胥列传》中叙及费无忌以"谗言"害楚太子建："顷之，无忌又日夜言太子短于王曰……"[2]句中所谓"日夜"，实为"频繁"、"反复"之意，用"日夜"就有失准确。卡莱尔素以文学笔法写史而著称，在强调历史知识的教育功能时，他写了这样一句话："为什么一个马尔伯勒仅靠从莎士比亚戏剧中得到的一鳞半爪的知识，便能成为世界历史的伟人？"[3]这显然是一种文学的夸张笔法，马尔伯勒之成为"伟人"，绝不仅仅是因为他读过莎士比亚的戏剧；即便他真的是为知识所造就的"伟人"，所掌握的知识也绝非仅仅是来自莎士比亚的作品。在今人的文章中，也常有以辞害意的缺憾。有文章在描述秦穆公在位期间的"武功"时写道："大刀阔斧扩充军备，今日东征，明日西讨，使得秦国的势力迅速扩展到渭水流域大部。"[4]这显然也是一种文学笔法。"大刀阔斧"属于比喻的范畴自不待言，而"今日东征，明日西讨"则是一种近于口语的夸张。治史重言必有据，而"今日"、"明日"云云，所指并不是实际发生的事情。若以史学表述的规范来要求，似乎应当列出确切

1　周振甫：《文心雕龙今译》，第285页。

2　司马迁：《史记》，第7册，第2172页。

3　卡莱尔：《论历史》，载何兆武主编：《历史理论与史学理论》，第233页。他提到的马尔伯勒（John Churchill Marlborough，1650—1722），为英国将军。

4　黄朴民：《秦穆公的战略短视》，《光明日报》2004年2月3日B3版，"理论周刊·历史"。

的征战次数，也可提及具体可知的战事。

写文章还须留意标点符号的用法。此事看似小节，也是基本的常识，但要做得恰到好处，似乎也不容易。中文的句子如果过长，读起来就会感觉吃力；中间若用逗号分割，就可变成几个短句，便于阅读。一段话如果全用逗号，只在结尾处用句号，就不能清楚地展现文意的层次，也会给阅读造成障碍。可见，标点符号的使用不仅仅是形式上的规范，而且还影响到文辞的节奏和含义的传达。唐弢指出："最要紧的还是使标点多变化，能够正确地传达出作者自己的意思、情感和口气，不必死守定规的。"[1]同样的句子，如果标点不同，其节奏和含义就可能发生变化。古书没有句读，对某些文句理解的分歧，正是由标点不同而引起的。一个经常为人提到的例子是，《论语》中"民可使由之，不可使知之"一句，若点成"民可，使由之；不可，使知之"，其含义就迥然不同。现代语文也可以因标点不同而产生含义或效果的变化。例如，"这就是我的结论。"一句，近于陈述事实，语气和缓；如果改成"这，就是我的结论。"或"这就是我的结论！"主观情感色彩增强，语气也变得激越和强硬。

在当今的学术作品中，文句欧化成了一种常见病。专攻外国史的学者，平日主要接触外文材料，阅读的翻译作品较多，在悄然不觉中受到欧化文风的熏染。欧化文句的主要弊病在于，句子冗长，修饰繁复，多用长主语、倒装句和被动态，致使行文臃肿，含义不清，难读难懂。这类句式无异于用汉字写外语，不合中文的行文惯例，也有违国内读者的阅读习惯。比如，"美国的社会改革家在20世纪20年代保守主义高涨的政治气候里已经失去了进步主义改革的大刀阔斧的锐意进取精神"，这种句子就是典型的欧化行文。照中文的习惯，同样的意思可以表述为："20世纪20年代，美国保守主义高涨；在这种政治气候里，社会改革家们不再进行大刀

1　唐弢:《文章修养》，第70页。

阔斧的改革，失去了进步主义年代那种锐意进取的精神。"又如，"作为抵制英国征税措施的一个有影响的团体，波士顿的'忠心九人帮'为美国独立战争爆发前的群众性反英活动提供了很大的推动"，这也是一个欧化色彩很重的句子。更加顺畅自然的中文表达可以是："在美国独立战争爆发前，波士顿的'忠心九人帮'发起了许多抵制英国税收措施的行动，推动了群众性反英活动的进展。"不仅行文要力避欧化，即便引用外文材料，也要译成自然流畅的中文，力求"得意忘形"，用"地道的"中文来准确传达原文的意思。外国史研究要实现本土化，在文字表述上就必须符合中文的习惯。

前人写文章很注重文气。唐弢谈到，古人讲的文气，是指文章的气势。[1]明末清初人说韩文如海，苏文如潮，指的就是文章的气势。文气固然意味着气势，但通常是由遣词造句、行文布局以及所包含的思想感情集合在一起而传达给读者的感受，类似于中国画的"意境"，本身虚玄无形，需要读者借助自己的修养、品位和见识来体会。不同的读者，对同一篇文章的文气可能有完全不同的感受；同一个人在不同的场合读同一篇文章，对文气的体味或许也有变化。有些读者可能根本就没有文气的概念。唐弢个人认为，文气是指文章的句子构成的变化给读者带来的感觉和读出的声音。[2]文气确实与句子的构成变化有关，但不能通过单独的句子来体现，而蕴含于句子与句子的关系当中，只有从通篇文章着眼才可论及文气。赞赏一篇文章的文气，通常用"酣畅淋漓"、"充沛饱满"、"气势逼人"、"一泻而下"、"舒缓冲淡"、"行云流水"等词句。史学写作也可以把这样的境界作为追求的目标。

评论文章的高下，有时还可以从格调着眼。文学作品的格调，取决于作者的思想感情、遣词造句、文章技巧等因素，而史学作品的格调，则与

1　唐弢：《文章修养》，第157页。

2　唐弢：《文章修养》，第159页。

选题、视角、材料、布局、见解、文辞等因素有关。只有选题新颖、视角巧妙、资料翔实、见识超迈、文辞畅达的论著，才有格调可言。清代文字学家段玉裁盛赞其师戴震的文章："皆厚积薄发，纯朴高古，如造化之生物，官骸毕具，枝叶并茂"；"合义理、考核、文章为一事，知无所蔽，行无所私，浩气同盛于孟子，精义上驾乎康成程朱，修辞俯视乎韩欧焉"。[1]若果真如他所言，那么戴震的文章自然就具有非凡的格调。另外，格调的高低还牵涉到文风。专事雕饰，夹带华美或低俗的词句，文章的格调肯定不高；冲淡平实、亲切可读的文风，反而有助于营造一种较高的格调。

　　杰出的学者在遣词造句、运思行文上往往有自己的习惯，进而形成有辨识度的文章风格。历代史家对文笔的理解和追求各不相同，形成多种多样的文字风格，使得史学论著在文笔上呈现多姿多彩的面貌：有的典雅，有的清丽；有的庄重，有的轻灵；有的华美，有的平实。文章风格不完全是作者自己选择的结果，而通常是在个人的修养、气质和见识的综合作用下自然形成的。不过，有意识的追求也有助于培育某种风格。按照美国学者彼得·盖伊的说法，风格可以是而且必须是习得的，因为它是"实践理性的工具"。[2]相对而言，冲淡平实更适合史学写作的要求，而且也是一种难能可贵的风格。所谓"宁质勿华，宁拙勿巧"，指的就是对平实境界的追求。平实是指不用浓词艳句，而以朴实无华的词句表达深厚绵长的意味。有的文学作品有如铅华覆面的半老徐娘，给人的感觉是浓艳而恶俗。孙犁的散文和小说则清纯自然，全无雕饰，文辞平实而意味隽永。作史可学孙犁，力求平实，不以华美的词句来掩饰学识的贫乏。另外，还要少用生僻的字词。有人写文章，喜欢用不常见的字词，以显示学识高深。唐弢评论道："大家所挟以斗胜的，其实不过是难字而已。"[3]难字过多，艰涩古

1　段玉裁：《戴东原先生年谱》，载《戴震文集》，第246页。文中所谓"康成"，即东汉经学家郑玄；"程朱"指宋代理学家程颢、程颐和朱熹；"韩欧"指"唐宋八大家"中的韩愈和欧阳修。

2　盖伊：《历史学的风格》，第12页。

3　唐弢：《文章修养》，第96页。

僻，读者需要抱着字典来看文章，就会降低阅读的兴趣。用字的目的在于传情达意，而不是炫耀学问。

归根结底，文笔须服务于内容的表达。《文心雕龙》有言："情者文之经，辞者理之纬；经正而后纬成，理定而后辞畅：此立文之本源也。"[1] 只有依托于具体而实在的内容，文辞的价值才能得以彰显；言之无物，徒托虚文，再好的文笔也没有意义。史家之文的最高境界，是以精当而优美的文笔，准确而清楚地表述深刻而扎实的研究所得。即便是写给同行看的论著，在文笔上首先也要做到准确、清楚。准确和清楚是史学论著在文字上最起码，也是最根本的要求。孔子说"辞达而已矣"，[2] 意即文字须以准确传达意思为度，不必追求虚华。杨树达称赞钱穆的《中国近三百年学术史》"文亦足达其所见"，[3] 也是基于同一道理做出的评论。史家著述，首先应力求准确而清晰地陈述事实、表达见解。波兰学者托波尔斯基指出："历史研究和历史编纂中使用的语言，一方面应最大限度地便利于研究者之间的信息交流；另一方面还应最大限度地便利研究者和公众之间的信息交流。"[4] 这里所说的意思也近于"辞达"。

一般来说，写作能力可以培养，文章技巧能够提高。不过，学习写作不同于学习绘画，无法通过直接观摩文章高手的写作而受益，正如有人所说，"初学写作的人不知作家如何行事"。[5] 因此，提高文章修养的有效途径，不外是细致评品大家的文字以锻炼眼力，通过博览兼收来充实思想和语言资源，借助不断练习以提高写作技能。史家不能单纯以文字为表述工具，而应关心文章自身的价值，从整体上提高自己的文章修养。文章修养包括鉴赏和写作两个方面。首先要能识别文章的高下，读出美文的好处，

1　周振甫：《文心雕龙今译》，第286页。

2　杨伯峻：《论语译注》，第170页。

3　杨树达：《积微翁回忆录·积微居诗文钞》，上海古籍出版社1986年版，第204页。

4　托波尔斯基：《历史学方法论》，第601页。

5　贝克尔：《社会科学家写作手册》，第xiii页。

才知道如何吸收和吸收什么。其次要勤于练笔，从字、句、段、篇各个环节着手，对炼字、斳句、分段、谋篇做通盘考虑，反复练习，逐渐提高。

学者读书时，不仅需注意书中的知识和思想，也要留心文章的写法，把它当成文章来读。古代史家的文章，常以马、班并称，如果读过《史记》和《汉书》，对此自有体会。近世史家中也不乏写作高手，陈垣、唐长孺、吴于廑和田余庆的论著，均可作为文章玩赏。《万历十五年》一书无论叙事还是议论，均典雅庄重，娓娓道来。除向专业领域的典范论著学习写作技巧外，史家还可从古今中外各类文章中汲取养分。中国古代文章佳作甚多，汉魏歌赋，唐宋诸家，明清散文，都不乏可读的篇什。近人以鲁迅、朱自清、叶圣陶、曹聚仁、沈从文、孙犁等人的文章，尤其值得玩味揣摩。近几十年的作家中，王小波的文章见识卓异，机智幽默，而文辞平实清新，别具一格。除平日留心读书外，还可根据写作的需要集中读一些文章，以寻找文辞的感觉。据钱穆说，清人崔述（东壁）拟作《考信录》，"从头专读韩文三年"。[1]总之，史家须精读各家文章，取其精华，滋养性灵，丰富文辞，提升品位，锤炼技巧，以提高写作能力。

现代人可多读古文，但不一定模仿文言写作。文言和白话各有优长：文言精练工整，富于韵律；白话晓畅细腻，适合大众阅读。现代写作若能适当吸收文言的长处，也可以收到意想不到的效果。历史学家林增平谈到自己早年学习古文的体会时说：

　　……写现代白话文，却能从古文中得到很多的启发。大凡流传至今、诸家选录的古代名篇，无不文笔精练，结构严谨，起承转合，顺理成章；写景状物，则描绘逼真，立论辩道，则提要钩玄，一般都足资取法。读熟了，用于抒情、叙事、析理、述评的词汇，贮藏于脑际，写

---

1 《钱宾四先生论学书简》，载余英时：《钱穆与中国文化》，第233页。

起文章来，随时都能输送到笔端，增添文采，避免行文枯涩，索然寡味的缺陷。不过，……如果沉溺于古文词，食古不化，以至于写文章时文白缠夹不清，那就是适得其反，有害无益的了。[1]

这无疑是前辈的经验之谈，有意增强古文修养的初学者，自可从中获益。

在中国古代史籍中，《资治通鉴》的文笔也足资取法。书中议论纵横而适度，文辞恣肆而中矩，多有清通畅达、琅琅可诵的段落。例如，作者借曹操终身不代汉室而论教化风俗的重要性，写了这样一段话：

教化，国家之急务也，而俗吏慢之；风俗，天下之大事也，而庸君忽之。夫惟明智君子，深识长虑，然后知其为益之大而收功之远也。光武遭汉中衰，群雄糜沸，奋起布衣，绍恢前绪，征伐四方，日不暇给，乃能敦尚经术，宾延儒雅，开广学校，修明礼乐，武功既成，文德亦洽。继以孝明、孝章，遹追先志，临雍拜老，横经问道。自公卿、大夫至于郡县之吏，咸选用经明行修之人，虎贲卫士皆习孝经，匈奴子弟亦游大学，是以教立于上，俗成于下。其忠厚清修之士，岂惟取重于搢绅，亦见慕于众庶；愚鄙污秽之人，岂惟不容于朝延（廷），亦见弃于乡里。自三代既亡，风化之美，未有若东汉之盛者也。[2]

其中极少古奥的词句，文字朴实而富于变化，多用对仗排比，抑扬顿挫，酣畅淋漓，确有一泻千里之势。当今作者虽然不必用古文写作，但同样须讲究节奏、文气以及用词的变化，以获得多姿多彩、优美可诵的效果。

若要提高文章修养，就须勤加练习。欧阳修称"文有三多"：看多，

---

1 林增平：《林增平自述》，载高增德、丁东编：《世纪学人自述》，第6卷，第169页。
2 司马光等：《资治通鉴》，第5册，第2173页。

做多，商量多。[1]这在理论上是老生常谈，但多读多写，持之以恒，终究是提升文章修养的不二法门。初学者若单凭写学年论文或毕业论文来训练写作能力，显然是远远不够的。平时要勤于动笔，写读书报告或结课作业，都是练习写作的方式；写信，记日记，写随感，也有助于锻炼文字技巧。只要平时留心，日就月将，就能逐渐步入较高的文章境界。

1　张明仁编：《古今名人读书法》，第33页。

参考书目

一、中文书籍

班固：《汉书》，北京：中华书局，1962年。

蔡鸿生：《仰望陈寅恪》，北京：中华书局，2004年。

仓修良：《章学诚和〈文史通义〉》，北京：中华书局，1984年。

陈澔注：《礼记集说》，收入《四书五经》，北京：北京古籍出版社，1995年。

陈美延编：《陈寅恪集》，北京：生活·读书·新知三联书店，2001年。

陈平原：《中国现代学术之建立——以章太炎、胡适为中心》，北京：北京大学出版社，1998年。

陈垣：《元西域人华化考》，上海：上海古籍出版社，2000年。

陈智超编：《励耘书屋问学记——史学家陈垣的治学》，北京：生活·读书·新知三联书店，1982年。

陈智超编注：《陈垣来往书信集》，上海：上海古籍出版社，1990年。

程千帆：《治学小言》，济南：齐鲁书社，1986年。

程千帆、唐文编：《量守庐学记：黄侃的生平和学术》，北京：生活·读书·新知三联书店，1985年。

戴震：《戴震文集》（赵玉新点校），北京：中华书局，1980年。

杜维运：《史学方法论》（增订版），台北：三民书局，1985年。

冯友兰：《中国哲学史史料学》，收入《三松堂全集》，第6卷，郑州：河南人民出版社，1989年。

傅乐成：《傅孟真先生年谱》，载《傅斯年全集》，第7册，台北：联经出版事业公司，1980年。

傅斯年：《史料论略及其他》，沈阳：辽宁教育出版社，1997年。

傅孙久：《古代学者论治学》，南京：南京大学出版社，1987年。

傅衣凌：《傅衣凌治史五十年文编》，厦门：厦门大学出版社，1989年。

高春常：《美国奴隶叙事研究》，北京：人民出版社，2019年。

高增德、丁东编：《世纪学人自述》（6卷），北京：北京十月文艺出版社，2000年。

葛剑雄、周筱赟：《什么是历史学》，北京：北京大学出版社，2002年。

耿云志、欧阳哲生编：《胡适书信集》，北京：北京大学出版社，1996年。

谷应泰：《明史纪事本末》，北京：中华书局，1977年。

顾潮:《顾颉刚年谱》,北京:中国社会科学出版社,1993年。

顾栋高:《春秋大事表》(吴树平、李解民点校,全三册),北京:中华书局,1993年。

顾颉刚:《当代中国史学》,上海:上海古籍出版社,2002年。

顾颉刚:《古史辨自序》,石家庄:河北教育出版社,2000年。

顾颉刚:《我与古史辨》,上海:上海文艺出版社,2001年。

顾炎武撰,黄汝成集释:《日知录集释》,上海:上海古籍出版社,1985年。

韩震、孟鸣歧:《历史·理解·意义——历史诠释学》,上海:上海译文出版社,2002年。

何炳松:《历史研究法·历史教授法》,上海:上海古籍出版社,2012年。

何兆武、陈启能主编:《当代西方史学理论》,上海:上海社会科学院出版社,2003年。

洪汉鼎:《诠释学——它的历史和当代发展》,北京:人民出版社,2001年。

胡宝国:《汉唐间史学的发展》,北京:商务印书馆,2003年。

黄晖:《论衡校释》,北京:中华书局,1990年。

黄仁宇:《万历十五年》,北京:中华书局,1982年。

姜义华、瞿林东、赵吉惠:《史学导论》,上海:复旦大学出版社,2003年。

蒋廷黻:《蒋廷黻回忆录》(谢钟琏译),台北:传记文学出版社,1979年。

蒋廷黻:《中国近代史大纲》,北京:东方出版社,1996年。

雷家骥:《中古史学观念史》,台北:台湾学生书局,1990年。

黎靖德编:《朱子语类》,北京:中华书局,1986年。

李百药:《北齐书》(魏收传),北京:中华书局,1972年。

李维武:《徐复观学术思想评传》,北京:北京图书馆出版社,2001年。

梁启超:《清代学术概论》,北京:东方出版社,1996年。

梁启超:《中国历史研究法》,北京:东方出版社,1996年。

梁玉绳:《史记志疑》(全三册),北京:中华书局,1981年。

林家有:《史学方法论》,广州:中山大学出版社,2002年。

林毓生:《中国传统的创造性转化》,北京:生活·读书·新知三联书店,1988年。

刘昫等:《旧唐书》(许敬宗传、刘子玄传),北京:中华书局,1975年。

刘知几撰,浦起龙释:《史通通释》,上海:上海古籍出版社,1978年。

陆启宏:《历史学与人类学:20世纪西方历史人类学的理论与实践》,上海:复旦大学出版社,2019年。

吕思勉:《史学四种》,上海:上海人民出版社,1981年。

蒙默编:《蒙文通学记》,北京:生活·读书·新知三联书店,1993年。

南开大学历史系、北京大学历史系编:《郑天挺先生百年诞辰纪念文集》,北京:中华书局,2000年。

欧阳修、宋祁:《新唐书》(刘子玄传),北京:中华书局,1975年。

钱大昕:《廿二史考异》(方诗铭、周殿杰校点),上海:上海古籍出版社,2004年。

钱大昕:《十驾斋养新录》,上海:上海书店,1983年。

钱穆:《八十忆双亲·师友杂忆》,北京:生活·读书·新知三联书店,1998年。

钱穆:《中国历史研究法》,北京:生活·读书·新知三联书店,2001年。

钱穆:《现代中国学术论衡》,北京:生活·读书·新知三联书店,2001年。

荣孟源:《史料和历史科学》,北京:人民出版社,1987年。

桑兵:《晚清民国的国学研究》,上海:上海古籍出版社,2001年。

司马光等:《资治通鉴》,北京:中华书局,1956年。

司马迁:《史记》,北京:中华书局,1982年。

唐长孺:《魏晋南北朝史论丛》,石家庄:河北教育出版社,2000年。

唐德刚:《胡适杂忆》,长春:吉林文史出版社,1994年。

唐弢:《文章修养》,北京:生活·读书·新知三联书店,1998年。

田余庆:《拓跋史探》,北京:生活·读书·新知三联书店,2003年。

田余庆:《秦汉魏晋史探微》,北京:中华书局,1993年。

汪辉祖:《元史本证》(全二册),北京:中华书局,1984年。

王汎森:《思想是生活的一种方式:中国近代思想史的再思考》,北京:北京大学出版社,2018年。

王汎森:《中国近代思想与学术的系谱》,石家庄:河北教育出版社,2001年。

王国维:《观堂集林》(上、下),石家庄:河北教育出版社,2001年。

王力、朱光潜等:《怎样写学术论文》,北京:北京大学出版社,1981年。

王鸣盛:《十七史商榷》(全二册),北京:北京市中国书店,1987年。

王晴佳、古伟瀛:《后现代与历史学——中西比较》,济南:山东大学出版社,2003年。

王晴佳:《西方的历史观念——从古希腊到现代》,上海:华东师范大学出版社,2002年。

王学典:《二十世纪后半期中国史学主潮》,济南:山东大学出版社,1996年。

王云五:《旧学新探:王云五论学文选》,上海:学林出版社,1997年。

王仲荦:《魏晋南北朝史》,上海:上海人民出版社,2003年。

王子舟:《陈寅恪读书生涯》,武汉:长江文艺出版社,1997年。

魏源:《元史新编》(全十册),慎微堂刊本,台北:文海出版社影印(年代不详)。

魏征等:《隋书》(经籍志),北京:中华书局,1973年。

文史知识编辑部编:《学史入门》,北京:中华书局,1988年。

吴承明:《中国的现代化:市场与社会》,北京:生活·读书·新知三联书店,2001年。

吴于廑:《吴于廑学术论著自选集》,北京:首都师范大学出版社,1995年。

吴缜:《新唐书纠谬》,载《影印文渊阁四库全书》,第276册,台北:商务印书馆,1986年影印。

萧公权:《问学谏往录》,台北:传记文学出版社,1972年。

谢国桢:《史料学概论》,福州:福建人民出版社,1985年。

徐有富:《治学方法与论文写作》,南京:南京大学出版社,2003年。

严昌校点:《韩愈集》,长沙:岳麓书社,2000年。

严耕望：《治史三书》，沈阳：辽宁教育出版社，1998年。

颜之推撰，王利器集解：《颜氏家训集解》，上海：上海古籍出版社，1980年。

杨伯峻：《论语译注》，北京：中华书局，1980年。

杨伯峻：《孟子译注》，北京：中华书局，1960年。

杨简：《慈湖遗书》，载《影印文渊阁四库全书》，第1156册，台北：商务印书馆，1986年影印。

杨生茂：《探径集》，北京：中华书局，2002年。

杨树达：《积微翁回忆录·积微居诗文钞》，上海：上海古籍出版社，1986年。

杨翼骧、孙香兰编：《清代史部序跋选》，天津：天津古籍出版社，1992年。

杨玉圣、张保生主编：《学术规范导论》，北京：高等教育出版社，2004年。

杨玉圣、张保生主编：《学术规范读本》，开封：河南大学出版社，2004年。

于沛主编：《现代史学分支学科概论》，北京：中国社会科学出版社，1998年。

余嘉锡：《目录学发微》，北京：中国人民大学出版社，2004年。

余英时：《历史与思想》，台北：联经出版事业公司，1976年（2002年第22次印刷）。

余英时：《论戴震与章学诚》，北京：生活·读书·新知三联书店，2000年。

余英时：《论士衡史》，上海：上海文艺出版社，1999年。

余英时：《钱穆与中国文化》，上海：上海远东出版社，1994年。

余英时：《中国思想传统的现代诠释》，南京：江苏人民出版社，2003年。

岳玉玺等编：《傅斯年选集》，天津：天津人民出版社，1996年。

张广智、张广勇：《史学：文化中的文化》，上海：上海社会科学院出版社，2003年。

张杰、杨燕丽选编：《追忆陈寅恪》，北京：社会科学文献出版社，1999年。

张隆溪：《走出文化的封闭圈》，北京：生活·读书·新知三联书店，2004年。

张明仁编：《古今名人读书法》，北京：商务印书馆，1992年影印。

张世林编：《家学与师承——著名学者谈治学门径》，桂林：广西师范大学出版社，2007年。

张世林编：《学林春秋——著名学者自述集》，北京：中华书局，1998年。

张寿康主编：《文章学概论》，济南：山东教育出版社，1983年。

张舜徽选编：《文献学论著辑要》，西安：陕西人民出版社，1985年。

张荫麟：《中国史纲》，沈阳：辽宁教育出版社，1998年。

章太炎：《章太炎全集》，上海：上海人民出版社，1985年。

章学诚：《章学诚遗书》，北京：文物出版社，1985年影印。

赵伯雄：《春秋学史》，济南：山东教育出版社，2004年。

赵翼著，王树民校证：《廿二史札记校证》（全二册），北京：中华书局，1984年。

郑樵：《通志略》，上海：上海古籍出版社，1990年。

周振甫：《文心雕龙今译》，北京：中华书局，1986年。

朱自清：《经典常谈》，北京：生活·读书·新知三联书店，1998年。

二、翻译书籍

阿隆，雷蒙：《论治史：法兰西学院课程》（冯学俊、吴泓缈译），北京：生活·读书·新知三联
　　书店，2003年。

阿普尔比，乔伊斯，等：《历史的真相》（刘北成等译），北京：中央编译出版社，1999年。

巴勒克拉夫，杰弗里：《当代史学主要趋势》（杨豫译），上海：上海译文出版社，1987年。

贝利，C. A.：《现代世界的诞生1780—1914》（于展、何美兰译），北京：商务印书馆，2013年。

波普，卡尔：《历史决定论的贫困》（杜汝楫、邱仁宗译），北京：华夏出版社，1987年。

波普尔，卡尔：《开放社会及其敌人》（两卷本，陆衡、郑一明等译），北京：中国社会科学出版
　　社，1999年。

伯克，彼得：《法国史学革命：年鉴派1929—2014（第二版）》（刘永华译），北京：北京大学
　　出版社，2016年。

伯克，彼得：《历史学与社会理论（第二版）》（姚朋等译），上海：上海人民出版社，2010年。

伯克，彼得：《什么是文化史》（蔡玉辉译），北京：北京大学出版社，2009年。

伯克，彼得：《文化史的风景》（丰华琴、刘艳译），北京：北京大学出版社，2013年。

布罗代尔，费尔南：《15至18世纪的物质文明、经济和资本主义》（顾良译），北京：生活·读
　　书·新知三联书店，1993年。

布罗代尔，费尔南：《论历史》（上册，刘北成、周立红译；下册，沈坚、董子云译），北京：北
　　京大学出版社，2021年。

布洛赫，马克：《历史学家的技艺》（张和声、程郁译），上海：上海社会科学院出版社，1992年。

陈启能、倪为国主编：《书写历史》，上海：上海三联书店，2003年。

戴维斯，娜塔莉·泽蒙：《档案中的虚构：16世纪法国的赦罪故事及故事的讲述者》（饶佳荣、陈
　　瑶等译），北京：北京大学出版社，2015年。

邓津，诺曼·K.，伊冯娜·S.林肯，主编：《定性研究：方法论基础》（风笑天等译），重庆：重
　　庆大学出版社，2007年。

多曼斯卡，埃娃，编：《邂逅：后现代主义之后的历史哲学》（彭刚译），北京：北京大学出版
　　社，2007年。

费弗尔，吕西安：《十六世纪的无信仰问题》（闫素伟译），北京：商务印书馆，2012年。

芬利，M. I.：《古代经济》（黄洋译），北京：商务印书馆，2021年。

弗拉德，罗德里克：《计量史学方法导论》（王小宽译），上海：上海译文出版社，1991年。

伏尔泰：《路易十四时代》（吴模信等译），北京：商务印书馆，1982年。

格尔兹，克利福德：《文化的解释》（纳日碧力戈等译），上海：上海人民出版社，1999年。

格拉夫敦，安东尼：《脚注趣史》（张弢、王春华译），北京：北京大学出版社，2014年。

古迪，杰克：《偷窃历史》（张正萍译），杭州：浙江大学出版社，2009年。

古尔迪，乔、大卫·阿米蒂奇：《历史学宣言》（孙岳译），上海：格致出版社，2017年。

古奇，乔治·皮博迪：《十九世纪的历史学与历史学家》（上、下册，耿淡如译），北京：商务印书馆，1989年。

何兆武主编：《历史理论与史学理论：近现代西方史学著作选》，北京：商务印书馆，1999年。

黑格尔：《历史哲学》（王造时译），上海：上海书店出版社，1999年。

华勒斯坦等：《开放社会科学》（刘锋译），北京：生活·读书·新知三联书店，1997年。

怀特，海登：《后现代历史叙事学》（陈永国、张万娟译），北京：中国社会科学出版社，2003年。

霍布斯鲍姆，艾瑞克：《革命的年代》（王章辉等译），南京：江苏人民出版社，1999年。

霍布斯鲍姆，艾瑞克：《资本的年代》（张晓华等译），南京：江苏人民出版社，1999年。

霍布斯鲍姆，艾瑞克：《帝国的年代（1875—1914）》（贾士蘅译），南京：江苏人民出版社，1999年。

霍布斯鲍姆，埃里克：《史学家：历史神话的终结者》（马俊亚、郭英剑译），上海：上海人民出版社，2002年。

吉本，爱德华：《吉本自传》（戴子钦译），北京：生活·读书·新知三联书店，2002年。

卡尔，爱德华·霍列特：《历史是什么？》（吴柱存译），北京：商务印书馆，1981年。

凯博，哈特穆特：《历史比较研究导论》（赵进中译），北京：北京大学出版社，2009年。

康拉德，塞巴斯蒂安：《全球史是什么》（杜宪兵译），北京：中信出版社，2018年。

柯文：《在中国发现历史——中国中心观在美国的兴起》（林同奇译），北京：中华书局，2002年。

柯林武德：《历史的观念》（何兆武、张文杰译），北京：商务印书馆，1997年。

克罗齐：《历史学的理论和实际》（傅任敢译），北京：商务印书馆，1982年。

孔飞力：《叫魂：1768年中国妖术大恐慌》（陈兼、刘昶译），上海：上海三联书店，1999年。

朗格诺瓦、瑟诺博司：《历史研究导论》（李思纯译），北京：中国人民大学出版社，2011年。

朗格诺瓦、瑟诺博司：《史学原论》（余伟译），郑州：大象出版社，2010年。

勒戈夫，雅克、皮埃尔·诺拉，主编：《史学研究的新问题新方法新对象》（郝名玮译），北京：中国社会科学出版社，1988年。

里克曼，H. P.：《狄尔泰》（殷晓蓉、吴晓明译），北京：中国社会科学出版社，1989年。

利科，保罗：《法国史学对史学理论的贡献》（王建华译），上海：上海社会科学院出版社，1992年。

梁寒冰编：《历史学理论辑要》（上、下册），北京：中华书局，1982年。

鲁滨孙，詹姆斯·哈威：《新史学》（齐思和等译），北京：商务印书馆，1964年。

蒙森，特奥多尔：《罗马史》（李稼年译），北京：商务印书馆，2004年。

内藤湖南：《中国史学史》（马彪译），上海：上海古籍出版社，2008年。

帕拉雷斯－伯克，玛丽亚·露西娅，编：《新史学：自白与对话》（彭刚译），北京：北京大学出版社，2006年。

彭慕兰：《大分流：欧洲、中国及现代世界经济的发展》（史建云译），南京：江苏人民出版社，2003年。

普罗斯特，安托万：《历史学十二讲》（王春华译），北京：北京大学出版社，2012年。

钱德勒，小艾尔弗雷德·D.：《看得见的手——美国企业的管理革命》（重武译），北京：商务印书馆，1987年。

茹科夫，E. M.:《历史方法论大纲》（王瓘译），上海：上海译文出版社，1988年。

入江昭:《全球史与跨国史：过去，现在和未来》（邢承吉、滕凯炜译），杭州：浙江大学出版
　　社，2018年。

萨义德，爱德华·W.:《东方学》（王宇根译），北京：生活·读书·新知三联书店，1999年。

苏共中央社会科学院《科学与教学文献》编辑部编:《历史科学·方法论问题》（刘心语译），北
　　京：中国社会科学出版社，1990年。

汤普森，E. P.:《英国工人阶级的形成》（钱乘旦等译），南京：译林出版社，2000年。

汤普森，J. W.:《历史著作史》（谢德风、孙秉莹译），北京：商务印书馆，1996年。

田汝康、金重远编:《现代西方史学流派文选》，上海：上海人民出版社，1982年。

托波尔斯基:《历史学方法论》（张家哲等译），北京：华夏出版社，1990年。

王国斌:《转变的中国——历史变迁与欧洲经验的局限》（李伯重、连玲玲译），南京：江苏人民
　　出版社，1998年。

韦伯，马克斯:《社会科学方法论》（杨富斌译），北京：华夏出版社，1999年。

韦伯，马克斯:《学术与政治》（冯克利译），北京：生活·读书·新知三联书店，1998年。

维柯:《新科学》（朱光潜译），北京：商务印书馆，1997年。

沃尔什:《历史哲学导论》（何兆武、张文杰译），桂林：广西师范大学出版社，2001年。

希罗多德:《历史》（上、下册，王以铸译），北京：商务印书馆，1985年。

席夫曼，扎卡里·赛尔:《过去的诞生》（梅义征译），上海：上海三联书店，2021年。

项观奇编:《历史比较研究法》，济南：山东教育出版社，1986年。

休谟:《人性论》（关文运译），北京：商务印书馆，2017年。

伊格尔斯，格奥尔格:《二十世纪的历史学：从科学的客观性到后现代的挑战》（何兆武译），沈
　　阳：辽宁教育出版社，2003年。

伊格尔斯，格奥尔格·G.:《德国的历史观：从赫尔德到当代历史思想的民族传统》（彭刚、顾杭
　　译），南京：译林出版社，2014年。

伊格尔斯，格奥尔格:《欧洲史学新方向》（赵世玲、赵世瑜译），北京：华夏出版社，1989年。

约尔丹，斯特凡，主编:《历史科学基本概念词典》（孟钟捷译），北京：北京大学出版社，2012年。

詹金斯，基思:《论"历史是什么?"——从卡尔和埃尔顿到罗蒂和怀特》（江政宽译），北京：
　　商务印书馆，2007年。

张文杰编:《历史的话语：现代西方历史哲学译文集》，桂林：广西师范大学出版社，2002年。

中国美国史研究会、江西美国史研究中心编:《奴役与自由：美国的悖论——美国历史学家组织
　　主席演说集》，贵阳：贵州人民出版社，1993年。

中国美国史研究会编:《现代史学的挑战：美国历史协会主席演说集1961—1988》，上海：上海人
　　民出版社，1990年。

朱特，托尼，蒂莫西·斯奈德:《思虑20世纪》（苏光恩译），北京：中信出版社，2016年。

三、中文文章

陈乐民：《寻孔颜乐处，所乐何事？——闲话知识分子与治学》，《读书》，1994年第1期。

陈启云：《关于思想文化史研究》，《开放时代》，2003年第6期。

陈勇：《吴于廑先生治学追忆》，《史学理论研究》，2000年第3期。

何兆武：《对历史学的若干反思》，《史学理论研究》，1996年第2期。

侯云灏：《西方实证史学在中国的传播及其影响》，《史学理论与史学史学刊》，2003年卷，北京：社会科学文献出版社，2004年。

胡昌智、李孝迁：《伯伦汉〈史学方法论〉及其东亚的知识旅行》，《中华文史论丛》，2018年第3期。

胡宝国：《在题无剩义之处追索》，《读书》，2004年第6期。

黄波：《要不要"回到傅斯年"？》，《博览群书》，2004年第2期。

黄朴民：《秦穆公的战略短视》，《光明日报》，2004年2月3日 B3版，"理论周刊·历史"。

黄洋：《从古代文明的比较研究探寻中国史和世界史的融通》，《光明日报》，2021年7月26日第14版，"文史哲周刊"。

蒋大椿：《傅斯年史学即史料学析论》，《史学理论研究》，1996年第4期。

蒋大椿：《论与史的关系考察》，《历史研究》，1982年第4期。

李安山：《世界史研究的规范化问题——兼谈论著的注释问题》，《史学理论研究》，2001年第1期。

李长莉：《"碎片化"：新兴史学与方法论困境》，《近代史研究》，2012年第5期。

李春雷：《史学期刊与中国史学的现代转型——以20世纪二三十年代为例》，《史学理论研究》，2005年第1期。

李宏图：《从现代到后现代：当代西方历史学的新进展——帕特里克·乔伊斯教授访谈录》，《史学理论研究》，2003年第2期。

李纪祥：《中国史学传统中的"实录"意涵及其现代意义》，《史学理论与史学史学刊》，2003年卷，北京：社会科学文献出版社，2004年。

李剑鸣：《本土资源与外国史研究》，《南开学报》，2003年第2期。

李剑鸣：《伯纳德·贝林的史学初论》，《史学理论研究》，1999年第1期。

李剑鸣：《学术规范建设与世界史研究》，《史学集刊》，2004年第3期。

李翔海：《从"述而不作"看中国经典诠释的理论特质》，《天津社会科学》，2004年第5期。

李孝迁：《观念旅行：〈史学原论〉在中国的接受》，《天津社会科学》，2019年第1期。

梁晨：《量化数据库："数字人文"推动历史研究之关键》，《江海学刊》，2017年第2期。

刘毅：《"二重证据法"新论》，《南方文物》，1997年第3期。

刘志琴：《建立富有中国气派的历史学》，《光明日报》，2003年5月20日，"理论周刊·历史"。

卢汉超：《中国何时开始落后于西方——论西方汉学中的"唱盛中国"流派》，《清华大学学报》，2010年第1期。

罗炳良:《略论乾嘉史家的考史方法》,《求是学刊》,总第134期(2000年1月)。

罗凤礼:《史学认识漫议》,《史学理论研究》,1995年第4期。

罗志田:《"新宋学"与民初考据史学》,《近代史研究》,1998年第1期。

罗志田:《后现代主义与中国研究:〈怀柔远人〉的史学启示》,《历史研究》,1999年第1期。

罗志田:《乾嘉传统与九十年代中国史学的主流》,《开放时代》,2000年第1期。

罗志田:《史料的尽量扩充与不看二十四史》,《历史研究》,2000年第4期。

茅海建:《史实重建》,《历史研究》,2004年第4期。

缪钺:《治学琐言》,《文史知识》,1982年第9期。

牛大勇:《哈佛大学研究生教育调查报告》,《学术界》,2003年第3期。

乔新华:《近五十年来美国中国史研究的两次转向》,《光明日报》,2004年11月2日B3版,"理论周刊·历史"。

荣颂安:《史料学派对中国历史学成长的贡献》,《史林》,2002年第2期。

商伟:《与林庚先生相处的日子》,《读书》,2005年第2期。

盛邦和:《陈寅恪:走出"史料学派"》,《江苏社会科学》,2002年第3期。

孙卫国:《淝水之战:初唐史家们的虚构?——对迈克尔·罗杰斯用后现代方法解构中国官修正史个案的解构》,《河北学刊》,第24卷,第1期(2004年1月)。

陶文钊:《费正清与美国的中国学》,《历史研究》,1999年第1期。

王立新:《学术创新与21世纪的世界史研究》,《光明日报》,2000年3月24日,"历史周刊"。

王晴佳:《后现代主义与历史研究》,《史学理论研究》,2000年第1期。

王挺之:《社会变动中的群体与个人——新微观史学述评》,《史学理论研究》,2002年第2期。

王希:《近30年美国史学的新变化——埃里克·方纳教授访谈录》,《史学理论研究》,2000年第3期。

王希:《美国名牌大学的博士生培养制度》,《中国政法大学人文论坛》(第一辑),北京:中国社会科学出版社,2004年。

王学典:《近20年间中国大陆史学的几种主要趋势》,《山东社会科学》,2002年第1期。

王学典:《近五十年的中国历史学》,《历史研究》,2004年第1期。

王子今:《史学论著的"燕瘦环肥":说"读史札记"的价值和意义》,《历史研究》,2004年第4期。

吴承明:《经济史:历史观与方法论》,《中国经济史研究》,2001年第3期。

吴承明:《经济史研究的实证主义和有关问题》,《南开经济研究》,2000年第6期。

吴承明:《中国经济史研究的方法论问题》,《中国经济史研究》,1992年第1期。

忻平:《治史须重考据 科学人文并重——南加利福尼亚州何炳棣教授访问记》,《史学理论研究》,1997年第1期。

邢铁、董文武:《从"国计"到"民生"——谈中国古代经济史研究视角的转换》,《光明日报》,2004年10月12日B3版,"理论周刊·历史"。

杨生茂：《学史杂拾》，《光明日报》，1992年8月30日。

杨豫、李霞、舒小昀：《新文化史学的兴起——与剑桥大学彼得·伯克教授座谈侧记》，《史学理论研究》，2000年第1期。

张弓：《从唐长孺教授问学记》，《史学理论研究》，1995年第2期。

张绪山：《"假设"的历史和历史研究的"假设"》，《光明日报》，2004年4月6日B3版，"理论周刊·历史"。

赵丙夫：《新修〈戊戌变法史〉是"经典著作"吗?》，《博览群书》，2004年第8期。

赵光贤：《中国历史研究法讲话》，《历史教学》，1982年第2、3、4、5、6、7期。

周建漳：《历史与假设》，《史学理论研究》，1994年第3期。

周文玖：《20世纪前半期中国史学理论发展略论》，《史学理论与史学史学刊》，2003年卷，北京：社会科学文献出版社，2004年。

四、英文书籍

Abelove, Henry, et al., eds. *Visions of History*. New York: Pantheon Books, 1983.

Aptheker, Herbert. *American Negro Slave Revolts*. New York: International Publishers, 1963.

Atkinson, R. F. *Knowledge and Explanation in History: An Introduction to the Philosophy of History*. London: The Macmillan Press, 1978.

Bailyn, Bernard. *The Ideological Origins of the American Revolution*. Cambridge, Mass.: The Belknap Press of Harvard University Press, 1967.

——. *On the Teaching and Writing of History: Responses to a Series of Questions*. ed. Edward C. Lathen. Hanover, NH: Dartmouth College, 1994.

——. *The Ordeal of Thomas Hutchinson*. Cambridge, Mass: The Belknap Press of Harvard University Press, 1974.

Bancroft, George. *History of the United States, from the Discovery of the American Continent*. 10 vols. Boston: Little, Brown and Company, 1860.

Becker, Howard S. *Writing for Social Scientists: How to Start and Finish Your Thesis, Book, and Article*. Second Edition. Chicago: The University Of Chicago Press, 2007.

Bender, Thomas. *A Nation among Nations: America's Place in World History*. New York: Hill & Wang, 2006.

——, ed. *Rethinking American History in a Global Age*. Berkeley and Los Angeles: University of California Press, 2002.

Berger, Stefan, Heiko Feldner, and Kevin Passmore, eds. *Writing History: Theory and Practices*. London: Hodder Arnold, 2010.

Bilder, Mary Sarah. *Madison's Hand: Revising the Constitutional Convention*. Cambridge, Mass.: Harvard University Press, 2015.

Bonnell, Victoria E., and Lynn Hunt, eds. *Beyond the Cultural Turn: New Directions in the Study of Society and Culture*. Berkeley and Los Angeles: University of California Press, 1999.

Boswell, James. *Life of Samuel Johnson, LL. D.* London: Printed by Henry Baldwin, 1791.

Bunzl, Martin. *Real History: Reflections on Historical Practice*. London: Routledge, 1997.

Butterfield, Herbert. *The Whig Interpretation of History*. London: G. Bell and Sons, 1968.

Carr, Edward Hallett. *What is History?* New York: Alfred A. Knopf, 1962.

Chancer, Lynn S., and Beverly Xaviera Watkins. *Gender, Race and Class: An Overview*. Malden, Mass.: Blackwell, 2006.

The Chicago Manual of Style. Chicago: The University of Chicago Press, 2003.

Clark, Elizabeth A. *History, Theory, Text: Historians and the Linguistic Turn*. Cambridge, Mass.: Harvard University Press, 2004.

Clark, J. C. D. *Thomas Paine: Britain, America, and France in the Age of Enlightenment and Revolution*. Oxford: Oxford University Press, 2018.

——. *The Language of Liberty 1660–1832: Political Discourse and Social Dynamics in the Anglo-American World*. Cambridge, UK: Cambridge University Press, 1994.

Collingwood, R. G. *The Principles of History and Other Writings in Philosophy of History*. ed. W. H. Dray. Oxford: Oxford University Press, 1999.

Crowley, Terry, ed. *Clio's Craft: A Primer of Historical Methods*. Toronto: Copp Clark Pitman Ltd., 1988.

Dickinson, H(arry). T(homas). *Liberty and Property: Political Ideology in Eighteenth-Century Britain*. London: Methuen and Company, 1977.

Donnelly, Mark, and Claire Norton. *Doing History*. 2nd edition. London and New York: Routledge, 2021.

Dray, William. *Laws and Explanation in History*. Oxford: Oxford University Press, 1957.

Dworetz, Steven M. *The Unvarnished Doctrine: Locke, Liberalism, and the American Revolution*. Durham: Duke University Press, 1990.

Elton, G. R. *The Practice of History*. Oxford: Blackwell, 2002.

Evans, Richard J. *In Defense of History*. New York: W. W. Norton, 1999.

Fischer, David H. *Historians' Fallacies: Toward a Logic of Historical Thought*. New York: Harper & Row, 1970.

Fogel, Robert William. *Railroads and American Economic Growth: Essays in Econometric History*. Baltimore: The Johns Hopkins University Press, 1970.

Foner, Eric. *Free Soil, Free Labor, Free Men: The Ideology of the Republican Party before the Civil War*. New York: Oxford University Press, 1995.

——. *Reconstruction: America's Unfinished Revolution, 1863–1877*. New York: Harper & Row, 1988.

——. *The Story of American Freedom*. New York: W. W. Norton, 1998.

———, ed. *The New American History.* Philadelphia: Temple University Press, 1997.

Freidel, Frank Burt, ed. *Harvard Guide to American History.* 2 vols. Cambridge, Mass.: The Belknap Press of Harvard University Press, 1979.

Gaddis, John Lewis. *The Landscape of History: How Historians Map the Past.* Oxford and New York: Oxford University Press, 2002.

Gay, Peter. *Style in History.* London: Jonathan Cape, 1974.

Guldi, Jo, and David Armitage. *The History Manifesto.* Cambridge, UK: Cambridge University Press, 2014.

Hamerow, Theodore S. *Reflections on History and Historians.* Madison, Wis.: The University of Wisconsin Press, 1987.

Handlin, Oscar. *Truth in History.* New Brunswick, NJ: Transaction Publishers, 1998.

Hansen, Morgens Herman. *The Athenian Democracy in the Age of Demosthenes: Structure, Principle and Ideology.* Oxford: Blackwell, 1991.

Hexter, J. H. *On Historians: Reappraisals of Some of the Makers of Modern History.* Cambridge, Mass.: Harvard University Press, 1979.

Himmelfarb, Gertrude. *The New History and the Old.* Cambridge, Mass: Belknap Press of Harvard University Press, 1987.

Hoffman, Ronald, and Peter J. Albert, eds. *The Transforming Hand of Revolution: Reconsidering the American Revolution as a Social Movement.* Charlottesville: The University Press of Virginia, 1995.

Hofstadter, Richard. *The Progressive Historians: Turner, Beard, Parrington.* Chicago: The University of Chicago Press, 1968.

Howell, Martha, and Walter Prevenier. *From Reliable Sources: An Introduction to Historical Methods.* Ithaca, NY: Cornell University Press, 2001.

Hunt, Lynn. *Measuring Time, Making History.* Budapest and New York: Central European University Press, 2008.

———, ed. *The New Cultural History,* Berkeley and Los Angeles: University of California Press, 1989.

Jellison, Richard M., ed. *Society, Freedom, and Conscience: The American Revolution in Virginia, Massachusetts, and New York.* New York: W. W. Norton, 1976.

Kellner, Hans. *Language and Historical Representation: Getting the Story Crooked.* Madison, Wis.: The University of Wisconsin Press, 1989.

Koselleck, Reinhart. *Futures Past: On the Semantics of Historical Time* (translated and with an introduction by Keith Tribe). New York: Columbia University Press, 2004.

McCullagh, C. Behan. *The Truth of History.* London: Routledge, 1998.

McPherson, James. *Battle Cry of Freedom: The Civil War Era.* New York: Oxford University Press, 1988.

Megill, Allan. *Historical Knowledge, Historical Error: A Contemporary Guide to Practice.* Chicago: The

University of Chicago Press, 2007.

Montgomery, David. *Citizen Worker: The Experience of Workers in the United States with Democracy and Free Market during the Nineteenth Century*. Cambridge, UK: Cambridge University Press, 1993.

Munslow, Alun. *Deconstructing History*. 2nd edition. New York: Routledge, 2006.

Norton, Mary Beth, gen., ed. *The American Historical Association Guide to Historical Literature*. Third Edition. New York: Oxford University Press, 1995.

Novick, Peter. *That Noble Dream: The "Objectivity Question" and the American Historical Profession*. Cambridge, UK: Cambridge University Press, 1988.

Nugent, Walter T. K. *Creative History*. Philadelphia: J. B. Lippincott Company, 1967.

Poster, Mark. *Cultural History and Postmodernity: Disciplinary Readings and Challenges*. New York: Columbia University Press, 1997.

Quigley, Carroll. *The Evolution of Civilization: An Introduction to Historical Analysis*. New York: The MacMillan Company, 1961.

Rosenzweig, Roy, and David Thelen. *The Presence of the Past: Popular Use of History in American Life*. New York: Columbia University Press, 1998.

Satia, Priya. *Time's Monster: How History Makes History*. Cambridge, Mass.: The Belknap Press of Harvard University Press, 2020.

Sellers, Charles. *The Market Revolution: Jacksonian America, 1815−1846*. New York: Oxford University Press, 1991.

Shafer, Robert Jones, ed. *A Guide to Historical Method*. Homewood, Ill.: The Dorsey Press, 1980.

Snyder, Phil L., ed. *Detachment and the Writing of History: Essays and Letters of Carl L. Becker*. Ithaca, NY: Cornell University Press, 1958.

Staley, David J. *Historical Imagination*. London and New York: Routledge, 2021.

Takaki, Ronald. *A Different Mirror: A History of Multicultural America*. Boston: Little, Brown, 1993.

Thernstrom, Stephan. *Poverty and Progress: Social Mobility in a Nineteenth-Century City*. Cambridge, Mass.: Harvard University Press, 1964.

Torstendahl, Rolf. *The Rise and Propagation of Historical Professionalism*. London and New York: Routledge, 2015.

Tosh, John. *The Pursuit of History: Aims, Methods and New Directions in Studies of History*. Revised Third Edition. London: Longman, 2002.

Trachtenberg, Marc. *The Craft of International History: A Guide to Method*. Princeton: Princeton University Press, 2006.

White, Hayden. *Metahistory: The Historical Imagination in the Nineteenth-Century Europe*. Baltimore: The Johns Hopkins University Press, 1973.

Windschuttle, Keith. *The Killing of History: How Literary Critics and Social Theorists are Murdering Our Past.* New York: The Free Press, 1996.

Wood, Gordon S. *The Creation of the American Republic, 1776−1787.* New York: W. W. Norton, 1972.

Woodward, C. Vann. *Thinking Back: The Peril of Writing History.* Baton Rouge: Louisiana State University Press, 1986.

五、英文文章

Adelman, Howard. "Rational Explanation Reconsidered: Case Studies and Hempel−Dray Model." *History and Theory*, Vol. 13, No. 3 (October 1974): 208−224.

Ankersmit, F. R. "Historiography and Postmodernism." *History and Theory*, Vol. 28, No. 2 (May 1989): 137−153.

Appleby, Joyce. "The Power of History." *The American Historical Review*, Vol. 103, No. 1 (February 1998): 1−14.

Arch, Stephen Carl. "The Edifying History of Edward Johnson's *Wonder-Working Providence*." *Early American Literature*, Vol. 28, No. 1 (March 1993): 42−59.

Bailyn, Bernard. "Braudel's Geohistory—A Reconsideration." *The Journal of Economic History*, Vol. 11, No. 3, Part 1 (Summer, 1951): 277−282.

——. "The Challenge of Modern Historiography." *The American Historical Review*, Vol. 87, No. 1 (February 1982): 1−24.

Barrett, James R. "Americanization from Bottom Up: Immigration and the Remaking of the Working Class in the United States, 1880−1930." *The Journal of American History*, Vol. 79, No. 3 (December 1992): 996−1020.

Bayly, C. A., and Sven Beckert, Matthew Connelly, Isabel Hofmeyr, Wendy Kozol and Patricia Seed. "AHR Conversation: On Transnational History." *The American Historical Review*, Vol. 111, No. 5 (December 2006): 1441−1464.

Beard, Charles A. "That Noble Dream." *The American Historical Review*, Vol. 41, No.1 (October 1935): 74−87.

——. "Written History as an Act of Faith." *The American Historical Review*, Vol. 39, No. 2 (January 1934): 219−231.

Becker, Carl. "Everyman His Own Historian." *The American Historical Review*, Vol. 37, No. 2 (January 1932): 221−236.

Bender, Thomas. "Wholes and Parts: The Need for Synthesis in American History." *The Journal of American History*, Vol. 73, No.1 (June 1986): 120−136.

Bogue, Allan G. "Historians and Radical Republicans: A Meaning for Today." *The Journal of American*

History, Vol. 70, No. 1 (June 1983): 7−34.

Braembussche, A. A. van den. "Historical Explanation and Comparative Method: Towards a Theory of the History of Society." *History and Theory*, Vol. 28, No. 1 (February 1989): 1−24.

Bridenbaugh, Carl. "The Great Mutation." *The American Historical Review*, Vol. 68, No. 2 (January 1963): 315−331.

Bruce, Robert V. "Packaging the Past: The Boorstin Experience." *The Journal of Interdisciplinary History*, Vol. 6, No. 3 (Winter, 1976): 507−511.

Bunzl, Martin. "Counterfactual History: A User's Guide." *The American Historical Review*, Vol. 109, No. 3 (June 2004): 845−858.

Davis, Natalie Zemon. "History's Two Bodies." *The American Historical Review*, Vol. 93, No. 1 (February 1988): 1−30.

Degler, Carl N. "In Pursuit of an American History." *The American Historical Review*, Vol. 92, No.1 (February 1987): 1−12.

——. "Remaking American History." *The Journal of American History*, Vol. 67, No. 1 (June 1980): 7−25.

Donagan, Alan. "Historical Explanation: The Popper−Hempel Theory Reconsidered." *History and Theory*, Vol. 4, No. 1 (1964): 3−26.

Ekirch, A. Roger. "Sometimes an Art, Never a Science, Always a Craft: A Conversation with Bernard Bailyn." *The William and Mary Quarterly*, 3d Series, Vol. 51, No. 4 (October 1994): 625−658.

Fairbank, John K. "Assignment for the '70's." *The American Historical Review*, Vol. 74, No. 3 (February 1969): 861−879.

Greene, Jack P. "Legislative Turnover in British America, 1696 to 1775: A Quantitative Analysis." *The William and Mary Quarterly*, Vol. 38, No. 3 (Jul., 1981): 442−463.

Hall, Jacquelyn Dowd. "The Long Civil Rights Movement and the Political Uses of the Past." *The Journal of American History*, Vol. 91, No. 4 (March 2005): 1233−1263.

Hutton, Patrick H. "The Role of Memory in the Historiography of the French Revolution." *History and Theory*, Vol. 30, No. 1 (Feb., 1991): 56−69.

Joyce, Patrick. "The Return of History: Postmodernism and the Politics of Academic History in Britain." *Past and Present*, No. 158 (February 1998): 207−235.

Kocka, Jürgen. "Comparison and Beyond." *History and Theory*, Vol. 42, No. 1 (February 2003): 39−44.

Lerner, Gerda. "The Necessity of History and the Professional Historian." *The Journal of American History*, Vol. 69, No. 1 (June 1982): 7−20.

Leuchtenburg, William E. "The Historian and the Public Realm." *The American Historical Review*, Vol. 97, No. 1 (February 1992): 1−18.

Lu, Hanchao. "The Art of History: A Conversation with Jonathan Spence." *The Chinese Historical Review*,

Vol. 11, No. 2 (Fall 2004): 133−154.

McCullagh, C. Behan. "What Do Historians Argue About." *History and Theory*, Vol. 43, No. 1 (February 2004): 18−38.

McNeill, William H. "Mythistory, or Truth, Myth, History, and Historians." *The American Historical Review*, Vol. 91, No. 1 (February 1986): 1−10.

Mandelbaum, Maurice. "Historical Explanation: The Problem of 'Covering Laws'." *History and Theory*, Vol. 1, No. 3 (1961): 229−242.

Mey, Tim De, and Erik Weber. "Explanation and Thought Experiments in History." *History and Theory*, Vol. 42, No. 1 (February 2003): 28−38.

Nichols, Roy F. "Postwar Reorientation of Historical Thinking." *The American Historical Review*, Vol. 54, No. 1 (October 1948): 78−89.

Nore, Ellen. "Charles A. Beard's Act of Faith: Context and Content." *The Journal of American History*, Vol. 66, No. 4 (March 1980): 850−866.

Read, Conyers. "The Social Responsibilities of the Historian." *The American Historical Review*, Vol. 55, No. 2 (January 1950): 275−285.

Reynolds, John F. "Do Historians Count Anymore? The Status of Quantitative Methods in History, 1975−1995." *Historical Methods*, Vol. 31, No. 4 (Fall 1998): 141−148.

Scheff, Thomas J. "Toward Resolving the Controversy over 'Thick Description'." *Current Anthropology*, Vol. 27, No. 4 (Aug.−Oct., 1986): 408−409.

Schevill, Ferdinand. "Ranke: Rise, Decline and Persistence of a Reputation." *Journal of Modern History*, Vol. XXIIV, No. 3 (September 1952): 219−234.

Schwartz, Benjamin. "The Fetish of the 'Disciplines'." *The Journal of Asian Studies*, Vol. 23, No. 4 (Aug., 1964): 537−538.

Stone, Lawrence. "The Revival of Narrative: Reflections on a New Old History." *Past and Present*, Vol. 85 (November 1979): 3−24.

Topolski, Jerzy. "Historical Narrative: Towards a Coherent Structure." *History and Theory*, Vol. 26, No. 4 (December 1987): 75−86.

——. "Towards an Integrated Model of Historical Explanation." *History and Theory*, Vol. 30, No. 3 (Oct., 1991): 324−338.

Walsh, Lorena S. "'Till Death Us Do Part': Marriage and Family in the Seventeenth-Century Maryland." in Thad W. Tate and David L. Ammerman, eds., *The Chesapeake in the Seventeenth Century: Essays on Anglo-American Society*. New York: W. W. Norton, 1979: 126−152.

Wright, Gordon. "History as a Moral Science." *The American Historical Review*, Vol. 81, No. 1 (February 1976): 1−11.

索 引

初版后记

　　研究生入学以后，指导教师通常要向他们交代一些读书和写作的"注意事项"。出于这种考虑，多年来我和同事们一起开设了一门类似"史学方法"的课程。后来，我想单独为博士研究生讲这门课，不料患上了严重的咽炎，迁延不愈，一时无法正常讲课，只得用了一年多的时间，将原来粗略的讲义整理成文，供同学们阅读和讨论，于是就有了这本小书的初稿。我自知缺乏"理论思维"的素质，向来不敢涉猎史学理论问题。本书的内容大多取自往哲时贤的著述和经验，在我个人相当于一份读书笔记，对读者则或许能起一点资料汇编的作用，借陈寅恪先生的话说，"殊不足言著述也"。这大抵也接近史学方法的本义：它是一种修养、经验和技艺的综合体，如果脱离治学经验和典范之作来讨论方法，就容易沦为空谈。

　　书中引述了大量他人的言论，涵盖古今中外。各位论者的思想背景和言说语境各不相同，将他们的言论条贯于一个系统当中，不仅显得牵强而芜杂，而且可能导致曲解和附会。考虑到这种风险，我对引文尽量做了鉴别和取舍，但肯定还会有不少可商或不当之处。对于有些理论，特别是欧美的历史哲学，我在整体上难以领会，或者不能苟同，但只要发现其中有某一点可取，仍然不忍弃之不顾。对中国古代史家的文辞，我也抱同样的态度。虽然他们的观念和方法可能已被超越，但他们的著作中仍有不少富于启示的见解。这使人想起了钱锺书先生在《读〈拉奥孔〉》一文中提到的一个比喻："被破坏的庞大建筑中，不乏可用的好材料。"同时，我还用了某些论著中的材料作为反面的例证，但绝不等于全面否定这些论著的价值，读者幸勿看成是"多讥往哲，喜述前非"。另外，我个人对美国史和美国史学所知略多，因而书中引用了较多的美国材料，可能会带来一定的片面性和局限性。

　　本书的前身既为讲义，历届听课的研究生在课堂上的讨论问难，就对我的思考和写作具有无可替代的意义。没有他们的追问和激励，本书就可能不会有现在这种面目。特别是董瑜、冯志伟、李宝芳、李昀、梁红光、刘凤环、欧阳惠、裴艳、孙洁琼、谢文玉、叶凡美、袁靖、张世轶、周学军、左晓园等同学，参加了以本书为基础的两轮讨论课，提供了不少有见地的想法，校出了许多文字上的错漏。本书的写作还得到了多位同事和朋友的帮助。韩铁教授、李翔海教授、孙卫国副教授、王利华教授、王立新教授（南开大学）、王先明教授和张荣明教授拨冗审读了初稿，并参加了专为本书稿召集的座谈会，指正多处讹误，提出了不少有益的修改建议。乔治忠教授就书稿中涉及的中国古代史学的史实与论点多所指正，复旦大学的陈新博士在欧美史学理论方面提出了许多富有启发的建议。南开大学历史学院资料中心的侯咏梅主任和杨永明副教授，为我借阅图书资料提供了很多便利。陈启云教授赠阅他近期发表的有关论著，使我深受启发。赵伯雄教授经常为我答疑解惑，并介绍了多种资料的线索。孟昭连教授多次协助从古籍数据库中检索引文的出处。李翔海教授惠赠大作和其他书籍，并就不少问题赐以高见。韩铁教授、王立新教授（北京大学）、张晓莉同学和在美国执教的张聪博士，帮助复制了不少重要的资料。罗宣副教授提供了关于电子史学资源的资料和见解，并协助查找了多种英文文献。李治安教授、刘集林副教授、乔治忠教授、孙卫国副教授和朱宏斌博士赐阅了自己收藏的多种书籍。陈恒博士、乔还田先生、王秦伟先生在出版方面给予了大力支持。谨此一并致以深挚的谢忱。需要特别说明的是，我在与瞿林东教授、桑兵教授、王希教授、徐国琦教授等师友的交谈中，获得了许多启发和灵感；书中有些材料系从他人论著中获得线索后查找而得，不少论点也得益于阅读有关论著所产生的刺激。在此谨向这些学者表示敬意和感谢。最后，还要一如既往地感谢我的家人，她（他）们的理解和支持，始终是我读书和写作的巨大动力。

有人说写历史是一种冒险，这话的确有一定道理。史家手里只有一些残缺而零星的史料，只能依靠个人有限的知识和经验，而要极力讲述和解释发生在遥远而陌生的过去世界中的事情，难免在知识和方法上落入各种陷阱。照这样说来，讨论写历史的技巧，也许是一种更大的冒险。因此，对于一个敏感的"史学方法论"的作者来说，伴随书稿杀青而来的，可能是一种难以释怀的不安。好在学史的人心里都清楚，对方法论之类的书籍不可抱有过高的期望。从前辈大家的治学经验和自己的研究实践中学到的东西，肯定会超过任何方法论读本。

2006年8月于天津